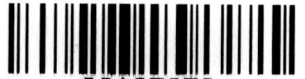

EL CASO *ALLAN R. BREWER-CARÍAS VS. VENEZUELA*
ANTE LA CORTE INTERAMERICANA DE DERECHOS HUMANOS
ANÁLISIS CRÍTICO

COLECCIÓN OPINIONES Y ALEGATOS JURIDICOS

Títulos publicados

ALLAN R. BREWER-CARÍAS

EL CASO
ALLAN R. BREWER-CARÍAS
vs. VENEZUELA
ANTE LA CORTE
INTERAMERICANA DE
DERECHOS HUMANOS

ESTUDIO DEL CASO Y ANÁLISIS CRÍTICO DE LA ERRADA SENTENCIA DE LA CORTE INTERAMERICANA DE DERECHOS HUMANOS Nº 277 DE 26 DE MAYO DE 2014

Colección Opiniones y Alegatos Jurídicos
Nº 14

Editorial Jurídica Venezolana
Caracas 2014

Hecho el Depósito de Ley
Depósito Legal: lf54020143402334
ISBN: 978-980-365-262-3

Editado por: Editorial Jurídica Venezolana
Avda. Francisco Solano López, Torre Oasis, P.B., Local 4, Sabana Grande,
Apartado 17.598 – Caracas, 1015, Venezuela
Teléfono 762.25.53, 762.38.42. Fax. 763.5239
http://www.editorialjuridicavenezolana.com.ve
Email fejv@cantv.net

Impreso por: Lightning Source, an INGRAM Content company
para Editorial Jurídica Venezolana International Inc.
Panamá, República de Panamá.
Email: editorialjuridicainternational@gmail.com

Diagramación, composición y montaje
por: Francis Gil, en letra Times New Roman, 10,5
Interlineado 11, Mancha 18 x 11.5 cm., libro: 22.9 x 15.2 cm

SUMARIO

NOTA EXPLICATIVA

Este libro sobre el Caso *CIDH Allan R. Brewer-Carías vs. Venezuela*, es mi reflexión personal, general y de conjunto sobre el mismo, como demandante y como víctima, y sobre la errada sentencia N° 277 dictada por la Corte Interamericana de Derechos Humanos el 26 de mayo de 2014, firmada por los Jueces: **Humberto Antonio Sierra Porto,** Presidente y Ponente; **Roberto F. Caldas, Diego García-Sayán** y **Alberto Pérez Pérez,** y que tiene además un muy importante *Voto Conjunto Negativo* de los Jueces **Manuel E. Ventura Robles** y **Eduardo Ferrer Mac-Gregor Poisot**[1] El texto de la sentencia y del Voto Negativo Conjunto se publica en los **Anexos I y II** de este libro (páginas 369 a 434, y 435 a 479, respectivamente).

Estas reflexiones, por supuesto las he elaborado después de celebrada la audiencia pública del juicio ante la Corte Interamericana los días 3 y 4 de septiembre de 2013, y después de haberse publicado la sentencia, en la cual la Corte admitió la excepción preliminar de falta de agotamiento de recursos internos alegada por el Estado, protegiendo al Estado, denegando mi derecho de acceso a la justicia y archivando el expediente; y además, las he terminado después que el Presidente de la Corte, Juez **Sierra Porto**, el 21 de agosto de 2014, autorizó unilateralmente al Juez **García Sayán**, desconociendo las competencias del Pleno de la Corte para decidir los casos de incompatibilidad, para que sin dejar de ser Juez, realice todas las actividades políticas ne-

---

1   Véase en http://www.corteidh.or.cr/docs/casos/articulos/seriec_278_esp.pdf El Juez **Eduardo Vio Grossi,** el 11 de julio de 2012, apenas el caso se presentó ante la Corte, muy honorablemente se excusó de participar en el mismo conforme a los artículos 19.2 del Estatuto y 21 del Reglamento, ambos de la Corte, recordando que en la década de los ochenta se había desempeñado como investigador en el Instituto de Derecho Público de la Universidad Central de Venezuela, cuando yo era Director del mismo, precisando que aunque ello había acontecido hacía ya bastante tiempo, "no desearía que ese hecho pudiese provocar, si participase en este caso en cuestión, alguna duda, por mínima que fuese, acerca de la imparcialidad" tanto suya "como muy especialmente de la Corte." La excusa le fue aceptada por el Presidente de la Corte el 7 de septiembre de 2012, después de consultar con los demás Jueces, estimando razonable acceder a lo solicitado.

cesarias, totalmente incompatibles con ese cargo, como son las que resultan de la promoción de su candidatura a la Secretaría General de la Organización de Estados Americanos anunciada el 16 de agosto de 2014; candidatura a la cual aspiraba desde 2013, lo que desde entonces lo obligaba a renunciar a su cargo. Buscar los votos de los Estados para que lo apoyen y elijan, cuando son precisamente los que la Corte juzga por violaciones a los derechos humanos, es elemental que es incompatible con el cargo de Juez de la Corte, por lo que el Juez **García Sayán** no podía pedir "excusa" para ello, ni el Presidente **Sierra Porto** podía otorgársela, y menos de espaldas a la Corte. Los Jueces **Eduardo Vio Grossi** y **Manuel Ventura**, al respecto, consignaron una "Constancia de Disentimiento" cuestionando la decisión del Presidente **Sierra Porto**, todo lo cual se publica como **Anexo III** de este libro (páginas 481 a 488) y se comenta en el *Apéndice* a este libro (páginas 355 a 367).

La sentencia, en todo caso, se dictó luego del proceso iniciado ante la Comisión Interamericana de Derechos Humanos en 2007 y desarrollado ante la propia Corte Interamericana desde 2012, en el cual mis representantes, los profesores **Pedro Nikken, Claudio Grossman, Juan E. Méndez, Douglas Cassel, Helio Bicudo y Héctor Faúndez Ledezma,** denunciaron al Estado venezolano por las violaciones masivas cometidas por el Estado venezolano contra mis derechos y garantías judiciales (a la defensa, a ser oído, a la presunción de inocencia, a ser juzgado por un juez imparcial e independiente, al debido proceso judicial, a seguir un juicio en libertad, a la protección judicial) y otros (a la honra, a la libertad de expresión, incluso al ejercer mi profesión de abogado, a la seguridad personal y a la circulación y a la igualdad y no discriminación), consagrados en los artículos 44. 49, 50, 57 y 60 de la Constitución de Venezuela y de los artículos 1.1, 2, 7, 8.1, 8.2, 8.2.c, 8.2.f, 11, 13, 22, 24 y 25 de la Convención Americana sobre Derechos Humanos. Dichas violaciones fueron cometidas en mi contra durante el curso del proceso penal desarrollado en Venezuela desde 2005, con motivo de la falsa acusación formulada en mi contra de haber "conspirado para cambiar violentamente la Constitución," con motivo de los hechos políticos ocurridos tres años antes, en 2002, con ocasión de la anunciada renuncia del Presidente Hugo Chávez; proceso que fue desarrollado como instrumento de persecución política por mi posición crítica al gobierno en ejercicio de mi libertad de expresión, y por haber dado una opinión jurídica como abogado en ejercicio en esos momentos de crisis institucional, todo con la única arma que he tenido siempre que no ha sido otra que el verbo y la escritura.

La Corte Interamericana, en su sentencia, al admitir la excepción de falta de agotamiento de los recursos internos opuesta por el Estado, y negarse a conocer y decidir mis denuncias, violó mi derecho de acceso a la Justicia internacional, y protegiendo en cambio al Estado, renunció a las obligaciones convencionales que tenía de juzgar sobre la masiva violación de mis derechos y garantías, y abandonó la más tradicional de su jurisprudencia sentada desde el caso *Velásquez Rodríguez Vs. Honduras*,[2] que le imponía la obligación de entrar a conocer del fondo de la causa cuando las denuncias formuladas contra un Estado son de violaciones a las garantías judiciales, como la violación a los derechos al debido proceso, a un juez independiente e imparcial, a la defensa, a la presunción de inocencia, y a la protección judicial. En esos casos, no se puede decidir la excepción de falta de agotamiento de recursos internos sin entrar a decidir si el Poder Judicial efectivamente es confiable, idóneo y efectivo para la protección judicial.

Para decidir, la Corte se excusó, sin razón jurídica alguna, y de la manera más inconcebible, en el argumento de que en este caso, antes de que yo pudiese pretender acudir ante la jurisdicción internacional para buscar la protección que nunca pude obtener en mi país, yo debía haber supuestamente "agotado" recursos internos en Venezuela, ignorando que mis abogados defensores **León Henrique Cottin** y **Rafael Odreman** había agotado en noviembre de 2005, *el único recurso disponible y oportuno que tuve al comenzar la etapa intermedia del proceso penal*, que fue la solicitud de nulidad absoluta de lo actuado por violación masiva de mis derechos y garantías constitucionales, o amparo penal; recurso que nunca fue decidido por el juez de la causa, violando a la vez mi derecho a la protección judicial.

La Corte Interamericana decidió, en efecto, que para que yo pudiera acceder a la justicia internacional buscando protección a mis derechos, debía previamente lograr que el paródico proceso penal iniciado en mi contra, que estaba viciado *ab initio* y de raíz, y en el cual ya había sido condenado de antemano, sin juicio, por el Ministerio Público en violación de mi derecho a la defensa y a la presunción de inocencia; pasara de una supuesta "etapa temprana" (párrafos 95, 96, 97, 98 de la sentencia) en la cual según la Corte se encontraba, a alguna imprecisa y subsiguiente "etapa tardía" que nadie sabe cuál podría ser, pero eso sí, privado de libertad y sin garantía alguna del debido proceso, en un país donde simplemente no existe independencia y autonomía del Poder Judicial; y entonces en esa "etapa tardía" en unos lustros, si todavía subsistiesen las violaciones, entonces si podía acudir a buscar justicia ante la Corte Interamericana.

Con ello, lo que la Corte resolvió fue, ni más ni menos, que yo debía regresar a Venezuela a entregarme a mis perseguidores, para que me privasen de mi libertad, y sin garantías judiciales algunas, tratara de seguir, desde la cárcel, un proceso judicial que está viciado desde el inicio; y si después de varios años, quizás pudiera tener la suerte de que el proceso "avanzara" y las violaciones a mis derechos se agravasen, entonces, si aún contaba con vida, o desde la ultratumba, podía regresar ante la Corte Interamericana a denunciar los mismos vicios, que con su sentencia la Corte se negó a conocer. Y todo ello, en un proceso que se extinguió legalmente pues en diciembre de 2007,

---

2   Caso *Velásquez Rodríguez Vs. Honduras*. Excepciones Preliminares. Sentencia de 26 de junio de 1987. Serie C N° 1.

en Venezuela se dictó una Ley de Amnistía que despenalizó los hechos por los que se me había acusado, habiéndose extinguido en consecuencia el proceso penal para todos los imputados. Sin embargo, como yo reclamé justicia ante la justicia internacional, no sólo la Corte Interamericana me la negó, sino que en Venezuela, por ello, se me "castigó" de manera tal que la extinción del proceso penal operó para todos, excepto para mí, por haber reclamado.

La Corte Interamericana, con su sentencia, *primero*, demostró una incomprensión extrema del sistema venezolano de protección constitucional mediante el amparo o tutela constitucional, que en el país es un derecho constitucional (el derecho a ser amparado) y no sólo una acción o recurso, desconociendo la solicitud de amparo penal que se había ejercido, llegando incluso a afirmar que si se formula un amparo o tutela con petición de nulidad absoluta, mediante un escrito extenso, que en ese caso tenía 532 páginas, entonces según el criterio de los Jueces que hicieron la mayoría, el amparo deja de ser una petición de amparo, porque en su miope criterio, por su "extensión," no podría resolverse perentoriamente. Por ello, con razón, en el Voto Conjunto Negativo de los Jueces Eduardo **Ferrer Mac Gregor** y **Manuel Ventura Robles** se advierte la incongruencia de la sentencia indicándose que:

> "a pesar de la complejidad de los alegatos de ambas partes sobre el momento procesal en que debe resolverse, en la Sentencia se entra posteriormente a definir un aspecto polémico, entre otros argumentos, dejando ver que un recurso de 523 páginas no podía resolverse en 3 días, *como si la extensión del recurso sea lo que determina el momento procesal en que se debe resolver*" (párrafo 94).

Pero además, *segundo,* la Corte Interamericana incurrió en el gravísimo error de afirmar que en un proceso penal, supuestamente habría la antes referida "etapa temprana" (párrafos 95, 96, 97, 98) que como lo advirtieron los Jueces **Ferrer Mac Gregor** y **Ventura Robles**, en su *Voto Conjunto Negativo* a la sentencia, es un "*nuevo concepto* acuñado en la Sentencia y en la jurisprudencia" (párrafo 46), que implica la absurda consecuencia de que si en la misma (como sería la etapa de investigación de un proceso penal) se han cometido violaciones a los derechos y garantías constitucionales, las mismas nunca podrían apreciarse ni juzgarse por el juez internacional, porque eventualmente podían ser corregidas en el curso del proceso interno (se entiende, por supuesto, en un sistema donde funcione el Estado de derecho), así este esté viciado.

Ello, sin embargo, equivale a dejar sentada la doctrina de que en esa "etapa temprana" del proceso penal se podrían violar impunemente las garantías judiciales, y las víctimas lo que tienen que hacer es esperar *sine die*, incluso privadas de libertad y en condiciones inhumanas, para que un sistema judicial sometido al Poder, deliberadamente lento, termine de demoler todos los derechos y garantías, para entonces, después de varios años de prisión sin juicio, las víctimas puedan pretender tener oportunidad de acudir al ámbito internacional buscando justicia.

Como lo advirtieron los Jueces **Ferrer Mac Gregor** y **Ventura Robles** en su *Voto Conjunto Negativo*, en "la Sentencia se consideró que en este caso en el cual todavía se encuentra pendiente la audiencia preliminar y una decisión al menos de primera instancia, *no era posible entrar a pronunciarse sobre la presunta vulneración de las garantías judiciales*, debido *a que todavía no habría certeza sobre cómo continuaría el proceso* y si muchos de los alegatos presentados *podrían ser subsanados a nivel interno*" (párrafo 25, e igualmente párrafos 35, 46, 50), considerando el *Voto Conjunto Negativo* que con ello, la Corte Interamericana:

> "contradice la línea jurisprudencial del propio Tribunal Interamericano en sus más de veintiséis años de jurisdicción contenciosa, desde su primera resolución en la temática de agotamiento de los recursos internos como es el caso *Velásquez Rodríguez Vs. Honduras,*[3] *creando así un preocupante precedente contrario a su misma jurisprudencia y al derecho de acceso a la justicia en el sistema interamericano*" (párrafo 47).

Por ello, los Jueces **Ferrer Mac Gregor** y **Ventura Robles** en su *Voto Conjunto Negativo* insistieron en este grave error de la sentencia de la Corte de establecer esta "nueva teoría" de la "etapa temprana" de un proceso, que:

> "representa un retroceso que afecta al sistema interamericano en su integralidad, en cuanto a los asuntos ante la Comisión Interamericana y casos pendientes por resolver por la Corte, toda vez que tiene *consecuencias negativas para las presuntas víctimas en el ejercicio del derecho de acceso a la justicia. Aceptar que en las "etapas tempranas" del procedimiento no puede determinarse alguna violación (porque eventualmente puedan ser remediadas en etapas posteriores) crea un precedente que implicaría graduar la gravedad de las violaciones atendiendo a la etapa del procedimiento en la que se encuentre; más aún, cuando es el propio Estado el que ha causado que no se hayan agotado los recursos internos en el presente caso, dado que ni siquiera dio trámite a los recursos de nulidad de actuaciones —de 4 y 8 de noviembre de 2005— por violación a derechos fundamentales*" (párrafo 56).

Todo ello llevó a los Jueces disidentes en su *Voto Conjunto Negativo* a concluir que la utilización por la sentencia, como uno de sus argumentos centrales, de "*la artificiosa teoría,*" - así la califican -:

> "*de la "etapa temprana"* del proceso, para no entrar al análisis de las presuntas violaciones a los derechos humanos protegidos por el Pacto de San José, constituye un *claro retroceso en la jurisprudencia histórica de esta Corte, pudiendo producir el precedente que se está creando consecuencias negativas para las presuntas víctimas en el ejercicio del derecho de acceso a la justicia*; derecho fundamental de gran trascendencia

---

3   Caso *Velásquez Rodríguez Vs. Honduras*. Excepciones Preliminares. Sentencia de 26 de junio de 1987. Serie C Nº 1.

para el sistema interamericano en su integralidad, al constituir en sí mismo una garantía de los demás derechos de la Convención Americana en detrimento del efecto útil de dicho instrumento" (párrafo 119).

Con esta sentencia, *tercero*, en realidad, la mayoría sentenciadora de la Corte Interamericana, al pensar que el viciado proceso penal seguido en mi contra como instrumento de persecución política podía avanzar y salir de la "etapa temprana" en la que en criterio de la Corte se encontraba, y creer que el Estado, con el Poder Judicial como está, podía sin embargo corregir los vicios denunciados, lo que ha resuelto en definitiva, es darle un aval a la situación y el funcionamiento del Poder Judicial en Venezuela, considerándolo apropiado para impartir justicia, para que "avance" a "etapas tardías," precisamente todo lo contrario de lo denunciado. Ello, además, constituye un vicio de inmotivación que hace nula la sentencia.

Lástima, en todo caso, que los señores Jueces que hicieron la mayoría sentenciadora – aparte de las toneladas de informes y documentos que muestran la situación del poder judicial en Venezuela - no leyeron o no se quisieron enterar del más reciente informe sobre la problemática estructural del Poder Judicial en Venezuela elaborado por la *Comisión Internacional de Juristas*, titulado *Fortalecimiento del Estado de Derecho en Venezuela*, publicado en Ginebra en marzo de 2014, es decir, sólo dos meses antes de dictar sentencia, en cuya Presentación, su Secretario General, Wilder Tayler, explica que:

> "*Este informe da cuenta de la falta de independencia de la justicia en Venezuela, comenzando con el Ministerio Público cuya función constitucional además de proteger los derechos es dirigir la investigación penal y ejercer la acción penal. El incumplimiento con la propia normativa interna ha configurado un Ministerio Público sin garantías de independencia e imparcialidad de los demás poderes públicos y de los actores políticos, con el agravante de que los fiscales en casi su totalidad son de libre nombramiento y remoción, y por tanto vulnerables a presiones externas y sujetos órdenes superiores.*
>
> *En el mismo sentido, el Poder Judicial ha sido integrado desde el Tribunal Supremo de Justicia (TSJ) con criterios predominantemente políticos en su designación. La mayoría de los jueces son "provisionales" y vulnerables a presiones políticas externas, ya que son de libre nombramiento y de remoción discrecional por una Comisión Judicial del propio TSJ, la cual, a su vez, tiene una marcada tendencia partidista. [...]*".

Luego de referirse a que "el informe da cuenta además de las restricciones del Estado a la profesión legal," el Sr. Tayler concluyó su Presentación del Informe afirmando tajantemente que:

> "*Un sistema de justicia que carece de independencia, como lo es el venezolano, es comprobadamente ineficiente para cumplir con sus funciones propias. En este sentido en Venezuela, un país con una de las más*

altas tasas de homicidio en Latinoamérica y en el familiares sin justicia, esta cifra es cercana al 98% en los casos de violaciones a los derechos humanos. Al mismo tiempo, el poder judicial, precisamente por estar sujeto a presiones externas, no cumple su función de proteger a las personas frente a los abusos del poder sino que por el contrario, en no pocos casos es utilizado como mecanismo de persecución contra opositores y disidentes o simples críticos del proceso político, incluidos dirigentes de partidos, defensores de derechos humanos, dirigentes campesinos y sindicales, y estudiantes."[4]

Ese Poder Judicial, es el que la Corte Interamericana no se atrevió a juzgar, avalándolo sin embargo, pero sin motivación, al pensar que podría corregir violaciones masivas cometidas en un proceso penal cuyo objeto es una persecución política. Por si no lo sabe la Corte Interamericana, vale la pena que sus Jueces lean al menos lo que recientemente, cuando trabajaba en esta Nota, ha escrito el profesor y académico Alberto Arteaga, el más destacado de los penalistas venezolanos, expresando que:

"nuestro Poder Judicial se ha convertido en un simple apéndice del Poder Ejecutivo, llegando al extremo de que el Presidente, abiertamente, ha declarado que un procesado, como Leopoldo López, debe ser castigado como responsable por los delitos cometidos, sin que se haya dado pronunciamiento alguno de un Tribunal y sin que el Juez del caso haya protestado por tan descarada intromisión en el proceso a su cargo, en el cual debe decidir conforme a su conciencia y al derecho. Ahora, ni siquiera se cubre la formalidad de declarar que un asunto corresponde al Poder Judicial y que sus decisiones serán respetadas. Simplemente se dictamina y se comienza a ejecutar una pena, como si no existiera la presunción de inocencia, el derecho a ser juzgado en libertad, el trato digno a un encarcelado y el respeto al dolor de su esposa, hijos, padres, amigos y de cualquier ciudadano que crea en la institucionalidad democrática. Sin duda, hay un país sumido en la más profunda crisis cuando la justicia no se hace sentir y se la pretende colocar al servicio de intereses políticos."[5]

Debe tenerse en cuenta, por otra parte, que la sentencia de la Corte Interamericana en mi caso, que bien conoce el profesor Arteaga pues dictaminó en él, desarrollado en similares circunstancias a las que ha descrito, se dictó después de que Venezuela culminó el proceso de desligarse de la Convención

---

4   Véase en http://icj.wpengine.netdna-cdn.com/wp-content/uploads/2014/06/VE-NEZUELA-Informe-A4-elec.pdf

5   Véase Alberto Arteaga, Justica, ¿Materia pendiente?," en *El Universal*, Caracas, 30 de julio de 2014, en http://www.eluniversal.com/opinion/140730/justicia-materia-pendiente

Americana de Derechos Humanos, que se inició desde 2003,[6] con sendas sentencias de la Sala Constitucional de 2008 y 2011 en las cuales declararon "inejecutables" en Venezuela las propias sentencias de la Corte Interamericana,[7] y concluyó con la denuncia de la Convención Americana el día 6 de septiembre de 2012. Esa denuncia la firmó el Ministro de Relaciones Exteriores de Venezuela de entonces, Sr. Nicolás Maduro, quien ejerce actualmente la Presidencia de la República, luego de denunciar una supuesta campaña de desprestigio contra al país desarrollada por parte de la Comisión Interamericana de Derechos Humanos y por la propia la Corte Interamericana de Derechos Humanos, manifestando formalmente al Secretario General de la OEA la *"decisión soberana de la República Bolivariana de Venezuela de denunciar la Convención Americana sobre Derechos Humanos*," cesando en esta forma respecto de Venezuela los efectos internacionales de la misma, y la competencia respecto del país tanto de la Comisión Interamericana de Derechos Humanos como de la Corte Interamericana de Derechos Humanos.

Para fundamentar la Denuncia de la Convención, el Ministro de Relaciones Exteriores hizo precisamente referencia a varios casos que habían sido decididos por la Corte Interamericana condenando a Venezuela, entre ellos los que se habían declarado en el país como "inejecutables" en desprecio del Sistema Interamericano de Protección, todo lo cual sin duda, ha tenido efectos y consecuencias catastróficas respecto del derecho de los venezolanos garantizado en el artículo 31 de la Constitución, según el cual el Estado está obligado a adoptar "las medidas que sean necesarias para dar cumplimiento a las decisiones" de los órganos internacionales de protección de los derechos humanos. Pero la mención de esos casos ya decididos en la comunicación oficial de denuncia de la Convención, y particularmente, de otros casos pendientes de decisión por la Corte Interamericana, como era precisamente el caso *Allan Brewer Carías vs. Venezuela*, como fundamento para la Denuncia de la Convención, tal como mis representantes lo advirtieron ante la propia Corte Interamericana, constituyó una presión indebida ejercida por el gobierno de Venezuela sobre la Corte.

Lamentablemente la presión quizás surtió efectos, y quizás estamos comenzado a presenciar el inicio del fin del acceso a la justicia internacional; al menos es lo que cualquier estudioso de la materia podría apreciar, si se tiene

---

6 Véase sentencia N° 1.942 de 15 de julio de 2003 (Caso: *Impugnación de artículos del Código Penal, Leyes de desacato*), en *Revista de Derecho Público*, N° 93-96, Editorial Jurídica Venezolana, Caracas 2003, pp. 136 ss.

7 Véase la sentencia de la Sala Constitucional del Tribunal Supremo N° 1.939 de 18 de diciembre de 2008 en el Caso *Abogados Gustavo Álvarez Arias y otros* (*Estado Venezolano) vs. Corte Interamericana de Derechos Humanos* en http://www.tsj.gov.ve/decisiones/scon/Diciembre/1939-181208-2008-08-1572.html; y sentencia N° 1547 de fecha 17 de octubre de 2011 (*Caso Estado Venezolano vs. Corte Interamericana de Derechos Humanos*), en http://www.tsj.gov.ve/decisiones/scon/Octubre/1547-171011-2011-11-1130.html

en cuenta, *mutatis mutandi*, lo que le ocurrió a los jueces contencioso administrativos en Venezuela en uno de los casos decididos por la propia Corte Interamericana,[8] cuando después de haberlos protegido, sus sustitutos "aprendieron" que en el país, decidir casos contra el Estado les acarreaba destitución de sus cargos, siendo la consecuencia de ello, que los venezolanos ya no tenemos justicia contencioso administrativa.[9]

En todo caso, lo cierto es que con la sentencia N° 277 que dictó la Corte en el caso *Allan Brewer Carias vs. Venezuela*, luego de la denuncia de la Convención y de la indebida presión ejercida sobre la Corte por el Estado, la misma, como se dijo, cambió de raíz su jurisprudencia de un cuarto de siglo de tradición en materia de la excepción del agotamiento de recursos internos, en el sentido lógico de que cuando se demanda al Estado por violaciones del debido proceso y de las demás garantías judiciales (derechos a un juez independiente, a la defensa, a la presunción de inocencia, a la protección judicial), la Corte no puede resolver aisladamente la excepción preliminar de supuesta falta de agotamiento de recursos internos, sin examinar y decidir necesariamente el fondo de las violaciones mencionadas, como por ejemplo, la ausencia de independencia y autonomía del Poder Judicial. Lo contrario sería, avalar sin motivación a un Poder Judicial que no es independiente ni autónomo, y obligar a la víctima a someterse a mayores violaciones de sus garantías judiciales, e incluso de su libertad y seguridad personales, para luego quizás poder acudir a la justicia internacional, que es lo que se ha pretendido en mi caso.

Y lo más lamentable es que la decisión de la Corte, en mi caso, cambiando dicha justa jurisprudencia histórica, ha sido sólo para proteger a un Estado

---

8   El caso de la destitución de los jueces contencioso administrativo por haber dictado una medida cautelar contra el Estado, que fueron protegidos por la Corte Interamericana de Derechos Humanos por sentencia de 5 de agosto de 2008 (Caso *Apitz Barbera y otros ("Corte Primera de lo Contencioso Administrativo") vs. Venezuela*), que fue la declarada "inejecutable" en Venezuela por sentencia N° 1.939 de la Sala Constitucional del Tribunal Supremo de Venezuela de 18 de diciembre de 2008 (Caso *Abogados Gustavo Álvarez Arias y otros (Estado Venezolano) vs. Corte Interamericana de Derechos Humanos*). Véase en http://www.tsj.gov.ve/decisiones/scon/Diciembre/1939-181208-2008-08-1572.html. Véanse los comentarios a esa sentencia en Allan R. Brewer-Carías, "La interrelación entre los Tribunales Constitucionales de América Latina y la Corte Interamericana de Derechos Humanos, y la cuestión de la inejecutabilidad de sus decisiones en Venezuela," en Armin von Bogdandy, Flavia Piovesan y Mariela Morales Antonorzi (Coodinadores), *Direitos Humanos, Democracia e Integraçao Jurídica na América do Sul*, Lumen Juris Editora, Rio de Janeiro 2010, pp. 661-70; y en *Anuario Iberoamericano de Justicia Constitucional*, Centro de Estudios Políticos y Constitucionales, N° 13, Madrid 2009, pp. 99-136.

9   Véase Antonio Canova González, *La realidad del contencioso administrativo venezolano (Un llamado de atención frente a las desoladoras estadísticas de la Sala Político Administrativa en 2007 y primer semestre de 2008)*, Funeda, Caracas 2009.

que desprecia sus sentencias, y cercenarle el acceso a la justicia a un ciudadano que acudió a la Corte Interamericana clamando por ella, ya que no la podía obtener en su país.

Con esta sentencia de la Corte Interamericana, en todo caso, por ello, lamentablemente se ha iniciado una nueva etapa en el ámbito del sistema interamericano de protección a los derechos humanos. ¿Habrá sido esa la consecuencia de la presión ejercida por el Estado venezolano contra la Corte al denunciar la Convención Americana? ¿Habrán privado sobre la justicia intereses personales políticos de algunos Jueces? La historia lo dirá, o lo está comenzando a decir, después de varios meses de campaña política del Juez **García Sayán,** sin dejar de ser Juez, para lograr concretar su candidatura a la Secretaría General de la OEA,[10] lo que comienza a apreciarse abiertamente en el seno de la propia Corte con la solicitud que formuló el 21 de agosto de 2014, solicitando "su excusa de participar, mientras sea candidato, de las actividades de la Corte." La solicitud fue aceptada de inmediato por el Presidente **Sierra Porto**, sin someter el asunto al Pleno de la Corte, indicando que valoraba "la iniciativa del juez **García-Sayán** de apartarse de todas las actividades de la Corte mientras sea candidato a la Secretaría General de la OEA," considerando que "con su generosa actitud, se propician las condiciones para el adecuado funcionamiento del Tribunal,"[11] pero desconociendo que el tema era de incompatibilidad y no de escusa. Todo este asunto se aprecia de lo expuesto por Jueces **Vio Grossi** y **Ventura Robles** en la "Constancia de Disidencia" que consignaron cuestionando la excusa dada por el Presidente **Sierra Porto,** de espaldas al Pleno de la Corte, para que el Juez **García Sayán**, sin dejar de ser Juez, siguiera realizando actividades políticas en busca de compromisos y apoyos de los Estados que la propia Corte debe juzgar, para que voten por su candidatura a la Secretaría General de la OEA. Dicho documento se publica en el *Anexo III* de este libro (páginas 481 1 488), y se comenta en el *Apéndice* de este libro (páginas 355 a 367).

---

10   El periodista Daniel Coronell, en su Columna en la *Revista Semana* titulada "Un juez con aspiraciones," en relación precisamente con el Juez **García Sayán** y la Corte Interamericana de Derechos Humanos, ya en diciembre de 2013, escribía con razón que: **"Un juez no puede esperar el favor político de quienes son juzgados por él. Un voto futuro, una decisión favorable a una aspiración, compromete su imparcialidad y hace sospechosa cualquier decisión que toque intereses de su eventual elector,"** agregando que en relación a las aspiraciones políticas futuras de los jueces que "si su futuro depende de la decisión de quienes hoy juzga, su decisión nos incumbe a todos. Sencillamente porque no habría garantías para quienes demandan justicia ante la Corte Interamericana.". Véase "Un juez con aspiraciones." Véase Daniel Coronell, "Un juez con aspiraciones," *Revista Semana,* 07-12-2013, en http://m.semana.com/opinion/ar-ticulo/columna-daniel-coronell-sobre-juez-garcia-sayan/367384-3. Véase el texto íntegro de esta Columna en el **Apéndice** a este libro, en páginas 355 ss.

11   Véase el Comunicado de Prensa de la Corte en http://www.corteidh.or.cr/docs/comunicados/cp_14_14.pdf. Véase el texto además, en el *Anexo III* (páginas 481) de este libro.

Ahora bien, la lesión que causa la sentencia N° 277 que me negó el acceso a la justicia, sólo puede entenderse en el marco general del proceso seguido en la instancia internacional, es decir, en la consideración del tema de fondo relativo a la violación masiva de mis derechos que la Corte renunció a considerar y decidir, protegiendo en cambio a un Estado como Venezuela, el cual además de haber declarado como inejecutables las antes mencionadas sentencias de la propia Corte, se escapó del ámbito de su jurisdicción, denunciando la Convención Interamericana sobre Derechos Humanos, entre otros argumentos, precisamente, porque existía y estaba pendiente de decisión el caso *Brewer-Carías vs. Venezuela* que la Comisión Interamericana había sometido ante la Corte.[12] Con ello, como antes dije, el Estado ejerció, sin duda, una presión indebida adicional contra la Corte; la cual decidió, a pesar de las confesiones que formularon los testigos presentados por el propio Estado en la audiencia ante la Corte, quienes públicamente reconocieron los más graves vicios y violaciones en el desarrollo del proceso penal en Venezuela, pero que la Corte no quiso oír. Lamentablemente, con la sentencia, la Corte Interamericana se allanó en forma incomprensible ante las amenazas formuladas por el Estado. Pero como antes indicamos, no pasará mucho tiempo sin que lleguemos a comprender realmente lo sucedido.

En todo caso, en el contexto del proceso, este libro contiene mis apreciaciones personales sobre el desarrollo del mismo ante la Corte Interamericana de Derechos Humanos, particularmente después de haber presenciado el desarrollo de la audiencia ante la misma los días 3 y de septiembre de 2013; y sobre la sentencia dictada por la Corte Interamericana en la cual la misma renunció a entrar siquiera a considerar las denuncias formuladas, escudándose en una excepción, mal argumentada; es decir, sacrificando la justicia por la formalidad, abandonando su propia jurisprudencia, ignorando el sistema venezolano de amparo constitucional, y protegiendo a un Estado renuente en aceptar incluso someterse a la justicia, y que ha despreciado la impartida por la propia Corte Interamericana, y a la vez, negándome mi derecho de acceso a la justicia.

En todo caso, debo mencionar que al concluir la audiencia ante la Corte Interamericana de Derechos Humanos en septiembre de 2013, después de haber tenido la oportunidad por primera vez en ocho años de exponer mi caso ante un tribunal, al reunirme con el grupo de representantes y expertos que me acompañaron en San José, les expresé de viva voz que, en este caso, en mi búsqueda por obtener justicia, yo personalmente, con lo que había presenciado ante la Corte, me daba por satisfecho. Sentí que ya había habido justicia, no sólo por el privilegio que tuve de haber tenido como abogados y representantes al formidable equipo de juristas que actuó ante la Corte y ante los tribunales venezolanos, que creyeron en el caso, sino con el resultado mismo de

---

12   Véase la carta del Ministro de Relaciones Exteriores de Venezuela dirigida al Secretario General de la OEA el 6 de septiembre de 2012.

la audiencia, en la cual participaron excelentes expertos y testigos presentados por mis representantes, y se presentaron docenas de *amicus curiae* por representantes del mundo académico latinoamericano; todo lo cual me llena de orgullo. Con todo eso, y además, con las confesiones efectuadas por los testigos del Estado con las cuales públicamente reconocieron los más graves vicios y violaciones en el desarrollo del proceso penal en Venezuela, yo personalmente me di por satisfecho pues, como dije, además, por primera vez pude personalmente exponer y explicar mi caso ante un tribunal que consideré independiente y autónomo.

En dicha audiencia de comienzos de septiembre de 2013, todos los asistentes presenciamos las exposiciones que hicieron ante la Corte, *primero*, al representante de la Comisión Interamericana de Derechos Humanos, Comisionado **Felipe González**, quien expuso los fundamentos de la presentación del caso ante el Tribunal y todos los otros asuntos que consideró relevantes para su resolución; *segundo*, mi declaración como víctima; *tercero*, las declaraciones de cinco testigos: uno, **León Henrique Cottín**, designado por mis representantes; y cuatro, **Ángel Alberto Bellorín, Isaías Rodríguez, Nelson Castellanos** y **Mercedes Prieto**, designados por el Estado; *cuarto*, la declaración de dos peritos, uno, **Jesús Ollarves Irazábal**, designado por mis representantes y el otro, **Octavio José Sisco Ricciardi**, designado por el Estado; y *cinco*, los alegatos finales de las partes: del agente del Estado **Germán Saltrón**, de mis representantes **Pedro Nikken, Claudio Grossman, Héctor Faúndez, Juan Méndez** y **Douglas Cassel**, sobre la excepción preliminar y los asuntos de fondo, reparaciones y costas; y de la Comisión Interamericana de Derechos Humanos.

La Corte, con anterioridad a la audiencia, también había recibido por escrito la declaración testimonial de tres testigos, uno, **Rafael Odreman**, presentado por mis representantes, y dos, **Luis Fernando Damiani Bustillos** y **Santa Palella Stracuzzi**, presentados por el Estado. Igualmente recibió por escrito la declaración de tres peritos: dos, **Antonio Canova** y **Carlos Tiffer**, designados por mis representantes, y uno, **José Jonathan Zeitune**, designado por la Comisión Interamericana de Derechos Humanos.

La Corte Interamericana, también recibió muchos *Amicus curiae* presentados en apoyo de consideraciones jurídicas del caso, por las siguientes personas e instituciones: **José Alberto Álvarez, Renaldy Gutiérrez, Francisco Saenger** y **Dante Figueroa**, por la *Inter-American Bar Association*; **Baroness Helena Kennedy QC** y **Stenford Noyo**, por el *International Bar Association's Human Rights Institute*; **Werner F. Ahlers, Andrew L. Frey, Allison Levine Stillman, Tiasha Palikovoic, Gretta L. Walters, Werner F.Ahlers** por la *Association of the Bar of the City of New York*; **Leo Zwaak, Diana Contreras-Gudiño, Lubomina Kostova, Tomas Königs, Amick Pijnengurg** por *The Netherlands Institute of Human Rights*; **Humberto Prado**, por las *Comisiones de Derechos Humanos de la Federación de Colegios de Abogados de Venezuela*; profesores **Rafael Chavero, Juan Domingo**

Alfonso, José Vicente Haro, Jesús María Alvarado Andrade, Ricardo Antella Garrido, Jorge Kariakiris Longhi, Luis Herrera Orellana, Carlos Ayala Corao, Gustavo Linares, Laura Louza, Román J. Duque Corredor, Gerardo Fernández, José A. Muci Borjas, Oscar Ghersi Rossi, Freddy J. Orlando, Andrea Isabel Rondón, Carlos Weffe H., Enrique Sánchez Falcón, Henrique Meier, Humberto Najim, Alberto Blanco Uribe, Carlos E. Herrera, Armando Rodríguez, Flavia Pesci Feltri, Gustavo Tarre Briceño, Ana Elvira Araujo, Rogelio Pérez Perdomo, Serviliano Abache, José Ignacio Hernández, Tomás Arias Castillo, José Miguel Matheus, Antonio Silva Aranguren, Gustavo Urdaneta T., Daniela Urosa Maggi, Juan Manuel Raffalli, Marco Antonio Osorio, Ninoska Rodríguez, Manuel Rojas Pérez del *Grupo de Profesores de Derecho Público de Venezuela*; profesor **Enrique Rojas Franco** por la *Asociación e Instituto Iberoamericano de Derecho Público y Administrativo, Profesor. Jesús González Pérez*; profesores **Jaime Rodríguez Arana, José Luis Meilán Gil, José Luis Benavides, Javier Barnes, José Coviello** del *Foro Iberoamericano de Derecho Administrativo*; profesores **Libardo Rodríguez, Luciano Parejo Alfonso, Marta Franch, Miriam Ivanega, Diana Arteaga, Jorge Silvero Salgueiro, Gladys Camacho Cepeda, Giusseppe Franco Ferrari, Juan Francisco Pérez Galves** de la *Asociación Internacional de Derecho Administrativo*; profesor **José René Olivos Campos**, por la *Asociación Mexicana de Derecho Administrativo*; profesor **Olivo Rodríguez**, por la *Asociación Dominicana de derecho Administrativo*; profesora **Ana Giacomette**, por el *Centro Colombiano de Derecho procesal Constitucional*; profesor **Rubén Hernández**, por la *Asociación Costarricense de Derecho Constitucional*; profesor **Asdrúbal Aguiar** por el *Observatorio Iberoamericano por la Democracia*; y los profesores **Amira Esquivel, Víctor Hernández Mendible; Jorge Luis Suárez; Luis Enrique Chase Plate, Eduardo Jorge Pratts, Pablo González Colautoro y Henry R. Henríquez Machado**.

Después de haber experimentado en carne propia lo que es la búsqueda de justicia ante un tribunal internacional, porque en el propio país de uno no la encuentra, y más bien el aparato judicial se utiliza para perseguir políticamente, el objetivo de esta trabajo y libro es dejar expresada para la historia -para mi historia si se quiere- mi propia apreciación del proceso desarrollado ante la Corte Interamericana y, en particular, sobre las incidencias ocurridas en la audiencia pública de los días 3 y 4 de septiembre de 2013, sobre las declaraciones y escritos presentados ante la misma, y sobre la sentencia dictada; consideraciones que he redactado, por supuesto, no sólo como víctima en el proceso, sino inevitablemente como abogado que soy, aun cuando no haya sido yo mi propio abogado en el caso. Mis abogados, en realidad, fueron los destacados profesionales que conformaron el extraordinario equipo que me acompaño, a quienes quiero aquí una vez más agradecer su desinteresado apoyo, al igual que a todos los otros profesionales y amigos que en una forma u otra me ayudaron y colaboraron con el desarrollo del proceso.

Debo mencionar ante todo a mis abogados defensores en el proceso en Venezuela, el profesor **León Henrique Cottin,** destacado procesalista, mejor amigo, quien fue mi alumno y a quien he considerado desde ya hace décadas como el abogado más completo del país, y el doctor **Rafael Odreman**, destacado penalista, quien me dio una base de seguridad y visión seria del mundo procesal penal, que yo no conocía, tan distinto al que se percibe por los no especialistas en ese campo. Ambos, además declararon como testigos ante la Corte Interamericana. Interminables horas, días y semanas y dedicaron a asistirme en el juicio en Venezuela, lo que significó, además, estoy seguro, muchas horas de angustia al constatar progresivamente, a medida que avanzaba el proceso, que estaban actuado en uno que estaba amañado, y cuyo único propósito era no precisamente juzgarme, porque nada había realmente que juzgar, sino perseguirme y privarme de libertad, para quizás mantenerme *sine die* privado de libertad, como ha hecho el régimen con los disidentes que apresa, para escarnio de todos los abogados que osaran dar su opinión contra el régimen e incluso ejercer la profesión en asuntos que en alguna forma tocaran el poder.

El equipo de mis representantes en el proceso la Comisión Interamericana de Derechos Humanos y ante la Corte Interamericana de Derechos Humanos, realmente creo que no pudo ser mejor, integrado por el profesor **Pedro Nikken,** ex Decano de la Facultad de Derecho de la Universidad Central de Venezuela ; ex Presidente de la Corte Interamericana de Derechos Humanos; ex Presidente de la Comisión Internacional de Juristas y ex Presidente del Instituto Interamericano de Derechos Humanos; el profesor, **Claudio Grossman,** Decano de la American University School of Law, Washington, antiguo miembro de la Comisión Interamericana de Derechos Humanos, y presidente del Comité contra la Tortura de las naciones Unidas; el profesor **Juan E. Méndez,** antiguo miembro de la Comisión Interamericana de Derechos Humanos, ex Director del Instituto Interamericano de Derechos Humanos, y Relator Especial contra la Tortura, Naciones Unidas; el profesor **Douglas Cassel,** de la Facultad de la Notre Dame Law School, Notre Dame Presidential Fellow, y miembro del Kellogg Institute for International Studies y del Kroc Institute for International Peace Studies; el profesor **Héctor Faúndez Ledezma,** de la Facultad de Derecho de la Universidad Central de Venezuela, director del centro de Derechos Humanos de la misma Universidad; y el jurista **Helio Bicudo,** distinguido académico del Brasil. Todos conformaron lo que sin duda puede calificarse como un excepcional e inmejorable equipo, por lo que a todos les quiero aquí agradecer de nuevo su ayuda, apoyo y amistad. Todos contamos, además, con la guía experta del profesor **Pedro Nikken**, quien además, y más importante aún, ha sido mi socio y amigo durante varias décadas, a quien también quiero agradecer su invalorable asistencia.

Mi agradecimiento también al profesor **Antonio Cánova**, destacado administrativista venezolano, al profesor **Carlos Tiffer**, destacado procesalista costarricense, y al destacado penalista venezolano **Jesús Ollarves Irazábal,** por haber aceptado comparecer ante la Corte en calidad de peritos. Sus exposiciones y trabajos fueron invalorables y esclarecedores. Mi agradecimiento igualmente al profesor **Enrique Gimbernat**, destacado penalista español, quien preparó dos opiniones jurídicas completísimas sobre la violación masiva de mis derechos y garantías en el proceso en Venezuela, al profesor **Alberto Arteaga Sánchez** destacado penalista venezolano, por sus dictámenes jurídicos tanto en 2002 como 2008; y al profesor **Rafael Chavero**, destacado administrativista venezolano, también por su valiosísimo dictamen de 2007. Todos ellos, además, junto con el profesor **Domingo García Belaúnde**, destacado constitucionalista peruano, aceptaron que mis representantes los propusieran ante la Corte Interamericana como expertos, aun cuando algunos de ellos no fueran aceptados por la misma. Igualmente, mi agradecimiento a todas las instituciones y destacados colegas que presentaron sendos escritos de *Amicus curiae* ante la Corte Interamericana, antes mencionados, con consideraciones jurídicas importantísimas sobre todos los asuntos debatidos.

Igualmente mi agradecimiento al destacado abogado costarricense **Víctor Rodríguez Rescia**, por sus oportunos y sabios consejos, y a las profesoras **Claudia Nikken**, **Caterina Balasso** y **Flavia Pesci Feltri**, mis muy apreciadas alumnas y colaboradoras en *Baumeister & Brewer*, por toda la ayuda y asistencia que nos prestaron, en Caracas y en San José, antes y en los días de la audiencia; al igual que mi especial agradecimiento a mis secretarias **Arelis Torres** y **Francis Gil** por la toda la asistencia que nos prestaron en este caso.

El trabajo fue de equipo; y de un gran e inmejorable equipo. Yo he sido de nuevo un privilegiado en haber podido contar con la ayuda y amistad de todos.

Cuando recibí la noticia de la sentencia de la Corte Interamericana, estaba seguro de que a todos ellos, como a mis familiares y amigos, la misma los iba a sorprender y golpear. Por ello, apenas recibí la noticia de la publicación de la sentencia, desde Praga, donde me encontraba, les envié un email a todos, informándoles, para que no los tomara por sorpresa, de la publicación de la sentencia, indicándoles que con ella "la Corte se negó a considerar mis denuncias de violación de mis derechos y garantías judiciales por el Estado Venezolano, excusándose, para ello, en aceptar la excepción preliminar que planteó el Estado de que yo debía haber agotado los recursos internos, a pesar de que lo hicimos, antes de acudir a la protección internacional, indicándoles además que:

> La sentencia, en definitiva, en mi caso, **indica que para pedir protección internacional yo debía haberme sometido a *una justicia que no es Justic*ia, o sea, entregarme a mis perseguidores y perder mi libertad, para en definitiva no obtener justicia u obtener la de los jueces del horror.**

> Con la sentencia, además, **la Corte Interamericana se negó a examinar y a juzgar sobre la situación del Poder Judicial en el país, y sobre la inutilidad en este caso de la exigencia de agotar inexistentes recursos internos que pudieran ser efectivos.**

Por mi parte, se trata de una adversidad más, que enfrento como tantas otras, con el lema de siempre:

¡¡Adelante!! ¡¡Ahora es cuando!!

O como lo expresó en 1918, Joaquín V. González, fundador de la Universidad de la Plata, en la cita de un discurso suyo que he hecho mía y que está en las últimas páginas de este trabajo (pp. 350-351):

"ya veis que no soy un pesimista ni un desencantado, ni un vencido, ni un amargado por derrota ninguna: a mí no me ha derrotado nadie; y aunque así hubiera sido, la derrota sólo habría conseguido hacerme más fuerte, más optimista, más idealista; porque los únicos derrotados en este mundo son los que no creen en nada, los que no conciben un ideal, los que no ven más camino que el de su casa o su negocio, y se desesperan y reniegan de sí mismos, de su patria y de su Dios, si lo tienen, cada vez que les sale mal algún cálculo financiero o político de la matemática de su egoísmo. Trabajo va a tener el enemigo para desalojarme a mí del campo de batalla" !!

Demás está decir que las opiniones y apreciaciones contenidas en este trabajo, que aquí se publica, en un todo son de mi exclusiva responsabilidad, por lo que no comprometen en forma alguna a los destacados abogados que me representaron tan bien en los procesos judiciales tanto en Venezuela como ante la Corte Interamericana.

New York, 26 de agosto de 2014

PRIMERA PARTE

MARCO GENERAL DEL PROCESO PENAL SEGUIDO INJUSTAMENTE EN VENEZUELA CONTRA ALLAN R. BREWER-CARÍAS POR EL DELITO POLÍTICO DE REBELIÓN

1.   El proceso que se desarrolló ante el Sistema Interamericano de Derechos Humanos, primero ante la Comisión Interamericana de Derechos Humanos y luego ante la Corte Interamericana de Derechos Humanos conocido como caso N° 12.724, *Allan R. Brewer-Carías vs. Venezuela*, originó la sentencia N° 277 de 26 de marzo de 2014,[1] mediante la cual la Corte Interamericana, protegiendo al Estado, declinó entrar a conocer y decidir sobre las gravísimas violaciones cometidas por dicho Estado contra mis derechos y garantías judiciales en el proceso penal desarrollado en mi contra en Venezuela desde 2005. La Corte Interamericana consideró que en el caso había habido de mi parte y de mis abogados, una supuesta "**falta de agotamiento de recursos internos,**" por lo que decidió archivar el expediente, absteniéndose a juzgar el fondo de lo debatido. Dicho proceso ante la Corte Interamericana se originó por denuncia que se formuló en enero de 2007 ante la Comisión Interamericana, por las **violaciones a mis derechos a la defensa, a ser oído, a la presunción de inocencia, a ser juzgado por un juez imparcial e independiente, al debido proceso judicial, a seguir un juicio en libertad, a la protección judicial, a la honra, a la libertad de expresión, incluso al ejercer su profesión de abogado, a la seguridad personal y a la circulación y a la igualdad y no discriminación**, consagrados en los artículos 44. 49, 50, 57 y 60 de la Constitución de Venezuela y de los artículos 1.1, 2, 7, 8.1, 8.2, 8.2.c, 8.2.f, 11, 13, 22, 24 y 25 de la Convención Americana sobre Derechos Humanos cometidas en mi contra por agentes del Estado venezola-

---

1   Véase en http://www.corteidh.or.cr/docs/casos/articulos/seriec_278_esp.pdf Véase el texto de la sentencia y del Voto Conjunto Negativo en el *Anexo I* (páginas 367 a 432) y el *Anexo II* (páginas 433 a 477) de este libro

no con ocasión del juicio penal que se desarrolló en mi contra en Venezuela desde 2002, y específicamente desde enero de 2005.

2.   Admitida la denuncia por la Comisión interamericana, la misma sí decidió, mediante Informe de Fondo N° 171/11 de 3 de noviembre de 2011, someter el caso ante la Corte Interamericana, y esta, tres años después, el 26 de mayo de 2014, simplemente decidió no conocer de las denuncias, sacrificando la justicia para proteger al Estado, violando mi derecho de acceso a la justicia.

3.   Las violaciones denunciadas a mis derechos y garantías, ocurrieron en dicho proceso penal que fue iniciado en mi contra en Venezuela por el solo hecho de haber dado una opinión jurídica, como abogado, incluso en sentido contrario a lo que se resolvió en el llamado "decreto de gobierno de transición democrática" emitido por el Dr. Pedro Carmona el 12 de abril de 2002, luego de que los militares integrantes del Alto Mando Militar del presidente Hugo Chávez Frías anunciaron al país que le habían solicitado la renuncia y que éste la había aceptado. Por ello se me acusó de "" conspirar para cambiar violentamente la Constitución," y se me persiguió implacablemente mediante el uso del aparato judicial del Estado, estigmatizándome como enemigo interno.

4.   Como lo apreciaron con exactitud los profesores **Pablo Ángel Gutiérrez Coilantuono** y **Henry Rafael Henríquez Machado** en el *Amicus curiae* que presentaron ante la Corte Interamericana el 3 de septiembre de 2013, mi:

"participación en estos eventos, según consta en los documentos llevados en el juicio ante los tribunales de su país, al igual que en los documentos que constan en la jurisdicción internacional, se limitó a la emisión de una opinión jurídica sobre la inconstitucionalidad de una serie de actos que serían llevados a cabo a raíz del lamentable golpe de Estado, momento en el que el profesor Brewer-Carías declaró éstos contrarios a la Constitución y a la Carta Democrática Interamericana.

De acuerdo a los planteamientos presentados por la víctima en sus escritos ante la CIDH, la persecución penal iniciada en su contra se debe no sólo al ejercicio de su profesión de abogacía y haber expresado su opinión legal sobre el mencionado decreto, sino por haber expresado públicamente su opinión crítica al gobierno, al afirmar que éste había incurrido en violaciones a preceptos de la Carta Democrática Interamericana, y comentar sobre el contenido de la norma constitucional que regula la desobediencia civil en Venezuela, considerándose su persecución como una violación a la Convención Americana sobre Derechos Humanos."

5.   El proceso penal que se inició entonces en mi contra, tuvo su origen, luego de los hechos de abril de 2002 conforme a los cuales los militares miembros del Alto Mando Militar removieron de su cargo al Presidente de la

República al pedirle la renuncia, "la cual aceptó";[2] al presentarse por un militar activo, oficial del Ejército, el coronel **Ángel Alberto Bellorín,** una denuncia ante el Fiscal General de la república el 22 de mayo de 2002, "por orden del alto gobierno" según me lo expresó quien se atribuyó la autoría material del texto de la denuncia; militar quien, precisamente, acudió además como testigo ante la Corte Interamericana. Con la denuncia, dicho militar buscaba involucrar, sin fundamento alguno, a un grupo de civiles en un hecho que había sido de naturaleza exclusivamente militar.

6.   Para ello el militar denunciante basó su denuncia exclusivamente en "recortes de prensa" y en videos contentivos de opiniones de periodistas, todas referidas a unos hechos que ninguno de ellos había presenciado, y que fueron exclusivamente de carácter militar, como fue la anunciada renuncia del Presidente de la República a solicitud de su Alto Mando Militar, y los actos que de ello derivaron. La denuncia del oficial del Ejército no sólo fue presentada en mi contra, sino también en contra de otros civiles, entre los cuales estaba la profesora Cecilia Sosa Gómez, ex Magistrada de la antigua Corte Suprema de Justicia, y el profesor Carlos Ayala Corao, distinguido constitucionalista especialista en materia de derechos humanos en el Continente.

7.   Durante todo el proceso penal que se desarrolló a partir de la denuncia de **Bellorín** en mayo de 2002 hasta que se dictó una Ley de Amnistía de diciembre de 2007, mediante la cual se despenalizaron los hechos relativos a los sucesos de abril de 2002, ocupó el cargo de Fiscal General de la República el abogado **Isaías Rodríguez,** de manera que fue durante su mandato, no sólo que él mismo recibió la denuncia del coronel **Bellorín,** sino cuando tres años después de introducida dicha denuncia, la Fiscal provisoria Sexta, **Luisa Ortega Díaz,** hoy Fiscal General de la República en sustitución de **Rodríguez,** y entonces una de sus subalternas, concretó el proceso con la imputación que formuló en mi contra el 27 de enero de 2005, y poco tiempo después, contra los profesores Sosa Gómez y Ayala Corao; imputación basada también en los mismos recortes de prensa y videos con opiniones de periodistas que había consignado el denunciante oficial militar **Bellorín.** La imputación fiscal, en realidad fue una copia fiel y ciega de la denuncia del militar, sin elementos adicionales que pudieran darle sustento.

8.   Desde el inicio el proceso se violaron todas las reglas elementales del debido proceso, y ello tuve oportunidad de expresarlo de viva voz ante la *XLI Conferencia de la Federación Interamericana de Abogados* que se celebró en Buenos Aires, el 29 de junio de 2005, oportunidad en la cual los destacados abogados del Capítulo venezolano de la Federación habían solici-

---

2   Véase sobre esos hechos: Allan R. Brewer-Carías, *La crisis de la democracia venezolana. La Carta Democrática Interamericana y los sucesos de abril de 2002*, Los Libros de El Nacional, Colección Ares, Caracas 2002.

tado un espacio para ello. Dije entonces en aquella oportunidad, cinco meses después de formulada la imputación fiscal en mi contra, lo siguiente:

"Quiero comenzar agradeciendo a la Presidenta de la Federación Interamericana de Abogados por la oportunidad que me ha dado para dirigirme a Ustedes, así como agradecer al Profesor **David Halperin**, de Argentina, por sus generosas palabras de presentación, a los doctores **Arturo de Sola** y **J. Sarmiento Sosa** del Capítulo Venezolano de esta Federación, y al doctor **Rafael Veloz**, representante de la Federación de Colegios de Abogados de Venezuela por el apoyo que me han dado a los efectos de poder expresarles algunos problemas que confronta el ejercicio de la abogacía en Venezuela, particularmente ante la violación del principio de la presunción de inocencia por parte del Ministerio Público de mi país. Tengo el privilegio de que además me acompañen en este momento el profesor **Fortunato González**, Presidente de la Asociación Venezolana de Derecho Constitucional y el Profesor **Asdrúbal Aguiar**, ex Juez de la Corte Interamericana de Derechos Humanos.

Les hablo como abogado, ya con 43 años de ejercicio profesional, en nombre de los abogados venezolanos que están siendo objeto de persecución política de diversa naturaleza, dada la tendencia del gobierno actual y de sus autoridades a criminalizar la disidencia, particularmente con ocasión de los sucesos ocurridos el pasado mes de abril de 2002.

Como seguramente Ustedes recordarán, la anunciada renuncia del Presidente de la República por parte del Jefe de su Alto Mando Militar en la madrugada del día 12 de abril de 2002, provocó una aguda crisis de gobierno, con motivo de lo cual, en mi condición de abogado, fui llamado en esa misma madrugada (a cuyo efecto se me fue a buscar a mi casa), a los efectos de solicitárseme que diera una opinión jurídica sobre un proyecto de decreto de constitución de un gobierno de transición que ya estaba redactado, y que se le había entregado al Sr. Pedro Carmona, quien fue la persona que había requerido mi opinión jurídica.

Aun cuando estuve escasas horas (aproximadamente 3 horas) en el lugar de los acontecimientos (Fuerte Tiuna), pero me pude hacer una idea del contenido de dicho documento, el cual era evidentemente contrario a la Constitución, pues con él se pretendía disolver los Poderes constituidos. Lamentablemente no pude expresarle en esas horas de la madrugada mi opinión al Sr. Carmona, por lo que intenté hacerlo durante horas del mediodía del mismo día, en el Palacio de Gobierno, lo cual tampoco fue posible. En consecuencia, me retiré del lugar, a cuyo efecto es bueno recordar que conforme a Código de Ética del Abogado, a los abogados se nos garantiza no sólo el derecho de rechazar asuntos contrarios a nuestras convicciones personales, incluso políticas, sino también a rechazarlos sin siquiera exponer las razones que tuviéremos para ello.

Sin embargo, mi opinión contraria y adversa al mencionado documento se la pude dar al Sr. Carmona al final de la tarde de ese mismo día, cuando me llamó por teléfono antes del acto en el cual se leería dicho decreto de constitución del gobierno de transición; acto en el cual no estuve presente.

Esa fue toda mi actuación como abogado en ese caso. Sin embargo, en enero de este año 2005, al igual que varios otros abogados, he sido imputado por el Ministerio Público venezolano por el delito de conspiración y rebelión, que castiga a quienes se ponen de acuerdo para cambiar violentamente la Constitución, por supuestamente haber participado en la redacción del mencionado decreto de gobierno de transición, cuando a lo que me limité como abogado fue a dar una opinión jurídica, inclusive adversa, respecto de dicho documento. La imputación fiscal se formuló, por supuesto, sin prueba alguna, solo basada en recortes de prensa -óigase bien-, en recortes de prensa contentivos de artículos de opinión de periodistas -no de noticias-, en los cuales sólo expresaron conjeturas, suposiciones, opiniones o chismes que derivaron del solo hecho de mi presencia en los lugares mencionados.

Los periodistas han sido citados ante le Ministerio Público y todos han confirmado que sus dichos son sólo eso, dichos, ya que ninguno fue testigo presencial de nada de lo que dijeron.

En Venezuela existe un sistema procesal penal de tipo acusatorio, conforme al cual dada la garantía constitucional de la presunción de inocencia, corresponde al Ministerio Público la carga de la prueba de los hechos que pretende imputar a una persona. Por ello, el artículo 8 del Código Orgánico Procesal Penal dispone que "Cualquiera a quien se le impute la comisión de un hecho punible tiene derecho a que se le presuma inocente y a que se le trate como tal, mientras no se establezca su culpabilidad mediante sentencia firme"; norma que al consagrar la presunción de inocencia responde a la garantía constitucional establecida en el artículo 49,2 de la Constitución de la República Bolivariana de Venezuela, que también señala que "Toda persona se presume inocente mientras no se pruebe lo contrario".

Estas normas condicionan uno de los principios más elementales del proceso penal, que implica que en cuando la fase preparatoria del proceso penal se inicia con una denuncia, la función del Ministerio Público es comprobar lo denunciado, a los efectos de determinar la existencia de un supuesto delito y de establecer las personas supuestamente participantes en el mismo. Por tanto, la primera comprobación que el Ministerio Público debe acometer en la fase preparatoria a través de la investigación penal incluso antes de que un hecho pueda ser penalmente imputado, es la tendiente a establecer la existencia misma del hecho denunciado, y si así es, determinar si realmente el mismo es constitutivo del delito, como hecho típico, antijurídico y culpable. Y una vez determinada la existencia real del hecho denunciado y su carácter delictual, es que entonces debería procederse a establecer la participación de las personas en el hecho, a fin fundamentar la imputación. De manera que una imputación sólo debería tener lugar cuando existan un conjunto de "elementos de convicción" que relacionen una determinada persona con el hecho delictivo, a fin de poderla incriminar.

En este caso nada de ello ha ocurrido, y en lo único que se ha fundamentado la ciudadana Fiscal para imputar la presunta comisión de un delito, como se dijo, ha sido en opiniones (no noticias) de periodistas contenidas en artículos de opinión (recortes de prensa), que contienen historias falsas, pero que el Ministerio Público considera que son "elementos de convicción" del delito de rebelión. Como se ha dicho, conforme a la garantía constitucional de la presunción de inocencia, corresponde al Ministerio Público probar la culpabilidad del imputado, de manera que incluso éste no está obligado legalmente a probar su inocencia. Esta se presume, por lo que la carga de la prueba en el proceso penal corresponde al Ministerio Público, quien debe probar sus imputaciones y para ello tiene necesariamente que aportar las pruebas pertinentes.

Sin embargo, en una forma asombrosamente inconstitucional, el Ministerio Público en Venezuela, en este caso, ha pretendido invertir la carga de la prueba, lo cual ha sido confesado por la Fiscal que lleva el caso en un escrito presentado ante el respectivo Juez de Control a comienzos de este mes de junio, en el cual ha expuesto el sentido y la orientación que le ha dado y le está dando a la investigación fiscal que adelanta en relación con los sucesos de abril de 2002, pretendiendo que sean los imputados los que tienen que probar que no cometieron delito, cuando en el sistema venezolano es el Ministerio Público y solamente el Ministerio Público, el órgano obligado a probar los hechos que imputa a cualquier ciudadano.

En el mencionado escrito, presentado a comienzos de este mes de junio de 2005, la Fiscal del Ministerio Público, con ocasión del reclamo que ha formulado uno de los imputados, el Dr. Carlos Ayala Corao, sobre la necesidad de aclaración de la imputación, ha dicho entre otras cosas, que la imputación hecha por ella cumple con los requisitos de ley:

> *...por lo que **en todo caso corresponde a la defensa del mismo desvirtuar** ¿porqué (sic) se supone que no conspiró? ¿Las razones por las cuales acompañó al ciudadano Allan Brewer Carías el día de los hechos? ¿Cuáles fueron sus objeciones y oposiciones a la redacción al decreto por medio del cual se suprimieron las instituciones democráticas? ¿porqué (sic) no fue redactor del decreto? ¿qué hacía en el Palacio de Miraflores en compañía del ciudadano Allan Brewer Carías horas antes de darse la lectura al decreto de gobierno defacto?. La falta de respuesta y pruebas para desvirtuar la sospechas fundadas que tienen el Ministerio Público, acerca de su participación en la redacción del decreto, son las razones por las cuales se considera innecesario hacer una ampliación de la imputación, por cuanto en criterio del Ministerio Público no han demostrado que no participó, sólo se*

28

han dedicado a plantear recursos temerarios que se traducen en dila-
ciones indebidas ... "

De lo anterior se deduce, por tanto, que en la investigación penal que adelanta el Ministerio Público contra todos los imputados en el caso, nada más ni nada menos, que en criterio de la representación fiscal corresponde a la defensa de los imputados desvirtuar la imputación hecha, es decir, que corresponde a los imputados desvirtuar la sospecha que el Ministerio Público tiene de que supuestamente competieron algún delito. En otras palabras, la representación fiscal ha confesado ante el Juez de Control que no cumple ni cumplirá con su obligación de probar lo que imputa, pretendiendo invertir la carga de la prueba, y que entonces sean los imputados quienes prueben que no cometieron el delito que ella sospecha que cometieron, buscando incluso que los imputados sean quienes demuestren que no hicieron lo que ella imputa que hicieron, sin prueba alguna, sólo basándose en sospechas derivadas de chismes periodísticos.

El Ministerio Público en Venezuela simplemente se ha olvidado de sus obligaciones constitucionales y legales, violando abierta y groseramente el derecho constitucional a la presunción de inocencia que garantizan a todas las personas el artículo 49,2 de la Constitución y el artículo 8 del Código Orgánico Procesal Penal, y ello es imperdonable. Es simplemente inadmisible en derecho, que el Ministerio Público pretenda en este caso desligarse de las obligaciones constitucionales y legales que le imponen la ineludible necesidad de probar los supuestos hechos que imputa a diversos ciudadanos, y pretenda que sean los imputados quienes tengan la necesidad y obligación de probar que no cometieron los delitos que sin base alguna, sospecha que cometieron.

Insisto en señalar ante Ustedes, que conforme al sistema acusatorio, a los imputados no les corresponde la carga de la prueba de no haber cometido los hechos que el Ministerio Público les imputa. Es falso en derecho que corresponda a la defensa de los imputados desvirtuar lo que el Ministerio Público ha imputado o que le corresponda a los imputados desvirtuar las sospechas que pueda tener acerca de determinados hechos. Particularmente en este caso, la representación fiscal pretende que los imputados prueben que no participaron en la redacción del decreto del llamado gobierno de transición, cuando es el Ministerio Público y sólo el mismo quien tiene que probar que los imputados cometieron el delito de rebelión, y entre otras cosas que supuestamente habrían participado en la redacción de tal decreto, y más aún cuando ello ha sido negado los imputados, quienes en todo caso, están exentos de probar el hecho que han negado.

Estoy seguro que Ustedes, como abogados, tendrán el mismo asombro que yo he tenido ante esta actuación del Ministerio Público en Venezuela, que no sólo lesiona el derecho al libre ejercicio de la abogacía, sino el derecho constitucional al ejercicio de la presunción de inocencia.

Consideré mi deber exponer esta situación ante Ustedes, y agradezco de nuevo la oportunidad que me han dado para ello."

9. Lo anterior pone en evidencia cómo a los pocos meses de concretado el proceso penal en mi contra en la imputación fiscal que se me había formulado en enero de 2005, ya se habían cometido una serie de violaciones a mis derechos y garantías judiciales que ameritaban la declaración de nulidad absoluta de todo lo actuado. Para comprobar nuestra apreciación, requerimos de un abogado experto extranjero un dictamen objetivo del caso, a quien le pasamos la copia que yo y mis abogados habíamos hecho del expediente. Y así recibimos un excelente Dictamen que elaboró el profesor español y destacado penalista **Enrique Gimbernat,** que fue de enorme importancia, corroborando nuestra apreciación. Para hablar con él, explicarle el caso y requerirle su opinión, recuerdo el viaje hice con **León Henrique Cottin** a Santiago de Chile, pues allí estaba **Gimbernat** asistiendo a un Congreso académico. En su dictamen, luego de estudiado el caso, dio cuenta, con todo detalle, de la masiva violación de mis derechos, lo que evidenciaba que haber presentado una acusación en mi contra, con base en todas esas violaciones, no tenía otro propósito que no fuera una simple excusa para privarme de mi libertad. El juicio en sí, para la Fiscalía, no importaba pues nunca se llevaría a cabo, como en efecto así ocurrió, y ha ocurrido en tantos otros casos.

10. Tan evidente resultaron las violaciones, que incluso muchas de ellas fueron confirmadas por los propios testigos que presentó el Estado en la audiencia pública ante la Corte Interamericana del día 3 de septiembre de 2013, que fueron, precisamente, el ahora coronel retirado **Ángel Bellorín,** "autor" de la denuncia, y el ahora ex Fiscal General de la República, **Isaías Rodríguez;** al expresar ambos públicamente ante la Corte, que la base para imputarme y acusarme de un delito político tan grave como era el de rebelión o de "conspiración para cambiar violentamente la Constitución," fueron única y exclusivamente unos "cuentos" provenientes de "recortes de prensa" y videos contentivos de opiniones, comentarios o chismes de varios periodistas.

11. Es decir, se me acusó de "conspirar" para cambiar "violentamente" la Constitución de mi país, sin mencionarse en forma alguna quienes habían sido los otros supuestos "conspiradores" con quienes me habría supuestamente "reunido" a conspirar (como delito colectivo, no se puede imputar el hecho a una sola persona) y más grave aún, sin mencionarse en qué consistió la "violencia" ejercida, o qué arma habría yo usado, pues la única que he tenido ha sido la escritura el verbo; y todo, porque unos periodistas que no habían estado en el lugar de los supuestos hechos, simplemente lo comentaban o especulaban.

12. Todo ello lo reconocieron los testigos del Estado en sus exposiciones en la audiencia ante la Corte Interamericana, es decir, el denunciante de los hechos y el acusador fiscal, admitieron que la denuncia y acusación en mi contra se hizo única y exclusivamente con base en "un cuento," como el propio **Isaías Rodríguez** lo calificó ante la Corte, y allí mismo confesó que él, como Fiscal General, lo recogió en un libro de su propia autoría titulado *Abril comienza en Octubre* (Caracas septiembre 2005), que publicó precisamente cuando ejercía el cargo de Fiscal General de la República; atribuyéndose la calidad de "poeta." En dicho libro, en efecto, **Rodríguez** confesó ante la Corte Interamericana que él se había copiado una de las opiniones de periodistas que estaban en la denuncia que le había entregado personalmente el coronel **Bellorín** en mayo de 2002, la del periodista Rafael Poleo, a quien los otros periodistas a su vez se copiaron y repitieron; y que precisamente había usado su subalterna, la Fiscal provisoria Sexta, **Luisa Ortega Díaz**, para imputarme en enero de 2005. Todos ellos, sin verificar, dieron por cierta dicha opinión periodística contenida en los recortes que les entregó **Bellorín**, y uno de ellos se lo copió la Fiscal en su imputación fiscal y el Fiscal general en su libro.

13. Lo cierto, en todo caso, es que el libro del Fiscal General salió publicado después de que su subalterna, la Fiscal provisoria Sexta, **Luisa Ortega Díaz**, ahora Fiscal General de la República, ya me había imputado con base en los mismos "recortes de prensa" que él se había copiado indebidamente del expediente; pero antes de que la misma Fiscal provisoria Sexta procediera a acusarme, sin duda siguiendo ya entonces las instrucciones u orientaciones que el Fiscal General, como Jefe del Ministerio Público, le habría dado o sugerido, igualmente con base en los mismos recortes de periódicos y videos, incluyendo los que se había copiado y publicado en su libro.

14. Dicha acusación fiscal en mi contra la introdujo la Fiscal provisoria Sexta **Ortega Díaz** en octubre de 2005, incluso solicitando se dictase una medida de privación de libertad en mi contra, encontrándome yo en ese momento fuera de Venezuela, cumpliendo compromisos académicos. Fue elemental, que ante la parodia judicial que ya había vivido, el que decidiera por prudencia retrasar mi regreso al país, esperando que el juez decidiera la solicitud de nulidad absoluta o amparo penal que mis abogados defensores, **León Henrique Cottin** y **Rafael Odreman** habían intentado en noviembre de 2005, el cual sin embargo, jamás se decidió.[3]

15. Ante las masivas violaciones a mis derechos y garantías constitucionales y convencionales, en enero de 2007, mis representantes formularon ante la Comisión Interamericana de Derechos Humanos, la denuncia de violación masiva de los mismos por parte de los agentes del Estado venezolano, iniciándose el proceso ante el Sistema Interamericano de protección de los Derechos Humanos, hasta que el 3 de noviembre de 2011, la Comisión decidió admitir el caso N° 12.724, *Allan R. Brewer-Carías vs. Venezuela*, adoptando el Informe de Fondo N° 171/11 de la misma fecha, el cual fue hecho del conocimiento de mis representantes el 7 de diciembre de 2011.

---

3   Véase el texto de dicha solicitud de nulidad o amparo penal interpuesto conjuntamente con la respuesta a la acusación fiscal en Allan R. Brewer-Carías, *En mi propia defensa, Respuesta preparada con la asistencia de mis defensores Rafael Odreman y León Enrique Cottin contra la infundada acusación fiscal por el supuesto delito de conspiración*, Colección Opiniones y Alegatos Jurídicos N° 13, Editorial Jurídica venezolana, Caracas 2006

16. Con posterioridad, en fecha 7 de marzo de 2012, la Comisión sometió el caso ante la Corte Interamericana de Derechos Humanos, formalizándose el litigio contra el Estado mediante la demanda que mis representantes introdujeron ante la Corte en día 7 de julio de 2012 mediante *Escrito de Solicitudes, Argumentos y Pruebas*. El proceso judicial ante la Corte se desarrolló conforme a las normas que rigen el procedimiento, habiéndose fijado los días 3 y 4 de septiembre de 2013 para la realización de la Audiencia Pública. Posteriormente, como lo exigió la Corte, el 4 de octubre de 2013, mis representantes presentaron ante la Corte, los *Escritos de Conclusiones y Alegatos Finales*.

17. Debo decir, de entrada, que como profesor de derecho me había ocupado del tema de la protección internacional de los derechos humanos cuando los mismos son violados por los Estados, y las víctimas no encuentran la protección judicial debida en sus respectivos países. Incluso, a mí me correspondió proponer ante la Asamblea Nacional Constituyente de 1999, como Constituyente, el texto del artículo 31 de la Constitución en el cual se dispone que "toda persona tiene derecho, en los términos establecidos en los tratados, pactos y convenciones sobre derechos humanos ratificados por la república, a dirigir peticiones o quejas ante los órganos internacionales creados para tales fines, con el objeto de solicitar el amparo a sus derechos humanos."[4] Pero lo cierto es que nunca me imaginé que yo mismo iba a estar en la posición de víctima para ejercer ese derecho de acudir ante la Corte Interamericana, declarando ante la misma, clamando por la justicia que Venezuela, mi Estado, el Estado del país donde nací y viví, me ha negado durante hace nueve largos años en el marco de la persecución política que ha desatado en mi contra desde 2005, cuando forzosamente tuve que permanecer fuera del país.

18. Como quedó evidenciado en la audiencia ante la Corte Interamericana del día 3 de septiembre de 2013, el paródico proceso judicial en el cual se violaron masivamente todos mis derechos y garantías judiciales, se inició en mayo de 2002, a la raíz de la antes mencionada denuncia formulada por el coronel activo del Ejercito **Ángel Alberto Bellorín**, quién compareció como testigo ante la Corte Interamericana, la cual él mismo, en mayo de 2002 consignó directamente ante el Fiscal General de la República de la época, **Isaías Rodríguez**, quien también compareció como testigo ante la misma Corte Interamericana. Aquella denuncia del coronel **Bellorín**, como él lo confesó ante la propia Corte, la formuló como militar activo que era del Ejército, con el deliberado y único propósito de involucrar a civiles, algunos de ellos profesores de derecho público en las Universidades de Caracas, en un hecho que había sido exclusivamente militar, porque consideró que hasta ese momento

---

4   Véase Allan R. Brewer-Carías, "Situación internacional sobre los derechos, deberes y garantías constitucionales. (Comunicación dirigida al presidente de la Comisión de Derechos Humanos y presidente y demás miembros de la Comisión Constitucional en la sesión del 03-10-99),"en *Debate Constituyente (Aporte a la Asamblea Nacional Constituyente)*, Tomo II, Caracas 1999, pp. 104 y ss..

sólo se mencionaba en la prensa a unos pocos militares como participantes en una asonada que se insiste fue estrictamente una acción militar, en la cual el Alto Mando Militar del Presidente Hugo Chávez anunció que lo había removido de su cargo al solicitarle a éste su renuncia, "la cual aceptó."

19. La denuncia del coronel **Bellorín** de mayo de 2002, como antes se indicó, sólo se basó en recortes de periódicos de artículos y opiniones de periodistas, y de videos con entrevistas a o de periodistas, donde se comentaban los hechos de abril de 2002, e irresponsablemente se involucraba a civiles en una u otra forma con los mismos, sólo porque así lo comentaban unos periodistas que no habían sido testigos de nada, pero cuidándose el Coronel de no acompañar absolutamente ninguna de las múltiples reseñas de prensa de los desmentidos que yo mismo había formulado en la prensa a partir del día 14 de abril de 2002, incluso en rueda de prensa el día 16 de abril de 2002, en los cuales quedaba aclarada la razón de mi presencia en el lugar de los hechos el 12 de abril de 2002 donde había sido llamado como abogado, para dar una opinión legal.

20. Los "recortes de periódicos" y los videos que presentó el coronel **Bellorín**, excluyendo deliberadamente aquellos con desmentidos y aclaratorias mías, en realidad tenían un objetivo político y militar preciso, obedeciendo sin duda instrucciones expresas tanto de orden militar como gubernamental, que era, como se dijo, la de involucrar a civiles en un hecho militar. Es bien sabido que conforme al régimen jerárquico y disciplinario del Ejército, el status de militar activo está sujeto a instrucciones y autorizaciones, de manera que hasta para cambiar de residencia o incluso casarse, los oficiales requieren de autorización. Por tanto, es inconcebible que una denuncia penal de ese tipo (para involucrar a civiles en un asunto militar) sobre un delito tan grave como el de rebelión, pudiera ser formulada espontáneamente por un oficial activo del Ejército, sin que ello fuera el cumplimiento de una instrucción o del conocimiento de sus superiores y del gobierno. Es decir, nadie puede haberle creído al Coronel **Bellorín** cuando trató de explicar a la Corte Interamericana en su declaración, el sentido en el cual supuestamente él habría actuado, en un acto de tal trascendencia política, diciendo que supuestamente ello había sido "como abogado, como constitucionalista, y como un oficial que *en ese momento veía que le estaban echando toda la culpa únicamente a cuatro militares.*"

21. En todo caso, lo cierto fue que tres años después de la "inocente" denuncia del "jurista" y coronel **Bellorín**, los resultados de la misma dieron sus frutos políticos, y los recortes de prensa y videos que él acompaño a su denuncia, donde sin embargo *no incluyó* los múltiples desmentidos y aclaratorias públicas que yo había dado y que salieron incluso en los mismos periódicos en os cuales él había recortado sus reseñas, contentivos de la rueda de prensa que yo había dado el 16 de abril de 2002, sirvieron para que la misma Fiscal provisoria Sexta, **Luisa Ortega Díaz**, presentara su imputación fiscal en mi contra en enero de 2005. Para ello, dicha Fiscal provisoria, hoy Fiscal

General de la República, simplemente se copió textualmente la "inocente" denuncia de **Bellorín** y formuló su imputación fiscal en mi contra, basada en los mismos recortes de periódicos y en los mismos videos que luego le sirvieron, con igual copia, para la acusación penal que ella misma formuló en mi contra en octubre de 2005, después que su superior jerárquico, el Fiscal General de la República, **Isaías Rodríguez**, se hubiera copiado una de las reseñas de los recortes de prensa del expediente fiscal en el libro de su autoría, condenándome así de antemano, en su condición de jefe del Ministerio Público, de un delito que no cometí y sobre lo cual no había sido juzgado.

22. Lo grave de toda esta parodia fiscal fue que la imputación y la acusación fiscal en mi contra por un delito tan grave como el delito político de rebelión, estuvo basada en "cuentos" periodísticos, los mismos cuentos que estaban en los recortes y videos que consignó **Bellorín** ante el Fiscal General de la República **Isaías Rodríguez**, que éste se copió en su libro, y que fueron usados sin verificación alguna por la entonces Fiscal provisoria Sexta, **Luisa Ortega Díaz**, subalterna entonces de dicho Fiscal General **Isaías Rodríguez**. Todo ello insólitamente lo confesó ante la Corte Interamericana dicho ex Fiscal, en su declaración como testigo, en la audiencia del día 3 de septiembre de 2013, al afirmar que todo lo que contenían dichos recortes de periódicos eran "cuentos," los cuales incluso él se copió en el libro de su autoría editado antes de que su subalterna formulara acusación en mi contra, con base en los mismos cuentos, que salió publicado en septiembre de 2005.

23. En ese libro antes mencionado, titulado *Abril comienza en Octubre*," **Rodríguez** en efecto dijo ante la Corte, que él se copió de uno de los dichos de un periodista, Rafael Poleo -precisamente quien originó la matriz de opinión en mi contra, que se copió su hija y que los otros periodistas repitieron-, afirmando que no se trataba sino de un "cuento" del cual él se hizo eco, como "poeta" que es. Es decir, que la imputación fiscal, su libro, y la acusación en mi contra que siguió a su publicación, como lo confesó **Isaías Rodríguez** de viva voz ante la Corte Interamericana, estaban basados, simplemente, en *cuentos, recuentos u opiniones* dadas por periodistas, a quienes, como él mismo **Rodríguez** lo dijo como testigo ante la Corte, no se les podía siempre creer. Dijo **Isaías Rodríguez** por ejemplo, al responder diversas preguntas que le formuló el profesor **Claudio Grossman**, y quien fue uno de mis representantes, cosas como las que siguen sobre el contenido de su libro, que tenía el mismo fundamento de la acusación en mi contra:

> "*Este es un libro de un cuento*, aquí yo no estoy haciendo imputaciones a nadie. Ni siquiera con esto estoy haciendo un señalamiento expreso contra el Dr. Brewer, simplemente estoy diciendo, Carmona lo contó. *Esto es un cuento*." [...] "Y *quien lea el libro se va a dar cuenta de que es un cuento. Aquí cuento cosas íntimas mías, muy personales*. Esto no es un libro para acusar a nadie." [...] "Recuerden de nuevo esto, *es un libro de memoria*, esto no es un diario que yo llevaba, sino que se me ocurrió realmente *colocar mis emociones aquí*." [...] "Ya hemos

hablado suficientemente de los periodistas, usted lo refirió en su momento, y el Dr. Brewer lo ha afirmado en varias oportunidades, *los periodistas dicen una cosa y uno puede decir otra cosa.*"

24. Luego, dado que el libro del Fiscal General **Rodríguez** salió publicado antes de que su subalterna, la Fiscal provisoria Sexta **Ortega Díaz** presentara su acusación en mi contra basada en los mismos "cuentos" contenidos en recortes de opiniones de periodistas y en su libro, ante la pregunta del profesor **Grossman** sobre si estaba "enterado que la acusación fue posterior a la publicación de su libro en septiembre del año 2005, no anterior"; respondió:

> *"No tengo idea, yo no le he hecho seguimiento a estas cosas, quien lea este libro se va a dar cuenta de que yo soy poeta, muy poco hay aquí de abogado, muy poco hay aquí de político, aquí hay un hombre conmovido con unas emociones que no conocía y que las encontró en ese momento*, hay que leer todo el libro…".

25. Es decir, ese Fiscal General, en esa época Jefe del Ministerio Público, supuestamente no tenía la menor idea de cómo un libro de su autoría podía influir sobre sus subalternos, sobre todo tomando en cuenta que contenía, no precisamente poemas, sino narraciones que la Fiscal subalterna usó como supuestos "elementos de convicción" para acusar penalmente a un ciudadano, conforme a los recortes de prensa que un militar activo del Ejército le había suministrado en una denuncia presentada ante él mismo.

26. Luego de la audiencia pública celebrada ante la Corte Interamericana de Derechos Humanos en San José, el día 3 de septiembre de 2013, en la cual rindieron declaración, los testigos presentados por el Estado, precisamente el denunciante original en el proceso penal, Coronel **Ángel Bellorín**, y el ex Fiscal General de la República quien recibió personalmente la denuncia, **Isaías Rodríguez**, habría que preguntarse qué calidad de proceso penal incitaron e iniciaron ellos en Venezuela contra mí, cuando el denunciante, testigo **Ángel Bellorín** admitió bajo juramento y públicamente, no haber denunciado a nadie con su denuncia de 22 de mayo de 2002, indicando que sólo había informado de la supuesta comisión de un delito con base en unos recortes de periódicos y videos contentivos de opiniones, cuentos y chismes de periodistas, pero sin agregar los desmentidos dados por el mí; sólo para involucrar a civiles en un hecho exclusivamente militar, ya que la prensa con motivo de la investigación abierta, sólo se refería a militares, en un hecho que efectivamente fue exclusivamente de carácter militar como fue la remoción del Presidente de la República, Hugo Chávez, cuya renuncia la anunció por su Alto Mando Militar en la madrugada del 12 de abril de 2002, indicándose públicamente que la había aceptado.

27. Y más grave aún, habría que preguntarse qué calidad de proceso judicial fue la parodia desarrollada contra mí, cuando el Fiscal General de la República de entonces, testigo **Isaías Rodríguez**, actual Embajador de Venezuela en Italia, quien recibió la denuncia de **Bellorín**, admitió bajo juramento y públicamente ante la misma Corte Interamericana en San José, que tres años después de haber recibido personalmente aquella denuncia que "no fue denuncia", luego de que su subalterna la Fiscal provisoria Sexta **Luisa Ortega Díaz** me había imputado con base en los mismos recortes de prensa y videos de la denuncia de **Bellorín**, publicó en septiembre de 2005 el antes mencionado libro *Abril comienza en octubre*, en el cual, con la excusa de ser poeta, dijo que sólo contó un "cuento," haciendo suyo uno de los recortes con "cuentos" de periodistas, dándome insólitamente por culpable de un hecho que no cometí, lo que condujo a que un mes después, su subalterna Fiscal provisoria Sexta, hoy Fiscal General de la República, **Luisa Ortega Díaz**, introdujera acusación formal en mi contra basada, entre otros, en el mismo "cuento" contado por el Fiscal General en su libro, y copiado del Expediente, sin darse cuenta que aun siendo poeta, ese testigo ante la Corte Interamericana, en su momento, era el Jefe del Ministerio Público en Venezuela.

28. Ojalá la Corte Interamericana hubiera sido competente para pronunciarse sobre mi inocencia frente a los maliciosos cargos de conspirador contra la Constitución venezolana que se inventaron en mí contra basados en cuentos de periodistas, para así haber podido tener un tribunal que pusiera fin a la insensata persecución en mi contra. Lamentablemente, sin embargo, ello no podía ser, y sólo podía pedir justicia en el sentido de que declarara la violación masiva de mis derechos y garantías judiciales, que fue lo que originó el proceso decidido mediante la sentencia N° 277 de mayo de 2014, en la cual sin embargo, la Corte renunció a impartir justicia, al abstenerse de analizar las denuncias formuladas, escudándose en cuestiones formales. Quizás con mi caso, la presión indebida ejercida por el Estado venezolano al denunciar la Convención Americana en 2012, fundamentando la denuncia de la Convención en varios casos pendientes ante la Corte, entre ellos mi caso, comenzó a surtir efectos. En realidad no lo sabemos, y sólo la historia lo explicará en el futuro. Sin embargo, lo cierto fue que la Corte, con su sentencia, al proteger en esta forma al Estado, me negó el derecho de acceder a la justicia. Pero a pesar de ello, lo que no podrá borrarse de la memoria de quienes asistieron a la audiencia y del expediente, es que al menos la Corte Interamericana tuvo el testimonio-confesión de la abyecta persecución sin fundamento desatada en mi contra por el Estado venezolano, expresada de boca, no sólo del propio representante del Estado, **Germán Saltrón**, sino de los testigos que el propio Estado promovió, el ahora retirado Coronel **Ángel Bellorín** y el ahora ex Fiscal General y Embajador, **Isaías Rodríguez**. Pero ello, por lo visto no le importó, y prefirió proteger al Estado.

29. La declaración de dichos testigos puso en evidencia de viva voz ante la Corte Interamericana, que la crisis política que vivió Venezuela en abril de 2002 y que condujo al inconstitucional, aunque breve, derrocamiento militar del Presidente Hugo Chávez Frías, constituyó sólo el contexto que sirvió de pretexto para la ilegítima violación de mis derechos y garantías. El Estado procuró convertir el caso ante la Corte Interamericana en un eslabón más de la abusiva y falsa imputación contra mí, de haber redactado el decreto constitutivo del breve gobierno de facto que pretendió sustituir al gobierno constitucional; pero lo que resultó de la nueva violación que trató de perpetrarse en los estrados de la Corte contra mi derecho a la presunción de inocencia, fue más bien la confirmación de todas las violaciones cometidas por el Estado y sus agentes, que junto con mis representantes denunciamos, confesada por los testigos y peritos presentados por el propio Estado, y que la Corte se negó a juzgar.

SEGUNDA PARTE

SOBRE LA PERSECUCIÓN POLÍTICA DESATADA
EN MI CONTRA A PARTIR DE 2005

30. Si algo quedó claro en el proceso seguido ante la Corte Interamericana de Derechos Humanos, además de las violaciones masivas de mis derechos y garantías constitucionales por parte de los agentes del Estado, es que ello se hizo desde 2005, en el marco de una persecución política del Estado venezolano, que me ha obligado a permanecer en el exterior e impedido regresar a mi país, después de que en septiembre de 2005 salí legalmente a cumplir compromisos académicos fuera de Venezuela.

31. Durante mi ausencia del país, en el paródico proceso que allí se desarrolló, jamás se celebró la audiencia preliminar del proceso penal, lo que no obedeció a causa alguna que me fuera imputable ni a mi ausencia, sino a otras razones, tal como lo decidió expresamente el propio juez de la causa, decisión judicial que la Corte Interamericana simplemente ignoró. En dicho proceso, luego de intentada la acusación en mi contra en 21 de octubre de 2005, estando yo precisamente fuera del país, el 8 de noviembre de 2005 mis abogados intentaron y agotaron el único recurso judicial disponible en ese momento de inicio de la fase intermedia del proceso penal existía, que era la solicitud de nulidad absoluta de todo lo actuado por violación de mis derechos y garantías constitucionales, o amparo penal, que el juez estaba obligado a decidir en un lapso breve de tres días. En los nueve años que han transcurrido desde entonces ese recurso nunca fue decidido violándoseme mi derecho a la protección judicial.

32. En efecto, desde el 21 de octubre de 2005 cuando estando fuera del país se intentó acusación en mi contra, he sido un perseguido político del Estado de Venezuela. Yo no hui en forma alguna de mi país. Salí libre y legalmente del mismo un mes antes, el 29 de septiembre de 2005, para cumplir compromisos académicos en el exterior, tal y como lo había hecho regularmente durante las décadas precedentes. La acusación y la amenaza de privarme mi libertad, lo que produjo fue que no pudiera regresar inmediatamente. Como lo dije en la audiencia ante la Corte Interamericana el 3 de septiembre de 2013 al responder una pregunta del **Germán Saltrón**, representante del Estado:

"Yo estuve en Venezuela, viajé, salí libremente. No tenía ninguna medida que me impidiera salir a cumplir mis actividades académicas en el exterior. Tuve libre en el país, sin la menor duda, y pude, precisamente por eso, tratar de enfrentar el proceso penal establecido en mi contra, que era en definitiva un proceso para condenarme."

33. Mi salida del país el 29 de septiembre de 2005, se produjo, por supuesto, sin que para ese momento hubiera acusación penal en mi contra, la que introdujo la entonces Fiscal provisoria Sexta, **Luisa Ortega Díaz**, semanas después, el 21 de octubre de 2005. Desde entonces, sin embargo, no he podido regresar, y he tenido que permanecer fuera del país, como exiliado, para reguardar mi libertad e integridad física y moral, frente al justificado temor de que mis derechos pudieran ser más gravemente violados, vistas las masivas irregularidades del paródico proceso judicial que, ya estando fuera del país, se continuó desarrollando en mi contra con dicha acusación.

34. Tal como lo expresé ante la Corte Interamericana en la audiencia del día 3 de septiembre de 2013, al responder a la pregunta que me formuló el profesor **Pedro Nikken**, sobre cómo me explicaba este proceso:

"Me lo explico como una persecución política contra un disidente conocido, por un Estado, mi Estado, que me ha declarado como enemigo interno y lo ha hecho en forma implacable, persiguiéndome, usando todo el aparato del Estado, durante 8 largos años; negándome el derecho más preciado del hombre que es el derecho a la justicia, utilizando la administración de justicia controlada, para precisamente cometer una gran injusticia, y todo ello, por haber ejercido mi derecho a la expresión del pensamiento y por haber ejercido mi actividad profesional como abogado, dando una opinión jurídica en un momento determinado de crisis política importante en el país, en los sucesos de abril del año 2002. Yo siempre he sido una persona dedicada al estudio del Estado de derecho, a la democracia, al fortalecimiento de la democracia, apegado al constitucionalismo democrático. Condeno el golpe de Estado que los militares dieron en Venezuela en el año 2002, como condené también los intentos de golpe de Estado que se produjeron en 1992 por el Teniente Coronel Hugo Chávez, en su momento, y así como condené los intentos del golpe y destrucción de la democracia que se produjeron en los primeros años de la década de los sesenta. Mi fe por la democracia no es sujeto de ambigüedades, lo atestigua toda mi obra que, además, afortunadamente está escrita.

En abril del 2002, se produjeron en Venezuela, protestas civiles vigorosas contra el gobierno agudizándose la crisis política que existía; yo me encontraba fuera de Venezuela; en las semanas anteriores al 11 y 12 de abril yo estaba fuera de Venezuela; estaba de vacaciones con mi familia. Me había enterado de los problemas en el país; regresé el 9 de abril a

Venezuela, encontrándome la situación política agravada, llena de incertidumbre, de desconcierto, de manifestaciones multitudinarias que culminaron el 11 de abril con una gran manifestación donde hubo muchos muertos, muertos a mansalva. Esa tarde, esa noche, como todo el mundo en Venezuela y fuera, por televisión, desde mi casa, pude ver el desarrollo de los acontecimientos, comentarios sobre la renuncia del Presidente, situación grave, desobediencia por parte de los militares. En medio de esa grave situación y de esa confusa situación, en la madrugada del día 12 de abril me llamó el señor Pedro Carmona, líder de los movimientos sociales de la época. A él no lo había visto al menos durante los previos 5 o 6 meses, antes desde mi llegada el 9 de abril. Hasta el 12 no me había reunido absolutamente con ningún militar, nunca me he reunido con militares, no me había reunido con nadie, salvo con el historiador Jorge Olavarría, amigo y compañero en la Asamblea Constituyente, brevemente el día 10 de abril.

El Señor Carmona me solicitó una consulta urgente, de orden jurídico como abogado. Él estaba en la fortaleza militar de Caracas, el Fuerte Tiuna, yo le manifesté no poder movilizarme, no tenía como ir, yo no tengo chofer, me enviaron un vehículo, y consideré que como abogado no podía eludir la responsabilidad de absolver una consulta jurídica en un momento de crisis, como el que se percibía en el país, y además basado en mis convicciones democráticas. Así me trasladaron al Fuerte Tiuna, y allí puede ver en televisión, como todo el mundo igualmente, cómo el Alto Mando Militar del país, comandado por el General Lucas Rincón, anunció que le habían pedido la renuncia al Presidente y que éste lo había aceptado. No ha habido enjuiciamiento alguno al alto mando militar que removió al Presidente, [Rincón] es más bien embajador, fue Ministro y es embajador actualmente. Al llegar al Fuerte Tiuna, a mí me mostraron un documento, por supuesto ya redactado, un proyecto de decreto que estaba redactado, que había sido el texto similar a uno que le habían llevado al Doctor Olavarría, el día 10 de abril, el día anterior, 2 jóvenes abogados, pidiéndole que querían saber la opinión del Dr. Olavarría sobre ese documento. Yo estaba reunido con Olavarría y él me pidió que me quedara a recibir a estos 2 jóvenes. Pues mi sorpresa fue que al llegar al Fuerte Tiuna, después que en esa reunión de Olavarría, les discutimos y rechazamos el proyecto que estos jóvenes tenían, apócrifo, no sabíamos quien los mandaba, no los conocíamos a los jóvenes, no le dimos importancia, consideramos que era un rumor más de los cientos de rumores que habían en ese momento; pero mi sorpresa, al llegar a Fuerte Tiuna, fue, que las 2 personas con que me pidieron hablar, tenían este documento, el mismo documento y lo que hicieron al recibirme, al verme allí, fue [decirme]: ya ve doctor que si era de verdad !!; cuando nosotros, Olavarría y yo, habíamos rechazado lo que traían, por absolutamente disparatado y además contrario a la Carta Democrática Interamericana. Al leer el documento [en Fuerte Tiuna] me preocupé enormemente; debía hablar con Carmona, tenía que explicarle lo que ese documento contenía de ruptura del orden democrático. Hubo dificultad, aquello estaba lleno de militares, no podía, no tuve acceso a Carmona, en ese momento. Incluso, la sorpresa fue grande, quien me había llamado a pedirme una opinión jurídica no me pudo recibir en privado. Comprendo que la presencia de Allan Brewer en Fuerte Tiuna pudo originar inquietud. Con razón la gente pudo preguntarse: qué hacía yo allí? Hubo especulaciones periodistas de inmediato, que me vinculaban a lo que había ocurrido, o lo que estaba ocurriendo. Desmentí inmediatamente las especulaciones periodísticas, el 14 de abril, y luego, en una rueda de prensa el 16 de abril, amplísima. Salieron noticias en todas partes, donde desmentí rotundamente la vinculación que se quería manipular en relación a esto. Por eso, 2 meses después, cuando salió en la prensa que un oficial activo del ejército había presentado ante la Fiscalía una denuncia basada en recortes de prensa de esas opiniones de periodistas, me presenté espontáneamente hasta la Fiscalía, y allí declaré y aclaré todo lo que había ocurrido, inclusive, el propio doctor Olavarría consignó una declaración jurada sobre eso. De manera que, sin ningún temor, porque no había cometido delito alguno, di la cara, fui a la Fiscalía con el convencimiento de que todo se iba a aclarar cómo debía, y así lo pensé. Pasaron 2 años y no ocurrió nada, no fui citado ni llamado a declarar nuevamente, de manera que hasta el 2005 no había ocurrido nada. Fue en enero de 2005 cuando la Fiscal Sexta del Ministerio Público anunció por la prensa que me iban a imputar, y de nuevo acudí espontáneamente a la Fiscalía a aclarar la situación. Declaré y consigné documentos, y sin embargo, días después fui imputado formalmente del delito de conspirar para cambiar violentamente la Constitución por haber dado una opinión jurídica, incluso, contraria al documento que se me había mostrado, como se lo expresé a Pedro Carmona en la tarde del día 12 de abril, por teléfono, que fue la única forma y momento en que yo puede hablar con él.

Y allí empezó la descomunal tarea de tratar de colaborar para buscar la verdad, pero enfrentado a un sistema fiscal que estaba construido para impedir que se estableciera la verdad. De manera que el expediente incluso hubo que copiarlo a mano íntegramente, porque no nos dieron copia del expediente."

35. Sobre la atención que le di al requerimiento que en esos momentos de crisis me hizo el Dr. Carmona para dar una opinión jurídica como abogado en ejercicio, los profesores **Pablo Ángel Gutiérrez Coilantuono y Henrry Rafael Henríquez Machado**, en el *Amicus curiae* que presentaron ante la Corte Interamericana en 2 de septiembre de 2013, captaron cabalmente la situación del momento, al explicar:

"La Constitución venezolana de 1999 garantiza en el artículo 57 el derecho a toda persona a "…expresar libremente sus pensamientos, sus ideas u opiniones, de viva voz, por escrito o mediante cualquier otra forma de expresión…", es así como los profesores universitarios en multiplicidad de ocasiones somos requeridos para pronunciarnos sobre tema de nuestro dominio, en el caso del profesor Brewer Carías, tal solicitud de opinión era entendible, debido no sólo a su pertinencia como profesor de Derecho Administrativo y como constitucionalista, sino además por haber formado parte de la Asamblea Nacional Constituyente que dio origen a la Constitución vigente en la República Bolivariana de Venezuela. Es también un derecho constitucionalmente consagrado en la Constitución venezolana de 1999 el derecho a participar libremente en los asuntos públicos, tal y como está señalado en el artículo 62 *eiusdem*.

La acusación por el delito de conspiración para alterar violentamente el orden constitucional parte de un avieso falso supuesto, sobre todo tratándose de un hombre quien no solo ha sido constituyente y promotor de salidas constituyentes y de diálogo en momentos de dificultades históricas atravesadas por Venezuela, sino forjador, por medio de sus obras y la redacción de inagotables proyectos legislativos, del régimen de libertades y profundización de la democracia que rige en la misma, con estabilidad, al menos hasta 1999."

36. Por ello, ante la pregunta del Juez **Sierra Porto** de que ampliara las razones para ello, a pesar de que "sabía que podía generar muchas suspicacias el hecho de que estuviera presente en plena actividad en un momento tan crítico," le respondí:

"Como abogado y como profesor de derecho constitucional y derecho administrativo, es decir, de derecho público en general, sentí que era mi deber frente a aquella crisis que todos habíamos visto por televisión, dar una opinión si se me requería, de qué era lo que estaba ocurriendo. Yo venía de estar estudiando la Carta Democrática Interamericana, que se había dictado unos meses antes, y tenía muy claramente eso. Eso mismo le había expresado yo a los jóvenes que fueron a la oficina de Olavarría, que aquel documento violaba la Carta Democrática. Y el Dr. Carmona me llama en medio de la crisis, él no me dice para qué, simplemente que estaba en ese lugar, él era uno de los líderes civiles que estaban actuando en el país, y me llama a pedir la opinión en medio de la confusión. La televisión ya anunciaba como todo el mundo lo vio, yo creo que esto es algo que todo el mundo en Venezuela y en América Latina fuimos testigos, de manera que yo fui a ver de qué se trataba y a dar mi opinión jurídica, y fui llamado como abogado."

37. Sobre el tema de la persecución política, al responder una pregunta de **Germán Saltrón**, agente del Estado de porqué he dicho que hay una persecución política de parte del Estado venezolano en mi contra, respondí:

"Ese proceso penal que se ha desarrollado en mi contra por el solo hecho de dar una opinión jurídica como abogado, y expresar mi opinión crítica al gobierno, ese proceso penal se ha desarrollado para ese fin. Luego salí del país a cumplir una actividad académica en septiembre del 2005 y estando fuera del país, de donde salí sin ninguna restricción, la Fiscal presentó una acusación contra mí. Estamos hablando de septiembre del 2005. Después de que la imputación se inició en enero del 2005, en todo ese proceso viciado al que antes me refería, la Fiscal dictó una decisión [e] introdujo la acusación contra mí, dos semanas después de que yo me había ido, en octubre del 2005, solicitando la privación de mi libertad. Yo ya estaba afuera, por un período breve, y les confieso señores Magistrados, señores jueces de esta Corte, que sentí miedo, porque el objetivo era yo. El Fiscal Jefe del Ministerio Público me acusaba ya y me daba por condenado en un libro que él publicó de su autoría, y luego la Fiscal solicitaba la privación de mi libertad. Decidí entonces esperar una condición más favorable para regresar al país, entre otras cosas, que se decidiera la solicitud de nulidad absoluta que habían intentado mis abogados, el amparo penal para que se declarara la nulidad de todo lo ocurrido por los vicios y violaciones al derecho al debido proceso y que estaba obligado a decidir."

38. Y al responder otra pregunta del representante del Estado, **Germán Saltrón** sobre en qué había consistido la persecución política del Estado venezolano en mi contra, respondí:

"No sólo estando fuera después de 9 meses de haber salido del país, de manera que yo no me fugué ni me escapé como se ha denigrado y dicho. Yo salí libremente. Nueve meses después de haber estado fuera del país, se dictó una medida privativa de libertad y la persecución comenzó, allí precisamente, con el Estado acudiendo a la INTERPOL, como si yo fuera un delincuente común; a la INTERPOL, a pedir que se me apresara en todas partes, cuando se sabe y lo saben los abogados del Estado, que la INTERPOL tiene prohibición de intervenir en juicios y en procesos de carácter político, militar, religioso, y racial Y sin embargo, se acudió ante la INTERPOL. Fui perseguido, fui perseguido por Embajadores, casi fui secuestrado en la República Dominicana, por orden del Embajador de Venezuela. Aquí fui acusado por la Embajadora en Costa Rica, -con ocasión de que vine a dictar una conferencia-, de golpista y le pidió al gobierno que me impidieran entrar … Entonces la persecución se ha dado. Ud. me preguntó por la persecución, la persecución se ha dado sistemáticamente, terriblemente contra mí, que cada vez que entro a un Aeropuerto, muchas veces, tenía que aclarar la situación, porque gracias a Dios, INTERPOL no le hizo caso al Estado y rechazó la pretensión del Estado…Esa persecución ha sido permanente."

39. Y luego, al responder otra pregunta del profesor **Nikken** para que le explicara a la Corte cómo había transcurrido la etapa de investigación en mi caso, respondí so siguiente:

"Yo enfrente una investigación hostil y arbitraria durante 9 largos meses, y en ese período, lo que me convencí y se me evidenció, fue que se había construido una emboscada, no para averiguar ninguna verdad, sino simplemente para condenarme; fabricar un expediente invirtiendo la carga de la prueba, presumiéndome culpable, con base en unos recortes de prensa contentivos solo de opiniones de periodistas, diciéndose que aquello era un hecho público comunicacional que por supuesto ni eran sobre hechos ni podrían configurarse como ese tal hecho público comunicacional, porque de acuerdo a la Sala Constitucional, eso no se puede configurar si la persona desmiente públicamente, en forma igual, la conseja que estaba circulando. De manera que me dedique, sin embargo, a tratar de copiar aquel expediente en forma desordenada, porque no estaba disponible permanentemente, sino a pedazos, piezas distintas, sin ningún orden; pero así estuvimos tratando, con mis abogados defensores, a quienes nombré desde el primer momento, de manera que desde el primer momento estuve a derecho por el nombramiento de mis abogados defensores, y enfrenté aquel proceso.

40. A raíz de todas esas actuaciones, el Estado se empeñó en desacreditarme, en violación a mi derecho a la honra y reputación, calificándome a mansalva y mediante el abusivo uso de los medios de comunicación oficiales, como un "prófugo de la justicia," y lo más grave, utilizando esa descalificación como justificativo para negarme el derecho a la protección judicial de mis derechos, que me garantiza el artículo 25 de la Convención Americana y la Constitución venezolana. Esa no ha sido más que una afirmación mendaz, repetida una y otra por el Estado en los escritos presentados ante la Corte, pues como he dicho repetidamente, yo ni me fugué, ni hui, ni me escapé de Venezuela, ni de ningún otro país. Por ello también es mendaz la sentencia de la Corte Interamericana N° 277 "al hacer ver" como lo destacaron los Jueces **Ferrer Mac Gregor** y **Ventura Robles** en su Voto Conjunto Negativo, en una "interpretación restrictiva del artículo 7.5 de la Convención Americana, contraria al artículo 29 de la misma, [...] *que la presunta víctima se encuentra prófugo de la justicia, cuando esto no es así,*" precisando con razón dichos Jueces, que:

"consta en autos que desde el primer momento en que fue citado por el fiscal del ministerio público que inició el proceso de investigación por los hechos de abril de 2002, el señor Brewer Carías compareció para declarar el 3 de junio de ese mismo año. Y obran en autos abundantes constancias relativas a que la hoy presunta víctima estuvo defendiéndose constantemente, incluso asistiendo personalmente a copiar a mano el expediente por cerca de nueve meses cuando se le acusa formalmente en el año 2005" (párrafo 114).

41. En efecto, después de haber enfrentado la etapa inicial del proceso penal, asistiendo casi a diario a la Fiscalía a estudiar y copiar el expediente, yo salí de Venezuela normal y legítimamente el 29 de septiembre de 2005, por razones personales y académicas, como tantas veces lo he hecho a lo largo de mi vida, por lo que imaginé como siempre que era por un corto lapso, sin que pesara en mi contra impedimento ni restricción alguna a mi libertad de circulación. Como lo destacaron los Jueces **Ferrer Mac Gregor** y **Ventura Robles** en su Voto Conjunto Disidente:

"El hecho de que el señor Brewer Carías saliera del país en septiembre de 2005 (de manera libre ya que no había ninguna orden de captura en su contra) y coincidente, además, con la publicación del libro del Fiscal General, *no significa que estuviera prófugo de la justicia*" (párrafo 115).

42. Y como lo expresó el doctor **Rafael Odreman,** destacado penalista venezolano, quien fue uno de mis abogados defensores en el proceso judicial en Venezuela, y compareció como testigo ante la Corte, en su d*eclaración testimonial* presentada por escrito en agosto de 2013:

"Jamás podré considerar que es un prófugo o fugitivo de la justicia venezolana pues el profesor Brewer no se escapó, ni salió huyendo, ni burló ninguna orden judicial que le impidiera salir del país. En su último viaje fuera de Venezuela el Dr. Brewer salió por el aeropuerto de Maiquetía como lo hizo muchas veces, sin que hubiera ninguna restricción y estando fuera decidió aceptar la oferta de trabajo que le hicieran en la Universidad de Columbia como profesor, lo cual era un viejo anhelo suyo. Fue una decisión propia que nunca me consultó, pero que me merece respeto."

43. Las serias amenazas contra mi libertad derivaron del hecho de que sólo *tres semanas después* de mi salida de Venezuela para cumplir compromisos académicos, el 21 de octubre de 2005, la Fiscal provisoria Sexta, **Luisa Ortega Díaz,** no sólo formuló acusación penal en mi contra por un delito que no había cometido y que está penado con 12 a 24 años de presidio como es el de "conspiración para cambiar violentamente la Constitución" (artículo 143.2 del Código Penal), sino que solicitó al juez que decretase contra mí la *medida de privación judicial preventiva de mi libertad.* De ello me enteré –lo que por supuesto no se me podrá olvidar jamás– estando yo caminando junto a mi esposa Beatriz por La Rambla de Barcelona, España, donde estábamos de paso, en viaje hacia Alemania, vía Praga. Era en Barcelona ya de noche, y me llamó mi amigo defensor **Rafael Odreman,** para informármelo. La estadía en Praga entre el 23 y el 27 de octubre de 2005 fue, por tanto, muy emotiva, marcada por la carga de la noticia. Casualmente, nueve años después, el 1° de julio de 2014, en la misma ciudad de Praga fue donde también me enteré de la noticia de la publicación de sentencia de la Corte Interamericana en el caso, por email recibido de **Pedro Nikken.**

44. Lo cierto es que como he dicho, salí de Venezuela el 29 de septiembre de 2005, a cumplir, entre otros compromisos, con dos invitaciones para eventos académicos en Alemania, que me habían exigido preparar sendas conferencias que tenía que dar. Antes de seguir para Europa, y antes de pasar por Nueva York donde debía entrevistarme con profesores de la Universidad de Columbia, el 2 de octubre de 2005 envié por email una "carta para mis amigos", que circuló profusamente, en la cual expresé lo siguiente:

"Dirijo esta carta a mis amigos, en primer lugar para informarles sobre la situación en que se encuentra el caso que el Ministerio Público venezolano pretende fabricar contra mí, al imputarme un delito que no he cometido y denegarme de manera sistemática y grosera el derecho al debido proceso, particularmente el derecho a la defensa y a la presunción de inocencia.

Pretende el Ministerio Público que he cometido el delito de conspiración, a raíz de la opinión jurídica que se me solicitó el 12 de abril de 2002 en la madrugada, la cual di precisamente en sentido contrario al decreto del llamado gobierno de transición, que ya estaba redactado cuando se me mostró. De manera sistemática el Ministerio Público me ha impuesto la carga de probar mi inocencia; ha calificado como pruebas hechos que no lo son, como opiniones aisladas y contradictorias de unos pocos periodistas, que no están respaldadas (ni podrían estarlo) por testimonio alguno; ha distorsionado supuestos elementos probatorios, ninguno de los cuales me vincula con la elaboración del aludido decreto; ha desvirtuado contundentes pruebas en mi descargo calificándolas de manera absurda en pruebas de cargo; ha denegado igualmente la admisión de numerosas pruebas que he promovido en mi defensa; me ha sometido, en suma, a un régimen procesal donde la única regla es la arbitrariedad del mismo Ministerio Público y donde se ha eclipsado todo vestigio de debido proceso. Como si esto fuera poco, el juez llamado a controlar la actuación fiscal ha abdicado de su función y ha decidido "dejar hacer" sin más a la parte fiscal. Todo ello ha configurado un cuadro de violación radical de elementales derechos procesales y me ha colocado en estado de indefensión.

A pesar de todo ello, durante los últimos ocho meses, he asistido casi cotidianamente a la Fiscalía para estudiar ese expediente y ejercer en vano mi derecho a la defensa. Desde que comenzaron las amenazas de imputación por ese caso, indiqué que enfrentaría el asunto, pues no cometí delito alguno; y así lo he hecho. Aun a conciencia de que las motivaciones políticas de la actuación fiscal hacen nugatorio ese ejercicio, he querido dejar constancia de mi inquebrantable esfuerzo para defenderme y dejar bien sentada la verdad, así como la iniquidad de la imputación que se me ha hecho.

Para colmo, el jefe del Ministerio Público de Venezuela acaba de publicar en este mismo mes de septiembre, un libro que tituló: *"Abril comienza en octubre"*, donde narra lo que presenta como su memoria personal y pretende describir acontecimientos históricos del país. Al hacer esto último, entre otras fuentes, se basa en opiniones periodísticas, y al hacer referencia a mi persona, da por ciertas las afirmaciones referenciales y falsas de un periodista, que además fueron utilizadas como "elemento de convicción" por el Ministerio Público, como antes he recordado, para la temeraria imputación que me hizo en enero de este año.

El tema es: ¿Cómo queda el derecho al debido proceso, el derecho a la defensa y el derecho a la presunción de inocencia de un imputado en una investigación penal ante la Fiscalía, si el jefe del Ministerio Público ya lo acusa por escrito en un libro de su autoría, y da por ciertas afirmaciones periodísticas falsas y sin respaldo alguno?

Dentro de semejante cuadro es inevitable preguntarse: ¿Qué esperanza puede haber de juicio justo en ese caso, con respeto al debido proceso, al derecho a la defensa y a la presunción de inocencia, y que suerte puede correr el imputado que ya ha sido "acusado" por el jefe del Ministerio Público, al dar por ciertos "elementos de convicción" que son falsos y avanzar su opinión cuando aún está en curso el procedimiento de imputación?

Les informo, por otra parte, sobre mi actividad académica y mis movimientos en estos días. Como muchos de ustedes saben, acabo de regresar del Perú donde asistí durante este mes de septiembre, como conferencista, en Lima, al Seminario Internacional sobre *Descentralización Política en el Perú* que se llevó a cabo en la Pontificia Universidad Católica del Perú; y además, en Arequipa, al VIII Congreso Nacional de Derecho Constitucional, donde expuse el tema *"Quis custodiet ipsos custodes: de la interpretación constitucional a la inconstitucionalidad de la interpretación en la jurisprudencia de la Sala Constitucional del Tribunal Supremo de Justicia"*.

Ahora he salido de nuevo de viaje para una reunión en la Universidad de Columbia en Nueva York, sobre la publicación en inglés de mi libro de historia de la ciudad hispanoamericana del Siglo XVI (*La Ciudad Ordenada*), que en los próximos meses sale publicado en Caracas (Editorial Criteria). Iré luego a Alemania, donde dictaré una conferencia en la Escuela Superior Alemana de Ciencias Administrativas de Speyer cerca de Heidelberg, sobre *"La reforma constitucional en América Latina"*.

Después voy a Berlín para asistir como ponente a la Mesa Redonda de la Asociación Internacional de Derecho Constitucional y al VI Coloquio Internacional de la Asociación Europea de Derecho Constitucional, donde me corresponde exponer el tema sobre *"La elección de los jueces de las Cortes Supremas y la cuestión de su legitimidad"*.

Estaré, por tanto, fuera del país cumpliendo estos compromisos académicos.

Seguiré luchando por nuestras ideas y convicciones democráticas, en la conciencia de que haberlas defendido con brío a lo largo de mi vida es lo que ahora da origen a la persecución política que el gobierno venezolano ha emprendido por intermedio del Ministerio Público. Estoy seguro de que vendrán mejores tiempos."

45. Las conferencias que tenía que dar en Alemania fueron efectivamente: una sobre "Los sistemas para la reforma constitucional en América Latina," en la Escuela Superior Alemana de Ciencias Administrativas, Instituto de

Investigación para la Administración Pública, (*Forschungsinsitut fuer Oeffentliche Verwaltung bei der Deutschen Hochschule fur Verwaltungswissenschaften*), en la ciudad de Speyer, cerca de Heidelberg, el día 28 de octubre 2005; y otra sobre "*The question of Legitimacy: How to choose the Supreme Court Juges,* en el *6th International European Constitutional Law Network-Colloquium,* que tuvo lugar en la *International Association of Constitutional Law Round Table,* sobre "*The Future of the European Judicial System. The Constitutional role of European Courts,*" y que se realizó en la Universidad Humboldt, en Berlín, entre el 2 y el 4 de noviembre de 2005. Hay que imaginarse el impacto de la noticia recibida de la acusación fiscal, en la víspera de seguir hacia Alemania, y la asimilación que tuve que hacer de la misma antes de mi comparecencia en ambos eventos, en los cuales, por supuesto, no pude dejar de mencionar los hechos que me afectaban.

46. Y así fue. En la conferencia que di en Speyer el 28 de octubre de 2005 sobre el tema de los sistemas para la reforma constitucional en América Latina, sólo una semana después de que se introdujera la acusación en mi contra en Venezuela, la comencé en la siguiente forma:

"Debo comenzar agradeciendo al Instituto de Investigación para la Administración de Espira, y muy especialmente a su director el profesor Harl-Peter Sommermann, por la invitación que me ha formulado para participar en este Coloquio así como por sus generosas palabras de presentación. Es muy honroso para mí poder participar en esta actividad del Instituto, que ha convocado con todo éxito a tantos distinguidos profesores interesados en los temas de América Latina así como al nutrido número de doctorandos latinoamericanos en las diversas universidades alemanas que están presentes.

Igualmente quiero expresar en forma muy especial mi agradecimiento a la doctoranda Mariela Morales, por la iniciativa que tuvo en proponer la realización del Coloquio aprovechando mi viaje a Alemania.

Mi participación hoy en el Coloquio, además, tiene para mí una significación muy especial: No sólo es una ocasión privilegiada para volver a tomar contacto directo con el mundo académico alemán particularmente interesado en los ordenamientos jurídicos de América Latina; sino que por las circunstancias de la vida, *es el primer acto académico en el cual intervengo con un nuevo título o un nuevo status, el de perseguido político en mi país, Venezuela.*

Hace una semana, estando de viaje para cumplir compromisos académicos en la Universidad de Columbia, antes de mi viaje a Europa, fui acusado formalmente por el Ministerio Público de mi país por el delito de conspiración para cambiar violentamente la Constitución. Se trata de una manifestación más de la persecución política que se ha desatado contra la disidencia, y contra todo aquél que haya opinado u opine en forma contraria al régimen. Los hechos a los que se refiere la acusación se relacionan con la crisis política que ocurrió en Venezuela en abril de

2002, provocada por la anunciada renuncia del Presidente de la República; con motivo de la cual fui consultado como abogado para dar una opinión jurídica sobre un proyecto de decreto de regulación de un gobierno de transición; opinión que incluso fue contraria a dicho documento pues violentaba los principios democráticos. Por el sólo hecho de haber estado presente en el lugar de los acontecimientos y haber dado una opinión, ahora soy perseguido a pesar de que no existe el delito de opinión.

Además, debe destacarse que durante el desarrollo de la investigación penal de los últimos meses que antecede a la acusación fiscal, el Ministerio Público ha violado masivamente mis derechos constitucionales al debido proceso y, en particular, el derecho a la presunción de inocencia que me garantiza la Constitución y el derecho a aportar pruebas para mi defensa, las cuales han sido negadas sistemáticamente.

Se me ha condenado de antemano, por lo que con la acusación lo que ocurres es que en realidad, se abre un proceso político contra la disidencia, que ahora afecta abiertamente al mundo académico, pues va contra la oposición jurídica, contra el pensamiento disidente, en fin, contra todos los que propugnamos la vuelta al Estado de derecho, al respeto a los derechos humanos, a la efectiva separación de los poderes en el funcionamiento del Estado, a la autonomía e independencia del Poder Judicial, en fin, a la existencia de órganos de control y contrapeso del poder; todo lo cual es de la esencia de la democracia.

Todo ello, sin embargo, en los últimos años ha desaparecido en Venezuela dando paso a un régimen abiertamente autoritario, en un proceso de deterioro institucional que comenzó precisamente con una reforma constitucional mal hecha y peor concebida, la que realizó la Asamblea Nacional Constituyente de 1999. Yo fui electo como miembro independiente de la misma, y formé parte de la oposición que se configuró por sólo 4 constituyentes de los 141 que tuvo la Asamblea, la cual fue dominada abrumadoramente por los seguidores del Presidente de la República, Teniente coronel Chávez. Me correspondió debatir en cada sesión de la Asamblea y en relación a cada uno de los artículos de la Constitución. Hice aportes fundamentales al texto, como son los principios relativos al rango constitucional de los derechos humanos, o a la supranacionalidad en materia de integración regional; pero fui crítico permanente respecto de las bases autoritarias que contenía el proyecto. Por ello en diciembre de 1999 denuncié el marco autoritario de la Constitución sancionada y lideré la campaña de oposición por el NO en el referendo aprobatorio de la misma. *Entonces dije que el texto de la Constitución aprobada era una mesa servida al autoritarismo, y lamentablemente los hechos me han dado la razón: el régimen autoritario se ha dado un banquete en estos últimos cinco años, demoliendo las bases del Estado de derecho y de la democracia, con una ropa de camuflaje de legalidad.*

Es un honor para mí, por tanto, participar en este importante Coloquio, en esta doble condición, primero, de la del profesor y académico, que ha dedicado 40 de su vida a la investigación, al estudio y a la docencia del derecho constitucional y del derecho administrativo, y que lo que ha hecho más, ha sido escribir y publicar sus ideas; y segundo, *de la del perseguido político del régimen autoritario venezolano, cuyas actuaciones contrarias a la democracia y al Estado de derecho, pronto harán que sea un honor el haber sido perseguido por el mismo, particularmente porque la única arma que he tenido y tengo con la cual he propugnado cambios institucionales para que podamos volver al Estado de derecho y a la democracia, ha sido mi pluma !!*

47. A los pocos días, después de visitar el *Max-Plank Institute* en Heidelberg, viajé a Berlín para asistir al "Sexto Coloquio Internacional de la Red de Derecho Constitucional Europeo" (*6th International European Constitutional Law Network-Colloquium)*, que se realizó en la Universidad Humboldt, entre el 2 y el 4 de noviembre de 2005 en el marco de la "Mesa Redonda de la Asociación Internacional de Derecho Constitucional" (*International Association of Constitutional Law Round Table)* sobre el tema general "El "futuro del Sistema Judicial Europeo: El rol constitucional de los Tribunales Europeos." En el mismo, me correspondió dictar conferencia sobre el tema de *"The question of Legitimacy: How to choose the Supreme Court Juges"* ("La cuestión de legitimidad: como escoger los jueces de las Cortes Supremas"), por supuesto, estableciendo el contraste entre los sistemas europeos y americanos. Inicié mi conferencia con estas palabras, en las cuales no pude dejar de mencionar el hecho de la persecución política iniciada en mi contra solo unos días antes, y que ya vislumbraba iba a ser prolongada:

"Allow me to begin by thanking Juliane Kokot, Cheryl Saunders, Ingolf Pernice and all the other organizers of these Colloquium and Round Table, for the invitation to participate in it.

It is an honor, particularly for a Latin American Law Professor to be here with all of you in this very important event.

But additionally, in my case, this invitation has had a very important personal and political effect that I am obliged to mention, because it has coincidentally allowed me to be out of reach of a political prosecution initiated last week against me, in my own country, Venezuela, because of my legal opinion contrary to the authoritarian regime we unfortunately have.

While traveling to attend this Colloquium, I have been indicted of political conspiracy to supposedly trying to change violently the Constitution of my own Country, of course, with the only weapon I have ever had, as you all, my pen and my freedom of speech. The main reason for the indictment is to have given a legal opinion three years ago, in April 12th 2002, which was asked me as a lawyer after the official announcement of the resignation of the Venezuelan President, opinion that inclusive was contrary to what the political actors of the moment intended to do, violating the Constitution.

It is of course, a political prosecution initiated against all kind of opposition, including the intellectual or academic one. That is why as past president of the Political and Social Sciences Academy I have been indicted, together with the past President of the Supreme Court of Justice of my country and other lawyers.

In such authoritarian regime, of course, nothing can be said about the question of legitimacy regarding the procedure of choosing the Supreme Court Justices, all of which in Venezuela, had been appointed because of their political subjection to the regime; of course in violation of what is formally set fourth in the Constitution.

In my case, additionally to the violations of the most elemental due process of law rules, in such a regime, no perspective of a free and just trail can be expected, when the 90% of judges are provisionally appointed and so, are dependent ones. That is why, at this moment –and is very sad to say it- my freedom and liberty are at risk, so that the actual perspective is that I will not be able to return immediately to my country. In the meantime, I will be in New York, luckily hoping to work close to the Law School of Columbia University.

Thus, as you can realize the practical and coincidental effect of your invitation is that it has allowed me to be a free man. So thank you all again, particularly for your solidarity.

I am sorry for the surprise, but I feel I had to tell you about this situation."

48. Sin duda, mis palabras fueron una sorpresa para todos; los académicos presentes no se lo imaginaban ni esperaban, y de todos recibí la solidaridad inmediata. Lo que dije fue lo que sucedió. En un régimen autoritario como el que ya estaba instalado en el país, no había perspectiva alguna de poder tener un juicio libre y justo, particularmente cuando el 90% de los jueces y fiscales habían sido designados provisionalmente, y por tanto, eran dependientes. Fue por ello que en ese momento, y por supuesto me fue muy triste decirlo, mi libertad estaba en riesgo, por lo que en esa perspectiva no podía regresar de inmediato a mi país. No tenía otra alternativa que no fuera permanecer en Nueva York, esperando poder trabajar en la Escuela de Derecho de la Universidad de Columbia, con cuyos directivos ya había hablado al iniciar mi viaje. Y concluí indicándoles a los organizadores del evento en Berlín que entonces podían entender el efecto práctico y coincidente que tuvo la invitación para asistir al Coloquio de Berlín, que era lo que en definitiva me había permitido ser un hombre libre. De no haber estado de viaje para asistir a esos eventos al momento de presentarse la acusación en mí contra el 21 de octubre de 2005, y haber estado en Venezuela, quizás el juez habría ordenado mi detención preventiva de inmediato como se le había solicitado la Fiscal acusadora, y otra sería la historia.

49. Durante mi viaje, colaboré desde la distancia con mis defensores **León Henrique Cottin y Rafael Odreman** en la preparación del extenso escrito de solicitud de nulidad o amparo penal contra todas las masivas violaciones a mis derechos y garantías constitucionales que habían ocurrido durante el proceso desde enero de 2005, particularmente en la fase de la investigación del proceso penal en mi contra ante la Fiscalía. Dicho escrito contenía una pretensión de amparo propuesta como la solicitud de nulidad absoluta de todo lo actuado por violación de mis derechos y garantas constitucionales que se regula en el Código Orgánico Procesal Penal (art. 190), y que fue formulada conjuntamente con la respuesta a la acusación fiscal, y que mis abogados defensores introdujeron el 8 de noviembre de 2005. Yo sabía de qué se trataba la solicitud de nulidad absoluta en materia penal, que no era otra cosa que el amparo penal ejercido en conjunto con las vías judiciales ordinarias a que se refiere el artículo 6.5 de la Ley Orgánica de Amparo sobre Derechos y Garantías Constitucionales, en este caso, con la solicitud de nulidad absoluta procesal en materia penal, aun cuando en el escrito sólo se mencionó el artículo 190 del COPP. Dicha solicitud o amparo penal, resulto en un extenso escrito de 523 páginas, presentado ante el juez por mis abogados defensores presentaron dos semanas después, el 8 de noviembre de 2005, publicado luego como libro (*En mi propia defensa*, Caracas 2006); donde se dio cuenta, con todo detalle, de la masiva violación de mis derechos, lo que evidenciaba que la acusación presentada en mi contra, no tenía otro propósito que no fuera una simple excusa para privarme de mi libertad. El juicio en sí, para la Fiscalía, no importaba pues nunca se llevaría a cabo, como en efecto así ocurrió, y ha ocurrido en tantos otros casos.

50. En forma insólita, en la sentencia de la Corte Interamericana, el hecho de que la solicitud de nulidad absoluta o amparo penal formulada por mis abogados defensores tuviese 523 páginas de extensión, fue destacado cuatro veces en el texto de la misma(párrafos 93, 94, 131, 132), llegando incluso a indicar la sentencia, sin fundamento alguno, materialmente, que para que un escrito sea un amparo penal que deba resolverse de inmediato como lo requiere la protección constitucional, se requeriría que fuese corto, pero en cambio, un escrito extenso como el que formulamos, para la mayoría sentenciadora de la Corte Interamericana no podría entonces ser considerado una solicitud de amparo penal, porque supuestamente, por su extensión, no podría ser decidido en el lapso breve de tres días que impone el Código Orgánico Procesal Penal (COPP). O sea que como consecuencia de lo decidido, para la Corte Interamericana un amparo penal parecería que se califica por la extensión del escrito que lo contiene, y no por su contenido y argumentación, lo cual por supuesto que no tiene sentido.

51. La Corte Interamericana, en su sentencia, en efecto, al analizar la institución de la solicitud de nulidad absoluta prevista en el COPP, ignoró completamente que para establecer la distinción entre las nulidades que son sustantivas por basarse en violaciones de derechos constitucionales insubsanables, y que por su naturaleza de amparo constitucional deben ser decididas en un lapso de tres días; de las nulidades que se refieren a violaciones formales, subsanables, que pueden esperar decidirse posteriormente en la audiencia preliminar del proceso. Esa fue la médula de la discusión que se planteó en la materia ante la Corte, para cuya solución nadie puede racionalmente basarse en la "extensión" de escrito de la solicitud, como parece haberlo hecho la Corte, sino en el contenido del mismo.

52. En la materia la Corte Interamericana invirtió los principios establecidos en el COPP, y llegó a señalar, sin fundamento alguno, que sólo las "solicitudes específicas sobre actos procesales concretos que no implicaban la nulidad de todo lo actuado" (es decir, las nulidades formales subsanables) son las que "pueden ser resueltas en el plazo de tres días señalado en el artículo 177 del COPP; a diferencia de un recurso de 523 páginas de las cuales 90 se concentran en solicitar la nulidad de todo lo actuado" (Párrafo 131), que entonces no podrían ser resueltas de inmediato. Al afirmar esto, la Corte Interamericana simplemente no entendió la institución del amparo penal en el marco de las nulidades absolutas previstas en el COPP venezolano, que implica todo lo contrario a lo sugerido, sin que la "extensión" de la solicitud tenga nada que ver con el lapso para decidir. Es decir, si lo que se denuncia como base de la solicitud de nulidad absoluta es la violación de derechos y garantías constitucionales, la decisión judicial (independientemente de la extensión de la solicitud) debe ser resuelta en tres días, y en cambio, si la nulidad se refiere a actos procesales concretos, por cuestiones subsanables, la decisión entonces puede diferirla el juez a la audiencia preliminar. Es decir, todo lo contrario a lo resuelto por la Corte. Por ello, con razón, en el Voto Conjunto Negativo de los Jueces **Ferrer Mac Gregor** y **Ventura Robles** se advierte la incongruencia de la sentencia indicándose que

"a pesar de la complejidad de los alegatos de ambas partes sobre el momento procesal en que debe resolverse, en la Sentencia se entra posteriormente a definir un aspecto polémico, entre otros argumentos, dejando ver que un recurso de 523 páginas no podía resolverse en 3 días, como si la extensión del recurso sea lo que determina el momento procesal en que se debe resolver" (párrafo 94).

53. La extensión en número de páginas de un recurso, solicitud o acción, obviamente que no es criterio serio para poder calificar su naturaleza, siendo absolutamente sin sentido lo resuelto por la Corte Interamericana en este caso, que en definitiva implica que sólo escritos "cortos" pueden ser considerados como recursos que deben ser resueltos en lapsos perentorios; pero en cambio, un escrito largo, así sea de amparo penal, bien y exhaustivamente fundamentado, entonces no merece ser resuelto en el lapso breve previsto para ello en el Código Procesal Penal acorde con la protección constitucional. Esto es la negación de la propia institución del amparo.

54. En todo caso, luego de presentada la extensa solicitud de nulidad de todo lo actuado y dejando aparte el infundado y errado argumento de la Corte Interamericana, encontrándome en el exterior, la prudencia, que siempre es buena consejera, me hizo ver que al menos debía esperar un tiempo para programar mi regreso a Venezuela. Por ello buscando proteger mi libertad, incluso antes de presentada la solicitud de nulidad absoluta, mis defensores **Cottin** y **Odreman**, a los cinco días de presentada la acusación en mi contra, el 26 de octubre de 2005, solicitaran del Juez de la causa que decidiera formalmente que se me garantizara mi derecho a ser juzgado en libertad como lo establece la Constitución y la Convención Americana, y se declarara por anticipado la improcedencia de la solicitud de privación de mi libertad durante el juicio que había solicitado la Fiscal provisoria Sexta. Posteriormente, el 8 de noviembre de 2005 presentaron ante el juez de la causa la mencionada solicitud de nulidad absoluta de todo lo actuado ante la Fiscalía, conforme al artículo 190 del COPP, en el escrito extenso de 523 páginas que tanto llamó la atención a la Corte Interamericana. Sobre esas dos peticiones, sin embargo, el juez provisorio del caso, *nunca se pronunció*.

55. Coincidentemente, para el día 9 de noviembre de 2005, tenía previsto haber intervenido en la sesión inaugural de las *VIII Jornadas Internacionales de Derecho Administrativo Allan Brewer Carías* organizadas en Caracas, por la Fundación de Estudios de Derecho Administrativo, a las cuales, por supuesto, no pude asistir. Sin embargo, las palabras que había preparado para el evento, que fueron leídas por el profesor Fortunato González, de la Universidad de Los Andes,[17] fueron las siguientes:

---

17 El profesor González, antes", expresó lo siguiente en el acto: *"Mi maestro y amigo Allan Brewer-Carías me ha pedido que lea un mensaje suyo ante los asistentes a estas* VIII Jornadas Internacionales de Derecho Administrativo *que con periodicidad anual realiza la Fundación de Estudios de Derecho Administrativo, que preside con grande acierto la profesora Belén Ramírez Landaeta. Las circunstancias que vive Allan Brewer-Carías le aconsejan aprovechar las invitaciones que tiene en universidades americanas y europeas para mantenerse a prudente distancia. La persecución contra Allan Brewer Carías es la demostración más categórica de la profunda quiebra del Estado de Derecho y de la utilización con fines políticos de los mecanismos que se ha dado la sociedad para asegurar la correcta Administración de Justicia, como son el Poder Judicial y el Ministerio Público./ La obra de Allan Brewer Carías, reconocida en los ámbitos jurídicos y académicos del mundo entero, es el mejor desmentido a la falaz acusación que el régimen, por obra del Ministerio Público, ha hecho en su contra. La doctrina administrativa venezolana tiene el sello del profesor Allan Brewer-Carías y eso no lo puede borrar un proceso que en la perspectiva de la historia, no pasará de ser una costosa tragicomedia. Su vida personal, su trabajo académico y su actividad pública son testimonios categóricos de su inquebrantable apego al constitucionalismo democrático, al cual ha dado una inigualable contribución. Los postulados democráticos que se han conservado en la Constitución de 1999 son, en buena parte, producto del trabajo y de la firmeza de Allan Brewer Carías como miembro de la Asamblea Nacional Constituyente. Son precisamente sus valores, sus principios y sus luchas los que lo colocan en un forzoso enfrentamiento contra un régimen autoritario que se burla del Estado de Derecho, viola el debido proceso y atenta contra los derechos humanos. Estas Jornadas pondrán sobre la mesa de discusión la dramática contradicción entre la doctrina jurídica que estudiamos y hacemos, y la patética realidad de la administración de justicia en este régimen./ La destrucción de esos postulados pasa por el intento de abatir a quienes los han inspirado y tienen la autoridad y el coraje para defenderlos sin desmayo. Por eso el*

"Por supuesto que debía estar hoy, aquí, con ustedes. Demasiada importancia tienen estas Jornadas para el derecho administrativo venezolano y latinoamericano; y por supuesto, para mí. El hecho de que lleven mi nombre me obligaba estar aquí, particularmente por el honor que ello significa, ya que normalmente, cuando se le da un nombre a eventos de este tipo, es el de personas fallecidas.

Pero gracias a Dios, como lo dije en las Primeras Jornadas, estoy vivo y todavía sintiendo que tengo la vida por delante.

La prudencia, frente al autoritarismo, me ha recomendado demorar mi regreso a Caracas, luego de cumplir compromisos académicos en Europa. No es normal que en un país regido por el Estado de derecho, el jefe de su Ministerio Público, es decir, quien investiga y acusa penalmente, escriba un libro, especie de autobiografía con pretensiones históricas, en el cual, contra todas las reglas de la investigación científica, refiriéndose a los lamentables sucesos de abril de 2002, haya copiado una maligna reseña periodística, y haya hecho suya la infamia que malvadamente se difundió y que me atribuyó la redacción del famoso decreto del gobierno de transición de aquellos días. Como lo he dicho una y mil veces, un día después de regresar de vacaciones en el exterior, fui efectivamente llamado como abogado para dar una opinión jurídica sobre ese documento que ya estaba redactado, y a quien me pidió la opinión se la di en sentido contrario a lo que contenía el documento y que en definitiva se pretendió adoptar la tarde del 12 de abril de 2002, en un acto en el cual ni siquiera estuve presente. Esa fue toda mi actuación, además, actuación legítima como abogado.

El señor Fiscal General de la República, sin embargo, no consultó las fuentes que debía, los libros que he escrito sobre el asunto, las ruedas de prensa que di desmintiendo la infamia, sino que aceptó como cierta la mentira que se había hecho correr en forma muy parcializada. Al hacer esto, en un libro de su autoría, el jefe del Ministerio Público ya me ha condenado, lo que es inconcebible en un Estado de derecho. Su actitud de condenar a priori, y los vicios que ello acarrea al procedimiento iniciado en mi contra, que lesionan los más elementales principios del sistema de justicia, por supuesto, se ha visto confirmada por la infundada acusación que se ha presentado en mi contra hace unos días.

---

régimen se ensaña ahora contra Allan Brewer Carías. Es la arremetida de un Estado Mediocre contra los Maestros. "La falta de educación, cuando se tiene poder –dice Aristóteles- engendra el desenfreno de la necedad"./ El profesor Allan Brewer-Carías no tiene nada que probar, ni tiene nada que explicar a quienes somos amantes del Derecho. Sus conceptos lo conocemos porque hemos leído su obra, no la traducción que nos pretende ofrecer el representante de la revolución en el Ministerio Público, el fiscal Isaías Rodríguez. Comprendemos su circunstancia y le brindamos la cálida solidaridad de la amistad, alimentados por la lección permanente de su obra y de su ejemplo. No obstante, cumplo con el deber de leer el mensaje que ha enviado a los asistentes a este evento".

Por algo Quevedo ya decía hace algunos siglos:

"Allí donde no hay justicia,
¡Qué grave es tener razón!"

No es juego, queridos amigos, que el Jefe del Misterio Público, quien lleva la responsabilidad de la investigación penal, antes de que esta concluyera y antes de que se hubiera acusado, se hubiera dado el lujo con sus veleidades literarias, de condenar públicamente al imputado. ¿Qué garantías puede uno tener de un juicio justo? Ninguna!!

Y menos si a ello se suma el hecho de que en este caso la Fiscalía ha invertido la carga de la prueba olvidándose de la presunción de inocencia, exigiendo que sean los imputados quienes demuestren su inocencia, y además, negando la evacuación de las pruebas que hemos promovido.

Esa actitud del Fiscal, lamentablemente me ha convertido en un perseguido político; lo que ineludiblemente tengo que asumir. No hacerlo sería irresponsable para con ustedes, mis amigos, mi familia y para conmigo mismo.

Pero no por esta circunstancia he perdido mi optimismo. Jean Paul Sartre decía con precisión, que al hombre no lo hacen, él se hace a sí mismo, y es y será lo que él se haga. Conforme a esta disciplina de la vida, siempre he pensado que el hombre es el único responsable de sí mismo, con el añadido de que cuando se proyecta y se escoge, no escoge sólo su individualidad, sino que escogiéndose a sí mismo, escoge a todos los hombres. Sin embargo, en ese proceso de escogerse, de hacerse y de existir, el entorno social juega un papel fundamental, y dentro de él, la familia y los amigos, a quienes uno se debe, además de deberse a si mismo.

La vida, queridos amigos, por ello es una escogencia permanente. Siempre, en todos los actos de la vida, estamos ante una alternativa. La vida no es un camino derecho, sin opciones; al contrario, siempre, en todo momento, tenemos al menos dos opciones, y tenemos que decidir cuál escogemos.

Lo importante es que lo que decidamos siempre sea pensando en el futuro, pues la vida sigue y el futuro siempre está por delante, pero sin olvidar, por supuesto, que el pasado es el que nos permite entrar seguros en él. Como lo decía José Ortega y Gasset en 1932, en su discurso con motivo de la conmemoración de los 400 años de la Universidad de Granada, casa de estudios de la cual tengo el Honor de ser Doctor Honoris Causa:

"La vida es una faena que se hace hacia adelante. Nuestro espíritu está siempre en el futuro, preocupado por lo que vamos a hacer, lo que nos va a pasar en el momento que llega. Sólo en vista de ese futuro, para prevenirlo y entrar en él bien pertrechado, se nos ocurre pensar en lo que hemos sido hasta aquí."

No se me olvida, por ello, el juicio que el historiador peninsular Torrente hizo a finales del siglo XIX, sobre los nativos de Caracas, que siempre tenemos que tener presente, precisamente para asumir el futuro:

"La capital de las provincias de Venezuela ha sido la fragua principal de la insurrección americana. Su clima vivificador ha producido los hombres más políticos y osados, los más emprendedores y esforzados, los más viciosos e intrigantes y los más distinguidos por el precoz desarrollo de sus facultades intelectuales. La viveza de estos naturales compite con su voluptuosidad, el genio con la travesura, el disimulo con la astucia, el vigor de su pluma con la precisión de sus conceptos, los estímulos de gloria con la ambición de mando y la sagacidad con la malicia. Con tales elementos no es de extrañar que este país haya sido el más marcado en los anales de la revolución moderna."

Y yo agregaría, entre todas las virtudes, una fundamental que nos ha dado la historia y la naturaleza: el optimismo que nos lleva a buscar soluciones a todos los problemas, incluso en medio de las grandes o pequeñas adversidades, aun cuando en algunos casos, alguien -persona, naturaleza o adversidad- pretende habernos vencido. Por ello, no ceso de tener presente lo que en 1918 dijo Joaquín V. González, fundador de la Universidad de La Plata, y que ahora tengo cada vez más presente por las situaciones personales adversas en las que me encuentro:

"Ya veis que no soy un pesimista ni un desencantado, ni un vencido, ni un amargado por derrota ninguna: a mí no me ha derrotado nadie; y aunque así hubiera sido, la derrota sólo habría conseguido hacerme más fuerte, más optimista, más idealista; porque los únicos derrotados en este mundo son los que no creen en nada, los que no conciben un ideal, los que no ven más camino que el de su casa o su negocio, y se desesperan y reniegan de sí mismos, de su patria y de su Dios, si lo tienen, cada vez que les sale mal algún cálculo financiero o político de la matemática de su egoísmo. Trabajo va a tener el enemigo para desalojarme a mí del campo de batalla. El territorio de mi estrategia es infinito, y puedo fatigar, desconcertar, desarmar y aniquilar al adversario, obligándolo a recorrer distancias inmensurables, a combatir sin comer, ni beber, ni tomar aliento, la vida entera, y cuando se acabe la tierra, a cabalgar por los aires sobre corceles alados, si quiere perseguirme por los campos de la imaginación y del ensueño. Y después, el enemigo no puede renovar su gente, por la fuerza o por el interés, que no resisten mucho tiempo; y entonces, o se queda solo, o se pasa al Amor, y es mi conquista, y se rinde con armas y bagajes a mi ejército invisible e invencible."

Esta lección de optimismo y de lucha, tenemos la obligación de transmitirla. Esa es la vida, y de ella tienen que aprender nuestros hijos y los hijos de ellos, pero asumiendo la vida con todos sus retos, sin rutinas agobiantes.

Como escribió Pablo Neruda en su conocido poema *Muere lentamente*, en medio de todas las adversidades, no debemos olvidarnos de ser felices, por lo que no debemos morir lentamente. Decía Neruda:

"Muere lentamente quien no viaja, quien no lee, quien no escucha música, quien no halla encanto en sí mismo.

Muere lentamente quien destruye su amor propio; quien no se deja ayudar.

Muere lentamente quien se transforma en esclavo del hábito, repitiendo todos los días los mismos senderos; quien no cambia de rutina, no se arriesga a vestir un nuevo color o no conversa con quien desconoce.

Muere lentamente quien evita una pasión y su remolino de emociones; aquellas que rescatan el brillo de los ojos y los corazones decaídos.

Muere lentamente quien no cambia la vida cuando está insatisfecho con su trabajo, o su amor; quien no arriesga lo seguro por lo incierto para ir tras de un sueño; quien no se permite, por lo menos una vez en la vida, huir de los consejos sensatos...

¡Vive hoy! ¡Arriesga hoy! ¡Haz hoy! ¡No te dejes morir lentamente! !No te olvides de ser feliz!

Esa es nuestra responsabilidad, la de cada uno de nosotros, en cada momento de nuestra vida.

Gracias queridos amigos por estar aquí, y éxito en las Jornadas."

56. En esas circunstancias, en todo caso, lo que tenía ante mí era un cuadro verdaderamente alarmante. Se me había imputado en enero de 2005 de la comisión del delito de rebelión, a partir de la denuncia hecha tres años antes por un Coronel activo del Ejército, fundado a su vez en meras especulaciones de unos pocos periodistas cuyas fuentes se ignoraban e ignoran, que fueron las que copió la Fiscal provisoria Sexta para imputarme e iniciar la investigación penal, y que además se copió el Fiscal General de la República en un libro de su autoría, dándome por culpable de hechos que no cometí. Yo había comparecido asiduamente, casi a diario, durante los nueve meses siguientes a la imputación (enero-septiembre 2005) cuando estuve en Caracas, a enfrentar la fase procesal de investigación ante el Ministerio Público, copiando a mano las actuaciones cuyas copias el Ministerio Público siempre nos negó, y ante un Ministerio Público hostil, nada imparcial. Ello es o que explica el porqué de tantas visitas a la Fiscalía. Como lo expliqué al responder preguntas que me formuló **Germán Saltrón** en la audiencia del día 3 de septiembre de 2013 ante la Corte Interamericana, sobre si "durante el tiempo que duró la investigación del Ministerio Público sus abogados y Ud. pudieron revisar el expediente del caso," respondí:

"Pudimos revisar a retazos. Yo les confieso señores Jueces de la Corte Interamericana de Derechos Humanos, que la primera vez que yo he visto el expediente judicial completo, ha sido por la copia que presentó el Estado ante esta Corte, y ha sido esa copia presentada ante esta Corte, la primera vez que pude ver el expediente completo. El expediente nunca lo pudimos ver completo, a retazos, en pedazos, se nos negaron copias, no pudimos sacar copias, hubo que copiar siete mil páginas a mano y por eso las múltiples visitas ante la Fiscalía, muchas de las cuales, inclusive, concluían en nada, porque la pieza del expediente la tenía otra persona, no nos las podían dar."

57. Y luego, ante la pregunta del mismo **Germán Saltrón** sobre si recordaba cuántas veces fui al Ministerio Público, y cuántas veces firmé un comprobante de asistencia "que demuestre que revisó y estuvo en la Fiscalía revisando los expedientes", respondí:

"Ya les dije señores jueces, múltiples veces, estuve 9 meses yendo casi a diario, todas las veces que podía iba a copiar a mano aquel expediente. No era que se me mostraba el expediente. Acudí; esas firmas lo que prueban son mis visitas, sí, múltiples veces, desesperadamente múltiples veces, pero eso no significa acceso al expediente.

58. En ese contexto, mis abogados defensores habían aportado lo necesario para desvirtuar la falsa imputación, pero, dentro del cuadro de violación reiterada y masiva de mis garantías procesales, se fueron añadiendo nuevos supuestos "testigos" militares, sin informar a mi defensa ni, por lo tanto, permitirle a mis defensores la repregunta sobre hechos con respecto a los cuales a todas luces mentían y que emergieron en el escrito de acusación fiscal.

59. Durante la fase de investigación, mis abogados defensores no pudieron obtener el control judicial sobre los actos abusivos del Ministerio Público y los pocos jueces que parecieron proclives a brindarlo, fueron separados de sus cargos de inmediato. Todo presagiaba que dentro de un sistema judicial caracterizado por la inestabilidad de jueces y fiscales, el paródico proceso penal iba continuar enrumbado hacia la conculcación total de mis derechos, tal como ocurrió desde su inicio y que, como antes dije, mi condena estaba escrita de antemano, fabricada sobre un cúmulo de falacias y de violaciones al debido proceso. Como lo dije en la audiencia del 3 de septiembre de 2013, al preguntarme el Dr. **Nikken** cómo había transcurrido la etapa de investigación en mi contra, a lo cual respondí:

"En ese proceso, lamentablemente lo que encontramos fueron obstáculos; la Fiscal desechó todas las pruebas de descargo que mis abogados presentaron para probar, precisamente donde estaba yo y con quien estaba yo los días 9, 10 y 11 de abril; que comprobaban que yo no estaba en conspiración alguna, que no me había reunido con militar alguno, ni con grupo de civiles para conspiración alguna; que no había redactado ese decreto, y que además, había condenado el contenido del decreto y así se lo expresé al Doctor Pedro Carmona.

La Fiscal retorció las declaraciones del proceso, entre otras, las declaraciones que se habían dado, por ejemplo, del Dr. Olavarría, quien fue contundente en una declaración categórica que formuló bajo juramento ante la Fiscalía narrando lo que había ocurrido en aquella reunión circunstancial del día 10 de abril, donde dijo que ese decreto lo habían traído unos jóvenes; que yo no podía ser ni era el redactor de ese decreto. Sin embargo, la Fiscal usó esa declaración para imputarme. Sí citó parte del libro del Dr. Pedro Carmona donde sólo se dice que se me consultó una opinión, cosa que nunca negué, pero la otra parte del libro donde Carmona dice que yo le expresé que estaba opuesto al decreto, esa parte no se copió ni se hizo caso en la imputación.

En el proceso de la imputación se negó la prueba anticipada, que fue una declaración de Carmona en Bogotá, para poder probar que yo no tenía ninguna participación, ni en la conspiración ni en la redacción del famoso decreto. Se negó la prueba anticipada.

Luego se negó el acceso a las grabaciones de programas de televisión donde también supuestamente estaba fundado el supuesto hecho comunicacional. Cuando se me permitió ver 4 videos, constaté que lo que decían los videos y los periodistas en los videos, no era lo que estaba escrito en la imputación. Habían falseado el contenido de la imputación poniendo en boca de estos señores cosas que no habían dicho. En definitiva, pedimos que se transcribieran técnicamente todas aquellas entrevistas, se negó la transcripción. Y luego se negó el propio control judicial cuando algún juez, de los jueces de control, llegó a pedir el expediente. La Fiscal se rebeló contra ese pedido, y en definitiva, el juez fue removido del cargo, de manera que no hubo posibilidad de control judicial efectivo.

Los jueces que tomaron medidas que no beneficiaban o no eran del agrado de la Fiscalía, eran removidos de su posición. Eso originó una situación de indefensión, de desesperanza, de desesperanza en poder obtener un juicio justo; me sentía acorralado por aquel proceso al cual me había sometido espontáneamente, pero se me negaban las posibilidades de defenderme. Y todo estaba construido para la condena, y todo eso quedó evidenciado en un libro que publicó en septiembre del año 2005, después de 9 meses de ese largo proceso, el entonces Fiscal General de la República, Señor Isaías Rodríguez; un libro en el cual el Fiscal General de la República, en ejercicio, ya me condenaba de lo que sus subalternos me estaban persiguiendo. Me imputaba ya que yo había redactado un decreto, y eso lo hizo el jefe del Ministerio Público, y además, se refirió solo a mí, de los civiles. Con eso para mí quedaba consolidada la persecución; era una orden, por supuesto, del Fiscal jefe del Ministerio Público a sus subalternos y a los jueces, que no son jueces de carrera, para condenarme definitivamente. Esa fue la situación que se vivió."

60. Y fue precisamente el 29 de septiembre de 2005, luego de enviarle una larga carta o comunicación al Fiscal General **Isaías Rodríguez** reclamándole la violación de mis derechos por la publicación de tal libro, cuando salí del país, sin que nada me lo impidiera, a cumplir con los compromisos personales y académicos antes dichos en Nueva York, Barcelona, Praga, Heidelberg y Berlín. Y fue estando fuera, a las pocas semanas de mi salida, cuando la Fiscal provisoria Sexta **Luisa Ortega Díaz** presentó la acusación fiscal en mi contra, en la cual repitió el mismo comentario periodístico que el Jefe del Ministerio Público **Isaías Rodríguez** había copiado y usado públicamente en su libro, para considerarme y darme por culpable de hechos que no cometí.

61. Mi regreso a Venezuela, en aquellas circunstancias, era evidente que equivalía a ingresar voluntariamente en una trampa muy bien montada por el Estado, en abierto desconocimiento de las obligaciones que le imponían la Constitución, la Convención Americana sobre Derechos Humanos, el Pacto Internacional de Derechos Civiles y Políticos, la Declaración Universal de los Derechos Humanos y otros instrumentos internacionales que obligan a Venezuela. Era entonces más que razonable, imperativo y apremiante que meditara sobre mi eventual retorno inmediato al país, razón por la cual al regresar a Nueva York desde Berlín, acepté la oferta de la Facultad de Derecho de la Universidad de Columbia en Nueva York, para dictar un Seminario sobre "La protección constitucional de los derechos humanos en América Latina y la acción de amparo," que ocupó mi tiempo por los semestres sucesivos. El resultado de dicho Curso fue un libro: *Constitutional Protection of Human Rights in Latin America. A Comparative Approach to the Amparo Suit*, publicado por Cambridge University Press, New York 2008.

62. De todo lo anterior, por supuesto, no había ya duda alguna de que yo era un perseguido político, declarado por el Estado como un enemigo interno, a quien se le impedía regresar a su país. De todo ello, por ejemplo, el **Instituto de Derechos Humanos de la Asociación Internacional de Abogados** (*International Bar Association*) en el *Amicus curiae* presentado ante la Corte Interamericana e septiembre de 2013, observó, con razón,

> "que en este caso se han presentado *sólidas pruebas como para sugerir que el proceso penal interpuesto contra Allan Brewer Carías tiene motivaciones políticas*. Por ejemplo, una declaración jurada del Sr. Pedro Carmona, otorgada en Bogotá el 25 de febrero de 2006, afirma que Allan Brewer Carías no fue el autor del Decreto, que le solicitó al Profesor Allan Brewer Carías su opinión jurídica como experto constitucionalista y que Allan Brewer Carías había simplemente expresado su opinión jurídica. Más aún, el 1 de junio de 2007, la Comisión de Control de Registros de la INTERPOL concluyó que la acción solicitada contra ABC era predominantemente política" (pár. 19).

63. Y por su parte, la *Association of the Bar of the City of New York,* en el *Amicus curiae* presentado ante la Corte de fecha 30 de agosto de 2013, expresó, precisamente, que:

"Este caso exige que la Corte Interamericana de Derechos Humanos actúe con firmeza, no sólo porque representa *un ejemplo particularmente grave de persecución por motivos políticos, sino por tratarse de un patrón continuo y pernicioso de abuso de derechos humanos que se comete por parte del gobierno de Venezuela.* El caso demuestra lo fácil que puede ser socavar un poder judicial, que no se encuentra debidamente aislado de las presiones políticas, existentes tras la búsqueda de enjuiciamientos por motivos políticos. Además, demuestra cómo las decisiones dictadas por un poder judicial sesgado socava los valores de una sociedad democrática y amenaza el estado de derecho."

64. Por ello también, en el *Amicus curiae* presentado ante la Corte por los profesores del **Grupo de Profesores de Derecho Público de Venezuela,**[18] se afirma:

5. Al Profesor Brewer-Carías se le atribuyó la supuesta redacción del trasnochado Decreto del 12 de abril de 2002 que pretendió desconocer la Constitución de 1999, a pesar de que existen sobradas evidencias de que rechazó su contenido, por lo que no estuvo presente al momento de su lectura. Además, quienes conocemos su abundante obra sabemos que de su pluma no pudo salir tan imperfecto documento. Basta leer los indicios en que se fundamenta la acusación para verificar lo frágil del caso y la arbitraria persecución.

6. Concretamente se le acusa de *conspirar para cambiar violentamente la Constitución,* cuando en el peor de los casos sólo puede atribuírsele la evacuación de una consulta jurídica sobre la inconstitucionalidad o no del mencionado Decreto. Nunca tuvo contactos previos con militares; simplemente un ciudadano civil, Pedro Carmona, le consultó su opinión jurídica sobre la constitucionalidad del Decreto.

7. Insistimos que quienes conocen al Profesor Brewer-Carías o su obra, saben que ese documento nunca pudo salir de su pluma, pero en todo caso, ¿emitir opinión sobre un decreto inconstitucional es un delito? Si al Profesor Brewer-Carías se le pidió una opinión jurídica sobre ese Decreto, mal puede sancionársele por ello.

---

18   Suscrito por los profesores: Rafael J. Chavero Gazdik, Juan Domingo Alfonso, José Vicente Haro, Jesús María Alvarado Andrade, José Ignacio Hernández, Ricardo Antela Garrido, Luis Herrera Orellana, Tomás A. Castillo, Jorge Kariakiris L., Carlos Ayala Corao, Gustavo Linares B., Alberto Blanco Uribe, Laura Louza, Juan Miguel Matheus, Román J. Duque Corredor, Henrique Meier, Gerardo Fernández, José A. Muci Borjas, Oscar Ghersi R., Humberto Najim, Andrea Isabel Rondón G., Freddy J. Orlando, Antonio Silva Aranguren, Rogelio Pérez Perdomo, Gustavo Tarre Briceño, Gustavo Urdaneta, Carlos Weffe, Daniela Urosa Maggi, Enrique J. Sánchez Falcón, Juan Manuel Rafalli, Ana Elvira Araujo, Armando Rodríguez G., Marco Antonio Osorio V., Ninoska Rodríguez L., Manuel Rojas Pérez, Serviliano Abache, Flavia Pesci Feltri.

8. Hoy, además, a pesar de haber mediado una *amnistía* por disposición presidencial con relación a los precisos hechos que se le imputan, se le ha negado la posibilidad de acogerse a ella, porque supuestamente "no está a derecho", porque supuestamente es un "prófugo de la justicia". Sabemos que el Profesor Brewer-Carías salió de Venezuela sin violentar ninguna orden judicial que limitara su libertad en ese momento; también sabemos que siempre estuvo representado en un juicio que, en sustancia, nunca comenzó ni comenzará por mediar precisamente la *amnistía* en cuestión. ¿Por ello, nos preguntamos, ¿tiene algún sentido encarcelar a una persona para luego decirle que los hechos por los cuales se le juzga fueron despenalizados?

65. Mis propios defensores, abogados **León Henrique Cottin** y **Rafael Odreman**, desde el inicio del proceso, hicieron saber al juez de la causa la naturaleza de la persecución política en mi contra, denunciando todas las violaciones cometidas contra el debido proceso. Como lo informó el Dr. **Rafael Odreman**, en su *declaración testimonial* presentada ante Corte Interamericana por escrito de agosto de 2013, él y el profesor **Cottín** trasmitieron al tribunal las reflexiones que yo había formulado en ejercicio de mi derecho constitucional a la libre expresión del pensamiento que me garantiza el artículo 57 de la Constitución:

"sobre la circunstancia de considerar que en su caso se habían violado sistemática y masivamente sus garantías judiciales, todo lo cual en varias oportunidades fue denunciado ante ese Tribunal, al considerarse sometido a una clara persecución política oficial por el hecho de haber dado una opinión jurídica sobre un proyecto de decreto de un gobierno de transición de abril de 2002, frente al cual, incluso, manifestó una opinión contraria a lo que contenía. En dicha comunicación, nuestro defendido hizo del conocimiento de este Tribunal extensas críticas a la actuación del anterior Fiscal General de la República, quien consideró había violado su derecho a la presunción de inocencia; así como a la actuación de la entonces Fiscal Sexta, ahora Fiscal General de la República, quien consideró que durante la fase inicial del proceso había violado su derecho al debido proceso, habiendo fundado tanto la imputación como la acusación en "recortes de prensa" de opiniones y comentarios de periodistas, sin fundamento y totalmente referenciales; que había invertido la carga de la prueba violando también su garantía constitucional de la presunción de inocencia, y además, sus derechos y garantías constitucionales de la defensa, de acceso a las pruebas, de igualdad de las partes, del juez natural, de la tutela judicial efectiva, del juicio en libertad, en fin, del debido proceso; y que en su caso no había habido una justicia accesible, imparcial, idónea, transparente, autónoma, independiente, responsable, equitativa y expedita de la que habla nuestra Constitución, considerando que lo que en su caso se acusaba y perseguía, en realidad, era a la disidencia, considerando que la acusación formulada en su contra ya era una condena, cuyo objeto era castigar su crítica política" (*Respuesta a Pregunta 15 del Representantes de la Víctima*).

66. En todo caso, yo sé que del Estado no puedo esperar sino toda la arbitrariedad posible, y ninguna protección, conforme me la acuerda, sin embargo, teóricamente, la Constitución y la Convención. En esas circunstancias, desde el punto de vista moral y desde el punto de vista jurídico, he tenido todo el derecho de proveer a mi propia defensa. La defensa propia forma parte, en efecto, como institución jurídica, de los principios generales del derecho y faculta a quien está en peligro grave e inminente de perder su vida, su libertad o sus derechos fundamentales y no puede obtenerla del Estado, a tomar las acciones que de manera razonable y proporcionada provean a defenderse por sí mismo. Esta es una expresión primaria de la naturaleza humana. De ella se nutren numerosas instituciones jurídicas, como la legítima defensa, en el campo penal, civil e internacional; el derecho de asilo; el derecho de los refugiados y no pocas reglas de Derecho humanitario. Por ello no he podido regresar al país, habiendo procurado vanamente la protección internacional de la Corte Interamericana para precaver el daño mayor que podía resultar de mi reinserción en el proceso viciado que se me sigue y de la pérdida de mi libertad En nada una sentencia podía restablecer realmente los derechos que se me han conculcado, ni garantizaba el debido proceso, ni resarcía el daño irreparable del exilio.

67. Si acudí al sistema interamericano de protección fue en definitiva, como lo dije en la audiencia del 3 de septiembre de 2013, para buscar "La justicia que se me había negado sistemáticamente en mi país," pero lo que me encontré fue con la sentencia de la Corte Interamericana No. 277 de 26 de marzo de 2014 con la cual lo que resolvió fue proteger al Estado, al declarar y resolver que era éste el que tenía derecho a que se desarrollara la integralidad del proceso penal, así fuera en violación de mis garantías judiciales, renunciando a valorar y juzgar las violaciones ocurridas al debido proceso, por haberse dichas violaciones efectuadas supuestamente en una "etapa temprana" del proceso.

TERCERA PARTE

SOBRE EL DESARROLLO DEL PROCESO PENAL EN VENEZUELA Y LA NO CELEBRACIÓN DE LA AUDIENCIA PRELIMINAR EN EL CASO POR CULPA ATRIBUIDA AL ESTADO

68. En el juicio en Caracas, luego de presentada la acusación, se dio inicio a la etapa intermedia del proceso penal en la cual el Juez estaba obligado a convocar y realizar a la audiencia preliminar del caso en un lapso breve, la cual nunca tuvo lugar; y además, en este caso, estaba obligado a resolver antes de dicha audiencia las cuestiones de nulidad absoluta por violaciones constitucionales que mis abogados defensores le habían formulado en la solicitud de nulidad absoluta o amparo penal presentada, particularmente la contenida en el escrito de 8 de noviembre de 2005, precisamente en el escrito de 523 páginas que tanto impresionó a la Corte Interamericana; petición de nulidad que jamás fue considerada.

69. En el curso del proceso, es cierto, el Juez convocó a la audiencia preliminar del juicio varias veces sin que se hubiese celebrado jamás, no debiéndose ello ni su diferimiento sucesivo, **en ningún caso,** a mi ausencia del país ni a mi falta de comparecencia, como el propio juez de la causa lo precisó y decidió formalmente mediante sentencia de fecha 20 de julio de 2007; decisión cuyo contenido, como se analiza más adelante, sin embargo la Corte Interamericana llegó a considerar que no era cierto, haciendo su propia interpretación errada de las decisiones de diferimiento (párrafos 134, 137, 138, 143) considerando que de ellas "se desprende lo contrario" respecto de lo que el propio Juez penal decidió (párrafo 138).

70. Pero en realidad, es la conclusión de la Corte Interamericana la que está errada, contradiciendo lo formalmente expuesto y decidido por el juez penal de la causa, que a la vez contradice lo que afirmó falsamente, bajo juramento, la testigo **Mercedes Prieto** en la audiencia ante la Corte Interamericana el 4 de septiembre de 2013, cuando dijo –sin haber sido testigo en forma alguna del curso del proceso–, al responder a la pregunta del Dr. **Nikken**

sobre "*¿por qué se difirió cada vez la audiencia preliminar en la causa que se le sigue al Profesor Allan Brewer Carías?*, que había sido supuestamente "porque no estaban las partes, no estaban todas las partes y se pidieron diferimientos por distintos defensores de los imputados." Sin embargo, después de esa mentira, ante otra pregunta del Dr. **Nikken** sobre "*si en alguna de las decisiones judiciales de diferimiento de la audiencia aparece que la causa de diferimiento sea la no presencia del ciudadano Allan Brewer Carías*", la testigo que no había sido testigo de nada, respondió simplemente "No lo sé."

71. En todo caso, el viciado proceso penal desarrollado en mi contra, tuvo entre otras las siguientes secuelas, hechos e *iter*:

- *22 de mayo de 2002: se presentó la denuncia del oficial activo del Ejército, **Ángel Bellorín**, ante **Isaías Rodríguez**, Fiscal General de la República, basada exclusivamente en "recortes de prensa" y videos con opiniones y cuentos de periodistas sobre los sucesos de abril de 2002, formulada con el deliberado propósito de involucrar a civiles en un hecho que fue exclusivamente militar.*

- *3 de junio de 2002: comparecí espontáneamente ante la Fiscalía, luego de la noticia publicada en la prensa sobre de la denuncia de **Bellorín**, para aclarar el asunto y consignar mis desmentidos y una declaración de Jorge Olavarría, con ocasión de lo cual se realizó una "entrevista" o declaración que tomó el Fiscal provisorio **José Benigno Rojas**, en la sede de la Fiscalía General de la República, donde como dije, acudí espontáneamente a declarar.*

- *9 de septiembre de 2004: se produjo una declaración de un Dr. **Rafael Arreaza Padilla**, quién había sido nombrado Ministro de Sanidad del gobierno de Pedro Carmona, refiriendo una supuesta y falsa reunión de abogados con este último, que el declarante dijo falsamente que presenció, diciendo que todos habrían hablado por teléfono conmigo en la tarde del 12 de abril de 2002, lo que es falso.*

- *27 de enero de 2005: la Fiscal provisoria Sexta **Luisa Ortega Díaz** formalizó la imputación en mi contra, con base exclusivamente en los mismos "recortes de prensa" y videos consignados por el Coronel **Bellorín**, sin mencionar la entrevista hecha al Sr. **Arreaza Padilla**, y sin reseñar los desmentidos míos también publicados en la prensa.*

- *14 de febrero de 2005: nombré formalmente ante el Juzgado 25 de Control a mis defensores, abogados **León Henrique Cottin** y **Rafael Odreman**, quienes fueron testigos en el proceso ante la Corte Interamericana, los cuales se juramentaron ante el juez de control, habiendo desde entonces estado yo "a derecho" y sometido al proceso penal.*

- *Durante los ocho meses siguientes, asistí al igual que mis defensores, prácticamente a diario a la sede de la Fiscalía Sexta de Cara-*

cas, habiendo permanecido en sus instalaciones el tiempo necesario para copiar a mano las miles de páginas del expediente, cuyas copias siempre nos fueron negadas.

- *28 de septiembre de 2005: luego de leer el libro que el Fiscal General de la República, **Isaías Rodríguez** había publicado en ese mismo mes ("Abril comienza en Octubre") en el cual, citando un "cuento" de un periodista me dio por culpable de lo que su subalterna, la Fiscal provisoria Sexta, **Luisa Ortega Díaz** me había imputado, y posteriormente me acusó; le remití un comunicación al citado Fiscal General **Isaías Rodríguez,** acusándolo de violación masiva de mis derechos y garantías judiciales; comunicación que fue entregada a mano en su propio despacho.*

- *29 de septiembre de 2005: al día siguiente de escribir la carta antes mencionada, salí de viaje, libremente, pasando por todos los controles migratorios habituales, para atender compromisos personales y académicos en el exterior.*

- *4 de octubre de 2005: solicitud de nulidad formulada por mis defensores con base en la violación al derecho a la defensa, a la presunción de inocencia y al debido proceso por la publicación del antes mencionado libro por parte del Fiscal general.*

- *21 de octubre de 2005: la Fiscal provisoria Sexta **Luisa Ortega Díaz** formalizó la acusación penal en mi contra y pidió mi prisión preventiva, con base exclusivamente en los mismos "recortes de prensa" y videos consignados por el Coronel **Bellorín**, que antes había copiado en la imputación fiscal, sin reseñar los desmentidos míos también publicados en la prensa.*

- *26 de octubre de 2005: mis defensores solicitaron al Juez 25 de Control de Caracas que declarase anticipadamente la improcedencia de la privación preventiva judicial de libertad, conforme al artículo 125(8) del COPP. **El juez se abstuvo de todo pronunciamiento**.*

- *31 de octubre a 10 de noviembre de 2005: fechas entre las cuales, según el COPP, la audiencia preliminar debió ser convocada y celebrarse para todas las personas acusadas en ese juicio. **La audiencia preliminar jamás se realizó con respecto a <u>ninguna</u> de ellas**.*

- *8 de noviembre de 2005: mis abogados defensores presentaron solicitud de nulidad absoluta de todo lo actuado durante la investigación penal, a causa de las violaciones masivas a mis derechos y garantías judiciales y al debido proceso en las cuales ya para esa fecha se había incurrido, con base en el artículo 190 COPP; solicitud de amparo formulada conjuntamente con el escrito de oposición de excepciones y contestación a la acusación. **La solicitud de nulidad absoluta o amparo constitucional en materia penal nunca fue proveída ni decidida**.*

- *10 de mayo de 2006: mis abogados defensores informaron al Juez, mediante un escrito, que yo había aceptado la designación que se me había hecho como Profesor Adjunto en la Facultad de Derecho de la Universidad de Columbia, en Nueva York, donde estaba dando un curso, y, asimismo, que había tomado la prudente decisión de permanecer fuera de Venezuela hasta que se presentasen las condiciones idóneas para obtener un juicio imparcial.*

- *2 de junio de 2006: la Fiscal provisoria Sexta, **Luisa Ortega Díaz**, como una especie de castigo por estar enseñando en el exterior, solicitó al Juez mi detención preventiva.*

- *15 de junio de 2006: el Juez provisorio 25 de Control ordenó mi detención preventiva, y libró orden de captura, seguida de una persecución internacional, manipulando indebidamente a la INTERPOL, organización que tiene prohibición estatutaria de intervenir en materia de delitos políticos, siendo sin embargo el delito por el cual se me acusaba (rebelión o conspiración para cambiar violentamente la Constitución) un delito de los llamados "delitos políticos puros."*

- *20 de julio de 2007: el Juez provisorio 25 de Control decidió formalmente, mediante sentencia, que los diferimientos de la audiencia preliminar en el caso no se debieron a mi culpa ni eran atribuibles en forma alguna a mi permanencia en el exterior, sino a solicitudes de otros procesados.*

- *31 diciembre de 2007 y enero de 2008: Se produjo la despenalización de los hechos relacionados con los sucesos del 11 al 13 de abril de 2002, por Ley de Amnistía de 31 de diciembre de 2007, la extinción de la responsabilidad penal y de la acción penal, y la cesación de la causa, pero a pesar de que yo estaba a derecho y me había sometido al proceso penal, con abogados defensores juramentados quienes participaron en todas las actuaciones procesales debidas, y nunca dejé de estar a derecho, yo fui el único acusado a quien se le negó la aplicación del beneficio de la Ley de Amnistía. Desde entonces, el expediente se envió al archivo judicial general.*

72. De todo lo anterior resulta rotundamente claro, que es falsa la afirmación pertinaz de los agentes del Estado en el sentido de que yo supuestamente me había "dado a la fuga", como temerariamente lo han dicho, ya que yo salí de Venezuela el 29 de septiembre de 2005, sin que nada restringiese mi libertad de tránsito, luego de que le enviara una comunicación al Fiscal General **Isaías Rodríguez** reclamándole su inadmisible conducta de haberme dado públicamente por culpable en un libro de su autoría, antes siquiera de que su subalterna, la Fiscal provisoria Sexta **Luisa Ortega Díaz**, cumpliendo sin duda sus órdenes, me acusara. Por prudencia fue que, estando fuera del país, retardé el viaje de regreso y permanecí fuera, donde estaba cuando nueve meses más tarde, en 15 de junio de 2006, el juez de la causa dictó la medida privativa de libertad en mi contra. Esta ***orden fue entonces efectivamente***

dictada, no para impedir que yo saliera del país, pues estaba afuera, sino para impedir mi regreso a Venezuela, pues si lo hacía, perdería arbitraria-mente mi libertad.

73. Es evidente que de acuerdo con la lógica más elemental y conforme al Derecho internacional de los derechos humanos -recordemos que el dere-cho es lógica-, condicionar las garantías judiciales de una persona perseguida a su entrega a sus perseguidores, es esencialmente ilegítimo. Como lo dijo en un caso la Corte Europea de Derechos Humanos, *"constreñir al interesado a infligirse a sí mismo por anticipado la privación de la libertad resultante de la decisión atacada, cuando esa decisión no puede considerarse como defini-tiva [...] impone una carga desproporcionada..."*[19] Por ello, junto con mis defensores y representantes he sostenido que la medida de privación de liber-tad dictada en mi contra, en realidad, no tenía otro objeto que no fuera buscar que compareciera a un proceso judicial que nunca comenzó efectivamente, ni nunca iba a comenzar como efectivamente ocurrió, y no precisamente a causa de mi ausencia del país. Tenía por objeto, en realidad, privarme de mi libertad *sine die*, sin juicio efectivo, como ha ocurrido en tantos otros casos en Vene-zuela. Y en el caso concreto, lo cierto fue que el juicio seguido también con-tra otros acusados nunca pasó del inicio de la etapa intermedia, pero no por-que yo me hubiera supuestamente "dado a la fuga," como falsa y maliciosa-mente afirmó el Estado, ni porque hubiese permanecido en el exterior con posterioridad, sino porque el juez no consiguió o no quiso conseguir celebrar la audiencia preliminar en los lapsos dispuestos por el COPP, sin que ello tuviera relación alguna con mi no presencia en el territorio venezolano, tal como el mismo Juez de la causa dejó constancia explícita de esa circunstancia en el expediente. Si hubiera regresado al país, habría sido detenido por varios años sin juicio. Eso era lo que la Fiscal provisoria Sexta **Luisa Ortega Díaz** quería, pero no logró.

74. Y lamentablemente, con su sentencia, esto es lo que la Corte Inter-americana pretende que suceda, al argumentar que como las violaciones a mis derechos constitucionales denunciados, se cometieron en lo que denominó una supuesta *"etapa temprana"* del proceso penal (la expresión la usa la Corte en los párrafos 96 y 97), entonces, supuestamente dichos derechos constitu-cionales no son protegibles ni garantizables, pues dijo la Corte Interamericana que "no es posible analizar el impacto negativo que una decisión pueda tener si ocurre" pues las violaciones denunciadas supuestamente "pueden ser sub-sanadas o corregidas por medio de los recursos o acciones que se estipulen en el ordenamiento interno" (párrafo 97). Por ello, dijo la Corte Interamericana, en forma más precisa, pero igualmente absurda, que "en este caso en el cual todavía se encuentra pendiente la audiencia preliminar y una decisión al me-

---

19   Eur. Court H.R., *Case of Guérin v. France (51/1997/835/1041)*. Judgment of 29 July 1998, ¶ 43; Eur. Court H.R., *Case of Omar v. France (43/1997/827/1033)*. Judgment of 29 July 1998, ¶ 40.

nos de primera instancia, no es posible entrar a pronunciarse sobre la presunta vulneración de las garantías judiciales, debido a que todavía no habría certeza sobre como continuaría el proceso y si muchos de los alegatos presentados podrían ser subsanados a nivel interno" (párrafo 88); argumento inadmisible pues parte del supuesto de que en Venezuela existiría un Poder Judicial capaz de subsanar los vicios denunciados, cuando al contrario, la misma Corte cuenta con todos los elementos necesarios para saber que ello no es posible, y que al contrario, cualquier justiciable lo que puede es esperar que se violes aún más sus derechos.

75. La Corte Interamericana sin embargo, concluyó con lo que quizás fue el meollo de su decisión, y es que a quien había que proteger en este proceso era al Estado y no a la víctima, al señalar que "cuando un específico procedimiento cuenta con etapas en las que se puede llegar a corregir o subsanar cierto tipo de irregularidades, *los Estados deben poder disponer de dichas etapas procesales* para remediar las alegadas irregularidades en el ámbito interno" (párrafo 98). Es decir, los Estados tienen derecho a disponer de dichas etapas procesales, que fue lo que protegió la Corte Interamericana en este caso, y poco importa que en el dicho Estado, no haya Poder Judicial autónomo o confiable para que esas "etapas" sean confiables. Es lamentable que la conclusión que resulta de esto pueda ser que de lo que ahora se trata sea de proteger al Estado, no a los ciudadanos, para que el Estado disponga de dichas etapas, así no las cumpla y siga violando impunemente derechos ciudadanos.

76. Sobre esto, en todo caso, en el Voto Conjunto Negativo de los Jueces **Ferrer Mac Gregor** y **Ventura Robles**, al referirse a la *"denominada 'etapa temprana' como pretendido nuevo elemento en la regla del agotamiento de los recursos internos,"* consideraron que *no era "procedente* el criterio mayoritario respecto a que el proceso penal se encuentra aún en una "etapa temprana" (nuevo concepto acuñado en la Sentencia y en la jurisprudencia) y que ello conlleva a que no es posible analizar el impacto negativo que una decisión pueda tener, cuando éstas pueden ser subsanadas o corregidas por medio de los recursos o acciones que se estipulen en el ordenamiento interno en etapas posteriores" (párrafo 46); agregando los Jueces disidentes que:

"47. Esta consideración contradice la línea jurisprudencial del propio Tribunal Interamericano en sus más de veintiséis años de jurisdicción contenciosa, desde su primera resolución en la temática de agotamiento de los recursos internos como es el caso *Velásquez Rodríguez Vs. Honduras,* creando así un preocupante precedente contrario a su misma jurisprudencia y al derecho de acceso a la justicia en el sistema interamericano. [...]"

"50. En el presente caso, los representantes del señor Brewer utilizaron los medios de impugnación previstos en la legislación venezolana –recursos de nulidad absoluta– para poder garantizar sus derechos fundamentales en el procedimiento penal; en la Sentencia se sostiene que el procedimiento en el proceso penal venezolano llevado contra el señor Brewer Carias se encuentra en una "etapa temprana" por lo que quedaban pendientes otros recursos internos en etapas posteriores que podrían haber garantizado sus derechos."

77. Con razón, frente a la sentencia de la Corte Interamericana, los mismos Jueces **Ferrer Mac Gregor** y **Ventura Robles**, en su Voto Conjunto Negativo argumentaron con preocupación que:

"56. *La nueva teoría de la "etapa temprana" utilizada en la presente Sentencia representa un retroceso que afecta al sistema interamericano en su integralidad, en cuanto a los asuntos ante la Comisión Interamericana y casos pendientes por resolver por la Corte, toda vez que tiene consecuencias negativas para las presuntas víctimas en el ejercicio del derecho de acceso a la justicia. Aceptar que en las "etapas tempranas" del procedimiento no puede determinarse alguna violación (porque eventualmente puedan ser remediadas en etapas posteriores) crea un precedente que implicaría graduar la gravedad de las violaciones atendiendo a la etapa del procedimiento en la que se encuentre; más aún, cuando es el propio Estado el que ha causado que no se hayan agotado los recursos internos en el presente caso, dado que ni siquiera dio trámite a los recursos de nulidad de actuaciones –de 4 y 8 de noviembre de 2005– por violación a derechos fundamentales. [...]"* (Párrafo 56).

"64. En definitiva, de tomarse de forma literal el precedente que se está creando a través de lo que en la Sentencia se denomina "etapa temprana" del proceso, podría llegar a tener un efecto negativo en el sistema interamericano de protección de los derechos humanos, ya que en muchos asuntos en trámite ante la Comisión, o incluso en casos ante la Corte, implicaría acoger la excepción preliminar de falta de agotamiento de los recursos internos, sin entrar a conocer el fondo del caso; lo que contradice la línea jurisprudencial del Tribunal Interamericano en la materia que ha mantenido desde su jurisprudencia más temprana, en detrimento del derecho de acceso a la justicia."[...]

"76. Al respecto en la Sentencia se ha considerado que el momento procesal, a saber "la etapa temprana", en el que se encuentra el presente caso impide una conclusión *prima facie,* respecto al impacto de la provisionalidad en la garantía de independencia judicial en orden a establecer como procedente una excepción al agotamiento de los recursos internos basada en el artículo 46.2.b de la Convención. El criterio mayoritario sustenta la anterior consideración, en que no hay al menos una decisión de primera instancia mediante la cual se pueda llegar a valorar el impacto real que la provisionalidad de los jueces hubiera podido tener en el proceso."[...]

"91. De todo lo anteriormente expuesto, nuevamente llegamos a la conclusión de que el Tribunal Interamericano debió diferir el estudio de la excepción preliminar sobre falta de agotamiento de los recursos internos, al conocimiento del fondo del caso, ya que evidentemente la controversia abarca tanto aspectos de admisibilidad como aspectos propios del fondo relacionados con las garantías judiciales previstas en el artículo 8 de la Convención Americana, específicamente relativas al derecho a un juez o tribunal independiente e imparcial (8.1 CADH), el derecho a una adecuada defensa (8.2.c CADH) y el derecho a interrogar los testigos y de obtener la comparecencia de personas que puedan arrojar luz sobre los hechos (8.2.f CADH). Y no utilizar el artificioso argumento de la "etapa temprana" del proceso —como se realiza en la Sentencia—, para evitar entrar al fondo del caso."[…]

"119. En consecuencia, el Tribunal Interamericano debió desestimar la excepción preliminar de falta de agotamiento de los recursos internos y entrar a resolver el fondo del caso, conforme a la línea jurisprudencial sobre la materia que ha establecido la propia Corte. El utilizar como uno de los argumentos centrales en la Sentencia la artificiosa teoría de la "etapa temprana" del proceso, para no entrar al análisis de las presuntas violaciones a los derechos humanos protegidos por el Pacto de San José, constituye un claro retroceso en la jurisprudencia histórica de esta Corte, pudiendo producir el precedente que se está creando consecuencias negativas para las presuntas víctimas en el ejercicio del derecho de acceso a la justicia; derecho fundamental de gran trascendencia para el sistema interamericano en su integralidad, al constituir en si mismo una garantía de los demás derechos de la Convención Americana en detrimento del efecto útil de dicho instrumento."

78. En todo caso, lo que es cierto es que en el proceso penal en Venezuela mis defensores ejercieron todos los recursos disponibles al momento, y específicamente, en la primera oportunidad que se tuvo, ejercieron el único recurso disponible, idóneo y efectivo para lograr la protección judicial por violación de sus derechos y garantías constitucionales a que tenía derecho, que era la solicitud de nulidad absoluta de todo lo actuado por violación de dichos derechos y garantías conforme al COPP, como pretensión de amparo formulada conjuntamente con la contestación a la acusación, no habiendo sido nunca decidido.

79. Contra dicha abstención, por lo demás, no había posibilidad alguna de otro recurso efectivo para obtener una decisión sobre la nulidad solicitada, ya que la posible acción autónoma de amparo que hubiera podido intentarse contra la omisión del juez nunca hubiera conducido a efectivamente resolver la nulidad absoluta o protección constitucional solicitada, sino a lo sumo, a una orden dada por un juez superior al juez de la causa omiso, para que decidiera lo que se negaba a decidir. Y en todo caso, aun en el supuesto negado de que pudieran haber existido otros recursos internos disponibles para la protección constitucional solicitada –que no los hay-, *yo habría estado exonerado de agotarlos, si para hacerlo debía exponer mi libertad personal o mi integridad física.* Ese es el principio subyacente en varias decisiones de la propia Corte Interamericana, expresado en los *Casos Velásquez Rodríguez vs. Honduras* y *Godínez Cruz Vs. Honduras,* con los que se inauguró su competencia contenciosa, en los cuales advirtió que un recurso *"puede volverse ineficaz si se le subordina a exigencias procesales que lo hagan inaplicable, si, de hecho, carece de virtualidad para obligar a las autoridades, **resulta peligroso para los interesados intentarlo o no se aplica imparcialmente"*. [20]

80. En Venezuela, yo fui objeto de un paródico proceso penal donde las violaciones a mis derechos y garantías fueron reiteradas y masivas, multiplicándose a medida que avanzó el proceso penal. Este, que es la institución jurídica donde deben tomar cuerpo todas las garantías previstas tanto en la Constitución como en la Convención Americana y en el COPP, se pervirtió en mi caso, al haber sido convertido en el vehículo fundamental para la conculcación precisamente de esas garantías. El Estado se valió de la herramienta para defender al ciudadano contra la arbitrariedad, que es la justicia, para convertirla en la herramienta de la arbitrariedad contra el ciudadano, y eso es lo que en definitiva protegió la Corte Interamericana en este caso.

81. Por ello, *es inconcebible que el Estado hubiera podido pretender, como lo argumentó ante la Corte Interamericana, y como en definitiva lo acogió la Corte en su sentencia, que a mí no me cabe la protección internacional solicitada por haberme protegido a mí mismo, pagando el precio del exilio, que es en sí mismo una pena. Era inconcebible siquiera sugerir ante una instancia internacional de derechos humanos que, para obtener protección, la víctima debía auto infligirse el castigo de entregarse a sus verdugos; y más inconcebible es que la Corte Interamericana haya acogido ese argumento.* Y en efecto, eso y no otra cosa es lo que se deriva de la sentencia de la Corte Interamericana que se orienta en el sentido mencionado de proteger al Estado, al argumentar, que como los vicios y violaciones a mis derechos y garantías judiciales ocurrieron en una supuesta "etapa temprana" del proceso (nadie sabe cuál sería la "etapa tardía"), y el Estado podría eventualmente corregirlos en el curso del *ab initio* viciado proceso penal, las violaciones a los derechos y garantías judiciales no son entonces protegibles, teniendo el Estado "el derecho a violarlas" y a que se siga un proceso viciado, ante un Poder Judicial sin autonomía ni independencia, sometiéndose a la víctima a la privación de su libertad, lo que por lo visto no le importa a la Corte Interamericana, con tal de proteger al Estado; y cuando el proceso termine, si es que termina, entonces será que el ciudadano podrá acudir a la protección internacional, si es que le quedan fuerzas o vida. En este caso, lamentablemente, esa fue la "justicia convencional interamericana" que yo obtuve.

82. En tiempos recientes, incluso, como lo destacaron mis representantes en el juicio ante la Corte Interamericana, lo que fue ignorado por la misma, el *Comité de Derechos Humanos de las Naciones Unidas*, conociendo un caso

---

20   Corte I.D.H.: *Caso Velásquez Rodríguez Vs. Honduras. Fondo; cit.,* ¶ 66; Corte I.D.H.: *Caso Godínez Cruz Vs. Honduras. Fondo; cit.,* ¶ 69.

precisamente relativo a Venezuela, sobre violación del artículo 14 del Pacto Internacional de Derechos Civiles y Políticos que garantiza el debido proceso, consideró legítimo que una persona que había sido víctima de graves violaciones a las garantías judiciales, se ausentase del país, estando el proceso en curso y pendiente de realización la audiencia preliminar, precisamente para ponerse a salvo de esas violaciones, a pesar incluso de que en el momento en que se ausentó, pesaba contra esa persona una orden judicial de aprehensión (lo que no era mi caso para cuando salí de Venezuela), resolvió que:

> *"Si bien es cierto que, finalmente, el autor* (peticionario) ***abandonó el país a pesar de la orden de aprehensión*** *dictada por el Juzgado 31° el 18 de diciembre de 2009,* ***el Comité observa que este hecho estuvo motivado por las irregularidades que afectaron el proceso, como dan cuenta los párrafos anteriores.***[21]

83. Yo sé, y lo sabía desde que recibí la noticia en Barcelona en octubre de 2005 de que se había formulado acusación en mi contra solicitándose con la misma la privación de mi libertad, que si regresaba a Venezuela sería privado de esta y sometido a un proceso que era y es una farsa, y una parodia, bajo la acusación de la actual Fiscal General de la República, **Luisa Ortega Díaz**, la misma que como Fiscal provisoria Sexta forjó la imputación y la acusación en mi contra, con desenfado desprecio por el derecho a la defensa, la presunción de inocencia y las demás garantías procesales cuya violación denunciamos ante la Corte Interamericana buscado justicia y protección internacional, que lamentablemente no encontramos.

84. Dicha Fiscal provisoria actuó, además, guiada seguramente por el Fiscal General de entonces, **Isaías Rodríguez**, quien tomó parte del Expediente fiscal –con copias de actas del mismo que obtuvo, luego de que su Despacho me las negara a mí y a mis abogados–, para él contar un "cuento" en su libro *"Abril comienza en Octubre,"* publicado después de la imputación pero antes de la acusación en mí contra, y sobre lo cual sin embargo, dijo falsamente ante la Corte Interamericana en la audiencia del 3 de septiembre de 2013, que no conocía el dicho Expediente. La Fiscal provisoria Sexta, en todo caso, usando el mismo "cuento" que se copió **Isaías Rodríguez** del Expediente, como él mismo lo calificó ante la Corte Interamericana, y sin duda siguiendo la orientación de lo que su Jefe la había trazado como conducta, me acusó bajo la dirección del mismo sistema judicial minado por su falta de independencia y de estabilidad, con la consiguiente sujeción al gobierno y su tendencia política.

85. En efecto, en la audiencia ante la Corte Interamericana el testigo **Isaías Rodríguez,** al responder a la pregunta que le formuló el profesor **Claudio Grossman** sobre si estaba *"consciente o sabe si la Fiscal copió y*

---

21 CDH, Comunicación 1940/2010. *Eligio Cedeño c. República Bolivariana de Venezuela*. Dictamen de 29 de octubre de 2012, ¶ 7.10.

transcribió las denuncias hechas por un Coronel en servicio activo con el objeto de hacer las imputaciones al Señor Allan Brewer Carías", respondió falsamente:

"No tengo realmente ninguna información sobre eso. Los fiscales a pesar de lo que el Dr. Brewer ha dicho legítimamente porque él se está defendiendo, eran absolutamente autónomos y yo no tenía conocimiento de la causa. Yo no tengo ni idea de lo que cada fiscal hizo en su oportunidad sobre eso."

86. Y luego, a la pregunta del mismo profesor **Grossman** sobre *"¿cuánto se demoró la nueva fiscal desde que asume el expediente al efectuar las imputaciones?*, respondió: "No tengo idea, realmente no tengo idea, le insisto, los fiscales eran autónomos, los fiscales no tenían ningún tiempo determinado por mí ni revisaba los expedientes. No sé cuánto tiempo se llevó." Sin embargo, ante otra pregunta del profesor **Grossman** sobre *"si es la primera vez que usted sabe de la atribución de supuestos hechos ilícitos al Sr. Brewer Carías"* respondió, contradiciéndose abiertamente, que "No, sería inconcebible que yo le diga como Fiscal, como ex Fiscal que no sabía de esa atribución de los hechos ilícitos, ***cuando se produce la imputación me lo informa la fiscal que llevaba el caso, y cuando se produce la acusación también me lo informa la fiscal que llevaba el caso***, yo no vi la acusación, yo no la revisé, insisto los fiscales tenían toda la autonomía para actuar." Finalmente ante otra pregunta del profesor **Grossman** respondió: "yo no tengo nada contra el Dr. Brewer Carías, yo no participe en la acusación, yo no participe en la imputación."

87. El entonces Fiscal General de la República, **Isaías Rodríguez**, en un caso de tanta importancia política como el referido a los sucesos de abril de 2002, afirmó entonces ante la Corte Interamericana que no conocía el expediente, ni la denuncia, ni la imputación, ni la acusación en mi contra, pero sin embargo, como quedó aclarado en su declaración se copió de la denuncia o de la imputación, es decir, del Expediente, el "cuento" contado por un periodista, **Rafael Poleo**, y luego contradictoriamente declaró que cómo podía alguien imaginarse que él, como Fiscal General, no estuviese bien informado de la imputación y de la acusación en mi contra. Todo ello, fue un elemento más, demostrativo de la persecución política en mi contra.

88. Como lo observó la **Comisión Interamericana de Derechos Humanos** en las *Observaciones Finales* que expresó el Comisionado Dr. **Felipe González** en la audiencia del día 4 de septiembre de 2013, luego de analizar este caso:

"la Comisión concluye indicando que este caso tiene una fuerte dimensión tanto personal como estructural, ya que por una parte expresa con claridad la situación de especial vulnerabilidad e indefensión en que queda una persona perseguida penalmente sin garantías mínimas, de obtener justicia, independiente e imparcial, y además constituye el claro reflejo de la grave situación en que se encuentra el poder judicial venezolano y la urgente necesidad de que los jueces y juezas de Venezuela cuenten con las condiciones para ejercer su verdadera función de resguardar el estado de derecho y garantizar los derechos de sus ciudadanos."

89. Durante todo el proceso ante la Corte Interamericana, sin embargo, el Estado se limitó a señalar una larga lista de supuestos recursos de imposible ejercicio, porque en el caso nunca el juez dictó una sentencia que pudiera ser objeto de un recurso. Particularmente nunca se decidió el recurso idóneo disponible en el momento que era el amparo penal o solicitud de nulidad absoluta. Por ello, no tiene fundamento alguno lo pretendido por la Corte Interamericana en su sentencia, en el sentido de que "debido a la <u>etapa temprana</u> en que se encuentra el proceso," si bien reconoció "que fueron interpuestas por la defensa del señor Brewer Carías las diversas solicitudes de nulidad" (párrafo 97), sin cuestionar en forma alguna la efectividad de dichos recursos de nulidad, sin embargo resolvió, protegiendo al Estado, que "no se interpusieron los recursos que el Estado señaló como adecuados, a saber el recurso de apelación establecido en los artículos 451 a 458 del COPP, el recurso de casación señalado en los artículos 459 a 469 del COPP, y el recurso de revisión indicado en los artículos 470 a 477 del COPP" (párrafo 97). Por supuesto que no se interpusieron dichos recursos porque era imposible hacerlo, ya que el proceso no avanzo de la "etapa temprana" en la cual según la Corte se encontraba, por culpa del propio Estado al no haber decidido nunca el juez el recurso de nulidad o amparo intentado. La Corte dio por buena la enumeración que hizo el Estado de supuestos recursos – en la que no incluyó el r2ecurso de nulidad absoluta intentado -, sin explicación alguna de cómo es que hubieran podido haber sido agotados, salvo entregándome a mis perseguidores sin ninguna garantía de que el proceso fuera a avanzar.

90. Como lo destacaron los Jueces **Ferrer Mac Gregor** y **Ventura Robles** en su Voto Conjunto Negativo, "sobre los recursos de nulidad absoluta interpuestos, el Estado no refirió que no fueran los recursos adecuados y efectivos que debían de agotarse, sino que, por el contrario, se limitó a señalar los recursos pendientes que debían agotarse en etapas posteriores" (párrafo 53), advirtiendo en todo caso que:

"en el procedimiento ante la Comisión Interamericana, en su etapa de admisibilidad, el Estado en realidad no precisó cuáles eran los recursos efectivos e idóneos y se limitó a señalar, de manera genérica, que no hay todavía una sentencia de primera instancia que posibilitara la presentación de los recursos de apelación de autos, apelación de sentencia definitiva, revocación, casación, revisión en materia penal, amparo y revisión constitucional. *Lo que en realidad hace el Estado es simplemente mencionar todos los recursos disponibles en las distintas etapas del proceso, pero no se refiere, específicamente, a los recursos de nulidad y de si eran éstos los recursos idóneos y efectivos*" (Párrafo 36).

91. De ello se concluye que el Estado lo que pretendía es que para que pudiera dictarse alguna decisión en el proceso en Venezuela, en realidad, si con suerte llegaba a dictarse, se exigía que previamente me entregara a mis perseguidores y abdicara de la defensa que me protege de ellos. Se trata, cuando menos, de una ironía de mal gusto, sobre todo cuando el Estado ha usado el sistema de protección internacional para obtener apoyo a tan abyecto fin. Y no otra cosa es lo que resulta de la sentencia N° 277 dictada por la Corte Interamericana de Derechos Humanos, de la cual se deduce que para pretender poder obtener justicia en el ámbito internacional yo debo entregarme a un sistema donde no hay justicia, y donde en la situación de falta de independencia y autonomía de los jueces, que la Corte Interamericana en protección del Estado se negó a juzgar, nunca podré obtenerla.

92. Como bien lo destacaron los Jueces **Ferrer Mac Gregor** y **Ventura Robles** en su Voto Conjunto Negativo a la sentencia:

"La interpretación que se realiza en la Sentencia del artículo 7.5 de la Convención Americana se aleja de lo estipulado en el artículo 29 del Pacto de San José, que establece que ninguna disposición de la Convención puede ser interpretada en el sentido de permitir a alguno de los Estados Partes, *suprimir o limitar el goce y ejercicio de los derechos y libertades reconocidos en la Convención*. El criterio mayoritario no realiza su análisis del artículo 7.5 de la Convención a la luz del artículo 29 de la misma, sino que decide, por el contrario, realizar una interpretación restrictiva y limitante de dicho artículo, dejando de lado el carácter *pro homine* que ha de llevar dicha interpretación, de acuerdo con el mencionado artículo 29 de la Convención y la jurisprudencia constante de la Corte, en el entendido que está de por medio el derecho a la libertad personal. *Pretender que el señor Brewer Carías regrese a su país para perder su libertad y, en esas condiciones, defenderse personalmente en juicio, constituye un argumento incongruente y restrictivo del derecho de acceso a la justicia, al no haberse analizado en el caso precisamente los aspectos de fondo invocados por la hoy presunta víctima relacionados con diversas violaciones a los artículos 8 y 25 de la Convención Americana*, que de manera consustancial condicionan los alcances interpretativos del artículo 7.5 del Pacto de San José respecto al derecho a la libertad personal " (Párrafo 114) (negritas nuestras).

93. En el contexto del proceso penal desarrollado en Venezuela, de todo lo antes expuesto, específicamente sobre la no realización de la audiencia preliminar, resulta que la misma no se realizó jamás porque el propio juez así lo resolvió, porque a pesar de haberla convocado en repetidas oportunidades, el juez siempre la pospuso, y nunca por culpa que me pudiera ser atribuida, o por razón de que yo hubiera permanecido en el exterior. Es falso, por tanto, como en forma deliberadamente errónea lo expresaron ante la Corte Interamericana tanto el Agente del Estado, abogado **Saltrón**, como el testigo presentado por el Estado, **Néstor Castellanos**, -quien en realidad actuó en calidad de "perito" aun cuando fue presentado por el Estado como "testigo-," al decir una y otra vez que supuestamente la audiencia preliminar correspondiente al paródico proceso en mi contra, no tuvo nunca lugar a causa de mi ausencia del país, *lo cual no es cierto*, como lo resolvió expresamente en propio juez penal de la causa, lo que fue desconocido por la Corte Interamericana "encontrando" en el Expediente supuestos elementos "contrarios" a lo afirmado por el Juez (párrafo 138), es decir, considerando que el juez habría incurrido en falsedad

94. Debe precisarse ante todo, para entender el caso y determinar porqué la audiencia fue diferida por el juez sin que ello me pudiera ser atribuido, que yo no era el único encausado en el paródico proceso, pues estaba encausado junto con otros ciudadanos a los cuales también se atribuyó, quizás a algunos también en forma indebida, participación en el golpe de estado de abril de 2002. Algunos de ellos salieron del país inmediatamente después de esos sucesos, y nunca siquiera nombraron defensores (condición esencial para "estar a derecho"); otros nombraron defensores pero salieron de inmediato, no habiéndose sometido al proceso penal y otros, incluyéndome, nombramos defensores, permanecimos en Venezuela y nos sometimos al proceso penal. En mi caso, estuve en Venezuela hasta el 29 de septiembre de 2005, y nunca dejé de estar a derecho y sometido al proceso penal, y nunca dejé de participar en ningún acto donde debía comparecer. La audiencia preliminar en el juicio, si bien no fue convocada de inmediato luego de la acusación, como lo exigía el COPP, luego fue convocada para todos los co-encausados, sin que existiera razón alguna para que no se celebrara. Mis abogados defensores **Rafael Odreman** y **León Henrique Cottin** comparecieron a absolutamente todas las convocatorias, con el objeto de formular cuál sería mi posición una vez que la audiencia comenzara, pero ésta nunca comenzó y nunca pudieron hacerlo, por lo que nunca dejé de estar a derecho; es decir, en el expediente no hay constancia de la realización efectiva de algún acto en el cual yo aparezca como ausente.

95. La audiencia preliminar en el proceso (que de realizarse yo debía haber estado), en efecto, nunca se efectuó, ya que *siempre fue suspendida y diferida para otra oportunidad, sin que jamás la causa de la suspensión y diferimiento hubiera sido mi no presencia*. Esto significa que *si yo hubiese estado en Caracas, posiblemente ya detenido, la audiencia de todos modos jamás de hubiese realizado y siempre hubiera quedado suspendida y diferida, y yo privado de libertad,* como efectivamente sucedió. Faltó a la verdad, por tanto, el representante del Estado cuando afirmó que la audiencia no se celebró por mi ausencia, citando reiteradamente las disposiciones del COPP que hacen imperativa la presencia del procesado en dicha audiencia preliminar, como si esa norma hubiera tenido aplicación y la audiencia preliminar relativa a mi persona hubiera sido diferida por mi incomparecencia. Como se ha dicho, dicha audiencia nunca se realizó, fue suspendida y diferida *para todos los co-encausados, incluyéndome a mi, por razones que nada tuvieron que ver con mi ausencia del país o mi incomparecencia*. Ese es, en este caso, *un incontrovertible hecho cierto con respecto al diferimiento de la audiencia preliminar*, que se corrobora además, con lo que expresó el propio Juez de la causa en una decisión de fecha 20 de julio de 2007, en la cual expresó que:

> *"en el caso de marras, el acto de la Audiencia Preliminar no ha sido diferido por incomparecencia del Ciudadano ALLAN R. BREWER CARÍAS, al contrario los diversos diferimientos que cursan el (sic) las actas del presente expediente han sido en virtud de las numerosas solicitudes interpuestas por los distintos defensores de los Imputados."*

96. La Corte Interamericana, sin embargo, en su sentencia, luego de constatar que el Juez penal de la causa, efectivamente había resuelto formalmente que los diferimientos de la audiencia preliminar no se debieron a mi culpa, lo que implicaba decir, que la audiencia nunca se efectuó y nunca se difirió por causa que me pudiera ser atribuida, llegó a afirmar que "de una revisión del expediente del proceso penal allegado ante este Tribunal *se desprende lo contrario*" (párrafo 138), basándose para ello en el hecho de que en "tres oportunidades dicho diferimiento tuvo *relación directa con la actuación del señor Brewer o su defensa*" (párrafo 138). Es elemental, por supuesto, que una cosa es diferir una audiencia por la incomparecencia de uno de los acusados que es lo que se discutía, y que la Corte Interamericana obvió considerar, y otra cosa es diferir una audiencia por algo que pudiera tener "relación" directa con las actuaciones de uno de los acusados. Todo acto procesal de un juez penal siempre tiene relación directa con los procesados, por lo que nada agrega lo afirmado por la Corte Interamericana para considerar que del expediente supuestamente se deriva algo "contrario" a la afirmación del propio juez de la causa (párrafo 138) de que la audiencia preliminar nunca se difirió por la incomparecencia mía ni por mi causa.

97. Por ello, con razón, los Jueces **Ferrer Mac Gregor** y **Ventura Robles**, en su Voto Conjunto Negativo a la sentencia explicaron que si bien, como es obvio, yo había sido citado "en varias ocasiones para la audiencia preliminar; sin embargo, *ninguna de ellas el diferimiento de la audiencia fue propiamente por ausencia de la presunta víctima, sino por otras razones*" (párrafo 104), considerando que "*no es del todo exacto*" lo afirmado por la sentencia de la Corte (en su párrafo 138) de que "en tres ocasiones la audiencia preliminar fue diferida o aplazada debido a "la relación directa con las actuaciones del señor Brewer o su defensa":

> "ya que en la primera oportunidad (17 de noviembre de 2005) el diferimiento se debió a que se recusó al Juez Vigésimo Quinto, lo que evidentemente el ejercer un derecho no puede usarse en contra de la hoy presunta víctima como se pretende en la Sentencia; la segunda ocasión no se llevó a cabo la audiencia, entre otras cosas, porque "el Juez Vigésimo Quinto se encontraba de reposo, siendo encargada la Juez Vigésimo Cuarta de Control"; y en la tercera ocasión se advierte que en realidad se presumió que no comparecería el señor Brewer Carías por encontrarse

fuera del país (párr. 139 de la Sentencia), lo que no necesariamente implicaba su no comparecencia. Posteriormente a la orden de aprehensión contra el señor Brewer Carías, la audiencia volvió a ser diferida en trece ocasiones y en "sólo una oportunidad se hizo mención expresa al señor Brewer, específicamente, el 25 de octubre de 2007 se difirió la audiencia, ya que se estaba a la espera de la "apelación interpuesta por el representante legal del [señor Brewer Carías] a la aclaratoria que fue enviada a la Interpol" (párr. 142 de la Sentencia). Como se puede apreciar, no se advierte de ningún modo que puede atribuirse los diferimientos de la audiencia preliminar directa y exclusivamente por la ausencia de la hoy presunta víctima, como se pretende ver por el criterio mayoritario" (Nota 99, Párrafo 104).

98. Es esta forma quedó desmentida la afirmación errada de la sentencia de la Corte Interamericana por los Jueces disidentes. Pero lo cierto, en todo caso, a pesar de los esfuerzos de la mayoría de la Corte en su sentencia de *extraer "algo" del expediente que ni siquiera los representantes del Estado alegaron para contrariar lo que el propio juez penal de la causa había formalmente decidido en una sentencia,* como lo destacaron los Jueces **Ferrer Mac Gregor** y **Ventura Robles,** en su Voto Conjunto Negativo y tal como lo alegaron mis representantes a lo largo del proceso: *"el Estado no "ha podido presentar [...] prueba alguna de tan siquiera un caso en que la audiencia preliminar haya sido diferida a causa de la incomparecencia del profesor Brewer Carías"* (párrafo 104). A lo que el Voto Conjunto Negativo de los Jueces disidentes agrega el hecho fundamental, ignorado por la sentencia de la Corte Interamericana, de que:

"en la decisión judicial del Juzgado Vigésimo Quinto de 20 de julio de 2007, mediante la cual se daba respuesta a la solicitud de separar al señor Brewer de la causa ante la "la imposibilidad de ejecutar dicha medida por encontrarse en el extranjero" presentada por otro de los acusados en el proceso, que también se encontraba a la espera de la realización de la audiencia preliminar, el Juez de Control motivó su decisión basado en que:

"en el caso de marras, el acto de la audiencia preliminar no ha sido diferido por incomparecencia del [señor] Brewer Carías, al contrario los diversos diferimientos que cursan e[n] las actas del presente expediente han sido en virtud de las numerosas solicitudes interpuestas por los distintos defensores de los imputados" (Párrafo 105)

99. Incluso, después de esa decisión de julio de 2007, hasta que se aplicó la Ley de Amnistía en enero de 2008, la audiencia preliminar fue de nuevo diferida varias veces por el Juez, por razones análogas, *sin que ninguno de esos diferimientos tuviera relación con mi ausencia física de Venezuela.*

100. Y es que además, dicha audiencia preliminar, en estricto derecho no podía efectivamente realizarse sin que el Juez de control decidiera previamente, es decir, con anterioridad, la solicitud de nulidad absoluta de todas las actuaciones fiscales conducida por la Fiscal provisoria Sexta, **Luisa Ortega Díaz**, que se había formulado como amparo penal por mis abogados defensores el 8 de noviembre de 2005, y que estaba pendiente de decisión. Dicha solicitud debía ser resuelta de inmediato, en un lapso de tres días conforme al artículo 177 del COPP, sin que pudiera en forma alguna el Juez diferir la resolución de la nulidad absoluta requerida a la Audiencia Preliminar.

CUARTA PARTE

SOBRE EL EJERCICIO, DURANTE EL PROCESO JUDICIAL, DE TODOS LOS RECURSOS DISPONIBLES E IDÓNEOS EXISTENTES PARA LA DEFENSA DE MIS DERECHOS

101. Mediante la sentencia Nº 277 de 26 de mayo de 2014, la mayoría sentenciadora de la Corte Interamericana, para proteger al Estado y ordenar el archivo del expediente en este caso, con la consecuencia de negarme el acceso a la justicia internacional, decidió acoger "la excepción preliminar interpuesta por el Estado relativa a la falta de agotamiento de recursos internos," basándose, sin duda, en un hecho falso, pues al contrario, en este caso, mis abogados defensores durante todo el proceso penal sí intentaron todos los limitados recursos disponibles, idóneos y efectivos que existían para el momento y que tuvieron a su alcance durante la fase de investigación del proceso penal para la defensa de mis derechos y para protegerme frente a un proceso arbitrario y viciado en su esencia, con el resultado general de que esos recursos, en lugar de cumplir su propósito, desembocaron en nuevas violaciones a las garantías procesales. Además, al comenzar la fase intermedia del proceso con la acusación fiscal en mi contra presentada el 21 de octubre de 2005, formularon sendas solicitudes de nulidad absoluta de todo lo actuado en la fase de investigación, como amparo penal, que eran los únicos recursos disponibles, idóneos y efectivos en ese estado del proceso para la defensa de mis derechos, en ausencia de decisión judicial alguna.

I. LOS RECURSOS EN LA FASE DE INVESTIGACIÓN DEL PROCESO PENAL

102. Como lo corroboró mi abogado defensor y testigo **León Henrique Cottin** en su declaración en la audiencia ante la Corte Interamericana del 3 de septiembre de 2013 y en su Declaración escrita por mí también abogado defensor y testigo **Rafael Odreman**, *en la fase de investigación adelantada en y por el Ministerio Público, mis defensores emplearon todos los recursos internos a mi alcance. Esos recursos, que teóricamente debieron servir para* *mi defensa, sin embargo, revelaron persistentemente su inutilidad ante las arbitrariedades y manipulaciones sistemáticas del Ministerio Público y de los jueces que conocieron del caso.* Esos recursos fueron los siguientes:

- En fecha 4 de mayo de 2005, mis defensores **León Henrique Cottin y Rafael Odreman,** acudieron ante el Juez provisorio 25° de Control, pidiendo que interviniera para corregir la irregular actuación de la entonces Fiscal provisoria Sexta, Luisa Ortega Díaz, hoy Fiscal General de la República, consistente en denegar arbitrariamente diligencias probatorias a fin de restablecer mi derecho a la defensa. El **resultado** fue que el Tribunal de Control omitió pronunciarse sobre las violaciones del debido proceso denunciadas, limitándose a decir que no era la oportunidad adecuada para hacer esos planteamientos.

- Mis defensores, los mismos testigos ante la Corte, **León Henrique Cottin y Rafael Odreman,** apelaron de dicha decisión. El **resultado** fue que en fecha 6 de julio de 2005, la Sala 9 de la Corte de Apelaciones decidió dicha apelación anulando el fallo del Juez provisorio de Control por razones formales (falta de notificación a la Fiscalía); y además, en cuanto al fondo, acogiendo los argumentos de la defensa, concluyó que ésta sí podía acudir ante el Juez de Control a reclamar sus derechos frente a violaciones al debido proceso por el Ministerio Público en la etapa de investigación, de modo que también ordenó que el Juez provisorio de Control decidiera nuevamente sobre las solicitudes que se le habían formulado en ese sentido.

- Sobre esta base, mis abogados defensores **León Henrique Cottin y Rafael Odreman** introdujeron de nuevo un escrito en fecha 10 de agosto de 2005 ante el Tribunal 25° de Control refrescando las solicitudes que había ordenado decidir la Corte de Apelaciones. El **resultado** fue que no obstante la previa decisión de la Corte de Apelaciones, en fecha 20 de octubre de 2005, el Juez provisorio de Control **volvió a decidir que no podía inmiscuirse en la labor de investigación de la Fiscal provisoria. La decisión de la Corte de Apelaciones fue burlada.**

- El proceso en el cual estaba incluida la causa en mi contra comenzó a ser conocido por la jueza temporal 25° de control **Josefina Gómez Sosa,** a quien le fue presentado, detenido, el Sr. Pedro Carmona Estanga. En el curso del proceso, a solicitud de la Fiscal provisoria Sexta, la jueza temporal decretó la prohibición de salida del país de varios ciudadanos por su presunta participación en los hechos investigados. Estos ciudadanos apelaron de esa medida y la Sala 10ª de la Corte de Apelaciones de Caracas, en fecha 31 de enero de 2005, la revocó por considerar que no había sido suficientemente motivada por la jueza provisoria que la dictó, con el voto salvado de uno de los tres integrantes de dicha Sala, quien consideró que la decisión apelada sí estaba suficientemente motivada El **resultado** fue mediante Resolución N° 2005-0015 de fecha 3 de febrero de 2005, la Comisión

Judicial del Tribunal Supremo de Justicia *suspendió de sus cargos* a los dos jueces de la Corte de Apelaciones que votaron por la nulidad de la decisión apelada, así como a la jueza temporal Gómez Sosa, autora de la decisión presuntamente inmotivada.

- La jueza temporal **Gómez Sosa**, suspendida, fue sustituida por el juez temporal **Manuel Bognanno,** en los términos de la misma Resolución N° 2005-0015 de 3 de febrero de 2005. En una oportunidad, éste ordenó a la Fiscal provisoria Sexta que expidiera a mis defensores **León Henrique Cottin y Rafael Odreman,** copias de las actuaciones del expediente que habían solicitado, entre ellas, las de ciertos videos que supuestamente contenían declaraciones de periodistas que se supone me incriminarían. La Fiscal provisoria Sexta solicitó la nulidad de esa actuación. Posteriormente, en otra incidencia, el juez temporal **Bognanno** pidió a la Fiscal provisoria Sexta que le remitiera el expediente, y ésta, en lugar de acatar la orden del Juez provisorio **Bognanno**, lo que hizo fue increparlo, solicitándole una explicación del por qué le pedía el expediente. Ante esa situación, el juez temporal **Bognanno** ofició al Fiscal Superior, en fecha 27 de junio de 2005, para ponerlo en conocimiento de la irregularidad en la que estaba incurriendo la Fiscal provisoria Sexta. El **resultado** fue que dos días más tarde, el 29 de junio de 2005 *el nombramiento del Juez temporal Bognanno fue "dejado sin efecto"* mediante Resolución 2005-0145 de la Comisión Judicial del Tribunal Supremo de Justicia *"en razón a las observaciones que fueron formuladas ante este Despacho"*, es decir, *sin motivación alguna*. La Fiscal provisoria Sexta nunca remitió al Tribunal copia del expediente solicitado, y el nuevo juez se desentendió de tal requerimiento.

II. LOS RECURSOS INTENTADOS EN INCIDENCIAS ESPECÍFICAS

103. Con ocasión de ciertos incidentes ocurridos mientras el juez de control difería indefinidamente la audiencia preliminar, mis abogados defensores, los mismos testigos **León Henrique Cottin y Rafael Odreman,** también intentaron todos los limitados recursos a su alcance para protegerme del mismo proceso arbitrario y viciado en su esencia, con el resultado de que esos recursos, en lugar de cumplir su propósito, también desembocaron en nuevas violaciones a las garantías procesales. Así sucedió en los siguientes casos:

1. *En un incidente generado por una solicitud de la INTERPOL*

104. En primer lugar, con ocasión de *la apelación contra una "Aclaratoria" del Juzgado Vigésimo Quinto de Primera Instancia en función de Control del Circuito Judicial Penal del Área Metropolitana de Caracas*, dictada con motivo de la solicitud de información que INTERPOL formuló al Estado, a raíz del ilegítimo requerimiento que el Estado le había hecho para procuras mi detención internacional. INTERPOL había requerido de las autoridades judiciales venezolanas que se precisara sobre la naturaleza "común" del delito por el que me habían acusado, ya que la organización tiene prohibido participar en casos de delitos políticos como es el de rebelión. La respuesta ofrecida a través del aludido Juzgado 25º de control, fue dada mediante un auto o decisión judicial que el Juez denominó "**Aclaratoria**", en el cual se llegó a afirmar, que "en la presente causa no puede atribuírsele los hechos imputados (sic) al ciudadano ALAN BREWER CARIAS, el carácter de Delito Político, pues se perdería el sentido de este compromiso internacional." O sea un juez penal, ante un delito de rebelión (conspiración para cambiar violentamente la Constitución), arbitrariamente, para justificar precisamente una **persecución política**, pretendió negarle al mismo, el carácter de "delito político." El Juzgado, con todo, no se contentó con negar ese carácter político a un delito que a todas luces lo es, sino que agregó:

> *[...] contra el Presidente de la República Bolivariana de Venezuela, ciudadano Hugo Chávez Frías, **al parecer**, según los elementos de convicción transcritos, se cometió un atentado frustrado, cuya autoría intelectual orientan (sic) al ciudadano imputado ALAN BREWER CARIAS, quedando desvirtuada, como antes se indicó, la naturaleza del delito político de los hechos aquí reproducidos. Énfasis y subrayado añadidos).*

105. Sin ninguna base distinta a la arbitrariedad, pues ni siquiera en el "auto" había "elemento alguno de convicción" que hubiera sido "transcrito", el referido Juzgado pretendió señalarme nada menos que como supuesto "autor intelectual" de un complot para "asesinar" al Presidente de la República. Ante esto, mis abogados defensores, **León Henrique Cottin y Rafael Odreman,** apelaron y solicitaron que se anulara la llamada *Aclaratoria.* La apelación fue inadmitida por decisión de la Sala 8 de la Corte de Apelaciones del Circuito Judicial Penal del Área Metropolitana de Caracas, de 29 de octubre de 2007, porque supuestamente los jueces no sabían si yo, por estar ausente, estaba de acuerdo con lo que mis defensores argumentaron en mi propia defensa en la apelación !!

2. *En incidente sobre la aplicación del Decreto-Ley de Amnistía*

106. Otro caso sucedió con motivo de *la negativa del Fiscal General de la República y del Juez de Control de aplicarme los efectos de la Ley de Amnistía, lo que fue sin duda, una arbitrariedad más.* En efecto, el 31 de diciembre de 2007, el Presidente de la República dictó un Decreto-Ley de Amnistía respecto de los hechos de abril de 2002, que cubría los hechos que habrían configurado el delito que se me había imputaba. La para ese momento ya Fiscal General de la República, la antigua Fiscal provisoria Sexta Luisa Ortega Díaz, mi acusadora, se apresuró a emitir públicamente su opinión en el sentido de que la Ley de Amnistía no se me aplicaba. Sin embargo, mis abogados defensores **León Henrique Cottin y Rafael Odreman,** como lo ratificaron ante la Corte Interamericana, solicitaron al Juez 25º de Control el día 11 de enero de 2008, el sobreseimiento de la causa con base en la aludida amnistía. El **resultado** fue como cabía esperar, que ese pedido fue denegado.

107. Mis abogados defensores, los testigos **León Henrique Cottin y Rafael Odreman,** apelaron dicha decisión mediante escrito de 7 de febrero de 2008, denunciando los vicios de la sentencia de primera instancia, e *invocando además el derecho a la igualdad y a la no discriminación*, puesto que el ex Gobernador del Estado Miranda Enrique Mendoza D'Ascoli, conjuntamente con la Sra. Milagros del Carmen Durán López, acusados de los delitos de rebelión civil, violencia o amenaza contra el funcionamiento de los órganos del poder público, con ocasión de los mismos sucesos de abril de 2002 y sobre quienes pesaba igualmente una medida de privación de libertad y una orden de aprehensión no ejecutada, es decir, *encontrándose en idéntica situación procesal a la mía, fueron beneficiarios de la amnistía por haberlo así solicitado el Ministerio Público*. El *resultado* fue que la Sala Quinta de la Corte de Apelaciones del Circuito Judicial Penal del Área Metropolitana de Caracas, mediante sentencia adoptada por dos votos contra uno el día 3 de abril de 2008, declaró sin lugar la apelación interpuesta, por considerar que yo supuestamente no estaba "a derecho", que la sentencia apelada estaba suficientemente motivada, y que la situación de los señores Mendoza D'Ascoli y Durán López era diferente, *puesto que el tribunal penal que conocía de su causa no era el mismo que conocía de la mía, y porque, en el caso de los señores Mendoza y Durán, la Fiscal del caso había opinado que la medida de privación de libertad dictada en su contra había sido "prematura".* Los criterios establecidos para justificar el trato desigual a situaciones idénticas son de tal modo insustanciales y frívolos, que ponen por sí mismos de relieve la discriminación.

108. Como lo expresó con meridiana claridad el perito **Jesús Ollarves Irazábal** en la audiencia ante la Corte Interamericana del día 4 de septiembre de 2013, el sentido jurisprudencial de la expresión "estar a derecho" se refiere a la condición del procesado que luego de ser imputado en un proceso penal, ha nombrado a sus defensores ante el Juez de control y con ello se somete al proceso. Dijo el perito, en efecto ante una pregunta del Dr. **Faúndez** sobre si *"En el derecho venezolano se utiliza la expresión estar a derecho puede explicarla por favor?*, respondió:

> "Estar a derecho es una expresión que debe entenderse como un apéndice al derecho que tienen las persona a tener una asistencia técnica. Así lo contempla la Constitución venezolana y el Código Orgánico Procesal Penal, estar a derecho significa que el imputado o la persona sometida a alguna consideración fiscal o judicial nombre a sus abogados, estos se juramenten, y cumplan con los derechos y deberes previstos en el ordenamiento positivo así lo señala el artículo 139 del Código Orgánico Procesal Penal y resulta particularmente relevante dos sentencias de la Sala Constitucional del Tribunal Supremo de Justicia una referida al asunto del Sr. Pedro Torres Ciliberto que reafirma lo que acabamos de decir y la del asunto del Sr. Eduardo Manuit Carpio."

109. Y ese fue mi caso, precisamente, desde cuando a en febrero de 2005 designé ante el juez de control a mis defensores los abogados **León Henrique Cottin y Rafael Odreman,** quienes además fueron testigos en la causa ante la Corte Interamericana. A partir de ese momento, estuve, directamente o a través de ellos, sometido al proceso penal, atendiendo todas las incidencias de la fase de investigación hasta que se inició la fase intermedia en la cual mis defensores actuaron en todas las incidencias del proceso. Para enero de 2008 cuando se comenzó a aplicar la Ley de Amnistía, por tanto, yo me encontraba a derecho y sometido al proceso penal, siendo una discriminación intolerable que se me haya negado la aplicación de la Ley de Amnistía, que despenalizó los hechos por los cuales me perseguían, quedando extinguido el proceso penal. En la audiencia del día 4 de septiembre de 2013, sin embargo, de manera realmente asombrosa oímos al representante del Estado Sr. **Saltrón** después que el Estado me negó en 2008 el beneficio de la Ley de Amnistía, decir sin embargo, que la Ley de Amnistía sí se me aplicaba.

III. LA SOLICITUD DE NULIDAD ABSOLUTA O AMPARO PENAL INTRODUCIDA JUNTO CON LA CONTESTACIÓN DE LA ACUSACIÓN

110. Además de que mis representantes formularon ante el juez de la causa el 4 de octubre de 2005, una solicitud de nulidad absoluta con ocasión de la violación a mis derechos a la defensa, a la presunción de inocencia y al debido proceso derivada de la publicación, por el Fiscal General de la República de su libro *Abril comienza en Octubre* en el cual me daba por culpable de lo que sus subalternos investigaban; un mes después, al darse inicio de la fase intermedia del proceso penal, luego de la formulación de la acusación en mi contra y antes de que se dictase cualquier providencia por el juez de la causa, el 8 de noviembre de 2005 mis abogados defensores presentaron escrito solicitando la declaratoria de nulidad absoluta de todo lo actuado conforme al artículo 190 del COPP, con el carácter de *amparo penal*, con motivo de todas las violaciones masivas de mis derechos y garantías judiciales, en especial, al debido proceso en las que para esa fecha ya se había incurrido; solicitud que se formuló conjuntamente con la contestación y oposición a la acusación, como lo autoriza la Ley Orgánica de Amparo sobre Derechos y Garantías Constitucionales. Dicha solicitud de nulidad absoluta, como amparo penal, era el *único recurso disponible idóneo y efectivo que existía en ese estado del proceso*, y se formuló en la primera oportunidad procesal posible para ello, que fue conjuntamente con la contestación de la acusación.

111. Esa solicitud de nulidad, como se debatió ampliamente en la audiencia ante la Corte Interamericana celebrada los días 3 y 4 de septiembre de 2013, nunca se proveyó, a pesar de que el juez de la causa, tratándose de una pretensión de amparo constitucional en materia penal, de nulidad absoluta de todo lo actuado durante la investigación fiscal por violación de los derechos y garantías constitucionales, estaba obligado a resolverla en el lapso perentorio de tres días, cónsono con la protección

constitucional, conforme al artículo 177 del COPP, y conforme con lo decidido por la Sala Constitucional del Tribunal Supremo, sin que el juez pueda excusarse que para ello debe realizarse la audiencia preliminar, lo que le está vedado. Como lo destacaron los Jueces **Ferrer Mac Gregor** y **Ventura Robles** en su Voto Conjunto Negativo, el Estado fue "el que ha causado que no se hayan agotado los recursos internos en el presente caso, dado que ni siquiera dio trámite a los recursos de nulidad de actuaciones -de 4 y 8 de noviembre de 2005- por violación a derechos fundamentales" (párrafo 56).

112. Incluso el Testigo presentado por el Estado, fiscal **Néstor Castellanos**, ante la pregunta del Juez **Sierra Porto**, luego de mentir y responderle inicialmente al Juez que conforme al artículo 330 del COPP la decisión de nulidad absoluta "tiene que decidirse en la audiencia preliminar," lo cual es falso, ante la insistencia de repreguntas por parte del Juez **Sierra,** tuvo que reconocer y admitir que la decisión sobre la solicitud de nulidad absoluta por violaciones constitucionales en los términos del artículo 190 del COPP debía ineludiblemente resolverse en el lapso de tres días conforme al artículo 177 del COPP, y no en la audiencia preliminar.

113. Sin embargo, la mayoría sentenciadora de la Corte Interamericana en su sentencia, llegó a la misma conclusión falsa y absurda alegada por el Estado, de que la solicitud de nulidad absoluta intentada, a pesar de ser un amparo constitucional, debía ser resuelta sólo en la audiencia constitucional, pero con el absurdo argumento de que ello era así dada la "extensión" del escrito del amparo intentado, es decir, que era muy largo, pues tenía 523 páginas !!. Por ello, sólo, no podía ser decidido perentoriamente como lo imponen el Código Orgánico Procesal Penal, la jurisprudencia y el principio de la primacía de los derechos humanos, sino en la audiencia preliminar, así ésta no se realizara nunca. Argumento, por supuesto deleznable jurídicamente, pues implica que si una acción de amparo o de tutela, es extensa, por ejemplo por estar bien fundamentada, entonces como "castigo" por su extensión el juez no está obligado a proveerla de inmediato como lo exige la primacía de los derechos humanos, y acorde con la protección constitucional envuelta, sino que puede diferirla sine die, como ocurre con el diferimiento de la audiencia preliminar que puede diferirse e incluso nunca realizarse, como precisamente resultó en este caso, lo que entonces para la Corte Interamericana parece ser legítimo, aun cando ello viole el derecho a la protección judicial.

114. Como hemos dicho anteriormente, la Corte Interamericana en su sentencia llegó señalar, sin fundamento alguno, que sólo las "solicitudes específicas sobre actos procesales concretos que no implicaban la nulidad de todo lo actuado" (es decir, las nulidades formales subsanables) son las que "pueden ser resueltas en el plazo de tres días señalado en el artículo 177 del COPP; a diferencia de un recurso de 523 páginas de las cuales 90 se concentran en solicitar la nulidad de todo lo actuado" (Párrafo 131), que entonces no podrían ser resueltas de inmediato. La mayoría sentenciadora de Corte Interamericana, la verdad es que no entendió el sentido de la regulación del Código Orgánico Procesal Penal sobre la solicitud de nulidad en materia penal, y la distinción establecida por la jurisprudencia del Tribunal Supremo de Justicia en el sentido de que si se trata de una solicitud de nulidad absoluta *basada en vicios subsanables o en cuestiones formales*, puede decidirse en la audiencia preliminar; pero si se trata de solicitud de nulidad absoluta *basada en denuncias de vicios insubsanables de violación de derechos y garantías constitucionales*, entonces debe decidirse perentoriamente en un lapso de tres días, sin que ello tenga relación alguna con la extensión de la solicitud de nulidad. La distinción entre las solicitudes y la oportunidad de su decisión, es por tanto, según el alegato sustantivo de la nulidad solicitada y no según la extensión que pueda tener el escrito de su fundamentación: las nulidades basadas en vicios insubsanables son las que deben decidirse de inmediato, y aquellas basadas en vicios subsanables son las que pueden diferirse a la audiencia preliminar.

115. Por ello es completamente incomprensible que la mayoría sentenciadora de la Corte Interamericana haya confundido e invertido los términos, diciendo que sólo si se trata de "solicitudes específicas sobre actos procesales concretos que no implicaban la nulidad de todo lo actuado" (párrafo 107) que son los casos de denuncias de vicios subsanables, es que "pueden ser resueltas en el plazo de tres días señalado en el artículo 177 del COPP, a diferencia de un recurso de 523 páginas de las cuales 90 se concentran en solicitar la nulidad de todo lo actuado" (párrafo 107), que tratándose precisamente de un amparo basado en la violación de derechos constitucionales, como la propia Corte Interamericana lo reconoció al constatar que "en el escrito de 523 páginas se efectúan alegatos involucrados, entre otros, con la inimputabilidad del abogado por el ejercicio de su profesión y detalladas controversias que no sólo son procesales sino que involucran aspectos sustantivos de fondo y de imputabilidad" (párrafo 132); entonces, sin embargo, no debe resolverse de inmediato sino que tiene que resolverse en la audiencia preliminar, así esta nunca se realice, justificando entonces una denegación de justicia.

116. Y todo lo anterior, por no haber entendido la mayoría sentenciadora de la Corte Interamericana, el régimen del amparo penal en Venezuela, y establecer un por supuesto inexistente criterio de distinción entre las solicitudes de nulidad basadas en la "extensión" del escrito de las mismas, pero sin decir "cuántas páginas" sería la línea divisoria, salvo que 523 páginas por lo visto son muchas páginas. Por ello, con razón, los Jueces **Ferrer Mac Gregor** y **Ventura Robles**, en su Voto Conjunto Negativo advirtieron la incongruencia de la mayoría sentenciadora al indicar que :

"La Sentencia constató que existen "dos interpretaciones sobre el momento procesal en que se debería resolver las solicitudes de nulidad presentadas" [*Párr. 130 de la Sentencia*]; sin embargo, a pesar de la complejidad de los alegatos de ambas partes sobre el momento procesal en que debe resolverse, en la Sentencia se entra posteriormente a definir un aspecto polémico, entre otros argumentos, dejando ver que un recurso de 523 páginas no podía resolverse en 3 días, como si la extensión del recurso sea lo que determina el momento procesal en que se debe resolver" (párrafo 94)

117. En esta materia, en realidad, lo esencial es tener claro que una cosa es la audiencia preliminar en el juicio penal, y otra la decisión que el juez está obligado a adoptar en casos de solicitud de nulidad absoluta por violaciones constitucionales en el proceso penal, *la cual no está necesariamente vinculada a la audiencia preliminar.* Como cuestión de principio debe decirse que es cierto que el acusado en el proceso penal debe estar presente en la audiencia preliminar para que esta se pueda realizar, como lo dijeron mis representantes ante la Corte. Pero ello no significa que la decisión de los recursos de nulidad deban siempre decidirse en la audiencia preliminar. Son dos cosas que no pueden mezclarse ni confundirse.

118. En efecto, para que el juez dicte la decisión que debe adoptar sobre la solicitud de nulidad absoluta para depurar el proceso de vicios de inconstitucionalidad, cuando la misma sea solicitada antes de que se realice la audiencia preliminar, el juez *no puede diferir la misma a la oportunidad de que la audiencia preliminar se realice,* sino que como cuestión de mero derecho por la protección constitucional envuelta, debe proceder a dictarla, incluso de oficio, en forma perentoria, sin que para ello se requiera la presencia del acusado. En otros términos, para que el juez de la causa pueda y deba adoptar la decisión sobre la solicitud de nulidad absoluta por violaciones constitucionales, la cual como se dijo también puede ser declarada de oficio, en forma alguna tiene que esperar la realización de la audiencia preliminar; ni para dictarla se requiere de la presencia del acusado, por tratarse de un asunto de mero derecho constitucional que puede ser resuelto por el juez sin la presencia de las partes. En cambio si la solicitud de nulidad se basa en violaciones subsanables, formales, entonces el juez de la causa si puede diferir su decisión al acto de la audiencia preliminar.

119. Por ello, debe reafirmarse que mis abogados defensores durante el paródico proceso incoado en mi contra, **efectivamente intentaron todos los recursos idóneos a su alcance, que eran muy limitados, para defender sus derechos y garantías constitucionales**, y particularmente el único disponible e idóneo al formularse la acusación, que fue la petición de nulidad absoluta o amparo constitucional por violación masiva de mis derechos y garantías constitucionales previsto en el artículo 190 del COPP, que nunca fue decidido.

120. Ello, sin embargo, no fue considerado así por la Corte Interamericana la cual entendió que las solicitudes de nulidad de todo lo actuado, incluso formuladas como amparo constitucional, supuestamente "no eran los recursos adecuados" (párrafo 115). Para llegar a esta conclusión, la Corte Interamericana constató que "en el presente caso la fase preparatoria ya fue cumplida, es decir, ya finalizó la fase de investigación que culmina con la acusación del imputado" (párrafo 95), estableciendo entonces su "innovadora? y anti garantista tesis de la supuesta "etapa temprana" del proceso, al indicar que:

"el proceso en contra del señor Brewer Carías se encuentra todavía en la fase intermedia, por cuanto la audiencia preliminar no se ha llevado a cabo y no se ha dado, entonces, inicio al juicio oral, por lo que el Tribunal constata que el proceso penal se encuentra en una *etapa temprana*. Lo anterior conlleva que *no es posible analizar el impacto negativo que una decisión pueda tener si ocurre en etapas tempranas, cuando estas decisiones pueden ser subsanadas o corregidas por medio de los recursos o acciones que se estipulen en el ordenamiento interno"* (párrafo 96).

121. Agregando la Corte Interamericana que "debido a la etapa temprana en que se encuentra el proceso," y a pesar de que reconoció que "fueron interpuestas por la defensa del señor Brewer Carías las diversas solicitudes de nulidad" (párrafo. 90), agregó pura y simplemente, que "sin embargo, no se interpusieron los recursos *que el Estado señaló como adecuados,* a saber el recurso de apelación establecido en los artículos 451 a 158 del COPP, el recurso de casación señalado en los artículos 459 a 469 del COPP, y el recurso de revisión indicado en los artículos 470 a 477 del COPP" (párrafo 97); es decir, no que fueran efectivamente los adecuados, sobre lo cual no juzgó la Corte, sino los que el Estado violador de mis derechos señaló como adecuados. De ello, concluyó entonces la Corte Interamericana con su apreciación de que hay que esperar a que "durante el juicio puede llegar a declararse la existencia de dichas irregularidades y proceder a la anulación de todo lo actuado o la recomposición del proceso en lo pertinente" (Parágrafo 98) lo que para la Corte "cobra mayor relevancia en el presente caso si se tiene en cuenta que las solicitudes de nulidad involucraban algunos de los alegatos que fueron presentados ante este Tribunal respecto a la presunta violación a la independencia e imparcialidad judicial, derecho a la defensa, controversias en torno a pruebas que habrían sido rechazadas, posibilidades de contrainterrogar o estar presentes en ciertas declaraciones o modificaciones en las acusaciones, entre otras garantías judiciales" (párrafo 98). Nada de lo cual la Corte quiso juzgar.

122. Sorpresivamente, luego de esta afirmación, que permitía identificar los vicios denunciados en las solicitudes de nulidad como amparo constitucional, lo que la Corte Interamericana concluyó, sin argumentación alguna, fue que las solicitudes de nulidad por violaciones constitucionales (amparo penal) no eran recursos adecuados ni idóneos, y que había que esperar en una cárcel privado de libertad, para que continuara un paródico juicio que estaba viciado desde el inicio, se siguieran cometiendo violaciones a las garantías judiciales por un Poder Judicial sometido al Poder, para entonces pretender acudir a la justicia internacional. Esa fue su conclusión en el párrafo 99 de la sentencia al señalar que:

"99. Teniendo en cuenta lo anterior, la Corte considera no son de recibo los argumentos de los representantes en el sentido que dichos escritos fueran adecuados y suficientes para dar por satisfecho el requisito establecido en el artículo 46.1.a) de la Convención Americana. Por otra parte, en el marco específico de las controversias sobre admisibilidad en el presente caso y debido a la etapa en que se encuentra el proceso, no es posible determinar la eficacia de los recursos indicados por el Estado porque hasta ahora no han operado."

123. O sea, la Corte Interamericana decidió, para no decidir, y archivar el expediente. Ahora bien, antes de analizar el contenido de la sentencia de la Corte Interamericana mediante la cual, como resulta de lo antes expuesto, a pesar de que mis abogados defensores intentaron el único recurso disponible e idóneo al iniciarse la etapa intermedia que fue la solicitud de nulidad como amparo constitucional, en la misma se consideró que "no fueron agotados los recursos internos;" a continuación me referiré a las denuncias de violaciones a mis derechos y garantías constitucionales y convencionales.

QUINTA PARTE

LAS VIOLACIONES DE LOS DERECHOS Y GARANTÍAS DENUNCIADAS QUE LA CORTE INTERAMERICANA SE NEGÓ A JUZGAR

124. Como se dijo al inicio, mis representantes demandaron al Estado venezolano ante la Corte Interamericana de Derechos Humanos, por las graves violaciones infringidas a mis derechos a la defensa; a ser oído; a la presunción de inocencia; a un juez imparcial e independiente; al debido proceso judicial; a seguir un juicio en libertad; a la protección judicial; a la honra; a la libertad de expresión, incluso al ejercer la profesión de abogado; a la seguridad personal; a la circulación, y a la igualdad y no discriminación, que me garantizan los artículos 1.1, 2, 7, 8.1, 8.2, 8.2.c, 8.2.f, 11, 13, 22, 24 y 25 de la Convención Americana sobre Derechos Humanos; violaciones todas cometidas con motivo del paródico proceso penal iniciado en mi contra en 2005, con base en una denuncia formulada por un militar activo del Ejército, Coronel **Ángel Alberto Bellorín**, el 21 de mayo de 2002, entregada en el despacho del Fiscal General de la República, **Isaías Rodríguez**, como el mismo "denunciante" lo afirmó incluso ante la Corte Interamericana en la audiencia del 3 de septiembre de 2013, "sin denunciar a nadie", sino solo con el objeto de tratar de involucrar a civiles en un hecho militar, y sólo basado en recortes de prensa y videos con comentarios y opiniones de periodistas.

125. El 27 de enero de 2005 fui imputado por la Fiscal provisoria Sexta del Ministerio Público, **Luisa Ortega Díaz**, hoy Fiscal General de la República, del delito político de "conspiración para cambiar violentamente la Constitución" sólo con base en los mismos "recortes de prensa" y videos contentivos de opiniones y dichos de periodistas consignados por el denunciante **Bellorín**, que en definitiva eran simplemente "un cuento" como lo confesó el mismo **Isaías Rodríguez** al actuar como testigo ante la Corte en la audiencia del 3 de septiembre de 2013, y que él mismo recogió en un libro de su autoría (*Abril comienza en Octubre*), en el cual sólo echó "un cuento." En definitiva, reconoció el testigo **Isaías Rodríguez** en la audiencia ante la Corte del día 3 de septiembre de 2013, que la imputación y acusación fiscal contra mí sólo se basaron en lo que decían los periodistas, en el "cuento" que estos habían dicho, llegando a afirmar que:

> "*todos los medios de comunicación*, tirios y troyanos de oposición y de gobierno dieron la información de que el Decreto lo hizo el Dr. Brewer en la noche en que compareció a Fuerte Tiuna" [...] *"Lo decían los periodistas* y lo decía también un sector importante del cuerpo democrático acreditado en el país, de distintos países europeos y americanos, todos ellos sostenían que fue el Dr. Brewer el redactor, *estoy hablando de una referencia.*"

126. En definitiva, pues, la imputación fiscal en mi contra, como lo confesó quien fue el Jefe del Ministerio Público cuando la misma se formuló por una de sus subalternas, fue "porque lo decían los periodistas," con base en esos cuentos o recortes periodísticos. Es decir, una imputación fiscal por un delito político tan grave como el de conspiración para cambiar violentamente la Constitución, se hizo y se confiesa que se hizo, sólo porque unos periodistas echan un cuento derivado del sólo hecho de yo haber dado una opinión jurídica como abogado que se me requirió en un momento de grave crisis política, como especialista y profesor de derecho público; opinión que incluso fue contraria a lo que se resolvió en el llamado decreto de gobierno de transición emitido por el Sr. Pedro Carmona el 12 de abril de 2002, que consideré contrario al principio democrático, tal como se lo expresé al propio Carmona y este lo reconoció y expresó públicamente en su libro (*Mi testimonio ante la Historia*) y en declaración que hizo ante notario en Bogotá, consignada ante el juez de la causa, que este no quiso siquiera considerar.

127. Las argumentaciones sobre las violaciones a mis derechos fueron consignadas en los escritos que mis representantes presentaron ante la Corte Interamericana, antes y después de la audiencia, siendo mi intención ahora destacar los aspectos más relevantes de esas violaciones, con la exposición sobre mi apreciación del resultado de la audiencia de los días 3 y 4 de septiembre de 2013, con base en las pruebas aportadas y las exposiciones de los representantes de las partes, especialmente, de los testigos y peritos, y además lo expresado en los diversos *Amicus curiae* presentados ante la Corte; todo lo cual fue deliberadamente ignorado por la Corte Interamericana que prefirió proteger al Estado y darle la espalda a las violaciones cometidas.

I. VIOLACIÓN AL DERECHO A LA DEFENSA, A SER OÍDO Y A LA PRESUNCIÓN DE INOCENCIA (ARTÍCULO 8.1, CONVENCIÓN).

128. En primer lugar, mis representantes denunciaron ante la Corte Interamericana la violación por el Estado de mis derechos a la defensa, a ser oído y a la presunción de inocencia que me garantiza la Convención Americana de Derechos Humanos (art. 8.1), refiriéndose, primero, a la flagrante violación a dichos derechos, por parte de la Asamblea Nacional, al haber aprobado y adoptado el *Informe de la Comisión Especial para investigar los sucesos de abril de 2002*, en el cual pura y simplemente se me declaró formalmente culpable, sin juicio ni proceso, y sin siquiera haber sido oído, al expresar que yo habría actuado "en forma *activa y concordada* en la conspiración y golpe de Estado"; *Informe* en el cual se le solicitó al Ministerio Público que me investigara supuestamente "por estar *demostrada* [mi] participación en la planificación y ejecución del Golpe de Estado," por supuesto, sin prueba alguna, y sin que en forma alguna se me hubiese citado o notificado previamente para ser oído, y se me hubiese garantizado mi derecho a la defensa. Incluso, ignorando, dicha Comisión Parlamentaria, aun cuando no se me oyó a mí, lo expresado por Pedro Carmona, a quien sí oyó, que ha destacado el profesor **Rubén Hernández,** Presidente de la Asociación Costarricense de Derecho Constitucional en el *Amicus curiae* presentado ante la Corte en agosto de 2013, indicando que Carmona, entre otros asuntos dijo claramente ante la Asamblea Nacional que yo no tenía "**responsabilidad alguna, sino la de haber emitido profesionalmente algún criterio que, repito, lo comprometa con ninguna acción de esas cortas horas de la provisionalidad, o transitoriedad de esos días.**" Pero a pesar de ello, que fue dicho ante la propia Comisión Especial de la Asamblea Nacional, este órgano político del Estado me declaró públicamente culpable de antemano, sin proceso alguno, violando mi derecho a la presunción de inocencia y a la defensa; violación ésta que se repitió sistemáticamente a todo lo largo del proceso, por boca de materialmente de los titulares de todos los poderes públicos.

129. Como lo advirtió el mismo profesor **Rubén Hernández** en su *Amicus curiae*, destacando lo expresado por la Corte Europea de Derechos Humanos, la esencia del principio de presunción de inocencia es evitar que los miembros de un tribunal se vean en la situación de "*partir de la idea preconcebida de que el acusado ha cometido el acto incriminado*,"[22] señalando que precisamente esa fue la situación en la cual se llevó mi caso en Venezuela con motivo del proceso penal incoado en mi contra por el delito de "conspiración para cambiar violentamente la Constitución, proceso durante el cual fui condenado de antemano, "*sin juicio alguno, por todos los órganos fundamentales del Estado venezolano, cuyos funcionarios han contribuido a que se hubiera producido un juicio general y condenatorio*, sin miramiento alguno de pruebas ni proceso, basado en apreciaciones fundadas en opiniones de periodistas;" agregando el profesor **Hernández** que:

"Ha sido por todo ello, por lo cual los representantes del profesor Brewer-Carías han denunciado ante esta honorable Corte IDH la violación sistemática del derecho a la presunción de inocencia del profesor Brewer Carías, lo que según han argumentado *se ha manifestado en declaraciones públicas de incriminación a las que han concurrido todos los poderes públicos del Estado venezolano: la Asamblea Nacional, el Tribunal Supremo de Justicia, el Fiscal General de la República y has-*

---

22   Véase CEDH, *Case of Barbèrà, Messegué and Jabardo v. Spain. (Application N°*
     10590/83). Judgment of 6 December 1988, párr. 77

ta los Embajadores de Venezuela en la República Dominicana y Costa Rica; a las cuales se ha sumado más recientemente, en forma escrita, lo expresado por el Ministro de Relaciones Exteriores en su comunicación de denuncia de la Convención Americana sobre Derechos Humanos dirigida al Secretario General de la Organización de los Estados Americanos en fecha 6 de septiembre de 2012. La concordancia de todos esos planteamientos, acusaciones y "condenas" formuladas, y la jerarquía de los personeros que los han expresado, han denunciado los representantes del profesor Brewer Carías que ha lesionado su derecho a la presunción de inocencia, *configurándose como una condena informal, sin juicio y sin garantía alguna del debido proceso, en forma contraria a la Convención Americana.* La conducta del Estado expresada a través de los titulares de sus órganos fundamentales ha significado, han expresado los ante esta honorable Corte los representantes del profesor Brewer-Carías, ha resultado en una *condena informal a una persona, expresada por funcionarios del Estado, emitiendo además un juicio ante la sociedad, con lo que han* **contribuido así a formar una opinión pública,** *sin que se haya acreditado su responsabilidad conforme a la ley*[23]" (Subrayados nuestros)

130. Igualmente, como lo destacó ante la Corte Interamericana la Dra. **Amira Esquivel**, ex Directora de Derechos Humanos del Ministerio de Relaciones Exteriores de Chile, en su *Amicus curiae* presentado el 19 de agosto de 2013,

"el principio de la presunción de inocencia es la base de la estructura del sistema penal en un Estado de Derecho y garantía elemental del debido proceso. Al reconocer en primer lugar que el imputado es un sujeto de derecho dentro de la relación jurídico procesal penal, reconoce también el deber del Estado **de tratarlo como inocente** y por tanto, de no vulnerar esa situación jurídica mediante ningún acto que implique considerarlo prematuramente culpable. Binder ha señalado que el principio referido refleja: *"El status básico de un ciudadano sometido a proceso. El llega al proceso con status que debe ser destruido y en ello reside la construcción de su culpabilidad" (Binder, op. cit., p. 123).* En consecuencia, el imputado tiene el derecho que se le garantice su situación jurídica de inocente hasta que no se compruebe fehacientemente su culpabilidad y se dicte sentencia condenatoria en ese sentido" (Parte IV-3).

---

23 La Corte IDH, en la sentencia del caso *Lori Berenson Mejía,* en efecto, dijo: *"El derecho a la presunción de inocencia, tal y como se desprende del artículo 8.2 de la Convención, exige que el Estado no condene informalmente a una persona o emita juicio ante la sociedad,* **contribuyendo así a formar una opinión pública,** *mientras no se acredite conforme a la ley la responsabilidad penal de aquella,"* Véase Corte IDH. *Caso Lori Berenson Mejía Vs. Perú.* Fondo, Reparaciones y Costas. Sentencia de 25 de noviembre de 2004. Serie C N° 119, en http://www.corteidh.or.cr/docs/casos/articulos/seriec_119_esp.pdf, párr. 160.

131. Sin embargo, en el caso del proceso penal seguido en mi contra en Venezuela, desde que el mismo se inició, como lo dijo la Dra. Esquivel, "progresivamente *todos los órganos del Estado sin prueba alguna, sin haber sido citado, sin decisión judicial que lo condenara lo han declarado culpable públicamente.*" De lo que concluyó en su *Amicus curiae* señalando que:

"7.1- Los abogados defensores del Profesor Allan Brewer Carias denuncian en el caso en análisis, la violación sistemática de su derecho a la presunción de inocencia por parte de representantes de los principales órganos de públicos del estado venezolano en los que destacan principalmente aquellos que debieran conocer, por el ejercicio de sus funciones, el alcance del principio señalado.

Cabe resaltar que el proceso penal en contra del Profesor Brewer-Carías se inició por el Ministerio Público venezolano en base a un **"hecho notorio comunicacional"**, es decir, en base a informaciones de prensa. Más aún, cuesta entender que esas informaciones constituyan la base del proceso, cuando las mismas fueron desmentidas por el imputado.

Pero más que en informaciones objetivas sobre sucesos, el "hecho notorio" se basa en opiniones de periodistas, influenciadas por la coyuntura política que en esos momentos vivía la sociedad venezolana y sin ningún antecedente imparcial al respecto.

7.2.-Por su parte la Asamblea Nacional; el Tribunal Supremo de Justicia y Tribunal de Primera Instancia en función de Control del Circuito Judicial del Área Metropolitana; el Fiscal General de la República; e, incluso, miembros del cuerpo diplomático venezolano, se han manifestado públicamente sobre su culpabilidad, estando aún el Prof. Brewer Carías en calidad de imputado, es decir, gozando plenamente de su derecho a la presunción de inocencia.

Al respecto cabe hacer presente que:

a) **La Asamblea Nacional** designó una **"Comisión Parlamentaria Especial para investigar los sucesos de abril 2002"**, la que a pesar de no haber citado ni oído al Prof. Brewer, lo acusó de haber actuado <u>en forma activa y concordada en la conspiración y golpe de Estado</u>, ya que estaba *"demostrada su participación en la planificación y ejecución en la planificación y ejecución del golpe de Estado del 11,12,13 y 14 de abril; por haber actuado en contra de la instauración efectiva de la Constitución y del Estado de Derecho; por omitir las actuaciones necesarias para el restablecimiento pleno del orden constitucional; por haber sido co-redactor del decreto de auto proclamación y disolución de todos los poderes públicos" (Escrito de Solicitudes, Argumentos y Pruebas, de 7 de julio 2012, párr. 353, presentado ante la CIDH, en el caso en análisis).*

b) **El Tribunal Supremo de Justicia de Venezuela**, en carta enviada con fecha 13 de diciembre del año 2005, firmada por los magistrados Dr. Fernando Vega Torrealba y Dr. Jesús Eduardo Cabrera Romero, al Instituto Interamericano de Derechos Humanos, aseveró que:

"Numerosos testimonios que son de conocimiento público señalan al doctor Allan Brewer-Carías como uno de los autores del decreto en alusión y entre ellos hay uno privilegiado, consistente en la narración de los hechos que hace el propio Pedro Carmona Estanga en su libro "Mi testimonio ante la Historia". Editorial Aptun, Bogotá, 2004".

Carta de igual tenor el tribunal señalado envió, con fecha 31 de enero 2006, al Instituto Iberoamericano de Derecho Procesal Constitucional.

Esa aseveración efectuada por dicho Tribunal, el más alto de la jurisdicción venezolana, atenta no sólo contra el derecho a la presunción de inocencia del Prof. Brewer, sino que también contra el conjunto de los principios básicos del debido proceso.

En efecto, lo que señala Pedro Carmona Estanga en el libro citado, no puede ser usado para acusar al Prof. Brewer Carias como autor del decreto señalado, sino todo lo contrario. En efecto, en la página 108 del mismo, el autor señala que *"sería irresponsable haberle atribuido al Prof. Brewer Carias dicha autoría como lo hicieron luego representantes del oficialismo para inculparlo".*

Por su parte, el **Tribunal de Primera Instancia en Función de Control del Circuito Judicial del Área Metropolitana,** con fecha 17 de septiembre del año 2007, respondió a un requerimiento de INTERPOL afirmando que Allan Brewer Carías sería **"el autor intelectual de un atentado frustrado en contra del Presidente de la República".**

c) **El ex-Fiscal General de la República Sr. Isaías Rodríguez,** a pesar de los principios legales que lo regían en su condición de tal y de las garantías procesales del debido proceso respecto del caso que estaba en etapa de investigación por el Ministerio Público a su cargo, en su libro *"Abril comienza en Octubre", editado por Grabados nacionales C.A., págs. 195 y 195, publicado en el año 2005,* acusó al Prof. Brewer, basado en testimonios de terceros, de ser coautor *"de los documentos constitutivos del nuevo gobierno".* Se refería a los acontecimientos de abril del año 2002.

d) La embajadora de Venezuela en Costa Rica, doña Nora Uribe Trujillo a propósito de una invitación que le fuera enviada al Prof. Allan Brewer Carías por el Instituto de Derechos Humanos, le dirigió con fecha 19 de agosto de 2006 una carta a la Presidenta de dicho organismo, calificando al profesor invitado como *"autor material e intelectual que instruyó para su corrección en la redacción del decreto, mediante el cual se abolieron los poderes constituidos de la República Bolivariana de Venezuela".*

Conducta similar tuvo el embajador de Venezuela en República Dominicana señor Belisario Landis, quien lo denunció a los medios de comunicación de ese país como *conspirador"* (Parte IV,7).

132. Por todo ello, como mi defensa, la Dra. Esquivel, en su *Amicus curiae* concluyó señalando:

"Del análisis de los hechos en el caso *"Brewer Carias vs Venezuela"*, en nuestra opinión, ha quedado de manifiesto que el estado de Venezuela no ha respetado ni garantizado la condición de sujeto de derechos del Prof. Brewer-Carías en el proceso en cuestión. Obligación que como Estado de derecho incluye el respeto a la presunción de inocencia del cual goza el imputado en el mismo, el Prof. Brewer Carias y las otras garantías judiciales que componen el debido proceso. En el caso en comento, se ha violado reiteradamente el principio de la presunción de inocencia, principio básico de respeto de la dignidad de toda persona que debe estar presente durante todo el proceso. Igualmente grave es la violación de otros derechos del imputado, que se deducen de la presunción de inocencia, como el derecho a la defensa incluyendo en éste el derecho a presentar pruebas y que sean debidamente valoradas, el derecho a objetar pruebas en su contra, y principalmente, el derecho a ser oído por un juez independiente e imparcial.

En conclusión, en este caso, el estado de Venezuela ha vulnerado la obligación contemplada en el Art.1.1 de la Convención Americana de respetar y garantizar el libre ejercicio de los derechos consagrados en ella, en especial, los contenidos en los Arts. 8 y 24." (Conclusión, negritas en el original)

133. El Estado ignoró totalmente la denuncia de violación a mi derecho a la defensa y a la presunción de inocencia que formularon mis representantes tanto ante la Comisión como ante la Corte Interamericana; sus representantes no contradijeron los hechos, de manera que la Corte estaba obligada a tenerlos como aceptados por el Estado. El Estado, en general sobre las violaciones alegadas respecto de las garantías judiciales previstas en el artículo 8 de la Convención, en el *Escrito de Contestación* se limitó única y exclusivamente a decir que "*se abstiene de responder las supuestas violaciones alegadas*" porque el juicio contradictorio supuestamente "no ha comenzado," y la víctima "no se presentó a la audiencia preliminar" (pág. 220), lo cual como se ha dicho reiteradamente es falso, pues dicha audiencia nunca se realizó respecto de ninguno de los procesados y no precisamente porque supuestamente yo no me hubiese presentado, como el juez de la causa lo admitió expresamente.

134. Pero la Corte Interamericana, sobre el *Informe* de dicha Comisión Especial de la Asamblea Nacional, en su sentencia, ignoró esta denuncia y en la relación de los hechos se limitó a decir que "El señor Brewer Carías estaba incluido en la lista de personas que debían ser investigadas, según la Comisión Parlamentaria, por *estar demostrada su participación* en la planificación y ejecución del golpe de Estado" (párrafo 42), violando de nuevo en estrados mi derecho a la presunción de inocencia, al dar por buena una "demostración" hecha sin que se me hubiera ni citado ni oído, en violación a mi derecho a la defensa.

II. VIOLACIÓN AL DERECHO A UN JUEZ IMPARCIAL E INDEPENDIENTE (ARTÍCULO 8.1, CONVENCIÓN)

135. Mis representantes denunciaron en los diversos escritos presentados ante la Corte Interamericana, la flagrante violación a mi derecho a un juez imparcial e independiente garantizado por la Convención Americana, y que ocurrió durante todo el proceso penal en mi contra, que se inició desde cuando fue introducida la denuncia presentada por el coronel **Bellorín** contra civiles, buscando involucrarlos en un hecho militar, porque en la prensa, como él mismo lo confesó repetidamente en la audiencia desarrollada ante la Corte el día 3 de septiembre de 2013, "solo se nombraba a militares." Ese proceso, desde que comenzó, estuvo totalmente a cargo de *jueces de control y de fiscales temporales o provisorios* que, por lo mismo, carecían de independencia e imparcialidad al no tener garantía alguna de estabilidad ni de permanencia, y por ser de libre nombramiento y remoción discrecional por parte de la Comisión especial creada en el seno del Poder Judicial en ausencia de Jurisdicción Disciplinaria Judicial. Ello respondía y responde a la situación general de provisionalidad de la mayoría de los jueces en el Poder Judicial venezolano; situación que fue probada en autos, en particular por lo expresado claramente en la *declaración testimonial* del propio testigo presentado por el Estado, **Luis Fernando Damiani Bustillos** de fecha 21 de agosto de 2013, en la cual confirmó ante la Corte, en síntesis:

a. Que "en Venezuela, el Poder Judicial nunca ha sido independiente de los demás poderes públicos tampoco en la democracia representativa burguesa que empezó a funcionar desde 1958 […]."

b. Que "la dependencia política de los jueces ha sido un rasgo fundamental del sistema judicial venezolano, muy vinculado con el funcionamiento del sistema político institucional."

c. Que la evaluación y la reorganización del Poder Judicial a partir de 1999 "ocasionó vacíos en diversos tribunales del país, como consecuencia de la destitución de sus ocupantes."

d. Que para asegurar el funcionamiento del poder judicial, la Comisión Judicial "nombró jueces provisorios en virtud de proveer las vacantes ocurridas."

e. Que el resultado de ese proceso fue que en 2002 el 81% de la totalidad de los jueces eran provisorios; desde 2003 "se incrementó y se elevó la proporción de los jueces provisorios de 1512 en 2002 a 1773 en el 2003"; en 2007 se designaron 1451 jueces de los cuales 12% eran provisorios, 63% temporales y 24% accidentales; que en 2009 se nombró 359 jueces de los cuales 136 eran temporales, 138 accidentales 59 provisorios y sólo dos titulares

f. Que frente a esa realidad, el Tribunal Supremo buscó establecer un sistema de "regularización" de la titularidad de los jueces, con el "objetivo de convertir a los jueces provisorios en jueces titulares."

g. Que para agosto de 2013, la situación del Poder Judicial es que de un total de 1997 jueces, 1095 son provisorios, 183 temporales y 657 titulares.

136. Además, al responder la pregunta 4 que le formuló mi representante sobre la situación en el ámbito de la justicia penal, **Damiani** fue preciso en informar que "actualmente en Venezuela contamos con 519 jueces provisorios, que constituyen el 61 % de la población de los jueces penales; 20 jueces suplentes especiales que representan 2 % del universo total de jueces penales; 61 jueces temporales que expresan el 7 % de la integridad de los jueces penales y 253 jueces titulares que connotan el 30 % de la totalidad de los jueces penales."

137. Este cuadro confirma la situación general del Poder Judicial, sobre la provisionalidad de los jueces, y que en el caso del proceso penal seguido en mi contra se puso de manifiesto en el hecho de que todos los jueces que intervinieron en el mismo fueron jueces provisorios, de manera que durante dicho proceso penal, además, como quedó demostrado ante la Corte, dos de los jueces que intervinieron fueron separados de sus cargos por fallar en alguna forma a favor de los imputados.

138. Precisamente por todas las violaciones denunciadas en este caso respecto de mi derecho a un juez independiente e imparcial, la **Federación Interamericana de Abogados,** en el *Amicus curiae* presentado ante la Corte con fecha 23 de agosto de 2013 ante la Corte, firmado por su Presidente abogado **José Alberto Álvarez,** por el Presidente de su Comité de Derecho Constitucional, abogado **Fernando Saenger,** por su expresidentes abogado **Renaldy Gutiérrez** y por su ex Secretario General, abogado **Dante Figueroa,** consideró que este caso era una ocasión importante para que la Corte Interamericana, en su sentencia, desarrollase los estándares sobre la garantía de la independencia e imparcialidad de los jueces y fiscales, argumentando que:

"La sentencia de la Corte tendrá importantes repercusiones para las garantías judiciales y la independencia de los sistemas legales en la región," razón por la cual presentaron ante esta honorable Corte "algunas consideraciones jurídicas sobre la materia del proceso que cursa ante esta Corte, en particular […] sobre el derecho de las personas a ser juzgadas por jueces imparciales, autónomos e independientes; todos éstos derechos que han sido denunciados como violados por el Estado venezolano en perjuicio del profesor Brewer-Carías, en el proceso penal seguido en Venezuela en su contra desde 2005" (¶ 2).

139. La misma **Federación Interamericana de Abogados (FIA)**, en dicho *Amicus curiae*, al hacer su análisis de la situación del Poder Judicial en Venezuela, partió de las premisas que había sentado por la misma Corte Interamericana "en sus importantes y recientes sentencias dictadas en los Casos *Tribunal Constitución vs. Perú, Apitz y otros vs. Venezuela, Reverón Trujillo vs. Venezuela, y Chocrón Chocrón vs. Venezuela*, en relación precisamente con procesos seguidos contra Venezuela" -que en este caso sin embargo ignoró- en las cuales se refirió "al principio de independencia judicial, indicando que "constituye uno de los pilares básicos de las garantías del debido proceso", "indispensable para la protección de los derechos fundamentales", que por ello, "debe ser respetado en todas las áreas del procedimiento y ante todas las instancias procesales en que se decide sobre los derechos de la persona"; precisando además, entre sus elementos constitutivos: *"un adecuado proceso de nombramiento, la inamovilidad en el cargo y la garantía contra presiones externas"* (¶ 48). Observó la **Federación Interamericana de Abogados** que formalmente, el sistema constitucional y legal venezolano previó todos estos principios, los cuales sin embargo, como lo viene observando la Comisión Interamericana, no se han implementado adecuadamente en el país "dejándose constancia de que los concursos públicos para los jueces en general no se han realizado, y las remoción de los mismos durante la década pasada ha sido discrecional" (¶¶ 53, 55). Destacó además la **FIA,** la preocupación expresada por la Comisión Interamericana (*Informe Anual de 2009*) de que en muchos casos, "los jueces son removidos inmediatamente después de adoptar decisiones judiciales en casos con impactos políticos importantes," concluyendo con la afirmación de la Comisión Interamericana de que "la falta de independencia judicial y de autonomía en relación con el poder político es, en opinión de la Comisión el punto más débil de la democracia venezolana." (¶ 56). De todo ello, la **FIA** concluyó, con lo siguiente:

"**60.B.** En cuanto a las consideraciones jurídicas expuestas sobre *el derecho de las personas a ser juzgados por jueces imparciales, autónomos e independientes* garantizado en el artículo 8 de la Convención Americana sobre Derechos Humanos, el mismo obliga a los Estados a asegurar que los jueces gocen de las debidas garantías de estabilidad en el ejercicio de sus cargos, por lo que dicho derecho resultaría violado si un proceso penal resulta conducido <u>por jueces *provisorios* los cuales no garantizan el derecho a ser juzgado por jueces independientes e imparciales</u>, pues que no gozan de estabilidad y son particularmente susceptibles a presiones externas, contraviniendo los estándares internacionales que regulan la materia, interpretados a la luz de dicho artículo 8 de la Convención Americana. En consecuencia, partiendo de la doctrina establecida por esta honorable Corte Interamericana, habiendo sido el proceso penal seguido contra el profesor Brewer Carías en Venezuela conducido por jueces y fiscales provisorios, se debe concluir que dicho juzgamiento constituye una violación al mencionado artículo 8 de la Convención Americana."

140. Sobre este aspecto, la Comisión Interamericana, en sus Alegatos finales expresados por el Dr. **Felipe González** ante la Corte en la audiencia del día 4 de septiembre de 2013, dejó claramente sentado su criterio expresando que:

"En cuanto a la falta de independencia institucional desde hace más de una década la Comisión ha identificado diversas amenazas al principio de separación de poderes en Venezuela, un ejemplo significativo, entre diversos otros, fue el nombramiento de magistrados del Tribunal Supremo de Justicia en el año 2000, que aun tiene efecto, sin que se cumplieran las salvaguardas constitucionales respectivas para asegurar la independencia a la cabeza del poder judicial, respecto a los poderes legislativo y ejecutivo. En cuanto a la falta de independencia personal su más clara manifestación la constituye la endémica situación de temporalidad y provisionalidad en que se encuentran las autoridades judiciales y el Ministerio Público en Venezuela como ya ha podido conocerlo esta Corte en varios casos.

En la investigación y proceso penal del Sr. Brewer Carías la totalidad de las autoridades del Ministerio Público y judiciales que han tenido conocimiento han sido provisorias. Los riesgos de dicha provisionalidad se han visto claramente materializados en este caso. Señalo dos ejemplos centrales al respecto: primero, después de que una Sala declaro la nulidad de la prohibición de salida del país por considerarla inmotivada, dos de sus miembros fueron separados de sus cargos, y segundo el juez de control de garantías que solicitó a la Fiscalía el expediente, y que ante la negativa de la Fiscalía oficó a su superior jerárquico, fue removido sin proceso disciplinario ni motivación alguna."

141. Y en efecto, todo lo denunciado por mis representantes ante la Corte Interamericana, precisamente como lo destacó el Coordinador de la **Comisión de Derechos Humanos de la Federación Venezolana de Abogados, Humberto Prado**, en el *Amicus curiae* presentado ante la Corte suscrito por dichas Comisiones de agosto de 2013, la decisión en este caso le permitía:

"a esta Corte IDH desarrollar su jurisprudencia sobre la garantía a ser juzgado por un juez y acusado por un fiscal imparcial e independiente, no desde la óptica del juez como víctima, como ya lo ha hecho este tribunal en otras oportunidades, sino desde la dimensión de la persona acusada como sujeto y la consecuencia de la violación al derecho a ser juzgado por un juez que no cumple con dichos requisitos"

142. Pero la Corte prefirió abstenerse de ello, ignorando incluso el *Informe* presentado ante la misma por el Perito designado por la *Comisión Interamericana de Derechos Humanos*, **José Jonathan Zeitune**, de fecha 26 de agosto de 2013, sobre el derecho a un juez imparcial e independiente, es decir, sobre "la imparcialidad y la independencia de los jueces" como "requisito fundamental para la vigencia de las garantías del debido proceso," en el cual en forma muy precisa, analizó los *estándares internacionales aplicables a los jueces en relación con el ingreso y permanencia en el Poder Judicial; la autonomía e independencia del Poder Judicial; y el impacto en la defensa de los derechos humanos.* Sobre ello, igualmente es de destacar lo expresado ante la Corte por el perito, profesor **Carlos Tiffer** en su *Informe* de fecha 29 de agosto de 2013, en el cual reafirmó que "el derecho de cualquier ciudadano a ser juzgado por un tribunal imparcial e independiente constituye el núcleo del debido proceso," en lo que también insistió **Humberto Prado** en el *Amicus curiae* de los **Colegios de Abogados de Venezuela**, al indicar que "la independencia e imparcialidad de los jueces y fiscales que procesan a las personas es una de las garantías fundamentales más importantes para la existencia de un debido proceso legal." En sentido coincidente también se pronunció el profesor **Olivo Rodríguez**, en representación de la **Asociación Dominicana de Derecho Administrativo,** en el *Amicus curiae* que presentó en agosto de 2013; así como en los *Amicus curiae* presentados por los profesores del **Foro Iberoamericano de Derecho Administrativo** y de la **Asociación Internacional de Derecho Administrativo** durante el mes de agosto de 2013.

143. Por tanto, como lo informó el Perito **Carlos Tiffer**, "si no se cuenta con un juez imparcial y objetivo, no es posible proteger y garantizar los derechos y garantías de una persona acusada en un proceso penal." Y fue precisamente mi situación en el proceso penal desarrollado en mi contra en Venezuela, como quedó probado ante la Corte Interamericana, en el cual carecí de jueces imparciales, objetivos e independientes, por la situación de intervención del Poder Judicial. Como lo precisaron los profesores **Pablo Ángel Gutiérrez Colantuono y Henry Rafael Henríquez Machado:**

"Es precisamente la carencia de imparcialidad por parte del sistema judicial venezolano que da lugar a este escrito, en el entendido que al ciudadano Allan Randolph Brewer-Carías se le han vulnerado sus derechos humanos, toda vez que los procesos penales iniciados en su contra se realizaron por y ante fiscales interinos y jueces provisorios venezolanos, antes los que se le acusó del delito de "conspiración para cambiar violentamente la Constitución" por sus supuesta participación en hechos acaecidos en Venezuela el 12 de abril de 2002."

144. Al contrario, para garantizar que un juzgamiento, como lo indica el perito **Carlos Tiffer**, "sea una decisión libre, sin ningún tipo de intromisiones, sin favorecer a ninguna de las partes y únicamente limitarse a su competencia que ha sido definida previamente por ley," es indispensable "que los nombramientos de los jueces se hagan por medio de un adecuado proceso de selección, así como que se garantice la inamovilidad del cargo, lo mismo de que existan controles efectivos que garanticen a los jueces la ausencia de presiones externas o internas en la toma de sus decisiones." Y precisamente ello es lo que no se me garantizó en el proceso penal en Venezuela, en una situación donde el Poder Judicial contrasta con lo que se han definido como los *"estándares desarrollados por los órganos del Sistema Interamericano y el Sistema Universal de Protección de los derechos humanos"* que por lo demás, se han explicitado ante la Corte Interamericana en muchos de los *Amicus curiae* que se le sometieron en este caso, en particular, por las **Comisiones de Derechos Humanos de los Colegios de Abogados de Venezuela**, por la **Asociación Dominicana de Derecho Administrativo**, por diversos profesores de derecho administrativo de España y Latino América, miembros del **Foro Iberoamericano de Derecho Administrativo**, por diversos profesores de derecho administrativo, miembros de la **Asociación Internacional de Derecho Administrativo**.

145. En efecto, al contrario de lo que se establece en esos estándares, tal como lo afirmó el profesor **Antonio Canova** en el *Informe Pericial* presentado ante la Corte Interamericana de fecha 29 de agosto de 2013:

> *"el Poder Judicial venezolano no es independiente ni autónomo y que responde a intereses del Gobierno, por lo que no es una garantía de juicio justo e imparcial contra el profesor Brewer Carías, quien ha tenido una postura pública de denuncia y crítica fundamentada contra el gobierno venezolano desde la llegada a la Presidencia de la República en 1998 de Hugo Chávez."*

146. *Para fundamentar tan tajante afirmación, en su muy ilustrado In-forme Pericial, el profesor **Canova**, partió del análisis pormenorizado de las regulaciones constitucionales en la materia relativa al Poder Judicial, y su falta de implementación, para luego analizar con es*pecial énfasis "la injerencia política para el nombramiento de los magistrados del Tribunal Supremo de Justicia (TSJ), pues son éstos los que ejercen la dirección y administración del resto del Poder Judicial." En este aspecto, al analizar el profesor **Canova** al tema del "control político sobre el TSJ," en virtud de la *"relación directa entre la independencia e imparcialidad de los magistrados designados ese alto tribunal y esas mismas notas de independencia e imparcialidad en el resto de los tribunales,"* estudió y precisó *con todo detenimiento los procesos para su designación por la Asamblea Nacional de esos magistrados del Tri-bunal Supremo, siendo ellos "los que arbitrariamente tienen el poder para nombrar y remover, sin limitaciones, a los jueces venezolanos,"* indicando que *desde 1999, dichos nombramientos "han estado signados por la discre-cionalidad, falta de transparencia, y una marcada injerencia política, al extremo de que muchos de los que ocupan y han ocupado cargos en el TSJ habían sido funcionarios del gobierno o miembros del partido político ofi-cial."* De ello concluyó su apreciación pericial afirmando que:

> *"las normas constitucionales sobre nombramiento y remoción de los magistrados del TSJ han sido, desde el inicio, manipuladas y ma-linterpretadas por la mayoría oficialista en la ANC y en la AN, de mo-*

do de asegurar un control político del TSJ y por consiguiente, de todo el Poder Judicial venezolano."

147. En su *Informe pericial*, el profesor **Canova** pasó luego a analizar la situación de la Judicatura y para verificar el incumplimiento de las garantías de independencia e imparcialidad de la justicia, estudió los aspectos que han guiado al manejo del Poder Judicial en Venezuela desde 1999, y que se refieren a *"la ausencia de condiciones objetivas y predefinidas en el nombramiento de los jueces; las limitaciones al acceso a la carrera judicial de los jueces; y el alcance del régimen de las destituciones disciplinarias y la discrecionalidad absoluta o arbitrariedad para la remoción, sin motivos, explicaciones ni procedimiento previo,* **de la mayoría de los jueces en Venezuela.**" *Para llegar a estas conclusiones partió de la constatación de que siendo el propio Tribunal Supremo "el que ejerce la dirección y administración del Poder Judicial, puede explicarse el régimen de nombramiento y remoción de los demás jueces aplicado en la práctica, bastante distante al previsto constitucionalmente," desarrollado a través de una "emergencia judicial" transitoria e interminable a cargo de diversas "Comisiones" con facultades discrecionales para nombrar y destituir jueces. Sobre los nombramientos de jueces, explicó el profesor y perito* **Canova,** *los únicos escasos concursos de oposición públicos que se realizaron en Venezuela fueron en el año 2000, de manera que posteriormente,* **"el resto del Poder Judicial ha sido designado por la Comisión Judicial y, por tanto, se trata de jueces, temporales, provisorios o accidentales, sin estabilidad ni carrera judicial.**" *El análisis pormenorizado de la situación del poder judicial en la práctica, es lo que llevó al profesor* **Canova** *a concluir que incluso ante la carencia de cifras oficiales:*

> "todo indica *que la enorme mayoría de los jueces venezolanos carecen de estabilidad, no han entrado en la carrera judicial, y pueden ser removidos libre y arbitrariamente por la Comisión Judicial del TSJ."*

148. Sobre este régimen de remoción, en el *Informe Pericial* del profesor **Canova** éste hizo mención, de nuevo, al régimen de transición sobre la ausencia de régimen disciplinario de los jueces vigente hasta que se sancionó la Ley del Código de Ética de los Jueces en 2009, cuya normativa sin embargo, afirma, "ha quedado en suspenso por las disposiciones transitorias," habiendo sido nombrados los "jueces disciplinarios" por la Asamblea Nacional, órgano político por excelencia, y no por el Tribunal Supremo como lo manda la Constitución. Como lo han expresado los profesores del **Grupo de Profesores de Derecho Público de Venezuela** en los *Amicus curiae* antes mencionado, presentados ante esta la Corte,

> "142. En realidad, a pesar de que con la reforma de la Ley Orgánica del Tribunal Supremo de Justicia de 2010 se había eliminado la Disposición Transitoria que disponía la sobrevivencia de la Comisión de Funcionamiento y Reestructuración del Sistema Judicial; con la sanción subsiguiente por la Asamblea Nacional de la Ley del Código de Ética del

Juez Venezolano y la Jueza Venezolana, lo que se hizo, en la práctica, fue cambiarle el nombre a la "Comisión de Funcionamiento y Reestructuración del Sistema Judicial" desdoblándola en dos, al crearse un "Tribunal Disciplinario Judicial" y una "Corte Disciplinaria Judicial" pero no integrada por jueces - que conforme a la Constitución sólo pueden ser designados por el Tribunal Supremo de Justicia (artículo 255) - sino por unos llamados "jueces disciplinarios" nombrados directamente en forma totalmente inconstitucional por la Asamblea Nacional, sin concurso público alguno y sin participación ciudadana alguna, violándose, por tanto, todas las disposiciones constitucionales relativas al Poder Judicial. Por tanto, de un órgano inconstitucional como la mencionada Comisión ad hoc se pasó a otro órgano también inconstitucionalmente constituido, controlado directamente por el poder político representado por la Asamblea Nacional."

149. En igual sentido se expresó el profesor **Víctor Hernández Mendible** en el *Amicus curiae* que presentó ante la Corte el 28 de agosto de 2013 (¶ 131); y el profesor **Luis Enrique Chase Plate**, en el *Amicus curiae* que presentó ante la Corte de 2 de septiembre de 2013 (¶130).

150. En relación con dicha Ley del Código de Ética del Juez, como lo observó el profesor **Antonio Canova**, el avance que podía haber significado la previsión de que dicho Código de Ética *"se aplicaría a todos los jueces de la República, sin importar si son titulares, provisorios, temporales o accidentales*, e incluso a los propios magistrados del TSJ (artículos 1 y 2)," otorgando "a los jueces provisorios, temporales o accidentales, la estabilidad propia de la carrera judicial, limitando el poder discrecional de la Comisión Judicial del TSJ para removerlos sin que medien razones o procedimiento previo," *fue truncada por la Sala Constitucional del Tribunal Supremo de Justicia mediante la sentencia Nº 516 de 7 de mayo de 2013* en la cual, como medida cautelar en un juicio de control de constitucionalidad, suspendió la aplicación de dichas normas. A esta sentencia, precisamente, también se refirió la **Federación Interamericana de Abogados** en el *Amicus curiae* presentado ante la Corte, luego de destacar, como lo dijo la Comisión Interamericana en su *Informe* 2009, que "en Venezuela los jueces y fiscales no gozan de la garantía de permanencia en su cargo necesaria para asegurar su independencia en relación con los cambios de políticas gubernamentales," habiendo sido el resultado, de todo ello, el hecho de

"que se efectuó una "depuración" o "purga" del Poder Judicial, mediante la destitución y suspensión discrecional de jueces, con precaria garantía al derecho a la defensa, para sustituirlos por jueces suplentes e interinos, sin el sistema de selección por concurso público que exige la Constitución."

151. Esta "depuración" del Poder Judicial fue confirmada precisamente por el perito designado por el Estado, Magistrado del tribunal Supremo de Justicia), **Octavio José Sisco Ricciardi,** en su exposición que realizó ante la

Corte en la audiencia del día 4 de septiembre de 2013, en la cual afirmó que al declararse el Poder Judicial en emergencia, a partir de 1999, "la Comisión de Emergencia Judicial que debía evaluar el funcionamiento y desempeño tanto de la Corte Suprema de Justicia como del Consejo de la Judicatura que *asumió la depuración de un cuerpo de jueces,* la instauración de concursos de oposición para las nuevas designaciones de estos cargos, esta Comisión de Emergencia Judicial dio paso a la Comisión de Funcionamiento y Reestructuración del Sistema Judicial" que debía "ejercer únicamente funciones disciplinarias hasta tanto fuese dictada la legislación especial en la materia y se crease los tribunales disciplinarios." Ello, sin embargo, como también lo reconoció y admitió el perito **Sisco Ricciardi** en su declaración, supuestamente no se logró sino en 2010 cuando se dictó la Ley del Código de Ética del Juez. Admitió también el perito **Sisco Ricciardi** que los concursos de oposición nunca se realizaron, diciendo, al responder una pregunta del representante del Estado, abogado **Saltrón** sobre "¿Porqué no ha habido concurso de oposición para el ingreso de la carrera judicial en los últimos 5 años?" que ello se debió a que "*el proceso constituyente no ha culminado, o sea en realidad se inició al día siguiente de la aprobación de la Constitución.*" La consecuencia de ello fue que los jueces fueron nombrados a discreción por la Comisión Judicial del Tribunal Supremo, y además, que los mismos, dado que en su gran mayoría eran y son provisionales (en una respuesta a una pregunta del representante del Estado habló del "33% son jueces titulares, el resto son provisorios o interinos,"), admitió que fueron removidos también discrecionalmente por la Comisión de Funcionamiento, la cual, dijo, "equivalía a los tribunales disciplinarios y ejercían sus funciones hasta la culminación de la transición por ausencia legislativa." O sea que desde que se sancionó la Constitución, el Poder Judicial estuvo sometido a un régimen de transición, sin que sus previsiones se pudieran aplicar hasta que supuestamente se dictaran las leyes correspondientes.

152. Por ello, supuestamente, la "transición" permanente, debía haber acabado con la aprobación del antes mencionado Código de Ética del Juez de 2010 con el cual, dijo el perito **Sisco Ricciard**, "el órgano administrativo fue sustituido por tribunales desde el punto de vista formal y material, [y] se garantiza la doble instancia mediante el ejercicio de un recurso ordinario de apelación." Sin embargo, como lo reconoció el mismo testigo **Sisco Ricciardi**, los titulares de dichos "tribunales" disciplinarios no fueron designados por el Tribunal Supremo de Justicia, que es el que tiene, conforme a la Constitución, el monopolio de la designación de los jueces (art 255: ..."El nombramiento y juramento de los jueces o juezas corresponde al Tribunal Supremo de Justicia" ...), sino de nuevo, "de manera transitoria, *esta designación fue realizada por la Asamblea Nacional como depositaria de la voluntad popular.*" Con ello, al contrario de garantizarse la autonomía de dicho órgano, como lo argumentaron mis representantes ante la Corte Interamericana, se acentuó el control político sobre la supuesta jurisdicción disciplinaria, la cual contra todas las normas constitucionales en la materia, quedó incluso fuera del ámbito del Poder Judicial. Así, incluso lo reconoció el perito **Sisco Ricciardi** al responder una pregunta del representante del Estado, abogado **Saltrón**, cuando expresó que la misma es "una jurisdicción jueces exclusivamente, *que no dependen del Tribunal Supremo de Justicia o del Poder Judicial en si mismo.*" Además, al responder las preguntas que le formuló mi representante, el Dr. **Pedro Nikken**, sobre quiénes integraban los "tribunales" disciplinarios designados por la Asamblea Nacional, el perito **Sisco Ricciardi** admitió que en los mismos se designaron a los señores Hernán Pacheco, Carlos Medina y Tulio Jiménez quienes materialmente, hasta que fueron nombrados, habían sido diputados por el partido Socialista Unido de Venezuela ante la propia Asamblea Nacional que los designó.

153. Mayor ratificación por parte del propio perito del Estado, Magistrado **Sisco Ricciardi**, de la dependencia de la "jurisdicción disciplinara" respecto del poder político, es difícil de encontrar, llegando a indicar al responder a la pregunta que le hizo el Dr. **Pedro Nikken**, sobre si conocía el discurso del magistrado del Tribunal Supremo **Fernando Vega** el 5 de febrero de 2011, el cual en nombre del Tribunal Supremo de Justicia afirmó que "el poder judicial venezolano *está en el deber de dar su aporte a la eficaz ejecución en el ámbito de sus competencias de la política de Estado que adelante el gobierno nacional* en el sentido de desarrollar una *acción deliberada y planificada para conducir a un socialismo bolivariano y democrático y que la materialización del aporte que debe dar el poder judicial para colaborar con el desarrollo de la política socialista* conforme a la Constitución y a las leyes viene dado por la conducta profesional de jueces, secretarios, alguaciles y personal auxiliar;" se limitó a decir que "No tuve oportunidad de asistir a ese acto de apertura." Tampoco indicó nada el perito **Sisco Ricciardi** en su intervención en la audiencia ante la Corte Interamericana sobre el hecho de que la Dirección Ejecutiva de la Magistratura estuviese dirigida por un ingeniero, de nombre **Argenis Chávez Frías**, hermano del fallecido Presidente de la República, y ante la pregunta del profesor **Nikken** de si creía que la designación para ese cargo de "un ingeniero hermano del Presidente de la República" "apunta hacia la profesionalización y despolitización del sistema judicial", lo único que respondió fue que "la Dirección Ejecutiva tiene que ver única y exclusivamente como le dije, con la administración." La parte pertinente del interrogatorio en la audiencia se realizó así:

- **Pedro Nikken:** "Me extrañó, en su intervención tan amplia y tan completa, no escuchar, a lo mejor fue que me distraje, ninguna mención a la Dirección Ejecutiva de la Magistratura, a su función. *Podría decirme, ¿fue que yo no lo escuché o fue que no lo mencionó?*"

- **Sisco Ricciardi:** "No, no. No lo mencioné dado siempre el tiempo comprimido que tenemos para la exposición. Claro voy a aclarar a la Corte que la Dirección Ejecutiva de la Magistratura está creada también por la Constitución. Es justamente el órgano administrativo pero que depende del Tribunal Supremo de Justicia; pero sin embargo se trata de administrar el presupuesto y todo lo que implica todos los tribunales a excepción del Tribunal Supremo de Justicia. Pero quizás para abonar a su inquietud la Dirección Ejecutiva de la Magistratura no tiene incidencia en la designación ni remoción."

- **Pedro Nikken:** *"Puede decirnos quién ocupa la Dirección Ejecutiva de la Magistratura en el presente*

- **Sisco Ricciardi:** "Si, el ingeniero Argenis Chávez."

- **Pedro Nikken:** "¿Argenis Chávez Frías?

- **Sisco Ricciardi:** "Si correcto."

- **Pedro Nikken:** "¿Y él es ingeniero?"

- **Sisco Ricciarrdi:** "Sí."

- **Pedro Nikken:** *"De manera que eso apunta hacia la profesionalización y despolitización del sistema judicial, un ingeniero hermano del Presidente de la República. ¿Lo cree usted así?*

- **Sisco Ricciardi**: "Mire yo estoy aquí para dar un peritaje, esta opinión en todo caso fíjese, la Dirección Ejecutiva tiene que ver única y exclusivamente como le dije, con la administración. El tema de la formación está a cargo de la Escuela de Magistratura que la dirige y la coordina el magistrado de la Sala Constitucional el Dr. Arcadio Delgado Rosales."

154. Sin embargo, sólo para citar la Constitución, en sus partes pertinentes, y entender bien de qué se ocupa la Dirección Ejecutiva de la Magistratura, basta indicar que el artículo 267 dispone:

Artículo 267. Corresponde al Tribunal Supremo de Justicia *la dirección, el gobierno y la administración del Poder Judicial, la inspección y vigilancia de los tribunales* de la República y de las Defensorías Públicas. *Igualmente, le corresponde la elaboración y ejecución de su propio presupuesto y del presupuesto del Poder Judicial [...]*

Para el ejercicio de estas atribuciones, el Tribunal Supremo en pleno creará una Dirección Ejecutiva de la Magistratura, con sus oficinas regionales."

155. Ante esta previsión, desarrollada en la Ley Orgánica del Tribunal Supremo de Justicia, es difícil de imaginar, como lo afirmó el Perito **Sisco Ricciardi,** que "la Dirección Ejecutiva de la Magistratura no tiene incidencia en la designación ni remoción," cuando de acuerdo con el artículo 77 de dicha Ley, entre las múltiples atribuciones de ese órgano, está la de:

"1. Ejecutar y velar por el cumplimiento con los lineamientos sobre la política, planes, programas y proyectos que sean dictados por la Sala Plena del Tribunal Supremo de Justicia, que deban seguir la Dirección Ejecutiva de la Magistratura y sus oficinas regionales;" y

"2. Decidir, dirigir y evaluar los planes de acción, programas y proyectos institucionales según los planes estratégicos y operativos y el presupuesto asignado, de conformidad con la política, lineamientos y actos que emanen de la Sala Plena del Tribunal Supremo de Justicia."

156. Por otra parte, el Magistrado del Tribunal Supremo, perito **Sisco Ricciardi** designado por el Estado, al responder a la pregunta que le formuló el profesor **Nikken** sobre si "el régimen de estabilidad o particular para los jueces provisorios accidentales establecido por el Código de Ética está vigente", afirmó falsamente que "Sí", omitiendo mencionar que mediante sentencia N° 516 de la Sala Constitucional del Tribunal Supremo de Justicia de 7 de mayo de 2013, dicho régimen fue suspendido en su aplicación. Fue luego de que el Dr. **Nikken** le preguntara si conocía dicha sentencia, que el perito **Sisco Ricciardi** dijo que "sí" la conocía. Como lo destacó y leyó el Dr. Nikken en la audiencia, en dicha sentencia se decidió:

> "La suspensión de la referencia que se hace en el artículo 2 del Código de Ética a los jueces y juezas provisorios, temporales, accidentales y ocasionales y que permite la extensión a esta categoría de jueces del procedimiento disciplinario contemplado en los artículos 51 y siguientes del mencionado Código correspondiéndole a la Comisión Judicial la competencia para sancionarlos y excluirlos de la función jurisdiccional" de manera que los saco del ámbito del Tribunal Disciplinario y de la Corte Disciplinaria, de manera que por eso le preguntaba si está vigente."

157. Frente a esta pregunta, el perito **Sisco Ricciardi** no tuvo más remedio que admitir que el régimen está suspendido, y que con esa decisión de la Sala Constitucional, lo que se está es "tratando de ordenar una situación puesto que se prestaba a que los jueces interinos gozaran una estabilidad igual que los titulares y eso luce contrariamente desproporcionado." Como concluyó el Dr. Nikken en sus preguntas al testigo: *"Muy bien. Eso afecta el 66% de los jueces en Venezuela, que en consecuencia, de acuerdo con esa opinión suya, no deben gozar de estabilidad."* A ello sólo respondió "Ummm."

158. Sobre los efectos de esta sentencia de la Sala Constitucional del Tribunal Supremo de Justicia que suspendió la aplicación de las previsiones de la Ley del Código de Ética del Juez de 2010 que extendía a los jueces temporales las regulaciones garantistas que se aplican a los jueces de carrera, la *Federación Interamericana de Abogados en el Amicus curiae presentado ante la Corte, advirtió a la misma* que:

> *"el intento que se hizo en la mencionada Ley del Código de Ética del Juez Venezolano de 2010, para de alguna forma garantizar la situación de los jueces temporales y provisorios, extendiéndoles a los mismos la aplicación del régimen jurídico de los jueces de carrera, la Sala Constitucional del Tribunal Supremo de Justicia, mediante sentencia N° 516 de fecha 7 de mayo de 2013, suspendió de oficio los efectos de dichas normas del referido Código de Ética del Juez Venezolano, "por no tratarse de jueces o juezas que hayan ingresado a la carrera judicial, correspondiéndole a la Comisión Judicial la competencia para sancionarlos y excluirlos de la función jurisdiccional"* (¶ 55)

159. *En todo caso, esta fue precisamente la sentencia respecto de la cual la propia Corte Interamericana solicitó al Estado que específicamente le informe a la Corte, en sus Observaciones Finales sobre su alcance y significado, según lo informó la Corte en la Nota 238 de 11 de septiembre de 2013.* La importancia y significado de la sentencia, en todo caso, fue advertida ante la Corte Interamericana por ejemplo, en los *Amicus curiae* presentados por los profesores venezolanos miembros del **Grupo de Profesores de Derecho Público de Venezuela** en agosto de 2013, en los cuales, al comentar lo que denominaron "un último obstáculo para todo intento de garantizar la independencia de los jueces: la suspensión judicial en 2013 de la aplicación a los jueces temporales y provisorios de las garantías de ingreso y remoción establecidas en el código de ética de los jueces," expusieron que:

"149. En cuanto se refiere a las normas sustantivas de la Ley del Código de Ética del Juez, a pesar de que en definitiva su aplicación esté en manos de "jueces disciplinarios" sometidos al control político de la Asamblea Nacional, el mismo contiene una serie de normas relativas al nombramiento de los jueces y a su estabilidad, tendientes a ejecutar en algo el espíritu de las normas constitucionales sobre ingreso y estabilidad de los jueces, que en virtud de que la mayoría de los mismos eran temporales y provisionales, se consideró que debían igualmente ser aplicables a los mismos. A tal efecto, el artículo 2 del Código de Ética estableció que:

"Artículo 2. El presente Código se aplicará a todos los jueces y todas las juezas dentro del territorio de la República Bolivariana de Venezuela. *Se entenderá por juez o jueza todo aquel ciudadano o ciudadana que haya sido investido o investida conforme a la ley, para actuar en nombre de la República en ejercicio de la jurisdicción de manera permanente, temporal, ocasional, accidental o provisoria.*"

150. Ahora bien, con ocasión de la impugnación de la Ley del Código de Ética del Juez mediante un recurso de nulidad por inconstitucionalidad interpuesto ante la Sala Constitucional del Tribunal Supremo en 2009, ésta, luego de desechar la solicitud de la recurrente de que suspendieran totalmente los efectos de todas las normas del Código, mediante sentencia N° 516 de 7 de mayo de 2013,[24] procedió a suspender *de oficio* algunas de dichas normas, y en particular, el mencionado artículo 2 del Código, en cuanto a la extensión que hizo de la aplicación de sus previsiones garantistas a los jueces temporales y provisionales.

151. Para fundamentar la decisión, la Sala Constitucional indicó, respecto de dicha norma que fija el ámbito subjetivo del Código, que la misma, a pesar de que:

"Sin ninguna consideración adicional guarda consonancia con el orden constitucional; sin embargo, cuando se considera que el Código

---

24   Véase en http://www.tsj.gov.ve/decisiones/scon/Mayo/516-7513-2013-09-1038.html.

de Ética del Juez Venezolano y la Jueza Venezolana, además de fijar los referentes éticos con base en los cuales se ha de determinar la idoneidad y excelencia de un juez o una jueza para la función jurisdiccional, estatuye un régimen de inamovilidad propio de la carrera judicial; la extensión de este proceso disciplinario judicial a los jueces temporales, ocasionales, accidentales o provisorios para poder excluirlos de la función jurisdiccional, pese a que formalmente no han ingresado a la carrera judicial, pareciera colidir con el texto Constitucional." [25]

152. Consideró por tanto, la Sala Constitucional del Tribunal Supremo, conforme a su propia doctrina, que los jueces temporales y provisorios son esencialmente de libre nombramiento y remoción, por lo que constató que conforme al artículo 255 de la Constitución, el ingreso a la carrera judicial y el ascenso de los jueces "se debe hacer por concursos de oposición públicos que aseguren la idoneidad y excelencia de los participantes"; y que además, los jueces sólo pueden "ser removidos o suspendidos de sus cargos mediante los procedimientos expresamente previstos en la ley;" agregando que cuando dicha norma constitucional se refiere a que *"los"* jueces sólo podrán ser removidos o suspendidos mediante los procedimientos previstos en la ley," ello sólo:

"Alude a aquellos jueces que han ingresado a la carrera judicial por haber realizado y ganado el concurso de oposición público, como lo exige el encabezado del artículo; pues es dicho mecanismo el que hace presumir (de forma *iuris tantum*) la idoneidad y excelencia del juez o jueza; una presunción que es, efectivamente, desvirtuable mediante el proceso disciplinario judicial como parte de la validación constante y permanente de la idoneidad y excelencia; pero que se erige a su vez como una garantía de la inamovilidad propia de la carrera judicial." [26]

153. De ello dedujo la Sala Constitucional que aun cuando efectivamente el Código de Ética del Juez Venezolano "le es efectivamente aplicable a todos los jueces -indistintamente de su condición- como parámetro ético de la función jurisdiccional"; sin embargo, en cuanto al:

"(…) procedimiento para la sanción que dicho Código contempla pareciera, salvo mejor apreciación en la definitiva, *no ser extensible a los Jueces y juezas temporales, ocasionales, accidentales o provisorios*, ya que dicho proceso es una garantía de la inamovilidad ínsita a la carrera judicial; y se obtiene la condición de juez o jueza de carrera si se gana el concurso de oposición público." [27]

154. Y por ello, supuestamente para "no contradecir el contenido normativo del artículo 255 de la Constitución," la Sala procedió a sus-

---

25 *Idem.*
26 *Ibidem.*
27 *Ibidem.*

pender cautelarmente, de oficio, mientras dure el presente juicio de nulidad de dicho Código,

"La referencia que hace el artículo 2 del Código de Ética del Juez Venezolano y la Jueza Venezolana a los *jueces y juezas temporales, ocasionales, accidentales o provisorios* y que permite la extensión, a esta categoría de jueces y juezas, del procedimiento disciplinario contemplado en los artículos 51 y siguientes del mencionado Código, por no tratarse de jueces o juezas que hayan ingresado a la carrera judicial, correspondiéndole a la Comisión Judicial la competencia para sancionarlos y excluirlos de la función jurisdiccional, visto que se trata de un órgano permanente, colegiado y delegado de la Sala Plena de este Tribunal Supremo de Justicia, al que compete coordinar las políticas, actividades y desempeño de la Dirección Ejecutiva de la Magistratura, la Escuela Nacional de la Magistratura y la Inspectoría General de Tribunal (*ex*: artículo 73 del Reglamento Interno del Tribunal Supremo de Justicia), así como someter a la consideración de la Sala Plena las políticas de reorganización del Poder Judicial y su normativa (artículo 79 *eiusdem*). Así se declara." [28]

155. Se eliminó así, en cuanto a la remoción de los jueces, cualquier tipo de intento de establecer alguna garantía para asegurar la estabilidad de los jueces temporales y provisionales. Pero también en cuanto al ingreso a la judicatura, respecto de jueces temporales o provisionales, la misma Sala Constitucional, en la sentencia, dispuso que en virtud de que el único aparte del artículo 16 del Código de Ética del Juez contempla que "Antes de proceder a la designación o ingreso de cualquier funcionario o funcionaria se consultará en el Registro de Información Disciplinaria Judicial" y "que cualquier ingreso o designación realizada al margen de dicha norma será nula"; considerando, "que es competencia de la Comisión Judicial, como órgano delegado de la Sala Plena del Tribunal Supremo de Justicia, la designación de los jueces y las juezas temporales, ocasionales, accidentales o provisorios; y tomando en cuenta que, al no desarrollar los términos en que se ha de verificar la consulta del Registro de Información Disciplinaria ni la naturaleza pública o privada de dicho Registro," entonces en virtud de que la norma de dicho artículo 16 "restringe la aludida competencia de la Comisión Judicial," la Sala Constitucional procedió también a suspender cautelarmente, hasta tanto se dicte sentencia en el presente juicio, "el único aparte del artículo 16 del Código de Ética del Juez Venezolano y la Jueza Venezolana. Así se decide." Con ello, quedaron incólumes los poderes de la Comisión Judicial del Tribunal Supremo para designar sin restricción de cualquier clase, a los jueces temporales y provisorios, sin garantía alguna de idoneidad, y por supuesto, sin

---

28 *Ibidem.*

concurso y consecuente estabilidad y garantía de autonomía e independencia en ejercicio de la función jurisdiccional."

160. En sentido similar, sobre el alcance y efectos nocivos de la sentencia de la Sala Constitucional *que acabó con un último y fugaz intento, en 2010, de garantizar la independencia de los jueces,* también se expresaron el profesor **Víctor Hernández Mendible** en el *Amicus curiae* que presentó ante la Corte en fecha 28 de agosto de 2013 (¶¶ 137-143) y el profesor **Luis Enrique Chase Plate**, en el *Amicus curiae* que presentó ante la Corte en agosto de 2013 (¶¶ 137-143).

161. En todo caso, con relación a esta misma sentencia N° 516 de fecha 7 de mayo de 2013 de la Sala Constitucional, como lo afirmó el perito **Dr. Antonio Canova** en su *Informe pericial* presentado ante la Corte Interamericana "los efectos del Código de Ética quedaron reducidos a su mínima expresión, ya que solamente será aplicable el régimen disciplinario allí previsto, por causas taxativas y tras un proceso contradictorio, a los jueces titulares, y no al resto que, como se ha dicho, son jueces provisorios, temporales o accidentales, que siguen a merced de las medidas de remoción discrecionales aplicadas por la Comisión Judicial." Dichos jueces provisorios o temporales, como lo afirmó el mismo perito Dr. **Canova**, "son considerados en Venezuela, para todas las instancias, *como funcionarios de libre nombramiento y remoción, es decir, que pueden ser separados de sus cargos sin razón particular, sin procedimiento ni motivación, del mismo modo en que fueron designados,* por la Comisión Judicial," siendo éste además, el criterio sistemáticamente establecido por la jurisprudencia de la Sala Político Administrativa del Tribunal Supremo de Justicia que el profesor **Canova** analizó en forma exhaustiva en su *Informe pericial.* Igualmente, fue la doctrina sentada por la Sala Constitucional en una sentencia de 20 de diciembre de 2007, también analizada detalladamente en el *Amicus curiae* presentado por las **Comisiones de Derechos Humanos de los Colegios de Abogados de Venezuela (Humberto Prado)** (p. 7), en la cual definitivamente se estableció, como también lo destacó el Perito **Dr. Canova**, que:

> *"los jueces provisorios o temporales, que sin duda son la mayoría de los jueces venezolanos, son removidos de modo "discrecional", es decir, sin que medien razones ni procedimiento, por la Comisión Judicial, del mismo modo, con la misma libertad, que fueron designados para tales cargos."*

162. Esta situación analizada con todo detenimiento y debidamente documentada por el perito profesor **Canova,** *lo llevaron a la conclusión de que con ello, en Venezuela, desde 1999 a esta fecha,* "**han sido desconocidos todos los principios de una sociedad democrática que aseguran la independencia e imparcialidad del Poder Judicial**," de manera que "a pesar de las declaraciones formales de la Constitución, el sistema de justicia adolece de serias deficiencias que impiden calificarlo como independiente e imparcial."

163. Por ello, en el *Amicus curiae* presentado por las **Comisiones de Derechos Humanos de los Colegios de Abogados de Venezuela** (Humberto Prado) se concluye con razón, en que: "El corolario del análisis antedicho es claro: los jueces provisorios en Venezuela, por ser de libre nombramiento y remoción, carecen de inamovilidad y son propensos a ser víctimas de presiones externas, razón por la cual se puede concluir que no son independientes" (p. 9); por lo que:

> "Partiendo de ello, y teniendo en cuenta el contenido del artículo 8 de la Convención Americana sobre Derechos Humanos, que determina el derecho de toda persona **a ser juzgado por un juez independiente e imparcial**, se debe concluir entonces que el juzgamiento de una persona por un juez provisorio en Venezuela, especialmente en un caso sensible políticamente como el presente, constituye una violación al mencionado artículo de la Convención" (p. 10).

164. En sentido coincidente también se pronunció el presidente de la **Asociación Dominicana de Derecho Administrativo** en el *Amicus curiae* que presentó ante la Corte en agosto de 2013; así como los profesores del **Foro Iberoamericano de Derecho Administrativo y de la Asociación Internacional de Derecho Administrativo** en sendos *Amicus curiae* presentados ante la Corte Interamericana durante el mes de agosto de 2013. Igualmente se pronunció, en sentido similar, el profesor de derecho constitucional de la República Dominicana, **Eduardo Jorge Prats**, en el *Amicus curiae* que presentó ante la Corte en agosto de 2013.

165. Para apoyar su estudio y conclusiones sobre la sujeción política del Poder Judicial en Venezuela, el profesor **Canova**, actuando como perito, hizo referencia muy pormenorizada en su *Informe pericial,* a las diversas *"declaraciones de funcionarios del alto gobierno en los últimos 14 años acerca de la intención y necesidad de someter al Poder Judicial venezolano y convertirlo en un aliado para alcanzar sus fines políticos concretos*; así como a discursos, comunicados e intervenciones públicas de varios magistrados del TSJ, *quienes han demostrado abiertamente su identificación con el gobierno nacional,"* demostrando que "el proceso de toma de control político del TSJ y del Poder Judicial no ha sido llevado a cabo subrepticiamente." Destacan, del Informe pericial, por ejemplo, todas las declaraciones públicas dadas por Hugo Chávez "en torno la necesidad de que el Poder Judicial respondiera a sus intereses," así como las diversas declaraciones de Magistrados del Tribunal Supremo, "manifestado claramente, en más de una oportunidad y por diferentes vías, su lealtad al entonces Presidente de la República, Hugo Chávez, y a sus intereses políticos."

166. Tomando en cuenta el cuadro anterior, concluyó el profesor **Canova** su *Informe pericial,* haciendo mención pormenorizada y exhaustiva de un grupo de "casos en los que claramente *ha habido una relación directa entre los intereses políticos del gobierno o del partido oficialista*, manifestados públicamente por diversos voceros, y la subsiguiente actuación del sistema de justicia venezolano," lo que a su juicio, corrobora "la conclusión de *que el Poder Judicial venezolano no es independiente ni imparcial.*" Entre los casos analizados por el profesor **Canova** están los relativos al reconocimiento de poderes exorbitantes a la Asamblea Constituyente en 2000; a la extensión del mandato presidencial en 2000; a las leyes habilitantes en 2001; el referendo revocatorio en 2003-2004; al sistema electoral de diputados en 2005; a la reelección presidencial en 2006; a la eliminación y expropiación de RCTV en 2007; a la reforma constitucional en 2007; a la inhabilitación política de funcionarios opositores (caso: *Leopoldo López*) en 2008; a la reelección presidencial en 2009, y los diversos casos de perseguidos políticos y expropiaciones ocurridos en los últimos años, incluyendo el conocido caso de la Juez Afiuni en 2009. De todo ello el profesor **Canova** concluyó su análisis con referencias a las sentencias sobre la "continuidad administrativa" decretada por el Tribunal Supremo ante la falta del Presidente electo Hugo Chávez en enero de 2013. De todo esto su conclusión fue que:

"Desde la vigencia de la CRBV hasta la actualidad no ha habido una sola ocasión en que los intereses políticos, económicos y electorales del gobierno o los del partido oficialista hayan sido controvertidos por alguna decisión del TSJ o del Poder Judicial; por lo que de ningún modo alguna sentencia ha obstaculizado o limitado la actuación en que abiertamente el gobierno o el partido oficialista ha expresado tener intereses. Siempre ha habido, desde 2000, una identidad entre los intereses del gobierno y las sentencias y decisiones del Poder Judicial. Ello, más que una coincidencia, es un indicar contundente del control político sobre el Poder Judicial, y de la ausencia de las garantías de independencia e imparcialidad."

167. El profesor **Antonio Canova**, por ello, concluyó señalando en su *Informe pericial* que

"El Poder Judicial venezolano, en las condiciones actuales de sometimiento a los intereses políticos del gobierno nacional, no es una garantía de juicio justo, independiente e imparcial, al profesor Brewer Carías, en el proceso penal iniciado en su contra."

168. Sobre esta misma situación, incluso, está conteste la apreciación de la *Association of the Bar of the City of New York*, al expresar en el *Amicus curiae* sometido ante esta la Corte de fecha 30 de agosto de 2013, expresando sobre la lamentable realidad del poder judicial en el país, lo siguiente:

"Las características de provisionalidad del sistema de justicia venezolano dejan a los miembros del poder judicial indebidamente expuestos a intolerables presiones externas, que incluye especialmente presión de parte de la rama ejecutiva del gobierno. Esta dominación ejecutiva del poder judicial amenaza seriamente los derechos humanos y civiles de todos los venezolanos. [...]

Sin embargo, hasta la fecha no se ha realizado ningún concurso de oposición formal abierto. En cambio, la falta de estabilidad de los jueces temporales y provisionales ha sido usada como causal de remoción, sin proceso legal o causa justificada, a menudo después de que estos jueces dictaminan en contra del gobierno en casos de alto perfil político. Entretanto, los jueces temporales que demuestran su aparente lealtad al régimen dictando decisiones favorables al gobierno han sido promovidos a puestos fijos sin pasar por el proceso de concurso de oposición abierto obligatorio El resultado final es un poder judicial dependiente que sirve a discreción de la rama ejecutiva y un gobierno que puede violar los más básicos derechos humanos y civiles sin la preocupación de tener que rendir cuentas a la rama judicial. [...]

La gran dependencia de Venezuela de jueces y fiscales provisionales y la falta de procesos adecuados de nombramiento y permanencia en el cargo de los jueces, junto con su vergonzosa y descarada política de remoción de cualquier juez que se atreva a aplicar la ley cuando no beneficia la posición del gobierno, ha dado lugar a un poder judicial que claramente no tiene ni la más mínima característica de independencia y es altamente susceptible a las presiones externas. Estas características han servido para privar al Sr. Brewer-Carías de su derecho a ser juzgado por un tribunal independiente e imparcial, como lo exige el derecho internacional y el Artículo 8 de la Convención. [...]

En resumen, los hechos demuestran que la amenaza planteada por los jueces y fiscales internos a la independencia de poder judicial venezolano se ha puesto plenamente de manifiesto en el caso del Sr Brewer-Carias, que ha sido manipulado desde sus comienzos por la incorrecta influencia del gobierno. Por consiguiente, esta Corte debería determinar que el hecho de que Venezuela no protege el derecho del Sr, Brewer-Carías a ser juzgado por un poder judicial imparcial e independiente constituye una violación del Artículo 8 de la Convención."

169. En efecto, es un hecho que quedó demostrado ante la Corte, que todos los jueces que intervinieron en el proceso penal que se siguió en mi contra fueron jueces provisionales o temporales, nombrados libremente, sin concurso de ningún tipo, que pudieran asegurar mínimamente su imparcialidad e independencia. Como lo afirmó el profesor **Carlos Tiffer** en su *Informe pericial* ante la Corte:

"el libre nombramiento de los jueces por otro lado, afecta su imparcialidad y su independencia al existir presiones internas y externas que afectan su labor. Los sistemas de libre nombramiento conllevan necesariamente una rendición de cuentas completamente subjetiva y antojadiza por parte del funcionario. Lo cual constituye una intromisión en la labor del juez, quien basará sus decisiones y sus actuaciones en satisfacer los intereses externos e internos que pueden o no perjudicar su permanencia en el puesto. Además, la elección de jueces de manera subjetiva significa que solo serán nombrados miembros de la judicatura, aquellos aspirantes que cumplan los antojadizos gustos o preferencias de las personas que los eligen, sin poseer las cualidades o destrezas necesarias para cumplir con las tareas que conlleva el cargo de juez."

170. Y ello fue precisamente lo que ocurrió en el proceso penal seguido en mi contra, en el cual los jueces temporales que actuaron no podían ser imparciales e independientes pues no gozaban de estabilidad y eran de libre remoción. Como lo ha afirmado el profesor **Carlos Tiffer:**

"Solamente si se cuenta con un sistema objetivo de nombramiento y remoción de los jueces y si se les puede otorgar cierto grado de estabilidad en su cargo, se podrá asegurar que el juez efectuará su labor sin intromisiones o presiones externas o internas, que puedan afectar su desempeño y su proceso de toma de decisiones. Garantizándose la imparcialidad, objetividad e independencia de las decisiones del juez."

171. Y precisamente, como quedó probado ante la Corte, ello no existió respecto de ninguno de los jueces de control que intervinieron en el proceso penal en mi contra. Por ello, el testigo **Rafael Odreman**, en su declaración ante la pregunta 10 que le formuló el Dr. **Nikken**, sobre si *"¿Tiene conocimiento de la destitución de jueces con competencia para conocer, como jueces de control, de juicio o de apelación, en la causa en la cual está incluido el caso del profesor Brewer Carías?*, Y de ser afirmativa la respuesta, si *¿Podría identificarlos y explicar a la Corte en qué circunstancias y por qué motivos fueron destituidos?,"* respondió": "Sí tengo conocimiento. *Fueron destituidos los Jueces Josefina Gómez Sosa, Pedro Troconis Da Silva, Hertzen Vilela Sibada y Manuel Bognanno,"* dando de seguidas relación en detalle de cada una de dichas remociones de jueces que intervinieron en el proceso en mi contra (*Respuesta a Pregunta 10, Representantes Víctima*).

172. Sobre esto mismo, por otra parte, en la audiencia oral desarrollada el día 3 de septiembre de 2013, los señores Jueces de la Corte pudieron oír el testimonio del profesor **León Henrique Cottin**, como testigo ofrecido por mis representantes, en el cual, en resumen, afirmó lo siguiente, sobre los cuatro jueces que conocieron como jueces de control del proceso en mi contra:

- Josefina Gómez Sosa, a ella la sustituyó el Dr. Manuel Bognanno; a éste el Dr. José Alonso Dugarte y a éste Máximo Guevara Rísquez. Todos eran jueces provisorios.

- En el curso del proceso, a solicitud de la Fiscal Provisoria Sexta, la Juez Gómez Sosa decretó la prohibición de salida del país de varios ciudadanos investigados por su presunta participación en los hechos investigados. Estos ciudadanos apelaron de esa medida y la Sala 10 de la Corte de Apelaciones el 31 de enero de 2005 la revocó por considerar que no había sido suficientemente motivada por la Jueza Provisoria que la dictó aunque uno de los tres (3) Jueces integrantes de dicha Sala salvó su voto considerando que la decisión apelada sí estaba suficientemente motivada.

Tres (3) días después, el 3 de febrero de 2005, la Comisión Judicial del Tribunal Supremo de Justicia suspendió de sus cargos a los dos (2) jueces de la Corte de Apelaciones que votaron por la nulidad de la decisión apelada, así como a la Jueza Provisoria Gómez Sosa autora de la decisión presuntamente inmotivada. En esa misma decisión en Comisión Judicial del Tribunal Supremo de Justicia nombra al Dr. Manuel Bonagnno encargado del tribunal 25 de control (Provisorio).

- A la Juez Josefina Gómez Sosa la sustituyó el Dr. Manuel Bognanno. Ante él, el 4 de mayo de 2005, mis abogados defensores pidieron que corrigieran las arbitrariedades e irregularidades que atentaban contra el debido proceso por parte de la Fiscal Sexta. Que nos permitiera la declaración de los testigos, tener copia del expediente y de los videos que contenían supuestas declaraciones de periodistas que incriminarían al Profesor Brewer.

- El Juez Bognanno siguiendo jurisprudencia de la Sala Constitucional, ordenó el 11 de mayo de 2005 a la Fiscal que nos expidiera las copias que solicitáramos del expediente y nos dieran acceso a los videos, a fin de garantizar el cabal ejercicio del derecho de la defensa de Allan Brewer Carías. Con relación a las solicitudes de declaración de los testigos declaró que no tenía potestad inmiscuirse en las competencias de la Fiscal.

- La Fiscal solicitó la nulidad de la decisión del Juez 25ª de Control alegando que no la había notificado antes de ordenar que nos expidiera las copias. La Sala 9° de Apelaciones afirmó en la motiva de su decisión que ciertamente el imputado podía acudir ante el Juez de Control cuando se le violentaban sus derechos y garantías, pero sentenció anulando la decisión del Juez de Control porque no oyó a la Fiscal antes de dictarla.

- En otra incidencia el mismo Juez Temporal Bognanno, con ocasión de una solicitud del procesado Guaicapuro Lameda solicitó al juez 25 de control que se fijara plazo a la Fiscalía para culminar la investigación. El juez 25 de control le pidió a la Fiscal Sexta que le remitiera el expediente y ésta en lugar de acatar la Juez Provisorio, lo increpó por oficio, solicitándole una explicación del por qué le pedía el expediente. Ante esa situación el Juez Temporal Bognanno ofició al Fiscal Superior para ponerlo en conocimiento del desacato y rebeldía en que estaba ocurriendo la Fiscal Provisoria Sexta. A los pocos días el Juez Temporal Bognanno fue removido de su cargo al "dejar sin efecto su nombramiento".

- Claramente se produjo el efecto demostración, el efecto escarmiento de lo que ocurría en el proceso violentándose el derecho a un Juez competente, imparcial e independiente. Todo eran dependientes tenía miedo y eran sumisos ante el ejercicio del poder.

- Se introdujo una segunda solicitud de control judicial ante el juez 25 presidido por el Dr. Dugarte el 10 de agosto de 2005 planteando las violaciones que habíamos denunciado antes y agregamos la violación a la garantía de presunción de inocencia.

- El 20 de octubre, dos meses y diez días dice "que no puede inmiscuirse en la investigación. Esa decisión fue apelada en la Sala 6 de la Corte de Apelaciones que declaró sin lugar la apelación.

- Al día siguiente 21 de octubre de 2005 la Fiscal acusa y pide la privativa de libertad para Allan Brewer Carías.

- El 11 de noviembre de 2005, se formula ante el Juez de Control, Dr. José Alonso Dugarte, una solicitud pidiendo que declare la nulidad de todas las actuaciones de la Fiscalía por violación a las garantías del debido proceso y violación sistemática y masiva del derecho a la defensa.

- Nunca fue decidida."

173. Sobre esta misma situación de ausencia de garantías que puedan proteger la remoción de los jueces en Venezuela, y refiriéndose en particular a lo que sucedió en el proceso penal desarrollado en mi contra, es de destacar lo expresado en el *Amicus curiae* presentado ante la Corte en agosto de 2013 por el **Instituto Holandés de Derechos Humanos (SIM)**, donde resumieron esa misma situación a la que antes se ha hecho referencia, así:

70. Las causas para la destitución de los jueces de la Corte de Apelaciones y del Juez Bognanno no han sido reveladas por el gobierno venezolano […].[29].

71. El que Venezuela no haya indicado las causas para destituir al Juez Bognanno y los jueces de la Corte de Apelaciones constituye claramente una violación del Artículo 8 de la CADH, ya que, aparentemente, no se ha llevado a cabo ningún proceso disciplinario o acto administrativo debidamente motivado.

72. La destitución de la Juez Sosa fue respaldada por la causal antes indicada, pero resulta altamente cuestionable respecto a si efectivamente configura o no un proceso disciplinario o un acto administrativo debidamente motivado.

73. Debido a esta falta de un proceso disciplinario o acto administrativo debidamente motivado, la destitución de los jueces se deriva de una decisión arbitraria por parte de la Comisión Judicial. En consecuencia, la independencia del poder judicial no está garantizada.

74. Resulta claro que la destitución de los jueces no fue precedida por un proceso disciplinario o acto administrativo debidamente motivado, lo que, a su vez, pone en peligro la independencia del poder judicial. A continuación se presenta una visión general sobre los hechos que llevaron a la destitución de estos jueces.

---

29 CIADH, *Informe N° 171/11, supra* nota 27, párrafo 105.

75. Josefina Gómez Sosa fue la primera Juez Temporal Vigésimo Quinta de Control en el caso de Allan Brewer Carías. A solicitud de la Fiscal Provisoria Sexta, el día 17 de diciembre de 2004, la Juez Sosa dicta prohibición de salida del país a 27 personas indiciadas en conexión con los eventos de abril de 2002, incluyendo a Brewer Carías. Luego que la defensa interpone una apelación, la Corte de Apelaciones declara nula la decisión, el 31 de enero de 2005. El 3 de febrero, la Juez Sosa fue destituida de su cargo, aduciendo que no había logrado establecer fundamentos suficientes para su decisión del 17 de diciembre de 2004[30].

76. La destitución de la Juez Sosa se convierte en un hecho interesante cuando uno considera el momento en que ocurre. Dicta su decisión el día 17 de diciembre y aproximadamente mes y medio después la Corte de Apelaciones declara nula esta decisión. En ese momento, en apenas tres días, la Comisión Judicial destituye a la Juez Sosa, cuando había tenido más de un mes para evaluarla y los fundamentos que sirvieron de base para justificarla. Sin embargo, sólo cuando su razonamiento resultó ser ineficiente para mantener la prohibición de salida del país a Allan Brewer Carías, es que se decide que la Juez Sosa ya no es apta para su cargo como Juez Temporal Vigésimo Quinta de Control.

77. El 3 de febrero de 2005, se destituye de su cargo a una serie de jueces de la Sala Diez de la Corte de Apelaciones, después de votar a favor de revocar la decisión de la Juez Sosa dictada el 17 de diciembre 2004[31]. Resulta sorprendente que sólo los jueces que votaron en favor de revocar la decisión de la Juez Sosa fuesen destituidos. En teoría, puede ser una coincidencia que los jueces cuyo voto fue en favor de la causa de Allan Brewer Carías fuesen los únicos que la Comisión Judicial destituye de su cargo. Sin embargo, en la práctica, especialmente si lo consideramos en el contexto de este caso, pareciera que fueron destituidos porque votaron en contra de los intereses del gobierno venezolano.

78. El Juez Manuel Bognanno fue suspendido el día 29 de junio de 2005, después de remitir una comunicación al Fiscal Superior del Ministerio Público informándole sobre presuntas acciones obstructoras por parte de la Fiscal Provisoria Sexta. En esta carta, el Juez Bognanno solicita al Ministerio que 'asuma una actitud objetiva, dirigida a colaborar y no ha (sic) obstaculizar la actuación del tribunal'[32]. Dos días después de enviar esta comunicación, es destituido de su cargo y reemplazado por José Alonso Dugarte Ramos[33].

79. [El juez de control Dugarte fue sustituido por el juez Máximo Guevara]. Desde su nombramiento, entre otras cosas, nunca se pronunció

30 *Ibidem*, párrafo 101.
31 *Idem*.
32 *Ibidem*, párrafo 105.
33 *Ibidem*, párrafo 105.

sobre el escrito presentado por la defensa solicitando que se garantizara el derecho a ser juzgado en libertad, de fecha 26 de octubre de 2005; el día 15 de junio de 2006, dictó una medida de privación judicial preventiva de libertad contra Allan Brewer Carías, a solicitud de la fiscal; y el día 25 de enero de 2008 negó la solicitud de sobreseimiento presentada por el equipo de la defensa, en base al Decreto 5790 con Rango, Valor y Fuerza de Ley Especial de Amnistía, dictado el 31 de diciembre de 2007 por el Presidente Hugo Chávez[34].

80. De lo anterior se desprende que todos los jueces que fueron destituidos de su cargo durante el proceso de esta causa actuaron de una manera que podía socavar la declaración de culpabilidad de Allan Brewer Carías, mientras que el actual Juez Temporal Vigésimo Quinto consecuentemente ha dictado una serie de decisiones con efecto negativo para la causa del Sr. Carías.

81. En una sección anterior, los *amici* hacen énfasis en la importancia que le asignan las diversas cortes y organismos internacionales a las medidas que protegen contra la destitución arbitraria de los jueces. Dichas medidas de protección tienen por objeto evitar que el poder judicial pueda quedar bajo la influencia de actores externos, incluyendo el poder ejecutivo. El caso en curso confirma la validez de estas ideas e ilustra los peligros de no contar con medidas de protección suficientes contra estas destituciones arbitrarias.

82. En suma, los jueces provisorios o temporales involucrados en este caso, que fueron destituidos de su cargo, no disfrutaron de una protección suficiente contra la suspensión arbitraria. Además, su destitución no se produce como resultado de un proceso disciplinario o acto administrativo debidamente motivado. Además, los eventos que llevan a su destitución sugieren de una manera muy especial que la Comisión Judicial destituye a estos jueces debido a las decisiones que tomaron, ya que afectaban negativamente los intereses del gobierno venezolano."

174. De lo anterior, los mismos representantes del **Instituto Holandés de Derechos Humanos (SIM)**, concluyeron en su *Amicus curiae* sobre la falta de independencia e imparcialidad que afectó el proceso penal en mi contra, que:

"109. En el presente caso, algunos miembros del poder judicial fueron destituidos después de emitir un fallo a favor de Allan Brewer Carías, generando así un 'efecto ejemplarizante'. En contraste, algunos empleados del sector público como la Fiscal Provisoria Sexta, han sido ascendidos después de dictar una imputación contra Allan Brewer Carías[35]. Lamentablemente no se puede decir lo mismo de otros empleados públi-

---

34 *Ibidem*, párrafos 109, 114 y 118.

35 CIADH, *Informe N° 171/11*, *supra* nota 27, párrafo 32.

cos que no imputaron a Allan Brewer Carías y fueron destituidos en circunstancias poco claras. Tal como establece la Comisión Interamericana:

"Al inicio la investigación estuvo a cargo del Fiscal provisorio José Benigno Rojas. El 9 de julio de 2002 el testigo Jorge Olavarría presentó ante este Fiscal un escrito de testimonio donde señala que le consta que Brewer Carías no redactó el "Decreto Carmona". José Benigno Rojas fue sustituido por el Fiscal Provisorio Danilo Anderson. Subsiguientemente, el 28 de agosto de 2002, el despacho de la Fiscal Provisoria Sexta asumió la investigación."

110. Este es un ejemplo del carácter de la motivación política que tiene el ministerio público en Venezuela. Según se indicó anteriormente, para poder garantizar un juicio justo para el acusado, el poder judicial debe ser tanto independiente como imparcial a fin de asegurar que las decisiones adoptadas por la Fiscalía, que se ajusten al significado autónomo de "acusación penal" de conformidad con la Convención Europea sobre Derechos Humanos, cumplan las garantías consagradas por el Artículo 6 de la CEDH."

111. De lo anterior, resulta claro que la situación general en el entorno de la judicatura y los fiscales venezolanos es tanto ambigua como motivada políticamente. En circunstancias ambiguas, como lo es el temor de emitir un fallo en contra de la voluntad política, lo más probable es que tanto los jueces como los fiscales dicten las sentencias que complazcan a quienes están en el poder. No obstante, hay un elemento adicional que genera también los fallos motivados políticamente, el estatus provisorio de los jueces y los fiscales. Si los fiscales y los jueces consideran que se les puede destituir fácilmente, son más proclives a acatar la voluntad política. Por consiguiente, se hace patente que Venezuela mantiene un sistema judicial donde tanto la mayoría de los jueces, como la mayoría de los fiscales, carecen de independencia e imparcialidad. A su vez, esta situación pone en peligro y compromete el derecho a un juicio justo ante un tribunal independiente e imparcial que tienen las personas, como Allan Brewer Carías, violando así el Artículo 8 de la Convención."

175. En cuanto a los fiscales del Ministerio Público, la situación de provisionalidad en el proceso seguido en mi contra fue igualmente patente. En tal sentido debe precisarse que intervinieron en la fase de investigación en el proceso en mi contra, *tres Fiscales provisorios*, como antes se ha mencionado, pues la denuncia del Coronel **Bellorín** se formuló en mayo de 2002, y mi primera declaración espontánea ante el Ministerio Público tuvo lugar en julio de 2002. Sin embargo, la testigo **Mercedes Prieto** inició su declaración como testigo ante la Corte en la audiencia del 4 de septiembre de 2013, afirmando que el "proceso penal se inicio el 15 de abril del año 2002," pero luego se contradijo afirmado en la misma audiencia, que en el proceso penal en mi contra sólo había intervenido una sola fiscal provisoria, Luisa Ortega Díaz, actual Fiscal General de la República, quien, dijo, había sido nombrada en

noviembre de 2004 y que fue la que me imputó sólo dos meses después, en enero de 2005, al haberme supuestamente "individualizado." Si el inicio de la investigación fue en 2002, año en el cual la Fiscalía recibió la denuncia del coronel **Bellorín** y mi declaración espontánea, no se entiende cómo puede afirmarse que en el proceso penal sólo participó una fiscal nombrada en noviembre de 2004.

176. Al contrario, lo cierto fue que en la etapa de investigación y la etapa intermedia el proceso penal en mi contra actuaron tres fiscales (**José Benigno Rojas, Danilo Anderson, Luisa Ortega Díaz**), y todos fueron fiscales provisorios, sin estabilidad alguna. Ello lo confirmó, en todo caso, el "testigo-perito" **Néstor Castellanos,** presentado por el Estado, al afirmar que en el país, fue sólo recientemente, "luego de fundada la Escuela Nacional de Fiscales[que] se nos ha dado una serie de inducciones para poder optar a concursar como Fiscal de Carrera. Actualmente como se verá en otras exposiciones, *se han hecho cuatro concursos y ya Venezuela cuenta con los primero cuatro fiscales titulares de la Republica.*" Es decir, en Venezuela hay sólo cuatro fiscales que no son provisorios !!

177. En todo caso, sobre el proceso de deterioro del Poder Judicial en Venezuela, desde 1999 hasta la fecha, mediante su intervención por el Poder Ejecutivo, dentro del cuadro de desmantelamiento del principio de la separación de poderes, la Corte Interamericana recibió un enjundioso estudio presentado como *Amicus curiae* por el **Grupo de Profesores de Derecho Público de Venezuela** en el cual se analiza con todo detalle lo que ocurrió en Venezuela en los últimos catorce años, concluyéndose, en contraste con las previsiones constitucionales sobre independencia y autonomía del Poder Judicial, que:

"la realidad lamentablemente, es que casi catorce años después de aprobada la Constitución, podría decirse que ninguno de estos principios ha sido implementado en su totalidad en Venezuela y que pareciera que las previsiones constitucionales sancionadas simplemente no se cumplen, pues materialmente todos los órganos del Estado han contribuido a no cumplirlas, y a evitar que las mismas hayan podido haber llegado a tener, en algún momento, plena vigencia" (¶ 38).

178. De ello resulta, como se afirma en dicho *Amicus curiae,* que:

"desde 1999, en Venezuela, sólo escasísimos concursos públicos se efectuaron inicialmente para el ingreso a la carrera judicial; y los jueces fueron destituidos masivamente y sin garantía alguna al debido proceso por una Comisión *ad hoc* denominada Comisión de Funcionamiento y Reorganización del Poder Judicial la cual, al margen de la Constitución, funcionó desde 1999 hasta 2011 con el aval del Tribunal Supremo; con lo cual la Judicatura se llenó de jueces temporales y provisorios, sin estabilidad alguna. La consecuencia de esa práctica política, es que la justicia en Venezuela ha estado y sigue en una permanente y anormal situación de transitoriedad o de emergencia, la cual aún continúa, por la acción u omisión de los órganos del Estado." (¶ 39).

179. Agregó además dicho *Amicus curiae*, al hacer referencia a la permanente transitoriedad del régimen del Poder Judicial, que de la misma "lo que ha resultado es un proceso también permanente y sistemático de déficit o carencia de plena autonomía e independencia del Poder Judicial, que ha sido llevado a cabo por los diversos órganos del Estado, incluido el propio Tribunal Supremo de Justicia,[36] con lo cual los valores de la Constitución en materia de justicia, no han pasado de ser sólo simples enunciados." (¶ 46). En igual sentido, se expresa el *Amicus curiae* presentado por el profesor **Víctor Hernández Mendible** (¶ 27- 35); al igual que el profesor **Luis Enrique Chase Plate** en el *Amicus curiae* que también presentó ante la Corte (¶ 27-35).

180. De particular importancia fue la referencia hecha en el *Amicus curiae* del **Grupo de Profesores de Derecho Público de Venezuela** sobre las afirmaciones hizo públicamente, en 2012, en ex Magistrado Presidente de la Sala Penal del Tribunal Supremo de Justicia, coronel **Eladio Aponte Aponte**, como *manifestación inequívoca de la falta de independencia e imparcialidad de los jueces en Venezuela*, y del control sobre el sistema de justicia que ejerce el Poder Ejecutivo; particularmente respecto a la reunión que semanalmente se efectuaba en la Vicepresidencia de la República para resolver el curso o la desviación de la justicia. En dicho *Amicus curiae* se refiere que:

"sobre *la autonomía e independencia del poder judicial*, el ex Magistrado llegó a responder la pregunta de la periodista, diciendo simplemente, que **"eso es una falacia"** y explicó claramente por qué. Dijo:"**Y te voy a decir por qué. Todos los fines de semana principalmente los viernes en la mañana, hay una reunión en la Vice Presidencia Ejecutiva del país, donde se reúne el Vicepresidente, que es el que maneja la justicia en Venezuela, con la Presidenta del Tribunal Supremo, con la Fiscal General de la República, con el Presidente de la Asamblea Nacional, con la Procuradora General de la República, con la Contadora General de la República, y unas que otras veces va uno de los jefes de los cuerpos policiales. De ahí es donde sale la directriz**

---

36 Sobre el tema, respecto del cual se ha escrito mucho en Venezuela, puede verse en particular, los trabajos de Rafael J. Chavero Gazdik, *La Justicia Revolucionaria. Una década de Reestructuración (o Involución) Judicial en Venezuela*, Editorial Aequitas, Caracas 2011; Véase Rafael Pérez Perdomo, *Justicia e Injusticias en Venezuela. Estudio de historia social del derecho*, Academia Nacional de la Historia, Caracas 2011; Laura Louza Scognamiglio, *La Revolución Judicial el Venezuela*, FUNEDA, Caracas, 2011, y los trabajos editados por la Asociación Civil Acceso a la Justicia, entre ellos, el libro *Independencia Judicial*, Colección Estado de Derecho, Tomo I, Academia de Ciencias Políticas y Sociales, Acceso a la Justicia, Fundación de Estudios de Derecho Administrativo (Funeda), Universidad Metropolitana (Unimet), Caracas 2012.

de lo que va a ser la justicia. O sea, salen las líneas conductoras de la justicia en Venezuela." Luego de este detalle de las reuniones con el Poder Ejecutivo para manejar la justicia, en las cuales se analizaban "los casos que están pendientes, qué es lo que se va a hacer. O sea se daban la directrices de acuerdo al panorama político," precisó que él había acudido varias veces a las mismas, afirmando frente a la pregunta de que *"cómo queda la independencia de los poderes en Venezuela?,* con la respuesta de *"*Yo creo que no hay tanta independencia." (¶ 129).

181. En igual sentido, se expresó en el *Amicus curiae* presentado por el profesor **Víctor Hernández Mendible** (¶ 117); al igual que en el presentado por el profesor **Luis Enrique Chase Plate** (¶ 117). También se destacaron los aspectos más relevantes de dicha entrevista con el ex magistrado Aponte Aponte, en el *Amicus curiae* presentado ante la Corte por el **Observatorio Iberoamericano de la Democracia** sobre la *Violación Sistemática del Orden Constitucional y Democrático en Venezuela, y la Intervención del Estado de Derecho y la Justicia por sus Gobiernos (1999-2013),* firmado por el profesor **Asdrúbal Aguiar** el 2 de septiembre de 2013.

182. Por otra parte, es de gran importancia respecto a la antes indicada y llamada "reunión de coordinación" del Poder Judicial, que se efectuaba a cabo en la Vicepresidencia de la República, el reconocimiento de que la misma efectivamente sí se realizaba, que hizo ante la Corte Interamericana el Magistrado del Tribunal Supremo **Octavio José Sisco Ricciardi** quien compareció como perito propuesto por el Estado en la audiencia del día 4 de septiembre de 2013, en la cual, luego de referirse a una supuesta visión "sistémica del poder judicial," ante una pregunta que le formuló mi representante el profesor **Pedro Nikken**, sobre el significado del discurso de apertura del año judicial pronunciado por el magistrado Fernando Vega el 05 de febrero de 2011 en nombre del Tribunal Supremo de Justicia, antes referido, y de si el mismo "apunta hacia la independencia política de los jueces y a no verse sometido a presiones ni a influencias políticas en sus decisiones," expuso su criterio de que :

"todo juez tiene que estar en sintonía inclusive con la política de estado tanto es así fíjese que hay una ley del sistema de justicia de 2009 si mal no recuerdo, donde se establece reuniones de coordinación con todos los actores que forman parte del sistema el ejecutivo lo preside a través del vicepresidente, los ministros de ramo en materia penitenciaria y en materia de interior y justicia, pero también está el tribunal supremo de justicia, esta también el ministerio público, la defensa pública y otros actores, los cuerpos policiales, por qué? para trabajar de una manera coordinada esa eran *las famosas reuniones que descontextualizo el ex magistrado Aponte Aponte* que señalaba, que todos los viernes pero esas son reuniones de coordinación fue lo que no dijo."

183. Ante esta confirmación de lo dicho por el magistrado **Aponte Aponte** sobre las "reuniones de los viernes", la pregunta del profesor **Nikken** al perito **Sisco Ricardi** fue contundente: "*¿Ah. Reuniones de coordinación en la vicepresidencia de la República?*" A lo cual respondió el perito el Estado, **Sisco Ricciardi**, en forma falsa y errada que "Bueno, pero así está en la ley," cuando ninguna Ley regula reuniones de coordinación del sistema judicial a realizarse en la Vicepresidencia de la República, es decir, bajo la dirección del Poder Ejecutivo. De allí la conclusión del profesor **Nikken**, en el sentido de que: "Me alegra que alguien confirme la declaración del magistrado Aponte Aponte."

184. En todo caso, el Estado ignoró totalmente la denuncia formulada por mis representantes de la masiva violación de mi derecho a un juez independiente e imparcial durante el proceso penal en mi contra desarrollado en Venezuela. El Estado, además, ante la Corte Interamericana no contradijo los hechos ni los alegatos, de manera que la Corte debió tenerlos como aceptados; y al contrario, en el *Escrito de Contestación*, los representantes del Estado lo que hicieron fue admitir expresamente que los jueces temporales y provisorios no gozan de estabilidad alguna, y que son de libre nombramiento y discrecional remoción (pág. 156, 159); y además, admitieron expresamente que la gran mayoría de los jueces en Venezuela son provisionales (pág. 190). Ello, por lo demás, fue confirmado por los propios peritos y testigos presentados por el Estado en la audiencia ante la Corte. El Estado, en general, sobre las violaciones alegadas respecto de las garantías judiciales previstas en el artículo 8 de la Convención, se limitó única y exclusivamente a decir que "*se abstiene de responder las supuestas violaciones alegadas*" porque el juicio contradictorio supuestamente "no ha comenzado," y la víctima "no se presentó a la audiencia preliminar," lo cual como se ha dicho y quedó demostrado, es completamente falso.

185. Y lo más grave de todo es que la Corte Interamericana, en su sentencia, al pretender centrar su decisión en cuestiones de "pura admisibilidad" (párrafo 101), lo que procedió fue a renunciar a estudiar y juzgar, como tribunal de protección de los derechos humanos, la "problemática estructural que afectaría la independencia e imparcialidad del poder judicial y que se sintetizaría en la sujeción del poder judicial a los intereses del poder ejecutivo al Ejecutivo" que habíamos denunciado (párrafo 103), considerando que de dicho:

> "alegado contexto estructural de provisionalidad del poder judicial no se puede derivar la aplicación directa de la excepción contenida en el artículo 46.2.a de la Convención, pues ello implicaría *que a partir de una argumentación de tipo general sobre la falta de independencia o imparcialidad del poder judicial* no fuera necesario cumplir con el requisito del previo agotamiento de los recursos internos" (párrafo 105).

186. En esta forma, no sólo renuncio la Corte Interamericana a considerar la trágica situación del Poder Judicial en Venezuela, sino que en definitiva, al obligarme con su sentencia de "pura admisibilidad" a tener que acudir a Venezuela para "agotar los recursos internos," lo que implica entregarme a mis perseguidores, perder mi libertad y olvidarme, detenido, a obtener justicia de un Poder Judicial sometido al Poder Ejecutivo, lo que ha hecho es decidir sin motivación alguna – lo que hace nula la sentencia - que el Poder Judicial en Venezuela funciona adecuadamente, desestimando nuestras denuncias confirmadas con las pruebas presentadas y de las declaraciones de los peritos. Es decir, sin decirlo, la sentencia, con su contenido de "pura admisibilidad," declaró que el Poder Judicial y los jueces provisorios venezolanos son completamente confiables, al punto de exigirme que vaya a Venezuela, a buscar que el proceso penal avance y salga de la "etapa temprana" en la que considera se encuentra y espere pacientemente que el Estado, en el curso del proceso, corrija los vicios y violaciones denunciados "por medio de los recursos o acciones que se estipulen en el ordenamiento interno" (párrafo 96), y al final si no son subsanados o corregidos, entonces pueda acudir a la justicia internacional, para que se pueda "analizar el impacto negativo que una decisión pueda tener si ocurre en etapas tempranas," (párrafo 96).

187. Y lo más grave de esta "decisión" en apoyo al Poder Judicial en Venezuela, es que se adopta en denegando justicia, en una sentencia que, como lo observaron los Jueces **Ferrer Mac Gregor** y **Ventura Robles** en su Voto Conjunto Negativo:

> "omite por completo en el capítulo de la "determinación de los hechos pertinentes" el tema de la situación de provisionalidad de los fiscales y jueces en Venezuela, siendo que es un elemento central y particularmente debatido entre las partes, existiendo abundante material en el expediente sobre los hechos concretos en esta temática" (párrafo 69).

III. VIOLACIÓN AL DERECHO A UN PROCESO PENAL CON LAS DEBIDAS GARANTÍAS, CONTROLADO POR UN JUEZ IMPARCIAL E INDEPENDIENTE (ARTÍCULO 8.1, CONVENCIÓN), Y FISCALES IMPARCIALES Y OBJETIVOS EN EL CUAL SE IMPIDIÓ PREPARAR UNA DEFENSA ADECUADA, VIOLÁNDOSE EL DERECHO A LA DEFENSA

188. Mis representantes denunciaron ante la Corte Interamericana, además, que el hecho de que el proceso penal en mi contra se hubiese llevado, particularmente durante la etapa de investigación, por fiscales que no fueron objetivos ni imparciales y por jueces que carecieron de independencia e imparcialidad, condujo a que se impidiera la posibilidad de preparar una defensa adecuada, ya que el proceso se desarrolló sin las debidas garantías, produciéndose en la Fiscalía un rechazo, adulteración y apreciación inexorablemente sesgada de las pruebas; todo lo cual se tradujo en una flagrante violación de mi derecho a la defensa.

189. El Estado, en sus escritos ante la Comisión Interamericana, inicialmente trató de justificar estos atropellos contra las garantías judiciales, argumentando que las mismas, en Venezuela, supuestamente no se aplican en la fase de investigación del proceso penal, sino en las fases subsiguientes, lo cual es completamente falso; pero es lo que en definitiva resolvió la Corte Interamericana al negar de plano la posibilidad de la protección convencional en lo que llamó la "etapa temprana" del proceso.

190. En su oportunidad, en los escritos que mis representantes presentaron ante la Comisión Interamericana, ellos contradijeron con toda firmeza este inconstitucional aserto, y por ello, requirieron del perito **Carlos Tiffer**, que en su *Informe Pericial* presentado ante la Corte, explicara en el marco de los principios universales del proceso penal en una sociedad democrática, el tema de las etapas del proceso penal en relación con las garantías judiciales. Dicho perito, al preguntársele sobre las *garantías debidas al procesado durante las diversas fases del proceso penal en el sistema acusatorio, particularmente en la fase de investigación de ese proceso,* fue terminante en indicar ante la Corte, que *todas las garantías del debido proceso "tienen plena vigencia durante todo el proceso penal y desde que una persona es identificada como sospechoso o presunto responsable o autor de un hecho delictivo,"* de manera que *"debe ser respetada por parte del ente acusador estatal y de la autoridad jurisdiccional, desde el momento que se le identifica como sospechoso o presunto responsable del hecho."* Agregó además, que *"la división del proceso penal en etapas no significa de forma alguna, que la vigencia de las garantías de la persona investigada o acusada, dependa de la etapa en que se encuentre el proceso penal."* Es decir, *"las garantías del debido proceso deben respetarse en la etapa de investigación de todo proceso penal."* Con ello coincidió el perito Dr. **Jesús Ollarves Irazábal** en su exposición oral inicial en la audiencia del día 4 de septiembre de 2013 ante la Corte, cuando afirmó indubitablemente que en Venezuela, *"en las cuatro fases, en la fase inicial, en la fase de investigación, en la fase intermedia, en la fase de juicio y en la fase de ejecución, todos los sujetos procesales involucrados incluyendo al Ministerio Público tienen la obligación de respetar los derechos y garantías constitucionales plasmados en la Carta Fundamental, la Constitución de la República Bolivariana de Venezuela, y también en los Tratados Internacionales en materia de derecho humanos."*

191. Consideró además, el perito profesor **Tiffer** en su *Informe pericial*, que tan importante es el "respeto a las garantías en la fase de investigación, que el ente acusador debe de investigar, no solamente los hechos que incriminan y obtener la prueba que los demuestra, sino todos aquellos hechos y circunstancias que sirvan para eximir de responsabilidad al imputado." Como también lo puntualizó el perito **Jesús Ollarves Irazábal**, en su exposición ante la Corte en la audiencia del día 4 de septiembre de 2013, en la fase preparatoria o de investigación "el Ministerio Público tiene la función de identificar a los autores, en ese plazo tiene la obligación de practicar diligencias para inculparlo, pero también para exculparlo de la comisión de un hecho punible." Es decir, el Ministerio Público está obligado a facilitar al imputado todos los datos que lo favorezcan, correspondiendo, como lo afirmó el mismo perito **Ollarves**, al juez de garantía "la función importantísima de hacer cumplir los derechos y garantías fundamentales previstos en el artículo 1 del Código Orgánico Procesal Penal en concordancia con el artículo 23 de Carta fundamental y también el 49, es decir, el juez de garantía es un sujeto procesal que tiene la encomiable labor de ponerle límites al desenfreno ilegitimo muchas veces del Ministerio Publico." Ello no ocurrió en el caso del proceso penal que se le siguió en mi contra, donde se pervirtió el modelo acusatorio, considerándoseme como un enemigo que debían aniquilar, irrespetándome mis derechos. El rol de buena fe que serviría para demostrar mi inocencia nunca fue ejercido por el Ministerio Público. Por ello, en el proceso penal que se siguió en mi contra en Venezuela, como quedó demostrado ante la Corte Interamericana, no sólo se violaron masivamente mis garantías judiciales durante la etapa de investigación penal, sino que la Fiscal del caso, no actuó con la "con objetividad e imparcialidad" que le imponía la ley procesal penal, habiendo soslayado sistemáticamente en su investigación todos los hechos y circunstancias de los que tuvo conocimiento y que servían para eximirme de responsabilidad, pues el único objetivo del paródico proceso en mi contra era condenarme.

192. En todo caso, las pretensiones expresadas por el Estado y algunos de sus testigos en este proceso, en el sentido de que, a pesar de las arbitrariedades cometidas por la Fiscalía, para defenderme yo sólo tenía supuestamente la posibilidad teórica de hacer alegatos ante el juez de la causa, una vez concluida la etapa de investigación e iniciada la etapa intermedia luego de que se formulara la acusación en mi contra, lo cual es totalmente inconstitucional por negar la existencia de garantías en la fase de investigación, y contradice el sentido y esencia del derecho a la defensa. Por ello, con razón, el Dr. **Felipe González**, en sus *Observaciones Finales* expresadas ante la Corte en nombre de la Comisión Interamericana de Derechos Humanos en la audiencia del día 4 de septiembre de 2013, dijo lo siguiente en cuanto a:

> "las pruebas propiamente tales, se dice por el Estado serán producidas en el juicio y por lo tanto *no se exige el derecho de defensa en la etapa de investigación, este argumento contradice el vasto desarrollo jurisprudencial de la Corte sobre el momento en el cual debe ser asegurado el derecho de defensa, y esta es una oportunidad para que la Corte establezca claramente que una persona investigada, imputada por un delito tiene el derecho a defenderse frente a la posibilidad de una acusación y eventual juicio.*"

193. Sin embargo, la Corte Interamericana, en su sentencia, como se dijo, en definitiva resolvió en sentido contrario pero en forma similar a lo argumentado por el Estado, al establecer que en la supuesta y novedosa "etapa temprana" del proceso penal que inventó, "no es posible analizar el impacto negativo que una decisión pueda tener" (párrafo 96), de manera que el Estado entonces es libre de violar las garantía judiciales, sin que sea posible controlar su acciones, si el proceso "avanza" hacia "etapas" posteriores, lo que equivale a dejar en manos del Estado un área de impunidad no controlable, en contra del derecho a la defensa de las víctimas que tiene que ser protegido en todo estado y grado del proceso, incluso en la llamada "etapa temprana." Como lo argumentaron los Jueces **Ferrer Mac Gregor** y **Ventura Robles en su Voto Conjunto Negativo**, en este caso:

> "resulta relevante la jurisprudencia establecida en el caso Barreto Leyva, en el sentido de que el derecho de la defensa debe necesariamente poder ejercerse desde que se señala a una persona como posible autor o partícipe de un hecho punible y solo culmina cuando se finaliza el proceso, incluyendo en su caso la etapa de ejecución de la pena. Sostener lo opuesto implicaría *supeditar las garantías convencionales que protegen el derecho a la defensa a que el investigado se encuentre en determinada etapa procesal, dejando abierta la posibilidad de que con anterioridad se afecte un ámbito de derechos a través de actos de autoridad que desconoce o a los que no puede controlar u oponerse con eficacia, lo cual es evidentemente contrario a la Convención Americana. Impedir que la persona ejerza su derecho de defensa desde que se inicia la investigación en su contra y la autoridad dispone o ejecuta actos que implican afectación de derechos es potenciar los poderes investigativos del Estado en desmedro de derechos fundamentales de la persona investigada.* El derecho a la defensa obliga al Estado a tratar al individuo en todo momento como un verdadero sujeto del mismo proceso, en el más amplio sentido de este concepto, y no simplemente como objeto del mismo" (párrafo 90).(Destacados nuestros).

194. Por otra parte, como también quedó demostrado ante la Corte Interamericana, en mi caso, los jueces temporales de control se apartaron de su obligación de ser garantes de la ley y de los derechos constitucionales de los ciudadanos, particularmente en la fase de investigación, o según la Corte Interamericana en la "frase temprana," de manera que en el proceso penal en mi contra, yo no tuve un juez penal que controlara y supervisara las labores, gestiones y actuaciones del Ministerio Público. Como lo afirmó el perito profesor **Tiffer**, debido a la posición preponderante del Ministerio Público durante esta fase de investigación, el juez de garantías o de control, precisamente es el que "debe velar porque se respeten durante la misma, las garantías constitucionales, así como las garantías judiciales reconocidas tanto en los convenios firmados por el Estado, como en la legislación interna de cada país, a favor de la persona objeto de la investigación penal." En mi caso, como quedó probado ante la Corte Interamericana, mis abogados defensores, al contrario, no contaron con un juez que respondiera en forma pronta, oportuna y fundamentada las múltiples denuncias, reclamos y peticiones formuladas para tratar de corregir los abusos del Ministerio Público; y quienes lo intentaron, fueron removidos de sus cargos, como también quedó probado ante la Corte.

195. Esa ausencia de garantías se evidenció particularmente en la conducta de la Fiscalía al rechazar, adulterar y apreciar en forma inexorablemente sesgada de las pruebas, y de obstaculizar en todo momento la posibilidad de construir una estrategia para mi defensa. En particular, por ejemplo, *primero*, el testimonio de Jorge Olavarría que me exculpó categóricamente, se apreció como una prueba pero para condenarme!! Sobre ello, el Testigo **Rafael Odreman**, en su declaración testimonial ante la Corte señaló que la Fiscal:

> "igualmente tergiversó la declaración del ciudadano Jorge Olavarria entresacando a su conveniencia partes del testimonio para imputar y acusar al profesor Brewer como co-redactor del decreto de constitución del gobierno de transición, omitiendo intencionalmente las partes en las que el declarante afirma categóricamente que el profesor Brewer expresó su opinión contraria al mismo, a los jóvenes que se presentaron con el borrador de éste en la oficina del Sr. Olavarría"(*Respuesta a Pregunta 7, Representantes Víctima*).

196. Por su parte, el Dr. **León Henrique Cottin**, en su declaración oral ante la Corte Interamericana destacó que entre los elementos de convicción, la Fiscal no tomó en cuenta, como era su deber,:

> "elementos que constan en el expediente que benefician a Brewer, el más emblemático es la declaración de Jorge Olavarria referente a la imposibilidad de que Brewer hubiese redactado el decreto. Olavarría declaró y fundamentó su declaración en forma clara y enfática de que Brewer no redacto el llamado Decreto de Carmona. La declaración de Olavarría sin embargo fue usada para imputar y acusar a Brewer."

197. Además, muchas de las transcripciones de la entrevistas televisadas que presentó el denunciante **Bellorín** fueron adulteradas en la Fiscalía, como por ejemplo la realizada a periodista Teodoro Petkoff, sacándose conclusiones falsas y contrarias a su real contenido, así como las realizadas a la periodista Patricia Poleo, cuyos "cuentos periodísticos" habían servido de base para la imputación fiscal, todo lo cual lo precisó con toda exactitud el testigo Dr. **Rafael Odreman** en su declaración testimonial ante la Corte (*Respuesta a pregunta 4,F, Representantes Víctima*). En ella explicó, por ejemplo, en relación con lo que la Fiscal atribuyó que decía Patricia Poleo, cómo, en realidad, muy contrariamente a lo que afirmó la Fiscal para imputar, lo que "dice la periodista es que nuestro defendido tenía una *opinión jurídica contraria a lo que se pretendía con el mencionado decreto del gobierno de transición*, cuando señaló con razón, que "**por supuesto que Brewer no estuvo de acuerdo en disolver la Asamblea Nacional y se los dijo; por supuesto que no estuvo de acuerdo en cambiar inmediatamente el nombre a Venezuela, ni en eliminar los poderes públicos...**" Concluyó el Dr. **Odreman** indicando que: "Por otra parte, al leer la transcripción verídica de *lo que la periodista Poleo dijo en esta entrevista con Domingo Blanco, queda en evidencia que se contradice con otras informaciones referenciales dadas por ella misma*, sobre el mismo asunto, lo que demuestra la *inconsistencia de sus* *opiniones*, las cuales no pueden servir de elemento de prueba de nada" (*Respuesta a Pregunta 4,F, Representantes Víctima*).

198. El Testigo Dr. **Odreman** dio cuenta también, en su declaración testimonial dada bajo juramente, cómo se negó el acceso a muchos otros videos contentivos de declaraciones, y cómo la Fiscalía se negó la solicitud de transcripción técnica de los mismos para verificar su exactitud, pues yo mismo había constatado que lo que se había "transcrito" de los videos en la imputación la Fiscal era falso (*Respuesta a Pregunta 4,F, Representantes Víctima*). En su testimonio, el Testigo **Rafael Odreman**, quien fue mi defensor en el proceso en Venezuela, en efecto hizo un recuento detallado de todas estas actuaciones indicando las razones por las cuales

"el acceso a esos videos era de primordial importancia para la defensa, en virtud de que: 1) Aun cuando el imputado había visto algunos de los videos que pretendían ser usados en su contra, no había podido presenciar la totalidad de ellos; 2) Los abogados que conformamos la defensa y quienes somos los encargados de preparar y dirigir la defensa en el proceso, como derecho del procesado, tampoco habíamos podido observar dichos videos en su totalidad y ni siquiera habíamos podido revisar la mayoría de los que fueron mostrados al imputado; 3) No se encontraron en el expediente algunos de los videos cuyo supuesto texto se cita en la imputación; 4) El texto citado por la Fiscal en el acto de imputación no se corresponde con el verdadero contenido de algunos de los videos; y, 5) El despacho fiscal refirió en el acta que los elementos de convicción que allí cita son los "iniciales", lo que significaba que parecía tener la intención de utilizar otros que hasta ese momento no había mencionado…"

199. Es falso, por tanto, lo que indicó la testigo **Mercedes Prieto**, que en realidad no fue testigo presencial de ello, como lo dijo, pues sólo de oídas fue que conoció el expediente, como también lo dijo ante la Corte, que mis defensores "pasaron horas viendo videos en la oficina de la Fiscal Sexta." Al contrario, la vista de los videos fue restringida o limitada como antes se explicó, lo que afectó la defensa porque como lo explicó el Dr. **Rafael Odreman** en su testimonio ante la Corte, "Lo importante de todo esto es que la Fiscal en la imputación *realizó intencionalmente una transcripción maliciosa* de los videos que pretende presentar como prueba en contra de nuestro defendido, y que **ante nuestra solicitud de transcripción de los mismos por expertos en la materia, se negó a acordarlo de manera arbitraria**" (*Respuesta a Pregunta 4,F, Representantes Víctima*). De todo ello también resulta completamente falso, por tanto, lo que afirmó la testigo **Mercedes Prieto** ante la Corte en la audiencia del 4 de septiembre de 2013, al responder la pregunta del Dr. **Nikken**, sobre si "*¿Sabe usted que le fue negada a la defensa la petición de transcribir profesionalmente todos los videos que incriminaban al Dr. Brewer y que eso fue negado?*, y afirmar que "Recuerdo el acta de investigación que ya acordaba varias transcripciones, hay experticias de coherencia técnica de videos, no le puedo señalar con detenimiento que videos eran, yo no vi los videos pero sé que si hay, fueron acordadas experticias de coherencia técnica y transcripción de videos. Recuerdo." Ello, en relación con la pregunta, es totalmente falso, y precisamente por ello, el profesor Nikken le recordó que *"Usted esta declarando esto bajo fe de juramento y está diciendo algo que es falso"*. Ante la insistencia del Dr. **Nikken** en que mostrara dónde constaba ello, la testigo terminó indicando que tenía una anotación de que "en la pieza XV consta una experticia de coherencia técnica recibida en el despacho de la Fiscal Sexta Nacional y que está en actas, "de un solo video, referido dijo: "No sé, es uno relacionado con... con... no sé si fue con lo que ocurrió en Miraflores pero tiene que ver con toda esta situación." Es decir, con un acto en el cual yo no estuve presente, y dicho video no fue de los que mis abogados defensores solicitaron su transcripción, *las cuales fueron todas negadas*. Por tanto, es falsa la declaración de la testigo **Mercedes Prieto** por cuanto la Fiscal provisoria Sexta, el 21 de abril de 2005, negó la transcripción de los videos que usó para la imputación y, en lo que por lo demás, los testigos **León Henrique Cottin** y **Rafael Odreman** son contestes en cuanto a ese hecho.

200. La Fiscal provisoria también se negó arbitrariamente a admitir pruebas en mi descargo promovidas por mis abogados defensores, para poder defenderme, como fueron las testimoniales de Nelson Socorro, Leopoldo Baptista, Nelson Mezerhane, Guaicaipuro Lameda, y Yajaira Andueza. En su testimonio otorgado ante fedatario bajo juramento, y consignado ante la Corte, el testigo **Rafael Odreman**, uno de mis abogados defensores, hizo un recuento detallado de todas esas pruebas de testigos promovidas, y su importancia para la defensa, ya que los que se pedía se citaran habían sido testigos presenciales de dónde había estado yo durante los días previos al 11 y 12 de abril de 2002, y durante esos mismos días, sobre mi posición y opinión respecto de los hechos que se me imputaban, y de cómo fueron arbitraria y sistemáticamente negadas por la Fiscalía, sin respeto alguno de mis garantías judiciales (*Respuesta a pregunta 4,A,B,C,D, Representantes Víctima*). La declaración oral de testigo **León Henrique Cottin** en la audiencia del 3 de setiembre de 2013, además, es conteste con el dicho del testigo **Rafael Odreman**. Sobre ello, además, en una respuesta a preguntas que me formuló el representante del Estado **Saltrón** sobre si mis abogados o yo tuvimos problemas para introducir recursos y defensas, y promover testigos que fueron interrogados, respondí:

"En el proceso fue admitida la deposición de los periodistas que habían dado sus opiniones y sobre las cuales se basaba la imputación y acusación, y todos los periodistas dijeron que ellos no habían sido testigos presenciales de ninguno de esos hechos, y que por tanto, eran totalmente referenciales, y era su opinión lo que estaba allí reflejado. En cambio, aquellos testigos promovidos para demostrar que yo esos días no estuve en conspiración alguna, no me había reunido con militares, ni con civiles para conspiración alguna; esos testigos que podían testificar que yo no redacté ese decreto, y que además manifesté claramente mi opinión en contra del decreto, esos testigos, todos fueron sistemáticamente rechazados."

201. Sobre todo ello, también, después de analizar los alegatos de la defensa, la Dra. **Amira Esquivel**, ex Directora de Derechos Humanos de la cancillería de Chile, en el *Amicus curiae* presentado ante la Corte concluyó señalando que:

> **"En consecuencia, en el proceso, reiteradamente se vulneró el derecho de defensa del imputado, contenido en el Art. 8.2, letra f, ya citado, a presentar testimonios que en su opinión eran relevantes para su defensa. Testimonios que fueron rechazados a priori, sin siquiera ser oídos."**(Parte V,4,6)

202. Además de todo lo anterior, la solicitud de declaración que como prueba anticipada solicitaron los mis abogados defensores, del Dr. Pedro Carmona, fue negada por el juez; y luego de que la misma se obtuvo notariada en Bogotá, en la cual se me exculpa totalmente de los hechos que se me imputaron, la misma fue ignorada por el juez. Además, la Fiscalía provisoria apreció en forma sesgada el libro de Pedro Carmona, *Mi testimonio ante la Historia*, omitiendo los párrafos en los cuales afirma que yo no fui el redactor del decreto de transición. En efecto, tal como lo expresó el testigo **Rafael Odreman** en su declaración testimonial ante la Corte, la razón de la solicitud de la declaración del Dr. Carmona se basó en que "en el acto de imputación hecha al profesor Brewer por la Fiscal 6ª Nacional utilizó como elemento de convicción en su contra el contenido del libro "*Mi Testimonio ante la Historia*", páginas 79, 81, 107, 108, 111, 119, 123, 124 y 125 cuyo autor es el ciudadano Pedro Carmona Estanga" *(Respuesta a pregunta 4J, Representantes Víctima)*; libro en el cual, al contrario, Carmona me exculpa y había dicho (y a ello se refería la declaración que se había solicitado) que;

> *"Hablé telefónicamente con doctor Allan Brewer- Carías, con quien me unía una respetuosa relación profesional. A él le pedí que se trasladara a Fuerte Tiuna, pues deseaba conocer su criterio. Envié a mi conductor a buscarlo a su residencia y al llegar al lugar, le solicité analizar el papel de trabajo en el cual se encontraban plasmadas varias ideas al respecto. Pero es justo puntualizar, como lo hice ante la Asamblea Nacional, que nunca he atribuido al doctor Allan Brewer-Carías la autoría del decreto, pues sería irresponsable, como lo hicieron luego representantes del oficialismo para inculparlo. Respeto incluso la diferencia que el doctor Allan Brewer-Carías expresara con relación con el camino elegido y la constancia que dejó en el acta de entrevista que le hiciera la Fiscalía General de la República, aun cuando discrepo de algunas de sus interpretaciones pero él mismo dijo que se alegró con la rectificación posterior del decreto pues atendía a la esencia de su preocupaciones, principalmente respecto a la carta Democrática Interamericana"*(páginas 107-108) (Respuesta a pregunta 4J, Representantes Víctima).

203. Como lo indicó el Testigo Dr. **Odreman** sobre la declaración que se había solicitado del Dr. Carmona, se "trataba de una prueba determinante para el esclarecimiento de la verdad sobre la participación del profesor Brewer Carías en los hechos" pues se trataba de la persona que encabezó el "Gobierno de Transición" y que suscribió como presidente de facto dicho Decreto, agregando "Ello no obstante, el Juez 25 de Control la negó aduciendo que nuestra solicitud violentaba el principio de licitud de la prueba; que es ilegal la prueba derivada de otra ilegal; y, que los imputados no pueden ser al mismo tiempo testigos con relación a los hechos que pueden afectar a otro." El testigo-perito **Néstor Castellanos** en su declaración ante la Corte, respondiendo preguntas del abogado **Saltrón**, también se refirió al supuesto "desacierto y desatino jurídico" de haberse solicitado el testimonio dado anticipadamente de lo que llamó un "coimputado," ignorando que el Dr. Carmona no podía concurrir a ninguna audiencia, porque precisamente estaba asilado en Colombia. El testigo-perito **Néstor Castellanos** llegó a afirmar en la audiencia, sin fundamento alguno, que:

> "bajo la modalidad de la prueba anticipada, tal y como está planteada en los términos en el Código Orgánico Procesal Penal, es un exabrupto jurídico pensar, es improponible en derecho, la solicitud de que un imputado declare bajo la modalidad de prueba anticipada y más aún, en contra de otra persona que también aparece co-imputada."

204. La verdad es que nada, en derecho, permite sostener lo afirmado por el testigo-perito **Castellanos**, siendo ello una manifestación más de la violación al derecho a la defensa por parte del Ministerio Público, máxime si la declaración de Carmona no era en mi contra, sino a favor mío. Lo insólito de todo el paródico proceso en mi contra, y de la negativa de la prueba anticipada de la declaración de Carmona, como lo destacó el mismo testigo Dr. **Odreman,** fue que:

> "cuando la Fiscal Sexta presentó su escrito de acusación contra el profesor Brewer, constatamos que utilizó de nuevo como elemento de convicción, al igual que en la imputación, concretamente en el N° 27, el contenido del libro "*Mi Testimonio Ante La Historia*" cuyo autor era Pedro Carmona. Es decir, según el criterio de la Fiscal, el testimonio de otros imputados sí es una prueba válida en el proceso penal" *(Respuesta a pregunta 4J, Representantes Víctima).*

205. En fin, señaló el testigo Dr. Rafael **Odreman** ante la Corte, que:

> "Era un contrasentido y una contradicción del Estado en evidente perjuicio de la persona *sub judice* que la Fiscal Sexta pudiera utilizar selectivamente en contra del profesor Brewer el libro de Pedro Carmona Estanga y el testimonio de otros investigados, y a la vez se le negara a él la posibilidad de solicitar y utilizar en su defensa el testimonio de cualquiera de los investigados como lo era el del mismo Pedro Carmona Estanga" *Respuesta a pregunta 4J, Representantes Víctima).*

206. En el caso, lo cierto fue que el juez de control nada controló, y luego de que mis abogados defensores obtuvieron la declaración notariada del Dr. Carmona en Bogotá, la misma, una vez consignada en autos, simplemente fue ignorada. En ella, como lo destacó el Dr. **Odreman** en su declaración testimonial, el Dr. Carmona expresó:

"Puedo afirmar por tanto, que el Dr. Allan R. Brewer-Carías no estaba presente en Fuerte Tiuna en el momento en que yo llegué a ese sitio en la madrugada del 12 de abril de 2002, ni cuando se decidió iniciar el análisis de un borrador de documento para la formación un gobierno de transición, ante el inminente anuncio de la renuncia del Presidente de la República, comunicado por fuentes gubernamentales. De lo manifestado en mi libro, ratifico que decidí llamar al Dr. Brewer-Carías en la madrugada del día 12 de abril de 2002 a su casa de habitación, y le pedí que se trasladara a Fuerte Tiuna, a cuyo efecto lo mandé a buscar con mi automóvil y chofer, desde donde luego fue retornado a su domicilio (pág. 111).

La llamada telefónica que le hice al Dr. Brewer-Carías tuvo como propósito solicitar su criterio, en su condición de abogado en ejercicio, sobre el mencionado borrador de documento, el cual a su llegada a Fuerte Tiuna estaba redactado como tal, es decir, como un papel de trabajo. No había visto ni hablado con el Dr. Brewer-Carías en las semanas anteriores al día 12 de abril de 2002. Por tanto, de mi libro no puede resultar elemento de prueba alguna de que el Dr. Brewer-Carías hubiera conspirado ni participado en la redacción del mencionado borrador del decreto de gobierno de transición, más cuando, por el contrario, sobre el mismo me expresó luego una opinión discrepante. (págs. 107 y 108)" (Respuesta a pregunta 4J, Representantes Víctima).

207. Coincidiendo con los planteamientos anteriores, la Dra. **Amira Esquivel**, ex-Directora de Derechos Humanos de la Cancillería de Chile en el *Amicus curiae* presentado ante la Corte, advirtió cómo:

"tanto la fiscalía como el tribunal señalado, impidieron presentar como prueba anticipada, el testimonio del Sr. Pedro Carmona Estanga, en el cual, el llamado "testigo privilegiado" por el Tribunal Supremo de Justicia de Venezuela en la carta de respuesta que enviara al Instituto de Derechos Humanos a la que me he referido precedentemente, confirma los argumentos esgrimidos por la defensa del imputado desvirtuando su "supuesta" autoría del decreto en cuestión.

En efecto, en dicho testimonio el Sr. Carmona, afirma que el Prof. Brewer no estaba presente cuando él llegó a Fuerte Tiuna en la madrugada del día 12 de abril de 2002 ni tampoco cuando se inició el análisis de un borrador de documento para la formación de un gobierno de transición, es decir, el borrador del decreto cuya autoría se le imputa al Prof. Brewer."(Parte V,4,2).

208. De lo cual concluyó la Dra. **Esquivel**, al transcribir lo que dijo el Sr. Carmona en su libro, que "En consecuencia, de los hechos relatados por el propio Carmona en el libro señalado, se lee **que no ha atribuido al Prof. Brewer Carias la autoría del Decreto por cuanto sería irresponsable**" (Parte V,4,2). Sin embargo, el mismo libro se usó para imputarme y acusarme.

209. Adicionalmente, la Fiscal provisoria se negó a admitir la prueba de mi movimiento migratorio, con el cual mis abogados defensores buscaban probar, no sólo cuándo había estado fuera de Venezuela, y por cuánto tiempo, antes de los sucesos de abril de 2002, sino con posterioridad, durante el proceso penal, y cómo siempre había regresado al país. Ello consta en autos, y también del testimonio oral del Profesor **León Henrique Cottin** quien fue conteste con la declaración de **Rafael Odreman**.

210. Por otra parte, la Fiscalía también se negó a permitir el control de pruebas por mi defensa, como ocurrió con testigos promovidos por la Fiscalía a espaldas de la defensa. El testigo **Rafael Odreman**, en su declaración testimonial ante la Corte, ante la Pregunta 9, que se le formuló sobre "*su participación en el control de las pruebas*" y si *¿Tuvo usted, como abogado defensor del profesor Brewer Carías, posibilidad de controlar las pruebas recolectadas por el Ministerio Público? ¿Pudo observar los interrogatorios a los testigos y repreguntarlos?*," respondió: "No, la Fiscal 6ª Nacional nunca nos permitió estar presentes en los interrogatorios y menos aún repreguntar a los testigos." El Testigo Dr. **Odreman**, además, se refirió en particular, a las "particularidades" que tuvo el supuesto testimonio del General Lucas Rincón, quien como Jefe del Alto Mando Militar fue el que anunció al mundo que los militares le habían solicitado la renuncia al Presidente de la República, "la cual aceptó." El testigo Dr. **Odreman** refirió cómo no se resolvió sobre su necesaria presencia en el testimonio, que el mismo se recibió sin haberse fijado fecha previa, "completamente a espaldas de los promoventes," y a las con serias dudas de que efectivamente se haya producido en la sede de la Fiscalía, afirmando sobre "la imposibilidad material de que el General Rincón haya rendido esa declaración, en la sede del Ministerio Público, dentro del horario de trabajo de la Fiscalía"(*Respuesta a Pregunta 4G, Representantes Víctima*). De ello, el Testigo Rafael **Odreman** concluyó:

> "Lo ocurrido con la declaración del General Lucas Rincón es representativo del patrón de conducta exhibida por la Fiscal Sexta a lo largo de la investigación contra el profesor Brewer Carías. Se trataba de armar un expediente de supuestas pruebas de cargo, a través de la interpretación falaz y muchas veces falseada de declaraciones que atribuían falsamente al declarante lo que no había dicho o silenciaban u omitían lo que sí había dicho en descargo del profesor Brewer Carías. Se rechazaba, al mismo tiempo, las pruebas que descargaban al imputado de haber cometido el delito por el que se lo incriminaba, e incluso se manipularon hechos para convertir pruebas de descargo en pruebas de cargo.

Infringió igualmente la Fiscal Sexta Nacional el artículo 4 de la Ley Orgánica que la rige pues no desarrolló sus funciones con estrictos criterios de objetividad al negarse a investigar los hechos y las circunstancias que atenúan, eximen o extinguen la responsabilidad penal"

Lamentablemente el acto de declaración del General Lucas Rincón fue una manipulación de la investigación pues se acordó recabar el testimonio sólo pro forma, para aparentar el cumplimiento de obligaciones que impone la Ley y simular que se respetó el derecho a la defensa. Con su conducta omisiva, el Ministerio Público perdió la oportunidad de conocer de primera mano lo realmente sucedido aquella madrugada del 12 de abril de 2002, lo cual, por demás, habría confirmado plenamente que Allan Brewer Carías no había participado en conspiración alguna contra la Constitución ni había redactado ningún documento que hubiera sido utilizado por quienes trataron de constituir un nuevo gobierno en el país. Lamentablemente, lo que demostró el Ministerio Público no fue interés por establecer la verdad, sino para construir un expediente contra quienes se consideraba conveniente responsabilizar por aquellos sucesos, quienes estaban condenados de antemano." (*Respuesta a Pregunta 4G, Representantes Víctima*).

211. De la declaración que se tomó al general Lucas Rincón en el caso, sin la presencia de mis defensores, el testigo **Rafael Odreman**, en su *Declaración testimonial* ante la Corte destacó que:

"Es extraño que el militar de más alto rango de la Fuerza Armada de Venezuela haya aparecido en cadena nacional de radio y televisión, anunciando que se le había pedido la renuncia al Presidente, con la aceptación de éste, y que ponían sus cargos a disposición de la nuevas autoridades (es decir, las de facto), y que el Ministerio Público no hubiera querido investigar a fondo ese hecho. En cambio, de una manera claramente desigual y desproporcionada, el profesor Brewer Carías fue acusado criminalmente de conspiración sobre la base de rumores publicados como opiniones de unos pocos periodistas, quienes no habían sido ni siquiera testigos presenciales de los hechos y alegaron el secreto profesional para no identificar a sus supuestas fuentes." (Respuesta 6, Representantes Víctima).

212. La Fiscalía, además, se negó a ser controlada por el juez de control, y los intentos en contrario condujeron a la remoción del juez de control. Ello fue la consecuencia de la ausencia de autonomía e independencia del poder judicial, como lo advirtió el perito **Jesús Ollarves Irazábal** en la exposición oral que hizo ante la Corte en la audiencia del día 4 de septiembre de 2013, al responder una pregunta del Dr. **Faúndez** diciendo: "para nadie es un secreto las declaraciones que hizo un ex magistrado de la Sala de Casación Penal que yo señalé en esta Sala en una oportunidad al poner en entredicho al visibilizar de forma muy lamentable la carencia de autonomía e independencia que hay el poder judicial venezolano," refiriendo en otra respuesta a la pregunta sobre si *"Usted no conoce el caso de la jueza Afiuni?* respondió: *"Por supuesto. El caso de la jueza Afiuni es un caso terrible.* Es un caso en donde a través del terror de la sanción disciplinaria y de la sanción penal a los jueces, a todos los jueces de la República lo pusieron en un paredón de fusilamiento para secuestrarles la autonomía, la independencia y la imparcialidad."

213. En el caso del proceso penal seguido en mi contra, como lo indicó el testigo Dr. **Rafael Odreman,** en su *Declaración Testimonial,* fue incluso el juez de control el que se negó a controlar las actuaciones de la Fiscal provisoria, de manera que apelada la decisión, la Corte de Apelaciones si bien argumentó que "sí teníamos derecho a ocurrir ante el tribunal de control cuando el Ministerio Público nos negara arbitrariamente una diligencia de investigación," estimó que las pruebas negadas podían ser de nuevo promovidas "ante el juez de control en la audiencia preliminar y que si eran negadas, podíamos apelar de nuevo." Concluyó de ello el Dr. **Odreman:**

"Se olvidó la Sala de que sin la transcripción de los videos no habíamos podido ejercer cabalmente la defensa del Dr. Brewer y le cercenó además el derecho a que se le sobreseyera la causa en la etapa intermedia si hubieran constado en autos para ese momento las declaraciones de todas las personas que habíamos promovido. Nos dio la razón teóricamente, pero en la práctica esa Sala de Apelaciones nada hizo para remediar *la indefensión en la que se había colocado al profesor Brewer Carías, por el reiterado y sistemático irrespeto al debido proceso por parte de la Fiscalía. Constatamos así de nuevo que el Poder Judicial parecía congelado e incapacitado para decidir autónoma e imparcialmente.*

Lo ocurrido da cuenta de que los vicios denunciados no fueron oportunamente corregidos y el daño se hizo realidad, pues el profesor Brewer fue acusado con base a los resultados de una investigación mediatizada, practicada en forma clandestina, a sus espaldas y con violación de las más elementales garantías constitucionales, en un marco en el que los jueces habían abdicado de su competencia para controlar las arbitrariedades de la Fiscal Sexta y para hacer respetar sus propias decisiones" (Respuesta a Pregunta 4H, Representantes Víctima).

214. Toda esta gravísima violación de mi derecho a la defensa con ocasión al manejo de los videos, la corroboró el profesor **León Henrique Cottin** en la declaración oral ante la Corte en la audiencia del día 3 de septiembre de 2013, cuando a la pregunta que le formuló mi representante, el Dr. **Pedro Nikken,** en resumen y en líneas generales expresó:

"Con el tema de los <u>videos</u> la situación se tornó en imposible para ejercer la descarga o defensa.

La imputación del profesor Brewer Carías se fundamenta en <u>doce</u> artículos de prensa en donde distintos periodistas dan su opinión sobre los hechos acontecidos en el mes de abril de 2002 y <u>nueve</u> videos.

Solicitamos, repetidamente se fijara oportunidad para ver los videos. La primera respuesta fue "aquí no hay televisión ni VHS".

Ofrecimos, a nuestro costo, suministrar los equipos necesarios para ver los videos.

Después de al menos ocho (8) peticiones por escrito para que nos dejaran ver los videos se dejó, en una oportunidad, al profesor Brewer Crías, y por tiempo limitado, ver algunos de los videos y se dio cuenta que no habían sido transcritos en forma fiel en la imputación que a su vez los transcribe de la denuncia el coronel Bellorín.

Fue un esfuerzo titánico encontrar en la caja el cartón, con más de sesenta videos cuáles fueron los usados como elementos de convicción para imputar al profesor Brewer.

Todavía mucho más difícil en el tiempo limitado que nos dieron transcribir a mano el contenido de los videos.

Procedimos el día 18 de marzo de 2005 a solicitar ante la negativa de dejarnos ver los videos, que se ordenara efectuar por técnicos especializados en ello la transcripción íntegra de todos los videos que cursaran en el expediente con entrevista a periodistas que fueron considerados como supuestos elementos probatorios en la imputación fiscal.

El 21 de abril de 2004, esta solicitud fue negada arbitrariamente más de un mes después de nuestro pedimento aduciendo que ello no agregaría nada para la investigación (auto 21-04-2005).

De tal manera que <u>no fue posible ejercer una adecuada defensa</u> del profesor Brewer Carías."

215. Y por último, la Fiscalía igualmente apreció sesgadamente y en forma, sobrevenida, presuntas pruebas meramente referenciales, básicamente dichos de periodistas.

216. Con base en todos los hechos antes indicados, todos probados, mis representantes denunciaron ante la Corte Interamericana que mi derecho a la defensa fue sistemática y masivamente violado, de manera que mis abogados defensores no pudieron estar presentes en las declaraciones de ninguno de los testigos, ni pudieron interrogarlos sino, en algunos casos, indirectamente mediante cuestionarios que debían entregar con antelación a la Fiscal, y que sólo ella manejaba, sin control alguno. Varios testigos emergieron en la supuesta investigación, sin informarse a mis abogados defensores sobre qué declararían, como fue el caso mencionado del General Lucas Rincón, quien fue el que anunció la remoción militar del Presidente Chávez en la madrugada del día 12 de abril de 2002, y actualmente es Embajador de Venezuela en Portugal, después haber sido ascendido a Ministro de la Defensa al concluir la asonada militar de la cual fue portavoz. Tampoco pudieron mis abogados defensores, **León Henrique Cottin** y **Rafael Odreman**, testigos en el proceso ante la Corte, obtener la comparecencia de testigos que arrojaran luz sobre los hechos, ni que se aceptaran otras pruebas relevantes. La apreciación de las pruebas fue determinada por el capricho y la supresión descarada de todas las que mostraban que yo era inocente de los hechos que se me imputan. El juez de control además, como antes dije, negó la prueba anticipada de declaración notariada del Sr. Carmona, que me exculpaba completamente de lo que se me acusaba, y en el proceso se ignoró la declaración notariada que dio en Bogotá, y que fue consignada en el expediente; todo en violación de la Constitución, el COPP y además del artículo 8.2.f de la Convención.

217. El Estado, en este caso, igualmente ignoró totalmente las denuncias de violación de mis derechos, no contradiciendo los hechos ni los alegatos, de manera que la Corte debió tenerlos como aceptados. El Estado, en general sobre las violaciones alegadas respecto de las garantías judiciales previstas en el artículo 8 de la Convención, se limitó única y exclusivamente a decir que "*se abstiene de responder las supuestas violaciones alegadas*" porque el juicio contradictorio supuestamente "no ha comenzado," y la víctima "no se presentó a la audiencia preliminar," lo cual como antes se ha dicho, e completamente falso.

IV. VIOLACIÓN AL DEBIDO PROCESO (ARTÍCULO 8.1, CONVENCIÓN), AL HABER PREJUZGADO LOS JERARCAS DE LA FISCALÍA GENERAL DE LA REPÚBLICA SOBRE LA APLICACIÓN DE LA LEY DE AMNISTÍA

218. Mis representantes denunciaron ante la Corte Interamericana, la violación al debido proceso en mi caso, entre otras razones porque el ex Fiscal General de la República, **Isaías Rodríguez**, al dejar su cargo y antes de que la *Gaceta Oficial* contentiva de la Ley de Amnistía de diciembre de 2007 siquiera circulara, el 2 de enero de 2008 declaró a la prensa que consideraba "que los redactores del decreto del 11 de abril de 2002 como Pedro Carmona y Allan Brewer Carías no deben gozar de los beneficios de estas medidas, sino únicamente quienes los suscribieron," con lo cual, de antemano, consideraba que yo no debía gozar de los beneficios de dicha Ley. Por ello, ante una pregunta que me formuló el Juez **Sierra Porto** en la audiencia del 3 de septiembre de 2013, en relación con la aplicación de la Ley de Amnistía, sobre si había "algún elemento en particular que lo considere a Ud. como una especial persona que pueda tener un propósito específico del Estado que distinga de otras personas", respondí:

> "Esa es una pregunta que también yo me formulo, porque toda mi obra y todas mis expresiones están por escrito, Señor Juez. Pero toda la persecución y todo el proceso vivido confirman que este es un elemento más, y sobre todo, le reitero, cuando el día 2 de enero del año 2008 antes de que la Gaceta Oficial que contenía la Ley de Amnistía saliera publicada, el ex Fiscal General de la República **Isaías Rodríguez** declaraba a la prensa que esa Ley no se aplicaba a Brewer Carías, y luego el mismo día, la Fiscal General de la República que me había acusado y en ese momento ya nombrada Fiscal General de la República, también declaraba en la prensa que esa Ley no se aplicaba a Brewer Carías, y ya le daba

la orden a los Fiscales inferiores de que negaran el beneficio de la amnistía, porque supuestamente yo no estaba a derecho."

219. Es decir, lo que afirmó el ex Fiscal General **Isaías Rodríguez**, lo ratificó también públicamente quien para ese momento era la recién nombrada Fiscal General de la República, la anterior Fiscal provisoria Sexta, **Luisa Ortega Díaz**, una vez que salió publicada la Ley de Amnistía de diciembre de 2007, en enero de 2008, avanzando argumentos de que dicha Ley no se me aplicaba, para influir en sus subalternos Y así fue que un mes después, la nueva Fiscal Sexta provisoria María Alejandra Pérez me negó la aplicación de la Ley de Amnistía, en lugar de pedir el sobreseimiento de la causa por extinción de la acción penal, de que era titular, en virtud de lo establecido en el artículo 48.2 del COOP. Los mencionados altos funcionarios, deliberadamente interfirieron en la decisión que debía adoptar el Fiscal competente y el Juez de control. Luego de esas declaraciones, era sin duda inconcebible que la Fiscal (provisoria) a cargo del caso y el Juez (provisorio) encargado de la causa, pudieran resolver con alguna autonomía e independencia sobre la solicitud de sobreseimiento de mi caso basada en la amnistía, violándose el derecho a un juez independiente e imparcial previsto en el artículo 8.1 de la Convención.

220. El Estado también ignoró totalmente esta denuncia de violación de mi derecho a un proceso penal llevado con las debidas garantías. El Estado no contradijo los hechos ni los alegatos, de manera que la Corte debía tenerlos como aceptados. El Estado, en general, sobre las violaciones alegadas respecto de las garantías judiciales previstas en el artículo 8 de la Convención, se limitó única y exclusivamente a decir que "*se abstiene de responder las supuestas violaciones alegadas*" porque el juicio contradictorio supuestamente "no ha comenzado," y la víctima "no se presentó a la audiencia preliminar," lo cual como ha quedado demostrado, es completamente falso.

V. VIOLACIÓN AL DERECHO A LA PRESUNCIÓN DE INOCENCIA Y A LA DEFENSA (ARTÍCULO 8.2, CONVENCIÓN), POR HABERSE BASADO LA IMPUTACIÓN Y LA ACUSACIÓN EN MI CONTRA, EN UN SUPUESTO "HECHO NOTORIO COMUNICACIONAL" PARA INVERTIR LA CARGA DE LA PRUEBA

221. Mis representantes denunciaron ante la Corte Interamericana la violación de mi derecho a la presunción de inocencia y a la defensa, que supone que estando en curso un proceso penal como el que siguió en mi contra, los órganos del Estado estaban obligados a considerarme inocente hasta que alguna autoridad judicial, luego de un proceso legal, me declarar culpable, estando siempre la carga de la prueba de la culpabilidad en cabeza del Ministerio Público, tal como lo ha reafirmado la Corte Interamericana al decidir que el derecho a la presunción de inocencia "*implica que el acusado no debe demostrar que no ha cometido el delito que se le atribuye, ya que el onus probandi corresponde a quien acusa*". *(Corte Interamericana de Derechos*

Humanos, Caso Ricardo Canese vs. Paraguay, Sentencia del 31 de agosto 2004).

222. Sin embargo, en este caso, como quedó probado en autos, la imputación y acusación fiscal en mi contra por el delito de conspirar para cambiar violentamente la Constitución, se formuló basada en un supuesto *"hecho notorio comunicacional,"*[37] tal y como se expresó en la denuncia del coronel **Bellorín**, supuestamente derivado de recortes de prensa y de videos con publicaciones de versiones, rumores, cuentos y meras opiniones de algunos periodistas, ninguno de los cuales se pretendió testigo presencial de los hechos, los cuales sin embargo, fueron incorporados por la Fiscal provisoria como "elementos probatorios" o "de convicción," con el propósito deliberado de invertir la carga de la prueba, basado en el principio de que conforme al Código Orgánico Procesal Penal (COPP), los "hechos notorios" no requieren prueba. Se violó así mi derecho a la presunción de inocencia y a la defensa, al basarse la imputación en comentarios y chismes de periodistas que en todo caso fueron ampliamente desmentidos por mí, comenzando por la rueda de prensa dada el 16 de abril de 2002, que tuvo completa cobertura en los medios de comunicación. La Fiscal provisoria, sin embargo, al formular la imputación, ignoró totalmente mis desmentidos, y sólo basó la misma en los recortes y videos de los comentarios y opiniones de periodistas consignados por el denunciante **Bellorín**, a pesar de que habían sido desmentidos, en virtud de lo cual, conforme a lo precisó la Sala Constitucional en la sentencia donde definió al "hecho público comunicacional" y que fue referida por el Ministerio Público en imputación, los dichos y cuentos periodísticos, al haber sido desmentidos, ya no podían ser "hechos notorios comunicacionales."

223. Por ello, la **Asociación Costarricense de Derecho Constitucional** ante la Corte el día 15 de julio de 2013, estimó, basando su apreciación en derecho,

"que al haber fundamentado la Fiscal acusadora la imputación y acusación realizada en el proceso penal contra el profesor Brewer Carías, fundamentalmente en recortes de prensa contentivos de apreciaciones de periodistas, y no de noticias sobre hechos, como si ello se tratara de un "hecho notorio" que no requería pruebas, a pesar incluso de que fueron desmentidos por el profesor Brewer Carías, constituye una desviación de la propia doctrina jurisprudencial sentada por la Sala Constitucional del Tribunal Supremo en la cual se pretendió fundamentar y constituye una

---

37 Véase sobre el tema del hecho notorio comunicacional, Allan R. Brewer-Carías, "Consideraciones sobre el "hecho comunicacional" como especie del "Hecho Notorio" en la doctrina de la Sala Constitucional del Tribunal Supremo" en *Revista de Derecho Público*, N° 101, enero-marzo 2005, Editorial Jurídica Venezolana, Caracas 2005, pp. 225-232 "Sobre el llamado 'hecho comunicacional' como fundamento de una acusación penal", en *Temas de Derecho Penal Económico, Homenaje a Alberto Arteaga Sánchez* (Compiladora Carmen Luisa Borges Vegas), Fondo Editorial AVDT, Obras colectivas OC N° 2, Caracas 2007, pp. 787-816.

violación del derecho a la presunción de inocencia del profesor Brewer Carías, garantizado en el artículo 8.2 de la Convención Americana sobre Derechos Humanos" (¶ 21)

224. En efecto, como se ha dicho repetidamente y lo oyó la Corte en la audiencia del 3 de septiembre de 2013, el origen de la imputación en mi contra estuvo en la *denuncia formulada por un coronel activo del Ejército, Ángel Bellorín*, el mismo que declaró como testigo ante la Corte Interamericana, presentada ante el Fiscal General de la República el 22 de mayo de 2002, en la cual formalmente "denunció" a varios abogados y profesores, entre ellos "Allan Brewer Carías, Carlos Ayala Corao, Cecilia Margarita Sosa y Daniel Romero," para que fueran investigados por su participación en los hechos de conspirar o alzarse para cambiar violentamente la Constitución" por su "presunta participación en la redacción, elaboración y aprobación del decreto dictado en el efímero gobierno de hecho del ciudadano Pedro Carmona Estanga." Para su denuncia el oficial **Bellorín** se basó en el aserto de que *"es un hecho notorio comunicacional reiterado y por todos conocido a través de los diversos medios de comunicación que los autores de dicho decreto son los ciudadanos Allan Brewer Carías, Carlos Ayala Corao, Cecilia Sosa y Daniel Romero, conocidos los tres primeros como expertos en materia constitucional, tal como se desprende de los artículos periodísticos que de seguida referimos ....",* reseñando efectivamente artículos y videos con opiniones o apreciaciones de periodistas, que no contenían "noticias" sobre supuestos hechos. No acompañó sin embargo, el coronel **Bellorín** a su "denuncia," los múltiples recortes de periódicos contentivos de los desmentidos frente a esas opiniones de periodistas que yo había hecho, incluso en los mismos periódicos donde recortó los "artículos periodísticos" que acompaño; desmentidos que por sí solos hacían inoperante el llamado "hecho público comunicacional" conforme a la sentencia de la Sala Constitucional que utilizó para hacer su denuncia.

225. Sin embargo, en la declaración de dicho militar rendida ante la Fiscalía el día 11 de julio de 2002, el coronel **Bellorín** se retractó, y declaró que él había consignado dichos recortes de artículos y videos periodísticos, *"no imputando a nadie"* sino sólo porque había observado "que para el mes de mayo *sólo se hacían imputaciones y se investigaban a oficiales de la Fuerzas Armadas*," por lo que tomó la decisión de también **involucrar a civiles**, para lo cual formuló la denuncia, *"no imputando a nadie en particular sino con la convicción de la existencia de un hecho punible y las múltiples evidencias de la concurrencia el dicho delito de muchas personas con diferente grado de participación los cuales deben ser objeto de una investigación."* "Y a la pregunta del Fiscal: *¿Diga Ud., por qué motivo señala en su denuncia de forma específica a los ciudadanos Allan Brewer Carías, Carlos Ayala Corao, Cecilia Sosa Gómez y Daniel Romero, como las personas autoras del decreto cuestionado?*: Respondió: En realidad *quise colocar en primer lugar a las personas que de las lecturas de todos las evidencias se desprenden como los supuestos autores intelectuales. Yo no los estoy acusando a ellos,* *yo denuncio lo que se desprende de toda la información disponible pública y notoria*. Si se observa el documento de la denuncia también solicito que se investigue a todas las demás personas con sus diferentes grados de participación en la comisión del delito (**Pieza XV, folio 61**).

226. Dicho coronel **Bellorín** fue uno de los testigos presentados por el Estado ante la Corte Interamericana, y en la audiencia del día 3 de septiembre de 2013, ratificó que la consignación que hizo ante la Fiscalía de los "recortes de prensa" y videos con opiniones y cuentos de periodistas, *no había sido una denuncia contra nadie, sino un intento de involucrar a civiles en un hecho en el cual sólo se mencionaba a militares*; consciente de que los recortes carecían del supuesto carácter de hecho notorio, pues su contenido había sido desmentido por mí, aparte de que no eran "noticias sobre hechos o acaecimientos," sino publicaciones relativas a versiones, cuentos, rumores y opiniones de algunos periodistas sobre hechos que no presenciaron. El coronel **Bellorín**, en efecto, en su deposición como testigo ante la Corte dijo sobre lo comentado en respuesta a preguntas del abogado **Saltrón**, que "yo interpuse la denuncia el 22 de mayo de 2002, pero la vía, que estaba llevando ya la investigación *estaban culpando únicamente a los militares*, y yo pensaba que el problema era mucho más allá de una rebelión militar"; "los grandes abogados, nadie mencionaba eso, sino que estaba orientado a una rebelión y *estaban culpando únicamente a cuatro militares* cuando yo sabía que el problema era mucho más allá de los militares; por lo tanto decidí hacer esa denuncia pública"; "*en ese momento veía que le estaban echando toda la culpa únicamente a cuatro militares*"; y ante preguntas del Dr. **Pedro Nikken** repitió lo mismo: "Estaban *orientados a sancionar a cuatro militares* y yo me opuse a todo eso y traté de hacer lo que hace cualquier ciudadano."

227. En la audiencia ante la Corte, además, el coronel **Bellorín**, como testigo bajo juramento, *en su empeño de involucrar civiles porque la prensa sólo mencionaba a militares*, de nuevo justificó que no había acudido a la Fiscalía a acusar a nadie. Dijo, al responder preguntas del abogado **Saltrón**: "Realmente mi escrito, tal como lo he dicho, lo he mantenido, lo dije ante la propia Fiscalía, *yo denuncié la comisión de un delito, yo no acusaba a nadie*." Sin embargo, a la contradicción que significó para el coronel **Bellorín** decir ante la Corte, que no denunció a nadie, pero formalmente "denunció" a varios abogados, ante una pregunta del Dr. **Nikken**, lo único que dijo como justificación fue que "a la hora de ese escrito, que *lo hice con mucha rapidez* como les dije esa forma que está ahí, podría interpretarse como Ud. lo está diciendo, pero en mi primera invitación que me hizo el Ministerio Público a ratificar eso, eso quedó claro y está. […] En ese momento, posiblemente, por *la ligereza en ese momento, la poca experiencia que tenía, es posible que la denuncia no era lo mejor sustentado* pero lo que si estaba bien explicado, era el delito que se había cometido que era un delito de cambio de constitución."

228. Por otra parte, el coronel **Bellorín** mintió dos veces ante la Corte al afirmar que los recortes periodísticos que había recopilado eran *todos* los que existían. Dijo al responder preguntas en tal sentido: "En esa denuncia, solamente hice un trabajo de investigación y *aportaba todos los medios que en ese momento existían*;" y en otra ocasión dijo: "En esa denuncia, por supuesto, *estaban los anexos de todo lo que salía en la prensa, en la televisión* y toda aquella persona que de una u otra manera se acusaban entre ellos o se jactaban de haber hecho eso." Llegó a decir, incluso, en una respuesta a una pregunta formulada por el Dr. **Nikken**, que:

"Lamentablemente la prensa, decía así, y allí están, la prensa unos acusaban decían que era el Dr. Brewer, no tengo nada en contra del Dr. Brewer Carias, la Dra. Cecilia Sosa, este, el Dr. Ayala Corao, a ninguno los conozco pero *solamente reproduje lo que estaba en la prensa.*"

229. La exhaustividad de los recortes sencillamente es falso, pues el coronel **Bellorín** se cuidó de no acompañar a su denuncia, cuyo texto fue el que se copió en la imputación y luego en la acusación fiscal, todos los reportajes de la rueda de prensa que yo di el 16 de abril de 2002, desmintiendo lo que decían los periodistas. Y bien debía saber el Coronel **Bellorín**, quien alegó que se trataba de un "hecho público comunicacional", *que si el mismo es desmentido, nunca adquiere tal connotación procesal* conforme a la doctrina sentada por la Sala Constitucional en la sentencia que mencionó en su denuncia. Sobre esto, ante las preguntas del Dr. **Nikken**, el coronel **Bellorín** comenzó indicando que "el hecho del delito cometido fue notorio y comunicacional" y luego ante la pregunta de si sabía que *"en el concepto de hecho notorio y comunicacional que Ud. denuncio está incluido que ese hecho notorio no se configura en presencia de desmentidos de esas noticias,"* lo que respondió fue: "Yo hago una denuncia de un delito, lo que tengo yo que hacer, si está mal formulada, si tiene errores yo los acepto como ser humano. La denuncia no fue hecha de mala fe ni contra nadie en particular. Se cometió un delito y yo como ciudadano denuncie en su momento el delito, estamos hablando del año 2002 mucha agua corrió debajo del puente de allá para acá."; y ante la nueva pregunta del Dr. **Nikken** sobre que *"Ud. fue a denunciar un hecho notorio y comunicacional y no incluyó en su denuncia un desmentido sabiendo como abogado que el hecho notorio y comunicacional, no se configura, si hay desmentido,"* lo que respondió fue: "Yo lo que le puedo responder que como ciudadano en ese momento yo interpuse una denuncia ante un delito. El delito que se cometió, los errores que pudieran haber surgido en el escrito que yo hice, en su momento, *luego que se analizan con toda la calma que ha pasado en los años, es posible que existan errores, pero en ese momento, mi interés no era atacar a ninguna persona*, lo he dejado bien claro." Finalmente, ante la pregunta del profesor **Nikken** sobre si "sabe Ud. que en la publicación del *Nuevo País* que Ud. consignó del 17 de abril de 2002 donde aparece una noticia contra el Dr. Brewer Carías, en ese mismo periódico el *Nuevo País* está en una página entera el desmentido del profesor Brewer Carías en rueda de prensa a la participación que se le atribuía en esos hechos," respondió: "No, no lo sabía, pero me imagino que el Ministerio Publico tenía que investigar eso."

230. En todo caso, después de la denuncia formulada por el coronel **Bellorín**, como quedó evidenciado de lo expuesto y argumentado por el testigo **León Henrique Cottin** en la misma audiencia ante la Corte Interamericana del día 3 de septiembre de 2013, la Fiscal provisoria Sexta, *copiando textualmente* el texto de la denuncia del coronel **Bellorín**, me imputó del delito de rebelión (conspiración para cambiar violentamente la Constitución) basándose en los mismos recortes de prensa y videos con opiniones o cuentos de periodistas, sin haber acompañado tampoco ninguna de las aclaratorias y desmentidos que hice por la prensa y que constan del Expediente; alegando también que se trataba de *"un hecho público comunicacional"* con el objeto de iniciar la investigación penal invirtiendo la carga de la prueba, "presumiéndome culpable", porque así lo decían algunos periodistas comentaristas que no habían sido testigo de nada de lo que dijeron.

231. La violación de mi derecho a la presunción de inocencia y a la defensa, por la inversión indebida de la carga de la prueba, se continuó con la formulación de la acusación el 21 de octubre de 2005, en la cual la Fiscal provisoria Sexta, de nuevo, *copió textualmente* el texto de la "denuncia" que según declaró el coronel **Bellorín** no había sido tal "denuncia," con los mismos errores que se habían reproducido en la imputación, basando la acusación en el mismo supuesto *"hecho público comunicacional,"* que en caso alguno era tal por los desmentidos que yo había publicitado, lo que implicaba que la Fiscal provisoria Sexta daba por probado lo que los periodistas decían, sin probarlo, para que yo, como acusado, fuera quien tuviera que probar mi inocencia, en violación abierta y flagrante del artículo 8.2.d de la Convención Americana.

232. Sobre este tema del "hecho notorio comunicacional" y sobre la violación de mi derecho a presunción de inocencia y a la defensa, la profesora **Ana Giacometto**, distinguida procesalista colombiana, en el *Amicus curiae* que presentó ante la Corte en agosto de 2013, al referirse a la persecución judicial en mi contra, destacó cómo yo me vi "envuelto en un proceso judicial que con *múltiples violaciones al debido proceso, ha seguido adelante con el impulso claro de funcionarios judiciales y políticos, que dando por sentada la culpabilidad* del Dr. Brewer Carías, han manifestado públicamente sus opiniones, afectando el curso adecuado y a derecho del proceso penal que se sigue en su contra. Estos hechos, aunados a que el Dr. Brewer Carías se había distinguido como un ciudadano opositor de las políticas del extinto Presidente de la República, tejen un manto de serias dudas sobre la legitimidad del proceso," agregando:.

"Sumado a lo anterior, en el caso particular del proceso del Dr. Brewer Carías el sustento probatorio de la imputación y la acusación en su contra es bastante discutible, ya que el Ministerio Público insistió en fundarlas en la figura de "hechos notorios comunicacionales", figura que no es aplicable al caso bajo estudio y que se adoptó de tal manera que el apoyo de las actuaciones del Ministerio Público se reduce a vinculaciones mediáticas que se consideraron de tan alta importancia por el ente acusador que en la práctica invirtieron la carga de la prueba y obligaron al profesor Brewer a probar su inocencia, en contradicción con la esencia misma del debido proceso, y perjudicando seriamente las garantías judiciales del ciudadano mencionado. Así las cosas, el profesor Brewer Carías ha debido permanecer fuera de su país natal a espera de las condiciones adecuadas para tener un juicio justo que le permita la adecuada contradicción de las pruebas esgrimidas por el Ministerio Público en su contra."

233. Después de analizar con todo detenimiento, desde el punto de vista jurídico procesal y de las pruebas, particularmente en el proceso penal, el sentido del llamado "hecho notorio" clásico, y de la figura denominada del "hecho notorio comunicacional, figura eximente de la prueba enmarcada dentro de los hechos notorios," y luego de analizar la sentencia de la Sala Constitucional del Tribunal Supremo de Justicia de Venezuela No. 98 de 15 de marzo de 2000 (Caso *Oscar Silva Hernández*) que sentó la doctrina sobre el tema, y que el denunciante coronel **Bellorín** invocó para denunciar y que la Fiscal provisoria Sexta también invocó para imputarme y acusarme, la profesora **Giacometto,** en su *Amicus curiae,* concluyó puntualizando, de acuerdo con dicha jurisprudencia, no sólo que el "hecho notorio comunicacional" debe derivar de *noticias de hechos o acaecimientos, y no de opiniones periodísticas,* sino que

"el *simple hecho de que el procesado rectifique los hechos,* o de que haya alguna duda sobre su existencia *impide que se configure la eximente de prueba llamada "hecho notorio comunicacional",* por lo que no podrá utilizarse la misma para liberar al Ministerio Público de su obligación de probar los hechos que considera criminales, con fundamento en los artículos 11 y 24 del Código Orgánico Procesal Penal."

234. Partiendo de estas premisas, el estudio hecho por la profesora **Giacometto** en su *Amicus curiae* la llevó al análisis del caso particular, resaltando lo que consideró "los hechos procesales relacionados directamente con la violación del debido proceso del ciudadano Dr. Allan Brewer Carías en su relación con los llamados "hechos notorios comunicacionales," indicando lo siguiente:

"1. El 27 de enero de 2005 la Fiscal Sexta del Ministerio Público imputó al profesor Allan R. Brewer Carías el delito de conspiración para cambiar violentamente la Constitución. Dicha fecha no ha sido reconocida por el Informe 171/11 de la Comisión Parlamentaria Especial para investigar los hechos de abril del 2002, que insiste en que la investigación penal inició el 12 de abril de 2002. En realidad, lo único que se presentó ese año fue la denuncia instaurada en contra del Dr. Brewer por un oficial activo del Ejército, coronel Ángel Bellorín, basado en los "hechos notorios comunicacionales" según los cuales el profesor Allan Brewer Carías junto con tres personas más redactó en su momento el *Acta de constitución del Gobierno de Transición Democrática y Unidad Nacional o Decreto Carmona*, que fue el documento que constituyó el Gobierno de facto conducido por el ciudadano Pedro Carmona Estanga, que asumió la Presidencia de la República de manera abiertamente ilegal e inconstitucional, tal como lo advirtió en su momento el profesor Brewer Carías, quien fue consultado en ejercicio de su profesión de abogado, por el ciudadano Pedro Carmona Estanga.

2. Al conocer dicha situación, el profesor Brewer Carías se presentó voluntariamente ante el Fiscal Provisorio José Benigno Rojas. No obstante, no fue sino dos años y medio después cuando fue llamado por la Fiscal Provisoria Luisa Ortega Díaz, hoy Fiscal General de la República, para responder por la supuesta "discusión, elaboración, redacción y presentación" del decreto constitutivo del llamado gobierno de transición. Desde ese momento el profesor Brewer Carías manifestó la falsedad de los hechos que se le inculpaban según los reportes de prensa. Este es el primer momento donde la Fiscal provisoria Sexta tiene en cuenta "el hecho notorio comunicacional reiterado y por todos conocido" según el cual el profesor Brewer Carías había sido uno de los coautores del *Acta de constitución del Gobierno de Transición Democrática y Unidad Nacional o Decreto Carmona*.

3. Aunado al irregular comienzo del proceso, la inestabilidad de los jueces y fiscales temporales que intervinieron en el caso agravó mucho más la situación del ciudadano Allan R. Brewer Carías, toda vez que los funcionarios judiciales que se atrevían a actuar con base en la ley eran removidos de sus cargos por cuanto que, ocupaban los mismos de manera provisional. Tan grave es la situación que la totalidad de los fiscales y de los jueces que han actuado en el proceso penal bajo estudio han tenido este carácter de ostentar cargos de libre nombramiento y remoción.

4. El proceso penal siguió adelante, y en este se evidenció en diversas oportunidades la indebida apreciación de las pruebas, así como su rechazo y adulteración:

a. El testimonio de Jorge Olavarría en el año en 2002, quien fue un viejo amigo y reconocido periodista, escritor y político hasta su fallecimiento en el año 2005, declaró que estando reunido con el profesor Brewer Carías el 10 de abril de 2002, dos jóvenes abogados llegaron a presentarles un borrador del Decreto constitutivo del nuevo Gobierno, pero que dado que el papel era anónimo y que circulaban muchos rumores en esos días, no le dieron mayor trascendencia al mismo. Es decir, el señor Jorge Olavarría es testigo de cómo el Decreto le fue presentado al profesor Brewer Carías ya redactado. Este testimonio, a pesar de su claridad fue utilizado por la Fiscal provisional Sexta para sustentar en parte la imputación por cambiar violentamente la Constitución.

b. Las transcripciones adulteradas de las entrevistas televisadas, a pesar de las manifestaciones de la defensa del profesor Bre-

wer Carías, fueron tenidas en cuenta a pesar de sus irregularidades. La entrevista hecha al Dr. Teodoro Petkoff, a pesar del manto de duda que rodeaba la trascripción, fue tenida en cuenta en la imputación como prueba. Incluso, dicho dirigente manifestó, más adelante, que como no estuvo en el lugar de los hechos, no podía evidenciar de primera mano que el profesor Brewer Carías había redactado el Decreto constitutivo del nuevo Gobierno.

c. Adicionalmente, a medida que avanzaba el proceso, el profesor Brewer Carías **en múltiples oportunidades solicitó a la Fiscalía la exhibición de los vídeos en los cuales estaban plasmadas los hechos notorios comunicacionales con base en los cuales la Fiscalía fundamentaba sus acusaciones, pero en ningún momento se le permitió ver más que una parte de ellos.** Al no poder verificar su validez o falsedad, el profesor Brewer Carías fue violentado en su derecho de contradecir las pruebas que la Fiscalía Sexta provisional esgrimía en su contra en la acusación.

d. Así, y siendo evidentes las negativas de la Fiscalía de exhibir los vídeos, la defensa del profesor Brewer Carías pidió la transcripción de los vídeos para verificar que efectivamente la transcripción hecha por la Fiscal Sexta provisional en la imputación fuera veraz, pero al final dicha solicitud fue rechazada, sosteniendo que no aportaba nada a la investigación.

e. Sumado a lo anterior, **no se le permitió ni al profesor Brewer Carías ni a su defensa, obtener copias del expediente y las actuaciones.** Tan sólo se les permitió la dispendiosa tarea de transcribir a mano 28 piezas de miles de páginas, a lo que el Estado manifiesta que la lectura de los expedientes se permite solamente en la sede de la Fiscalía.

f. Paralelamente, el Ministerio Público rechazó varias de las pruebas promovidas por la defensa, en especial los testimonios de Nelson Mezherane, Guaicaipuro Lameda, Yajaira Andueza, Nelson Socorro y Leopoldo Batista. Además, se negó la práctica de prueba anticipada para que se tomara declaración al ciudadano Pedro Carmona, ya que él mejor que nadie era testigo de los hechos. No obstante, dicha declaración no fue permitida al estar el involucrado en un proceso penal, lo cual carece de sustento jurídico visto que en ninguna parte del ordenamiento venezolano se indica que el hecho de estar imputado sea impedimento para rendir testimonio.

g. El 21 de octubre de 2005 se formalizó la acusación en contra del profesor Brewer Carías, con base en los mismos hechos notorios comunicacionales, basados en los mismos recortes de prensa que mencionaron en la denuncia y en la misma imputación fiscal, por lo que al pasar el proceso de fase de investigación a fase intermedia, la defensa hizo una adecuada exposición de las múltiples violaciones al debido proceso de las que había sido objeto el ciudadano Brewer Carías, y en consecuencia pidió la nulidad de todo lo actuado. Esta solicitud nunca fue decidida violándose con ello el derecho de protección judicial del acusado.

h. Asimismo, la declaración notariada bajo juramento del ciudadano Pedro Carmona Estanga en la ciudad de Bogotá no fue tenida en cuenta por el señor Juez provisorio de Control, a pesar de la firmeza de las declaraciones del señor Carmona manifestando que el profesor Brewer Carías no tenía nada que ver con la redacción del Acta constitutiva del Gobierno de Transición Democrática y Unidad Nacional, toda vez que relata como el día 12 de abril de 2002 solicitó la presencia del profesor Brewer Carías en el Fuerte Tiuna con el fin de contar con su opinión como abogado sobre el Decreto en cuestión, a la vez que sostiene que el mismo le envió un vehículo para recogerlo dicha madrugada.

i. Respecto de otros testimonios, no se permitió la presencia de la defensa, realizando las mismas sin la presencia de los abogados del profesor Brewer Carías. Ejemplo claro es el del testimonio que rindió el general Lucas Rincón, jefe del mando militar y quien anunció la renuncia del señor Presidente de la República durante el golpe de Estado.

235. Adicionalmente la profesora Giacometto, sobre la acusación basada en recortes de prensa con opiniones de periodistas, ninguno de los cuales fue testigo presencial de los hechos, consideró que "no entra dentro de los hechos susceptibles de ser hechos notorios comunicacionales," pues además de no ser "noticias sobre hechos ampliamente difundidas" fueron desmentidos públicamente por mí, concluyendo que en este caso, "es así notable, que el Ministerio Público utilizó la figura de los hechos notorios comunicacionales como elemento fundamental de su imputación y acusación, a pesar de que los mismos constituyen eximentes de prueba que en ningún caso pueden invertir la carga de la prueba, al punto de considerar las versiones periodísticas como ciertas hasta que no se demuestre lo contrario." De ello concluyó la profesora **Giacometto** su *Amicus curiae* presentado ante la Corte, afirmando que:

> "El profesor Brewer Carías debió enfrentar un proceso criminal en el cual la certeza que se le dio a los rumores esgrimidos en su contra, sumada a la falta de independencia de la justicia en la República Bolivariana de Venezuela, evitó que pudiese acceder a las pruebas, contradecirlas, interrogar a los testigos, o siquiera obtener copia de los expedientes para preparar adecuadamente su defensa en el proceso penal.
>
> La indebida utilización de la figura de los hechos notorios debilitó seriamente las garantías procesales del acusado provocando entre otras: 1. La violación de las garantías judiciales (Artículo 8 Convención ADH); 2. La violación de las garantías judiciales mínimas atinentes al derecho a la defensa de disponer de tiempo y de los medios adecuados para la preparación de su defensa (Convención ADH, Artículo 8.2.C) y de promover y repreguntar testigos (Convención ADH Artículo 8.2.F); la violación de la presunción de inocencia (Convención ADH Artículo 8.2); la violación

del derecho a la honra (Convención ADH Artículo 11) y el derecho a la libertad de expresión (Convención ADH Artículo 13).c."

236. En todo caso, también en este supuesto, el Estado ignoró totalmente esta denuncia de violación a mis derechos. En este caso, también, el Estado, en general sobre las violaciones alegadas respecto de las garantías judiciales previstas en el artículo 8 de la Convención, se limitó única y exclusivamente a decir que *"se abstiene de responder las supuestas violaciones alegadas"* porque el juicio contradictorio supuestamente "no ha comenzado," y la víctima "no se presentó a la audiencia preliminar" (pág. 220), lo cual como está demostrado, es falso. Por lo demás, en particular sobre la violación del derecho a la presunción de inocencia y a la defensa que mis representantes alegaron, el Estado no contradijo los hechos ni los alegatos, de manera que la Corte debió tenerlos como aceptados, limitándose el Estado sin embargo a decir que "en lo que se refiere a la inculpación presunta basada en un hecho notorio comunicacional se anexa a la presente la solicitud jurisprudencia del Tribunal Supremo de Justicia, de Sala Constitucional, con ponencia del Magistrado Jesús Eduardo Cabrera de 15 de marzo de 2000." (p. 220-221). Por ello, en este caso, más bien se trató de una confesión por parte del Estado de que lo que buscaba la Fiscal provisoria con ello, era invertir la carga de la prueba, dando por probados como "hecho notorio" que conforme al COPP no requieren prueba, los dichos y cuentos de periodistas que el denunciante que no denunció, **Ángel Bellorín**, había recortado cuidadosamente para involucrar a civiles en un hecho exclusivamente militar, y que yo había desmentido masivamente. Con ello se produjo una violenta violación de mi derecho a la presunción de inocencia, y de mi derecho a la defensa, al exigírseme que yo fuera quien probara mi inocencia.

237. La violación del derecho a la presunción de inocencia y a la defensa por parte de la Fiscal provisoria Sexta en el proceso penal llevado en mi contra y contra otros abogados, fue de tal magnitud, que durante el proceso, la Fiscal provisoria Sexta misma –hoy Fiscal General de la República- llegó a expresar por escrito en las actas del Expediente judicial, como lo denunciaron mis representantes, que ella presumía culpables a los imputados y que éstos eran quienes debían probar que no habían conspirado y que eran inocentes de lo que ella sospechaba. Como lo advirtió acertadamente la Dra. **Amira Esquivel,** ex Directora de Derechos Humanos de la cancillería Chilena en el *Amicus curiae* de fecha 19 de agosto de 2013 presentado ante la Corte:

"3.1.-La Fiscal acusadora del Prof. Brewer, en un escrito presentado ante el Juez correspondiente, el día 3 de junio del año 2005, señala textualmente:

"...por lo que en todo caso corresponde a la defensa del mismo demostrar ¿Porqué se supone que no conspiró?, ¿Cuáles fueron las objeciones y oposiciones en relación al decreto por medio del cual se suprimieron las instituciones democráticas?¿Porqué no fue redactor del decreto?" "...la falta de respuestas y pruebas para desvirtuar las

sospechas fundadas que tiene el Ministerio Publico acerca de su participación en la redacción del decreto, son las razones por las cuales se considera innecesario hacer una ampliación de la imputación, por cuanto en criterio del Ministerio Público no han demostrado que no participo, solo se han dedicado a plantear recursos temerarios que se traducen en dilaciones indebidas a desplegar una campaña a través de los medios de comunicación y de los organismos internacionales que protegen los derechos humanos…". (Subrayados nuestros).

3.2.-La aseveración denunciada constituye una tergiversación grave del principio de la carga de la prueba. Ha pretendido que quien pruebe sea su inocencia, sea precisamente quien no tiene esa obligación, pues es ya considerado constitucionalmente como tal." (Parte VI,3)

238. Al hacer referencia a la antes reseñada aseveración de la Fiscal provisoria Sexta, en el *Amicus curiae* presentado ante la Corte por la **Asociación Costarricense de Derecho Constitucional,** se dedujo claramente:

"que en la investigación penal desarrollada por el Ministerio Público en Venezuela, contra el profesor Brewer Carías y otros imputados y que *concluyó con la acusación formulada contra ellos, la representación fiscal consideró que correspondía a la defensa de los imputados y acusados desvirtuar la imputación hecha, es decir, que correspondía a los imputados desvirtuar la sospecha que el Ministerio Público pudo haber tenido de que supuestamente competieron algún delito. En otras palabras, considero que con esa comunicación, la representación fiscal confesó ante el Juez de Control que no cumplía ni cumpliría con su obligación de probar lo que imputaba, pretendiendo invertir la carga de la prueba, de manera que basándose en la supuesta existencia de un "hecho notorio" fueran los imputados quienes debían probar que no cometieron el delito que ella sospechaba que cometieron, buscando incluso que los imputados fueran quienes demostrasen que no hicieron lo que ella imputó que hicieron, sin prueba alguna, sólo basándose en sospechas derivadas de opiniones de periodistas, no en hechos que hubieran sido publicitados"* (¶ 23)

239. En este caso, de nuevo, como se dijo, el Estado ignoró totalmente esta denuncia de violación; no contradijo los hechos ni los alegatos, de manera que la Corte debió haberlos tenido como aceptados.

VI. VIOLACIÓN AL DERECHO A LA PRESUNCIÓN DE INOCENCIA Y A LA DEFENSA (ARTÍCULO 8.2, CONVENCIÓN), POR HABERME CONSIDERADO CULPABLE PÚBLICAMENTE, EL FISCAL GENERAL DE LA REPÚBLICA, ANTES DE QUE FORMULARAN LA ACUSACIÓN EN SU CONTRA

240. Mis representantes denunciaron ante la Corte, igualmente, la violación de mi derecho a la presunción de inocencia y a la defensa, por el hecho de que *el Fiscal General de la República en funciones en septiembre de*

2005, Sr. Isaías Rodríguez, publicó un libro (autobiografía) de su autoría, titulado *Abril comienza en Octubre*, en el cual afirmó pública e irresponsablemente, haciendo suyas las palabras de un "cuento" de un periodista (Rafael Poleo), copiándolo mal, y sin tener en cuenta los múltiples desmentidos públicos que yo había hecho; que yo habría estado el 11 y 12 de abril de 2002, junto con otras personas, *"redactando los documentos constitutivos del nuevo gobierno,"* violando así mi derecho a la presunción de inocencia y a la defensa, al *condenarme de antemano* y, darme como culpable -en su condición de Jefe del Ministerio Público- de un hecho falso, precisamente con base en uno de los recortes de prensa de "comentarios de periodistas" que había consignado el coronel **Bellorín** en su denuncia, que no fue "denuncia," según lo confesó ante la Fiscalía y ante la Corte, y que la Fiscal Sexta provisoria había transcrito en la imputación que me hizo en enero de 2005.

241. El libro salió publicado en septiembre de 2005, y sin duda influyó en la Fiscal provisoria Sexta para que ésta usara, dos semanas después, el mismo texto en la acusación que me formuló en octubre de 2005. Como lo expresé al responder una pregunta que me formuló en la audiencia del 3 de septiembre de 2013 el representante del Estado, Sr. **Saltrón**: "Solamente a Allan Brewer Carías condenó el Fiscal General de la República en ejercicio, ordenándole a sus subalternos que siguieran esa línea a través de ese libro que él publicó, donde involucró él directamente a Allan Brewer Carías de lo que sus subalternos estaban investigando. Sólo yo estoy mencionado en ese libro." El Estado, en todo caso, igualmente ignoró totalmente esta denuncia de violación; no contradijo los hechos ni los alegatos, de manera que la Corte debió tenerlos como aceptados.

242. Sobre esta conducta impropia del Fiscal General de la República, el testigo **Rafael Odreman**, en su *Declaración testimonial* ante la Corte, destacó lo grave que fue que el Fiscal General de la República de entonces, **Isaías Rodríguez**, hubiera incluido "en su libro editado en septiembre de 2005, *como si fuera un hecho cierto*, la opinión del periodista Rafael Poleo," agregando que:

"Lo grave es que dicho funcionario, quien era miembro del Consejo Moral Republicano, garante del cumplimiento de las garantías constitucionales del proceso, diera por cierto los dichos falsos de Rafael Poleo, al punto de que convirtiera tales dichos en palabras suyas propias. Es decir, al describir eso el Fiscal General dio por cierta –desde el momento en que lo incluyó en su libro como "recientes acontecimientos históricos del país"– la falsedad dicha o escrita por Rafael Poleo. Eso es una conducta impropia de un Fiscal General de la República, jefe del Ministerio Público, quien, quizás por la vanidad de convertirse en paladín de la revolución, *violó repugnantemente los deberes de su cargo, convirtiéndose en paladín del irrespeto a la Constitución, a la Ley y los ciudadanos.*

Nuestro defendido, desde el mismo día de los acontecimientos, se ha dedicado a responder la infamia que pusieron a correr Rafael Poleo y su hija Patricia Poleo, sobre unos hechos que nunca fueron como ellos y los medios dirigidos por ellos o a los que ellos acudieron, contaron; y, en cambio, el ciudadano Fiscal General de la República que debería ser imparcial, "lo que implica -como él mismo lo afirmó en su propio libro- "que no debo sacrificar la justicia frente a mis convicciones personales y debo ser objetivo y equitativo ante los asuntos que me competen por las atribuciones que la Constitución y la ley me confieren" (página 131); pues, en vez de ser imparcial se parcializó con la infamia que se puso a correr y que nuestro representado ha desmentido una y otra vez en declaraciones de prensa y en libros; e hizo suya la infamia. ¿Por qué el ciudadano Fiscal General de la República, historiador, no consultó las otras fuentes de información y el desmentido de nuestro defendido, y se parcializó por la infamia"(*Respuesta a Pregunta 4,I, Representantes Víctima*)

243. Concluyó el testigo **Odreman**, con razón, afirmando que "la publicación y referencia a Allan Brewer-Carías -a un caso en el cual la Fiscalía lo ha imputado-, que hizo el ciudadano Fiscal General de la República en su libro *"Abril comienza en Octubre"* constituye una *clara y flagrante violación del derecho a la presunción de inocencia de nuestro defendido, así como de todos los principios del proceso penal acusatorio"* (*Respuesta a Pregunta 4,I, Representantes Víctima);* agregando que:

"Lo escrito por dicho Fiscal General de la República en su libro, en efecto, violentó el derecho y garantía a la presunción de inocencia de nuestro defendido. El ciudadano Fiscal, simplemente se olvidó de sus obligaciones constitucionales y legales, *violando abierta y groseramente el derecho constitucional a la presunción de inocencia que garantiza a todas las personas el artículo 49.2 de la Constitución y el artículo 8 del Código Orgánico Procesal Penal, y ello es imperdonable, pues la violación a la Constitución que implican las actuaciones de la representación fiscal, hace que todas las actuaciones que se han realizado en relación con nuestro defendido en el Expediente C-43 estén viciadas de nulidad absoluta conforme a lo que dispone el artículo 25 de la propia Constitución, no pudiendo ser convalidadas"* (*Respuesta a Pregunta 4,I, Representantes Víctima)*

244. En todo caso, sobre los dichos de periodistas cuyos artículos y opiniones sirvieron de base para imputarme y acusarme, y que el Fiscal General de la República de entonces hizo suyos en su libro, el propio abogado **Isaías Rodríguez**, actual Embajador de Venezuela en Italia, fue llamado y compareció a la audiencia del 3 de septiembre de 2013 ante la Corte Interamericana en calidad de testigo ofrecido por el Estado, habiendo reconocido pública y abiertamente, que en su libro, escrito mientras era Fiscal General, jefe del Ministerio Público de Venezuela, había partido de un "cuento" narrado por el periodista Rafael Poleo, sobre mi supuesta y falsa participación en la redacción de documentos del "nuevo gobierno," que fue lo que nada menos había servido para la *denuncia* formulada por el coronel **Bellorín** en su contra, para la *imputación* que me hizo la Fiscal provisoria sexta y para la *acusación* posterior que también me hizo la misma Fiscal. El ex Fiscal y testigo **Isaías Rodríguez**, confesó haber hecho suyo "el cuento" dicho por Poleo, y haberlo aceptarlo como cierto, considerándome públicamente como culpable de lo que sus subalternos me habían imputado, violándome así, mi derecho a ser presumido como inocente y a la defensa.

245. La participación de **Isaías Rodríguez**, quien para abril de 2002 era el Fiscal General de la República, como testigo en la audiencia ante la Corte Interamericana del 3 de septiembre de 2013, puso en evidencia no sólo que **Rodríguez** no fue "testigo" de nada de lo que narró ante la Corte, siendo todo lo que dijo basado única y exclusivamente en dichos, cuentos o apreciaciones de periodistas, como expresamente él lo confesó; sino que materialmente también confesó que lo que motivó la imputación fiscal y la acusación formulada por el Ministerio Público en mi contra, fue todo basado en "un cuento."

246. Dijo ante la Corte Interamericana, simplemente, que "todos los medios de comunicación [...] dieron la información de que el decreto lo hizo el Dr. Brewer Carías," lo que por lo visto bastaba para su despacho me acusara penalmente; y además dijo, que la prensa supuestamente señalaba que ello lo ratificaba "también un sector importante del cuerpo diplomático acreditado en el país, de distintos países europeos y americanos, todos ellos sostenían que fue el Dr. Brewer el redactor, estoy hablando de una referencia." Como testigo no presentó evidencia alguna que apoyara los dichos de los periodistas, y a la pregunta que le formuló el profesor **Claudio Grossman**, uno de mis representantes, Decano de la American University School of Law de Washington, inquiriéndole que indicara "un solo" país extranjero cuyo representante hubiera atribuido al profesor Brewer Carías los hechos narrados en el "cuento" del Sr. Poleo o de los periodistas, no fue capaz siquiera de dar el nombre de un solo país cuyo diplomático hubiera llegado a decir a la prensa semejante mentira, limitándose a indicar que "fue una información de prensa en donde habían varios representantes diplomáticos;" agregando que:

"Los nombres lo tenían los periodistas no los tenía yo. Fueron los periodistas quienes hicieron la referencia de que el Dr. Brewer había redactado el decreto y que diplomáticos y periodistas estaban absolutamente conscientes de que él había sido el redactor."

247. En fin, el testigo **Isaías Rodríguez**, ex Fiscal General de la República, al referirse a los motivos de la imputación y acusación fiscal en mi contra, dijo que eran "cosas de periodistas," que eran simplemente "aseveraciones periodísticas," y que bien se sabe que "los periodistas dicen una cosa....". Y así y todo, habiendo sido informado previamente por la Fiscal provisoria Sexta, como lo confesó ante la Corte, de la imputación y la acusación en mi contra, aceptó que el Ministerio Público a su cargo me imputara y acusara con base en "cuentos" de periodistas; mintiendo ante la Corte al declarar bajo juramento que no conocía del curso de la investigación fiscal que se llevaba en mi contra en su despacho, por sus subalternos, y que ellos eran autónomos. Tan falso es ello, que basta leer la crónica oficial de la Agencia Bolivariana de Noticias (ABN) redactada por el periodista Ludovico Quiñones el día 12 de septiembre de 2005, en los días en que salía a la luz su libro *Abril comienza en Octubre*, y antes de la acusación formulada en mi contra por su subalterna, en la cual se indica:

"Caracas, 12 Sep. ABN (Ludovico Quiñones).- La fiscal del Ministerio Público Luisa Ortega Díaz elabora en los actuales momentos la acusación contra tres o cuatro personas relacionadas con la redacción del decreto mediante el cual Pedro Carmona Estanga desconoció los poderes públicos en abril de 2002.

La afirmación fue hecha este lunes por el Fiscal General de la República, Isaías Rodríguez, al referirse a quienes redactaron la proclama leída por Carmona Estanga, principal ejecutor del golpe de Estado en esa fecha.

La imputación contra estas personas la inició el extinto fiscal del Ministerio Público Danilo Anderson. Hoy la continúa Luisa Ortega Díaz.

Entre los señalados e imputados por ese caso están Allan Brewer Carías, Cecilia Sosa Gómez, Carlos Ayala Corao y otros.

El titular del Ministerio Público insistió en decir que de los siete imputados por el caso sólo tres o cuatro serán acusados por la elaboración del Decreto Carmona."[38]

248. Como lo destacó el testigo Dr. **Rafael Odreman** en su declaración testimonial ante la Corte, "corresponde al Ministerio Público probar la culpabilidad del imputado, de manera que incluso éste no está obligado legalmente a probar su inocencia. Ésta se presume, por lo que la carga de la prueba en el proceso penal corresponde íntegramente al Ministerio Público, quien debe probar sus imputaciones y para ello tiene necesariamente que aportar las pruebas pertinentes, agregando:

"El Fiscal General de la República, en cambio, dio por sentado en su libro que nuestro representado estuvo en alguna forma "redactando" el decreto de Gobierno de Transición, lo cual es completamente falso. Pero fue el Fiscal General de la República quien lo afirmó, lo que implica que *declaró culpable a nuestro defendido, violando abiertamente su derecho a que se le considere inocente.*" [...]

Al escribir el Fiscal General de la República de entonces en su libro, que nuestro defendido estaba supuestamente encerrado redactando con otros el decreto de constitución de un Gobierno de Transición, lo cual es

---

38 Véase Ludovico Quiñones, "Isaías Rodríguez dice que acusarán a quienes elaboraron decreto Carmona," Por: Agencia Bolivariana de Noticias (ABN), Lunes 12/09/2005, en *Aporrea*, disponible en http://www.aporrea.org/actuali-dad/n65908.html

completamente falso, **fue el propio Jefe del Ministerio Público venezolano el que pretendió** *trasladar a nuestro defendido y a su defensa, la carga de probar que es inocente y que no estuvo en forma alguna reunido con las personas que dice el Fiscal General ni estuvo redactando documento alguno de Gobierno de Transición; cuando es al Estado, a través del Ministerio Público, al que le corresponde probar que nuestro defendido es culpable de acuerdo con el principio del debido proceso.*

En consecuencia, en vista de la *confesión del ciudadano Fiscal General de la República de la época en el sentido de que no había respetado ni respetaría el derecho a la presunción de inocencia de nuestro defendido imputado, lo cual implicó la violación flagrante del artículo 49,2 constitucional*, procedimos a solicitar del Juez de Control la nulidad de todas las actuaciones de investigación adelantadas por el Ministerio Público en el proceso, por estar viciadas de nulidad absoluta ya que, conforme al citado artículo 190 del Código Orgánico Procesal Penal no podrán ser apreciadas para fundar una decisión judicial en contra de ningún imputado, ni utilizadas como presupuestos de ella, por haber sido cumplidas en contravención o con inobservancia de los principios previstos en dicho Código, la Constitución de la República y los tratados suscritos por la República, defectos éstos que son inconvalidables" (*Respuesta a Pregunta 4.I, Representantes Víctima*)

249. En todo caso, lo grave de todo esto es que el testigo ante la Corte Interamericana, **Isaías Rodríguez**, en la audiencia del 3 de septiembre de 2013 justificó sólo como "un cuento" lo que él mismo había escrito en el libro de su autoría titulado "*Abril comienza en octubre*" publicado en el mes de septiembre de 2005, meses después de que se formulara la imputación fiscal en mi contra, la cual se basó exclusivamente en el mismo cuento y dichos y opiniones de periodistas, quienes no fueron testigos presenciales de lo que comentaron; formulada por una de sus Fiscales subalternas en enero de 2005 (la Fiscal provisoria Sexta), pero antes de la acusación fiscal que la misma Fiscal provisoria formuló en mi contra en octubre 2005; llegando a afirmar falsamente en la audiencia ante la Corte Interamericana, que el libro había salido editado después que yo salí del país, lo cual es completamente falso, pues como está probado, salí de viaje del país el día 29 de septiembre de 2005.

250. El testigo **Isaías Rodríguez** afirmó públicamente ante la Corte Interamericana, en efecto, que la publicación de su libro "nadie lo puede entender como una acusación contra él [Brewer], porque *fue posterior incluso al momento en que el Dr. Brewer se ausentó del país.*" Por supuesto, como se dijo, ello es falso de toda falsedad, pues como consta en el expediente, ya salí libremente del país el 29 de septiembre de 2005, a cumplir compromisos personales y académicos; y salí no sólo después de que el Fiscal General hubiera editado su libro, sino después de haberlo leído, y de haberle enviado al propio Fiscal General una carta con fecha 28 de septiembre de 2005, *reclamándole vehementemente la violación masiva de mis derechos al debido proceso, a la defensa y a la presunción de inocencia, fundamentalmente por el hecho* *de que el Fiscal General de la República en su libro me diera por culpable de hechos que no cometí, copiando erradamente un dicho o un "cuento" del periodista Rafael Poleo, sin tomar en cuenta el desmentido público y múltiple que yo había hecho en la prensa, e ignorando, entre otras cosas, el nocivo efecto intimidatorio que ello podía tener hacia sus subalternos.*

251. Dijo incluso el ex Fiscal General **Isaías Rodríguez** ante la Corte Interamericana en su declaración en la audiencia del día 3 de septiembre de 2013, al responder una pregunta del profesor **Claudio Grossman**, simplemente que: *"Poleo refirió toda esta historia en un programa de televisión venezolano. Yo lo oí. Yo no hice la acusación.* Si yo hubiese hecho la acusación hubiese colocado las cosas de otra manera." Estas aseveraciones hechas por el Fiscal General de la República como Jefe del Ministerio Público, en un libro de su autoría, así fuera cierto que sólo contenía "un cuento" y que no era para acusar a nadie, como lo dijo repetidamente ante la Corte; sin la menor duda que tuvo un *efecto intimidatorio devastador* ante sus subalternos, máxime que, como se ha dicho, es falso que no tuviera conocimiento exacto de lo que sus subalternos estaban haciendo como resulta de lo narrado por el periodista Quiñones antes mencionado, y de lo confesado por él mismo en su declaración como testigo ante la Corte, contradiciéndose. Sin embargo, llegó a decir ante la Corte, ignorando su propio carácter de Jefe del Ministerio Público ante la pregunta del profesor **Grossman** sobre si estaba "enterado de las posibilidades de efecto intimidatorio" respecto de sus subalternos de sus afirmaciones en mi contra en el libro de su autoría publicado antes de la acusación fiscal, simplemente "Si él lo que quiere es que responda la pregunta puedo decirle exactamente que no."

252. Precisamente por todo lo anterior, el Dr. **Felipe González**, al presentar los Alegatos Finales por parte de la Comisión Interamericana de Derechos Humanos al final de la audiencia del día 4 de septiembre de 2013, argumentó ante la Corte que:

"Un hecho destacado constituye también *la participación del Ministerio Público, por una parte el entonces Fiscal General de la Republica a quien la Corte escuchó el día de ayer en pleno proceso de imputación y posible formalización de la acusación por parte de su inferior jerárquica, atribuyó responsabilidad penal al Sr. Brewer Carías en un libro al que aquí se ha hecho referencia; y en ese contexto, la Fiscal provisoria Sexta imputó y posteriormente formalizó la acusación en contra del Sr. Brewer Carías.*

Además de *esta clara imposibilidad de actuar con autonomía frente a su superior jerárquico y en condiciones de provisionalidad, existen varios elementos adicionales que permiten inferir la existencia de un perjuicio o un sesgo de dicha fiscal.*

Se destaca *la fuerte credibilidad de que la fiscal otorgo a la denuncia inicial presentada por el testigo Bellorín. El día de ayer dicho testigo explicó que la denuncia que presentó pretendía únicamente infor-*

mar la comisión de un delito y no acusar a nadie, agregó que la referencia de personas específicas se basó únicamente en notas periodísticas y que podía contener errores, en esto coincidió el Fiscal General, Julián Isaías Rodríguez en su declaración. Tres años después la Fiscal imputó el delito con base en los mismos elementos presentados de manera no corroborada en la denuncia, y formalizó la acusación [...]"

253. Por lo demás, debe destacarse que la imputación formulada en mi contra con base en el mismo dicho o "cuento" del periodista Rafael Poleo que hizo suyo, como verdad absoluta el entonces Fiscal General de la República, **Isaías Rodríguez**, tuvo lugar en enero de 2005, y que la acusación en mi contra, con base en el mismo dicho o "cuento" del periodista Poleo adoptado como cierto por el Fiscal General, se realizó en octubre de 2005, precisamente luego de la publicación de su libro, donde recogió e hizo suyo, básicamente, el mismo texto de los comentarios o "cuentos" del periodista Rafael Poleo, que el entonces Fiscal General de la República, **Isaías Rodríguez**, testigo ante la Corte, dio por verídicos y que recogió irresponsablemente en su libro, sin haberlos siquiera verificado, sin atender a los múltiples desmentidos que yo mismo había hecho por la prensa, e incluso cambiando el texto de lo que efectivamente escribió Poleo.

254. En la declaración dada ante la Corte Interamericana, el testigo **Isaías Rodríguez**, a pesar de que se basó en lo dicho o en el "cuento" de Poleo para considerarme culpable, admitió la poca credibilidad que el "sagaz" periodista Rafael Poleo podía tener, a pesar de que lo citó en su libro, afirmando, ante la lectura de la declaración del propio Rafael Poleo que le hizo mi representante el profesor Claudio Grossman, que *"es posible que Rafael Poleo haya dicho posteriormente que no lo dijo, primero; segundo afirmar lo contrario o afirmar lo verdadero en un caso con Rafael Poleo es bien complejo. Él se ha desdicho en muchas oportunidades."* Pero ni él en su libro ni la Fiscal provisoria Sexta cuando formuló la imputación y la acusación, se molestaron en verificar si lo que decía Poleo era cierto, y lo copiaron ciegamente.

255. En todo caso, el testigo **Isaías Rodríguez**, en sus respuestas a las preguntas del profesor **Claudio Grossman**, mintió nuevamente ante la Corte Interamericana al señalar que no había recibido la carta de fecha 28 de septiembre de 2005 que yo le envié antes de viajar al día siguiente al exterior, denunciando todas las violaciones a mi garantía del debido proceso a raíz de la publicación del mencionado libro *"Abril comienza en octubre"* en el cual, sin atender a los desmentidos que yo había efectuado en rueda de prensa el 16 de abril de 2002, copió - mal copiada - la versión errada dada por el periodista Rafael Poleo. El testigo **Isaías Rodríguez** dijo, mintiendo, ante la Corte:

> "El Dr. Brewer, si me envió la carta -aquí está el Dr. Brewer, lo conozco, - no la recibí nunca, si me la hubiera enviado, lo más seguro es que la hubiera contestado. Y que la hubiera contestado respetuosamente. Yo no soy enemigo del Dr. Brewer. Yo tengo por el Dr. Brewer, como jurista, una admiración que yo no sé si él la sabe o no la sabe, lo cité

muchísimas veces, es un extraordinario académico, y en mi opinión uno de los iniciadores del derecho administrativo en Venezuela."

256. El texto de dicha carta, en todo caso, cursa en el expediente que lleva la Corte Interamericana, y por su importancia, por las denuncias que contiene sobre la violación de mis derechos y garantías judiciales, mis representantes ante la Corte la consignaron en copia debidamente sellada como recibida en el propio Despacho del entonces Fiscal General de la República, **Isaías Rodríguez.** Es asombroso, por tanto que él, llegara a afirmar falsamente ante la Corte Interamericana, que nunca recibió dicha carta.

257. En todo caso, sobre la denunciada violación al derecho a la presunción de inocencia, los Jueces **Ferrer Mac Gregor y Ventura Robles**, en su Voto Conjunto Negativo, al referirse a la denuncia formulada precisamente por la publicación del libro del Fiscal General **Rodríguez**, formuladas por mis abogados defensores en la solicitud de nulidad absoluta consignada ante el juez penal, incluso antes de que se formulara la acusación penal, y que presentaron el día 4 de octubre de 2005, señalaron con razón que "de acuerdo con las pruebas que constan en el expediente, la no comparecencia del señor Brewer Carías se da *cuando ya se ha presentado la acusación en su co*ntra, momento en el cual la defensa del señor Brewer Carías informó al Juez Vigésimo Quinto que éste no regresaría al país por cuanto estimó que: i) "la actuación del Ministerio Público en el presente caso no ha sido otra cosa que una clara persecución política oficial en su contra"; ii) "el propio Fiscal General [...] hab[ía] violentado directamente su garantía a la presunción de inocencia, al haberlo condenado públicamente de antemano, al publicar su libro '*Abril comienza en octubre*'" ['''] (párrafo 105); agregando las siguientes consideraciones:

> 107. Lo señalado anteriormente, en especial el hecho de la publicación de un libro del Fiscal General titulado "Abril comienza en octubre" en el cual se refiere a ciertas versiones de una persona según las cuales el señor Brewer sería el autor del "Decreto Carmona" y en el cual afirma que el señor Brewer Carías supuestamente habría estado en una reunión donde se redactó dicho decreto, se relaciona directamente con el derecho a las garantías judiciales, específicamente, el derecho de presunción de inocencia.

> 108. En este sentido, cabe recordar la reciente jurisprudencia de la Corte en el caso *J Vs. Perú,*[39] donde establece claramente que:

> 233. En el ámbito penal, la Corte Interamericana ha señalado que el principio de presunción de inocencia constituye un fundamento de las

---

39 *Caso J. Vs. Perú. Excepción Preliminar, Fondo, Reparaciones y Costas.* Sentencia de 27 de noviembre de 2013. Serie C N° 275.

garantías judiciales[40]. La presunción de inocencia implica que el acusado no debe demostrar que no ha cometido el delito que se le atribuye, ya que el *onus probandi* corresponde a quien acusa[41] y cualquier duda debe ser usada en beneficio del acusado. Así, la demostración fehaciente de la culpabilidad constituye un requisito indispensable para la sanción penal, de modo que la carga de la prueba recae en la parte acusadora y no en el acusado[42]. **Por otro lado, el principio de presunción de inocencia implica que los juzgadores no inicien el proceso con una idea preconcebida de que el acusado ha cometido el delito que se le imputa**[43]. *(Resaltado añadido)*.

109. En este sentido, el Tribunal Interamericano, siguiendo lo establecido por el Tribunal Europeo ha resaltado que la presunción de inocencia puede ser violada no sólo por los jueces o tribunales a cargo del proceso, sino también por otras autoridades públicas,[44] por lo cual las autoridades estatales deben elegir cuidadosamente sus palabras al declarar sobre un proceso penal, antes de que una persona o personas haya sido juzgada y condenada por el delito respectivo.[45] Si bien en el marco del

---

40 *Cfr. Caso Suárez Rosero Vs. Ecuador. Fondo.* Sentencia de 12 de noviembre de 1997. Serie C N° 35. párr. 77; y *Caso López Mendoza Vs. Venezuela. Fondo, Reparaciones y Costas.* Sentencia de 1 de septiembre de 2001. Serie C N° 233, párr. 128.

41 *Cfr. Caso Ricardo Canese Vs. Paraguay. Fondo, Reparaciones y Costas.* Sentencia de 31 de agosto de 2004. Serie C N° 111, párr. 154; y *Caso López Mendoza Vs. Venezuela. Fondo, Reparaciones y Costas.* Sentencia de 1 de septiembre de 2011. Serie C N° 233, párr. 128.

42 En igual sentido se ha pronunciado el Comité de Derechos Humanos del Pacto de Derechos Civiles y Políticos. Comité de Derechos Humanos. Observación general N° 32, El derecho a un juicio imparcial y a la igualdad ante los tribunales y cortes de justicia (HRI/GEN/1/Rev.9 (vol. I)), párr. 30.

43 *Cfr. Caso Cabrera García y Montiel Flores Vs. México. Excepción preliminar, Fondo, Reparaciones y Costas.* Sentencia de 26 de noviembre de 2010. Serie C N° 220, párr. 184; y *Caso López Mendoza Vs. Venezuela. Fondo, Reparaciones y Costas.* Sentencia de 1 de septiembre de 2011. Serie C N° 233, párr. 128.

44 De esta forma, el Tribunal Europeo de Derechos Humanos ha considerado que declaraciones por parte del Ministerio del Interior y altas autoridades policiales, del Presidente del Parlamento, del Fiscal General u otras autoridades fiscales a cargo de la investigación e inclusive de parte de un conocido General retirado, que a la vez era candidato a gobernador, pero que no era un funcionario público al momento de sus declaraciones, generaron violaciones a la presunción de inocencia en cada caso. *Cfr. Allenet de Ribemont Vs. Francia,* 10 de febrero de 1995, Serie A N° 308; *Butkevicius Vs. Lituania,* N° 48297/99, § 49, TEDH 2002-II (extractos); *Daktaras Vs. Lituania,* N° 42095/98, § 42, TEDH 2000-X; *Fatullayev Vs. Azerbaiyán,* N° 40984/07, § 160 y 161, 22 de abril de 2010; *Khuzhin y otros Vs. Rusia,* N° 13470/02, § 95, 23 de octubre de 2008, y *Kuzmin Vs. Rusia,* N° 58939/00, § 59 a 69, 18 de marzo de 2010.

45 *Cfr. Daktaras Vs. Lithuania,* N° 42095/98, § 41, TEDH 2000-X; *ius Vs. Lituania,* N° 48297/99, § 49, TEDH 2002-II (extractos); *Ismoilov y otros Vs. Rusia,* N° 2947/06, §166, 24 de abril de 2008; *Böhmer Vs. Alemania,* N° 37568/97, §56, 3

proceso penal en sí mismo, los señalamientos de culpabilidad por parte de funcionarios tales como fiscales y procuradores no constituyen una violación a la presunción de inocencia, las declaraciones de estos funcionarios a la prensa, sin calificaciones o reservas, infringen la presunción de inocencia en la medida en que fomenta que el público crea en la culpabilidad de la persona y prejuzga la evaluación de los hechos por una autoridad judicial competente.[46] La Corte ha coincidido con este criterio y ha advertido que la presunción de inocencia exige que las autoridades estatales sean discretas y prudentes al realizar declaraciones públicas sobre un proceso penal.[47]

110. La Corte ha reiterado en su jurisprudencia que las autoridades estatales deben tener en cuenta que los funcionarios públicos tienen una posición de garante de los derechos fundamentales de las personas y, por tanto, sus declaraciones no pueden desconocer éstos.[48] Este deber de especial cuidado se ve particularmente acentuado en situaciones de mayor conflictividad social, alteraciones del orden público o polarización social o política precisamente por el conjunto de riesgos que pueden implicar para determinadas personas o grupos en un momento dado.[49] La presunción de inocencia no impide que las autoridades mantengan debidamente informada a la sociedad sobre investigaciones penales, pero requiere que cuando lo hagan, guarden la debida discreción y circunspección necesaria para garantizar la presunción de inocencia de los posibles involucrados.[50]

---

de octubre de 2002, y *Khuzhin y otros vs. Rusia,* N° 13470/02, § 94, 23 de octubre de 2008.

46   TEDH, *Allenet de Ribemont vs. Francia,* 10 de febrero de 1995, § 41, Serie A N° 308. En este mismo sentido, *Ismoilov and Others vs. Rusia,* N° 2947/06, § 161, 24 de abril de 2008.

47   *Caso J. Vs. Perú. Excepción Preliminar, Fondo, Reparaciones y Costas.* Sentencia de 27 de noviembre de 2013. Serie C N° 275, párr. 244.

48   *Cfr. Caso Apitz Barbera y otros ("Corte Primera de lo Contencioso Administrativo") Vs. Venezuela.Excepción Preliminar, Fondo, Reparaciones y Costas.* Sentencia de 5 de agosto de 2008. Serie C N° 182, párr. 131; *Caso Ríos y otros Vs. Venezuela. Excepciones Preliminares, Fondo, Reparaciones y Costas.* Sentencia de 28 de enero de 2009. Serie C N° 194, párr. 139; *Caso Perozo y otros Vs. Venezuela. Excepciones Preliminares, Fondo, Reparaciones y Costas.* Sentencia de 28 de enero de 2009. Serie C N° 195, párr. 151; y *Caso J Vs. Perú. Excepción Preliminar, Fondo, Reparaciones y Costas.* Sentencia del 27 de noviembre de 2013. Serie C N° 262, párr. 247.

49   *Cfr. Caso Ríos y otros Vs. Venezuela. Excepciones Preliminares, Fondo, Reparaciones y Costas.* Sentencia de 28 de enero de 2009. Serie C N° 194, párr. 139; y *Caso Perozo y otros Vs. Venezuela. Excepciones Preliminares, Fondo, Reparaciones y Costas.* Sentencia de 28 de enero de 2009. Serie C N° 195, párr. 151.

50   Al respecto, el Tribunal Europeo de Derechos Humanos ha indicado que: "The freedom of expression, guaranteed by Article 10 of the Convention, includes the freedom

111. Ahora bien, en el presente caso, el hecho de que el libro del Fiscal General, titulado "Abril comienza en octubre", saliera publicado en septiembre de 2005, podría haber llevado a presumir la culpabilidad del señor Brewer Carías en la redacción del llamado "Decreto Carmona", toda vez que la imputación formal en contra de la hoy presunta víctima por la fiscal a cargo se realizó en menos de un mes después, en octubre de ese mismo año, cuestión que precisamente fue motivo de impugnación en el primer recurso de nulidad de 4 de octubre de 2005 cuando se realizaba la etapa preliminar de investigación.

112. No pasa inadvertido que según obra en autos, el Fiscal General de la República designó, el 28 de agosto de 2002, directamente, como "suplente especial" a la fiscal que precisamente realizara en octubre de 2005 la imputación formal del señor Brewer Carías.[51] La posible violación al derecho de presunción de inocencia se hace más evidente en un régimen de provisionalidad de fiscales —en el que existe libre designación y remoción—, por lo que resultaba indispensable en el caso analizar esta situación estructural al poder dicha provisionalidad irradiar de manera negativa en la autonomía de los fiscales y en el proceso penal correspondiente, lo que estimamos no puede pasar desapercibido para los jueces interamericanos."

258. La violación de mi derecho a la presunción de inocencia por el propio Fiscal General de la República del momento, por tanto, quedó evidenciado en este caso, al violar la regla fundamental que destacan los Jueces **Ferrer**

---

to receive and impart information. Article 6 § 2 cannot therefore prevent the authorities from informing the public about criminal investigations in progress, but it requires that they do so with all the discretion and circumspection necessary if the presumption of innocence is to be respected". TEDH, *Allenet de Ribemont Vs. Francia*, 10 de febrero de 1995, § 38, Serie A N° 308. Ver asimismo, *Caso J. Vs. Perú. Excepción Preliminar, Fondo, Reparaciones y Costas*. Sentencia de 27 de noviembre de 2013. Serie C N° 275, párr. 247.

51 A folios 979 del expediente principal consta el nombramiento respectivo, que a la letra dispone: "REPÚBLICA BOLIVARIANA DE VENEZUELA. MINISTERIO PÚBLICO. Despacho del Fiscal General de la República. Caracas, 28 de agosto de 2002. Años 192° y 143°. RESOLUCIÓN N° 539: JULIÁN ISAÍAS RODRÍGUEZ DÍAZ, Fiscal General de la República, de conformidad con lo dispuesto en los artículos 1 y 49 de la Ley Orgánica del Ministerio Público, y en virtud de que han resultado infructuosas las diligencias realizadas para la localización y posterior convocatoria del Primer y Segundo Suplentes de la Fiscalía Sexta del Ministerio Público a Nivel Nacional con competencia plena, quedando así agotada la lista de suplentes respectiva, designo SUPLENTE ESPECIAL a la ciudadana abogada LUISA ORTEGA DÍAZ, titular de la cédula de identificación N° 4.555.631, quien se viene desempeñando como Suplente Especial de la Fiscalía Séptima del Ministerio Público de la Circunscripción Judicial del Área Metropolitana de Caracas, para que se encargue del referido Despacho, actualmente vacante, desde el 01-09-2002 y hasta nuevas instrucciones de esta Superioridad. Regístrese, Comuníquese y Publíquese. JULIÁN ISAÍAS RODRÍGUEZ DÍAZ. Fiscal General de la República".

Mac Gregor y **Ventura Robles** en su Voto Conjunto Negativo, de que los funcionarios públicos con sus declaraciones públicas no pueden:

"fomentar la culpabilidad de la presunta víctima, por lo que conforme a la jurisprudencia anteriormente señalada del Tribunal Interamericano, los fiscales a cargo de una investigación, y más aún los fiscales generales, deben abstenerse de escribir, así sea literariamente, respecto de los casos que están bajo el conocimiento de los demás fiscales, considerando que este deber de cuidado se ve acentuado en las situaciones de mayor conflictividad social, alteraciones de orden público o polarización social o política como lo sería la situación ocurrida los días 11, 12 y 13 de abril de 2002" (párrafo 113).

259. Pero por otra parte, sobre lo que declaró el ex Fiscal General de la República, **Isaías Rodríguez,** como testigo del Estado en la audiencia ante la Corte Interamericana, merecen consideración específica tres *afirmaciones falsas hechas bajo juramento de decir verdad ante la misma. Primero,* haber afirmado sin fundamento de ninguna especie, que yo, Allan Brewer Carías, luego de ser llamado por teléfono por Pedro Carmona en la madrugada del 12 de abril de 2005 pues quería hacerme una consulta legal como abogado, al ser trasladado a Fuerte Tiuna estuve "conversando con Pedro Carmona." Ello es falso, ya que al llegar a ese lugar precisamente nunca pude conversar con el Sr. Carmona, a quien sólo pudo saludar, pidiéndome de inmediato que como abogado revisara un proyecto de decreto de gobierno de transición que le habían mostrado a Carmona, y que tenían otras personas. Con posterioridad, yo no tuvo más ocasión de conversar con el Sr. Carmona para darle su opinión jurídica sobre el decreto, por cierto en forma contraria a su texto, la cual sólo se la pude expresar por teléfono el mismo día 12 de abril de 2002 en horas de la tarde, cuando me llamó a mi casa. Después del breve encuentro de recepción y saludo en la madrugada en Fuerte Tiuna, nunca más tuve ocasión de ver y hablar con Carmona en el país.

260. *Segunda falsedad,* haber afirmado el testigo **Isaías Rodríguez,** que supuestamente Pedro Carmona me había "llamado en una segunda oportunidad" para que me trasladase al Palacio de Miraflores hacia mediodía del día 12 de abril de 2002, para supuestamente consultar de nuevo mi opinión jurídica sobre el proyecto de decreto de gobierno de transición, y afirmar falsamente que yo me había reunido con Carmona, con quien supuestamente había discutido el tema. Ello también es completamente falso. Efectivamente me trasladé espontáneamente a dicho Palacio de Miraflores para tratar de hablar con Pedro Carmona, a fin de expresarle mis objeciones jurídicas respecto del texto del decreto que había analizado a su requerimiento, y no pude hablar con él, por lo que me retiré de ese lugar. El testigo **Isaías Rodríguez,** en efecto, en su testimonio ante la Corte Interamericana, *luego de declarar que no conocía el expediente, hizo referencia a la declaración que yo di ante la Fiscalía en junio de 2002,* en la siguiente forma:

"El Dr. Brewer en su declaración dice que le señaló al Dr. Carmona Estanga, que ese decreto era inconstitucional; que era inconstitucional porque planteaba la disolución de los poderes y que eso no se podía hacer por Decreto. Señala el Dr. Brewer que hubo una discusión entre él y Carmona, porque Carmona tenía una opinión distinta y entonces al final él sintió que su ética profesional le impedía quedarse allí porque se le llamaba para consultar estaba dando una opinión jurídica y no se le había tomado en cuenta y entonces se retiró molesto, hasta el punto, es su declaración, no estoy señalando que eso sea lo que ocurrió, se retiró molesto, y se fue, como pensando que el Dr. Carmona tenía además de él otros asesores."

261. De lo declarado por **Isaías Rodríguez** sobre mi declaración, lo único cierto fue que efectivamente estuve en el Palacio de Miraflores en horas del mediodía del 12 de abril, de donde me retiré al poco tiempo, molesto, no sólo por lo que observé estaba ocurriendo, sino precisamente porque no pude hablar con Carmona, que era la persona que me había solicitado en la madrugada mi opinión jurídica como abogado, y con quien no había podido reunirme y hablar. Es falso, en todo caso, que esa visita al Palacio presidencial hubiera sido a requerimiento de Carmona, que me haya reunido con él y que supuestamente yo haya discutido con él.

262. *Tercero*, la otra falsedad en que incurrió **Isaías Rodríguez** en su declaración ante la Corte Interamericana como testigo, fue la glosa que hizo, supuestamente para "contradecir" lo que yo había declarado ante la Fiscalía en junio de 2002, de lo que calificó como una "referencia" respecto del contenido de una declaración que estaba en el expediente – expediente que sin embargo había dicho falsamente que no conocía – de fecha 27 de septiembre de 2004, dada por el Sr. Rafael O. Arreaza Padilla, "primo hermano de Pedro Carmona" según dijo, a quien Carmona había designado el 12 de abril de 2002 como su Ministro de Sanidad. En dicha declaración, a la cual se refirió el testigo **Isaías Rodríguez** en su declaración ante la Corte Interamericana, el Sr. Arreaza hizo referencia a una supuesta reunión, en la cual él habría estado presente, y que supuestamente se habría efectuado en el Palacio de Miraflores el mismo día 12 de abril de 2002, según **Isaías Rodríguez**, "después de la lectura del decreto de gobierno de transición"; reunión, en la cual Pedro Carmona supuestamente habría estado con los destacados abogados y profesores de derecho administrativo Dres. Nelson Socorro, Gustavo Linares Benzo, y Cecilia Sosa; indicando el testigo **Isaías Rodríguez**, que en dicha reunión supuestamente se habría producido una llamada telefónica a mi persona, que se habría supuestamente abierto en "speaker phone" de manera que fuera oída por todos los presentes. El testigo **Isaías Rodríguez**, quien por supuesto no fue testigo de la realización de esa supuesta e inexistente reunión ni de la supuesta e inexistente conversación telefónica que aquellos habrían tenido conmigo, pretendió ante la Corte Interamericana, al declarar en relación sobre este tema, como testigo presentado por el Estado, dar como verídico su "cuento" sobre lo declarado por el Sr. Arreaza, para pretender contradecir que yo había expresado a Pedro Carmona -como en efecto lo hice- mi opinión jurídica contraria al decreto del gobierno de transición. **Isaías Rodríguez** dijo en efecto ante la Corte:

"al Palacio de Miraflores después que se lee el decreto, que lo lee Daniel Romero, […], se presentan al Palacio de Miraflores, tres ilustres abogados de Venezuela, Nelson Socorro, Cecilia Sosa y un constitucionalista Linares Benzo, y le dicen a Carmona, que ese Decreto es inconstitucional, y que ellos vienen a hablar con él, porque eso hay que revocarlo pues, a pesar de haber sido leído y aprobado y como fuera que es inconstitucional. Entonces Carmona le dice, pero es que yo no he hecho el Decreto. El Decreto lo hizo Brewer. Y él me ha dicho que si yo no disuelvo la Asamblea, la Asamblea me va a disolver a mí. Si el Parlamento no, si yo no lo disuelvo el Parlamento me va a disolver a mí. Ellos insisten, y dicen, mira lo puede haber dicho Papa Dios, pero nosotros somos tres personas que estamos contigo y somos tres constitucionalistas. Cecilia Sosa era ex presidente del Tribunal Supremo. Entonces Cecilia insiste, y cuando insiste, él le dice vamos a resolver el problema, y llama a Brewer y pone el teléfono en fono, y le dice, mira Brewer, aquí tenemos tres personas y le dice quiénes son, y le dice que el decreto es inconstitucional porque no se puede disolver el estado y Brewer contesta Carmona chico incluso utiliza esa expresión que no es usual en el Dr. Brewer, porque él es muy académico, Carmona, chico, convéncete ese es el Decreto, no eches pa'trás. Carmona dudó, en ese momento, pero se lo está diciendo una persona de su confianza y ejecuta todo de la manera como se fue desarrollando."

263. Lo dicho por el testigo **Isaías Rodríguez** ante la Corte Interamericana, por supuesto, *es totalmente falso*, y por lo demás, ni siquiera coincide con lo que efectivamente declaró el Sr. Arreaza ante la Fiscalía, habiendo sido, sin duda, otro nuevo "cuento" de **Isaías Rodríguez** pero esta vez expresado ante la Corte Interamericana. En realidad, lo que declaro Rafael O. Arreaza Padilla sobre la supuesta reunión de los antes mencionados abogados con el Sr. Carmona, que nunca ocurrió ni tuvo lugar, en la entrevista que sostuvo en la Fiscalía General de la República el día 27 de septiembre de 2004, y que consta en el Expediente, fue en efecto lo siguiente:

"[…] A partir de las 2:00 p.m., se acercan al Despacho Presidencial, la Doctora Cecilia Sosa Gómez, el Dr. Nelson Socorro, el Dr. Gustavo Linares Benzo y me solicitan a mí hablar con Carmona, cuando les pregunto de que se trataba para informarle a Carmona, me dicen que tienen serios cuestionamientos al decreto y que si yo lo había leído; yo le contesté que yo no sabía de Decreto, y ellos me lo enseñan; cuando lo leo, inmediatamente comento que eso era una barbaridad jurídica, porque no podías disolver funcionarios electos a través del voto con un decreto; y le pedí que me prestaran el decreto para preguntarle a Carmona si ese era el decreto, quien al verlo me dijo inmediatamente, sí ese es el decreto; entonces le dije , mira aquí afuera están estos magistrados y abogados, que tienen serios cuestionamientos al igual que yo de ese proyecto de decreto; y me dice bueno pásalos al despacho; cuando comienza Cecilia Sosa a comentar, la inconstitucionalidad del decreto, yo hago el siguiente comentario; no se puede disolver la Asamblea porque sus integrantes fueron electos mediante votación, y que era un error político para un Gobierno de Transición, pelear con todos los partidos políticos representados en la Asamblea, y contra todos los Gobernadores; inmediatamente Carmona comenta, lo que pasa es que Allan dice (refiriéndose a Allan Brewer Carías) que si no "se disuelve inmediatamente esa Asamblea mas temprano que tarde esa Asamblea me va a disolver a mí; siguieron los comentarios, alguien dijo allí que podía disolver sin problemas al Tribunal Supremo de Justicia, al Fiscal General, al Procurador y Defensor del Pueblo, porque estos podían ser designados temporalmente, mientras una nueva asamblea, los designar en forma legal; finalmente Carmona concluye diciendo, vamos a llamar a Allan, en ese momento entran al despacho el Coronel Julio Rodríguez Salas y el General Romel Fuenmayor y se incorporan a la reunión, en ese momento Carmona saca su libreta de teléfonos y pude ver en ella Brewer Allan, con un teléfono de Movilnet al cual llama Carmona, y le dice Allan aquí estamos un grupo de abogados, quienes cuestionan la disolución de la Asamblea y de Gobernadores y Alcaldes a través de un Decreto, entonces le contesta Allan, con la misma versión, lo que pasa chico Carmona, es que si tu no disuelves esa asamblea más temprano que tarde esa Asamblea te va a disolver a ti, todos los que estamos presentes, replicamos que eso no era así, Carmona le hizo los comentarios a Allan Brewer Carías, quien de acuerdo a Carmona concluye diciendo, convéncete Carmona que ese es el decreto, ni un paso atrás; allí todos nos dimos cuenta que a partir de ese momento, Carmona que había entrado en duda con respecto al decreto, se convenció plenamente de que tenía que hacer lo que le estaba recomendando Allan Brewer Carías, los presentes militares dicen, lo dice Julio Rodríguez Salas, bueno Presidente tenemos el poder en las manos con ese decreto y en el camino lo enmendamos; a partir de ese momento se retiran los abogados […]" (**Pieza XI, Folios 6/14 del Expediente penal**).

264. Esa supuesta reunión, en realidad, *nunca se efectuó ni tuvo lugar, y la supuesta conversación por teléfono entre Pedro Carmona y mi persona, que habrían oído varias personas, entre ellos los abogados Socorro, Linares y Sosa, tampoco se efectuó*. Lo expresado en la declaración por el Sr. Arreaza es completamente falso. Por ello, precisamente, luego de haber tomado conocimiento de esa declaración del Sr. Arreaza por las informaciones que el propio Ministerio Público dio a los medios de comunicación, yo mismo acudí espontáneamente ante el despacho de la Fiscal provisoria Sexta en la Fiscalía General de la República, antes incluso de ser imputado, y consigné el día 24 de enero de 2005, un escrito expresando lo siguiente:

"**I.** Por los medios de comunicación del país, en octubre del año pasado (2004), se dio amplia cobertura a la entrevista que se le habría hecho en la Fiscalía General de la República al ciudadano RAFAEL ARREAZA PADILLA, el día 27 de septiembre de 2004, en la cual habría afirmado entre muchos otros aspectos públicamente cuestionados en dichas notas de prensa, que entre las 2.00 PM y las 3.15 PM del día 12 de abril de 2002, habría tenido lugar una reunión en Miraflores, en la que habrían estado presentes, además del mismo Arreaza y de Pedro Carmona, los abogados Cecilia Sosa Gómez, Nelson Socorro y Gustavo Linares Benzo, en la cual se habrían discutido cuestionamientos sobre un proyecto de decreto en el que se proyectaba disolver a la Asamblea Nacional.

En esa reunión, si es que se realizó, obviamente que quien suscribe (Allan R. Brewer-Carías) no estaba, ya que no estuve en Miraflores en horas de la tarde de ese día 12 de abril cuando se habrían tomado las decisiones políticas que culminaron con la emisión del referido decreto de un gobierno de transición. Sin embargo, Arreaza habría referido en su declaración ante esa Fiscalía, que en esa supuesta reunión, Carmona habría dicho que Allan Brewer Carías opinaba que debía disolverse la Asamblea Nacional.

Esta afirmación, si es que la hizo Arreaza, es completamente falsa.

Para ese momento del día 12 de abril yo ni siquiera había tenido ocasión ni oportunidad alguna de hablar con Carmona sobre el tema, ni personalmente ni por teléfono, por lo que no le habría podido haber expresado opinión alguna, por lo que mal podría saber Carmona qué era lo que supuestamente yo podía opinar. Ignoro si Carmona hizo la afirmación a que refiere Arreaza, pero lo cierto es que era imposible que dijera cuál podía ser mi opinión, si no había tenido aún oportunidad de dársela.

Además, la opinión que Arreaza dice que Carmona expresó yo no se la había dado a nadie, y menos a personas que pudieran, incluso, habérsela trasmitido.

II. En la referida declaración, Arreaza habría agregado que a la antes mencionada reunión con los abogados indicados, se habrían incorporado el Coronel Julio Rodríguez Salas y el General Romer Fuenmayor; y que entonces, en ese momento, Carmona me habría llamado telefónicamente (a Allan Brewer Carías), a un teléfono Movilnet, informándome que allí estaba con un grupo de abogados discutiendo sobre el contenido del decreto de disolución de la Asamblea Nacional y que, supuestamente, quien suscribe (Allan Brewer Carías) habría contestado con la misma supuesta versión de la disolución de la Asamblea Nacional, a lo cual habrían replicado negativamente todos los presentes, pero que Carmona se habría convencido plenamente de lo que supuestamente le estaba recomendando Allan Brewer Carías. A partir de ese momento, afirmó Arreaza en su declaración, se habrían retirado los abogados.

Esta afirmación, si es que la hizo Arreaza ante esta Fiscalía, también es completamente falsa.

Yo no hable telefónicamente con Carmona sobre el proyecto de decreto en esas horas de la tarde, ni con él solo ni estando él reunido con abogados, ni le expresé lo que se afirma en esa declaración.

Ignoro, además, si esa reunión tuvo lugar en esas circunstancias de lugar y tiempo, con los abogados participantes que allí se indica. Creo que bastaría con preguntarles a dichos abogados si dicha reunión ocurrió en esa forma, para constatar la veracidad o falsedad de la declaración.

Por lo demás, de haberse dado esa supuesta conversación telefónica conmigo, la que no ocurrió, hubiera sido imposible que no hubiera habido alguna fortísima discusión con dichos abogados, todos profesores de derecho público, quienes por lo demás conocen bien mi pensamiento jurídico y con quienes a lo largo de las décadas pasadas he tenido el privilegio de haber trabajado conjuntamente en muchos proyectos académicos y profesionales.

III. Durante todo el día 12 de abril sólo pude hablar con Pedro Carmona sobre el asunto del proyecto de decreto, cuando efectivamente sí me llamó por teléfono cerca de las 6.00 PM., para pedirme mi opinión sobre el mismo.

Yo me encontraba en mi casa de habitación, y tuvimos una conversación absolutamente breve, en la cual estimé que sólo estábamos participando los dos sin que me hubiera indicado que estaba con otras personas que pudieran haber estado oyendo. En dicha conversación sólo le expresé opiniones jurídicas, indicándole mis objeciones al proyecto de decreto particularmente por la proyectada disolución de la Asamblea Nacional que lesionaba el principio democrático constitucional representativo, advirtiéndole que además violaba la Carta Democrática Interamericana, lo cual podía ocasionar graves reacciones internacionales.

Al finalizar la conversación telefónica, en vista de mis objeciones Carmona me dijo que pensaría más el asunto y que pospondría el acto que tenían proyectado realizar, lo cual me tranquilizó. Sin embargo, según pude presenciar por la televisión desde mi casa de habitación, donde me encontraba, a los pocos minutos de dicha conversación telefónica se dio inicio a dicho acto, y pude constatar de lo que oí y vi, que lamentablemente no se había hecho caso a mi recomendación jurídica.

IV. En definitiva, mi criterio profesional expresado a Carmona fue contrario a las decisiones políticas que estaban incorporadas en el documento; por eso en su libro *Mi Testimonio ante la Historia*, el mismo Carmona señaló que "nunca he atribuido al Dr. Brewer-Carías la autoría del Decreto, pues sería irresponsable", agregando que:

"Respeto incluso las diferencias que el Dr. Brewer expresara en relación con el camino elegido y las constancias que dejó en las actas de la entrevista que le hiciese la Fiscalía General de la República, aun cuando discrepo de algunas de sus interpretaciones. Pero él mismo dijo que se alegró con la rectificación posterior del Decreto, pues atendía la esencia de sus preocupaciones, principalmente respecto a la Carta Democrática Interamericana" (p. 107-108).

Ello confirma la falsedad de lo que habría declarado Arreaza ante esa Fiscalía.

Estimé efectivamente, como lo he expresado repetidamente, que lo que se proponía como decisiones en el documento era contrario a la Carta Democrática Interamericana, que es el instrumento internacional sobre doctrina democrática más completo en el Continente, y por ende, contrario al orden constitucional." **(Pieza XI del Expediente, folios 214/217).**

265. En todo caso, la falsedad sobre la referida reunión quedó corroborada por lo expresado ante la Fiscalía General de la República por el Dr. **Gustavo Linares Benzo**, señalado por Arreaza como uno de los supuestos participantes en la misma, quien en una entrevista efectuada en septiembre de 2005, incluso sin posibilidad de ser repreguntado por mis abogados defensores, señaló ante las preguntas que le formuló la Fiscal, lo siguiente:

"5. *Diga usted si cuando entró a hablar con el Dr. Pedro Carmona había otras personas* Contestó: Había varias personas de las cuales sólo recuerdo al Vicealmirante Ramírez Pérez, alrededor de las 4 pm.

6. Diga usted que personas entraron con usted a hablar con el D. Carmona Contestó: Sólo Gustavo García. [...]

8. *Diga usted cuándo vio a la Dra. Cecilia Sosa, qué estaba haciendo y donde se encontraba la misma.* Contestó: En el camino hacia el despacho pequeño de Carmona, me parece haberla encontrado en el despacho oficial del presidente de la República, ella estaba parada y la saludé, estaba con un grupo de 3 o 4 personas a quienes no conocía. Sería como a las 3.00 de la tarde" **(Pieza XXV, folio 76).**

266. El profesor **Linares Benzo**, conocido administrativista, en su declaración, no hizo referencia alguna a supuesta reunión junto con los profesores Nelson Socorro y Cecilia Sosa con el Dr. Carmona en presencia del Ministro de Sanidad Arreaza, del gobierno de Carmona, como falsamente lo afirmó el mismo Arreaza y repitió el testigo **Isaías Rodríguez**, ni sobre la supuesta conversación telefónica que todos supuestamente habrían tenido conmigo, narrada por el mismo Arreaza, lo que por su puesto también era y es falso. En todo caso, el Dr. **Gustavo Linares Benzo**, ante la falsa afirmación que en la audiencia del 3 de septiembre de 2013 formuló el testigo **Isaías Rodríguez** ante la Corte Interamericana, para desvirtuar lo que éste último afirmó falsa y erradamente, al enterarse de lo dicho por **Rodríguez,** con fecha 18 de septiembre de 2013 formuló ante el Cónsul General de Costa Rica en Caracas, una declaración jurada cuyo texto consignaron mis representantes ante la Corte, en la cual sobre la supuesta e inexistente reunión y conversación telefónica que habría presenciado el Sr. Arreaza, indicó:

"Son completamente falsos los hechos referidos por el Dr. Isaías Rodríguez Díaz en su testimonio ante la Corte Interamericana de los Derechos Humanos con motivo del caso Allan Brewer Carías contra Venezuela, el día tres (3) de septiembre de 2013 [...] Al respecto debo decir que *nunca estuve en una reunión en la que se encontraran presentes los mencionados señores Pedro Carmona Estanga, Padilla Arreaza y los doctores Cecilia Sosa y Nelson Socorro, ni presencié nunca que el señor Carmona Estanga u otra persona hablara por teléfono con el Dr. Brewer Carías o de alguna otra forma conversara con él, ni en el palacio de Miraflores ni en ningún otro lugar, ni el 12 de abril de 2002 ni en ningún otro momento.*

Presento esta exposición en virtud de que, como dije, fui mencionado en una audiencia pública ante un tribunal internacional que tuvo gran difusión en los medios de comunicación venezolanos e internacionales. En esa mención *se me puso por testigo de hechos que nunca presencié, lo que me exige la presente declaración.*".

267. En todo caso, al contrario de lo que el testigo del Estado, **Isaías Rodríguez**, refirió falsamente en la audiencia de la Corte sobre lo que el Sr. Arreaza declaró ante la Fiscalía, el propio Pedro Carmona indicó enfáticamente su libro *Mi Testimonio ante la Historia*, sobre mi opinión adversa respecto del contenido del decreto que se adoptó, lo cual ratificó en la declaración que hizo ante la Asamblea Nacional, afirmando "que nunca he atribuido al Dr. Brewer-Carías la autoría del Decreto, pues sería irresponsable, como lo hicieron luego representantes del oficialismo para inculparlo." (p. 107-108). De las afirmaciones de Pedro Carmona resulta claro que el criterio profesional que yo le expresé como abogado, fue contrario a las decisiones políticas que estaban incorporadas en el documento de decreto; y de allí, sin duda, las "diferencias en relación con el camino elegido" a que en dicho libro hizo referencia el Dr. Carmona, quien además señaló que discrepó de mis interpretaciones jurídicas.

268. Por otra parte, mis representantes llamaron la atención de la Corte Interamericana sobre el hecho de que a pesar de la importancia que el testigo **Isaías Rodríguez** le dio en su declaración a lo que supuestamente había declarado el Sr. Arreaza ante la Fiscalía General de la República, esa declaración *no fue utilizada como supuesto* "elemento de convicción" por su subalterna la Fiscal provisoria Sexta en la imputación que me hizo el 27 de enero de 2005. La Fiscal, en efecto, omitió toda referencia a esa falsa declaración de Arreaza que cursaba en el expediente desde septiembre de 2004, lo que mis defensores atribuyeron al hecho de que quizás la Fiscal habría advertido la falsedad de dicha declaración, pues más bien parecía una excusa del Sr. Arreaza para justificar su presencia en Miraflores y su participación activa en los actos que allí se celebraban, en su carácter de Ministro del nuevo gobierno, y en los cuales yo no estuve presente. Por supuesto, a pesar de que la Fiscal no utilizó la falsa declaración de Arreaza para la imputación fiscal en mi contra, mis defensores, cumpliendo con el deber de cubrir todos los aspectos de la defensa, solicitaron formalmente a la Fiscal la citación y declaración de las personas que el Sr. Arreaza decía que habían estado presente cuando ocurrió lo por él había relatado, uno de los cuales era el Dr. Nelson Socorro, con quien incluso me había reunido en la mañana del 13 de abril de 2002; todo con el objeto de demostrar la falsedad de la versión del Sr. Arreaza que inventó una conferencia telefónica que nunca ocurrió y me atribuyó expresiones falsas que nunca dije, y además evidenciar, que yo mismo le había manifestado también al Dr. Socorro mi opinión jurídica contraria al mencionado decreto. Como lo afirmó ante la Corte Interamericana, como testigo, el uno de mis abogados defensores, el Dr. **Rafael Odreman** en su *declaración testimonial*:

"Como quiera que lo supuestamente declarado por el ciudadano Arreaza es falso, solicitamos la citación y declaración de una de las personas que el Sr. Arreaza decía que había estado presente cuando ocurrió lo relatado por él, esto es, el Dr. Nelson Socorro. El objetivo era demostrar la falsedad de la versión del Sr. Arreaza que inculpaba al Dr. Brewer y además evidenciar que el Dr. Brewer le había manifestado también al Dr. Socorro su opinión contraria al mencionado decreto, con quien se reunió en su casa de habitación el día 13 de abril de 2002 en la mañana, cuando Socorro fue a visitarlo.

Esta declaración también fue negada por la Fiscalía y lo más grave es que en la posterior acusación formal que hizo la Fiscal contra el profesor Brewer, utilizó la declaración del Sr. Arreaza como elemento de convicción en su contra." (*Respuesta a Pregunta 4,C, Representantes Víctima*)

269. En efecto, para demostrar la falsedad de lo afirmado por Arreaza en su declaración ante la Fiscalía, y a pesar de que su declaración no se había incluido en la imputación en mi contra, mis defensores **León Henrique Cottin** y **Rrafael Odreman**, testigos ante la Corte Interamericana, solicitaron a la Fiscal provisoria Sexta del Ministerio Público, mediante escrito de fecha 4 de abril de 2005, que se citara al Dr. **Nelson Socorro** para que declarara ante la Fiscalía, exponiendo lo siguiente:

"En la mañana del día 13 de abril de 2002 nuestro representado estuvo reunido con el ciudadano Nelson Socorro y conversó con él diversos tópicos sobre los hechos ocurridos los días anteriores, en especial *su opinión contraria al decreto de constitución del gobierno de transición*.

Siendo dicho ciudadano un testigo presencial de las actuaciones de nuestro defendido durante ese encuentro y tomando en cuenta que su testimonio es importante para el esclarecimiento de la verdad, así como *para desvirtuar las imputaciones que se le han formulado*, solicitamos respetuosamente, de conformidad con el numeral 1° del artículo 49 de la Constitución de la República Bolivariana de Venezuela y de los artículos 125, numeral 5° y 305 del Código Orgánico Procesal Penal, sea citado el ciudadano Nelson Socorro, [...] para que conteste las siguientes preguntas y las que a bien tenga formularle la representación fiscal:

1) Diga Usted si el día 13 de abril de 2002 desayunó y estuvo durante la mañana de ese día con el Dr. Allan R. Brewer-Carías.

2) Diga Usted cual fue el tema central de conversación que sostuvo con el Dr. Brewer-Carías esa mañana.

3) Diga Usted si el Dr. Brewer-Carías le informó sobre la solicitud que le hiciera el Sr. Pedro Carmona en la madrugada del día anterior, 12 de abril de 2002 para que fuera a Fuerte Tiuna para dar una opinión jurídica sobre un proyecto de decreto de gobierno de transición que ya estaba redactado.

4) Diga Usted cual fue la opinión que el Dr. Brewer-Carías le manifestó que tenía sobre el mencionado proyecto de decreto sobre el cual le habían pedido opinión y que se había leído en acto realizado en el Palacio de Miraflores en la tarde del día 12 de abril de 2002.

5) Diga Usted si el Dr. Brewer-Carías tenía una opinión contraria a lo que se había decidido en el Palacio de Miraflores la tarde del 12 de abril de 2002, en relación con la forma de constitución del gobierno de transición violándose la Constitución.

6) Diga Usted si estuvo en alguna reunión con Pedro Carmona en el Palacio de Miraflores en la tarde del día 12 de abril de 2002, en la cual Usted hubiera estado presente junto con la Dra. Cecilia Sosa, el Dr. Gustavo Linares Benzo, el Coronel Julio Rodríguez Salas, el general Romel Fuenmayor y otras personas desde la cual se habría llamado telefónicamente al Dr. Allan R. Brewer-Carías para discutir sobre el proyecto de decreto del gobierno de transición.

7) Diga Usted si el Dr. Brewer-Carías le informó sobre la conversación telefónica que tuvo con el Dr. Pedro Carmona antes de que se realizara el acto de constitución del gobierno de transición en el Palacio de Miraflores en la tarde del día 12 de abril de 2002, así como sobre la opinión adversa que le dio sobre el antes mencionado decreto de gobierno de transición" **(Pieza XVIII, folio 112).**

270. Esta petición para que se citara a declarar al Dr. **Socorro** fue sin embargo negada por la Fiscal provisoria Sexta, la cual mediante auto de fecha 21 de abril de 2005, decidió lo siguiente:

"TERCERO: En cuanto al escrito de fecha 4 de abril de 2005 y recibido en este despacho fiscal el 5 de abril de 2005, donde solicitan sea citado el ciudadano Nelson Socorro, para que conteste a preguntas formuladas en el mencionado escrito, esta representación fiscal *NIEGA dicha solicitud, por ser impertinente e innecesaria*, ya que los solicitantes no señalan qué pretenden probar, cuáles son los hechos imputados Ministerio Público que van a desvirtuar con este testimonio." **(Pieza XVIII, folio 249).**

271. El auto de la Fiscal fue sometido a control ante el Juez 25° de Control, el cual acordó que las citaciones se realizaran. Apelado el auto judicial por la Fiscal provisoria Sexta Luisa Ortega Díaz, ante la Corte de Apelaciones, para justificar su arbitrariedad, la Fiscal provisoria Sexta, en escrito de fecha 30 de junio de 2005 solicitó la nulidad del auto del Juzgado 25 de control, argumentando que:

> "De las innumerables pruebas solicitadas por los defensores, han sido acordadas casi en su totalidad, como consecuencia de lo cual es igualmente falso que se haya hecho caso omiso a la petición de evacuación de pruebas, salvo las declaraciones de los ciudadanos Nelson Mezerhane, Nelson Socorro, Yaya Andueza y Leopoldo Baptista que pretenden que el Ministerio Público entreviste a los fines de que tenga conocimiento de lo que el abogado Allan Brewer Carías les dijo a ellos, como si el solicitante ya no se lo haya hecho saber a la representante fiscal y pretendiendo incorporar pruebas de testigos referenciales que tenían valor legal en la vigencia del Código de Enjuiciamiento Criminal, por lo que a criterio del Ministerio Público los testimoniales *no eran ni son necesarios para esclarecer los hechos* y así les hizo saber por escrito en su oportunidad legal" (**Pieza XXI, folio 135**).

272. Posteriormente, mis defensores nuevamente presentaron escrito de fecha 8 de agosto de 2005 ante el Juez 25° de Control, insistiendo en solicitar el control judicial sobre la negativa fiscal de citar a los testigos promovidos para desvirtuar el falso testimonio del Sr. Arreaza, expresando que:

> "la defensa propuso la declaración del ciudadano *NELSON SOCORRO quien según la versión del declarante Arreaza, estaba presente al momento de los hechos que narra y que habrían ocurrido después de las 2:00 PM. de ese día 12 de abril de 2002. Uno de los objetivos de esa declaración es demostrar la falsedad de tal versión, precisamente con el testimonio de una persona que según el propio declarante, se encontraba allí.*
>
> De tal manera, no puede decir la Fiscal que el Sr. Nelson Socorro es un testigo referencial, pues por el contrario, es una persona que tuvo conocimiento directo de los hechos, un testigo presencial, que *puede declarar verazmente sobre lo sucedido y dar cuenta de la falsedad de la supuesta conversación sostenida entre nuestro defendido y el ciudadano Pedro Carmona Estanga.* De allí que la negativa a evacuar la diligencia solicitada constituye una violación flagrante del derecho a la defensa de nuestro defendido" (**Pieza XXIV, folios 59 a 110**).

273. En todo caso, a pesar de la solicitud, el Juez de Control nada controló y la arbitraria negativa de la citación al Dr. **Socorro** quedó ratificada. Sin embargo, la Fiscal provisoria Sexta, Luisa Ortega Díaz, en su acusación en mi contra de octubre de 2005 utilizó la declaración de Arreaza que ella misma deliberadamente no le había permitido a mis abogados defensores el poder desmentir, "como elemento de convicción;" y a la cual en la audiencia de septiembre de 2013 ante la Corte Interamericana se refirió falsamente el ex Fiscal General de la República, **Isaías Rodríguez**, como testigo del Estado.

Para desmentir toda esta patraña conformada por el Ex Fiscal **Rodríguez**, el Dr. **Nelson Socorro**, destacado profesor de la Universidad Central de Venezuela y ex Procurador General de la República, formuló ante el Cónsul General de la República de Costa Rica en Caracas, con fecha 18 de septiembre de 2013, una declaración que mis representantes consignaron ante la Corte Interamericana, en la cual sobre la supuesta e inexistente reunión y conversación telefónica que habría presenciado el Sr. Arreaza, en su conclusión, el Dr. **Socorro** indicó:

"a) *Nunca se produjo una reunión de los tres abogados a los que hace mención el testigo Julián Isaías Rodríguez, ni entre ellos tres, ni con ninguno de ellos en la que yo haya participado con el Sr. Pedro Carmona, ni antes de la lectura del Decreto, y mucho menos después*, ya que como lo he dicho en el punto #4, de esta declaración, abandoné el Palacio de Miraflores, apenas terminada la lectura del Decreto.

b) Nunca tuve acceso, ni siquiera después de publicado, al decreto que leyó el ciudadano Carmona Estanga.

c) *Es falso de toda falsedad, lo expresado por el ciudadano Rafael Arreaza, si es que alguna vez lo hizo, que nosotros tres, Cecilia Sosa, Gustavo Linares y quien suscribe, sostuviésemos una reunión.* Por otra parte, es la segunda vez que oigo acerca de estas aseveraciones, y no sé ante que instancia o autoridad se han producido, y estimo, como abogado, que para que una aseveración de esta envergadura tenga valor de testimonio como para ser apreciada o citada por un Ex Fiscal General de la Republica, en un juicio en defensa de la Republica, tiene que ser citada y verificada su fuente.

d) Nunca le expresé al ciudadano Carmona que el Decreto era inconstitucional, ya que nunca lo tuve en mis manos. Como lo expresé, lo que me llevo a ir a Miraflores, era la conducta inconstitucional de agredir a diputados a la Asamblea Nacional, sin protección, ni actuación alguna de los cuerpos policiales y de seguridad del Estado. Enfáticamente quiero expresar ante la Corte, que de haber tenido conocimiento del Decreto antes de su lectura por ante los medios, ni siquiera hubiese bajado las escaleras hacia el Salón donde se realizó su difusión a la ciudadanía.

e) *Obviamente, tampoco estuve presente ni escuché, jamás, una conversación telefónica entre el Dr. Brewer Carías y el ciudadano Carmona Estanga, ni mucho menos expresiones como las que el testigo. Julián Isaías Rodríguez, le imputa al Dr. Brewer. Ese episodio nunca tuvo lugar frente a mi, y esa declaración no se ajusta a la verdad.*"

274. En todo caso, lo insólito de la falsa declaración del Sr. Arreaza de septiembre 2004, que invocó el testigo **Isaías Rodríguez** ante la Corte Interamericana como "prueba" para tratar de contradecir lo que yo declaré ante la Fiscalía, y que ha quedado contradicha por los abogados Linares y Socorro quienes según afirmó, supuestamente habrían estado presentes en la reunión; es que después de que la Fiscal provisoria Sexta no la utilizó ni mencionó como "elemento de convicción" para imputarme el 27 de enero de 2005, y de que se hubiera solicitado para desvirtuarla la citación y declaración del Dr. Nelson Socorro; dicha declaración falsa de Arreaza, sin embargo, sí fue utilizada por la misma Fiscal provisoria Sexta, después de negar la citación de Socorro para desvirtuarla, como supuesto "elemento de convicción" en la acusación en mi contra de octubre de 2005, sin siquiera tenerse en cuenta la aclaratoria por escrito que yo mismo había formulado ante la Fiscalía en 24 de enero de 2005, antes citada. Mis representantes advirtieron ante la Corte Interamericana sobre la gravedad de lo acontecido: la señora Fiscal provisoria Sexta, Luisa Ortega Díaz omitió la declaración de Arreaza en la imputación fiscal de enero de 2005, no se sabe con qué deliberado propósito; no obstante que la defensa solicitó diligencias para desvirtuar la versión contenida en ella, que fueron negadas; y la misma Fiscal procedió, en octubre de 2005, a formular la acusación utilizando dicho testimonio en mi contra, sin tomar en cuenta mi declaración escrita negando la veracidad de dicha declaración de Arreaza. Con esa actitud, la Fiscal provisoria sexta no respetó ningún tipo de regla al llevar a cabo la fase de investigación del proceso penal, no actuó de buena fe, con lo cual violentó flagrantemente mi derecho a la defensa, poniendo en evidencia que realmente en el proceso penal en mi contra no se buscaba descubrir la verdad, sino solamente buscar elementos necesarios para enjuiciarme, considerándolo culpable de antemano, violentándose así el deber de objetividad del Ministerio Público y mi derecho a la presunción de inocencia y a la defensa. Todo lo cual quedó evidenciado ante la Corte Interamericana de Derechos Humanos por las mentiras y contradicciones del Ex Fiscal Isaías Rodríguez.

VII. VIOLACIÓN A MI DERECHO A LA PRESUNCIÓN DE INOCENCIA Y A LA DEFENSA (ARTÍCULO 8.2, CONVENCIÓN), POR HABER SIDO TENIDO Y DECLARADO COMO CULPABLE DE HECHOS QUE NO COMETÍ, POR OTROS TITULARES DE ALTOS ÓRGANOS DEL ESTADO

275. Mis representantes ante la Corte Interamericana también denunciaron la violación de mi derecho a la presunción de inocencia y de mi derecho a la defensa pues estando en curso un proceso penal en mi contra, diversos órganos del Estado, que estaban obligados a considerarme como inocente hasta que alguna autoridad judicial, luego de un proceso legal me declarase culpable, sistemáticamente me consideraron culpable de los hechos que el Ministerio Público me imputó y acusó, es decir, del delito de conspiración para cambiar violentamente la Constitución, sin posibilidad alguna de defenderme. Además de la Comisión Especial de la Asamblea Nacional que investigó los hechos de abril de 2002, y del Fiscal General de la República, **Isaías Rodríguez** en octubre de 2005, a lo cual me he referido anteriormente, en esa violación también incurrieron magistrados del Tribunal Supremo en comunicación que firmaron enviada al Instituto Interamericano de Derechos Humanos y al Instituto Iberoamericano de Derecho Procesal Constitucional, y los Embajadores de Venezuela ante la República Dominicana y Costa Rica. El Estado también ignoró totalmente esta denuncia de violación, y no contradijo los hechos ni los alegatos, de manera que la Corte debió haberlos tenidos como aceptados.

276. Sobre esto, sin embargo, como se analizó con todo detalle en el *Amicus curiae* presentado por la **Asociación Costarricense de Derecho Constitucional** presentó ante la Corte en agosto de 2013, la violación a mi derecho a la presunción de inocencia y a la defensa, en este caso, "también se ha producido a lo largo del proceso penal" iniciado en mi contra, "al haber sido "condenado" y considerado culpable, de antemano, sin juicio ni proceso, por los más altos funcionarios de todos los poderes públicos, comenzando por el propio Jefe del Ministerio Público, el Fiscal General de la República, y además, previamente, por una Comisión Especial de la Asamblea Nacional, por el Tribunal Supremo de Justicia, sin haber sido oído, posteriormente por algunos Embajadores de Venezuela, y más recientemente en 2012, por el entonces Ministro de Relaciones Exteriores, actual Presidente de la República, al momento de denunciar la Convención Americana sobre Derechos Humanos" (¶ 25).

277. En el *Amicus curiae* presentado por la **Asociación Costarricense de Derecho Constitucional**, en lo que se consideró como violación a la presunción de inocencia, se destacó particularmente la cometida por el propio Tribunal Supremo de Justicia de Venezuela al hacer las siguientes consideraciones:

"28. El derecho a la presunción de inocencia, en este caso del profesor Brewer Carías, conforme a la información consignada en el Escrito de de Solicitudes, Argumentos y Pruebas, también fue violado por tres Magistrados del Tribunal Supremo de Justicia, los señores Fernando Vegas Torrealba, Jesús Eduardo Cabrera Romero y Juan José Núñez Calderón, cuando respondieron en nombre del más alto tribunal del país, a sendas comunicaciones que en 2005 fueron enviadas por dos renombradas instituciones académicas de América Latina con las cuales el profesor Brewer Carías había tenido relaciones, el Instituto Interamericano de Derechos Humanos, firmada por los destacados especialistas en derechos humanos, Sra. Sonia Picado, Presidenta del Instituto y Sres. Rodolfo Stavenhagen y María Elena Martínez, Vicepresidentes (31-10-2005); y el Instituto Iberoamericano de Derecho Procesal Constitucional, firmada en los destacados constitucionalistas latinoamericanos: Néstor Pedro Sagüés (Argentina), Rubén Hernández Valle (Costa Rica), Humberto Nogueira Alcalá (Chile) y Eloy Espinosa Saldaña Barrera (Perú) (8-12-2005), en las cuales expresaron su preocupación por el proceso iniciado por la Fiscalía General de la República de Venezuela contra el doctor Allan Brewer Carías por el delito imputado de conspiración para cambiar violentamente la Constitución."

29. En las respuestas a dichas cartas de fecha 13 de diciembre de 2005 y 31 de enero de 2006, el Tribunal Supremo de Justicia de Venezuela, es decir, el máximo Tribunal del país, expresó, condenando de antemano al profesor Brewer, que "numerosos testimonios que son de conocimiento público **señalan al doctor Allan Brewer Carías como uno de los autores del decreto** en alusión," agregando que entre los testimonios de tal conocimiento público habría "uno privilegiado, consistente en la narración de los hechos que hace el propio Pedro Carmona Estanga en su libro *"Mi testimonio ante la Historia"*. Editorial Aptun, Bogotá, 2004." Es decir, mediante estas comunicaciones, los representantes del profesor Brewer Carías han expresado ante esta honorable Corte IDH que el Tribunal Supremo condenó de antemano al profesor Brewer Carías, adelantándose al juicio, al mencionarlo como autor del decreto del gobierno de transición de abril de 2002, que es el hecho por el cual se le acusó del delito de rebelión, lo cual él ha desmentido y negado repetidamente como consta de los textos de las ruedas de prensa que dio durante el mismo mes de abril de 2002, violando su derecho a la presunción de inocencia. Se destaca, además, de la correspondencia del Tribunal Supremo que los Magistrados firmantes apelaron a lo que calificaron como un testimonio público "privilegiado" haciendo referencia a lo supuestamente afirmado por el Sr. Pedro Carmona Estanga, en el sentido –al decir del Tribunal Supremo– de señalar "al doctor Allan Brewer Carías como uno de los autores del decreto en alusión."

30. El derecho a la presunción de inocencia del profesor Brewer Carías impedía al Tribunal Supremo el que pudiese anticiparse a todo juicio y darlo por culpable del referido hecho, incluso así lo hubiera afirmado el Sr. Pedro Carmona en un libro, lo que sin embargo, de la lectura del mismo resulta que no es así. En efecto, luego de haber leído el libro del Sr. Carmona aludido en la carta del Tribunal Supremo, lo que se encuentra es que en el mismo lo que se dice es todo lo contrario a lo que supuso el Tribunal Supremo como un testimonio "privilegiado.". Basta referirse a la página 108 del libro para leer la siguiente afirmación del Dr. Carmona:

"...**nunca he atribuido al profesor Brewer Carías la autoría del Decreto, pues sería irresponsable**, como lo hicieron luego representantes del oficialismo para inculparlo. **Respeto incluso las diferencias que el profesor Brewer expresara en relación con el camino elegido** y las constancias que dejó en las actas de la entrevista que le hiciese la Fiscalía General de la República, aun cuando **discrepo de algunas de sus interpretaciones**". (*Énfasis añadidos*).

278. La **Asociación Costarricense de Derecho Constitucional**, concluyó se apreciación en derecho en el *Amicus curiae* presentado ante la Corte, señalando que "al contrario de lo afirmado por el Tribunal Supremo," luego de haber leído los testimonios escritos expresados por el propio Sr. Carmona, en su libro y en la declaración notariada ofrecida en Bogotá el día 23 de febrero de 2006:

"la posición de los Magistrados que escribieron en nombre del Tribunal Supremo las mencionadas cartas dirigidas al Instituto Interamericano de Derechos Humanos y al Instituto Iberoamericano de Derecho Procesal Constitucional, que aparte de la errada apreciación que contienen sobre lo dicho por el Sr. Carmona en su libro, lo que pone en evidencia es que *siendo el Tribunal Supremo el órgano de gobierno de todo el sistema judicial, lo que expresaron los magistrados significó el despojo al profesor Brewer Carías de los efectos de la presunción de inocencia, y de toda posibilidad efectiva de defenderse y tener un juicio justo, puesto que el mismo Tribunal Supremo de Justicia lo considera culpable del hecho que se le imputa. Luego de esas manifestaciones, con razón podría llegar a pensarse que sería difícil imaginar que algún tribunal de la República de Venezuela, en esas circunstancias, pudiera llegar a adoptar una decisión que desvirtuase la opinión ya adelantada del Tribunal Supremo de Justicia*" (Énfasis añadido) (¶ 32).

279. Pero debe destacarse que dichas violaciones a la presunción de inocencia no se quedaron allí, sino que se reiteraron incluso en el curso del proceso judicial ante la Corte Interamericana, con motivo de la Nota N° 125 de 6 de septiembre de 2012 y su Anexo, a la cual hicieron referencia mis representantes ante la Corte, en el *Escrito de Observaciones a la Excepción Preliminar* (¶ 6, Nota 2), mediante la cual el entonces Ministro de Relaciones Exteriores de Venezuela y hoy en ejercicio de la Presidencia de la República, **Sr. Nicolás Maduro**, comunicó al Secretario General de la OEA *"la decisión soberana de la República Bolivariana de Venezuela de denunciar la Convención Americana sobre Derechos Humanos,"* afirmando paladinamente que yo *"participé en la autoría"* del texto del decreto de destitución de los poderes públicos, que fuera proclamado por las autoridades de recato que asaltaron el poder tras el golpe de Estado de 11 de abril de 2002 en Venezuela" (p. 6); agregando a ello, en el Anexo a dicha Denuncia denominado "Fundamentación que sustenta la denuncia de la República Bolivariana de Venezuela de la Convención Americana sobre Derechos Humanos presentada a la Secretaría General de la OEA," la afirmación de que a mí se me "sigue juicio en Venezuela por su participación en el golpe de Estado de Abril de 2002, *por ser redactor del decreto* mediante el cual se instalaba un Presidente de facto, se abolía la Constitución nacional, se cambiaba el nombre de la República, se desconocían todas las instituciones del Estado, se destituían a todos los miembros y representantes de los poderes Públicos, entre otros elementos." (p. 8, Anexo). Ante esta manifestación del propio Ministro de Relaciones Exteriores de Venezuela al denunciar la Convención Americana, la **Asociación Costarricense de Derecho Constitucional** en el *Amicus curiae* presentó ante la Corte en agosto de 2013, indicó que lo afirmado por dicho Ministro ante el Secretario General de la OEA, debía

"considerarse como la posición oficial del Estado, que Brewer Carías *"participó en la autoría* del texto del decreto" y se le sigue juicio *"por ser redactor* del decreto" del gobierno de transición que se instaló en

Venezuela en abril de 2002," es decir, *se lo considera y declara anticipadamente culpable del delito de conspiración para cambiar violentamente la Constitución por el cual se lo acusó formalmente ante los tribunales penales, condenándoselo de nuevo, de antemano,* sin juicio, como ha ocurrido sistemáticamente por parte de diversos órganos del Estado; violaciones que los representantes del profesor Brewer Carías han denunciado extensamente, primero, ante la Comisión Interamericana, y posteriormente, ante la Corte Interamericana, todo lo cual implica, sin duda, en Venezuela, colocarlo en la posición de tener que demostrar su inocencia." (¶ 42)

280. De ello, **Asociación Costarricense de Derecho Constitucional** concluyó su *Amicus curiae* afirmando lo siguiente:

"En definitiva, *con esta nueva violación al derecho a la presunción de inocencia del profesor Brewer Carías, por parte del Ministro de Relaciones Exteriores, hoy Presidente de la República Bolivariana de Venezuela, estimo que en el presenta caso, esta honorable Corte tiene suficientes elementos para apreciar la violación masiva y sistemática de dicho derecho a la presunción de inocencia por parte del Estado, cometida a los largo del proceso que se sigue en Venezuela en mi contra.* En la práctica, desde la imputación de un delito sobre la sola base distorsionada del llamado "hecho notorio comunicacional" porque está fundada, no en noticias sobre hechos, sino en meras opiniones de periodistas, invirtiendo la carga de la prueba en el caso, lo cual expresó la Fiscal encargada del caso al decir que los imputados eran quienes debía probar su inocencia, pasando por la manifestaciones públicas por parte de altas autoridades y órganos del Estado, incluyendo la Asamblea Nacional, los Magistrados del Tribunal Supremo de Justicia y los Embajadores de Venezuela, y ahora, del Ministro de Relaciones Exteriores hoy Presidente de la República, debe considerarse que *el profesor Brewer Carías ha sido declarado culpable de antemano, colocándoselo en la situación de tener que demostrar su inocencia,* situación en la cual hay que considerar que en este caso, se ha violando artículo 8.2 de la Convención Americana de Derechos Humanos" (¶ 51).

281. También debe mencionarse, como otra paladina violación a la presunción de inocencia de la víctima, la opinión del propio Agente del Estado, **Sr. Germán Saltrón Negretti,** expresada en agosto de 2012, al referirse en un artículo de opinión (Germán Saltrón Negretti, "Por qué denunciar la Convención Americana de los Derechos Humanos") a la denuncia de la Convención Americana de Derechos Humanos por Venezuela, y mencionar el "Acta de Constitución del Gobierno de Transición Democrática y Unidad Nacional" leído 12/04/2002, en el Palacio de Miraflores de Caracas", afirmando que:

"**Ese decreto fue redactado por Allan Brewer Carias y Carlos Ayala, el Ministerio Público lo imputó por "conspiración para cambiar la constitución". Allan Brewer huyo del país y el juicio está pa-**

ralizado. **Sin embargo, acudieron a la Comisión y admitió el caso el 24/01/2007 y solicita al Estado venezolano adoptar medidas para asegurar la independencia del Poder judicial.".** (Negritas añadidas).

282. Pero no quedaron allí las violaciones a mi derecho a la presunción de inocencia, sino que han continuado por parte de los agentes del Estado, de manera que después de la misma celebración de la audiencia del caso ante la Corte los días 3 y 4 de septiembre de 2013, el mismo Agente del Estado, Sr. **Saltrón** en otro artículo de su autoría titulado "Venezuela y sus verdades en Caso Brewer Carías", publicado en el *diario Vea,* Caracas 11 de septiembre de 2013, expresó: "Como es público y comunicacional *el abogado Allan Brewer Carías, fue uno de los redactores del Decreto* de "Transición y Unidad Nacional" leído por Pedro Carmona Estanga, en el Palacio de Miraflores el 12 de abril de 2002, donde se derogaron todos los poderes públicos del país."[52] Y por su parte, Sr. **Nicolás Maduro,** en ejercicio de la Presidencia de la República, el mismo día 11 de septiembre de 2013, arremetió de nuevo contra la Comisión Interamericana y la Corte Interamericana con ocasión de la denuncia de Venezuela de la Convención Americana.[53]

VIII. VIOLACIÓN AL DEBIDO PROCESO JUDICIAL AL PRETENDER EL JUEZ DE CONTROL CAMBIAR EN EL CURSO DEL PROCESO JUDICIAL, LA CALIFICACIÓN DEL DELITO (ARTÍCULO 8.2, CONVENCIÓN)

283. Mis representantes ante la Corte interamericana también denunciaron la violación de mi derecho al debido proceso legal, por haber pretendido el juez de la causa, en una decisión judicial denominada "aclaratoria", dada en respuesta a una información que le requirió la INTERPOL sobre la naturaleza del delito político de rebelión; buscar cambiar la calificación del delito por el cual se me había acusado ilegítimamente, que fue por el de rebelión o conspiración para cambiar violentamente la Constitución, por uno supuestamente de "atentado frustrado" contra el Presidente de la República, nunca mencionado a lo largo del proceso En efecto, para poder "justificar" la persecución política internacional del Estado en mi contra, luego de solicitada mi aprehensión a la INTERPOL, lo que era totalmente improcedente por la naturaleza política del delito imputado (rebelión, conspiración para cambiar violentamente la Constitución), **el juez de control pretendió cambiar la calificación del delito hacia un "atentado frustrado" contra el Presidente de la República; violándose así mi garantía judicial del debido proceso al pretender**

52 Germán Saltrón, "Venezuela y sus verdades en caso Brewer carías," en *diario Vea,* caracas 11 de septiembre de 2013, en http://diariovea.com.ve/columnas/editorial/venezuela-y-sus-verdades-en-caso-brewer-carias/

53 Véase "Nicolás maduro: la CIDH reconoció al gobierno golpista de Maduro y no se retractó," en *Noticias 24,* Caracas 11 de septiembre de 2013, en http://www.noticias24.com/venezuela/noticia/192682/maduro-la-cidh-fue-el-unico-organismo-que-reconocio-el-gobierno-golpista-de-carmona-y-no-se-retracto/

cambiarse la calificación del delito por el cual se me acusó, en medio del proceso judicial mismo. La base para el cambio de calificación del delito atribuido provino, sin duda, de ordenes políticas que se comenzaron a materializar en la sentencia del juicio de extradición seguido contra el Sr. Pedro Carmona, de la cual fue ponente precisamente el ex magistrado **Aponte Aponte**, hasta hace poco Presidente de la Sala Penal del Tribunal Supremo de Justicia, y que luego de salir del país ha denunciado el control político que ejerce el Poder Ejecutivo sobre los jueces, proceso en el cual él mismo confesó haber participado, en la cual se buscó justificar tal extradición con el mismo argumento del atentado frustrado. Párrafos de esa sentencia en el caso de Carmona, fueron precisamente los que se copió en juez de la causa en la "Aclaratoria" antes mencionada.

284. Este hecho lo ha destacado ante la Corte Interamericana el Dr. **Rafael Odreman** en el *Informe pericial* presentado en agosto de 2013 ante la Corte, al responder a la pregunta de mi representante, Dr. **Pedro Nikken**, sobre: *¿Si sabe cuál es el delito presuntamente cometido por su defendido, por el cual la fiscalía venezolana lo investiga?*, a lo cual respondió:

> "Mi defendido no cometió ningún delito. La fiscalía venezolana lo imputó y acusó atribuyéndole arbitrariamente la presunta comisión del delito de CONSPIRACIÓN PARA CAMBIAR VIOLENTAMENTE LA CONSTITUCIÓN, basándose principalmente en artículos periodísticos, chismes y declaraciones referenciales de personas que no estuvieron presentes en los lugares donde se suscitaron los hechos investigados. Posteriormente, ya en fase intermedia, después que el Juzgado 25° de Control le dictó medida privativa de libertad, éste pretendió incluso cambiar la calificación del delito por la de INTENTO DE MAGNICIDIO, para tratar de justificar, sin éxito, la persecución por Interpol" (*Respuesta 1, Representante víctima*).

285. En su declaración oral en la audiencia del 3 de septiembre de 2013, el testigo Profesor **León Henrique Cottin**, al explicar la persecución en mi contra por parte de la Fiscal provisoria Sexta, Luisa Ortega Díaz, al pedir la intervención de INTERPOL para detenerme internacionalmente, señaló que como el Juez 25° de Control sentenció el 17 de setiembre de 2007 que yo era presuntamente autor intelectual de un "magnicidio" en contra del Presidente Hugo Rafael Chávez Frías, ello se utilizó para pretender sumarle un delito "común" al delito político de conspiración, para "justificar" la solicitud de detención, pero sin nunca decir con quien supuestamente conspiré; todo lo cual fue debidamente rechazado por INTERPOL.

286. En todo caso, el Estado también ignoró totalmente esta denuncia de violación de las reglas más elementales del debido proceso. No contradijo los hechos ni los alegatos, de manera que la Corte, en este caso, también debió haberlos tenido como aceptados.

IX. VIOLACIÓN AL DERECHO A LA DEFENSA POR NO DISPONER DEL TIEMPO Y MEDIOS ADECUADOS PARA LA PREPARACIÓN DE LA DEFENSA (ARTÍCULO 8.2.C CONVENCIÓN)

287. Mis representantes ante la Corte Interamericana también denunciaron la violación de mi derecho a la defensa por no haber podido disponer del tiempo y de los medios adecuados para la preparación de la misma (Artículo 8.2.c, Convención), por el hecho de que la **Fiscal provisoria Sexta** *se negó a suministrarme tanto a mí como a mis abogados defensores, copia de las actas del Expediente para poder preparar la defensa, no dándonos pleno acceso al expediente,* lo que significó que la defensa, en este caso, no dispuso del tiempo y los medios adecuados para la preparación de la defensa.

288. En efecto, en *primer lugar,* la Fiscal provisoria Sexta negó arbitraria y sistemáticamente, a mí y a mis abogados defensores, el darnos copias fotostáticas del expediente, el cual tuvimos que copiar a mano, siempre en presencia de un funcionario vigilante. Sobre éste hecho son contestes los testigos, profesor **León Henrique Cottin** y **Rafael Odreman**. Además consta en autos la decisión de esa negativa de dar copias, lo cual no fue controvertido por el Estado. Sobre esto, además, el testigo Dr. **Rafael Odreman**, en su *Declaración testimonial* expresó ante la Corte Interamericana que "Cuando se nos prestaba alguna pieza del expediente, debíamos revisarlo necesariamente en compañía de un funcionario de la Fiscalía, quien no se separaba de nosotros, lo que nos impedía intercambiar opiniones confidenciales con nuestro defendido," agregando:

"Nunca nos facilitaron copias del expediente bajo el pretexto de que a la Fiscalía no le era permitido otorgarlas. Como ya mencioné en anterior oportunidad, reclamamos tal situación ante el Juez de Control Bognanno (que sustituyó a la Juez destituida Josefina Gómez) quien siguiendo la jurisprudencia de la Sala Constitucional, ordenó a la Fiscal Sexta que nos expidiera copia de las actuaciones del expediente que solicitáramos, entre ellas los videos, a fin de garantizarnos el cabal ejercicio del derecho a la defensa. Esta orden causó la indignación de la Fiscal Sexta quien solicitó la nulidad de esa actuación y la obtuvo ante la Corte de Apelaciones. Posteriormente dicho Juez le solicitó a la Fiscal la remisión del expediente y ésta en vez de dar curso a la orden judicial, optó por increpar al Juez, mediante oficio, solicitándole una explicación del porqué le pedía el expediente, lo que a todas luces constituyó un acto de rebeldía y desacato contra la orden judicial. Ante esa situación, el Juez Bognanno ofició al Fiscal Superior para ponerlo en conocimiento de la irregularidad en la que estaba incurriendo la Fiscal Sexta y a los pocos días, coincidencial y oportunamente, el Juez Bognanno fue removido de su cargo" (*Respuesta a Pregunta 8, Representantes Víctima*).

289. Sobre la negativa a suministrarme a mí y a mis abogados defensores copia de las actas del expediente, el testigo-perito **Néstor Castellanos,** en una respuesta a preguntas formuladas tanto por el Juez **Sierra Porto** como por el

Juez **Ventura Robles** sobre la negativa de entrega de copias del expediente, hizo referencia al "decreto de reserva" que puede adoptar el Ministerio Público, y en particular a que "existe además, por parte del Fiscal General, *una circular en donde se prohíbe la expedición*, vigente para aquél momento, donde se prohibía la expedición de las copias en resguardo de ese principio de reserva en la investigación," lo cual no deja de ser violatorio al derecho a la defensa: argumentando, refiriéndose que así, supuestamente, a lo que "ha dicho la Sala Penal y así lo ha sustentado la Sala Constitucional," pero sin citar sentencia alguna, que "la no emisión de las copias no vulnera el derecho a la defensa," agregando que "lo que vulnera el derecho a la defensa, lo que acaba con la prerrogativa del derecho al debido proceso, y efectivamente, al derecho a la defensa, es que se niegue el acceso de la defensa a las actuaciones eso es un acto abominable que de cometerlo un fiscal del Ministerio Publico." Además de esta confesión, agregó el "testigo-perito" **Néstor Castellanos** en las respuestas a la serie de preguntas que le formuló el Juez **Ventura Robles** lo siguiente: A la pregunta del Juez de que "*los abogados del Dr. Brewer tuvieron que ir 296 días al juzgado o al ministerio público a tomar a copiar el expediente porque no se le facilitaban las copias. ¿Le parece a Ud. que eso no vulnera el derecho de defensa?*" Respondió "Tuvieron acceso 296 veces. Para mí, Dr. de verdad ahí no hay violación al derecho, hay acceso al expediente. Ahí, no hubo..." A la pregunta del Juez: "*¿No tuvieron acceso al expediente? ¿No les dieron copias?. ¿Tuvieron que ir copiando el expediente mano a mano, a retazos?*", respondió con otra pregunta: "¿Y eso vulnera el derecho a la defensa? Ante la pregunta del Juez: "*¿Le pregunto yo a Ud.?,*", respondió: "Pero a mi modo de ver, no." De allí la conclusión del Juez **Ventura Robles**: "No? Muchas gracias."

290. De todo este testimonio lo que resulta es que, como quedó demostrado en el juicio, mis abogados defensores no pudieron acceder a todo el expediente, y si acudieron tantas veces a la Fiscalía, fue básicamente para copiar a mano el expediente. Se vulneró, sin duda, por ambos motivos, mi derecho a la defensa, porque además, no se nos dieron copias del expediente.

291. Sobre la existencia de la *circular* del Fiscal General prohibiendo entregar copias de las actas a los imputados, ello lo confirmó ante la Corte Interamericana la testigo presentada por el Estado, **Mercedes Prieto**, al indicar que la misma era de fecha 2001, que era "obligatorio, verdad, respetar y acatar las instrucciones," y que la circular se dejó sin efecto a finales de 2006, estableciéndose en cambio "por escrito, cómo debían ser expedidas esas copias porque siempre se debe mantener esa reserva de las actas para un público. Entonces sí expiden copias actualmente." Es decir, la confesión de los testigos del Estado fue que entre 2001 y 2006, se violaba el derecho a la defensa de los imputados al negarles copia de las actuaciones de los expedientes. Además, la Sala Constitucional en sentencia No. 2768 de 12 de noviembre 2002 ya había resuelto que sí era obligatorio dar fotocopias a la víctima y a los imputados por igual, pues no darlas era violatorio del derecho a la defensa.[54]

292. *Segundo*, se negó el acceso a todo el expediente del caso. Como lo destacó el mismo testigo **Rafael Odreman:**

"Tampoco tuvimos acceso a un expediente que sustanciaba la Fiscalía Sexta con la nomenclatura C-55, en el que supuestamente se investigaba a los militares que habían formado parte del alzamiento. La Fiscal siempre se negó a darnos acceso a él. Los defensores de otra imputada, la Dra. Cecilia Sosa Gómez plantearon ante el Juez 25 de Control una solicitud de acumulación de ambos expedientes alegando el principio de unidad del proceso previsto en el artículo 73 del COPP, a lo cual la Fiscal se opuso rotundamente argumentando que ambas investigaciones no guardaban relación entre sí, argumentó éste que no tenía fundamento alguno pues ambas se referían a los mismos hechos, sin importar que en ellos estuvieran investigados civiles y militares. El Juez 25 de Control no acordó la acumulación. Ello nos impidió conocer elementos que hubieran podido ser utilizados en defensa de los imputados, entre ellos el Dr. Brewer" (*Respuesta a Pregunta 8, Representantes Víctima*).

293. Sobre lo anterior, el Testigo **Rafael Odreman**, fue incluso más explícito al responder la pregunta que le formuló el Representante del Estado **Saltrón,** sobre "*¿Si le consta como abogado del Dr. Brewer Carías, que él y usted tuvieron libre acceso al expediente que seguía la Fiscalía durante el proceso de investigación?*", respondiendo en su *declaración testimonial* que:

"No tuvimos libre acceso al expediente que seguía la Fiscalía Sexta durante el proceso de investigación. Cuando se nos prestaba alguna pieza del expediente, debíamos revisarlo necesariamente en compañía de un funcionario de la Fiscalía, quien no se separaba de nosotros, lo que nos impedía intercambiar opiniones confidenciales con nuestro defendido. Nunca nos facilitaron copias del expediente bajo el pretexto de que a la Fiscalía no le era permitido otorgarlas. Todas las notas de aquel voluminoso expediente tuvimos que tomarlas a mano. Reclamamos tal situación ante el Juez de Control, quien siguiendo la jurisprudencia de la Sala Constitucional, ordenó a la Fiscal Sexta que nos expidiera copia de las actuaciones del expediente que solicitáramos, entre ellas los videos utilizados por la Fiscal como elementos de convicción en la imputación contra mi defendido, a fin de garantizarnos el cabal ejercicio del derecho a la defensa. Esta orden causó la indignación de la Fiscal Sexta quien solicitó la nulidad de esa actuación y la obtuvo ante la Corte de Apelaciones. Posteriormente dicho Juez le solicitó a la Fiscal la remisión del expediente y ésta en vez de dar curso a la orden judicial, optó por increpar al

54 Véase en http://www.tsj.gov.ve/decisiones/scon/noviembre/2768-121102-01-1566.HTM.

Juez mediante oficio, solicitándole una explicación del porqué le pedía el expediente, lo que a todas luces constituyó un acto de rebeldía y desacato contra la orden judicial. Ante esa situación, el Juez ofició al Fiscal Superior para ponerlo en conocimiento de la irregularidad en la que estaba incurriendo la Fiscal Sexta y a los pocos días, coincidencial y oportunamente, el Juez fue removido de su cargo.

Tampoco tuve acceso a los videos que se usaron para la imputación. Sólo pudo ver algunos el profesor Brewer con el co-defensor Dr. Cottin, pero conmigo siempre hubo una excusa para negármelo. Y en los pocos que ellos pudieron cotejar, encontraron discrepancias entre lo que dijeron realmente los entrevistados y lo que la Fiscalía copió erradamente en el expediente, poniendo en boca de los entrevistados afirmaciones que no dijeron" (*Respuesta Pregunta 5, Representante Estado*).

294. Además, ante otra pregunta del Representante del Estado **Saltrón**, sobre "*¿cuántas veces tuvieron acceso al expediente que se le seguía en la Fiscalía?*", el testigo Dr. **Odreman** respondió que:

"No tomé nota de las veces que tuve acceso al expediente, pero le puedo comentar que en muchas oportunidades nos fueron negadas las piezas del expediente o los videos que solicitábamos, bajo el argumento de que las estaba examinando otro colega u otro imputado, o simplemente que no lo encontraban, teniendo que conformarnos con revisar alguna de las piezas que supuestamente estaban a la mano. De esa manera, se nos impidió examinar cronológicamente las actuaciones, con el perjuicio que ello significaba, pues no podíamos llevar la ilación de la investigación. Era como tener que leerse un libro desordenadamente, comenzando por el capítulo 15, para luego continuar con el 6, luego el 4, luego 10 y así sucesivamente. Comprendíamos que no éramos los únicos interesados y con derecho a revisar las actuaciones y por eso insistimos tanto en que nos fueran otorgadas copias del expediente, con la previa transcripción de los videos, a lo cual siempre se opuso rotundamente la Fiscal, incluso en sede jurisdiccional cuando apeló y solicitó la nulidad de la decisión del Juez Manuel Bognanno que ordenó se nos expidieran las copias tanto del expediente como de los videos. Éste fue el Juez que coincidencialmente fue removido de su cargo al poco tiempo" (*Respuesta a Pregunta 6, Representante Estado*).

295. En todo caso, los representantes del Estado sobre esta denuncia de violación, no contradijeron los hechos ni los alegatos, sino que se limitaron a decir en su *Escrito de Contestación* que sí se había otorgado el tiempo adecuado para preparar la defensa (pág. 204). Argumentaron además, que "no entienden" cómo se denuncia la violación del derecho a la defensa si ésta tuvo acceso al expediente (pág. 205). Sin embargo, los representantes del Estado reconocieron que la defensa en este caso no pudo contar con copias de las actas del expediente para preparar la defensa, y que sólo "se les permitió transcribir a mano las mismas" (pág. 204). Y en cuanto a las peticiones de mis abogados defensores de asistir a los actos de investigación, sólo respondieron que ello podía ser rechazado por el Ministerio Público si consideraba que la presencia era útil (pág. 204).

296. Por su parte, mi otro defensor, el profesor **León Henrique Cottin**, también promovido como testigo en el juicio ante la Corte Interamericana, en su declaración oral en la audiencia del día 3 de septiembre de 2013, corroboró lo expresado por el testigo **Rafael Odreman**, al responder la pregunta que le hiciera el profesor **Pedro Nikken** sobre si: *"Tuvo acceso al expediente que instruyó la Fiscal Sexta y facilidades para obtener las copias de las actuaciones?*, a lo cual el Dr. **Cottin** respondió en resumen lo siguiente:

"- No. La Fiscalía entorpeció y dificultó con toda clase de trabas el acceso necesario al expediente para la preparación de la defensa. El expediente era muy voluminoso. Tiene más de 7.000 folios distribuidos en más de 30 piezas, Además de eso había una caja de cartón con más de sesenta videos con formato VHS y Digital.

- Fuimos muchísimas veces a ver el expediente. En todas las oportunidades estuvimos "vigilados" por un funcionario de la fiscalía. Nunca se nos entregó a copia de parte alguna del expediente. Ni siquiera se nos. suministró copia de la imputación hecha el día 27 de enero de 2002. En la revisión del expediente no podíamos hacer comentarios entre el profesor Brewer y sus abogados toda vez que estaba presente un funcionario de la fiscalía.

- Tuvimos que copiar a mano las piezas del expediente dividiéndonos algunas veces entre el doctor Brewer y yo y otras veces, ante el cansancio de manuscribir folios y folios yo le dictaba, él copiaba y cuando se cansaba él me dictaba y yo copiaba. Al extremo que las diligencias con distintas solicitudes hechas por nosotros a mano y consignadas en la fiscalía, teníamos a su vez que copiarlas. No se permitió el uso de papel carbón.

- Muchas veces no nos suministraban las piezas solicitadas con la excusa de "se están trabajando". En algunas oportunidades al haber yo llegado muy temprano a la fiscalía pedir algunas piezas del expediente que me fueron negadas porque "se están trabajando". Otras veces acudíamos a la fiscalía y no nos prestaban el expediente con la información de "la fiscal está en el estado Aragua en el procesamiento de los comisarios y hoy no viene".

297. Lo anterior fueron hechos sobre el cual estuvieron contestes los testigos **León Henrique Cottin** y **Rafael Odreman** y por lo demás, no fueron controvertidos por el Estado. Por todo lo anterior, el Dr. **Felipe González**, al presentar los *Alegatos Finales* de la Comisión Interamericana de Derechos Humanos en la audiencia del día 4 de septiembre de 2013, luego de analizar el conjunto de la prueba aportada ante la Corte, concluyó que entre las violaciones a mi derecho a la defensa en el proceso penal seguido en mi contra en Venezuela:

"se suma la *reiterada negativa a practicar prueba relevante para la defensa, la reiterada negativa a permitir contra interrogatorios a personas que le declararon sin conocimiento a la defensa, y la reiterada negativa de otorgar acceso al expediente aun incumpliendo órdenes del juez de control de garantías, este punto fue además considerado por la Comisión Interamericana como una violación del derecho a la defensa.*

Sobre este aspecto del derecho de defensa la Comisión considera necesario analizar los argumentos del Estado, que son básicamente dos: uno que el Sr. Brewer Carías tuvo acceso al expediente mediante múltiples visitas a las oficinas del Ministerio Público, sobre esto *la Corte escucho ayer de la víctima, y al testigo Cottin, que fue recién en el proceso ante la Corte Interamericana que pudieron ver por primera vez la totalidad del expediente, además la Corte escucho que tuvieron que transcribir a mano las partes desordenadas a las que tuvieron acceso, en esas circunstancias las múltiples visitas que el estado menciona, son más bien las pruebas de la insistencia del Sr. Brewer Carías y su representante frente a los obstáculos que encontraron para acceder de manera adecuada al expediente.*"

298. Quedó probado, por tanto, en el caso ante la Corte Interamericana la violación del derecho a mi defensa por no disponer del tiempo y medios adecuados para la preparación de la misma (Artículo 8.2.c, Convención). Sobre estas violaciones denunciadas, el Estado también las ignoró totalmente, no contradijo los hechos ni los alegatos, de manera que la Corte debió haberlos tenido como aceptados.

X. VIOLACIÓN AL DERECHO A UN JUICIO EN LIBERTAD (ARTÍCULO 8 CONVENCIÓN), AL HABERSE NEGADO EL JUEZ A RESOLVER LA PETICIÓN DE SER JUZGADO EN LIBERTAD

299. Mis representantes también denunciaron la violación de mi derecho a ser juzgado en libertad garantizado en la Constitución venezolana y en la Convención, por el hecho de que a pesar de que mis abogados defensores pidieron anticipadamente, apenas se introdujo la acusación, el 26 de octubre de 2013, que se me amparara y se me garantizara el derecho a ser juzgado en libertad y se declarara la improcedencia de la solicitud de privación preventiva judicial de la libertad que la Fiscal provisoria Sexta había formulado con la acusación, tal petición no sólo no se decidió nunca, sino que después de haber yo permanecido nueve (9) meses en el exterior, desde septiembre de 2005, en junio de 2006 se dictó en mi contra una medida preventiva de privación de libertad por "peligro de fuga", básicamente por estando yo cumpliendo compromisos académicos en el exterior.

300. A esta violación se refirió el testigo **Rafael Odreman** en su *Declaración Testimonial* ante la Corte, en la cual, a la Pregunta 11 que se le formuló sobre "*¿Qué diligencias practicó usted para garantizar que el profesor Brewer Carías fuera juzgado en libertad? ¿Sobre qué fundamento? ¿Cuáles* *fueron sus resultas?,*" su respuesta fue: "Por supuesto que sí consideré que el profesor Brewer tenía derecho a ser juzgado en libertad, conforme lo proclaman la Constitución y el Código Orgánico Procesal Penal" (*Respuesta a la Pregunta 11, Representantes Víctima*). Y es que, en efecto, de los artículos 243 y 247 del COPP y de los artículos 9 y 44.1 de la Constitución, resulta el principio de que la libertad humana es la regla frente a un proceso penal, siendo las restricciones establecidas de modo riguroso; lo que también se garantiza en la Declaración Universal de Derechos Humanos (art. 3); en Declaración Americana de los Derechos y Deberes del Hombre (art. 1); en el Pacto Internacional de Derechos Civiles y Políticos (art. (9.1 y 9.3); y en la Convención Americana sobre Derechos Humanos (art. 7.1). Ello, además, lo ha declarado la Sala Constitucional del Tribunal Supremo de Justicia, como lo refirió el testigo Dr. **Odreman** en su *Declaración Testimonial*, en sentencia No. 1670 de fecha 14 de septiembre de 2001, citada in extenso en su declaración, en la cual se estableció "que el Derecho a la libertad personal es un Derecho Irrenunciable; que las disposiciones que restrinjan la libertad del imputado son de interpretación restringida conforme al artículo 247 del Código Orgánico Procesal Penal; y que las normas atinentes a la libertad son de eminente orden público." (*Respuesta a la Pregunta 11, Representantes Víctima*). Esto significa, como lo insistió ante la Corte Interamericana el testigo Dr. **Odreman**, que "la medida de coerción personal debe responder a la más estricta necesidad, atendiendo a los requerimientos del proceso y sus resultas, de modo que será impuesta sólo si lo requiere el proceso, y deberá ser sustituida por una menos gravosa cuando las circunstancias lo permitan." Y además, conforme lo ha señalado el Tribunal Supremo de Justicia en Sala de Casación Penal, "debe considerarse la voluntad de los imputados de someterse a la persecución penal, antes de decidir sobre este extremo" como fue resuelto en la sentencia de 16 de noviembre de 2004 (Caso *SUMATE*, Exp. N° 04-00504) y de 12 de mayo de 2005 (Caso *Capriles Radonsky*, Exp. 04-575) citadas por el testigo Dr. **Rafael Odreman** (*Respuesta a la Pregunta 11, Representantes Víctima*).

301. En mi caso, como lo atestiguó el Dr. **León Henrique Cottín**, y lo expresó el Dr. **Odreman**, mi voluntad fue "siempre someterse a la persecución penal y atender los requerimientos de las autoridades, y así incluso fue reconocido por la Fiscal Sexta del Ministerio Público, cuando en escrito de fecha 30-05-05, presentado ante la Sala 9 de la Corte de Apelaciones de este Circuito Judicial Penal, [se] hace una relación pormenorizada de todas las oportunidades en las que el profesor Brewer acudió a la mencionada Fiscalía del Ministerio Público," todo lo cual era muestra evidente de "disposición a hacer frente a ese proceso con los medios legales que estaban a su alcance." Citó además, mi abogado defensor y testigo Dr. **Odreman**, las múltiples oportunidades en que regresé "a nuestro país después de haber salido a cumplir compromisos académicos en diferentes partes del mundo," entre ellas a los Estados Unidos (enero 2005), Colombia (febrero 2005), México (abril 2005), Ecuador (mayo 2005), Colombia (junio 2005), República Dominicana

(junio 2005), Argentina (junio 2005), Costa Rica (junio 2005), Colombia (Septiembre 2005), Perú (septiembre 2005), indicando que mi "regreso después de todas esas actividades académicas internacionales y luego de cada una de ellas su comparecencia ante el Despacho Fiscal, demostraron tanto [mi] arraigo a nuestro país como [mi] voluntad de hacer frente a la justicia venezolana para desvirtuar, como dijimos, los precarios e infundados "elementos de convicción" que ha pretendido utilizar la Fiscalía para inculparlo en un hecho que no ha cometido." (*Respuesta a Pregunta 11, Representantes Víctima*). De todo lo anterior, concluyó el testigo Dr. **Odreman**, señalando que como quiera que la Fiscal provisoria Sexta solicitó en su escrito de acusación en mi contra que se le dictara la medida de privación judicial preventiva de libertad, "redactamos y consignamos ante el Juzgado 25 de Control un escrito en el que alegamos todos los argumentos antes mencionados, e invocando la norma contenida en el artículo 125, numeral 8 del COPP, que refiere: "*El imputado tendrá los siguientes derechos: (...) 8. Pedir que se declare anticipadamente la improcedencia de la privación preventiva judicial de libertad*" solicitamos se dictara pronunciamiento oportuno negando la solicitud de privación de libertad que había formulado la Fiscal." Esa solicitud, sin embargo, "nunca fue resuelta. Por el contrario, se le dictó orden de aprehensión" (*Respuesta a Pregunta 11, Representantes Víctima*).

302. En todo caso, el Estado también ignoró totalmente esta denuncia de violación a mis derechos. No contradijo los hechos ni los alegatos, de manera que la Corte debió haberlos tenido como aceptados. Sobre la decisión privativa de libertad, los representantes del Estado sólo expresaron que "fue consecuencia de la fuga del denunciante una vez que presentó ante el tribunal una diligencia, participando que aceptaría un cargo de profesor en el extranjero y que se ausentaría del país," lo cual es una afirmación falsa pues está probado que yo salí legalmente nueve meses antes de esa "diligencia," en septiembre de 2005; y que anterior a este hecho, gocé de plena libertad.

XI. VIOLACIÓN DEL DERECHO A LA HONRA (ARTÍCULO 11, CONVENCIÓN)

303. Mis representantes ante la Corte Interamericana también denunciaron la violación de mí derecho a la honra y dignidad, al haberme acusado, los agentes y representantes del Estado, públicamente, sin base alguna de prófugo, de conspirador de golpista y culpable de rebelión, sin que hubiera habido decisión judicial alguna que lo haya resuelto, por todos los Poderes Públicos, en particular por la Asamblea Nacional, el Tribunal Supremo de Justicia, el Fiscal General de la República, los Embajadores de Venezuela en la República Dominicana y en Costa Rica, el Ministro de Relaciones Exteriores y el propio Presidente de la República, como antes se ha explicado, todos los cuales han expresado públicamente que soy es responsable y culpable del delito de conspiración, sin haber sido juzgado. Ello, además de tratarse de una violación de mi derecho a la presunción de inocencia, constituye una violación de mi derecho a la honra y dignidad.

304. El Estado también ignoró totalmente esta denuncia de violación. No contradijo los hechos ni los alegatos, de manera que la Corte debió tenerlos como aceptados.

XII. VIOLACIÓN DEL DERECHO A LA LIBERTAD DE EXPRESIÓN (ART. 13, CONVENCIÓN) Y AL DERECHO AL LIBRE EJERCICIO DE LA ABOGACÍA

305. Mis representantes también denunciaron ante la Corte Interamericana la violación de mi derecho a la libre expresión de pensamiento, particularmente la de expresar libremente las opiniones jurídicas que se me requirieron, como abogado. En mi caso, se criminalizó el libre ejercicio de mi profesión de abogado y de mi libertad de expresión y de expresar mis opiniones jurídicas como tal abogado, al acusarme penalmente, en definitiva, por haber formulado públicamente críticas al gobierno por violaciones del sistema democrático; al haber comentado públicamente sobre el alcance del derecho ciudadano a la desobediencia civil frente a gobiernos que violen los derechos humanos y menoscaben los valores democráticos; al haber dado mi opinión legal, en el libre ejercicio de su profesión como abogado a Pedro Carmona, sobre un decreto del gobierno de transición que se me presentó y cuyo contenido consideré contrario al principio democrático; y al haber dado públicamente mi opinión legal sobre lo que estaba ocurriendo en el país el 11 y 12 de abril de 2002. Es decir, por haber expresado por los medios de comunicación social una opinión crítica al gobierno, por afirmar que el gobierno había violado la Carta Democrática Interamericana, por comentar sobre el contenido de la norma constitucional que regula la desobediencia civil, y por haber dado una opinión legal a requerimiento de interesado, como abogado especialista, fue que la Fiscal provisoria Sexta acusadora, hoy Fiscal General de la República, me imputo y acusó de un delito, violándole todos mis derechos y garantías judiciales. Como lo destacaron los profesores **Pablo Ángel Gutiérrez Colantuono y Henry Rafael Henríquez Machado** en el *Amicus curiae* que presentaron ante la Corte:

> "La separación de poderes y en especial la autonomía, la independencia, la idoneidad y la estabilidad de los jueces, en conclusión, la operatividad del sistema de pesos y contrapesos son garantías necesarias para que las decisiones judiciales sean además de válidas legítimas, y es en este sentido donde encontramos profundas grietas que restan legitimidad a las acusaciones en contra del profesor Allan Randolph Brewer Carías, toda vez que *no es posible la imputación penal por expresar libremente sus opiniones, en este caso, técnicas, y peor aún, cuando las mismas lo que hicieron fue reforzar el sentido del Constituyente, del cual, él formó parte.*"

306. Sobre las denuncias que formularon mis representantes, como lo destacó el *Amicus curiae* presentado por el **Instituto Holandés de Derechos Humanos (SIM)**, la Corte Interamericana tenía jurisdicción para determinar si se configuraba una violación del Artículo 13 de la CADH (¶ 38), a pesar de que como lo recordaron, la Comisión Interamericana sostuvo inicialmente "que 'no se han aportado elementos fácticos o jurídicos que permitan demostrar o deducir razonablemente que la investigación y proceso penal adelantado contra Allan Brewer Carías buscara silenciar su expresión' y por ello, no ha sido posible configurar la presunta violación del derecho a la libertad de pensamiento y expresión en perjuicio de Allan Brewer Carías." Al contrario, en autos quedó probada la violación flagrante de mi derecho al ejercicio de su libertad de expresión, como abogado a quien se le consultó una cuestión legal, y como profesor de derecho público por las opiniones jurídicas que di en un momento específico de crisis política, por las cuales se me ha perseguido políticamente, utilizando un sistema judicial sometido al Poder Ejecutivo, criminalizándose el propio ejercicio de la profesión de abogado.

307. Y así, en efecto, en el *Amicus curiae* presentado nombre del **Instituto Holandés de Derechos Humanos (SIM)**, después de analizar el Informe de la Comisión Interamericana, lo denunciado por mis representantes de la víctima y lo argumentado por los representantes del Estado, concluyeron en que "ambas partes, están de acuerdo en que, el día 12 de abril de 2002, Carmona le solicitó a Allan Brewer Carías su opinión legar, como afamado académico y experto en derecho constitucional, sobre el documento que luego se llegaría a conocer como el Decreto Carmona" (¶ 118), señalando a renglón seguido que:

119. En consecuencia, parece que Allan Brewer Carías fue acusado por el delito de conspiración para cambiar violentamente la Constitución, *únicamente por causa de haber dado su opinión legal, en su carácter de abogado, cuando Carmona se lo solicitó.* Bajo el Código Penal Venezolano, se arriesga a ser encarcelado.

120. *Esta acusación penal viene a configurar una injerencia respecto a su derecho de libertad de expresión, que es desproporcional y por ende en violación del Artículo 13 de la CADH.* De hecho, como se demuestra a continuación, la acusación contra Allan Brewer Carías no cumple los requisitos del Artículo 13(3) de la CADH: 'No se puede restringir el derecho de expresión por vías o medios indirectos, tales como el abuso de controles oficiales o particulares de papel para periódicos, de frecuencias radioeléctricas, o de enseres y aparatos usados en la difusión de información o por cualesquiera otros medios encaminados a impedir la comunicación y la circulación de ideas y opiniones'.[...]

127. Por ende, *pareciera que la acusación de Allan Brewer Carías se dictó como consecuencia de la opinión que le dio a Pedro Carmona; en otras palabras, por haber desempeñado su deber profesional, como abogado constitucionalista, dando su opinión, cuando se le solicitó, sobre un asunto relativo a la constitucionalidad. No hay ninguna posible relación razonable de proporcionalidad entre estos actos (brindar asesoría legal cuando se le solicitó, como profesional del derecho) y la sanción (correr el riego de que le encarcelen). En consecuencia, la*

sanción constituye una violación del Artículo 13(1) y 13(3) de la CADH, infringiendo el derecho que tiene Brewer Carías a la libertad de pensamiento y expresión.

308. En efecto, como también lo precisó el *Instituto de Derechos Humanos de la Asociación Internacional de Abogados* (*International Bar Association*), en el *Amicus curiae* presentado ante la Corte, las normas de dicha Asociación sobre el ejercicio de la profesión de abogado, adoptadas en 1990, establecen en el primer y segundo párrafo del Preámbulo lo que podría considerarse la síntesis esencial en la materia, que:

> "La independencia de la profesión del derecho constituye una garantía esencial para la promoción y protección de los derechos humanos y es necesaria para que exista un acceso efectivo y adecuado a los servicios legales:
>
> Un sistema equitativo de administración de justicia, que garantice la independencia de los abogados en el cumplimiento de sus deberes profesionales, sin ninguna restricción, presión, o injerencia indebida, ya sea directa o indirecta, es imperativo para el establecimiento y el mantenimiento del estado de derecho".

309. Sobre esta violación debe puntualizarse, como lo afirmó ante la Corte Interamericana el perito, profesor y abogado **Carlos Tiffer**, que el "dar una opinión en el ejercicio de la profesión de los Abogados, debe enmarcarse dentro del contenido del artículo 13 de la Convención Americana de Derechos Humanos," por lo que la criminalización de un abogado por las opiniones jurídicas que pueda dar como tal, cuando sea requerido para ello, es una violación de la libertad de expresión. Así lo ha destacado también el *Amicus curiae* presentado por las **Comisiones de Derechos Humanos de los Colegios de Abogados de Venezuela** de fecha 30 de agosto de 2013 (p. 18), así como los *amicus curiae* presentados ante la Corte por la **Asociación Dominicana de Derecho Administrativo** en agosto de 2013; por los profesores del **Foro Iberoamericano de Derecho Administrativo** y de la **Asociación Internacional de Derecho Administrativo**, y por la **Asociación de Derecho Constitucional de la República Dominicana**. Por ello como, lo afirmó el mismo perito **Carlos Tiffer**, "si la *opinión jurídica es dada por un abogado, referente a su especialidad, como puede ser la interpretación de normas constitucionales o de hechos políticos, su criminalización se convierte en un exceso ilegítimo de parte del Estado, un verdadero acto arbitrario.*" Es decir, en palabras del mismo perito **Dr. Tiffer**, *"cuando estas opiniones tienen el carácter de jurídicas, su criminalización no solo afecta las garantías y derechos de cualquier ciudadano sino que, obstaculiza el ejercicio de la profesión de los Abogados y limita el derecho al acceso a la justicia. Criminalizar una opinión, resulta una injerencia de parte del Estado, arbitraria, injustificada, inhumana y antidemocrática."* Ello además, constituye una infamia, como precisamente ocurrió en el caso del proceso penal seguido en mi contra, que se inició por el sólo hecho de haber sido yo llamado, como abogado especialista en derecho público, requiriéndoseme una opinión jurídica sobre las situación constitucional que resultaba de la crisis política de gobierno al haber el Alto Mando Militar del país anunciado públicamente la renuncia del Presidente de la República; opinión jurídica que por cierto fue contraria a lo que resolvió el breve gobierno de transición, cuya constitución ni siquiera presencié.

310. Como se destacado en el *Amicus curiae* de las **Comisiones de Derechos Humanos de los Colegios de Abogados de Venezuela** presentado ante la Corte de fecha 30 de agosto de 2013:

> "Como demuestran los hechos de este caso, según los planteamientos esgrimidos por la víctima en sus escritos ante la Corte IDH, *el Estado venezolano criminalizó una opinión jurídica que le fue solicitada al Profesor Brewer-Carías, como él mismo lo ha dicho; opinión en la cual, por cierto, Brewer-Carías expresó sus dudas sobre la constitucionalidad del decreto que se le sometió a su consideración, y que sin duda había sido previamente redactado dentro de un contexto conflictivo. Esa mera opinión jurídica no lo puede convertir en cómplice o partícipe de conspiración alguna, pues los hechos del caso demuestran que no tuvo ninguna vinculación personal con los involucrados, limitándose su actuación como abogado a haber dado su opinión legal.*
>
> Sencillamente, el profesor Brewer-Carías fue consultado como abogado sobre una situación constitucional, dentro de un contexto conflictivo, pero de igual manera éste actuó siempre dentro del marco del ejercicio de su profesión y en su condición de experto en materias de derecho público.
>
> En todo caso, ni siquiera el hecho de que alguien hubiese redactado un texto como abogado, que no fue el caso del profesor Brewer, no podría constituir delito, ya que se trataría de un trabajo jurídico, así luego ello resultase en un acto inconstitucional. *Menos aún puede, por tanto, criminalizarse la actuación del Dr. Brewer Carías por el haber expresado como abogado críticas y cuestionamientos legales al decreto que le fuera consultado*" (pp. 25-26).

311. Sobre esto mismo, los profesores **Pablo Ángel Gutiérrez Colantuono y Henry Rafael Henríquez Machado** expresaron en el *Amicus curiae* presentado ante la Corte lo siguiente:

> "*La criminalización de los abogados por razón de sus opiniones jurídicas manifestadas constituye censura previa indirecta y una sanción ilegítima, por la cual se intimida a los abogados*, restringiéndoles su libertad profesional de sus opiniones jurídicas. Esto, por lo tanto, no sólo merma la independencia del abogado, sino además constituye una presión directa sobre el contenido de la opinión jurídica ya manifestada que afecta el contenido esencial de la profesión de los abogados. Esta es la dimensión que quizás mas importe en el presente caso, de cómo afec-

tando el libre y responsable ejercicio profesional se genera una afectación del derecho a la debida defensa de quién es patrocinado por dicho letrado, o bien ya el asunto que es despacho bajo el formato de dictamen. [...]

Como demuestran los hechos de este caso, según los planteamientos esgrimidos por la víctima en sus escritos ante la CIDH, el Estado venezolano *criminalizó una opinión jurídica que le fue solicitada al Profesor Brewer-Carías, como él mismo lo ha dicho; opinión en la cual, por cierto, Brewer-Carías expresó sus dudas sobre la constitucionalidad del decreto que se le sometió a su consideración, y que sin duda había sido previamente redactado dentro de un contexto conflictivo. Esa mera opinión jurídica no lo puede convertir en cómplice o participe de conspiración alguna, pues los hechos del caso demuestran que no tuvo ninguna vinculación personal con los involucrados, limitándose su actuación como abogado a haber dado su opinión legal.*

Simplemente, el profesor Brewer-Carías fue consultado como abogado sobre una situación constitucional, dentro de un contexto conflictivo, actuando dentro del marco del ejercicio de su profesión y en su condición de experto en materia de derecho público."

312. En sentido coincidente con lo expresado por las **Comisiones de Derechos Humanos de los Colegios de Abogados de Venezuela**, se manifestaron ante la Corte Interamericana, en sendos *Amicus curiae* que le fueron presentados por la **Asociación Dominicana de Derecho Administrativo, la Asociación Dominicana de Derecho Constitucional,** los profesores del **Foro Iberoamericano de Derecho Administrativo y** los profesores de la **Asociación Internacional de Derecho Administrativo.** De la misma manera, la **Federación Interamericana de Abogados** en el *Amicus curiae* presentado ante la Corte, igualmente concluyó que:

"3. De los hechos relevantes del caso, la FIA observa con extrema preocupación lo que podría configurarse como una criminalización indebida del ejercicio libre de la profesión de abogado y respeto a las opiniones jurídicas que los abogados tienen derecho a expresar. El origen del proceso penal contra el profesor Brewer-Carías en 2005, en efecto, fue el hecho de haber sido consultado como abogado, tres años antes, en 2002, sobre la juridicidad del texto de un decreto de un gobierno de transición, habiéndose limitado en su actuación profesional a emitir la opinión jurídica que le fue requerida por su especialidad en derecho público, sobre la constitucionalidad del contenido de un decreto de transición de gobierno, ámbitos todos dentro de la esfera de su profesión."

313. La persecución en mi contra, como quedó probado ante la Corte, en definitiva, tuvo su origen precisamente en el libre ejercicio de su libertad de expresión, que es lo que se criminaliza mediante un proceso basado, por lo demás, en cuentos de periodistas. Por ello el **Instituto de Derechos Huma-**

nos de la **Asociación Internacional de Abogados** (**International Bar Association**) en el *Amicus curiae* presentado ante la Corte concluyó señalando que

"interponer un proceso penal contra Allan Brewer Carías por cumplir sus deberes profesionales, claramente va en violación de estas normas, y la IBAHRI respetuosamente recomienda a esta honorable Corte que las tome en cuenta al decidir sobre el sometimiento en curso" (¶ 20).

314. En igual sentido, las **Comisiones de Derechos Humanos de los Colegios de Abogados de Venezuela** en el *Amicus curia* que han presentado ante la Corte, así como los *Amicus curiae* presentados por los profesores del **Grupo de Profesores de Derecho Público de Venezuela**, destacaron el presente caso, como "una oportunidad importante para que la Corte IDH desarrolle progresiva y favorablemente los estándares sobre la independencia de los Abogados a la luz de la Convención Americana sobre Derechos Humanos, a los fines de precisar estos criterios tan importantes para el ejercicio de la abogacía en las Américas." En sentido coincidente con lo expresado, se manifestaron en sendos *amicus curiae* presentados ante la Corte, por la **Asociación Dominicana de Derecho Administrativo,** los profesores del **Foro Iberoamericano de Derecho Administrativo** y los profesores de la **Asociación Internacional de Derecho Administrativo**

315. Sobre estos principios que rigen el ejercicio de la profesión de abogado, la **Federación Interamericana de Abogados** en el *Amicus curiae* presentado ante la Corte Interamericana fue explícita en destacar que:

14. En este sentido, está claro que la manifestación de una opinión profesional de un abogado consistente en la manifestación de información y opinión jurídicas, se encuentra expresamente protegido por el artículo 13 de la Convención Americana, de manera que, cualquier regulación a dicho derecho está sometida a aquellos fines legítimos, necesarios y proporcionales que atienden a un bien jurídico protegido por la Convención en el artículo 13.2 *ejusdem*. De ello deriva que la opinión dada en el ejercicio de la profesión de abogado, enmarcada como está dentro de las previsiones del artículo 13 de la Convención Americana, significa que el abogado, como toda persona, tiene la libertad de buscar, recibir y difundir informaciones e ideas de toda índole, siendo sin la menor duda, la opinión dada por un abogado una forma de ejercicio de la libertad de expresión amparada en dicha norma. Adicionalmente, la opinión dada por los abogados sobre las consultas que se les formulen, tienen una protección adicional, en el sentido de que sus manifestaciones u opiniones no se consideran punibles cuando se refieran al objeto del litigio. Igual protección se otorga en general, en los Códigos de ética sobre el ejercicio de la profesión de la abogacía adoptados por los Colegios de Abogados, donde además, se establece y protege el secreto profesional. Ello, además, se encuentra consagrado en los "Principios Básicos sobre la Función de los Abogados" de Naciones Unidas, donde se establece que los *"gobiernos reconocerán y respetarán la confidencialidad de todas*

las comunicaciones y consultas entre los abogados y sus clientes, en el marco de su relación profesional".

15. En efecto, para que el abogado pueda realmente cumplir con su función en un Estado Democrático, no solamente se le debe garantizar el ejercicio de la libertad de expresión y de opinión, sino también se deben de proteger la emisión de sus opiniones, a través de la inmunidad civil y penal, antes mencionada, para lo cual debe garantizársele el secreto de las consultas, las comunicaciones y las opiniones que exprese a su cliente. El resguardar el secreto profesional de los abogados, así, es una garantía en un Estado Democrático, pues ello permite que las personas puedan consultar libremente a los abogados, sin temor a represalias. Por ello, cuando un abogado invoca el secreto profesional, lo que está utilizando es lo que se conoce en el derecho penal como una causa de justificación, dentro del ejercicio de un derecho, lo cual eliminaría cualquier responsabilidad, tanto de índole civil, administrativa, ética y desde luego de naturaleza penal; incluyéndose dentro del secreto profesional no solamente las consultas verbales, comunicaciones u opiniones de los abogados, sino también los documentos privados que reciba el abogado y desde luego su contenido, respecto de los cuales el abogado no estaría obligado ni a entregar un documentos privado ni a revelar su contenido. El secreto profesional, en ese contexto, deja de ser un privilegio del abogado, y es más bien un derecho de las personas que lo consultan, pues con el solo hecho de realizar la consulta, el abogado tiene la obligación de guardar confidencialidad sobre lo expresado por su cliente. Precisamente, el faltar a esta obligación sin justa causa, puede ocasionar responsabilidades disciplinarias del abogado que falte al secreto profesional. Además, debe recordarse que la relación profesional del abogado es básicamente de carácter personal que se establece con la persona que lo consulta, la cual está regida por principios éticos como los de confianza, transparencia, honestidad, eficiencia y responsabilidad; y la cual genera deberes y obligaciones, entre las cuales está, precisamente la de guardar la confidencialidad de las comunicaciones y opiniones, así como de los documentos que reciba o que conozca en relación precisamente en el ejercicio de la relación profesional con el cliente " […]

21. Los abogados por tanto, ni siquiera están obligados a denunciar a quién les ha consultado su opinión cuando con ocasión de ello se enteran, por sus propias manifestaciones, que pueden estar incursos en un delito o han cometido una falta; y ello, porque los abogados no deben ser identificados con sus propios clientes ni con sus causas, como consecuencia del desempeño de su profesión. Además, es bien sabido que, en general, en el derecho comparado, la formulación de denuncias penales es en términos generales facultativa, y cuando en las legislaciones se establecen obligaciones para denunciar, las mismas se imponen especialmente respecto de determinadas personas, como son por ejemplo quienes ejercen funciones públicas mediante lo cual conozcan de la comisión de

algún delito, como por ejemplo, los médicos, enfermeros, farmaceutas al prestar los auxilios de su profesión. Pero en todo caso, incluso, la obligación de denunciar deja de tener vigencia cuando el conocimiento de los hechos está amparado al secreto profesional.

25. De lo anterior deriva que para el correcto ejercicio de la profesión de la abogacía, los abogados gozan de inmunidad no solo en el ámbito civil, sino penal, referente a sus declaraciones y opiniones que emitan en ocasión a una consulta referida por un cliente, por lo que criminalizar o penalizar la opinión de un abogado, es contrario a todos los principios del Estado Democrático de Derecho y se convertiría en un verdadero obstáculo o limitación al acceso a la justicia de los ciudadanos. Es decir, criminalizar las opiniones de un abogado es un atentado serio a las garantías y derechos en un Estado Democrático, pues ello no solo afecta las garantías y derechos de cualquier persona, sino que obstaculiza el ejercicio de la profesión de la abogacía, lo que además limita el derecho al acceso a la justicia. En otras palabras, ninguna persona en una sociedad verdaderamente democrática, debería ser enjuiciada por emitir su opinión; y si la opinión es dada por un abogado, referente a su especialidad, como puede ser la interpretación de normas constitucionales o de hechos políticos, su criminalización se convertiría en un exceso ilegítimo y arbitrario de parte del Estado. La penalización y persecución del Estado en el derecho penal moderno encuentra límites como los derivados de los principio de legalidad, de tipicidad, de lesividad y de proporcionalidad, por lo cual, criminalizar una opinión jurídica atentaría contra los mismos y alejaría al Estado de una verdadera estructura democrática."

316. Y de todos esos principios, aplicados al caso del proceso penal seguido en mi contra, la **Federación Interamericana de Abogados** concluyó como colorarlo de los razonamientos que hizo en su *Amicus curiae*, en lo siguiente sobre mi caso:

"60.A. En cuanto a las consideraciones jurídicas expuestas sobre el derecho al ejercicio libre e independiente de la profesión de la abogacía y de los abogados a expresar libremente sus opiniones legales garantizados en los artículos 8 y 13 de la Convención Americana sobre Derechos Humanos, los mismos obligan a los Estados a asegurar la inmunidad penal de los abogados por el ejercicio de su profesión y, por tanto, garantizar la prohibición de la criminalización de los abogados por la emisión de sus opiniones jurídicas, particularmente teniendo en cuenta que la manifestación de una opinión jurídica a un cliente es una forma de ejercicio de la libertad de expresión especialmente protegida por el Derecho Internacional. La interpretación de la libertad de expresión cónsona con el corpus iuris de Derecho Internacional permite concluir que existe una prohibición absoluta a la criminalización de los abogados por la emisión de sus opiniones jurídicas, pues serían innecesarias y desproporcionadas en la atención a los fines previstos en una sociedad democrática. *En consecuencia, partiendo de los estándares internacionales desarrollados en la materia antes analizados, no es admisible que se criminalice a un abogado por haber dado una opinión jurídica, como ha sido el caso que originó el proceso penal en contra del profesor Brewer Carías, que tuvo su origen en el hecho de que en su condición de abogado se le solicitó una opinión jurídica sobre la juridicidad de un decreto que se le sometió a su consideración, sobre el cual incluso le expresó a quien le requirió la opinión, críticas y objeciones sobre su constitucionalidad. La criminalización de esa mera opinión jurídica dada en su condición de abogado y dentro del marco del libre ejercicio profesional de la abogacía, como resulta del proceso penal seguido contra el profesor Brewer Carías en Venezuela, a juicio de esta Federación Interamericana de Abogados, constituye una violación de los mencionados artículos 8 y 13 de la Convención Americana."*

317. Por otra parte, en este caso, a mí me persiguió el Estado, además, supuestamente por no haber denunciado los hechos de los cuales tuve conocimiento cuando se me hizo la consulta jurídica, ignorando el Ministerio Público venezolano, como lo indica el perito Dr. **Tiffer**, que "para que realmente el Abogado pueda cumplir con su función en un Estado Democrático, no solamente se debe garantizar el ejercicio de la libertad de expresión y de opinión, sino también se deben de proteger la emisión de sus opiniones, a través de la inmunidad civil y penal, antes mencionada." El Estado, además, como lo afirmó el perito Dr. **Tiffer**, debe "reguardar el secreto profesional de los Abogados" que es una garantía en un Estado Democrático, que se "convierte no en un privilegio del Abogado, sino más bien en un derecho del ciudadano que consulta, puesto que con solo realizar la consulta al Abogado, a éste le surge más bien una obligación de guardar confidencialidad sobre lo expresado por su cliente."

318. Además, como lo advirtió el propio perito Dr. **Tiffer**, "los Abogados no están obligados a denunciar al cliente cuando se enteran, por sus propias manifestaciones, de que van a cometer un delito o han cometido un delito," por lo que además, "no deben ser identificados con sus clientes ni con las causas de sus clientes, como consecuencia del desempeño de sus funciones." En relación con estas precisiones del perito **Dr. Tiffer**, coincidieron completamente con ellas, las argumentaciones que formularon ante la Corte Interamericana tanto la **Federación Interamericana de Abogados** como las **Comisiones de Derechos Humanos de los Colegios de Abogados de Venezuela** y los profesores del **Grupo de Profesores de Derecho Público de Venezuela** en los *Amicus curiae* que presentaron ante la Corte. En igual sentido se pronunciaron ante la Corte, la **International Bar Association** y el **The Netherlands Human Rigths Institute SIM** en los *Amicus curiae* que presentado ante la Corte.

319. Por otra parte, frente a las repetidas sugerencias del representante del Estado de reclamarme por qué no di de una u otra manera mi opinión jurídica,

y pretender de allí, criminalizar mi supuesta omisión, el propio perito Dr. **Tiffer** fue precisamente claro al indicar que:

"el Abogado no puede estar compelido a interpretar los hechos en sus opiniones, según los intereses oficiales del Estado. Precisamente el ejercicio de la Abogacía de una manera libre, sin interferencias y coacciones, es lo que garantiza que las opiniones sean realmente manifestaciones en defensa de los derechos de los ciudadanos por un lado, y permiten el cuestionamiento y la crítica de las posiciones oficiales por otro lado. Pretender que la interpretación del Abogado se de acuerdo a una determinada orientación es un atentado en contra del Estado Democrático de Derecho."

320. Y eso fue lo que pretendieron los representantes del Estado en este caso. Al contrario, como lo destacó el *Amicus curiae* presentado ante la Corte por el **Instituto Holandés de Derechos Humanos (SIM)**, precisamente, "la libertad de expresión de Brewer Carías goza de amplia protección" en virtud de que "su acción/discurso se enmarca en dos categorías que reciben una protección especial, tal como son: i) el discurso sobre asuntos de interés público general; y ii) la libertad de expresión de quienes expresan opiniones divergentes (¶ 128); desarrollando, en cuanto al "Discurso sobre asuntos de interés público general," lo siguiente:

"129. La categoría del discurso en cuestión se refiere a las expresiones sobre asuntos constitucionales que, por su propia naturaleza, son asuntos de interés público. La opinión legal de un experto en derecho constitucional, actuando a título profesional, por definición, está relacionada con asuntos de interés público. De hecho, el derecho constitucional es el campo del derecho que se relaciona con los derechos humanos, la democracia, y las garantías constitucionales, y por ende merece que se le asigne una importancia y protección especiales.

130. La expresión de asuntos relacionados con el interés público goza de amplia protección, debido a la importancia que tiene para la democracia y para la protección de los derechos humanos. En consecuencia, el TEDH establece que 'hay un margen muy pequeño bajo el Artículo 10 párrafo 2 de la Convención (art. 10-2) para aplicar restricciones al discurso político o al debate sobre asuntos de interés', en comparación con otras formas de expresión, como son los asuntos que pueden ofender las creencias personales particulares en el campo de la moral o, especialmente, sobre religión. [...]

133. Por otra parte, otros tribunales afirman también que 'el derecho a disentir es la propia esencia de la democracia y lo sigue siendo incluso durante estados de emergencia'.

134. Por lo tanto, debido a la importancia que tiene la opinión legal de los abogados constitucionalistas para la democracia, su libertad de expresión – cuando actúan a título profesional – se debe proteger. De allí que sea inconcebible que a un académico de renombre, experto en dere-

cho constitucional, se le enjuicie por dar su opinión sobre la constitucionalidad de un documento, cuando se le pidió hacerlo."

321. Pero además, en el *Amicus curiae* presentado ante la Corte por el **Instituto Holandés de Derechos Humanos (SIM)**, también se refirieron a la "Protección Especial para quienes expresan opiniones divergentes," expresando lo siguiente:

"135. También es importante resaltar que, en el proceso llevado ante la Comisión, los peticionarios alegan que Brewer Carías era una figura importante de la oposición que mostraba una abierta disidencia a las políticas del Gobierno. Es de conocimiento general que Brewer Carías era muy conocido por críticas al gobierno del régimen que estaba en el poder para ese momento. En consecuencia esta acusación también se debe evaluar a la luz de la libertad de pensamiento y de expresión que tienen los disidentes y los defensores de los derechos humanos. [...]

139. En consecuencia, la opinión legal expresada por Allan Brewer Carías es una forma de expresión protegida por dos razones: se refiere a temas constitucionales y, por ende, es un asunto de interés público, y la emite una persona que merece protección especial por ser crítico del régimen."

322. Otro elemento destacado en el *Amicus curiae* presentado por los representantes del **Instituto Holandés de Derechos Humanos (SIM)**, es lo que denominaron el "efecto inhibitorio" en el sentido de que yo fui "fue acusado después dar su opinión legal, porque se le había solicitado, sobre la constitucionalidad de un documento que luego se llegó a conocer como el Decreto Carmona. En consecuencia, lo más probable es que su acusación tenga un efecto inhibitorio en otros abogados constitucionalistas que ya no se atreverán a dar su opinión legal en su carácter de abogados constitucionalista, por temor a ser enjuiciados" (¶ 140). De todo lo anterior, concluyeron apreciando que "la imputación de Allan Brewer Carías configura una violación de su derecho a la libertad de pensamiento y expresión" (¶ 149).

323. En todo caso, el Estado ignoró totalmente estas denuncias de violación de mi derecho a la libertad de expresión y al libre ejercicio de la profesión de abogado. No contradijo los hechos ni los alegatos, de manera que la Corte debió tenerlos como aceptados, pero se negó a considerarlo. Los Jueces **Eduardo Ferrer Mac Gregor** y **Manuel Ventura Robles**, en su *Voto Conjunto Negativo* a la sentencia, sin embargo, en el Capítulo final del mismo sobre "Defensa del Estado de derecho y el ejercicio de la abogacía," señalaron que:

120. Como se ha advertido a lo largo del presente voto, estimamos que la Corte debió entrar al fondo del caso al estar íntimamente ligadas las cuestiones de admisibilidad con las de fondo; entre las cuales se encuentran la secuela de provisionalidad de fiscales y jueces, y su impacto concreto en el proceso penal; el análisis de la presunción de inocencia, la

adecuada defensa y, en general, aspectos relacionados con los artículos 8 y 25 de la Convención Americana.

121. Por otra parte, consideramos que el análisis de fondo era indispensable, además, para analizar el hecho de que se haya acusado penalmente a un jurista reconocido internacionalmente, como Allan Brewer Carías, por atender una consulta profesional. De los hechos se desprende que el acusado Brewer Carías hizo uso de su derecho de ejercer la profesión de abogado.

122. Ya en una ocasión anterior el Tribunal Interamericano analizó una condena penal a causa del ejercicio profesional. En este sentido, en el caso *De la Cruz Flores Vs. Perú*[55] la víctima había sido condenada penalmente por atender en su calidad de médico a miembros de Sendero Luminoso, lo que para la Corte "no solo es un acto esencialmente lícito, sino que es un deber de un médico prestarlo".[56]

123. A lo anterior se suma la reflexión de la Corte al emitir la *Opinión Consultiva OC-5/85 sobre la Colegiación Obligatoria de Periodistas*.[57] En dicha Opinión, el Tribunal Interamericano afirmó que no se podía sancionar penalmente a un periodista no colegiado, por la imbricación que existe entre el derecho a la libertad de expresión y el ejercicio del periodismo. Es decir, el periodista no colegiado estaba haciendo uso legítimo de un derecho, por lo cual la Corte declaró incompatible con la Convención Americana la legislación costarricense que sancionaba penalmente el ejercicio del periodismo sin estar debidamente colegiado.

124. En el caso *Brewer Carías Vs. Venezuela* estamos también ante el hecho de que se pretende penalizar un acto propio del ejercicio de la profesión de abogado, que por su naturaleza es lícito. Si bien se trata de profesiones distintas, debiera prevalecer el criterio de la Corte de proteger el ejercicio profesional que, como en el caso del Profesor Brewer, busca ejercer su profesión y defender el Estado de Derecho. No haber analizado en el fondo del caso el enjuiciamiento penal del Profesor Brewer Carías limitó lo que debiera ser el principal quehacer de un tribunal internacional de derechos humanos: la defensa del ser humano frente a la prepotencia del Estado.

125. Un tribunal internacional de derechos humanos debe proceder, antes que nada, a la defensa del Estado de Derecho —y en el caso concreto también del ejercicio de la abogacía—, lo cual es consustancial con

---

55   Cfr. *Caso De la Cruz Flores Vs. Perú. Fondo, Reparaciones y Costas*. Sentencia de 18 de noviembre de 2004. Serie C N° 115.

56   *Caso De la Cruz Flores Vs. Perú. Fondo, Reparaciones y Costas*. Sentencia de 18 de noviembre de 2004. Serie C N° 115, párr. 102.

57   Cfr. *La Colegiación Obligatoria de Periodistas (Arts. 13 y 29 Convención Americana sobre Derechos Humanos)*. Opinión Consultiva OC-5/85 del 13 de noviembre de 1985. Serie A N° 5.

un régimen democrático, con los valores que inspiran al sistema interamericano en su integralidad y particularmente con los principios que rigen la Carta Democrática Interamericana."

XIII. VIOLACIÓN AL DERECHO A LA SEGURIDAD PERSONAL Y DE LIBERTAD DE CIRCULACIÓN (ARTS. 7 Y 22, CONVENCIÓN)

324. Mis representantes también denunciaron ante la Corte Interamericana la violación de mi derecho a la seguridad personal y la libertad de circulación por el acoso o persecución internacional ejercido por el Estado, amenazándome constantemente, con detenerme o secuestrarme. Ello deriva del hecho **de que a pesar de tratarse de un delito político (rebelión) el que se me imputó y por el que se me acusó injustamente, el Estado desató una inusitada y malsana campaña de desprestigio y de persecución internacional en mi contra, utilizando indebida e ilegítimamente el canal de la INTERPOL, que es una organización de cooperación policial internacional que tiene prohibido intervenir en casos de delitos políticos,[58] lo que significó que hasta que la INTERPOL no rechazara formalmente las pretensiones del Estado, yo me ví limitado de circular libremente**, y amenazado de violación de mis derechos, materializada en el acoso y amenaza permanente de funcionarios del Estado, que me impidieron viajar libremente. Ello en violación de los derechos garantizados en los artículos 7 y 22 de la Convención.

325. Sobre esta denuncia el profesor **León Henrique Cottin**, testigo promovido por mis representantes, y quien fue uno de mis abogados defensores en el proceso penal en Venezuela, fue explícito e ilustrativo ante la Corte Interamericana, en su *declaración* oral testimonial dada en la audiencia del 3 de septiembre de 2013, en la cual, en resumen, expuso lo siguiente:

- El 10 de mayo de 2006, habíamos informado al Tribunal 25ª de Control que el Profesor Brewer había aceptado una designación como profesor en la Facultad de Derecho en la Universidad de Columbia en Nueva York y había tomado la decisión de permanecer fuera de Venezuela "hasta que se presentasen las condiciones idóneas para obtener un juicio imparcial y con respeto de sus garantías"

- El día 2 de junio de 2006, la Fiscal Sexta volvió a solicitar la privación de libertad del Profesor Brewer.

- El 15 de junio de 2006 el Juez Dugarte, 25 de Control, dictó la medida privativa de libertad.

---

58 Véase sobre este tema Allan R. Brewer-Carías, "Global Administrative Law on International Police Cooperation: A Case of Global Administrative Law Procedure," in Javier Robalino-Orellana and Jaime Rodríguez-Arana Muñoz (Editors), *Global Administrative Law Towards* a Lex Administrativa, Cameron May International Law & Policy, London 2010, pp. 343-395.

- El Juez José Alonso Dugarte fue sustituido, por el Juez Provisorio Máximo Guevara Rísquez quien fue el que sentenció que la audiencia preliminar nunca había sido diferida ni suspendida por causa o inasistencia del Profesor Brewer Carías.

- La Fiscal Sexta solicitó a Interpol la detención del Profesor Brewer Carías como si fuera un delincuente común. a los fines de extraditarlo

- Nos dirigimos a la Interpol en su oficina de Lyon-Francia manifestándole que el delito imputado y acusado al Profesor Brewer Carías era un delito eminentemente político y por lo tanto, no procedía la intervención de la Interpol.

- Ante la solicitud de la Fiscal Sexta, la Interpol pidió información al Juez de Control sobre la naturaleza del delito imputado a Brewer. El Juez decidió el 17 de septiembre de 2007, diciendo que el delito de rebelión no era político sino de interés público y atribuyendo a Brewer ser el autor intelectual de un supuesto magnicidio La asombrosa decisión dice:

- Aunado, a que contra el Presidente de la República Bolivariana de Venezuela, ciudadano Hugo Rafael Chávez Frías, al parecer, según los elementos de convicción transcritos, se cometió un atentado frustrado, cuya autoridad intelectual, orientan al ciudadano imputado Allan Brewer Carías, quedando desvirtuada, como antes indicó la naturaleza de delitos políticos de los hechos aquí reproducidos."

- Esa decisión del Juzgado 25ª de Control fue apelada, tempestivamente por los abogados defensores del Profesor Brewer. La Corte de Apelaciones, Sala 8 decidió el 29 de octubre de 2007, dictó la insólita decisión de desechar el recurso de apelación porque "los defensores del imputado pueden recurrir por él por las decisiones que le traen algún perjuicio o agravio, pero no pudiendo en ningún caso hacerlo en contra de la voluntad del mismo, conforme lo establece el artículo 433 del Código Orgánico Procesal Penal.

No sabemos de dónde saco la insólita decisión que el Profesor Brewer Carías estaba en contra de la apelación ejercida por nosotros.

- El 11 de julio de 2006, con ocasión de la presentación de un libro sobre Reforma Constitucional, el Senado de la República Dominicana invitó al Profesor Allan Brewer a dictar una conferencia. El mismo día el Embajador de Venezuela en la República Dominicana el General de División Francisco Belisario Landis se comunicó con la Fiscal provisoria Sexta en Caracas, esta con el juez, el juez con el director de Interpol de Venezuela y éste con el Coronel Horacio Veras Cabrera Director de Interpol en Santo Domingo, informándole de la invitación hecha al abogado Allan Brewer Carías y de la altísima posibilidad de que arribase a la República Dominicana por vía aérea procedente de los Estados Unidos de Norteamérica, pidiéndole que fuera detenido, como autor del delito de conspiración para cambiar violentamente la Constitución de la República Bolivariana de Venezuela.

- También informó que había sido notificado de las diligencias hechas por la Interpol adscritas al Cuerpo de Investigaciones Científicas, Penales y Criminalistas de Venezuela para dar alcance internacional "a la orden de aprehensión que se anexa".

- El Profesor Brewer Carias fue invitado por el Instituto Interamericano de Derechos Humanos con Sede en San José de Costa Rica, para dar una conferencia. La Embajadora venezolana Nora Uribe, el 29 de agosto de 2006, le dirige carta a la Presidenta del Instituto y otra al Gobierno de Costa Rica diciendo que "según se conoce participó como autor intelectual y material del Decreto y huyó del país. Esa noticia salió en el Diario de la Nación de San José, edición correspondiente al 31 de agosto de 2006."

326. Y concluyó su declaración el testigo Dr. **Cottin** ante la Corte, recordando una conversación que tuvimos una tarde en Nueva York, diciendo:

"Una tarde en Nueva York dentro de los 49 metros en los que vive el Profesor Brewer, salón comedor-cocina, un cuarto y un baño, le dije a solas "Ven a acá Brewer. Sé que hablas poco y escribes mucho. Confiésame que le hiciste tú al Presidente Chávez o a algunas de sus hijas para que te hayan hecho esta persecución sistemática y masiva por todo el mundo.

No contestó.

La respuesta me la dio un tiempo después, quien fuera Jefe máximo de la Justicia Penal en Venezuela, Ex Presidente de la Sala Penal del Tribunal Supremo de Justicia General Eladio Aponte Aponte quien explicó el contenido de las reuniones de los viernes en la mañana en la Sede de la Vice-Presidencia de la República con presencia del Jefe de la Policía Política, el Jefe de la Policía Civil, la Presidente del Tribunal Supremo de Justicia, la Fiscal General de la República y algunos que otros invitados entre los cuales, algunas veces estuvo invitado Aponte Aponte.

El Profesor Brewer no es un fugado, es un perseguido [...]."

327. En todo caso, el Estado también ignoró totalmente estas denuncias de violación; no contradijo los hechos ni los alegatos, de manera que la Corte debió haberlas tenido como aceptadas.

328. Además, como consecuencia de la persecución en mi contra, por el hecho de haber sido declarado públicamente como culpable de un delito que no cometí por todos los altos funcionarios públicos del Estado, se me haya negado ilegítimamente, violándose mi derecho a la identificación, la expedición de mi pasaporte, y como consecuencia de ello, la inscripción en el registro electoral de mi país, para poder ejercer el derecho de voto, vulnerándose además de mi presunción de inocencia, mi derecho a la identidad y al sufragio activo. El Estado también ignoró totalmente esta denuncia de violación. No contradijo los hechos ni los alegatos, de manera que la Corte debía tenerlos como aceptados.

XIV. VIOLACIÓN AL DERECHO A LA IGUALDAD Y NO DISCRIMI-
NACIÓN (ART. 24, CONVENCIÓN) EN LA APLICACIÓN DE LA
LEY DE AMNISTÍA DE 2007

329. Por último, mis representantes también denunciaron la violación de
mi derecho a la igualdad y a la no discriminación, por el hecho de que contra
todos los principios universales aplicables a la institución de la amnistía, una
vez que la misma fue dictada respecto de todos los hechos relacionados con
los sucesos de los días 11 y 12 de abril de 2002 mediante Decreto Ley Especial de Amnistía de 31 de diciembre de 2007, con lo cual los mismos quedaron despenalizados, y consecuentemente, extinguidas la responsabilidad penal, la acción penal y las causas respectivas que estaban en curso, a mí se me
negó injustamente el beneficio de la amnistía, a pesar de que cumplía con las
condiciones procesales establecidas en la Ley.

330. La amnistía es una causal de extinción de la acción penal y de la pena consagrada en el artículo 104 del Código Penal, la cual como quedó meri-
dianamente precisado en el *Informe pericial* del Profesor **Carlos Tiffer** presentado ante la Corte Interamericana en agosto de 2013, es "una medida jurídica tomada por el poder legislativo, mediante la cual se elimina el carácter
delictivo de determinados hechos," de manera que al "despenalizarse los
hechos," ello conlleva a que los mismos ya no pueden ser "considerados delito en forma general," lo que a la vez implica "la extinción de la responsabilidad penal a favor de las personas que hayan participado de cualquier manera
en la comisión de dichos hechos," agregando que además "se trata de una
forma de extinción de la responsabilidad penal, mediante la cual se evita la
declaratoria de la responsabilidad penal de una persona o en su defecto, la
imposición de una pena." Por ello, la amnistía también "recae sobre la acción
penal, al constituir una forma de extinción de ésta, "de manera que "no es
posible iniciar una investigación penal por hechos amnistiados, en el tanto no
existe acción penal que justifique la aplicación del poder punitivo por parte
del Estado." Como lo reafirmó también el Testigo Dr. **Rafael Odreman** en su
declaración testimonial ante la Corte en la audiencia del día 3 de septiembre
de 2013:

"la Ley de Amnistía constituye la remisión, el olvido o la abolición
de ciertos delitos y de sus penas en relación con ciertos hechos enumera-
dos en la misma, respecto de los cuales el Estado renunció a la persecución penal y al castigo que pudiera haberse originado en los mismos, de
manera que el delito quedó borrado con todas sus huellas. En consecuencia, conforme al artículo 104 del Código Penal, a raíz de la amnistía se
"extingue la acción penal y hace cesar la ejecución de la condena y todas
las consecuencias penales de la misma".

Por ello, la Ley Especial de Amnistía estableció directamente en sus
normas los efectos jurídicos de la misma conforme a los principios que
rigen dicha institución, disponiendo en su artículo 2 que respecto de las
personas y de los hechos a los cuales se aplica, que: "se extinguen de

pleno derecho las acciones penales, judiciales, militares y policiales instruidas por cualquiera de los órganos del Estado, tribunales penales ordinarios o penales militares, que se correspondan exclusivamente con los hechos a que se refiere el artículo anterior" (*Respuesta a Pregunta 15, Representantes Víctima*).

331. Todo ello significa necesariamente, como lo informó el profesor **Tiffer** en su *Informe Pericial*,

"que todas las personas que se encuentren en la misma situación, al ser posibles autores o partícipes de los hechos amnistiados serán beneficiados por la declaratoria. Es decir, el alcance de la amnistía permite beneficiar indistintamente a todos los individuos implicados en los hechos amnistiados. Lo anterior en el tanto, la amnistía recae sobre hechos, es impersonal y su dictado no procede para beneficiar únicamente a determinadas personas, excluyendo a otras personas de su aplicación, o permitiendo a determinadas personas rechazar los beneficios que conlleva su promulgación."

332. De lo anterior resulta que "de la misma forma que una ley penal aplica a todas las personas y posee efectos generales, la ley de amnistía que despenaliza la conducta también posee efectos generales y no particulares, abarcando sus efectos a todas las personas." Por ello, ante la pregunta que me hizo en la audiencia del 3 de septiembre de 2013, el Dr. **Saltrón**, representante del Estado, sobre si conocía que "el Presidente Hugo Chávez Frías dictó un decreto de amnistía para todas las personas que intervinieron en el golpe de estado del 11 de abril del 2002" respondí lo siguiente:

"En diciembre del año 2007, se dictó un decreto-ley de amnistía en Venezuela. La amnistía es en relación a todos los sucesos de abril de 2002. La amnistía es una decisión de carácter general como bien sabemos, donde se despenalizan los hechos, lo que produce la consecuencia de la extinción de la acción penal. Pero esa Ley de amnistía se dictó con una excepción, no se le puede aplicar a Brewer Carías Esto lo declaró el ya en ese momento ex Fiscal General de la República, el mismo, Isaías Rodríguez, lo declaró la prensa el día 2 de enero, todavía no había circulado la *Gaceta Oficial*, y declaró a la prensa que esa ley no se le aplicaba a Brewer Carías, de manera que fue una ley de orden general de despenalización de los delitos y de los hechos que podían haberse cometido en el 2002, pero quedaba excluido Allan Brewer Carías."

333. Y ante la pegunta del mismo Dr. **Saltrón**, sobre si podía decir a la Corte "por qué Ud. quedaba excluido de ese Decreto", respondí:

"Como dije anteriormente eso lo leí de las declaraciones que dio el entonces ex Fiscal General de la República que ese Decreto no se aplicaba a Brewer Carías. Luego en la solicitud que hicieron mis abogados ante la Fiscalía y el Juez para el sobreseimiento de la causa, se alegó que había una causal que decía que la amnistía no se aplicaba a quienes no estuvieran a derecho, cosa que es absolutamente contraria a cualquier ley penal ya que la despenalización no se puede sujetar a un requisito procesal. Por lo demás, si vamos al análisis de ese punto, yo estaba a derecho en el proceso penal en Venezuela, desde que se nombró y desde que yo nombré a mis abogados defensores, de manera que yo estaba en esa situación de estar a derecho que comienza cuando uno nombra a sus abogados defensores, y nunca dejé de estar a derecho en el proceso penal porque entre otras cosas, nunca se realizó la audiencia preliminar que hubiera requerido mi presencia; y no se realizó la audiencia preliminar, no precisamente por mi causa, sino porque los jueces o el juez respectivo pospuso eternamente la realización de la audiencia, de manera que fue un proceso sin audiencia preliminar. Por lo demás, la audiencia preliminar no podía realizarse porque había una petición de nulidad, el amparo penal, petición de nulidad que se formuló después de la acusación, y que el juez nunca decidió, y estaba obligado a decidirlo a los 3 días. De manera que ese juicio quedó paralizado por culpa del juez penal que no decidió la petición de nulidad formulada por mis abogados; [petición] de nulidad absoluta por vicios en el procedimiento y que él estaba obligado a resolver antes de poder convocar a una audiencia preliminar."

334. Por su parte, a la misma pregunta que le formuló también el mismo representante del Estado Sr. **Saltrón** sobre si estaba *"en conocimiento que hubo un decreto de amnistía para las personas que participaron en los sucesos del 11 de abril de 2002,* el perito **Ollarves** respondió:

"Si estoy completamente consciente de ese decreto y *también estoy consciente de una limitación, una restricción ilegitima, que trastoca el principio de igualdad ante la ley al imponer en el artículo 1 un presupuesto procesal que contraría normas imperativas de derecho internacional general o de ius cogens como es distinguir o discriminar ilegítimamente a algunas personas de otras sobre todo en un caso tan importante como es el de una amnistía, en donde la amnesia, la fuerza de la amnesia, y el olvido deben prevalecer y no la fuerza de la inquisición."*

335. Esto implica, como también lo afirmó el perito Dr. **Tiffer,** en su *Informe Pericial,* que "no es posible excluir de la aplicación de una ley de amnistía a determinadas personas," por cuanto, "la amnistía despenaliza una conducta o hechos determinados", "sus efectos son generales y objetivos" eliminando "la posible responsabilidad penal de todo sujeto que haya cometido los hechos amnistiados." Por ello, afirmó con razón el perito Dr. **Tiffer,** "al ser la amnistía de carácter general y objetivo y al recaer sobre hechos, no puede beneficiarse o excluirse a determinadas personas." Tratándose de la despenalización de una conducta por el legislador, de efectos generales, concluyó el perito Dr. **Tiffer** en su informe que:

"no se puede mantener vigente la penalidad de una conducta, únicamente para ser aplicada a una persona en concreto cuando ya ha sido despenalizada para los demás individuos. Lo anterior evidentemente resulta discriminatorio, en el tanto se violenta el principio de igualdad ante la ley. Por ello, no puede excluirse de la aplicación de una ley de amnistía a determinadas personas." [...]

"La amnistía al tratarse de un acto emanado del poder legislativo tiene una aplicación general a las personas. El legislador al despenalizar determinada conducta, significa que la misma no puede ser ya considerada como un delito. Por tal razón, la despenalización no puede tener un carácter subjetivo. De lo contrario existiría un empleo arbitrario del poder."

336. Por tanto, como también lo indicó con claridad meridiana el profesor **Tiffer** en su *Informe Pericial*, "no es posible enjuiciar a alguien por un hecho o conducta despenalizada a través de una ley de amnistía" pues extinguida "la responsabilidad penal que genera la comisión del hecho amnistiado" no puede existir "acción penal alguna que permita enjuiciar a una persona por la comisión de un hecho amnistiado;" agregando además, que cuando se dicta una ley de amnistía, "no es posible continuar el proceso penal en contra de una persona, por un hecho objeto de una ley de amnistía," de manera que "en el momento en que se decrete la ley de amnistía, el juez deberá declarar extinta la acción penal. Lo que conlleva a la terminación del proceso penal a favor del investigado."

337. De todo lo anterior resulta, por tanto, como también lo precisó el perito **Carlos Tiffer**, que "no es posible dictar una ley de amnistía que permita la exclusión de una persona, por no cumplir con determinado requisito procesal." Es decir, "por cuanto, la declaratoria de amnistía despenaliza determinados hechos o conductas, de manera general y sin límites algunos," no puede supeditarse sus efectos "al cumplimiento de determinadas condiciones subjetivas de los individuos o requisitos procesales alguno. La declaratoria de amnistía surte efectos generales y objetivos, despenalizando la conducta o hecho objeto de la declaratoria."

338. Sin embargo, en el caso de la Ley de Amnistía (Decreto Ley 5790) sancionada en Venezuela el 31 de diciembre de 2007, como está probado en autos y resulta del propio texto de la Ley, al contrario, a pesar de que despenalizó los hechos relativos a los sucesos en Venezuela ocurridos en abril de 2002, sin embargo, la misma ley supeditó su aplicación al requisito procesal de que las personas a beneficiarse de la misma debían "estar a derecho y haberse sometido al proceso penal," estableciendo de entrada una discriminación intolerable por razones procesales en una Ley de Amnistía. El perito **Jesús Ollarves Irazábal,** en su respuesta al Juez **Sierra Porto** en la audiencia ante la Corte del 4 de septiembre de 2013, ante la pregunta de: *"Usted expreso que la Ley de Amnistía en su opinión era discriminatoria. ¿ Podría ampliar un poco más esa afirmación? ¿Porque considera que es discriminatoria?,"* observó que la Ley de Amnistía de diciembre de 2007 "

"hay un presupuesto, un óbice procesal en el artículo 1° que indica que las personas involucradas en esos hechos, para beneficiarse de esta gracia, deben estar a derecho, lo cual por supuesto no opera en esta caso, pero independientemente cuando hablamos de amnistía y cuando hablamos de perdón, de amnesia, de reconciliación y de olvido, los abogados las personas que vivimos en Venezuela tenemos la obligación histórica política y ética, precisamente de fortalecer el contenido de ese decreto para la reconciliación y el olvido y no para fortalecer la fuerza de la inquisición."

339. Ahora sobre el concepto procesal de "estar a derecho," como lo explicó con toda precisión el perito Dr. **Jesús Ollarves,** en el derecho, jurisprudencia y práctica forense venezolana, es un concepto referido a la situación de las personas que en un proceso han nombrado ante el juez de control sus defensores, y por tanto, se hayan sometido al proceso penal; considerando, en otra respuesta dada al juez **Sierra Porto,** que *la excepción procesal* establecida en el artículo 1° de la Ley de Amnistía *"no aplica al Dr. Brewer porque él está a derecho desde el acto de la imputación en el cual fue acompañado con sus abogados para ser impuesto del precepto por el cual se le investigaba, y entiendo que sus abogados debieron haber comparecido ante un Tribunal de control, un tribunal de garantías a aceptar el cargo y a juramentarse por supuesto."* Sobre esta expresión de "estar a derecho", el testigo Dr. **Rafael Odreman** fue también preciso al indicar que "conforme a la jurisprudencia de la Sala de Casación Penal del Tribunal Supremo de Justicia que ha quedado resumida en la sentencia de 18 de diciembre de 2007 (Exp. 2007-521, Caso: *Rubén Darío Rosales Sánchez*), el mismo está condicionado, exclusivamente, por los diversos actos del proceso penal que exigen la presencia personal del acusado; de manera que un procesado se encuentra a derecho cuando ha estado presente y ha acudido a todos los actos procesales en los cuales necesariamente se requería su presencia" (*Respuesta a Pregunta 15, Representantes Víctima*). Coincidente con ello, incluso, la testigo del Estado, **Mercedes Prieto,** ante una pregunta del Juez **Sierra Porto** sobre *"¿Sometido a derecho que significa?"*, tuvo que responder: "Que acuda a su proceso, este presente durante todo el desempeño del proceso," que fue precisamente mi situación.

340. Por todo ello, el testigo Dr. **Odreman** afirmó ante la Corte que: "Esa fue, precisamente, la situación del profesor Brewer-Carías, quien asistió a todos los actos en que se requería su presencia, y a los que fue requerido por el Ministerio Público en la etapa de investigación, habiendo incluso designado ante el Juez de Control a sus abogados defensores." (*Respuesta a Pregunta 15, Representantes Víctima*). En mi caso, era y es evidente que estaba a derecho y sometido al proceso penal el cual incluso seguí personalmente durante toda la etapa de investigación, y no sólo a través de mis defensores. Como lo precisó el Testigo Dr. **Odreman:**

> "la única ocasión en la cual el acusado tenía la carga procesal de comparecer personalmente a un acto judicial era la audiencia preliminar prevista en el artículo 329, *ejusdem*, la cual, de haberse iniciado sin su

presencia, hubiera quizás provocado que hubiera dejado de estar a derecho. Sin embargo, en el proceso ahora extinguido de pleno derecho, dicha audiencia preliminar jamás se realizó y ya, después del 31 de diciembre de 2007, no podrá realizarse en forma alguna pues no hay proceso penal, el cual ha quedado extinguido de pleno derecho" (*Respuesta a Pregunta 15, Representantes Víctima*).

341. Y luego en respuesta a una pregunta del Representante del Estado, sobre "*¿Si el Dr. Brewer Carías cumplía con los requisitos para ser beneficiario de la Ley de Amnistía General dictada por el presidente Hugo Chávez Frías?*", el testigo **Rafael Odreman** respondió con meridiana claridad:

"Sí cumplía con los requisitos. El Dr. Brewer Carías, para el día de entrada en vigencia de la Ley de Amnistía el 31 de diciembre de 2007, se encontraba a derecho y se había sometido al proceso penal que se siguió en su contra y al cual se sometió voluntariamente, desde el inicio del mismo, no habiendo dejado de asistir a ningún requerimiento que le hiciera el Ministerio Público o el tribunal, al cual debiera acudir personalmente. Después de la acusación, el único acto en el cual debía estar personalmente presente, que era la audiencia preliminar, y que debió realizarse entre 10 y 20 días después de formulada aquella, nunca se realizó en ese proceso, por lo que nunca dejó de estar a derecho"(Respuesta *a Pregunta 20, Representante Estado*).

342. Ello lo confirmó el perito **Ollarve**s en su respuesta al Juez **Caldas** en la audiencia del 4 de septiembre de 2013, al señalarle sobre el requisito de estar a derecho y sobre si yo estaba a derecho por estar "representado con asistencia técnica", indicando sobre el artículo 1° de la Ley de Amnistía que establece la limitante procesal, que "efectivamente ese artículo debería ser aplicado a todas las personas que se encuentra a derecho y también a los que no se encuentra a derecho, *en el caso específico, entendemos que si hay un acto de imputación y hay una acusación presentada resultaría irracional que una persona haya llegado hasta esa fase sin la asistencia letrada*, sin embargo lo que llama poderosamente la atención al foro jurídico venezolano es la redacción del decreto y este óbice procesal que introduce una limitación ilegítima para aplicar una causal de extinción de la acción penal y de la pena."

343. Sin embargo, a pesar de que mis abogados defensores solicitaron el sobreseimiento de la causa en aplicación de la Ley de Amnistía, porque se ha dicho cumplía con el requisito procesal de haber estado a derecho -a pesar de su carácter discriminatorio- en forma arbitraria, porque así lo había determinado y anunciado de antemano la Fiscalía, como lo declaró el ex Fiscal **Isaías Rodríguez** incluso antes de que la *Gaceta Oficial* con la Ley circulara, y lo ratificó la Fiscal General del momento, como consta en autos, se me negó el beneficio de la amnistía, por supuestamente no haber "estado a derecho", es decir, en aplicación del mencionado requisito procesal, que sin embargo se obvió respecto de otros procesados como fue el caso del ex gobernador Enrique Mendoza que estaba en mi misma situación, y quien sí gozó del beneficio de la amnistía, como está probado en autos, en evidente discriminación en mi contra. Como lo declaró el testigo Dr. **Rafael Odreman** en su *Declaración Testimonial*:

"Nuestra solicitud de sobreseimiento fue declarada sin lugar tanto por el Juez de Control como por la Corte de Apelaciones aduciendo que el profesor Brewer no se encontraba a derecho. Solamente la Magistrado Clotilde Condado Rodríguez salvó el voto basada en que el Ministerio Público no mantuvo el mismo criterio sobre la aplicación de la Ley de Amnistía que tuvo en un caso similar, específicamente en el caso de los ciudadanos Enrique José Mendoza D'Ascoli y Milagros del Carmen Durán López, quienes no se encontraban a derecho y sin embargo el Fiscal de la causa les solicitó el sobreseimiento, lo cual consideró la magistrado disidente constituía una evidente discriminación con respecto al profesor Brewer. Igualmente consideró dicha Magistrado que la frase contenida en el artículo 1 de la Ley de Amnistía "...y que a la presente fecha se encuentren a derecho y se hayan sometido a los procesos penales..." es inconstitucional porque es discriminatoria en la aplicación de este tipo de Ley. De igual manera asentó que no puede de modo alguno hacerse distinción entre personas que estén a derecho o no, porque la Ley Especial de Amnistía es de aplicación inmediata para todas las personas y que la Sala debió desaplicar la frase aludida por ser inconstitucional y decretar el sobreseimiento de la causa dejando sin efecto la orden de aprehensión," (*Respuesta a la Pregunta 15, Representantes Víctima*)

344. La Ley de Amnistía, por tanto, se me aplicaba porque yo estaba a derecho y sometido al proceso penal, y siempre lo estuve, por lo que, como lo observó el testigo Dr. **Odreman**, en su *Declaración testimonial*, "Llama la atención que el Ministerio Público solicitó la amnistía a favor de los ciudadanos Enrique José Mendoza D'Ascoli y Milagros del Carmen Durán López, quienes para la oportunidad en que se dictó la Ley de Amnistía no se encontraban a derecho." Con ello se violó mi derecho a la igualdad y no discriminación.

345. Dicha violación la argumentaron mis abogados defensores ante el juez de la causa, quienes apelaron de la decisión que me negó el beneficio de la amnistía; y considerada la apelación por el Tribunal Superior, que fue la Sala Quinta de la Corte de Apelaciones del Circuito Judicial Penal del Área Metropolitana de Caracas, la misma, mediante sentencia de 3 de abril de 2008, como se dijo, para "justificar' la discriminación en mi contra lo único que dijo fue que la situación de los señores Mendoza D'Ascoli y Durán López "era diferente," puesto que el tribunal penal que conocía de su causa no era el mismo que conocía de mi causa, y porque, en el caso de los señores Mendoza y Durán, el Fiscal había opinado que la medida de privación de libertad dictada en su contra había sido "prematura."

346. En este caso, los parámetros establecidos por la Sala Constitucional en la sentencia N° 1197 de 17 de octubre de 2000 que el representante del

Estado llevó ante la Corte Interamericana, son precisamente los que demuestran que al habérseme negado el beneficio de la amnistía ocurrió precisamente un *trato desigual frente a situaciones idénticas*, es decir, se produjo una inconstitucional situación en la cual *se trató desigualmente a los iguales*, en este caso, por una parte, a los señores Enrique Mendoza D'Ascoli y Milagros del Carmen Durán López, quienes estaban en similar situación procesal, procesados por el delito de rebelión con ocasión de los sucesos de abril de 2002, con una medida privativa de libertad dictada en su contra, sin haber sido sin embargo aprehendidos; y mi posición, por la otra. Yo fui discriminado de la aplicación de la ley de Amnistía que se aplicó a los señores Mendosa D'Ascoli y Durán López.

347. Dicho trato desigual al cual fui sometido produjo una *consecuencia jurídica absolutamente desproporcionada con las circunstancias de hecho y la finalidad que se perseguía con una Ley de Amnistía o perdón general, que no justifica el trato desigual, colocándome en la extraordinaria situación de haber sido la única persona que solicitó el sobreseimiento de la causa, y a quien se le negó por supuestamente no haber "estado a derecho," cuando incluso, al contrario, yo estaba y nunca dejé de estar sometido al proceso penal.*

348. Pero además, algo importante que se destacó ante la Corte Interamericana, fue que incluso, para el supuesto negado de que yo no hubiese efectivamente "estado a derecho " en los términos del derecho venezolano -que sí lo estaba-, es evidente que prever en una Ley de Amnistía, que la despenalización de unos hechos se aplica a todas las personas involucradas en los mismos, quedando extinguida la responsabilidad penal, la acción penal y los procesos en curso, una excepción basada en un elemento procesal respecto de aquellas personas que "no estaban a derecho," es un contrasentido y en sí misma una discriminación que viola, en perjuicio de esas personas, su derecho a la igualdad y no discriminación garantizado en la Convención.

349. Como lo precisó el profesor **Tiffer** en su *Informe pericial*, cuando "los efectos de la amnistía se supediten al cumplimiento de requisitos procesales de un determinado proceso penal, resulta en un completo contrasentido" pues "ello conllevaría a que se mantenga un proceso penal en el que se investigan hechos que han sido despenalizados por el legislador y se ha extinguido cualquier tipo de responsabilidad penal por la comisión de dichas conductas." En consecuencia, como también concluyó el Perito Dr. **Tiffer**, si en la Amnistía, que tiene efectos generales, "se realiza alguna diferenciación por condiciones personales, subjetivas o procesales, se afecta el principio de igualdad ante la ley;" agregando que "exigir el cumplimiento de un requisito procesal para aplicar la amnistía resulta un completo contrasentido, al no existir fundamento alguno para la existencia del proceso. Requisito además que carece de fundamento y de justificación, para otorgar un trato desigual a las personas beneficiadas de la declaratoria de amnistía. Consecuentemente, la supeditación de la aplicación de la declaratoria de amnistía al cumplimiento de requisitos procesales, resulta completamente violatorio al principio de igualdad."

350. Y ese fue precisamente el caso de la Ley de Amnistía de diciembre de 2007 que al establecer la excepción violó la garantía de la igualdad y la no discriminación garantizada en la Convención Americana. De esa violación resultó que en la práctica, *todas las personas involucradas o relacionadas con los hechos de abril de 2002 que fueron despenalizados por la Ley de Amnistía y que solicitaron la aplicación del beneficio, absolutamente todas, excepto una sola, yo,* gozaron del beneficio y sus causas fueron sobreseídas. A nadie más se le negó la aplicación de la Ley.

351. En definitiva, al haberse establecido en la Ley de Amnistía de diciembre de 2007, la cual despenalizó en forma general los hechos políticos ocurridos en Venezuela en abril de 2002 y extinguió los procesos penales existentes, que la misma sólo se aplicaba a quienes para cuando entró en vigencia se "encontraran a derecho y sometidos al proceso penal", dio pie para que sin fundamento legal alguno, se me negara la aplicación de la Ley, distorsionándose la institución de la amnistía, a pesar de que efectivamente yo nunca dejé de estar a derecho y nunca dejé de estar sometido al proceso penal desde que nombré mis abogados defensores, quienes asistieron a todos los actos en los que se requería su presencia. En tal forma, se me negó la aplicación de Ley, por lo cual me vi discriminado por razones procesales por los funcionarios fiscales y jueces que ejecutaron la Ley. Por lo demás, como fue probado ante la Corte, la excepción sobre "estar a derecho" no se me aplicaba, pues durante la etapa de investigación no sólo nombré, desde febrero de 2005, a mis abogados defensores ante el juez penal, sino que estuve a derecho y sometido al proceso penal permanentemente. Igualmente, durante la etapa intermedia, nunca dejé de "estar a derecho" pues la audiencia preliminar en el caso nunca se realizó y no por mi culpa, por lo que nunca en realidad dejé de comparecer, ya que nunca se realizó. Además, como antes se dijo, incluso, la Ley se aplicó a otros procesados que estaban en mi misma condición, con medida privativa de libertad no ejecutada, configurándose esto en una violación adicional más al principio de igualdad. En este caso, el Estado durante el proceso también ignoró totalmente esta denuncia de violación; no contradijo los hechos ni los alegatos, de manera que la Corte debió haberlos tenido como aceptados.

XV. ALEGATOS FINALES EN LA AUDIENCIA SOBRE LAS VIOLACIONES A MIS DERECHOS

352. Antes de referirme a la última de las violaciones alegadas ante la Corte Interamericana respecto de mi derecho a la protección judicial, debo hacer referencia a los alegatos finales orales que mis representantes hicieron ante la propia Corte al finalizar la audiencia del 4 de septiembre de 2013, agradeciéndoles de nuevo su amistad y dedicación, en los cuales resumieron los planteamientos que fueron formulados a lo largo del proceso. En relación con el *conjunto de violaciones a mis derechos*, el profesor **Juan Méndez**, las resumió ante la Corte en la siguiente forma:

"**I.** Este es un caso de persecución política a través de la manipulación arbitraria de los procedimientos de investigación y procesamiento de los delitos.

a. La violación de los artículos 8 y 25 de la Convención Americana, probada en estas audiencias, sería de por sí grave por el perjuicio causado a Allan R Brewer Carías, aun si las manipulaciones y abusos de autoridad que hemos probado fueran sólo fruto de negligencia o de un ejercicio sultanista del poder por quienes están al frente de las instituciones.

b. Aun en ese caso, las violaciones a los derechos de Allan R. Brewer Carías requerirían de esta Ilustre Corte un fallo que consigne las obligaciones internacionales de Venezuela que han sido vulneradas.

c. Pero se trata de una violación agravada de las normas internacionales de debido proceso de ley y juicio justo, porque la motivación ha sido claramente la de negarle a Allan R. Brewer Carías sus derechos de ciudadanía, su derecho a vivir en su patria y en libertad, y a participar con su talento y su experiencia en la vida de la Nación.

II. Este es también un caso de privación arbitraria de la libertad y seguridad personal, en tanto las maniobras pseudo procesales acreditadas en autos tienen como efecto:

a. Impedirle a Allan R. Brewer Carías regresar a Venezuela, a menos que se resigne a una detención y prisión preventiva que puede ser prolongada;

b. Su resultante exilio forzado;

c. La negación arbitraria de su derecho a ser juzgado en libertad (mediante el simple expediente de no proveer a la petición hecha en tal sentido por sus abogados). Esta negación es doblemente arbitraria porque no se dan en su caso ninguno de los extremos que válidamente permitirían apartarse de la norma de que la prisión preventiva debe ser la excepción y no la regla (Pacto Internacional de Derechos Civiles y Políticos, Art. 9 inc. 3).

III. Los derechos de Allan R. Brewer Carías al debido proceso y a un juicio justo han sido violados y se continúan violando de varias maneras:

a. Derecho a un juzgador independiente e imparcial. Además de la provisoriedad de los nombramientos de la mayoría de los jueces y fiscales en la República Bolivariana de Venezuela, baste mencionar que todos los jueces y fiscales que han tomado acciones en contra de los intereses de Allan R. Brewer Carías son provisorios o interinos y por ende sujetos a presiones o favores del poder político; mientras que los cuatro magistrados que en algún momento resolvieron peticiones parcialmente a su favor fueron destituidos.

b. Derecho al acceso efectivo a las pruebas de cargo y elementos de convicción reunidos en su contra y derecho a que se provean medidas de prueba favorables a su situación en todas las etapas del proceso. Ver las decisiones arbitrarias de la Fiscal a este respecto y la debilidad o inexistencia de medidas judiciales de control que pudieran proteger sus derechos y restablecer el equilibrio procesal. Es tal vez cierto que no dar copias y dar acceso al expediente sean cosas distintas; pero en este caso negar copias fue arbitrario y no se justificó por las razones que permiten la reserva de las actuaciones, máxime cuando aquí las llamadas "pruebas" eran mayormente versiones periodísticas que estaban en el dominio público.

c. Derecho a conocer los cargos que se le formulan. Especialmente grave en este sentido es el llamativo "cambio de carátula" a una imputación de tentativa de magnicidio, con el solo fin de mantener abierto un pedido de captura por Interpol, y ocultar el carácter político de los delitos que se le imputan. Esta insólita acusación no está basada en ningún elemento de convicción en autos.

d. Derecho a que se respeten los plazos legales de investigación, imputación, acusación e inicio del juicio. En este sentido, además de la prolongación indebida y sin límites claros de una situación irregular, es también arbitraria y maliciosa la pretensión de mantenerlo en un limbo jurídico mientras no regrese al país y vaya preso. Insistimos en que Allan R. Brewer Carías no ha dejado nunca de estar a derecho en Venezuela, durante meses por comparecencia personal y "casi diaria" y espontánea y luego a través de sus abogados.

e. Derecho a la presunción de inocencia. Se ha demostrado que varios altos funcionarios de Venezuela, incluidos quienes tenían o tienen en sus manos su suerte procesal, se han pronunciado de diversas formas sobre la culpabilidad de Allan R. Brewer Carías en las acusaciones que falsamente se lanzan contra él, en todos los casos sin darle oportunidad de ser oído. Es preciso hacer mención a posturas de la Asamblea Nacional, del Tribunal Superior de Justicia, del Fiscal General, y de embajadores de Venezuela en otros países, todas las cuales son parte del expediente.

f. Con el debido respeto a la posición de la Comisión Interamericana de Derechos Humanos, insistimos en que se ha violado en perjuicio de Allan R. Brewer Carías el derecho a la protección judicial (artículo 25 Convención Americana sobre Derechos Humanos), especialmente por la negativa a proveer el recurso de nulidad por violación de garantías constitucionales, presentado días después de la acusación formal. No puede aceptarse, ni en derecho interno venezolano ni en el derecho internacional de los derechos humanos, la pretensión de que la admisión y tratamiento de un recurso de tal importancia esté sujeta a la condición de que se realice la audiencia preliminar, para la cual se requiere la comparecencia de Allan R. Brewer Carías y su previsible prisión preventiva. La comparecencia como condición para la resolución de recursos ha sido declarada contraria a los derechos humanos en casos como *Guerin v. Francia*, de la Corte Europea de Derechos Humanos.

g. Denegación arbitraria de la amnistía que favoreció a otros imputados en similar situación. Destacamos la ilegalidad de la condición establecida en la ley, de "estar a derecho," por su imprecisa terminología y por no adecuarse a la concepción de la amnistía en el Código Penal de Venezuela. Pero es además arbitraria la aplicación de la condición a ARBC mientras se concede la amnistía a otros que, al igual que él, estaban con orden de aprehensión no ejecutada.

IV. Delito de opinión

a. Es falso que Allan R. Brewer Carías haya participado de manera alguna en el intento fallido de alterar el orden constitucional en abril de 2002.

b. Fue consultado sobre ciertos documentos pero no fue su autor; antes bien, se distanció de ellos porque estos documentos reflejaban posturas antidemocráticas y contrarias al estado de derecho. Emitir opinión profesional no es "contribución material" al intento de derrocamiento del Presidente Hugo Chávez.

c. La imputación de delito a un acto intelectual de respuesta a una consulta es, ni más ni menos, un delito de opinión.

d. Allan R. Brewer Carías es y fue siempre un opositor al gobierno de Venezuela desde la asunción del Presidente Chávez, pero en todo momento participó con lealtad a las instituciones democráticas. Así lo hizo como constituyente, como profesor y jurista y como comentarista en temas constitucionales y administrativos.

V. Hay aquí también violaciones al derecho a la honra, por la falsa imputación de conductas delictuales; y a la libertad de expresión, porque se pretende castigar opiniones contrarias al Gobierno; y a la igualdad y no discriminación, porque se le niegan derechos, tanto procesales como sustantivos, que se le otorgan a otros que están en idénticas circunstancias y porque ese trato distinto se basó en su opinión política.

VI. La arbitrariedad y el abuso de la autoridad de varios funcionarios sirven solamente el propósito de negar a Venezuela el concurso de uno de sus mejores juristas simplemente porque él disiente de la opinión prevaleciente. Y le niega a Allan R. Brewer Carías derechos fundamentales inherentes a la persona humana sin justificación alguna."

353. Todo lo anterior, que por lo demás fue aceptado por el Estado pues no fue contestado en forma alguna por sus representantes, fue lo que en la sentencia de la Corte Interamericana se resolvió no entrar a conocer y decidir, cercenándome mi derecho de acceso a la justicia, al aceptar la excepción preliminar alegada por el Estado de que yo no había agotado los recursos internos, a pesar de que efectivamente sí había agotado el existía y estaba disponible y era idóneo para el momento del comienzo de la fase intermedia del proceso, come fue la petición de nulidad absoluta de todo lo actuado que constituía un "amparo penal." Solicitud que nunca se decidió con lo que se configuró una nueva violación a mi derecho a la protección judicial, a la que me refiero a continuación. La Corte Interamericana, así, con su decisión, protegió al Estado y violó mi derecho de acceso a la justicia.

SEXTA PARTE

VIOLACIÓN DEL DERECHO A LA PROTECCIÓN JUDICIAL (ARTÍCULO 25, CONVENCIÓN) POR EL RETARDO INJUSTIFICADO EN LA DECISIÓN DEL RECURSO DE NULIDAD (AMPARO PENAL) POR PARTE DEL JUEZ PENAL, QUE ERA EL ÚNICO DISPONIBLE E IDÓNEO LUEGO DE LA ACUSACIÓN

I. LA VIOLACIÓN AL DERECHO A LA PROTECCIÓN JUDICIAL

354. Además de todas las denuncias antes reseñadas de violación de derechos y garantías constitucionales y convencionales por el Estado venezolano, que sus representantes nunca contradijeron en el proceso y debieron ser tenidas como aceptadas por la Corte Interamericana, mis representantes denunciaron la violación de mi derecho a la protección judicial (artículo 25, Convención) por el retardo injustificado en la decisión de la solicitud de nulidad absoluta por violación de los derechos y garantías constitucionales, que como se ha indicado y explica a continuación, es el amparo en el proceso penal, y que era el único disponible e idóneo que había luego de intentada la acusación, para la defensa de mis derechos y garantías constitucionales violados.

355. Así, después de ejercerse todos los recursos disponibles en la etapa de investigación para buscar se controlara judicialmente a la Fiscal provisoria Sexta, como antes se ha analizado, una vez presentada la acusación por la misma ante el juez de control, el único recurso idóneo que podía ejercerse para denunciar las violaciones a mis derechos y garantías constitucionales, como antes indicamos, era la solicitud de nulidad absoluta o amparo previsto en el artículo 190 del COPP, con las características de sencillo y rápido en los términos del artículo 25 de la Convención Americana. Una vez ejercida dicha solicitud o petición de amparo o nulidad absoluta, conjuntamente con la contestación de la acusación, sin embargo, el mismo nunca fue resuelto por el juez de control, cuando éste estaba obligado a hacerlo de inmediato, en el breve plazo de tres días conforme al artículo 177 del COPP, antes de convocar a la audiencia preliminar, y sin que necesariamente yo como acusado tuviera que estar presente, ya que incluso la nulidad puede ser declarada de oficio como cuestión de mero derecho; estándole prohibido al juez diferir la decisión de esa nulidad absoluta por vicios de inconstitucionalidad no subsanables, para el momento de la audiencia preliminar. En todo caso, sin embargo, en el cuadro del sistema judicial y de la violación de mi presunción de inocencia por todos los poderes públicos, la solicitud de nulidad es obvio que nunca iba a ser resuelta.

356. Sobre esto insistieron los profesores del **Grupo de Profesores de Derecho Público de Venezuela**, en los *Amicus curiae* que presentaron ante la Corte, en los cuales como conclusión, han expuesto su criterio jurídico de que:

225. [...] el único "recurso" del cual disponía en el ámbito interno frente a las violaciones masivas a sus derechos y garantías constitucionales durante la fase de intermedia del proceso penal, al intentarse la acusación en su contra, era el recurso de nulidad establecido en los artículos 190 y siguientes del Código Orgánico, que intentaron sus defensores ante el Juez de Control el día 8 de noviembre de 2005, 18 días después de que el Ministerio Público formuló la acusación ante el Juez de Control fiscal que fue el día 21 de octubre de 2005, antes, por supuesto, de que el Juez siquiera convocara a audiencia preliminar alguna.

226. El Juez de control estaba obligado a decidir la petición de nulidad en forma perentoria, y no lo hizo, dejando al Dr. Allan R. Brewer-Carías, sin posibilidad alguna de poder intentar ningún otro recurso, ni siquiera el de amparo constitucional que como lo resolvió la Sala Constitucional en la sentencia antes citada, el cual sólo hubiera podido ser intentado contra la sentencia que se dictase precisamente si se hubiese negado la petición de nulidad.

227. La falta de decisión por el juez penal en el proceso seguido contra el profesor Brewer-Carías, mucho más allá de lo que puede racionalmente considerarse como un plazo razonable para decidir, sin duda violó su derecho a la protección judicial que le garantiza el artículo 25.1 de la Convención Americana de Derechos Humanos."

357. La petición de nulidad, en efecto, debió resolverse de inmediato, en el lapso de tres días, como petición de amparo basada en la violación de derechos y garantías constitucionales judiciales, que ameritaba que el Juez diera preeminencia a los derechos humanos. Sin embargo, han trascurrido nueve años de retardo en la decisión del mismo, y con ello se ha producido una inadmisible denegación de justicia, y la violación del derecho a la protección judicial (art. 25, Convención).

358. Sobre la denuncia de violación del derecho a la protección judicial prevista en el artículo 25 de la Convención, en la *Contestación del Estado* sólo se indicó que la "representación del Estado reitera que no hay violación de derechos humanos en un juicio que nunca se inició, pues el peticionario se ausentó del país" (p. 221), lo cual como he manifestado antes, es falso pues el proceso penal se inició en la fase de investigación, desde 2002.

359. Por otra parte, en cuanto a la decisión de la solicitud o recurso de nulidad absoluta interpuesto, los representantes del Estado en su *Escrito de Contestación* (pág. 62-83) sólo argumentaron, en contra de lo dispuesto en el ordenamiento procesal penal y de amparo a los derechos y garantías constitucionales en materia penal delineado por la jurisprudencia de la Sala Constitucional del Tribunal Supremo de Justicia, que el mismo supuestamente sólo podría ser decidido en la audiencia preliminar (lo que contraría la naturaleza del amaro) y que esta, en mi caso, no se habría realizado porque yo no habría comparecido, lo cual es falso, como quedó comprobado ante la Corte. Ello, sin embargo, lo reiteró en la audiencia oral ante la Corte el testigo-perito **Néstor Castellanos**, el día 3 de septiembre de 2013, contradiciéndose.

360. Como mis representantes lo argumentaron suficientemente ante la Corte, y se ha explicado antes, todo ello es completamente falso y errado: *primero*, porque la petición de nulidad absoluta es una petición de amparo especialísima en materia penal, que debe resolver el juez de la causa para depurar el proceso, de inmediato, en un lapso de tres días conforme lo establece el artículo 177 del COPP; *segundo*, porque interpuesta una solicitud o petición de nulidad absoluta por violaciones constitucionales, el juez está obligado a decidirla antes de convocar la audiencia preliminar, precisamente para depurar el proceso de inconstitucionalidades; *tercero*, porque por lo anterior, como lo ha resuelto la Sala Constitucional del Tribunal Supremo de Justicia, al juez penal le está vedado diferir la resolución de la petición de nulidad al momento de la audiencia preliminar, de manera que si lo hace viola el debido proceso; *cuarto*, porque tratándose de cuestiones de nulidades no subsanables o absolutas, la decisión de la materia incluso puede adoptarse por el juez de oficio, como cuestión de mero derecho; *quinto*, por ello, para decidir, el juez no tiene que tener a las partes en su presencia; *sexto*, porque nada en el ordenamiento jurídico dispone que la decisión de la petición de nulidad absoluta deba adoptarse en la audiencia preliminar, pues es una petición o solicitud de amparo, totalmente autónoma respecto de las excepciones; *séptimo*, porque la primacía de los derechos humanos y la gravedad de las violaciones denunciadas imponen su decisión de inmediato; y *octavo*, porque a todo evento, en el paródico proceso seguido en mi contra, la audiencia preliminar nunca se realizó para ninguno de los acusados, pero por diferimientos decididos por el propio juez, y nunca por culpa de mi permanencia en el exterior o de mi incomparecencia, como el mismo juez de la causa lo decidió en sentencia de 20 de julio de 2007. En consecuencia el Estado violó el artículo 25 de la Convención Americana que garantiza el derecho a la protección judicial.

361. Ello estuvo reforzado en la argumentación que formularon ante la Corte Interamericana los profesores del **Grupo de Profesores de Derecho**

Público de Venezuela, en los *Amicus curiae* que presentaron ante la Corte, al señalar que:

"219. Precisamente por esta primacía y preeminencia de los derechos humanos, el juez penal, al conocer del recurso de nulidad *actúa como juez constitucional para controlar la constitucionalidad de las actuaciones fiscales y judiciales*. Como lo ha dicho la Sala Constitucional del Tribunal Supremo, "El recurso de nulidad en materia adjetiva penal, se interpone cuando en un proceso penal, las partes observan que existen actos que contraríen las formas y condiciones previstas en dicho Código Adjetivo, la Constitución de la República Bolivariana de Venezuela, las leyes y los tratados, convenios o acuerdos internacionales, suscritos por la República, *en donde el Juez Penal, una vez analizada la solicitud, o bien de oficio, procederá a decretar la nulidad absoluta o subsanará el acto objeto del recurso;*"[59] lo que debe hacer de inmediato acorde con la protección constitucional.

220. Por ello, se insiste, *el juez penal, actuando como juez constitucional, para decidir un recurso de nulidad formulado contra las actuaciones fiscales por los defensores del imputado, no tiene que tener en su presencia al recurrente, pues no está obligado a esperar la audiencia preliminar para decidirlo*. Su obligación es restablecer de inmediato la situación constitucional infringida.

221. En el caso del proceso penal en contra del profesor Brewer-Carías, el recurso de nulidad para la protección de derechos y garantías constitucionales violadas, intentado por sus defensores el 8 de noviembre de 2005, como se ha denunciado en este caso, nunca fue considerado ni decidido por el juez, violándose abiertamente su derecho a la protección judicial por falta de decisión del recurso de nulidad en un plazo razonable. Se insiste, el recurso de nulidad, que era el único del cual disponía Allan R. Brewer-Carías y que fue intentado por sus defensores el 8 de noviembre de 2005, nunca fue decidido, a pesar de haber estado el juez obligado a hacerlo en plazo perentorio por la protección constitucional requerida, y en todo caso, dentro del plazo de tres días establecido en el artículo 177 del Código Orgánico Procesal Penal; no estando obligado el juez conforme a las normas de dicho Código a decidir el recurso de nulidad sólo en la "audiencia preliminar."

362. Sobre esta violación del derecho a la protección judicial, por otra parte, la *Comisión Interamericana de Derechos Humanos*, en las Observaciones Finales expresadas por el Dr. **Felipe González** en la audiencia del día 4 de septiembre de 2013, fue particularmente concluyente al considerar que en

---

59   Sentencia del Tribunal Supremo de Justicia en Sala Constitucional del 10 de agosto de 2001, con ponencia del Magistrado Antonio José García García, en el expediente N° 01-0458, sentencia N° 1453, http://www.tsj.gov.ve/deci-siones/scon/agosto/1453-100801-01-0458.HTM.

este caso del proceso penal seguido en mi contra, se había violado dicho derecho a la protección judicial, a cuyo efecto concluyó expresando lo siguiente al referirse al "debate en torno al derecho a la protección judicial":

> "El argumento central del Estado es que no es posible resolver la nulidad interpuesta hasta tanto no se realice la audiencia preliminar para lo cual se requiere la presencia del imputado.

> La pregunta a responder es si resulta compatible con el derecho a la protección judicial, específicamente con el derecho a un recurso sencillo y rápido, que un Estado condicione o se niega a resolver un recurso en el que se alegan violaciones de los derechos humanos al avance del mismo proceso penal en el que se alegan tuvieron lugar dichas violaciones.

> En su informe de fondo la Comisión consideró que la información disponible en ese momento no permitía establecer esta violación y por lo tanto consideró en principio que el argumento estatal podría ser razonado; sin embargo, la Comisión considera que la prueba documental, pericial y testimonial producía durante el trámite ante la Corte Interamericana ofrece elementos adicionales a los que tenía para resolver este punto. Con base de estos elementos adicionales la Comisión encuentra dos debates: el de si el derecho interno realmente exige que el recurso de nulidad sea resuelto en la audiencia preliminar, y el de si aun aceptando que dicha exigencia exista en el derecho interno, la misma es o no compatible con la Convención Americana."

363. De lo anterior, concluyó la Comisión en sus Observaciones Finales que:

> "Para resolver el segundo debate esto es el condicionamiento que se ha impuesto en el caso concreto, es o no compatible con la Convención, la Comisión observa *que se ha logrado comprobar ante la Corte que en la etapa intermedia no existe otro recurso para alegar violaciones a las garantías mínimas al debido proceso. La misma Sala Constitucional ha calificado la nulidad por razones constitucionales, mismas que presentó la defensa del Sr. Brewer Carías como la vía de amparo de derechos constitucionales cuando estos se violan en el proceso penal, es decir, este recurso es el llamado a satisfacer el derecho a la protección judicial de los derechos establecidos en la Convención y por lo tanto debe ser sencillo, rápido, y no sujeto a condicionamiento que lo tornen ilusorio.*"

II. LA SOLICITUD DE NULIDAD ABSOLUTA COMO PRETENSIÓN DE AMPARO CONSTITUCIONAL

364. La solicitud de nulidad absoluta por violación de mis derechos y garantías constitucionales era, en el momento en que se presentó, el único recurso judicial disponible, idóneo y efectivo que se podía intentar para la protección de mis derechos, que jamás fue decidido, habiendo quedado el proceso paralizado por la omisión judicial, de los órganos del propio Estado. Esa solicitud que, como amparo constitucional, formularon mis abogados defensores oportunamente el 8 de noviembre de 2005, conforme al artículo 190 del COPP, en la primera oportunidad procesal que tuvieron, es decir, conjuntamente con la contestación a la acusación presentada el 21 de octubre de 2005. En ese momento no era posible, porque no existía, intentar ningún otro recurso idóneo para la protección constitucional. Cualquier otro recurso, como la apelación, la revisión o la casación requieren para poder ser interpuestos de una sentencia o decisión judicial para que pueda ser recurrida. Mientras el juez no adopte alguna decisión, el proceso no puede avanzar, que fue lo que ocurrió en este caso. Como se ha dicho, el juez de la causa, conforme al artículo 177 del COPP estaba obligado a decidir la petición de nulidad en un lapso perentorio de tres días, y no lo hizo, configurándose ello en una demora injustificada y en una nueva violación constitucional y convencional, en este caso, del derecho a la protección judicial.

365. Ante todo, estimo que debe puntualizarse sobre la naturaleza de "amparo constitucional" que en el ordenamiento constitucional y legal venezolano tiene la solicitud de nulidad absoluta por violación de derechos y garantías judiciales en materia penal, que la Corte Interamericana no entendió, al considerar que no se trataba del recurso "idóneo" para considerar aplicable la excepción a la regla del agotamiento de los recursos internos (párrafo 115).

366. En efecto, al igual que la Constitución de 1961, la Constitución de 1999 (art. 27) reguló en Venezuela el derecho de amparo, en el sentido de que no estableció "una" sola y específica acción o recurso de amparo como un particular medio de protección judicial, sino un "derecho de amparo" o "derecho a ser amparado", como derecho fundamental que se puede materializar y de hecho se materializa, a través de diversas acciones y recursos judiciales, incluso a través de una "acción autónoma de amparo" que regula la Ley Orgánica de Amparo sobre Derechos y Garantías Constitucionales de 1988. Este carácter del amparo, como un "derecho constitucional", en nuestro criterio es el elemento clave para identificar la institución venezolana.[60]

367. Lo anterior implica que la pretensión de amparo además de poder formularse mediante la acción autónoma de amparo, o conjuntamente con la acción de inconstitucionalidad de las leyes o la acción contencioso administrativa de anulación de actos administrativos, conforme al artículo 6.5 de la Ley Orgánica de Amparo sobre derechos y garantías constitucionales, también podía formularse conjuntamente con otros medios procesales o acciones ordinarias. De ello deriva que el agraviado puede recurrir a las vías judiciales ordinarias o hacer uso de medios judiciales preexistentes, para alegar la violación o amenaza de violación de un derecho o garantía constitucional, y en tal caso "el Juez deberá acogerse al procedimiento y a los lapsos establecidos en

---

60   Véase Allan R. Brewer–Carías, "El derecho de amparo y la acción de amparo", *Revista de Derecho Público*, N° 22, EJV, Caracas, 1985, pp. 51 y ss.

los artículos 23, 24 y 26 de la presente ley, a fin de ordenar la suspensión provisional de los efectos del acto cuestionado."

368. De acuerdo con la doctrina de la antigua Corte Suprema de Justicia establecida en el conocido caso *Tarjetas Banvenez* resuelto en sentencia de 10 de julio de 1991, en estos casos, el amparo formulado como pretensión junto con una acción, petición o solicitud ordinaria o en el curso del proceso derivado de la misma, tampoco tiene carácter de acción principal sino subordinada, accesoria a la acción o solicitud junto con la que se formula, sometida por tanto al pronunciamiento jurisdiccional final que se emita en la misma; pudiendo tener en algunos casos efectos anulatorios, y en otros, efectos temporales y provisorios si se trata de solos efectos cautelares (no restablecedores) suspensivos de la ejecución de un acto, mientras dure el juicio para evitar que una sentencia a favor del accionante se haga inútil en su ejecución.[61]

369. En caso específico del "amparo penal" ejercido mediante las solicitudes de nulidad absoluta de actuaciones procesales por violación de derechos y garantías constitucionales, el mismo tiene que formularse junto con dicha vía procesal previstas en el artículo 191 del Código Orgánico Procesal penal (COPP) para enervar las lesiones constitucionales aducidas, lo que incluso en ese caso hace inadmisible el ejercicio de una acción "autónoma" de amparo. En efecto, en el proceso penal, en el marco constitucional de protección de derechos y garantías constitucionales, el COPP le atribuye a los jueces de control la obligación de "hacer respetar las garantías procesales" (art. 64); a los jueces de la fase preliminar, la obligación de "controlar el cumplimiento de los principios y garantías establecidos en este Código, en la Constitución de la República, tratados, convenios o acuerdos internacionales suscritos por la República" (Art. 282); y también en general, a los jueces de control, durante las fases preparatoria e intermedia, "la obligación de "respetar las garantías procesales" (art. 531).

370. Ahora bien, a los efectos de lograr el ejercicio del control judicial efectivo respecto de la observancia de los derechos y garantías constitucionales, el COPP estableció lo que la jurisprudencia del Tribunal Supremo de Justicia ha denominado como "amparo penal" que es la solicitud o recurso de nulidad absoluta de actuaciones procesales,[62] que se encuentra regulada en el Capítulo II ("De las nulidades") del Título VI ("De los Actos Procesales y las Nulidades"), y que se puede formular por cualquiera de las partes respecto de los actos y actuaciones fiscales y judiciales que puedan haber violado los derechos y garantías constitucionales; se puede formular en cualquier estado y grado del proceso siempre que sea antes de dictarse sentencia definitiva; y

---

61 Véase sentencia de la antigua Corte Suprema de Justicia, Sala Político Administrativa de 3–8–89, *Revista de Derecho Público*, N° 39, EJV, Caracas, 1989, p. 136.

62 Véase por ejemplo, Sentencia N° 1453 de la Sala Constitucional de 10-08-2001, Caso *Pedro Emanuel Da Rocha Almeida, y* otros. Véase en http://www.tsj.gov.ve/decisiones/scon/Agosto/1453-100801-01-0458.htm

el juez está obligado a decidirla de inmediato, es decir, perentoriamente, en el lapso de tres días siguientes como lo dispone el artículo 177 del Código Orgánico, sin que se establezca oportunidad preclusiva única para ser decidido.[63]

371. Para caracterizar este "amparo penal," el artículo 190 del COPP establece el principio general de que "los actos cumplidos en contravención o con inobservancia de las formas y condiciones previstas en este Código, la Constitución de la República, las leyes, tratados, convenios y acuerdos internacionales suscritos por la República" cuando estén viciados de nulidad absoluta, en ningún caso pueden ser apreciados "para fundar una decisión judicial, ni utilizados como presupuestos de ella;" considerándose como "nulidades absolutas" en el artículo 191, precisamente aquellas "que impliquen inobservancia o violación de derechos y garantías fundamentales previstos en este Código, la Constitución de la República, las leyes y los tratados, convenios o acuerdos internacionales suscritos por la República" incluyendo por supuesto la Convención Americana. Por todo ello, los actos o actuaciones viciadas de nulidad absoluta no pueden siquiera ser saneados (art. 193), ni ser convalidados (art. 194), siendo no sólo una potestad sino una obligación del juez penal, conforme al artículo 195 ("el juez deberá"), el "declarar su nulidad por auto razonado o señalar expresamente la nulidad en la resolución respectiva, de oficio o a petición de parte."

372. Dejando aparte la actuación de oficio, el COPP consagra en estas normas una solicitud o recurso formal en cabeza de las partes en el proceso penal para requerir del juez penal ("a petición de parte"), que cumpla con su obligación de declarar la nulidad absoluta de las actuaciones fiscales o judiciales que sean violatorias de los "derechos y garantías fundamentales previstos en este Código, la Constitución de la República, las leyes y los tratados, convenios o acuerdos internacionales suscritos por la República", que el propio Código declara como viciadas de nulidad absoluta, y por tanto, no subsanables ni convalidables. Por ello, precisa el Código que "tal declaratoria" no procede "por defectos insustanciales en la forma," por lo que sólo pueden "anularse las actuaciones fiscales o diligencias judiciales del procedimiento que ocasionaren a los intervinientes un perjuicio reparable únicamente con la declaratoria de nulidad" (art. 195).

373. Sobre esta solicitud o "recurso de nulidad," además, la Sala Constitucional del Tribunal Supremo, también ha precisado que en el actual proceso penal, "ha sido considerada como una verdadera sanción procesal -la cual

---

63 Sentencia N° 205 de la Sala de Casación Penal del Tribunal Supremo de 14-05-2009. *Manuel Antonio Sánchez Guerrero y otros).* http://www.tsj.gov.ve/decisiones/scp/Mayo/205-14509-2009-C09-121.html. y sentencia de la Sala Constitucional del Tribunal Supremo en sentencia N° 2061 (Caso: *Edgar Brito Guedes*), de 05-11-2007. Véase en http://www.tsj.gov.ve/decisiones/scon/No-viembre/2061-051107-07-1322.htm

puede ser declarada de oficio o a instancia de parte- dirigida a privar de efectos jurídicos a todo acto procesal que se celebra en violación del ordenamiento jurídico-constitucional," señalando que "la referida sanción conlleva suprimir los efectos legales del acto írrito."[64] Por su parte, también sobre este "recurso de nulidad," la Sala de Casación Penal del Tribunal Supremo, en sentencia de N° 3 de fecha 11 de enero de 2002,[65] fijó sus características destacando la estrecha vinculación entre el artículo 190 del Código Orgánico Procesal Penal y el artículo 48.8 de la Constitución "donde se advierte la posibilidad de solicitar del Estado el restablecimiento o reparación de la situación viciada por error judicial, retardo u omisión justificada. Lo cual significa que aquellos actos de fuerza, usurpación, así como los ejercidos en franca contrariedad a la ley, acarrean ineficacia, nulidad de lo actuado y responsabilidad individual del funcionario." La Sala explicó así, en sentencia No. 3 de fecha 11 de enero de 2002, que este "principio de nulidad" forma parte "de las reglas mínimas que sustentan el debido proceso," y está fundamentado en la existencia de las nulidades absolutas, no convalidables, "las cuales son denunciables en cualquier estado y grado del proceso, pues afectan la relación jurídica procesal," y como tales, "tanto las partes y el Juez deben producir la denuncia de la falta cometida a objeto de imponer el correctivo." En estos casos, ha dicho la Sala, el COPP regula las nulidades absolutas por violaciones constitucionales "de manera abierta, sólo atendiendo a la infracción de garantías constitucionales y aquellas que se encontraren planteadas por la normativa internacional de los derechos humanos, en cuyo caso se debe proceder a la nulidad de los actos procesales;" razón por la cual "la nulidad bajo éste régimen abierto que contempla el Código Orgánico Procesal Penal puede ser planteada a instancia de partes o aplicadas de oficio en cualquier etapa o grado del proceso por quien conozca de la causa."[66]

374. Por otra parte, el COPP establece además en su artículo 195 que "el auto que acuerde la nulidad" en los casos de nulidad absoluta, debe ser un auto razonado en el cual se señale "expresamente la nulidad en la resolución respectiva," y en el mismo, se debe "individualizar plenamente el acto viciado u omitido," y se debe determinar "concreta y específicamente, cuáles son los actos anteriores o contemporáneos a los que la nulidad se extiende por su conexión con el acto anulado," así como "cuáles derechos y garantías del interesado afecta, cómo los afecta." El Código, igualmente regula los efectos

64   Sentencia N° 880 del Tribunal Supremo de Justicia en Sala Constitucional del 29-02-2001, Caso *William Alfonso Ascanio*. Véase en http://www.tsj.gov.ve/decisiones/scon/Mayo/880-290501-01-0756%20.htm. En igual sentido la sentencia de la Sala de Casación Penal del Tribunal Supremo de Justicia en sentencia N° 32 de 10-02-2011 (Caso: *Juan Efraín Chacón*). Véase en http://www.tsj.gov.ve/decisiones/scp/Fe-brero/032-10211-2011-N10-189.html

65   Véase Caso: *Edwin Exequiel Acosta Rubio y otros*, en http://www.tsj.gov.ve/decisiones/scp/Enero/003-110102-010578.htm

66   *Idem.*

del auto judicial mediante el cual se decida el "recurso de nulidad," indicando que "la nulidad de un acto, cuando fuere declarada, conlleva la de los actos consecutivos que del mismo emanaren o dependieren." Además, precisa el Código que "la declaración de nulidad no podrá retrotraer el proceso a etapas anteriores, con grave perjuicio para el imputado, salvo cuando la nulidad se funde en la violación de una garantía establecida en su favor" (art. 196).

375. En consecuencia, la decisión del juez a los efectos de declarar la nulidad de actos fiscales o judiciales violatorios de derechos y garantías constitucionales, de acuerdo con lo dispuesto en los artículos 190 a 196 del COPP, puede ser adoptada en todo estado y grado del proceso, y cuando la denuncia de nulidad se formule, debe ser resuelta en el lapso general de tres (3) días siguientes a la formulación de la petición conforme al artículo 177 del Código Orgánico Procesal Penal, y la misma no está restringida legalmente a que sólo pueda ser dictada exclusivamente en alguna oportunidad procesal precisa y determinada, como sería por ejemplo, en la audiencia preliminar. Y no podría ser así, pues como se ha dicho, la petición de nulidad se puede intentar en cualquier etapa y grado del proceso. Ello lo ha confirmado la Sala de Casación Penal del Tribunal Supremo de Justicia en sentencia N° 32 de 10 de febrero de 2011,[67] al señalar que la única exigencia en cuando a la solicitud de nulidad absoluta es que su pedimento se debe formular "con anterioridad al pronunciamiento de la decisión definitiva;" y la Sala Constitucional del Tribunal Supremo en sentencia N° 201 del 19 de febrero de 2004 al señalar también que *el recurso de nulidad se admite únicamente para que sea decidido por "el sentenciador antes de dictar el fallo definitivo; y, por lo tanto, con la decisión judicial precluye la oportunidad para solicitar una declaratoria de tal índole, pedimento que sería intempestivo..."*(Negrillas de la Sala Penal)."[68]

376. De todo lo anteriormente expuesto, resulta, por tanto, que conforme al COPP, formulada una solicitud de nulidad o amparo penal por violación de derechos y garantías constitucionales o de las consagradas en los tratados internacionales sobre derechos humanos, no se exige en forma alguna que el auto declarativo de nulidad absoluta de actuaciones fiscales o judiciales, se dicte en alguna audiencia judicial y menos en la audiencia preliminar del proceso penal. Al contrario, la decisión puede dictarse de oficio o a solicitud de parte en cualquier momento del proceso, pues la naturaleza constitucional de la violación denunciada y la nulidad absoluta que conlleva, obligan al juez a decidir cuando la misma se formule mediante un recurso de nulidad interpuesto por parte interesada, o cuando el propio juez la aprecie de oficio. Por

67 Véase sentencia de la Sala de Casación Penal del Tribunal Supremo de Justicia en sentencia N° 32 de 10 de febrero de 2011, Caso *Juan Efraín Chacón*. Véase en http://www.tsj.gov.ve/decisiones/scp/Febrero/032-10211-2011-N10-189.html

68 Citada por la misma sentencia de Sala de Casación Penal del Tribunal Supremo de Justicia en sentencia N° 32 de 10-02-2011. Véase en http://www.tsj.gov.ve/decisiones/scp/Febrero/032-10211-2011-N10-189.html

tanto, conforme a los artículos 177 y 190 y siguientes del COPP, el juez no tiene que esperar una oportunidad procesal específica para adoptar su decisión, y está obligado a decidir de inmediato, perentoriamente, en el lapso de los tres (3) días siguientes que prescribe el artículo 177 del Código Orgánico y además, por la obligación que tiene de darle primacía a los derechos humanos.

377. Todo ello se confirmó en las sentencias de la Sala Constitucional del Tribunal Supremo de fecha 20 de julio de 2007[69] que cita la anterior sentencia N° 256/2002, (caso: *"Juan Calvo y Bernardo Priwin*), en la cual se afirmó que "Para el proceso penal, el juez de control durante la fase preparatoria e intermedia hará respetar las garantías procesales, pero el Código Orgánico Procesal Penal no señala una oportunidad procesal para que se pida y se resuelvan las infracciones a tales garantías, lo que incluye las transgresiones constitucionales, sin que exista para el proceso penal una disposición semejante al artículo 10 del Código de Procedimiento Civil, ni remisión alguna a dicho Código por parte del Código Orgánico Procesal Penal." Por ello, la Sala consideró que la decisión la debe adoptar el juez dependiendo de **la etapa procesal en que se formule, de manera que si "se interpone en la fase intermedia, el juez puede resolverla bien antes de la audiencia preliminar o bien como resultado de dicha audiencia, variando de acuerdo a la lesión constitucional alegada,"** lo que significa que si hay lesiones que infringen "en forma irreparable e inmediata la situación jurídica de una de las partes," el juez debe decidir a de inmediato, antes de la audiencia preliminar. Sólo si la **"nulidad coincide con el objeto de las cuestiones previas, la resolución de las mismas debe ser en la misma oportunidad de las cuestiones previas; es decir, en la audiencia preliminar"** (Negritas de este fallo)."[70]

378. Lo cierto, en esta materia, como en todo lo que concierne al derecho de amparo, en caso de solicitudes de nulidad absoluta por violaciones de derechos y garantías constitucionales, es que el juez penal está en la obligación de darle preeminencia a los derechos humanos, y privilegiar la decisión sobre las denuncias de nulidades absolutas por violación de los derechos y garantías constitucionales, decidiendo de inmediato las solicitudes de nulidad fundados en dichas violaciones, sin dilaciones y con prevalencia sobre cualquier otro asunto. Ello, por lo demás, deriva de las previsiones de la propia Constitución, conforme a la doctrina sentada por las diversas Salas del Tribunal Supremo de Justicia, según la cual, en Estado Constitucional o Estado de Derecho y de Justicia, la dignidad humana y los derechos de la persona tienen una

---

69 Véase sentencia N° 1520 de la Sala Constitucional de 20-07-2007 (Caso Luis Alberto Martínez González). Véase en http://www.tsj.gov.ve/deci-siones/scon/Julio/1520-200707-07-0827.htm

70 Véase sentencia de la Sala Constitucional N° 256 (caso *Juan Calvo y Bernardo Priwin*) de 14-02-2002. Véase en http://www.tsj.gov.ve/decisiones/scon/Fe-brero/256-140202-01-2181%20.htm

posición preferente, lo que implica la obligación del Estado y de todos sus órganos a respetarlos y garantizarlos como objetivo y finalidad primordial de su acción pública. Ello ha sido decidido así, por ejemplo, en sentencia No. 224 del 24 de febrero de 2000 de la Sala Política Administrativa del Tribunal Supremo de Justicia, al afirmarse sobre "la preeminencia de la dignidad y los derechos humanos" constituyendo estos últimos, "el sistema de principios y valores que legitiman la Constitución," que garantizar "a existencia misma del Estado," y que "tienen un carácter y fuerza normativa, establecida expresamente en el artículo 7 de la Constitución," lo que "conlleva la sujeción y vinculatoriedad de todos los órganos que ejercen el Poder Público impregnando la vida del Estado (en sus aspectos jurídico, político, económico y social)." De acuerdo con la Sala, ese "núcleo material axiológico, recogido y desarrollado ampliamente por el Constituyente de 1999, dada su posición preferente, representa la base ideológico que sustenta el orden dogmático de la vigente Constitución, imponiéndose al ejercicio del Poder Público y estableciendo un sistema de garantías efectivo y confiable," de lo que concluyó la Sala afirmando que "todo Estado Constitucional o Estado de Derecho y de Justicia, lleva consigo la posición preferente de la dignidad humana y de los derechos de la persona, la obligación del Estado y de todos sus órganos a respetarlos y garantizarlos como objetivo y finalidad primordial de su acción pública;" agregando que "la Constitución venezolana de 1999 consagra la preeminencia de los derechos de la persona como uno de los valores superiores de su ordenamiento jurídico y también refiere que su defensa y desarrollo son uno de los fines esenciales del Estado." De otra sentencia de la misma Sala Constitucional No. 3215 de 15 de junio de 2004, esta Sala concluyó señalando que en Venezuela, "la interpretación constitucional debe siempre hacerse conforme al principio de preeminencia de los derechos humanos, el cual, junto con los pactos internacionales suscritos y ratificados por Venezuela relativos a la materia, forma parte del bloque de la constitucionalidad."[71]

379. Precisamente por esta primacía y preeminencia de los derechos humanos, el juez penal, al conocer de una solicitud o recurso de nulidad, actúa como juez constitucional para controlar la constitucionalidad de las actuaciones fiscales y judiciales. Como lo ha dicho la Sala Constitucional del Tribunal Supremo, "el recurso de nulidad en materia adjetiva penal, se interpone cuando en un proceso penal, las partes observan que existen actos que contraríen las formas y condiciones previstas en dicho Código adjetivo, la Constitución de la República Bolivariana de Venezuela, las leyes y los tratados, convenios o acuerdos internacionales, suscritos por la República, en donde el Juez Penal, una vez analizada la solicitud, o bien de oficio, procederá a decre-

---

71 Sentencia N° 3215 de la Sala Constitucional de 15 de junio de 2004 Interpretación del artículo 72 de la Constitución, en http://www.tsj.gov.ve/decisiones/scon/Junio/1173-150604-02-3215.htm

tar la nulidad absoluta o subsanará el acto objeto del recurso;"[72] concluyendo, en sentencia No. 256 de 14 de febrero de 2002 (Caso: *Juan Calvo y Bernardo Priwin*) que "la inconstitucionalidad de un acto procesal -por ejemplo- no requiere necesariamente de una [acción de] amparo, ni de un juicio especial para que se declare, ya que dentro del proceso donde ocurre, el juez, quien es a su vez un tutor de la Constitución, y por lo tanto en ese sentido es Juez Constitucional, puede declarar la nulidad pedida."[73] Esto lo repitió la Sala Constitucional en sentencia N° 1520 de 20 de julio de 2007 al señalar:

> "Por otra parte, en sentencia de esta Sala N° 256/2002, caso: *"Juan Calvo y Bernardo Priwin"*, se indicó que las nulidades por motivos de inconstitucionalidad (como lo sería el desconocimiento de derechos de rango constitucional) que hayan de ser planteadas en los diferentes procesos judiciales, *no necesariamente deben ser presentadas a través de la vía del [la acción de] amparo constitucional*, pues en las respectivas leyes procesales existen las vías específicas e idóneas para la formulación de las mismas, y que en el caso del proceso penal dicha vía procesal está prevista en los artículos 190 y 191 *eiusdem*."[74]

380. Todo lo anterior fue además objeto de una "interpretación vinculante" establecida por la Sala Constitucional conforme al artículo 335 de la Constitución en sentencia N° 221 de 4 de marzo de 2011,[75] "sobre el contenido y alcance de la naturaleza jurídica del instituto procesal de la nulidad," dictada en virtud del "empleo confuso que a menudo se observa por parte de los sujetos procesales en cuanto a la nulidad de los actos procesales cumplidos en contravención o con inobservancia de las formas y condiciones previstas en la ley." En dicha sentencia, la Sala Constitucional del Tribunal Supremo resolvió, citando su anterior sentencia No. 1228 de fecha 16 de junio de 2005 (Caso: *Radamés Arturo Graterol Arriechi*), que la solicitud de nulidad absoluta no está concebida por el legislador dentro del COPP "como un medio recursivo ordinario, toda vez que va dirigida fundamentalmente a sanear los actos procesales cumplidos en contravención con la ley, durante las distintas fases del proceso -artículos 190 al 196 del Código Orgánico Procesal Penal- y, por ello, es que el propio juez que se encuentre conociendo de la causa, debe declararla de oficio". Agregó la Sala para reforzar que el conocimiento de la solicitud de nulidad corresponde al juez de la causa, que "no desconoce el dere-

---

72 Sentencia N° 1453 del Tribunal Supremo de Justicia en Sala Constitucional del 10-08-2001, Expediente N° 01-0458, en *Jurisprudencia del Tribunal Supremo de Justicia, Oscar R. Pierre Tapia*, N° 8, Año II, Agosto 2001.

73 Sentencia N° 256 del Tribunal Supremo de Justicia en Sala Constitucional del 14/02/02, exp. N° 01-2181, en http://www.tsj.gov.ve/decisiones/scon/Febrero/256-140202-01-2181%20.htm.

74 Sentencia N° 1520 de 20-07-2007 en http://www.tsj.gov.ve/decisiones/scon/Julio/1520-200707-07-0827.htm

75 Caso: Francisco Javier González Urbina y otros) en http://www.tsj.gov.ve/decisiones/scon/Marzo/221-4311-2011-11-0098.html

cho de las partes de someter a la revisión de la alzada algún acto que se encuentre viciado de nulidad, pero, esto solo es posible una vez que se dicte la decisión que resuelva la declaratoria con o sin lugar de la nulidad que se solicitó, pues contra dicho pronunciamiento es que procede el recurso de apelación conforme lo establecido en el artículo 196 del Código Orgánico Procesal Penal."[76]

381. En definitiva, la petición de nulidad absoluta por violación de derechos y garantías judiciales, en el régimen del COOP es en sí misma una pretensión de amparo, especialísima en el campo penal, que enmarcaba en los casos previstos en el artículo 6 ordinal 5° de la Ley Orgánica de Amparo de 1988 tal como fueron desarrollados por la jurisprudencia, que el juez está obligado a decidir en el lapso brevísimo de tres días como lo exige el artículo 177 del COPP, sin necesidad de que las partes o el acusado estén presentes, estándole además vedado al juez diferir la decisión del amparo constitucional o nulidad absoluta solicitada por violaciones constitucionales, para la oportunidad de celebración de la audiencia preliminar. Y si el juez lo hace, la Sala Constitucional ha considerado que ello constituye una violación indebida al debido proceso.

382. Esta doctrina, en resumen, fue ratificado en las siguientes sentencias: Primero, la sentencia N° 2161 de 5 de septiembre de 2002 (Caso *Gustavo Enrique Gómez Loaiza*), en la cual la Sala Constitucional expresó que:

"De la regulación de la nulidad contenida en los artículos 190 al 196 del Código Orgánico Procesal Penal, se colige que los actos procesales pueden adolecer de defectos en su conformación, por lo que las partes pueden atacarlos lo más inmediatamente posible –mientras se realiza el acto o, dentro de los tres días después de realizado o veinticuatro horas después de conocerla, si era imposible advertirlos antes- de conformidad con lo dispuesto en los artículos 192 y 193 *eiusdem*, precisamente, mediante una solicitud escrita y un procedimiento, breve, expedito, donde incluso se pueden promover pruebas, sino fuere evidente la constatación de los defectos esenciales, a fin de dejar sin efecto alguna actuación por inobservancia e irregularidad formal en la conformación de misma, que afecte el orden constitucional, siendo ésta la hipótesis contemplada en el artículo 4 de la Ley Orgánica de Amparo sobre Derechos y Garantías Constitucionales [equivalente al artículo 13 de la Ley Orgánica de 2013], cuando prevé que podrá intentarse la acción de amparo si algún órgano jurisdiccional dicte u ordene una resolución, sentencia o acto que lesione un derecho fundamental; esto es, que con tal disposición se busca la nulidad de un acto procesal, pero ya como consecuencia jurídica de la infracción, configurándose entonces una nulidad declarada mediante el amparo como sanción procesal a la cual refiere la doctrina *supra* citada."[...] Observamos así, que la nulidad solicitada de manera auténtica

76   Caso: Francisco Javier González Urbina y otros) en http://www.tsj.gov.ve/decisiones/scon/Marzo/221-4311-2011-11-0098.html

puede tener la misma finalidad del amparo accionado con fundamento en el artículo 4 de la Ley Orgánica de Amparo sobre Derechos y Garantías Constitucionales, es decir para proteger la garantías, no sólo constitucionales, sino las previstas en los acuerdos y convenios internacionales...[77]

383. *Segundo*, la sentencia N° 349 de 26 de febrero de 2002 (Caso *Miguel Ángel Pérez Hernández y otros*) en la cual la Sala Constitucional resolvió que:

> "La solicitud de nulidad es "un medio que, además de preexistente, es indiscutiblemente idóneo para la actuación procesal, en favor de los intereses jurídicos cuya protección se pretende en esta causa; más eficaz, incluso, en términos temporales y de menor complejidad procesal que el mismo [acción de] amparo, habida cuenta de que la nulidad es decidida conforme a las sencillas reglas de los artículos 212 y 194 del Código Orgánico Procesal Penal."[78]

384. Y *tercero*, la sentencia No 100 de 6 de febrero de 2003 (Caso *Leonardo Rodríguez Carabali*), en la cual la Sala Constitucional sostuvo que en el caso:

> "el accionante contaba con un medio procesal preexistente, tanto o más idóneo, expedito, abreviado y desembarazado que la misma acción de amparo, como era, conforme al artículo 212 del antedicho Código, la solicitud de nulidad de la misma decisión contra la cual ha ejercido la presente acción tutelar; pretensión esta que debía ser decidida, incluso, como una cuestión de mero derecho, mediante auto que debía ser dictado dentro del lapso de tres días que establecía el artículo 194 (ahora, 177) de la ley adjetiva; vale decir, en términos temporales, esta incidencia de nulidad absoluta tendría que haber en un lapso ostensiblemente menor que el que prevé la ley, en relación con el procedimiento de amparo."[79]

385. De todo lo anterior resulta, precisamente, que en materia penal, la solicitud de nulidad absoluta prevista en los artículos 190 y siguientes del COPP, es la vía para formular en el propio proceso penal la pretensión de amparo por violación de los derechos y garantías constitucionales, siendo la vía procesal idónea para enervar las lesiones constitucionales aducidas en los términos del artículo 6, ordinal 5° de la Ley Orgánica de 1988. Dicha pretensión de amparo formulada como solicitud de nulidad absoluta contra actos procesales viciados de vicios no subsanables, acorde con la inmediatez que requiere la protección constitucional, debía ser obligatoriamente decidida en el lapso breve de tres días previsto en el artículo 177 del COPP, como se ha dicho, sin

---

77   Véase   en   http://www.tsj.gov.ve/decisiones/scon/septiembre/2161-050902-01-0623.HTM

78   Véase http://www.tsj.gov.ve/decisiones/scon/febrero/349-260202-01-0696.HTM

79   Véase http://www.tsj.gov.ve/decisiones/scon/febrero/100-060203-01-1908.HTM

que le sea permitido al juez diferir la decisión a la audiencia preliminar. Lo importante de la obligación del juez de decidir perentoriamente y depurar el proceso de inconstitucionalidades, es que si no lo hace, no sólo no puede convocar la audiencia preliminar, sino que el juicio queda paralizado, sin que exista remedio efectivo contra la inacción para lograr la decisión de nulidad. En estos casos, la posible acción de amparo que pudiera pensarse en intentar contra la inacción o abstención del juez de la causa, lo que podría conducir es a una orden del juez superior para que el juez omiso inferior decida sobre la solicitud de nulidad absoluta, y nada más; lo que sería totalmente ineficaz para la protección constitucional solicitada que sólo se podría satisfacer con la decisión sobre dicha nulidad o amparo solicitada. Esta inacción u omisión del juez de decidir, por otra parte podría conducir a la aplicación de sanciones disciplinarias contra el juez omiso, incluyendo su destitución, pero de nuevo, ello sería ineficaz para la resolución del tema de fondo que es la petición de nulidad o amparo constitucional y saneamiento del proceso.

386. En esta forma, el "amparo penal" regulado como la solicitud de nulidad absoluta de actuaciones en el proceso penal que se formula ante el propio juez de la causa por violación de derechos y garantías constitucionales, es conforme al COPP, la vía idónea de amparo constitucional a que hacía referencia el artículo 6, ordinal 5° de la Ley Orgánica de Amparo de 1988, no siendo admisible en esos casos, el ejercicio de una acción "autónoma" de amparo.

387. La Corte Interamericana en su sentencia, definitivamente no entendió el régimen venezolano del amparo, y consideró sin fundamento alguno, que precisamente el amparo penal antes comentado no era un recurso idóneo, lo que es un error inexcusable. En cambio, los Jueces **Ferrer Mac Gregor** y **Ventura Robles**, en su Voto Conjunto Negativo, sí entendieron cabalmente la institución del amparo penal, al exponer, contrariamente a lo decidido en la sentencia, lo siguiente:

42. Conforme lo han señalado los representantes -criterio que compartimos-, el recurso de nulidad constituye, por su naturaleza, "el amparo en materia procesal penal" razón por la cual "si el recurso de amparo debe esperar, para su resolución a la celebración de una audiencia preliminar que puede diferirse indefinidamente [...] el recurso no sería en modo alguno sencillo y rápido". En este sentido, tal y como consta en el expediente, una sentencia de la Sala Constitucional venezolana de 6 de febrero de 2003, señala que:

[... E]l accionante contaba con un medio procesal preexistente, <u>tanto o más idóneo, expedito, abreviado y desembarazado que la misma acción de amparo</u>, como era, conforme al artículo 212 del antedicho Código, <u>la solicitud de nulidad</u> de la misma decisión contra la cual ha ejercido la presente acción tutelar; pretensión esta que debía ser decidida, incluso, como una cuestión de mero derecho, mediante auto que debía ser dictado dentro del lapso de tres días que establecía el artículo 194 (ahora, 177) de la ley adjetiva; vale decir, en términos temporales, esta incidencia de nulidad absoluta tendría que haber sido sustanciada y decidida en un lapso ostensiblemente menor que el que prevé la ley, en relación con el procedimiento de amparo.*(Subrayado añadido)*.

43. En otras palabras, el recurso de nulidad absoluta de todo lo actuado, cuando se trata de vulneración del debido proceso que involucra derechos fundamentales, como amparo en materia penal, debería ser, conforme el artículo 25 de la Convención Americana, un recurso efectivo, sencillo y rápido ante los jueces o tribunales competentes, que ampare contra actos que violen sus derechos fundamentales reconocidos por la Constitución, la ley o la Convención.

44. Con base en las anteriores consideraciones, queda claro, a nuestro parecer, que los recursos de nulidad interpuestos por los representantes del señor Brewer en el proceso penal interno, se constituyen en recursos idóneos y efectivos, incluso más efectivos que un recurso de amparo en el caso concreto -conforme a la propia jurisprudencia de la Sala Constitucional transcrita-."

388. Ahora bien, en el proceso ante la Corte Interamericana, el Estado, para tratar de "justificar" la injustificable demora en la decisión del amparo penal introducido en este caso, de más de ocho años, argumentó que la decisión de la solicitud de nulidad absoluta de todo lo actuado, por violación masiva a sus derechos y garantías constitucionales, introducida por mis abogados defensores **León Henrique Cottin** y **Rafael Odreman**, conjuntamente con la contestación a la acusación el día 8 de noviembre de 2005, sólo podía ser decidida en presencia del acusado, lo cual es falso y contradice la institución del amparo; en particular, que sólo podía ser decidida en el acto de la audiencia preliminar, lo cual también es falso; y que ésta audiencia no se había podido realizar por culpa mía, por mi ausencia, lo cual también es falso, como se ha explicado y se reiterará más adelante.

389. Sobre esto, en todo caso, al responder una pregunta que me formuló el Sr. **Saltrón**, representante del Estado, en mi carácter de abogado, sobre la etapa en que se encontraba el proceso penal en mi contra y sobre cuándo comienza en Venezuela el juicio, si "con la audiencia preliminar", respondí:

"El proceso estuvo en la etapa de introducción de la acusación. Al introducirse la acusación mis abogados ejercieron el único recurso disponible, efectivo, eficaz que existía y que existe en el ordenamiento venezolano, que es la solicitud de nulidad por violaciones a derechos y garantías constitucionales. Es una solicitud de nulidad absoluta. Esta solicitud de nulidad es un amparo constitucional en Venezuela, especialísima en materia penal. Esa solicitud de nulidad está obligado el juez a resolverla en un lapso brevísimo de tres días, y la Sala Constitucional del Tribunal Supremo lo ha dicho, -y Ud. debe saberlo también como abogado, Dr. Saltrón-, ha dicho sistemáticamente que al Juez le está vedado posponer la resolución de la solicitud de nulidad por violación de derechos constitucionales a la audiencia preliminar. Él está obligado a decidir la solicitud de nulidad antes de la audiencia preliminar, porque esa decisión justamente es la que va a limpiar o no el proceso de violaciones constitucionales. Una vez que se toma la decisión de la nulidad, de la solicitud de nulidad, es que se puede convocar a la audiencia preliminar, si esa solicitud de nulidad es declarada sin lugar. En ese estado es que está el proceso en este momento, paralizado por el Estado, porque el Juez no ha resuelto la solicitud de nulidad que es la única que existe y no hay otro recurso, y por eso él tampoco puede convocar a la audiencia preliminar."

390. Sobre el tema, el entonces Presidente de la Corte Interamericana **Diego García Sayán** al final de mi declaración en la audiencia del 3 de septiembre de 2013, me formuló "una sola pregunta" - no ya en mi condición de víctima, sino "en mi condición de abogado, profesor de derecho público y conocedor del derecho venezolano" -, "para tener claridad" -dijo- *sobre el requisito, o no requisito, de que el imputado esté presente para que se resuelva el recurso de nulidad,* preguntando si era *"indispensable la presencia del imputado"*; a lo cual respondí, con toda precisión, de la siguiente manera:

"Para resolver el recurso de nulidad, absolutamente NO. Si me permite le explico: En Venezuela, como sabemos, la protección constitucional, el amparo, la tutela, está prevista como un derecho: el derecho a ser amparado, y no sólo como una acción individual. La protección constitucional se otorga por la acción autónoma de amparo pero además, por las vías ordinarias cuando el ordenamiento las establece como vías de amparo. Este es precisamente el caso del artículo 190 del COPP, que prevé la llamada solicitud de nulidad.

Esta solicitud de nulidad es por razones de nulidad absoluta, por razones de violación de derechos y garantías constitucionales, es un amparo en el ámbito penal, y se introduce ante el juez de control o de garantías contra los vicios de violaciones de derechos cometidos en la investigación penal, particularmente por la Fiscalía.

Ese recurso, esa solicitud de nulidad, el juez está obligado a resolverlo en tres días. Esa nulidad incluso puede decretarse de oficio. No requiere ni siquiera de instancia de parte y está obligado a resolverlo en tres días, sin audiencia alguna con las partes. Es el juez de control, llamado en otras partes juez de garantías, el llamado a resolverlo de inmediato; no tiene que resolverlo con las partes presente. Es más, la Sala Constitucional de Venezuela ha dicho reiteradamente que introducida una solicitud de nulidad por violación de derechos y garantías, el juez está obligado a resolverlo de inmediato y le está vedado posponer o traspasarla a la Audiencia preliminar, donde si tiene que estar el imputado o el acusado.

En esta caso, el juez está obligado a resolverla sin diferirla a la Audiencia Preliminar; [está obligado a resolverla] antes de la Audiencia Preliminar; porque justamente la solicitud de nulidad es para limpiar el proceso de vicios de inconstitucionalidad, y sólo cuando se declara sin lugar la solicitud de nulidad, es que entonces se puede convocar a la Audiencia, donde tiene que estar el imputado. Pero para resolver el recurso de nulidad, definitivamente no tiene que estar el imputado presente. El juez debe resolverlo solo."

391. Lo que expresé en la audiencia, por lo demás, como antes se ha argumentado *in extenso*, se insiste, es la doctrina vinculante sentada en la materia por la Sala Constitucional, en las sentencias antes citadas, consignadas en la audiencia del 4 de septiembre ante la Corte Interamericana por el perito **Jesús Ollarves Irazábal**, en las cuales se reafirma y corrobora que *la petición de nulidad absoluta por violación de derechos y garantías judiciales, es en sí misma una pretensión de amparo, especialísima en el campo penal, que el juez está obligado a decidirla en el lapso brevísimo de tres días como lo exige el artículo 177 del COPP, sin necesidad de que las partes o el acusado estén presentes, estándole además al juez vedado el poder diferir la decisión del amparo constitucional o nulidad absoluta solicitada por violaciones constitucionales, para la oportunidad de celebración de la audiencia preliminar.* Y si el juez lo hace, la Sala Constitucional ha considerado que ello constituye una violación indebida al debido proceso por parte del juez. De dichas sentencias, además de las antes referidas, se destacan especialmente las siguientes:

1. La sentencia N° 2161 de 5 de septiembre de 2002 (Caso *Gustavo Enrique Gómez Loaiza*), en la cual la Sala Constitucional expresó que "De la regulación de la *nulidad contenida en los artículos 190 al 196 del Código Orgánico Procesal Penal,* se colige que los actos procesales pueden adolecer de defectos en su conformación, por lo que las partes *pueden atacarlos lo más inmediatamente posible* -mientras se realiza el acto o, dentro de los tres días después de realizado o veinticuatro horas después de conocerla, si era imposible advertirlos antes- de conformidad con lo dispuesto en los artículos 192 y 193 eiusdem, *precisamente, mediante una solicitud escrita y un procedimiento, breve, expedito, donde incluso se pueden promover pruebas, sino fuere evidente la constatación de los defectos esenciales, a fin de dejar sin efecto alguna actuación por inobservancia e irregularidad formal en la conformación de misma, que afecte el orden constitucional, siendo ésta la hipótesis contemplada en el artículo 4 de la Ley Orgánica de Amparo sobre Derechos y Garantías Constitucionales, cuando prevé que podrá intentarse la acción de amparo si algún órgano jurisdiccional dicte u ordene una resolución, sentencia o acto que lesione un derecho fundamental*; esto es, que *con tal disposición se busca la nulidad de un acto procesal, pero ya como consecuencia jurídica de la infracción, configurándose entonces una nulidad declarada mediante el amparo como sanción procesal a la cual refiere la doctrina supra citada.*"[...] Observamos así, que *la nulidad solicitada de manera auténtica puede tener la misma finalidad del amparo accionado con fundamento en el artículo 4 de la Ley Orgánica de Amparo sobre Derechos y Garantías Constituciona-*

les, es decir para proteger la garantías, no sólo constitucionales, sino las previstas en los acuerdos y convenios internacionales, lo que concluyentemente nos lleva a determinar su carácter de recurso ordinario que debe normalmente agotarse antes de recurrir a la solicitud de tutela de derechos fundamentales. De no ser así, se correría el riesgo de reconducirse el proceso ordinario sustituyendo sus recursos con procedimientos de amparo constitucional."[80]

2. La sentencia N° 349 de 26 de febrero de 2002 (Caso *Miguel Ángel Pérez Hernández y otros*) en la cual la Sala Constitucional resolvió que: "La solicitud de nulidad es "un medio que, *además de preexistente, es indiscutiblemente idóneo para la actuación procesal, en favor de los intereses jurídicos cuya protección se pretende en esta causa; más eficaz, incluso, en términos temporales y de menor complejidad procesal que el mismo amparo,* habida cuenta de que la nulidad es decidida conforme a las sencillas reglas de los artículos 212 y 194 del Código Orgánico Procesal Penal."[81]

3. La sentencia N° 100 de 6 de febrero de 2003 (Caso *Leonardo Rodríguez Carabali)*, en la cual la Sala Constitucional sostuvo que en el caso "el accionante contaba con un *medio procesal preexistente, tanto o más idóneo, expedito, abreviado y desembarazado que la misma acción de amparo, como era, conforme al artículo 212 del antedicho Código, la solicitud de nulidad* de la misma decisión contra la cual ha ejercido la presente acción tutelar; pretensión esta que *debía ser decidida, incluso, como una cuestión de mero derecho, mediante auto que debía ser dictado dentro del lapso de tres días que establecía el artículo 194 (ahora, 177) de la ley adjetiva;* vale decir, en términos temporales, *esta incidencia de nulidad absoluta tendría que haber en un lapso ostensiblemente menor que el que prevé la ley, en relación con el procedimiento de amparo...*"[82]

392. Por lo demás, conforme a la jurisprudencia de la misma Corte Interamericana dictada en aplicación del artículo 25 de la Convención, el contenido de esa norma coincide con el derecho de amparo que se establece en la Constitución de Venezuela (art. 27; que no se reduce a una sola o única acción de amparo), como lo puso de relieve el **Grupo de Profesores de Derecho Público de Venezuela** en el *Amicus curiae* presentado ante la Corte en agosto de 2013:

177. [...] el derecho de amparo o a la protección judicial es pilar básico de la democracia, que no se agota en una "acción de amparo" que

---

80 Véase en http://www.tsj.gov.ve/decisiones/scon/septiembre/2161-050902-01-0623.HTM

81 Véase http://www.tsj.gov.ve/decisiones/scon/febrero/349-260202-01-0696.HTM

82 Véase http://www.tsj.gov.ve/decisiones/scon/febrero/100-060203-01-1908.HTM

en si misma se subsume en dicho sistema de recursos judiciales rápidos, sencillos y eficaces (con el signo en este caso de la inmediatez de la protección por tratarse de derechos humanos) a los cuales las personas tienen derecho de acceder (acceso a la justicia) con las garantías del debido proceso que derivan del artículo 25.1 en conexión con el artículo 8 sobre garantías judiciales, los cuales en conjunto son los que constituyen el pilar de la democracia. Como lo dijo esta honorable Corte IDH en la sentencia del caso de *La Masacre de las Dos Erres vs. Guatemala* de 24 de noviembre de 2009, luego de expresar que "el recurso de amparo por su naturaleza es el procedimiento judicial sencillo y breve que tiene por objeto la tutela de todos los derechos reconocidos por las constituciones y leyes de los Estados partes y por la Convención;" que "tal recurso *entra* en el ámbito del art. 25 de la Convención Americana, por lo cual tiene que cumplir con varias exigencias, entre las cuales se encuentra la idoneidad y la efectividad."[83]

178. La consecuencia de ello es que independientemente de que el artículo 25.1 de la Convención no se agote en una única "acción de amparo" de "tutela" o de "protección" que se ha establecido en los ordenamientos nacionales, ni se lo considere por la jurisprudencia de esta honorable Corte Interamericana solamente como la consagración de un "recurso de amparo," lo cierto es que dicha norma al establecer el "derecho de amparo" o derecho a la "protección judicial" como derecho humano, ha fijado los parámetros mínimos conforme a los cuales los Estados miembros deben cumplir la obligación de asegurarle a todas las personas no sólo la existencia, sino la efectividad de ese o esos recursos efectivos, sencillos y rápidos para la protección de sus derechos fundamentales previstos en la Constitución y en la propia Convención

179. Ese artículo 25.1 es, por tanto, el marco que establece la Convención Americana conforme al cual, tanto esta Corte IDH como los jueces y tribunales nacionales, deben ejercer el control de convencionalidad en relación con los actos y decisiones de los Estados para asegurar el derecho de amparo o derecho a la protección judicial de los derechos humanos. Así se deriva por ejemplo, de lo que esta Corte IDH consideró como "el sentido de la protección otorgada por el artículo 25 de la Convención," consistente en:

"la posibilidad real de acceder a un recurso judicial para que la autoridad competente y capaz de emitir una decisión vinculante determine si ha habido o no una violación a algún derecho que la persona que reclama estima tener y que, en caso de ser encontrada una violación, el

---

83   Corte IDH Caso *La Masacre de las Dos Erres vs. Guatemala* de 24 de noviembre de 2009 C211/2009 ¶ 107 en http://www.Corte IDH.or.cr/docs/casos/articulos/seriec_211_esp.pdf.

recurso sea útil para restituir al interesado en el goce de su derecho y repararlo."[84]

180. De ello deriva, que conforme a dicha norma de la Convención, en definitiva, el derecho de amparo o a la protección judicial efectiva, no necesariamente está reducido a ser garantizado mediante un específico recurso o acción de amparo, sino que con frecuencia, e independientemente de la existencia de una "acción de amparo" específica, se garantiza el derecho a la protección judicial por otros medios procesales sencillos y efectivos que los jueces están en la obligación de decidir de inmediato, acorde con la protección constitucional solicitada. Para tal fin, y si acaso hubiere una deficiente regulación del recurso sencillo y rápido de amparo o protección judicial, como lo resolvió la Corte IDH en la sentencia del caso de *La Masacre de las Dos Erres vs. Guatemala* de 24 de noviembre de 2009,[85] el Estado tiene el deber general de "adecuar su derecho interno a las disposiciones de la Convención Americana para garantizar los derechos en ella consagrados," considerando que precisamente en materia del recurso de de protección judicial o de amparo, "la expedición de normas y el desarrollo de prácticas conducentes a la efectiva observancia de dichas garantías."[86] En otra sentencia ha dicho la Corte IDH que "La obligación contenida en el artículo 2 de la Convención reconoce una norma consuetudinaria que prescribe que, cuando un Estado ha celebrado un convenio internacional, debe introducir en su derecho interno las modificaciones necesarias para asegurar la ejecución de las obligaciones internacionales asumidas."[87] [...]

182. En la Convención se indica, en efecto, que toda persona "tiene derecho" a un recurso, lo que no significa que solamente tenga derecho a una específica garantía adjetiva que se concretiza en un solo recurso o en una acción de amparo, de tutela o de protección específica. El derecho se ha concebido más amplio, como derecho a la protección constitucional de los derechos o al amparo de los mismos, es decir, como el derecho a la protección judicial mediante un procedimiento sencillo y rápido acorde con la protección constitucional. Por eso, en realidad, se está presencia de un derecho fundamental de rango internacional y constitucional de las personas, a tener a su disposición medios judiciales efectivos, rápidos y eficaces de protección. Y *uno de ellos, es precisamente, en Venezuela, por ejemplo, además de la acción de amparo que se regula en la Ley Orgánica de Amparo sobre Derechos y Garantías Constitucionales, el*

---

84 Corte IDH Caso *Jorge Castañeda Gutman vs. México* de 6 de agosto de 2008. ¶. 100 en http://www.Corte IDH.or.cr/docs/casos/articulos/seriec_184_esp.pdf.

85 Corte IDH Caso *La Masacre de las Dos Erres vs. Guatemala* de 24 de noviembre de 2009 C211/2009. ¶ 121 en http://www.Corte IDH.or.cr/docs/casos/articulos/seriec_211_esp.pdf.

86 *Ídem.* ¶ 122.

87 *Idem.* ¶ 132.

"recurso de nulidad" consagrado en materia penal en los artículos 190 y siguientes del Código Orgánico Procesal Penal, mediante el cual el juez, de oficio o a instancia de parte, en cualquier estado y grado del proceso, debe corregir los vicios de inconstitucionalidad denunciados, como nulidades absolutas, cuando violan los derechos y garantías de las personas,, con la inmediatez requerida por la protección constitucional.

393. De manera que como en el mismo *Amicus curiae* presentado por el **Grupo de Profesores de Derecho Público de Venezuela** se explicó, "conforme a la Convención Americana, los mecanismos judiciales de protección judicial de los derechos humanos a los que la misma se refiere pueden ser variados, y lo que deben ser es efectivos, rápidos, y sencillos. Pueden ser de cualquier clase, a través de cualquier medio judicial y no necesariamente mediante una sola y única acción de protección o de "amparo," pero lo que tienen es que ser efectivos para la protección judicial." (¶ 185). "Es decir, la Convención Americana en el artículo 25.1 no necesariamente se refiere a un solo medio adjetivo de protección judicial, sino que puede y debe tratarse de un conjunto variado de medios de protección judicial, lo que puede implicar, incluso, la posibilidad de utilizar los medios judiciales ordinarios cuando sean efectivos como recursos rápidos y sencillos de protección de los "derechos fundamentales" establecidos en la Convención, en la Constitución y las otras fuentes que conforman el bloque de constitucionalidad." (¶ 186).

394. Esta es la orientación, en todo caso, del régimen del amparo en Venezuela, concebido en la Constitución como "derecho de amparo" o "derecho a ser amparado" y que, como es sabido, además de garantizarse mediante una acción autónoma de amparo, también puede formularse como una pretensión de protección conjunta con algún medio judicial ordinario; fue recogida en los artículos 3, 5 y 6.5 de la Ley Orgánica de Amparo de 1988, en los cuales expresamente se permitía la formulación de pretensiones de amparo constitucional, además de mediante la acción autónoma de amparo, conjuntamente con las acciones de nulidad por inconstitucionalidad, con las acciones contencioso administrativas de anulación y con las acciones judiciales ordinarias o extraordinarias que se establecen en el ordenamiento, cónsonas con la protección constitucional. El sentido de estas regulaciones fue interpretado en el caso líder de la Sala Político Administrativa de la antigua Corte Suprema resuelto en sentencia de 10 de junio de 1992, en la cual, haciendo referencia a la conocida sentencia previa de 10 de julio de 1991 (Caso: *Tarjetas Banvenez*),[88] se señaló lo siguiente:

> "El texto de la Ley Orgánica de Amparo prevé fundamentalmente dos mecanismos procesales: la acción autónoma de amparo y la acumulación de ésta con otro tipo de acciones o recursos, modalidades que difieren

---

88   Véase el texto de esta sentencia en *Revista de Derecho Público*, Nº 47, EJV, Caracas, 1991, pp. 169–174.

sustancialmente en cuanto a su naturaleza y consecuencias jurídicas. Por lo que respecta a la segunda de las modalidades señaladas, es decir, la acción de amparo ejercida conjuntamente con otros medios procesales, la referida ley regula tres supuestos: a) la acción de amparo acumulada a la acción popular de inconstitucionalidad de las leyes y demás actos estatales normativos (artículo 3°); b) la acción de amparo acumulada al recurso contencioso administrativo de anulación contra actos administrativos de efectos particulares o contra las conductas omisivas de la Administración (artículo 5°); c) la acción de amparo acumulada con acciones ordinarias (artículo 6°, ordinal 5°).

La Sala ha sostenido además que la acción de amparo en ninguno de estos casos es una acción principal sino subordinada, accesoria a la acción o al recurso al cual se acumuló, sometido al pronunciamiento jurisdiccional final que se emita en la acción acumulada Tratándose de una acumulación de acciones, debe ser resuelta por el juez competente para conocer de la acción principal."[89]

395. Y precisamente, en materia penal, la solicitud de nulidad absoluta prevista en el artículo 190 del COPP, *es la vía para formular la pretensión de amparo por violación de los derechos y garantías constitucionales*, como lo definió la Sala Constitucional en las sentencias citadas y consignadas por el Perito **Jesús Ollarves Irazábal** ante la Corte en la audiencia del día 3 de septiembre de 2013. Dicha pretensión de amparo formulada como solicitud de nulidad absoluta, no subsanable, acorde con la inmediatez que requiere la protección constitucional, debe ser obligatoriamente decidida en el lapso breve de tres días previsto en el artículo 177 del COPP, como se ha dicho, sin que le esté permitido al juez diferir la decisión a la audiencia preliminar, como en cambio sí lo podría hacer en casos de solicitudes de nulidad relativa o subsanables. Lo importante de la obligación del juez de decidir perentoriamente y depurar el proceso de inconstitucionalidades, es que si no lo hace, no sólo no puede convocar la audiencia preliminar, sino que el juicio queda paralizado, sin que exista remedio efectivo contra la inacción para lograr la decisión de nulidad. En estos casos, la posible acción de amparo que pudiera pensarse en intentar contra la inacción o abstención del juez de la causa, lo que podría conducir es a una orden del juez superior para que el juez omiso inferior decida, y nada más; lo que sería totalmente ineficaz para la protección constitucional solicitada que sólo se podría satisfacer con la decisión sobre la nulidad o amparo solicitada. Esta inacción u omisión del juez de decidir, por otra parte podría conducir a la aplicación de sanciones disciplinarias contra el juez omiso, incluyendo su destitución como ha ocurrido efectivamente ha ocurrido en los casos referidos por el perito **Ollarves** ante la Corte, pero de nuevo, ello sería ineficaz para la resolución del tema de fondo que es la petición de nulidad o amparo constitucional y saneamiento del proceso.

---

89 Véase en *Revista de Derecho Público*, N° 50, EJV, Caracas, 1992, pp. 183–184.

396. Ello por lo demás se ratificó en el *Amicus curiae* presentado ante la Corte por el **Grupo de Profesores de Derecho Público de Venezuela**, al afirmar:

192. A los efectos de lograr el ejercicio del control judicial respecto del cumplimiento de los derechos y garantías constitucionales, el Código Orgánico Procesal Penal venezolano ha establecido un remedio judicial de nulidad, sencillo y efectivo que ha sido calificado como "**recurso de nulidad**," por la Sala de Casación Penal[90] y la Sala Constitucional[91] del Tribunal Supremo de Justicia, y que se encuentra regulado en el Capítulo II ("De las nulidades") del Título VI ("De los Actos Procesales y las Nulidades"). Dicho "recurso" que es precisamente uno de los recursos sencillos y rápidos para asegurar el derecho a la protección judicial prevista en el artículo 25 de la Convención Americana, se puede ejercer por cualquiera de las partes en el proceso respecto de los actos y actuaciones fiscales y judiciales que puedan haber violado los derechos y garantías constitucionales; y se puede formular en cualquier estado y grado del proceso siempre que sea antes de dictarse sentencia definitiva; y que el juez está obligado a decidir de inmediato, es decir, perentoriamente, en el lapso de 3 día siguientes como lo dispone el artículo 177 del Código Orgánico, sin que se establezca oportunidad preclusiva única para ser decidido.[92]

397. Recapitulando todo lo expuesto, desde el punto de vista de la regulación del COPP sobre las solicitudes de nulidad, distingue dos tipos de nulidades, según sean o no subsanables. Las nulidades no subsanables, por violación de derechos y garantías constitucionales, que afectan de muerte el proceso, son las llamadas *nulidades absolutas*. Para ninguna de ellas establece el COPP una oportunidad específica para la formulación de la petición de nulidad, pudiendo plantearse en cualquier estado de la causa. Tampoco determina el COPP un término específico para que las solicitudes de nulidad deban ser

---

90 Tribunal Supremo de Justica, Sala de Casación Penal Caso: *Edwin Exequiel Acosta Rubio y otros* N° 003 de fecha 11 de enero de 2002 en http://www.tsj.gov.ve/decisiones/scp/Enero/003-110102-010578.htm .

91 Véase sentencia N° 1453 de la Sala Constitucional de 10-08-2001 en http://www.tsj.gov.ve/decisiones/scon/agosto/1453-100801-01-0458.HTM.

92 Tribunal Supremo de Justicia Sala de Casación Penal Caso: *Manuel Antonio Sánchez Guerrero y otros*, sentencia N° 205 de 14 de mayo de 2009, donde se indicó que las "solicitudes relativas a una nulidad no convalidable, como la alegada por el solicitante, en principio, **pueden ser planteadas en cualquier oportunidad, por ser denunciables en cualquier estado y grado del proceso y en virtud de la gravedad, así como la trascendencia del defecto que vicia el acto**." en http://www.tsj.gov.ve/decisiones/scp/Mayo/205-14509-2009-C09-121.html. Igualmente, sobre que la solicitud de nulidad puede formularse en "cualquier estado y grado del proceso," "por la gravedad del vicio que afecta al acto objeto de la misma," se pronunció la Sala Constitucional Caso: *Edgar Brito Guedes*, 5 de noviembre de 2007 en http://www.tsj.gov.ve/decisiones/scon/Noviembre/2061-051107-07-1322.htm .

resueltas. Si se plantean ante el juez antes de la audiencia preliminar y se trata de *nulidades subsanables*, la jurisprudencia ha admitido que el juez podría diferir su decisión al momento de la audiencia preliminar, ya que las mismas no afectan de gravedad el proceso. *Si se trata de nulidades absolutas, en cambio, la Sala Constitucional ha impuesto que las mismas deben resolverse de inmediato, y conforme al artículo 177 del COPP, en un lapso de tres días, estándole vedado al juez diferir su decisión para el momento de la audiencia preliminar, la cual en estricto derecho, tratándose de nulidades absolutas, no podría realizarse sino después de que se resuelva la solicitud de nulidad absoluta.*

398. Formulada una acusación en un proceso penal, si en la fase de investigación se han cometido violaciones a derechos y garantías constitucionales, es precisamente al presentarse la acusación, cuando el acusado puede y debe, siendo ella la primera oportunidad para plantearlo, solicitar la nulidad absoluta de todo lo actuado. Y eso lo debe formular por escrito en forma de solicitud de nulidad absoluta, independientemente de que se plantee o no conjuntamente con la contestación a la acusación. Siendo una pretensión de amparo penal o protección constitucional independiente, dicha solicitud de nulidad tiene que resolverse conforme lo establece el artículo 177 del COPP, que dispone que *"en las actuaciones escritas las decisiones se dictarán dentro de los tres días siguientes;"* estando el juez en la **"obligación de decidir"** conforme al artículo 6 del mismo Código que dispone que "Los jueces no podrán abstenerse de decidir so pretexto de silencio, contradicción, deficiencia, oscuridad o ambigüedad en los términos de las leyes, **ni retardar indebidamente alguna decisión**. Si lo hicieren, incurrirán en denegación de justicia."

399. El artículo 26 de la Constitución reconoce el derecho de toda persona "de acceso a los órganos de administración de justicia" incluyendo los jueces penales, "para hacer valer sus derechos e intereses;" y además, el derecho de toda persona "a *la tutela efectiva* de los mismos y a *obtener con prontitud la decisión correspondiente"...sin dilaciones indebidas";* y el artículo 27 de la Constitución *reconoce el derecho de toda persona a ser amparada por los tribunales en sus derechos y garantías constitucionales.* Ese derecho, claro está, cubre lo que prevé el artículo 25 de la propia Constitución, en el sentido de que "todo acto dictado en ejercicio del Poder Público" incluidos los jueces, "que viole o menoscabe los derechos garantizados por esta Constitución y la ley es nulo", es decir, que está viciado de nulidad absoluta y quien haya sido lesionado por el mismo tiene derecho a ser amparado por los tribunales. El principio constitucional es, pues, *la justicia rápida* (al igual que el art. 25 de la Convención). En cuanto al COPP, como hemos dicho, la nulidad se puede pedir en cualquier estado y grado del proceso siempre que sea antes de dictarse sentencia definitiva[93]. En cuanto a la *oportunidad para decidir*, a falta de

---

93 Sentencia Nº 205 de la Sala de Casación Penal del Tribunal Supremo de 14/05/2009. *Manuel Antonio Sánchez Guerrero y otros).* http://www.tsj.gov.ve/decisiones/scp/Mayo/205-14509-2009-C09-121.html, donde se indicó que las *"solici-*

otra previsión distinta al principio de la justicia rápida, y en consonancia con el mismo, particularmente tratándose de nulidades absolutas, no subsanables, por violación de derechos y garantías judiciales, debe aplicarse el lapso general de tres (3) días siguientes a la formulación de la petición de nulidad conforme al artículo 177 del Código Orgánico Procesal Penal, no estando dicha decisión restringida legalmente a que sólo pueda ser dictada en alguna oportunidad procesal precisa y determinada, como sería por ejemplo, en la audiencia preliminar. Al contrario, la audiencia preliminar en un proceso penal donde se haya formulado la pretensión de amparo o nulidad absoluta por violación de derechos y garantías judiciales, no podría legítimamente ser convocada sino después de que se depure el proceso, y se decida la petición de nulidad. Resuelta la petición de nulidad, si ella se declara con lugar, por tanto, no cabe convocar a ninguna audiencia preliminar; y si se declara sin lugar, entonces es que el acusado tendía acceso por primera vez a un recurso como sería el de apelación contra la decisión que niegue la nulidad solicitada, y el juez podría convocar a la audiencia preliminar.

400. En cuanto a la forma de formulación de la solicitud o petición de nulidad absoluta, el COPP no dispone ninguna, ni tampoco que deba ejercerse separadamente de otra petición o escrito. Se trata de una pretensión de amparo constitucional fundada en la violación de los derechos y garantías constitucionales y que se formula por la vía especialísima de la solicitud de nulidad en materia penal, como lo autorizaba la Ley Orgánica de Amparo de 1988. Erró por tanto el testigo-perito **Néstor Castellanos**, sin duda atribuido a su desconocimiento total y supino de la institución del amparo en Venezuela, cuando a la pregunta del Juez **Ferrer Mac-Gregor Poisot** sobre si "*se puede considerar una especie de amparo penal, es decir protege garantías constitucionales*," negó el carácter de la petición de nulidad como un amparo afirmando:

"No no no!, porque el amparo tiene otra naturaleza totalmente distinta a la nulidad. Mediante el recurso de amparo, no se puede obtener una declaración de derechos; por parte de la nulidad, si se puede obtener la declaración de derechos; por eso no es igual a una acción, sí es una acción que viene a reparar, porque, porque cuando, por ejemplo, lo que se denuncia en nulidad es la violación del derecho a la defensa, el tribunal, en este caso, pasa a verificar si hubo la conculcación de este derecho, y la

---

tudes relativas a una nulidad no convalidable, como la alegada por el solicitante, en principio, **pueden ser planteadas en cualquier oportunidad, por ser denunciables en cualquier estado y grado del proceso y en virtud de la gravedad, así como la trascendencia del defecto que vicia el acto**". **Anexo 118.** Igualmente, sobre que la solicitud de nulidad puede formularse en "*cualquier estado y grado del proceso*", "*por la gravedad del vicio que afecta el acto objeto de la misma*", se pronunció la Sala Constitucional del Tribunal Supremo en sentencia N° 2061 (Caso: *Edgar Brito Guedes*), de 05/11/2007. **Anexo 119.** Véase en http://www.tsj.gov.ve/decisiones/scon/Noviembre/2061-051107-07-1322.htm

única forma, de reparar este derecho es anulando lo actuado, por eso se llama nulidad, anulado lo actuado retrotrayendo al estado de donde nació, de donde se originó esa nulidad."

401. Aparte de la confusión conceptual que evidenció el testigo-perito **Castellano** en su declaración, por ejemplo al afirmar que *"mediante el recurso de amparo, no se puede obtener una declaración de derechos,"* es evidente de su deposición ante la Corte que desconocía totalmente la institución del amparo en Venezuela, que como se ha dicho, está concebida constitucionalmente como un derecho, el "derecho a ser amparado" (art 27) el cual se puede ejercer, además de a través de un "recurso" o "acción" autónoma de amparo, mediante una pretensión formulada junto con las vías ordinarias o extraordinarias previstas en el ordenamiento jurídico para la protección constitucional, como es precisamente la solicitud de nulidad absoluta en materia penal, en cuyo caso, el juez de la causa, al decidirla, declara y restablece el derecho constitucional violado y, por supuesto, anula las actuaciones fiscales inconstitucionales.

402. En ese contexto, mis abogados defensores, los testigos **León Henrique Cottin y Rafael Odreman**, concluyeron, con razón, que la primera oportunidad que tenían en el proceso penal en mi contra para invocar y solicitar la nulidad absoluta de todo lo actuado en la etapa de investigación por la violación masiva de mis derechos y garantías constitucionales, es decir, para solicitar amparo constitucional, conforme a lo previsto en el artículo 190 del COPP demandando *in toto* la nulidad absoluta de las actuaciones del Ministerio Público en la investigación; era inmediatamente después de que se formulara la acusación fiscal. Debe tenerse en cuenta que el Fiscal puede decidir no acusar, cuando el resultado de investigación resulte insuficiente para acusar, y dictar como acto conclusivo el Archivo Fiscal (art. 315 COOP) o solicitar el sobreseimiento al Juez de control (art. 320 COOP) cuando, terminado el procedimiento preparatorio estime que proceden una o varias de las causales que lo hagan procedente. Sólo cuando el Ministerio Público estime que la investigación proporciona fundamento serio para el enjuiciamiento público del imputado presentará acusación ante el tribunal de control. Es decir, no se sabe, antes del acto conclusivo, si el fiscal va archivar, pedir el sobreseimiento o acusar. Por tanto, esa oportunidad era la contestación de la acusación, no porque la nulidad formara parte de ella (puesto que las causas de nulidad eran diferentes de las cuestiones previas planteadas en la contestación a la acusación), sino porque era *la primera oportunidad procesal para acumular a la respuesta a la acusación la pretensión de amparo o nulidad absoluta de todo lo actuado por el Ministerio Público.* De hecho, en la fecha en la cual la solicitud de nulidad se introdujo, el Juez de Control no había ni siquiera dado por recibida la acusación, ni había adoptado decisión alguna que pudiera ser objeto de recurso.

403. Por lo tanto, la solicitud de nulidad absoluta o amparo contra todo lo actuado, aunque se intentó junto con la contestación a la acusación, como pretensión de amparo, no formó parte conceptual de esa contestación, destinada a oponer las excepciones a los fundamentos específicos de la acusación. El Estado insistió que al demandar la nulidad se habría *"utilizado y accionado el artículo 328 COPP" "invocando las facultades del artículo 328 COPP"* (p. 46 de la Contestación del Estado), **lo que por supuesto es completamente falso**. Como también es falso lo argumentado por el perito-testigo **Nelson Castellanos** al afirmar ante la Corte a una pregunta del Juez **Ferrer Mac-Gregor Poisot** que

> "Interpuesta, la solicitud de nulidad, en la fase intermedia, y tomo, no lo digo yo, tomo las palabras y el análisis que sabiamente hizo la *Comisión*, para determinar que no existió, por parte del Estado venezolano alguna vulneración de derecho, en cuanto a una de las denuncias interpuestas por la víctima. *Interpuesta la nulidad dentro de la fase intermedia, pero además, dentro del contexto del escrito de excepciones y de promoción de pruebas, que tienen, como forma esencial de descarga, esa nulidad, conjuntamente con las demás pretensiones, debe resolverse en la audiencia preliminar.* Así lo ha dicho la sala penal, en forma reiterada. Y este criterio ha sido también sostenido hasta el día de hoy inclusive por la Sala Constitucional."

404. Por supuesto, al hacer esta afirmación errada, el "testigo-perito" **Castellanos** no se apoyó ni citó en sentencia alguna de la Sala Penal o de la Sala Constitucional, que no existe, para sostener esa afirmación. Lo cierto es que aparte de que la propia Comisión Interamericana se apartó de ese criterio al presentar sus argumentos finales ante la Corte en la audiencia del 4 de septiembre de 2013, es falso que fuese sea el criterio de la Sala Penal y de la Sala Constitucional. El "testigo-perito" **Castellanos** sencillamente mintió ante la Corte al afirmar que "Todo pronunciamiento que haya sido solicitado anterior y sea resuelto anterior a la audiencia preliminar es extemporáneo." Al contrario, como quedó evidenciado de todas las decisiones de la Sala Constitucional consignadas ante la Corte por el Perito **Jesús Ollarves**, al juez de la causa *tiene que resolver la petición de nulidad absoluta, como fue el caso en el proceso penal contra mí, en el lapso de tres días previsto en el artículo 177 del COPP, antes de la audiencia preliminar*, y más bien como sí lo ha resuelto la Sala Constitucional, le está vedado diferir para la audiencia preliminar la petición de nulidad.

405. Precisamente por ello, la *Comisión Interamericana de Derechos Humanos*, en su Argumento Final expuesto por el Dr. **Felipe González** ante la Corte al terminar la audiencia del día 4 de septiembre de 2013, después de analizar "el conjunto de la prueba aportada ante la Corte que no necesariamente coincide con la que la que Comisión tuvo a su disposición para su análisis durante la tramitación," ofreció sus observaciones finales" considerando "los elementos adicionales de análisis que recibió del Tribunal y en su caso las posibles implicaciones frente a las conclusiones de la CIDH," concluyendo, que en cuanto al debate sobre "si el derecho interno realmente exige que el recurso de nulidad sea resuelto en la audiencia preliminar:"

"la Comisión observa que la Corte cuenta con la siguiente información: primero la distinción entre las diferentes nulidades según el Código Procesal Penal venezolano, así la nulidad presentada por el Sr. Brewer Carías no es una nulidad contra la acusación sino contra todo lo actuado y por razones de hechos fundamentales. Segundo un grupo de sentencias de la Sala Constitucional del Tribunal Supremo de Justicia explicadas esta mañana por el Dr. Ollarves que indican que la posición sobre cuándo deben resolverse las nulidades dependen de la etapa procesal en que se presenta y especialmente de la naturaleza de las mismas. Es de destacar la sentencia de la Sala Constitucional que indican que las solicitudes de nulidad en la etapa intermedia, como la del caso concreto, pueden resolverse o bien antes de la audiencia preliminar, o bien después de la misma dependiendo de su naturaleza, es decir, no sería obligatorio esperar a la audiencia preliminar para resolver la solicitud de nulidad.":

406. Por otra parte, el mismo testigo-perito **Néstor Castellanos**, incluso se contradijo en su deposición: al responder una pregunta el Juez **Ferrer Mac-Gregor Poisot** sobre si *"no hay plazo para responder"* la petición de nulidad: *Por una parte,* dijo que: "Si es por escrito, fuera de la fase intermedia, debe hacerlo, sí como no, dentro de los tres días, porque es una solicitud que se hace por escrito, pero interpuesto, como tal, vuelvo y repito, dentro de la fase intermedia, pero además guardando correspondencia esa solicitud de nulidad íntimamente, con la pretensión enarbolada por la defensa, no se podía emitir un pronunciamiento antes, es decir, no podía hacerse dentro de los tres días"; agregando en otra respuesta que "la *única forma* que tiene el tribunal para pronunciarse con respecto a esa nulidad y los demás pronunciamientos que se exigieron en ese escrito interpuesto por la defensa, lo es la *audiencia preliminar"*; y *por la otra*, afirmó que "Si es un pronunciamiento que se origina en el devenir de cualquier audiencia el juez debe resolverlo de inmediato, *pero si es a petición de partes, debe hacerlo dentro de los tres días siguientes."* Y esto último es precisamente lo que se aplica en el caso de la petición de nulidad absoluta formulada por mis abogados defensores, que fue precisamente formulada antes de la audiencia preliminar, por lo que de acuerdo con lo afirmado por el propio testigo-perito **Castellanos**, debía ser resuelta *"dentro de los tres días siguientes."* Por lo demás, dicha solicitud de nulidad, si bien se formuló en la primera oportunidad que tuvieron mis defensores, al formularse la acusación, al contestarla, se diferencia de las excepciones, al punto de que en este caso, en *ninguna parte del escrito presentado después de la acusación por mis abogados defensores, en lo relativo a la petición de amparo o nulidad absoluta de todo lo actuado por violación de las garantías judiciales, se mencionó el artículo 328 COPP. Fue una **omisión deliberada para diferenciar la pretensión de nulidad o amparo formulada, de la oposición de las cuestiones previas, propia de la contestación en sentido estricto**. Esa afirmación de la Contestación del Estado no es más que **una deducción***

interesada, sin base alguna en la solicitud de nulidad interpuesta en la ju-risdicción venezolana.

407. Como se dijo, contra la inacción del juez de la causa en decidir la petición de nulidad absoluta o pretensión de amparo constitucional en el proceso penal *no hay recurso efectivo, oportuno y pertinente* alguno que la remedie, y pueda conducir a que se decida la solicitud de nulidad absoluta.

408. Lo otro que podría caber es sancionar disciplinariamente la inacción u omisión del juez penal en decidir la solicitud de nulidad o amparo penal, a través de una denuncia ante la jurisdicción disciplinaria para ser sancionado. Y efectivamente ello ha sucedido habiéndose decidido la destitución del juez omiso, como fue el caso referido por el Perito **Ollarves** en una respuesta a preguntas del Dr. **Faúndez**, citado la decisión de la Comisión de Funcionamiento y Reorganización del Poder Judicial (Caso *Laura Elizabeth Adams Camacho*, 30-10-2006) de 30 de octubre de 2006).[94] Pero de nuevo, en este caso, esa denuncia no es un recurso efectivo pues el juez disciplinario en su decisión no puede decidir la nulidad solicitada, que sólo el juez de la causa puede resolver, resultando la denuncia sólo en la eventual imposición de una sanción disciplinaria contra el juez omiso.

409. Las conclusiones de derecho anteriormente expuestas encuentran asidero en la abundante jurisprudencia del Tribunal Supremo de Justicia, en sentencias contemporáneas con la fecha en que la nulidad absoluta fue demandada en este caso, citadas a lo largo del proceso ante la Corte Interamericana y referidas en párrafos anteriores, y que fueron llevadas a los autos por el Perito abogado **Jesús Ollarves Irazábal.**

410. Debe reiterarse, además, que en la sentencia 256 de 14 de febrero de 2002 (caso*: Juan Calvo y Bernardo Priwin*),[95] citada en la sentencia N° 2061 (Caso: *Edgar Brito Guedes*), de 5 de noviembre de 2007,[96] y a la cual nos hemos referido, la Sala Constitucional fue clara en disponer que dependiendo del vicio de nulidad aducido, si el recurso de nulidad se interponía en la fase intermedia, "el juez debe resolverla **bien antes de la audiencia preliminar, o bien como resultado de dicha audiencia,** *variando de acuerdo a la lesión constitucional alegada*", indicando solo que la decisión del recurso de nulidad formulado en la etapa intermedia podría ser "**preferible**" que se adoptase en la audiencia preliminar lo cual sólo y únicamente podría ocurrir si los vicios de nulidades denunciados en la petición de nulidad *son subsanables* por

---

94   Véase   en   http://jca.tsj.gov.ve/decisiones/2006/octubre/1580-30-1575-2006-118-206.html

95   Véase la sentencia N° 256 de 14 de febrero de 2002 (caso*: Juan Calvo y Bernardo Priwin*),   en   http://www.tsj.gov.ve/decisiones/scon/Febrero/256-140202-01-2181%20.htm

96   Véase sentencia N° 2061 (Caso: *Edgar Brito Guedes*), de 05/11/2007. Véase en http://www.tsj.gov.ve/decisiones/scon/Noviembre/2061-051107-07-1322.htm

el juez para continuar el proceso. Por el contrario, como resulta del cúmulo de sentencias antes citadas, si los vicios de nulidad alegados en la petición de nulidad, son vicios de nulidad absoluta por violación de derechos y garantías constitucionales respecto de los cuales lo que se formula ante el juez es una pretensión de amparo constitucional, los mismos deben ser apreciados y resueltos, necesaria y obligatoriamente de inmediato por el juez, en un lapso de tres días, independientemente de dicha audiencia preliminar. La Sala Constitucional, ha considerado, además, como resulta de la jurisprudencia citada anteriormente, que le está vedado al juez de la causa diferir la decisión de dicha petición de nulidad absoluta (nulidades no subsanables) a la audiencia preliminar, de manera que si lo hace y demora la decisión incurre en una nueva violación al debido proceso. Además, en la sentencia citada del caso *Juan Calvo y Bernardo Priwin de 2002*, la Sala Constitucional lo que resolvió fue que la solicitud de nulidad debía resolverse en la audiencia preliminar, sólo cuando se tratase de **nulidades subsanables** o "**cuando la nulidad coincide con el objeto de las cuestiones previas**", que es precisamente el caso de nulidades subsanables, y que no es el caso de la solicitud de amparo o de nulidad absoluta intentado por mis defensores, que fue por la violación masiva y sistemática de mis derechos y garantías constitucionales durante la etapa de investigación.

411. La representación del Estado en su *Escrito de Contestación*, afirmó que "la mala fe" de los peticionarios y de la Comisión en admitir el caso derivaría del análisis de la jurisprudencia, citando una sentencia de la Sala Constitucional del Tribunal Supremo de Justicia de 16 de noviembre de 2001 que lo que en realidad resolvió fue que la sola convocatoria a la audiencia preliminar no presume la existencia de una violación al derecho a la seguridad personal y a la defensa que es lo que se aducía en el juicio en el cual se dictó (pp. 63 a 65). También citaron la sentencia No. 1358 de la misma Sala Constitucional de 19 de octubre de 2009 la cual se refirió al caso del ejercicio de una acción de amparo constitucional, por denegación de justicia, contra un juez penal por haber fijado la audiencia preliminar sin antes haberse pronunciado sobre la solicitud de nulidad formulada contra el escrito de acusación (p. 65). Casos, ambos, que nada tienen que ver con el caso del recurso de nulidad absoluta intentado por los defensores de la víctima, y que no es contra omisión alguna del juez, sino solicitando amparo contra las violaciones masivas a sus derechos constitucionales en la etapa preliminar, el cual luego de ocho años aún no ha sido resuelto. En particular, en la sentencia últimamente mencionada No. 1358 de 19 de octubre de 2009, que citaron los representantes del Estado,[97] se refiere a un supuesto totalmente distinto, en el cual la Sala declaró inadmisible la acción de amparo contra la inacción de un tribunal penal en decidir una nulidad, en virtud de que la acción de amparo se intentó *para impedir la realización de la audiencia preliminar* en el caso, que fue la razón

---

97   En http://www.tsj.gov.ve/decisiones/scon/Octubre/1358-191009-2009-09-0173.html) **Anexo 138.**

por la cual la Sala consideró que una vez convocada la audiencia preliminar, no podía impedirse su realización mediante una acción de amparo, en cuyo caso, las solicitudes de nulidad pendientes en ese caso específico en el cual ya se había convocado esa audiencia preliminar, debían entonces resolverse en la misma.

412. De todo lo anterior deriva nuestra conclusión de que, en el ordenamiento jurídico venezolano, la decisión sobre la solicitud de nulidad absoluta de los actos procesales formulada en un proceso penal por el acusado, por violación de los derechos humanos, en particular de los derechos y garantías constitucionales, como pretensión de amparo constitucional en materia penal que es, debe ser resuelta por el juez obligatoriamente de inmediato, por el principio de la justicia rápida y efectiva, en el lapso de tres días que dispone el artículo 177 del COPP, y no puede el juez penal diferir su decisión a la realización de la audiencia preliminar, es decir, no tiene necesariamente que decidirse en la audiencia preliminar como oportunidad legal para su adopción, y por tanto, no tiene que resolverse en presencia del acusado. Como lo ha resuelto la Sala Constitucional en las sentencia antes citadas, la petición o solicitud de nulidad por vicios de nulidad absoluta, es una cuestión de mero derecho que incluso el juez penal puede resolver de oficio, por lo que cuando actúa como juez constitucional le está vedado diferir la decisión del amparo penal o solicitud de nulidad absoluta a la realización de la audiencia preliminar. Si lo hace, más bien constituye una nueva violación al debido proceso, que puede acarrear la destitución del juez. Por lo demás, la denuncia de nulidades absolutas por violaciones constitucionales le impone al juez la necesidad ineludible de depurar el proceso de vicios para que pueda continuar, al punto de que sin resolver previamente la nulidad o amparo, el juez en estricto derecho y en realidad no puede siquiera convocar legalmente la audiencia provisional. En realidad, sólo si decide sin lugar la petición de amparo constitucional, es que podría convocarse la audiencia preliminar, abriéndose en ese caso para el acusado la posibilidad de recurrir contra esa decisión; pero si, al contrario, el juez declara con lugar la pretensión de amparo constitucional en materia penal, y admite la existencia en el proceso de los vicios de nulidad absoluta denunciados, entonces no puede convocar ni realizar audiencia preliminar alguna por la depuración hecha del proceso, que no podría continuar por la nulidad declarada.

III. LA OPORTUNIDAD PARA LA DECISIÓN DE LAS SOLICITUDES DE NULIDAD ABSOLUTA O AMPARO PENAL POR VIOLACIÓN DE DERECHOS Y GARANTÍAS CONSTITUCIONALES

413. Como lo precisó la Corte Interamericana en la sentencia, aun cuando sin entender la naturaleza de la solicitud de nulidad absoluta como amparo penal, para resolver si hubo retardo injustificado en resolver la que mis representantes presentaron, el "debate se ha centrado en determinar si el recurso de nulidad" (párrafo 116) debe ser decidido por "el juez a cargo de la causa en un término de tres días o si, por el contrario, dicha solicitud debía ser examinada y decidida en el transcurso de la audiencia preliminar (párrafo 118), agregando que:

119. La afirmación de que la nulidad debía ser decidida en un plazo de tres días fue sustentada por los representantes en el artículo 177 del COPP que establece que:

Los autos y las sentencias definitivas que sucedan a una audiencia oral serán pronunciados inmediatamente después de concluida la audiencia. En las actuaciones escritas las decisiones se dictarán dentro de los tres días siguientes. (Añadido fuera del texto)

120. Por su parte, el alegato del Estado según el cual era necesario esperar hasta la realización de la audiencia preliminar para decidir sobre las mencionadas solicitudes se fundamenta en el artículo 330 del COPP, mediante el cual se indica que:

Decisión. Finalizada la audiencia el juez resolverá, en presencia de las partes, sobre las cuestiones siguientes, según corresponda: 1. En caso de existir un defecto de forma en la acusación del fiscal o del querellante, estos podrán subsanarlo de inmediato o en la misma audiencia, pudiendo solicitar que ésta se suspenda, en caso necesario, para continuarla dentro del menor lapso posible; 2. Admitir, total o parcialmente, la acusación del Ministerio Público o del querellante y ordenar la apertura a juicio, pudiendo el Juez atribuirle a los hechos una calificación jurídica provisional distinta a la de la acusación fiscal o de la víctima; 3. Dictar el sobreseimiento, si considera que concurren algunas de las causales establecidas en la ley; 4. Resolver las excepciones opuestas; 5. Decidir acerca de medidas cautelares; 6. Sentenciar conforme al procedimiento por admisión de los hechos; 7. Aprobar los acuerdos reparatorios; 8. Acordar la suspensión condicional del proceso; 9. Decidir sobre la legalidad, licitud, pertinencia y necesidad de la prueba ofrecida para el juicio oral.

121. Para defender sus posiciones al respecto, las partes presentaron varios testigos y peritos sobre este punto. Por ejemplo, el señor Brewer manifestó en la audiencia pública que:

El Estado está obligado a decidir la solicitud de nulidad antes de la audiencia preliminar porque esa decisión es justamente la que va a limpiar o no el proceso de violaciones constitucionales, una vez que se toma la decisión de la solicitud de nulidad, entonces es que se puede convocar a la audiencia preliminar si esa solicitud de nulidad es declarada sin lugar, en ese estado es que esta el proceso en este momento. Paralizado por el Estado porque el juez no ha resulto la solicitud de nulidad que es la única que existe y no hay otro recurso y por eso el tampoco puede convocar a la audiencia preliminar.

122. Asimismo, el perito Ollarves Irazábal indicó que[98]:

El plazo para resolverla está claramente identificado en nuestro ordenamiento jurídico en el código orgánico, son tres días, esas a nulidades absolutas, esas a nulidades que transgreden contra el contenido esencial de los derechos humanos, de los derechos y garantías constitucionales que no pueden ser convalidadas ni sanadas. [...]

Nulidades relativas, nulidades sanables, se refiere a la nulidad que puede verse inmiscuida en los requisitos que están establecidos en el artículo 326, relativos a la acusación. Y si se refiriera a nulidades absolutas que no son sanables y que tienen que ser decididas en un plazo finito, perentorio, de tres días como lo ha dicho la sala constitucional de forma reiterada.

123. Mientras que, en otro sentido, el testigo Castellanos manifestó que:

La nulidad como tal no es un recurso es una prerrogativa que tiene todas las partes interviniente a un proceso penal para denunciar la conculcación de prerrogativas constitucionales que obran a su favor. Interpuesta la solicitud de nulidad en la fase intermedia [...] pero además dentro del contexto del escrito de excepciones y promoción de prueba que tienen como forma esencial de descarga, esa a nulidad conjuntamente con las demás pretensions en resolverse en la audiencia preliminar. [...]

Esta nulidad se ejerció dentro del ejercicio de la carga que tiene la defensa de accionar en contra de la acusación y la única forma que tiene el tribunal para pronunciar con respecto esa nulidad que se exigieron en ese escrito interpuesto por la defensa es la audiencia preliminar porque la solicitud de nulidad se analiza en el escrito y [...] hay similitud entre la presentación de la defensa que lo hace, por ejemplo al momento de interponerse las medidas de excepciones pero también lo invoca mediante la nulidad. Un pronunciamiento de la nulidad traería consigo que el juez emitiera anticipadamente un pronunciamiento con respecto al fondo de la celebración de la audiencia preliminar.

414. La sentencia de la Corte Interamericana, luego de trascribir estas declaraciones, reconoció lo "complejo de este asunto," y pasó a transcribir parcialmente parte de las sentencias ya citadas de la Sala Constitucional del Tribunal Supremo de fechas 14 de febrero de 2002 (párrafo 124) y de 6 de febrero de 2003 (párrafo 124), así como el Informe de la Comisión (párrafo 129), concluyendo en relación con el criterio de ésta, que establecida:

---

98   Declaración del perito Jesús Ollarves Irazábal rendida en la audiencia pública celebrada en el presente caso.

"la distinción entre las diferentes nulidades según el Código Procesal Penal de Venezuela" y que "la nulidad presentada por el señor Brewer Carías no sería una nulidad contra la acusación, sino contra todo lo actuado y por razones de derechos fundamentales", con la consecuencia de que "las solicitudes de nulidad en la etapa intermedia -como la del caso concreto- pueden resolverse o bien antes de la audiencia preliminar o bien después de la misma, dependiendo de su naturaleza". De esta forma, la Comisión consideró que "conforme al derecho interno de Venezuela no sería obligatorio esperar a la audiencia preliminar para resolver la solicitud de nulidad" (párrafo 129).

415. De todo lo anterior, la Corte Interamericana concluyó constatando *"que existen dos interpretaciones sobre el momento procesal en que se debería resolver las solicitudes de nulidad* presentadas" (párrafo 130), *para concluir simplemente, sin criterio racional alguno, y en forma por demás absurda, que la determinación de la oportunidad para decidir las solicitudes de nulidad, en definitiva, dependía de la extensión en número de páginas de las mismas* de manera que solo "las solicitudes específicas sobre actos procesales concretos que no implicaban la nulidad de todo lo actuado" es que "pueden ser resueltas en el plazo de tres días señalado en el artículo 177 del COPP, a diferencia de un recurso de 523 páginas de las cuales 90 se concentran en solicitar la nulidad de todo lo actuado" (párrafo 131). Con ello, además, la Corte Interamericana desconociendo el carácter de la solicitud de nulidad absoluta como amparo penal, *estableció la distinción entre la oportunidad de decidir las solicitudes de nulidad en sentido inverso a lo que impone la protección constitucional*, que es que si se trata de nulidades absolutas no subsanables por violación de derechos y garantías constitucionales, la decisión tiene que adoptarla el juez en lapso perentorio de los tres días señalados en el artículo 170 del COPP, y si la nulidad se refiere a cuestiones de vicios formales que pueden ser subsanados entonces la decisión se puede diferir a la audiencia preliminar. La Corte Interamericana, al desconocer la institución del amparo penal, arribó a una conclusión diametralmente opuesta a la que deriva de la institución del amparo en Venezuela, por demás absurda, estimado, en particular sobre la solicitud de nulidad absoluta de 523 páginas presentada por mis abogados defensores "como razonable el que no se considere que se pueda responder a dicho escrito y las cuestiones de fondo allí contenidas antes de la audiencia preliminar y que pueda considerarse improcedente un análisis fragmentado del escrito, tal como es solicitado por los representantes "(párrafo 132), concluyendo entonces que "teniendo en cuenta lo anterior y dado el contenido, las características, complejidad y extensión del escrito presentado el 8 de noviembre de 2005, la Corte considera que las solicitudes de nulidad no son de las que deban resolverse en el plazo de tres días señalado en el artículo 177 del COPP" (párrafo 133). Criterio absurdo pues si esto es así, por supuesto, menos aún podrían resolverse en el mismo acto de la audiencia.

416. Ahora bien, al contrario de la conclusión "razonable" que encontró la Corte Interamericana, es simplemente errado y contrario a lo previsto en el COPP, de acuerdo a lo interpretado y aplicado por el Tribunal Supremo de Justicia, el señalar que la decisión de la solicitud de nulidad absoluta como amparo penal supuestamente tenga que decidirse en la audiencia preliminar, siguiendo lo que afirmó bajo juramento el "testigo-perito" **Néstor Castellanos** en la audiencia del día 4 de septiembre de 2013 ante la Corte, pero sin fundamentación alguna, salvo el referirse a la extensión del escrito del recurso, lo cual es irrelevante, y destacar la importancia que en el proceso penal tiene la audiencia preliminar, la cual nadie niega.

417. Lo cierto es que al contrario de lo afirmado erradamente por el "testigo-perito" **Castellanos**, la Sala Constitucional del Tribunal Supremo lo que ha establecido, reiterada y claramente, es que sólo pueden diferirse para ser decididos en la audiencia preliminar, los casos de solicitudes de nulidad basadas en vicios de nulidad relativa, que sean subsanables (no absolutas), y nunca las relativas a nulidades absolutas como son las que resultan de la violación de derechos y garantías constitucionales. Por ello, en la sentencia N° 265 de 14 de febrero de 2002 (Caso: *Juan Calvo y Bernardo Priwin*), la Sala Constitucional dispuso que si la nulidad "se interpone en la fase intermedia, el juez puede resolverla *bien antes de la audiencia preliminar o bien como resultado de dicha audiencia, variando de acuerdo a la lesión constitucional alegada*, ya que hay lesiones cuya decisión no tienen la urgencia de otras, al no infringir en forma irreparable e inmediata la situación jurídica de una de las partes."[99]

418. En todo caso, para entender el alcance y significado de esta sentencia, debe establecerse muy claramente cuál fue su contexto procesal. Se trató de una decisión dictada por la Sala Constitucional, declarando sin lugar una acción de amparo constitucional que se había intentado directamente ante la misma Sala, contra una decisión de un Tribunal Superior Penal, mediante la cual a su vez éste había declarado sin lugar una apelación ejercida contra una decisión de un tribunal penal de primera instancia, mediante la cual éste había fijado fecha para la realización de una audiencia preliminar en un juicio penal. Con la acción de amparo se pretendía la anulación de la sentencia del Tribunal Superior penal, y además, se solicitaba que la Sala Constitucional *suspendiera por vía cautelar la realización de la audiencia preliminar* en el proceso penal de primera instancia. El fundamento de la acción de amparo había sido la violación de las garantías del debido proceso porque, en el caso, los interesados alegaron que habían ejercido la *petición de nulidad de la acusación fiscal* por violaciones constitucionales, conforme al artículo 199 COPP, y sin embargo, el juez había resuelto, precisamente en su decisión fijando

---

99 Véase en http://www.tsj.gov.ve/decisiones/scon/Febrero/256-140202-01-2181%20.htm

263

la fecha de la audiencia preliminar, que decidiría esas defensas en dicha audiencia preliminar.

419. Como se puede apreciar, de entrada, hay que advertir que el supuesto al cual se refirió la sentencia, conforme a las denuncias de los accionantes del caso, es totalmente distinto al caso de la situación del proceso penal seguido en mi contra, en el cual la solicitud de nulidad absoluta que formularon mis abogados defensores no fue contra la acusación fiscal, sino contra todo lo actuado durante la investigación fiscal. Además, en el proceso penal seguido en mi contra, mis defensores en forma alguna ejercieron algún recurso que buscara, como en el caso de la sentencia del **Caso *Juan Calvo y Bernardo Priwin***, impedir que se realizara la audiencia preliminar.

420. Aclarada esta diferencia conceptual y sustancial, la sentencia No. 256 de 14 de febrero de 2002, estableció la siguiente doctrina, conforme a la cual, la decisión de las solicitudes de nulidad, ante el silencio de la ley, debe adoptarse *"dependiendo de la etapa procesal en la cual se solicite la nulidad"* de manera que *"si se solicita la nulidad en la fase o etapa intermedia, queda a juicio del juez"* resolverla *"antes de la audiencia preliminar o bien en la misma,"* pero según cual sea la lesión constitucional alegada, de manera que si las *lesiones alegadas tienen urgencia pues "infringen en forma irreparable e inmediata la situación de una de las partes,"* por tratarse de *nulidades basadas en la violación de derechos y garantías constitucionales* la decisión debe adoptarse de inmediato, sin necesidad de esperar la celebración de la audiencia preliminar.

421. Lo anterior es, en definitiva, la doctrina jurisprudencial que deriva de la sentencia N° 256 de 14 de febrero de 2002, tal como mis representantes la explicaron en los Escritos presentados ante la Corte Interamericana, rechazando la pretensión del representante del Estado de que la petición de *nulidad absoluta por violaciones de derechos y garantías constitucionales* intentada por mis abogados defensores, el 8 de octubre de 2005, contra absolutamente todo lo actuado durante la etapa de investigación del proceso penal, supuestamente debía obligatoriamente resolverse en la audiencia preliminar, lo que sería contradictorio con la naturaleza del amparo.

422. Por ello, de acuerdo con dicha sentencia, en apoyo de lo que argumentaron mis representantes, lo que resulta es: *primero*: que el juez de la causa, al contrario de lo que afirmó el Estado, *no está obligado a resolver sobre las cuestiones de nulidad absoluta sólo en la audiencia preliminar, y al contrario, como lo indica la sentencia, "puede resolverla bien antes de la audiencia preliminar o bien como resultado de dicha audiencia."* Segundo, que la decisión del juez *depende de la violación constitucional alegada, es decir de la gravedad de los vicios denunciados* y de que *infrinjan en forma irreparable e inmediata la situación jurídica* de una de las partes. *Tercero*, que si las infracciones denunciadas *coinciden con las cuestiones previas en el proceso penal*, en cuyo caso obviamente no son infracciones de derechos y garantías constitucionales, la decisión de las mismas es preferible que se haga en la audiencia preliminar. Y *cuarto,* al contrario que si las infracciones denunciadas no *coinciden con las cuestiones previas en el proceso penal,* y están basadas en la violación de derechos y garantías constitucionales que afectan de forma irreparable e inmediata la situación jurídica del solicitante, la decisión de las mismas debe adoptarse de inmediato sin esperar la realización de la audiencia preliminar.

423. Precisamente por lo anterior, el juez de la causa en el caso del proceso penal en mi contra estaba obligado a decidir la nulidad solicitada de inmediato, pues se había intentado respecto de todo lo actuado en la etapa de investigación del proceso penal, y para adoptar esa decisión el juez no tenía que esperar la realización de la audiencia preliminar, pues los vicios denunciados de nulidad absoluta eran violaciones masivas de sus derechos y garantías constitucionales; las mismas que precisamente llevaron el caso ante la Corte Interamericana. A diferencia del caso resuelto en la sentencia N° 256 de febrero de 2002, *primero,* en el caso de la acción de nulidad absoluta presentada por abogados defensores, lo que se solicitó fue *la nulidad absoluta de todo lo actuado en la etapa de investigación* (en cambio el caso de la sentencia N° 256 la solicitud de *nulidad se introdujo contra la acusación*); *segundo,* en el caso de la acción de nulidad absoluta presentada por mis abogados defensores, para cuando se intentó, el juez de la causa no había tomado decisión judicial alguna (en cambio en el caso de la sentencia N° 256, para cuando se intentó la solicitud de nulidad de la acusación, el juez de la causa ya había tomado la decisión de fijar fecha para la audiencia preliminar y ya había decidido que la solicitud de nulidad la adoptaría en la audiencia preliminar); *tercero,* en el caso de la solicitud de nulidad absoluta presentada por mis abogados defensores, el juez no había decidido que su objeto coincidía con las excepciones y por ello la iba a resolver en la audiencia preliminar (en cambio en el caso de la sentencia N° 256, el juez había considerado que la nulidad solicitada coincidía con las excepciones y por eso había resuelto que las decidiría en la audiencia preliminar; y *cuarto,* en el caso de la solicitud de nulidad absoluta presentada por mis abogados defensores, no se intentó acción de amparo alguno que buscara anular la convocatoria de la audiencia preliminar e impedir su realización (en cambio en el caso de la sentencia N° 256, se trató de una sentencia de amparo que se declaró sin lugar, al considerar la Sala que no procedía impedir la realización de la audiencia preliminar, ya convocada con decisión del juez de resolver en la misma la nulidad solicitada que consideraba coincidía con las excepciones).

424. De todo lo anterior entonces lo que resulta es que si se trata de *nulidades absolutas por violación de derechos y garantías constitucionales,* independientemente de la extensión del escrito presentado y de la complejidad de los argumentos, la decisión de las mismas acorde con la protección constitucional solicitada no puede diferirse a la audiencia preliminar, sino que tiene que ser resuelta de inmediato, en el lapso de tres días que establece el artículo 177 del COPP. Por ello, en la mencionada sentencia N° 256 de 14 de febrero de 2002 (caso: *Juan Calvo y Bernardo Priwin*), la Sala Constitucional fue clara en disponer que *dependiendo del vicio de nulidad aducido*, si la solicitud de nulidad se interpone en la fase intermedia, "el juez debe resolverla **bien antes de la audiencia preliminar, o bien como resultado de dicha audiencia,** *variando de acuerdo a la lesión constitucional alegada*", indicando solo que la decisión del recurso de nulidad formulado en la etapa intermedia podría ser "**preferible**" que se adopte en la audiencia preliminar, lo cual sólo y únicamente podría ocurrir si los vicios de nulidades denunciados en la petición de nulidad *son subsanables* por el juez para continuar el proceso, y coinciden con las excepciones.

425. Por el contrario, como resulta del cúmulo de sentencias que consignó en la audiencia el perito Jesús Ollarves Irazábal, si los vicios de nulidad alegados en la petición de nulidad, son *vicios de nulidad absoluta por violación de derechos y garantías constitucionales* respecto de los cuales lo que se formula ante el juez es una pretensión de amparo constitucional buscando la nulidad de todo lo actuado (y no sólo de la acusación como en el caso de la sentencia Nº 256), los mismos deben ser apreciados y resueltos, *necesaria y obligatoriamente de inmediato por el juez, en un lapso de tres días, independientemente de dicha audiencia preliminar.* La Sala Constitucional, ha considerado, además, como resulta de la jurisprudencia que mis representantes citaron ampliamente en sus Escritos ante la Corte, *que más bien le está vedado al juez de la causa diferir la decisión de dicha petición de nulidad absoluta (nulidades no subsanables) a la audiencia preliminar,* de manera que si lo hace y demora la decisión incurre en una nueva violación al debido proceso. Además, en la sentencia citada dictada en el caso *Juan Calvo y Bernardo Priwin de 2002,* la Sala Constitucional lo que resolvió fue que la solicitud de nulidad debía resolverse en la audiencia preliminar, sólo cuando se tratase de **nulidades subsanables** o "**cuando la nulidad coincide con el objeto de las cuestiones previas**", que es precisamente el caso de nulidades subsanables, y que no es el caso de la solicitud nulidad absoluta intentada por mis abogados defensores, que fue por la violación masiva y sistemática de sus derechos y garantías constitucionales durante la etapa de investigación.

426. De todo lo anterior deriva nuestra conclusión de que en el ordenamiento jurídico venezolano, la decisión sobre la solicitud de nulidad absoluta de los actos procesales formulada en un proceso penal por el acusado, por violación de los derechos humanos, en particular de los derechos y garantías constitucionales, como pretensión de amparo constitucional en materia penal que es, debe ser resuelta por el juez obligatoriamente de inmediato, por el principio de la justicia rápida y efectiva, en el lapso de tres días que dispone el artículo 177 del COPP, independientemente por supuesto de la extensión que pueda tener el escrito de la solicitud, y no puede el juez penal diferir su decisión a la realización de la audiencia preliminar, es decir, no tiene necesariamente que decidirse en la audiencia preliminar como oportunidad legal para su adopción, y por tanto, no tiene que resolverse en presencia del acusado. Como lo resolvió la Sala Constitucional en las sentencia consignadas ante la Corte en la audiencia, la petición o solicitud de nulidad por vicios de nulidad absoluta, es una cuestión de mero derecho que incluso el juez penal puede resolver de oficio, por lo que cuando actúa como juez constitucional le está vedado diferir la decisión del amparo penal o solicitud de nulidad absoluta a la realización de la audiencia preliminar. Si lo hace, más bien constituye una nueva violación al debido proceso, que puede acarrear la destitución del juez.

427. Todo esto lo desconoció la Corte Interamericana, escudándose en cuestiones formales como la extensión del escrito de solicitud de nulidad de 523 páginas, *confundiendo e invirtiendo los postulados del propio COPP, la esencia de la institución del amparo, y la interpretación jurisprudencial, al concluir que solo las solicitudes de nulidad sobre aspectos formales eran los que debían ser resueltas perentoriamente, y en cambio, las solicitudes de nulidad absoluta por violaciones de derechos y garantías constitucionales, debían diferirse a la audiencia preliminar.* Es decir, totalmente lo contrario a lo que debe regir el principio de protección constitucional y primacía de los derechos humanos. Por ello los Jueces **Ferrer Mac Gregor** y **Ventura Robles** en su Voto Conjunto Negativo, con razón destacaron que la sentencia terminó definiendo:

> "un aspecto polémico, entre otros argumentos, dejando ver que un recurso de 523 páginas no podía resolverse en 3 días, como si la extensión del recurso sea lo que determina el momento procesal en que se debe resolver" (párrafo 94).

428. Por lo demás, la mayoría sentenciadora de la Corte Interamericana no se percató de que la denuncia de nulidades absolutas por violaciones constitucionales le impone al juez la necesidad ineludible de depurar el proceso de vicios para que pueda continuar, al punto de que sin resolver previamente la nulidad o amparo, el juez en estricto derecho y en realidad no puede siquiera convocar legalmente la audiencia provisional. En realidad, sólo si decide sin lugar la petición de amparo constitucional, es que podría convocarse la audiencia preliminar, abriéndose en ese caso para el acusado la posibilidad de recurrir contra esa decisión; pero si, al contrario, el juez declara con lugar la pretensión de amparo constitucional en materia penal, y admite la existencia en el proceso de los vicios de nulidad absoluta denunciados, entonces no puede convocar ni realizar audiencia preliminar alguna por la depuración hecha del proceso, que no podría continuar por la nulidad declarada.

429. De lo anterior resulta, se insiste, contrariamente a lo que encontró "razonable" la Corte Interamericana, que si se trata de nulidades absolutas por violación de derechos y garantías constitucionales, es decir, vicios no subsanables, la decisión de las mismas no puede diferirse a la audiencia preliminar, sino que tiene que ser resuelta de inmediato, en el lapso de tres días que establece el artículo 177 del COPP, el cual, contrariamente a lo afirmado por el "testigo-perito" **Néstor Castellanos**, sí es la norma aplicable en caso de decisiones sobre nulidades absolutas. Es errado, por tanto, afirmar, como lo hizo el "testigo-perito" **Néstor Castellanos** ante una pregunta que le formuló el **Juez Sierra Porto**, sobre si está previsto normativamente que la decisión sobre la nulidad deba resolverse en la audiencia preliminar, decir que "es el artículo 330 del COPP." Basta con leer dicha norma para constatar que lo que dice es: "*Artículo 330. Audiencia preliminar*. Presentada la acusación el juez convocará a las partes a una audiencia oral, que deberá realizarse dentro de un plazo no menor de diez días ni mayor de veinte." Es falso, por tanto, que en dicha norma se diga, como falsamente lo afirmó ante la Corte Interamericana "bajo juramento" el "testigo-perito" **Castellanos**, que la solicitud de nulidad se tiene que resolver por disposición legal en la audiencia preliminar.

430. Al contrario, como lo precisó el perito Dr. **Jesús Ollarves Irazábal** en su exposición ante la Corte en la audiencia del día 3 de septiembre de 2013, "la doctrina, el derecho, y la jurisprudencia han distinguido, entre nulidades absolutas, y nulidades relativas, nulidades sanables y no sanables," de manera que en el supuesto de la nulidad absoluta, cuya solicitud consideró como una solicitud de "amparo, la tutela, la acción de protección, -dijo- :

"esa nulidad no es sanable, el plazo para resolverla está claramente identificado en nuestro ordenamiento jurídico en el Código Orgánico Procesal Penal, son 3 días, esa nulidad es absoluta, esas nulidades que transgreden contra el contenido esencial de los derechos humanos, de los derechos y garantías constitucionales que no pueden ser convalidadas, ni sanadas."

431. Por otro lado, el mismo perito **Ollarves Irazábal** precisó, respondiendo a una pregunta del Dr. **Héctor Faúndez**, Director del Centro de Derechos Humanos de la Universidad Central de Venezuela, y otro de mis representantes, sobre una sentencia de la Sala Constitucional citada en el *Informe* de la Comisión Interamericana donde se afirma que la decisión de la solicitud de nulidad debe ser resuelta en la audiencia preliminar, que ese caso se refería a "nulidades relativas, nulidades sanables, se refiere a la nulidad que puede verse inmiscuida en los requisitos que están establecidos en el artículos 326 relativos a la acusación;" agregando en otra respuesta que dicha sentencia no se refería "a las nulidades absolutas, que no son sanables y que tienen que ser decididas en plazo finito perentorio de 3 días como lo ha dicho la Sala Constitucional de forma reiterada." El perito **Ollarves** en sus respuestas, en apoyo de su opinión citó las sentencias de los casos *Gustavo Enrique Gómez* y *Leonardo Rodríguez Carabil*, que consignó ante la Corte que ya fueron referidas (párrafos 382 y 391).

432. De lo dicho por el perito **Ollarves** resulta, por tanto que en el ordenamiento jurídico venezolano relativo al proceso penal, las nulidades pueden ser relativas o absolutas. Las nulidades relativas son aquellas que se refieren a vicios en el procedimiento, los cuales deben ser denunciados oportunamente para que el acto en cuestión sea saneado. La falta de denuncia oportuna acarrea la convalidación del acto. Las nulidades absolutas, en cambio, nunca son convalidables, y tienen que ver con la violación de derechos y garantías constitucionales, por lo que pueden ser denunciadas en cualquier estado y grado del proceso, siendo la solicitud de nulidad absoluta el remedio previsto en el derecho venezolano en caso de una persona imputada a quien se han violado sus derechos y garantías constitucionales. Dicha solicitud de nulidad absoluta, como lo calificó el perito **Ollarves** en una respuesta a una pregunta del representante del Estado, el Dr. **Saltrón**, "es *el recurso expedito, adecuado, efectivo y preexistente"* para la protección constitucional. Por ello, en los casos de violación de derechos y garantías constitucionales del imputado o acusado, el amparo penal específico para la protección de los mismos es la solicitud de nulidad absoluta, la cual incluso puede ser resuelta por el juez *ex officio*, de pleno derecho. Como también lo expresó reiteradamente el perito **Ollarves**, siguiendo el criterio jurisprudencial establecido por la Sala Constitucional del Tribunal Supremo de Justicia, dicha solicitud de nulidad absoluta debe ser resuelta en el lapso perentorio de tres (3) días establecido en el artículo 177 del Código Orgánico Procesal Penal; lo que reiteró al responder una pregunta que le formuló el Dr. **Saltrón**, del representante del Estado, sobre si *"usted considera que la acción de nulidad equivale a la interposición de un amparo constitucional según nuestra Constitución?*, a lo cual respondió

"Según nuestra Constitución, según la doctrina y la jurisprudencia - así lo señala con criterio vinculante el caso *Gómez Gálvez* y estamos completamente de acuerdo con ese criterio -, es una acción de tutela especialísima y si esta honorable Corte y el Estado están interesados en conocer el criterio yo con muchísimo gusto podría leérselos,"

433. La consecuencia de ese principio, como también lo precisó el Perito **Ollarves** en una respuesta a una pregunta formulada por el Dr. Faúndez, es que

"La falta de pronunciamiento y diferimiento hasta la oportunidad fijada para la audiencia preliminar por parte del tribunal de control constituye una actuación indebida del órgano jurisdiccional vulneradora de derechos constitucionales, efectivamente de los derechos al debido proceso y a la obtención de una oportuna respuesta que incide en el derecho de la defensa, pues conforme a la ley debió emitir pronunciamiento en los tres días."

434. En otra respuesta a preguntas formuladas por el representante del Estado, Dr. **Saltrón**, el mismo perito **Ollarves** respondió que la solicitud de nulidad

"es la acción de tutela, la acción de amparo, la acción de protección especialísima, adecuada, efectiva, preexistente que debe ser decidida 3 días antes y que postergar su decisión a la celebración de la audiencia preliminar es un dislate constitucional."

435. En efecto, dicha solicitud de nulidad absoluta es un procedimiento garantista de amparo, especialísimo, que se tramita a partir de una solicitud escrita y un procedimiento breve y expedito. Es tan importante su estricto cumplimiento que la jurisdicción disciplinaria de los jueces ha aplicado la sanción de destitución cuando la acción de nulidad absoluta no se ha decidido en tres (3) días, lo cual confirmó el perito **Ollarves Irazábal** al responder una pregunta del Dr. **Faúndez**, sobre *"en el caso de que esa solicitud de nulidad no sea resuelta dentro del plazo de 3 días, ¿ cuál es la sanción prevista por el ordenamiento jurídico venezolano"?*, a lo cual respondió: "El juez que incumple ese parámetro es sujeto a una destitución.", agregando además, ante la pregunta del Dr. **Faúndez** sobre " *¿Cuál es la sanción prevista en caso de que no se dicte, no se resuelva la solicitud de nulidad dentro del lapso de 3 días?"*, que: "el proceso queda paralizado; y ante otra pregunta del Dr. **Faúndez** sobre si: *"para el juez que no ha resuelto la resolución ¿hay algún tipo de sanción?"*, respondió: "La destitución." Adicionalmente, ante una pregunta del Dr. **Saltrón**, representante del Estado, el perito **Ollarves** precisó que:

"Si hay una solicitud de nulidad, una acción de tutela, una acción de protección, como es la acción de nulidad absoluta, debe esperarse y el proceso se paraliza porque sería postergar eso hasta la audiencia preliminar, implicaría dos cosas, primero someter a un juicio de reproche que raya en contra de la presunción de inocencia del imputado, y segundo en un proceso penal garantista en donde la intervención minina del Estado sugiere, señala y fundamenta que en esa fase el juez de control tiene que decidir en 3 días, depurar y sobre todo algo tan importante como son vicios absolutos que no son subsanables, no tiene sentido postergar la decisión hasta la audiencia preliminar."

436. Agregó además el Dr. **Ollarves** frente a preguntas del Dr. **Saltrón,** que la solicitud de nulidad absoluta, si la misma es declarada con lugar, pone fin al proceso penal, y por ello es que debe ser resuelta antes de que se convoque la audiencia preliminar. Todo lo anterior lo ratificó el Perito **Ollarves** al responder preguntas del Juez **Ferrer Mac Gregor** en el sentido de que no tenía dudas que la solicitud de nulidad absoluta debe decidirse en el lapso de tres días, sin que exista excepción alguna; y ante la pregunta del juez **Ferrer Mac Gregor** de si *"procede el recurso de amparo contra la no resolución de un recurso,* respondió en forma terminante que en ese caso "el *amparo por omisión*, el amparo sirve para todo, *pero es ineficaz"*, precisamente porque mediante el mismo no se puede resolver la nulidad absoluta del proceso por violaciones constitucionales, sino sólo se podría obtener una orden judicial del juez superior para que el juez omiso decida, y nada más.

437. De todo lo dicho anteriormente resulta, por tanto, contrariamente a lo resuelto como "razonable" por la Corte Interamericana, desconociendo la institución del amparo en Venezuela, que el juez de la causa, en realidad, cuando se denuncia la nulidad absoluta por violación de derechos y garantías constitucionales, que es un amparo penal, está obligado a limpiar y depurar el proceso de inconstitucionalidades, resolviendo sobre la nulidad absoluta por violaciones constitucionales que se le ha requerido, en el lapso breve mencionado de tres días, para con base en ello, proceder luego a convocar o no a la audiencia preliminar. Por supuesto los "tres días" no se debe tomar al pie de la letra, sino como la expresión del legislador de que se trata de un lapso pe-

rentorio, vinculado a la inmediatez de la decisión que resulta de la protección constitucional solicitada, dentro de lo que es razonable esperar, en días e incluso semanas, pero nunca en años. En todo caso, si el juez, en el tiempo perentorio establecido, declara con lugar la nulidad absoluta solicitada de todo lo actuado, por supuesto respecto del solicitante de la misma no habría audiencia preliminar alguna que realizar; y si declara sin lugar la nulidad solicitada, y sólo en ese caso, es que podría entonces convocar la audiencia preliminar, y en ese caso es que el encausado entonces tendría a su disposición el recurso de apelación correspondiente contra tal negativa de la nulidad solicitada.[100] Ello fue, en definitiva, lo que argumentó el perito **Jesús Ollarves Irazábal**, en la audiencia ante la Corte Interamericana del día 3 de septiembre de 2013, como resulta de la doctrina sentada reiteradamente por la Sala Constitucional del Tribunal Supremo de Justicia en las sentencias que consignó ante la Corte, las cuales, en síntesis establecen que *la nulidad absoluta por violación de derechos y garantías constitucionales, cuando se solicita por el acusado, tiene y debe ser resuelta por el juez en el lapso de 3 días conforme al artículo 177 del COPP, antes de la celebración de la audiencia preliminar, estándole vedado al juez diferir la decisión sobre la nulidad absoluta a la citada audiencia preliminar, de manera que si lo hace, viola el derecho a la protección judicial del solicitante.* Ello resulta, entre otras, de las siguientes sentencias consignadas ante la Corte Interamericana por el Dr. **Ollarves:**

1. En sentencia N° 1198 de 6 de febrero de 2003 (Caso *Luis Enrique Guevara Medina*) la Sala Constitucional resolvió: "*el Juzgado de Control ... vulneró el derecho de obtener oportuna y adecuada respuesta del imputado* cuando postergó hasta la oportunidad de la celebración de la audiencia preliminar *– que ha sido postergada varias veces-, el pronunciamiento respecto de las solicitudes realizadas por su defensor.*"[101]

2. En sentencia N° 2126 de 5 de septiembre de 2002 (Caso: *Gustavo Enrique Gómez Loaiza*) la Sala Constitucional resolvió: "Los actos procesales pueden adolecer de defectos en su conformación, por lo que *las partes pueden atacarlos a través de la solicitud de nulidad lo más in-*

---

100 Como lo ha resuelto expresamente la Sala Constitucional del Tribunal Supremo en sentencia vinculante N° 221 de 4 de marzo de 2011 (Caso *Francisco Javier González Urbina y otros*: "En todo caso, la Sala no desconoce el derecho de las partes de someter a la revisión de la alzada algún acto que se encuentre viciado de nulidad, pero, *esto solo es posible una vez que se dicte la decisión que resuelva la declaratoria con o sin lugar de la nulidad que se solicitó, pues contra dicho pronunciamiento es que procede el recurso de apelación* conforme lo establecido en el artículo 196 del Código Orgánico Procesal Penal, salvo –se insiste- que se trate del supuesto de una nulidad absoluta, la cual puede ser solicitada ante dicha alzada." Véase en http://www.tsj.gov.ve/decisiones/scon/Marzo/221-4311-2011-11-0098.html

101 Véase http://www.tsj.gov.ve/decisiones/scon/Mayo/1198-160503-03-0588.htm

mediatamente posible –mientras se realiza el acto o, dentro de los tres días después de realizado o veinticuatro horas después de conocerla, si era imposible advertirlos antes."[102]

3. En sentencia N° 1392 de 22 de julio de 2004 (Caso *José Luis Navas y Richard Oviedo Romero Espinoza)* la Sala Constitucional resolvió: "el Juzgado de Control ... *vulneró el derecho al debido proceso de los justiciables cuando postergó hasta la oportunidad de la celebración de la audiencia preliminar* -que ha sido pospuesta varias veces-, el pronunciamiento respecto de la solicitud que realizó su defensora, *en contravención a lo que establece el artículo 177 del Código Orgánico Procesal Penal, que ordena a los jueces pronunciarse, respecto de las actuaciones escritas, "dentro de los tres días siguientes."*[103]

4. En sentencia N° 3086 de 4 de noviembre de 2003 (Caso *Fabricio Mejías Sánchez)* la Sala Constitucional resolvió que "la *falta de pronunciamiento y diferimiento hasta la oportunidad fijada para la audiencia preliminar por parte del Tribunal de Control constituye una actuación indebida del órgano jurisdiccional, vulneradora de derechos constitucionales, efectivamente de los derechos al debido proceso y a la obtención de una oportuna respuesta, que incide en el derecho a la defensa, pues conforme a la ley debió emitir pronunciamiento en los tres (3) días siguientes a la solicitud.* // Observa la Sala que no puede consentirse la actuación de los tribunales de control desplegadas, cuando al serle solicitada la revisión de medidas preventivas privativas de libertad por ellos acordadas, difirieran su decisión hasta el día fijado para la audiencia preliminar –por más próxima que sea ésta- en razón que dicho acto podría ser aplazado para una fecha posterior y con éste el pronunciamiento acerca de la medida solicitada, lo que *vulnera el derecho a la defensa del justiciable e igualmente lo establecido en el artículo 177 del Código Orgánico Procesal Penal.*"[104]

5. En la sentencia N° 632 de 11 de mayo de 2011 (Caso *Wilmer José López Guette)* la Sala Constitucional resolvió que no debía: "pasar por alto el hecho referido a que el Juzgado Primero de Control del Circuito Judicial Penal del Estado Falcón *tardó más de dos (2) meses para resolver la petición de nulidad absoluta que realizó la parte actora en el proceso penal que motivó el presente amparo, contrariando así lo señalado en el artículo 177 del Código Orgánico Procesal Penal, que establece que esa clase de pronunciamiento debe ser proveído dentro del lapso de tres (3) días contados a partir de la respectiva solicitud.* Por tal motivo, esta Sala exhorta al mencionado Tribunal de Control que, en fu-

---

102 Véase http://www.tsj.gov.ve/decisiones/scon/Septiembre/2126-050902-01-0623.htm
103 Véase http://www.tsj.gov.ve/decisiones/scon/julio/1392-220704-03-0690.HTM
104 Véase en http://www.tsj.gov.ve/decisiones/scon/Noviembre/3086-041103-02-2982.htm

turas oportunidades y en casos análogos, cumpla con lo señalado en la mencionada disposición normativa, todo ello en aras de *evitar una dilación indebida en las causas sometidas a su conocimiento*. Así se declara."[105]

6. En sentencia N° 100 de 6 de febrero de 2003 (Caso *Leonardo Rodríguez Carabalí*), la Sala Constitucional concluyó señalando que en el caso: "el accionante contaba con *un medio procesal preexistente, tanto o más idóneo*, expedito, abreviado y desembarazado que la misma acción de amparo, como era, conforme al artículo 212 del antedicho Código, *la solicitud de nulidad* de la misma decisión contra la cual ha ejercido la presente acción tutelar; *pretensión esta que debía ser decidida, incluso, como una cuestión de mero derecho, mediante auto que debía ser dictado dentro del lapso de tres días que establecía el artículo 194 (ahora, 177) de la ley adjetiva; vale decir, en términos temporales, esta incidencia de nulidad absoluta tendría que haber sido sustanciada y decidida en un lapso ostensiblemente menor que el que prevé la ley, en relación con el procedimiento de amparo...*"[106]

438. En el caso del proceso que se siguió en mi contra en Venezuela, por tanto, una vez que fue formulada por mis defensores la solicitud de nulidad absoluta, dos semanas después de haberse presentado la acusación en mi contra, el día 8 de noviembre de 2005, el juez de control debió haberla decidido dentro de los tres días siguientes, antes de convocar a la audiencia preliminar, que en todo caso no podía convocar sin antes haber decidido dicha petición, depurando el proceso. La decisión que el juez de garantías estaba obligado a adoptar, sin embargo, en el proceso penal en mi contra, nunca se dictó; *no se depuró el proceso ni se resolvió sobre la solicitud de nulidad absoluta, que era una petición de amparo constitucional en materia penal*, y además, nunca se realizó por el Juez la audiencia preliminar; audiencia que incluso, en estricto derecho, desde enero de 2008 ya ni siquiera podría realizarse, toda vez que por obra del Decreto-Ley de Amnistía de 31 de diciembre de 2007, los hechos que me imputaron a mí y a otros, fueron despenalizados, con lo cual se extinguió el proceso penal para todos los procesados, sin que la audiencia jamás se celebrara.[107]

---

105 Véase en http://www.tsj.gov.ve/decisiones/scon/mayo/632-11511-2011-10-1272.HTML

106 Véase en http://www.tsj.gov.ve/decisiones/scon/febrero/100-060203-01-1908.HTM

107 El que se me haya denegado la aplicación de esa amnistía, fue una nueva injuria al debido proceso, al principio de legalidad, a la igualdad y a la no discriminación, que también denunciamos ante la Corte Interamericana. Violación tan grave que incluso, el propio representante del Estado en la audiencia ante la Corte el día 4 de septiembre de 2013 expresó de viva voz, preguntándose que porqué yo no regresaba al país, si la Ley de Amnistía se me aplicaba

439. Por lo tanto, se apartaron de la verdad las afirmaciones hechas por el representante del Estado al referirse concretamente al proceso penal seguido en mi contra, sugiriendo que habría sido mi supuesta incomparecencia la que obligó al juez a diferir la audiencia y fijar su celebración para otro día. Como antes se ha dicho, ello es falso, al punto de que el mismo Juez de la causa afirmó lo contrario en su decisión citada del 20 de julio de 2007. Por ello, llama la atención, sin embargo, que en la declaración que hizo ante la Corte Interamericana el "testigo-perito" abogado **Néstor Castellanos,** haya omitido toda referencia a dicha sentencia, en la cual expresamente el Juez de la causa precisó que *los diferimientos de la audiencia preliminar no se produjeron por culpa atribuible a mi ausencia.* Además, también llama la atención que dicho perito-testigo **Castellanos** haya mentido ante la Corte al afirmar, ante una pregunta del Dr. **Saltrón,** representante del Estado, que la fase intermedia del proceso penal en mi contra no se ha "agotado," supuestamente "porque no se ha podido realizar la audiencia preliminar, entre otros aspectos, por la no comparecencia de la presunta víctima, presente en esta Sala." Ello, como está dicho repetidamente, es falso, y está contradicho por decisión del propio juez de la causa de fecha 20 de julio de 2007, decisión que ante una pregunta del Dr. **Nikken** al "testigo-Perito" **Castellanos,** sobre si la conocía, lo único que dijo -reconociendo que si la conocía pero había omitido mencionarla a la Corte- fue que no la había mencionado, porque "nunca me fue preguntado."

440. Es más, como lo dijo ante la Corte Interamericana el testigo Dr. **Rafael Odreman** al responder una pregunta formulada por el Representante del Estado, Dr **Saltrón,** no sólo la audiencia preliminar no dejó de celebrarse por inasistencia del Dr. Brewer, sino que ni siquiera el Juez de Control llegó a separar de la causa bajo el alegato de su supuesta no compareció; y más bien el propio Juez expresó en una decisión que "los motivos del diferimiento de la audiencia eran otros" (*Respuesta a Pregunta 13, Representante Estado*).

441. En el *Escrito de Contestación* presentado ante la Corte por el Estado, se afirmó también que supuestamente "resulta evidente que la incomparecencia de Allan Brewer Carías para la celebración de la audiencia preliminar, toda vez que se fugó del país, ha impedido la continuación del proceso penal seguido en su contra," agregando que supuestamente yo era "el único responsable del retardo procesal en la causa" (p. 44). De nuevo ello es falso, pues yo no me fugué del país, sino que salí antes de que se me acusara, sin que nada me lo impidiera, *siendo al contrario el propio Juez de control el único responsable de la paralización de la causa, pues no decidió nunca la solicitud de nulidad absoluta,* cuando estaba obligado a hacerlo en el brevísimo plazo de tres días.

442. En este sentido el "testigo-perito" **Nelson Castellanos** mintió de nuevo ante la Corte en la audiencia del día 4 de septiembre de 2013 al afirmar que el juicio en mi contra "se encuentra en la fase intermedia a la espera de la celebración de la audiencia preliminar," cuando en realidad lo que se encuentra es paralizado *en la espera de que el juez precisamente decida la solicitud* *de nulidad absoluta formulada*, lo que tenía que hacer de inmediato, antes incluso de convocar dicha audiencia. Es falso, por tanto, igualmente, lo que afirmó la testigo **Mercedes Prieto** al responder la pregunta que le formuló el representante del Estado Dr. **Saltrón** sobre "*cuáles son las razones por la cual no se ha efectuado la audiencia preliminar?*, diciendo que "Porque el imputado se encuentra sustraído de ese proceso penal esta fuera del país." Y sobre ello, también, de nuevo, incurrió en falsedad el "testigo-perito" **Néstor Castellanos** al responder la última pregunta que le formuló el Juez **Ventura Robles** sobre si "*el juicio del Dr. Brewer Carías en la etapa en que se encuentra etapa intermedia no se ha fallado el recurso de nulidad y por lo tanto el juicio no se mueve puede permanecer así ad infinitum?*, indicando:

"Hasta que comparezcan a la audiencia preliminar que está pendiente. El infinito no lo determina el órgano judicial, el infinito lo determina la presencia de todas las partes en la celebración de la audiencia. Si no están todas las partes en la audiencia, la audiencia preliminar, no se puede llevar a efecto."

443. Al contrario, "el infinito" *en la paralización del proceso se debió única y exclusivamente a que el juez de la causa nunca decidió la solicitud de nulidad absoluta* que debía hacer antes de la audiencia preliminar, en el lapso de tres días previsto en el artículo 177 del COPP, no pudiendo realizarse la audiencia preliminar sino después de decidido al amparo constitucional formulado con la solicitud de nulidad absoluta.

444. También se afirmó en el *Escrito de Contestación* del Estado que supuestamente "la ausencia de Allan Brewer Carías ha imposibilitado la realización de la audiencia preliminar," lo que habría "impedido el ejercicio de las acciones que establece el COPP para que las partes intervinientes en el proceso puedan hacer valer sus derechos," cuando como se ha dicho, la audiencia preliminar nunca se realizó por exclusiva decisión del juez de la causa, dejando constancia formal en la decisión antes citada del 20 de julio de 2007, que ello nunca fue por culpa mía, estando a la vez el mismo juez imposibilitado de realizarla efectivamente, sin antes haber resuelto la solicitud de nulidad formulada. Esta decisión sobre la solicitud de nulidad absoluta debía emitirse, conforme al artículo 177 del COPP, dentro de un lapso de 3 días, y por tanto, antes de la realización de la audiencia preliminar, habiendo de nuevo y por tercera vez mentido el "testigo-perito" **Nelson Castellano**s ante la Corte interamericana al afirmar que "No puede un tribunal, adelantarse, a dictar ningún tipo de decisión previamente solicitadas por la partes." Al contrario, por la protección constitucional involucrada, el juez de la causa estaba obligado a decidir la petición de nulidad absoluta o amparo de inmediato, en un lapso de tres días, antes de convocar la audiencia preliminar, estándole vedado diferir la decisión sobre la nulidad solicitada para dicha audiencia, tal como lo tiene resuelto la Sala Constitucional en las sentencias consignadas ante la Corte por el Perito **Jesús Ollarves**.

445. En efecto, debo insistir, que aparte de que yo no me fugué del país, no es cierto que mi ausencia haya imposibilitado la realización de la audiencia preliminar. La representación del Estado no presentó prueba alguna que desmienta las que mis representantes presentaron. No hay decisión judicial alguna en el juicio que hubiera resuelto que mi supuesta incomparecencia a alguna audiencia hubiera impedido la continuación del proceso, sino todo lo contrario, lo que hay es una decisión expresa del Juez 25 de Control, antes citada, adoptada el 20 de julio de 2007, en la cual afirma que los diferimientos de la audiencia preliminar no se pueden imputar en forma alguna a mi o a mi permanencia en el exterior.

446. Esta afirmación del juez de la causa, adoptada como sentencia, fue sin embargo desconocida erradamente por la Corte Interamericana, al pretender que de la revisión del Expediente *"se desprende lo contrario"* (párrafo 138), haciendo referencia a las siguientes actuaciones:

138. [...]En efecto, la primera citación para realizar la audiencia preliminar fue fijada para el 17 de noviembre de 2005, fecha en la cual el señor Brewer Carías ya se había ausentado del país (*supra* párr. 58). A partir de allí y hasta que se adoptó la medida privativa de libertad en contra del señor Brewer, la audiencia preliminar fue diferida o aplazada en cinco oportunidades, de las cuales en tres oportunidades dicho diferimiento tuvo relación directa con la actuaciones del señor Brewer o su defensa. En la primera oportunidad, el 16 de noviembre de 2005 la defensa recusó al Juez Vigésimo Quinto, razón por la cual la audiencia preliminar pautada para el 17 de noviembre de 2005 no fue llevada a cabo. En segundo lugar, el 7 de marzo de 2006 se dejó constancia de "la incomparecencia del [señor] Brewer Carías, aunado a ello, el Juez Vigésimo Quinto se enc[ontraba] de reposo, siendo encargada la Juez Vigésimo Cuarta de Control [...], razón por la cual se acuerda diferir [la audiencia preliminar] para el 4 de abril de 2006."

139. Finalmente, el 9 de mayo de 2006 el Juez Vigésimo Quinto ordenó verificar "el movimiento migratorio del [señor] Brewer Carías", por cuanto consideró que "vistas las resultas que arrojan las diligencias de notificación practicadas por la Oficina de Alguacilazgo al [señor] Brewer Carías, resulta pertinente hacer las siguientes consideraciones[:] una inferencia lógica deductiva de las resultas que arroja la práctica de las diligencias de notificación del [señor] Brewer Carías, hacen estimar razonablemente a este juzgado que sobrevenga una carencia de certeza en relación a su permanencia en el país, lo cual implicaría la imposibilidad de su comparecencia personal a la audiencia preliminar, estimación razonable que hace este juzgador en base a las resultas de las notificaciones practicadas en reiteradas oportunidades, dicha situación haría nugatorio el derecho de los demás imputados a obtener de los órganos jurisdiccionales con prontitud las decisiones que deben ser resueltas en la audiencia preliminar durante la presente fase intermedia" (Añadido fuera del tex-

to). Con base en lo anterior, el Juez Vigésimo Quinto decidió, además, diferir la audiencia hasta el 20 de junio de 2006.

131. El 10 de mayo de 2006 la defensa del señor Brewer Carías informó al Juez Vigésimo Quinto que éste no regresaría al país por cuanto estimó que: i) "la actuación del Ministerio Público en el presente caso no ha sido otra cosa que una clara persecución política oficial en su contra"; ii) "el propio Fiscal General [...] hab[ía] violentado directamente su garantía a la presunción de inocencia, al haberlo condenado públicamente de antemano, al publicar su libro 'Abril comienza en octubre'"; iii) "ante el reclamo oportuno hecho en sede jurisdiccional, sólo ha[bía] obtenido respuestas negativas [y q]ue esas respuestas negativas y muchas veces tardías del órgano jurisdiccional ha[bía]n constituido a su vez nuevas violaciones a sus garantías constitucionales"; iv) "se le cercenó el derecho de obtener el sobreseimiento en la fase intermedia del proceso"; v) "todo ello constituye la negación de una justicia accesible, imparcial, idónea, transparente, autónoma, independiente, responsable, equitativa y expedita", y vi) "la acusación en si misma ya es una condena, cuyo objeto es castigar su crítica política e ideológica al proyecto con el que se pretende sojuzgar a Venezuela".

Finalmente, manifestó que:

"ante esas dos situaciones, por un lado la violación sistemática y masiva de sus derechos y garantías constitucionales de la defensa, de acceso a las pruebas, de igualdad de las partes, de la presunción de inocencia, del juez natural, de la tutela judicial efectiva, del juicio en libertad, en fin, del debido proceso, y por el otro, que la [...] Universidad de Columbia le ha brindado la oportunidad de lograr un viejo anhelo profesional, como lo es el pertenecer a su plantilla de profesores, ha tomado la decisión de esperar a que se presenten las condiciones idóneas para obtener un juicio imparcial y con respecto de sus garantías judiciales, [por lo que informaba al Juzgado] a fin de que tome la decisión que crea conveniente y continúe adelante el proceso, todo ello a fin de no causar ninguna dilación, ni perjuicio a los demás acusados".

447. De ello concluyó la Corte Interamericana en su sentencia, que como constaba en el expediente que yo había viajado fuera de Venezuela "el 29 de septiembre de 2005 (*supra* párr. 58), es decir antes de que se realizara la acusación formal en [mi] contra y se empezara a citar a las partes a la audiencia preliminar (*supra* párr. 66)," ello era razón por la cual supuestamente el "señor Brewer Carías no hubiera podido asistir a dicha audiencia," sin percatarse que podía volver al país, pasando a afirmar que:

"su ausencia ha conllevado que la audiencia preliminar en su contra no haya podido ser llevada a cabo, por lo que es posible afirmar que el retardo en la resolución de las nulidades sería imputable a su decisión de no someterse al proceso e implica un impacto en el análisis del retardo injustificado o plazo razonable. En consecuencia, constituye una contradicción del informe de admisibilidad de la Comisión haber considerado que no podía atribuir un retardo injustificado al Estado pero estimar, por otra parte, que la falta de resolución del recurso de nulidad era un indicio de demora atribuible al Estado" (párrafo 143).

448. Con esta decisión, la Corte Interamericana desconoció el curso del proceso penal e interpretó mal lo que dedujo del expediente. Por ello, los Jueces **Ferrer Mac Gregor** y **Ventura Robles**, en su Voto Conjunto Negativo expresaron su criterio disintiendo respecto "del criterio mayoritario" al indicar que

"como se desprende del expediente, el señor Brewer Carías ha sido citado en varias ocasiones para la audiencia preliminar; sin embargo, ninguna de ellas el diferimiento de la audiencia fue propiamente por ausencia de la presunta víctima, sino por otras razones. Al respecto, los representantes han alegado a lo largo del proceso que el Estado no "ha podido presentar […] prueba alguna de tan siquiera un caso en que la audiencia preliminar haya sido diferida a causa de la incomparecencia del profesor Brewer Carías" (párrafo 104).

449. Luego de citar la sentencia del juez de la causa de 20 de julio de 2007 que precisó que los diferimientos de la audiencia preliminar no me eran imputables (párrafo 105), los Jueces **Ferrer Mac Gregor** y **Ventura Robles** indicaron. al referirse a lo que la sentencia de la Corte Interamericana supuestamente había encontrado, en sentido contrario a lo afirmado por el juez, lo siguiente:

"En el párr. 138 de la Sentencia se afirma que en tres ocasiones la audiencia preliminar fue diferida o aplazada debido a "la relación directa con las actuaciones del señor Brewer o su defensa". Lo anterior no es del todo exacto ya que en la primera oportunidad (17 de noviembre de 2005) el diferimiento se debió a que se recusó al Juez Vigésimo Quinto, lo que evidentemente el ejercer un derecho no puede usarse en contra de la hoy presunta víctima como se pretende en la Sentencia; la segunda ocasión no se llevó a cabo la audiencia, entre otras cosas, porque "el Juez Vigésimo Quinto se encontraba de reposo, siendo encargada la Juez Vigésimo Cuarta de Control"; y en la tercera ocasión se advierte que en realidad se presumió que no comparecería el señor Brewer Carías por encontrarse fuera del país (párr. 139 de la Sentencia), lo que no necesariamente implicaba su no comparecencia. Posteriormente a la orden de aprehensión contra el señor Brewer Carías, la audiencia volvió a ser diferida en trece ocasiones y en "sólo una oportunidad se hizo mención expresa al señor Brewer, específicamente, el 25 de octubre de 2007 se difirió la audiencia, ya que se estaba a la espera de la "apelación interpuesta por el representante legal del [señor Brewer Carías] a la aclaratoria que fue enviada a la INTERPOL" (párr. 142 de la Sentencia)" (Nota 99, párrafo 138)

450. Al contrario de lo afirmado por la sentencia de la Corte Interamericana, como lo expresaron los Jueces **Ferrer Mac Gregor** y **Ventura Robles** en su Voto Conjunto Negativo, "Como se puede apreciar, *no se advierte de ningún modo que puede atribuirse los diferimientos de la audiencia preliminar directa y exclusivamente por la ausencia de la hoy presunta víctima, como se pretende ver por el criterio mayoritario.*" (Nota 99, párrafo 138). Por ello consideraron los Jueces disidentes, que la:

"interpretación que se realiza en la Sentencia del artículo 7.5 de la Convención Americana se aleja de lo estipulado en el artículo 29 del Pacto de San José, que establece que ninguna disposición de la Convención puede ser interpretada en el sentido de permitir a alguno de los Estados Partes, *suprimir o limitar el goce y ejercicio de los derechos y libertades reconocidos en la Convención.* El criterio mayoritario no realiza su análisis del artículo 7.5 de la Convención a la luz del artículo 29 de la misma, sino que decide, por el contrario, realizar una interpretación restrictiva y limitante de dicho artículo, dejando de lado el carácter *pro homine* que ha de llevar dicha interpretación, de acuerdo con el mencionado artículo 29 de la Convención y la jurisprudencia constante de la Corte, en el entendido que está de por medio el derecho a la libertad personal" (párrafo 116).

451. En todo caso, los Jueces **Ferrer Mac Gregor** y **Ventura Robles** consideraron "el tema de presuntas violaciones a los artículos 8.1. (derecho a un juez o tribunal independiente e imparcial, 8.2 (derechos mínimos del inculpado de un delito, como lo son, *inter alia* la presunción de inocencia, la adecuada defensa, el presentar o interrogar testigos), 25 (derecho a la protección judicial), así como la misma interpretación restrictiva del artículo 7.5 de la Convención Americana que realiza el criterio mayoritario en el presente caso, conduce a afirmar de manera indudable, *que el Tribunal Interamericano debió estudiar la controversia respecto a la necesidad de la presencia del acusado en la audiencia preliminar y las razones por las cuales se difirió la audiencia, a la luz de las consideraciones de fondo de estos artículos, para así tener un contexto más amplio en su estudio de esta y otras controversias del caso*"(párrafo 117), concluyendo su Voto disidente afirmando que:

"118. En definitiva, los suscritos disentimos del criterio mayoritario porque consideramos se actualizan las tres excepciones a que se refiere el artículo 46.2 de la Convención Americana, puesto que el caso involucra cuestiones de fondo, especialmente las referidas a las supuestas violaciones al derecho a un juez y tribunal imparcial (art. 8.1 CADH), al debido proceso (8.2 CADH), y al derecho a la protección judicial (art. 25 CADH). Al aceptar la excepción preliminar de agotamiento de los recursos internos se está condenando al señor Brewer a afrontar un proceso en donde existe la posibilidad de que se hayan cometido violaciones a la Convención Americana."

452. En todo caso, en cuanto al proceso penal en Venezuela, incluso después de dictada la medida privativa de libertad en mi contra, el mismo continuó sin realizarse la audiencia preliminar para todos los acusados, hasta que se produjeron los sobreseimientos derivados de la aplicación de la Ley de Amnistía de diciembre de 2007, beneficiando a todos los procesados a los que se aplicaba, menos a mí, sin que el juez hubiera realizado nunca la audiencia preliminar, la cual siempre fue diferida por el Juez, sin que ello hubiese sido por causa de mi supuesta ausencia. De todo lo anterior resulta lo siguiente:

a) Que no es cierto que yo me haya fugado del país, pues salí legítimamente, sin restricciones y en plena libertad en septiembre de 2005 a cumplir actividades académicas, y estando fuera se me acusó y se pidió se decretara mi detención. Lo que soy en realidad es un perseguido político a quien se le impide regresar al país, no pudiendo exigírseme que renuncie a mi libertad para procurar que avance un paródico proceso penal donde se han violado de manera sistemática y masiva mis derechos.

b) Que mi ausencia de Venezuela no fue la causa del sucesivo diferimiento de la audiencia preliminar del proceso incoado contra mi y otras personas, entre el mes de noviembre de 2005, fecha de presentación de la acusación, y el mes de enero de 2008, fecha del sobreseimiento de la causa por aplicación de la Ley de Amnistía de diciembre de 2007 para todos los demás procesados que solicitaron el sobreseimiento; sino que la misma fue diferida por el juez habiendo éste por lo demás decidido expresamente que dichos diferimientos no fueron por causa que me fuera atribuible.

c) Que mis defensores, a los pocos días de formularse la acusación en mi contra, ejercieron la solicitud de nulidad absoluta de todo lo actuado durante la fase de investigación, por la violación masiva de mis derechos y garantías constitucionales; solicitud de nulidad absoluta, o de protección o amparo en materia penal que el Juez estaba obligado a decidir de inmediato, por ser una pretensión de amparo constitucional, en un lapso brevísimo de tres días, estándole vedado diferir esa decisión para el momento de realización de la audiencia preliminar, la cual por lo demás, no podía convocarse para el solicitante sin que antes se resolviera la solicitud de nulidad absoluta.

d) Que para la decisión por el juez de la solicitud de nulidad formulada por mis defensores, habiendo estado fundamentada en motivos de nulidad absoluta por violación de mis derechos y garantías constitucionales, como amparo constitucional a mis derechos, debía ser decidida "como una cuestión de mero derecho, mediante un auto que debía ser dictado como lo ha resuelto la Sala Constitucional del Tribunal Supremo, dentro del lapso de tres días,"[108] para lo cual no se requería en forma alguna mi presencia como acusado, pues incluso, dicha nulidad puede ser decidida por el juez de oficio sin solicitud ni intervención de las partes.[109]

453. Ahora bien, en contra lo dispuesto en el propio ordenamiento legal venezolano y en la jurisprudencia de la Sala Constitucional del Tribunal Supremo de Justicia, en este caso, como antes se ha dicho, el Estado argumentó que supuestamente, conforme al derecho interno venezolano, la petición de nulidad absoluta o amparo constitucional penal contra las violaciones a los derechos y garantías constitucionales formulada conforme al artículo 190 del COPP, no podría ser resuelta sino en la audiencia preliminar -lo cual es falso- y que, como quiera que ésta no se había podido realizar supuestamente a causa de mi ausencia -lo cual también es falso-, era un recurso que quedaba por agotar y cuya demora en ser decidido no puede considerarse como imputable al Estado y estaba justificada. Esta posición del Estado, que también la sostuvo el "testigo-perito" **Néstor Castellanos** en su declaración en la audiencia celebrada el 4 de septiembre de 2013, es errada y falsa, pues al contrario, conforme a la doctrina jurisprudencial que hemos mencionado y cursa en las actas del proceso, *planteada la solicitud de nulidad absoluta ante el juez de la causa antes de que se desarrolle la audiencia constitucional, el juez debe decidir dicho amparo, de inmediato, en el lapso de tres días, sin presencia de las partes, estándole vedado o prohibido, al juez diferir para el momento de la realización de la audiencia preliminar la decisión de la nulidad absoluta solicitada.* Además, en este caso, el planteamiento del Estado partió en todo caso de un falso supuesto de hecho, y es que la audiencia preliminar en el proceso en mi contra habría sido suspendida y diferida por el juez de la causa en numerosas ocasiones desde noviembre de 2005, supuestamente por mi causa o por hecho que me sea imputable, lo cual también es falso.

454. Por otra parte, tampoco es cierto que, según el ordenamiento jurídico venezolano, la solicitud de nulidad absoluta o amparo penal en cuestión debe ser necesariamente resuelta en la audiencia preliminar, como lo pretendió el Estado, y erradamente y contradictoriamente lo dijo ante la Corte el testigo-

---

108 Así lo resolvió la Sala Constitucional en la citada sentencia N° 100 de 6 de febrero de 2003 de la Sala Constitucional (Caso *Leonardo Rodríguez Cabali*). Véase en http://www.tsj.gov.ve/decisiones/scon/febrero/100-060203-01-1908..HTM

109 La Sala Constitucional ha resuelto que "la nulidad es considerada como una verdadera sanción procesal -a cual *puede ser declarada de oficio* o a instancia de parte por el juez de la causa- dirigida a privar de efectos jurídicos a todo acto procesal que se celebra en violación del ordenamiento jurídico-procesal penal." En dicha sentencia la Sala ha agregado que la solicitud de nulidad "va dirigida fundamentalmente a sanear los actos procesales cumplidos en contravención con la ley, durante las distintas fases del proceso -artículos 190 al 196 del Código Orgánico Procesal Penal- y, por ello, es que el propio juez que se encuentre conociendo de la causa, *debe declararla de oficio.*" Véase sentencia N° 1228 de 16 de junio de 2005 (Caso: *Radamés Arturo Graterol Arriechi*), en http://www.tsj.gov.ve/decisiones/scon/junio/1228-160605-04-3103.HTM

perito **Néstor Castellanos** en la audiencia del 4 de septiembre de 2013. Esa posición, como se desprende de todo lo anteriormente expuesto, *no sólo no se adecúa a la Constitución venezolana, ni al Código Orgánico Procesal Penal (COPP), sino que tampoco se adecúa a la jurisprudencia aplicable al caso, es decir, no se adecúa al Derecho interno venezolano*.

V. LA DEMORA EN DECIDIR EL RECURSO DE NULIDAD ES IN-JUSTIFICADA SEGÚN LA CONVENCIÓN AMERICANA SOBRE DERECHOS HUMANOS Y EL DERECHO INTERNACIONAL

455. De lo anterior resulta que en el proceso penal seguido en mi contra mis abogados defensores formularon una solicitud de nulidad absoluta de todo lo actuado en la fase de investigación del proceso penal, conforme a lo expresamente previsto en el artículo 190 del COPP, por la violación masiva de mis derechos y garantías constitucionales; solicitud de nulidad que, como hemos argumentado y dicho, la Sala Constitucional ha considerado como *una vía de amparo constitucional*, distinta de la acción autónoma de amparo, y más expedita y efectiva que la misma, que debe ser resuelta por el juez penal de la causa en forma inmediata, en un lapso brevísimo de tres días conforme se dispone en el artículo 177 del COPP, sin la presencia de las partes. Se trata de una decisión de mero derecho que incluso puede el juez resolver de oficio; estándole por tanto prohibido diferir la decisión de esas nulidades absolutas o no subsanables a la realización de una audiencia preliminar. En el caso del proceso en mi contra, el juez penal, desde noviembre de 2005 se abstuvo injustificadamente de decidir la petición de nulidad absoluta formulada, y además, en el proceso, nunca realizó la audiencia preliminar y no precisamente por culpa atribuible a mi persona como expresamente lo expresó el juez de la causa en sentencia de 20 de junio de 2007, tal como lo indicó con todo detalle el testigo **Rafael Odreman** al citar y comentar dicha sentencia en su Declaración testimonial (*Respuesta a Pregunta 15, Representantes Víctima*).

456. Se trata de *una demora en decidir el recurso de nulidad que es completamente injustificada según la Convención Americana sobre Derechos Humanos y el Derecho internacional.* El análisis del derecho interno en esta materia del amparo penal, conforme a las pruebas aducidas sobre lo establecido en el ordenamiento venezolano interpretado por la Sala Constitucional, permiten sin duda determinar si el mismo se adapta a las obligaciones internacionales del Estado según la Convención. Consideramos, que un *análisis a la luz de los hechos relevantes del caso, por una parte, y de las normas de la Convención y estándares del Derecho internacional, por la otra*, proporciona criterios claros e indubitables que debieron ilustrar la posición de Corte, pero que la misma ignoró. En tal sentido, son hechos que fueron probados ante la Corte e internacionalmente relevantes:

a) Que mis abogados defensores **León Henrique Cottin y Rafael Odreman**, solicitaron el 8 de noviembre de 2005, la declaratoria por el juez de la causa de la nulidad absoluta de todas las actuaciones del Ministerio Público durante la fase de investigación del proceso realizadas en violación de mis derechos y garantías constitucionales, reconocidos en la Constitución y en la Convención, como pretensión especialísima de amparo constitucional en el campo penal, denominada solicitud de nulidad.

b) Que dicha solicitud de nulidad absoluta por violación de derechos y garantías constitucionales, jamás fue resuelta por el juez de la causa, a pesar de que estaba obligado a adoptar esa decisión, en el brevísimo plazo de tres días a partir de introducida la solicitud. Tratándose de vicios insubsanables en el proceso, y teniendo la petición de nulidad absoluta el carácter de amparo constitucional en materia penal, debía ser resuelta independientemente y antes de la audiencia preliminar.

c) Que para adoptar la decisión sobre la solicitud de nulidad absoluta o de amparo constitucional por violación de derechos y garantías constitucionales, el juez no tiene que hacerlo en presencia del acusado ni en general de las partes, tratándose de una decisión judicial de mero derecho, que incluso puede el propio juez, solo, adoptar de oficio.

d) Que en el proceso penal seguido en mi contra, la audiencia preliminar correspondiente al mismo, nunca se celebró; audiencia preliminar que por lo demás, el juez de la causa no podía legal ni efectivamente convocar sin antes depurar previamente el proceso, mediante la resolución y decisión de la pretensión de amparo constitucional penal que se le había formulado en la solicitud de nulidad absoluta del 8 de noviembre de 2005, y que nunca ha decidido.

e) Que en todo caso, la suspensión y diferimiento sucesivo de la audiencia preliminar en la causa, en los términos concretos definidos por el propio Juez de la causa, en ningún caso tuvieron su origen en mí no comparecencia ni en ningún otro hecho que me fuera imputable.

f). Que, por lo tanto, cualquiera que sea la interpretación del Derecho interno sobre la oportunidad de la decisión de la petición o recurso de nulidad, o amparo constitucional penal, el hecho de que no se hubiera decidido no puede considerarse imputable a mi persona, en el marco factual preciso que configura el caso.

457. Que en todo caso, a partir de enero de 2008, después de haberse despenalizado los hechos, el proceso penal en mi contra quedó extinguido, siendo imposible la realización de audiencia preliminar alguna, cuando la responsabilidad penal y la acción quedaron extinguidas. Nada de esto lo entendió la Corte Interamericana y en flagrante desconocimiento del derecho interno y de la institución del amparo en Venezuela, en su sentencia consideró que el amparo penal supuestamente no era una vía judicial idónea para la protección constitucional, y declaró, al contrario, que yo supuestamente no había agotado los recursos internos, protegiendo al Estado despreciador de sus sentencias, y archivando el expediente.

SÉPTIMA PARTE
LA DECISIÓN DE LA CORTE INTERAMERICANA ACEPTANDO LA IMPROCEDENTE EXCEPCIÓN PRELIMINAR DE FALTA DE AGOTAMIENTO DE LOS RECURSOS INTERNOS ALEGADA EXTEMPORÁNEAMENTE POR EL ESTADO, Y LA VIOLACIÓN DE MI DERECHO DE ACCESO A LA JUSTICIA INTERNACIONAL

458. En el proceso ante el Sistema Interamericano de Derechos Humanos iniciado contra el Estado por la violación masiva de mis derechos y garantías en el paródico proceso penal desarrollado en mi contra en Venezuela, los representantes del Estado no lo defendieron ante las denuncias de violación y acusaciones que mis representantes formularon, primero, ante la Comisión Interamericana y luego, ante la Corte Interamericana, sino que materialmente se limitaron a oponer la excepción preliminar alegando que supuestamente mis abogados defensores y representantes no habían agotado los recursos internos que existían para ejercer mi defensa antes de acudir al Sistema Interamericano de protección. Al contrario, como resulta de lo anteriormente expuesto, argumentaron suficientemente que sí agotaron dichos recursos internos intentando el único disponible e idóneo en el momento de inicio de la etapa intermedia del proceso penal existía, que era la solicitud de nulidad de todo lo actuado como amparo penal; que la propia Corte Interamericana no entendió.

459. La Corte Interamericana como órgano judicial, en efecto, tenía el deber de impartir justicia en este caso y debió pronunciarse sobre las violaciones de mis derechos conforme a las denuncias antes reseñadas. Pero no, en este caso prefirió proteger al Estado sin ninguna base jurídica, y conforme a la excepción que había formulado el Estado, sin siquiera fundamentarla o fundándola erradamente, resolvió acogerla, y declarar que en este caso "no fueron agotados los recursos internos" (Puntos resolutivos), procediendo a archivar el expediente sin pronunciarse sobre el fondo, es decir, sobre las violaciones denunciadas a mis derechos y garantías convencionales, desconociendo de paso el régimen del derecho interno sobre el amparo.

460. Ante esta decisión de la Corte Interamericana, debe insistirse que es falso que mis defensores no hubieran agotado los recursos internos, pues como antes se ha puntualizado, todos los recursos disponibles y teóricamente idóneos y efectivos fueron intentados, incluyendo la solicitud de nulidad absoluta de todo lo actuado, que era el único existente e idóneo al momento de formularse la acusación e iniciarse la etapa intermedia del proceso penal. La excepción preliminar opuesta por el Estado, por tanto, debió ser desestimada por la Corte Interamericana, con el agregado de que conforme a la Convención Americana, en mi caso, dada la naturaleza de las violaciones denunciadas de derechos y garantías, particularmente las judiciales relativas al debido proceso, nunca hubiera habido necesidad de agotar recurso judicial interno alguno.

461. En este caso, frente a la sentencia, los Jueces **Ferrer Mac Gregor** y **Ventura Robles,** en su Voto Conjunto Negativo, observaron:

"con preocupación cómo por *primera vez en su historia,* la Corte no entra a conocer el fondo del litigio por estimar procedente una excepción preliminar por falta de agotamiento de los recursos internos, relacionado en este caso con los artículos 8 y 25 de la Convención Americana sobre Derechos Humanos (en adelante "la Convención Americana" o "Pacto de San José de Costa Rica" o "CADH"). Asimismo, tal y como se analizará más adelante, existen algunas consideraciones de la Sentencia que consideramos no solo contrarias a la línea jurisprudencial del Tribunal Interamericano, sino que además constituye un peligroso precedente para el sistema interamericano de protección de los derechos humanos en su integralidad en detrimento del derecho de acceso a la justicia y la persona humana" (Párrafo 2).

462. Los Jueces disidentes, en efecto, advirtieron que "Sólo en tres ocasiones anteriores en los más de veintiséis años de jurisdicción contenciosa, la Corte Interamericana no entró al fondo de la controversia planteada por diversos motivos: la primera por la caducidad del plazo para la presentación de la demanda por la Comisión Interamericana (*Caso Cayara Vs. Perú. Excepciones Preliminares.* Sentencia de 3 de febrero de 1993. Serie C N° 14); la segunda ocasión por el desistimiento de la acción deducida por la Comisión Interamericana de Derechos Humanos (*Caso Maqueda Vs. Argentina. Excepciones Preliminares.* Resolución de 17 de enero de 1995. Serie C N° 18); y la tercera por la falta de competencia *ratione temporis* del Tribunal Interamericano (*Caso Alfonso Martín del Campo Dodd Vs. México. Excepciones Preliminares.* Sentencia de 3 de septiembre de 2004. Serie C N° 113)" (Nota 1, párrafo 2), indicando que no debía "olvidarse que el sistema internacional debe ser entendido como una integralidad, principio esencial que se desprende del artículo 29 del Pacto de San José, que impone un marco de protección que siempre da preferencia a la interpretación que más favorezca, al constituir el "objeto angular de protección de todo el sistema interamericano". *Cfr. Caso Radilla Pacheco Vs. México. Excepciones Preliminares, Fondo, Reparaciones y Costas.* Sentencia de 23 de noviembre de 2009. Serie C Nº 209, párr. 24" (Nota 2, párrafo 2).

I. LA REGLA DEL PREVIO AGOTAMIENTO DE LOS RECURSOS INTERNOS PARA ACCEDER A LA JURISDICCIÓN INTERNACIONAL

463. En el derecho internacional de los derechos humanos, como regla general se exige que para formular una solicitud de protección de los mismos ante un tribunal internacional, como la Corte Interamericana de Derechos Humanos, se hayan agotado previamente los recursos internos de protección, siempre que existan, por supuesto; y que de haberlos, que los mismos sean idóneos y realmente efectivos. Si no los hay o los que pueda haber no son efectivos, la persona lesionada por actos del Estado puede acudir ante la jurisdicción internacional; lo que, por lo demás, es un derecho constitucional en Venezuela en los términos del artículo 31 de la Constitución.

464. Ahora bien, como se admitió en la sentencia "la regla del previo agotamiento de los recursos internos está concebida *en interés del Estado*, pues busca dispensarlo de responder ante un órgano internacional por actos que se le imputen, antes de haber tenido la ocasión de remediarlos con sus propios medios" (párrafo 83). Pero ello no autoriza a la Corte Interamericana en tratar de aislar, en beneficio del Estado, el tema de la excepción de agotamiento de los recursos internos, ignorando las violaciones denunciadas a las garantías judiciales. Como lo advirtieron los Jueces **Ferrer Mac Gregor** y **Ventura Robles** en su Voto Conjunto Negativo:

"58. En el presente caso, las cuestiones de "pura admisibilidad", tal como se han entendido por la jurisprudencia de esta Corte, se refieren a la interposición y señalamiento en el momento procesal oportuno del procedimiento ante la Comisión Interamericana; sin embargo, el análisis de *estas cuestiones no pueden ser analizadas de manera autónoma de las cuestiones de fondo, especialmente cuando se involucran alegatos de presuntas violaciones al debido proceso y garantías judiciales*, pues como la Comisión señaló "las excepciones a la regla del agotamiento de los recursos internos previstas en el artículo 46.2 de la Convención se encuentra estrechamente ligada a la determinación de posibles violaciones a ciertos derechos allí consagrados, tales como las garantías de acceso a la justicia" (parr. 101 sentencia). (énfasis añadido)

59. Separar los aspectos estrictamente de admisibilidad con los de fondo, como se pretende en la Sentencia, *resulta una cuestión por demás artificiosa en el presente caso, porque para determinar si operan las excepciones a la regla del agotamiento de los recursos internos, indefectiblemente implica el análisis de aspectos sustantivos relacionados con el "debido proceso legal", "acceso a los recursos de jurisdicción interna"* o al *"retardo injustificado"* de los mismos, excepciones previstas en el

artículo 46.2, incisos a), b) y c), íntimamente relacionadas con los derechos previstos con los artículos 8 y 25 del Pacto de San José, que fueron motivo de alegatos específicos y de controversia por las partes." (énfasis añadido)

465. El Estado, en este caso, primero ante la Comisión Interamericana y luego ante la Corte Interamericana, como antes se ha dicho, en lugar de defenderse contra las denuncias formuladas de violación de todos mis derechos y garantías durante el paródico proceso penal en mi contra, materialmente lo único que hizo fue alegar la excepción preliminar que deriva de la regla antes dicha, señalando que supuestamente, mi caso contra el Estado no debió ser admitido a trámite por la Comisión Interamericana de Derechos Humanos, porque mis defensores y representantes, supuestamente no habían cumplido con el mencionado requisito establecido en el Sistema Interamericano de haber agotado previamente los recursos de la jurisdicción interna conforme al Derecho internacional. Mis representantes rechazaron muy fundamentadamente esa Excepción, alegando primero que había sido formulada extemporáneamente; segundo, que era improcedente; y tercero, que en ningún caso dicha regla podía aplicarse en mi caso, en el cual lo que se aplicaban eran las tres excepciones a la misma; exigiendo de la Corte que la desestimara.

466. En tal sentido, con toda claridad, al finalizar la audiencia ante la Corte Interamericana el 4 de septiembre de 2013, sobre el tema de la excepción del agotamiento de los recursos internos planteada por el Estado, la cual mis representantes solicitaron fuese desestimada, pues en el caso, *se habían agotado los recursos internos disponibles,* el profesor **Héctor Faúndez**, expresó ante la Corte, en síntesis, lo siguiente:

"Esta honorable Corte ha expresado que "la salvaguarda de la persona frente al ejercicio arbitrario del poder público es el objetivo primordial de la protección internacional de los derechos humanos", y que "la inexistencia de recursos internos efectivos coloca a la víctima en estado de indefensión y explica la protección internacional." Esa es la razón por la cual el profesor Allan Brewer Carías se ha visto forzado a recurrir a esta instancia internacional.

Los "principios del Derecho Internacional generalmente reconocidos"

De acuerdo con el artículo 46.1.a) de la Convención, para que una petición o comunicación presentada conforme a los artículos 44 o 45 sea admitida por la Comisión es necesario que se hayan interpuesto y agotado los recursos de la jurisdicción interna, "*conforme a los principios del Derecho Internacional generalmente reconocidos.*"

"*Conforme a los principios del Derecho Internacional generalmente reconocidos*" no es una cláusula innecesaria o redundante, que no cumple ninguna función en la estructura de la Convención. Muy por el contrario, ella apunta a las características de los recursos internos que hay que agotar y a las circunstancias en las que se puede exigir su agotamiento; de lo contrario, la regla del agotamiento de los recursos de la jurisdicción interna sería una barrera infranqueable, que haría de la protección internacional una quimera inalcanzable.

A partir de la doctrina y la jurisprudencia de tribunales internacionales, particularmente en el caso de los barcos finlandeses y en el caso Ambatielos, estos principios han sido ampliamente desarrollados por la jurisprudencia de la Corte Interamericana de Derechos Humanos, y son los que determinan el alcance y contenido de la regla del agotamiento de los recursos internos. De acuerdo con estos principios, la regla del agotamiento de los recursos jurisdiccionales internos tiene el propósito de permitir al Estado que pueda resolver una controversia por sus propios medios, antes de que ella sea sometida a instancias internacionales. Es en ese sentido que la protección internacional de los derechos humanos tiene un carácter subsidiario de la que le corresponde brindar a los propios Estados. Si el Estado no puede, o no quiere resolver la situación jurídica infringida, el particular afectado puede someter su reclamo ante instancias internacionales; pero el Estado tiene el derecho de alegar que había recursos pendientes, o que había recursos disponibles.

Oportunidad y forma

De acuerdo con los principios del Derecho Internacional generalmente reconocidos, corresponde al Estado alegar, *en la primera oportunidad posible*, antes del pronunciamiento sobre la admisibilidad de la petición, la falta de agotamiento de los recursos internos, *indicando precisamente* cuáles eran los recursos disponibles adecuados y efectivos; pero no puede hacerlo como un mero ritual desprovisto de todo contenido, en forma vaga e indeterminada, esperando que sea esta H. Corte quien rellene los huecos y asuma una carga que le corresponde al Estado.

En sus excepciones preliminares, el propio Estado ha recordado lo dicho por la Corte en su sentencia en el caso Velásquez Rodríguez, indicando que: "*el Estado que alega el no agotamiento tiene a su cargo el señalamiento de los recursos internos que deben agotarse y de su efectividad.*" *(Caso Velásquez Rodríguez, Excepciones Preliminares, párrafo 88).* Nosotros nos allanamos a este argumento del Estado, y nos atenemos a las consecuencias que derivan de la aplicación de la jurisprudencia antes citada en este caso.

De acuerdo con este *dictum*, si el Estado alega que no se han agotado los recursos internos, es el propio Estado quien tiene la carga de demostrar que había recursos disponibles y que esos recursos eran efectivos. En el presente caso, en el momento de responder a la petición presentada ante la Comisión, el Estado se limitó a reproducir el texto del artículo 46 de la Convención y a afirmar que nosotros habíamos reconocido la falta de agotamiento de los recursos internos por lo que, a confesión de parte, relevo de prueba. Eso es todo lo que dijo el Estado. *¡Nada más!* No se indicó cuáles eran los recursos disponibles, ni por qué ellos resultaban adecuados y eran efectivos para subsanar la situación jurídica infringida. Pero es justo reconocer que fue el propio Estado quien recordó que *"el Estado que alega el no agotamiento tiene a su cargo el señalamiento de los recursos internos que deben agotarse y de su efectividad."*

Ahora, extemporáneamente, el Estado pretende subsanar su propia torpeza, limitándose a reproducir disposiciones de su Derecho interno, con la esperanza de que este Tribunal adivine cuáles eran los recursos disponibles, y cuál de esos recursos era el idóneo en este caso particular.

De acuerdo con los principios del Derecho Internacional generalmente reconocidos, la regla del agotamiento de los recursos de la jurisdicción interna enuncia un derecho del Estado que éste puede ejercer o no; pero, si decide hacerlo, la carga de demostrar que había recursos disponibles, adecuados y efectivos, corresponde al Estado. Lo que el Estado no puede hacer es aspirar a que esta H. Corte se convierta en su defensor y en su asesor jurídico, asumiendo como suya una carga que le corresponde al Estado.

El recurso idóneo

Se encuentra suficientemente demostrado que, en el procedimiento penal seguido en contra de la víctima en este caso, se cometieron numerosas irregularidades que violaron su derecho al debido proceso y su derecho a la defensa. En su momento, cada una de esas irregularidades fue recurrida, y siempre con un resultado negativo.

El Estado pretende que, para poder llegar a esta instancia internacional, debemos esperar a que concluya íntegramente el proceso penal iniciado en contra del profesor Brewer. Pero aquí no estamos quejándonos de una sentencia que nunca se dictó, ni de violaciones de derechos humanos que aún no han ocurrido, como parece sugerir el Estado. En este caso, el hecho que genera la responsabilidad del Estado es la imputación y acusación penal del profesor Brewer Carías sin una investigación independiente e imparcial, que invirtió el peso de la prueba, pero que no le permitió defenderse y presentar pruebas que hubieran esclarecido la situación, y que hubieran exculpado al profesor Brewer.

Aquí lo que se objeta es una investigación y una acusación penal absolutamente infundada, que es parte de un linchamiento moral y político, que no se sostiene por ningún lado, y que se formuló en violación de sus garantías judiciales. Por lo tanto, no tiene sentido especular en torno a un eventual recurso de apelación o incluso de casación; esos recursos son adecuados para otra cosa. Aquí se trata de las violaciones constitucionales cometidas en la fase de investigación, que lesionan el derecho a la defensa y al debido proceso, y que inciden en las fases posteriores del proceso.

Aunque esas irregularidades debieron ser subsanadas de oficio por el juez de control, a fin de depurar el proceso y dar paso a la fase siguiente, eso no ocurrió. Pero tampoco actuó el juez de control ante una solicitud de nulidad por inconstitucionalidad, cuya omisión no tenía un recurso efectivo, y por eso estamos aquí.

Los recursos a agotar eran aquellos que eran idóneos para subsanar esas irregularidades y para restablecer los derechos conculcados en el procedimiento seguido en contra del profesor Brewer, anulando los actos viciados y retrotrayendo el procedimiento a la fase de investigación. Eso es lo que se intentaba atacar con la solicitud de nulidad por inconstitucionalidad que se intentó en contra de las actuaciones viciadas en la investigación penal iniciada en su contra. Pero, aunque la Constitución de Venezuela y la Convención Americana disponen que la prisión preventiva es la excepción y no la regla, sin haber decidido ese recurso de nulidad, accediendo a una solicitud de la Fiscalía, el Juez de Control ordenó la detención preventiva del profesor Brewer Carías y dictó orden de captura en su contra.

En casos de violación de garantías constitucionales, la Sala Constitucional del TSJ ha sostenido que "la inconstitucionalidad de un acto procesal... no requiere necesariamente de un amparo, ni de un juicio especial para que se declare, ya que dentro del proceso donde ocurre, el juez, quien es a su vez un tutor de la Constitución, y por lo tanto... Juez Constitucional, puede declarar la nulidad pedida." [Sentencia Nº 256 del Tribunal Supremo de Justicia en Sala Constitucional del 14/02/02, exp Nº 01-2181.] Esto es así porque, en materia penal, y en esta fase del procedimiento, la solicitud de nulidad es el amparo constitucional.

De manera que el Estado pudo remediar esta situación por sus propios medios, decidiendo el recurso de nulidad intentado por la víctima. Pero no lo hizo, y prefirió dictar una orden de prisión preventiva en contra de quien, desde un comienzo, por propia iniciativa, había colaborado con la investigación y, no obstante haber salido del país en numerosas oportunidades, siempre había regresado, porque no había hecho nada y no tenía nada que temer.

Ha quedado demostrado que la víctima en este caso interpuso los recursos que tenía a su disposición, correspondiendo al Estado pronunciarse sobre los mismos. Por lo tanto, en este caso no procede alegar la falta de agotamiento de los recursos internos.

Las condiciones para el ejercicio del recurso

En sus excepciones preliminares, el propio Estado ha citado la jurisprudencia de la Corte, indicando que *"La regla del previo agotamiento de los recursos internos en la esfera del derecho internacional de los derechos humanos, tiene ciertas implicaciones que están presentes en la Convención. En efecto, según ella, los Estados Partes se obligan a suministrar recursos judiciales efectivos a las víctimas de violación de los derechos humanos (art. 25), recursos que deben ser sustanciados de conformidad con las reglas del debido proceso legal (art. 8.1), todo ello dentro de la obligación general a cargo de los mismos Estados, de ga-*

rantizar el libre y pleno ejercicio de los derechos reconocidos por la Convención a toda persona que se encuentre bajo su jurisdicción (art. 1)". (Caso *Velásquez Rodríguez, Excepciones Preliminares, párrafo 91*). También compartimos este argumento del Estado en todos sus extremos. Los Estados deben suministrar recursos judiciales efectivos, que deben ser sustanciados de acuerdo con las reglas del debido proceso, y garantizando el libre y pleno ejercicio de los derechos reconocidos por la Convención. No sólo nos atenemos a las consecuencias de la aplicación de lo dicho por la Corte en esa sentencia, sino que demandamos que así se haga.

La Honorable Corte no está obligada por su jurisprudencia anterior y, con la suficiente fundamentación, es libre de apartarse de ella si está convencida que el criterio sostenido anteriormente es equivocado y no refleja el sentido y alcance de las disposiciones de la Convención. Pero ese pasaje de la jurisprudencia de la Corte, reiterado sistemáticamente por ella, recogido por la doctrina, además de haber sido invocado por el propio Estado en esta causa, responde a "los principios del Derecho Internacional generalmente reconocidos" a que hace referencia el artículo 46.1 a) de la Convención.

Para nosotros, los tres elementos centrales de ese *dictum* citado por el Estado son relevantes en este caso; sin embargo, teniendo en cuenta lo alegado por el Estado, queremos subrayar el último de ellos. De acuerdo con lo dicho por la Corte, en el trámite de los recursos disponibles, el Estado debe '*garantizar el libre y pleno ejercicio de los derechos reconocidos por la Convención*'.

Es evidente que, en un sistema de protección de los derechos humanos, el acceso a los recursos internos no puede condicionar la obligación del Estado de garantizar los derechos reconocidos por la Convención, ni el derecho de los individuos a ejercer esos derechos. Sin embargo, en sus excepciones preliminares, refiriéndose a la falta de comparecencia de la víctima a una audiencia preliminar que se pudo haber convocado, pero que nunca se realizó, por causas que no son imputables al profesor Brewer, el Estado afirma que no hemos agotado los recursos internos porque el ciudadano Allan Brewer Carías "se encuentra prófugo de la justicia." ¡Como si, en este caso, el agotamiento de los recursos internos eximiera al Estado de su obligación de '*garantizar el libre y pleno ejercicio de los derechos reconocidos por la Convención*' al profesor Brewer!

El Estado pretende que una persona que es perseguida por razones políticas, acusada de un delito político, como es el delito de conspirar para cambiar violentamente la Constitución, para poder agotar los recursos disponibles, deba someterse a la persecución de que es objeto, y a los agravios y violaciones de derechos humanos que está denunciando. El Estado pretende que, como precio para poder agotar los recursos internos, el profesor Brewer sacrifique su libertad personal, sometiéndose al arbitrio de tribunales que carecen de independencia e imparcialidad, y sometiéndose al trato inhumano y degradante que implica el encierro en prisiones *sin luz natural y sin ventilación*, como ya ha tenido oportunidad de constatar este alto tribunal.

En la audiencia ante la Corte, el agente del Estado ha señalado que, en el caso de personas mayores de 70 años lo que procede es el arresto domiciliario, sugiriendo que, por lo tanto, la víctima en este caso no tendría nada que temer. Pero lo que se le olvidó mencionar es que ésta también es una medida privativa de la libertad, que no opera en forma automática, y que debe ser solicitada por el afectado; lo que el agente del Estado olvidó mencionar es la duración del trámite para que se otorgue la medida de arresto domiciliario. El agente del Estado omitió mencionar a esta H. Corte que Edmundo Chirinos, un ex constituyente, mayor de 70 años y que acaba de fallecer, permaneció más de dos años en prisión antes de que se le otorgara el beneficio de casa por cárcel.

El agente del Estado olvidó mencionar que otros derechos, que están previstos en la Constitución, le han sido sistemáticamente negados a la víctima en este caso, y que esa circunstancia es la que nos ha obligado a recurrir a esta instancia internacional.

El agente del Estado omitió señalar que las cárceles están bajo el control del Poder Ejecutivo, y omitió mencionar unas declaraciones recientes de la ministra de prisiones, Iris Varela, señalando que "quienes quieran el beneficio de casa por cárcel deben renunciar a sus defensores privados."

Por consiguiente, el temor del profesor Allan Brewer Carías de ser privado arbitrariamente de su libertad, de ser exhibido esposado ante los medios de comunicación social, y de ser sometido a un proceso penal que (como ha reconocido ante la Corte un ex Fiscal General de la República, presentado como testigo por el Estado), puede tardar diez o más años, no es un temor absurdo e infundado.

Los recursos efectivos

Un recurso que, para agotarlo, obliga a la víctima a someterse a una detención ilegal y arbitraria, no es un recurso efectivo. Para ser efectivos, los recursos de la jurisdicción interna deben subsanar la situación jurídica infringida; no agravarla, exponiendo a la víctima a una situación mucho más severa, y obligándolo a renunciar al ejercicio de sus derechos como condición para poder agotar los recursos internos.

En el presente caso, el profesor Brewer Carías presentó un recurso de nulidad por inconstitucionalidad, que debió decidirse dentro de los tres días siguientes, y respecto del cual, hasta la fecha, no hay un pronunciamiento del tribunal. Ese recurso de nulidad era el recurso adecuado, que ataca el procedimiento judicial que se objeta, y que hubiera proporcionado un remedio efectivo a los agravios que hoy estamos denunciando.

El Estado considera que la propia víctima en este caso impidió que se agotaran los recursos jurisdiccionales intentados por él pues, para que se decidiera el recurso de nulidad, debía comparecer a la audiencia preliminar en el procedimiento penal iniciado en su contra. ¿Qué es lo que haría imprescindible la presencia de la víctima para decidir un recurso de mero Derecho, que podría poner fin al proceso? ¿Qué podía decir la víctima que no pudieran decir sus abogados? ¿Por qué la decisión del juez sobre un punto de mero Derecho debía ser dictada en presencia de las partes? ¿Por qué, en este caso, los tribunales venezolanos debían apartarse de la jurisprudencia constante del TSJ y negarse a decidir un recurso de nulidad dentro de los 3 días siguientes y antes de la audiencia preliminar?

La respuesta a todas estas preguntas es muy simple, señores magistrados. Porque lo que distingue a este caso de los demás es su connotación política; porque, en ausencia de jueces independientes e imparciales, respecto de delitos políticos o frente a una acusación políticamente motivada, ningún recurso puede ser efectivo.

Las excepciones a la regla

La regla del agotamiento de los recursos internos está condicionada por "los principios del Derecho Internacional generalmente reconocidos" que indican que ésta no es una regla absoluta, y que no puede interpretarse en forma rígida e inflexible, porque de lo contrario se destruiría el objeto y fin de la Convención que, como ha dicho la Corte, no es otra cosa que *"la salvaguarda de la persona frente al ejercicio arbitrario del poder público"*. En sintonía con lo anterior, el artículo 46.2 de la Convención prevé tres excepciones, la segunda de las cuales se desdobla en dos. En el presente caso se dan todas esas excepciones. Así se ha alegado desde un comienzo, sin que este hecho haya sido contradicho por el Estado.

El literal a) del artículo 46.2 se refiere a la *ausencia del debido proceso legal para la protección de los derechos violados.*

Como ya ha quedado demostrado, en el presente caso, se han violado todas las garantías judiciales de que goza una persona acusada de un delito. En un país en donde los fiscales y los jueces son provisorios, y en donde aquellos que deciden en forma independiente e imparcial son destituidos, por no acatar directrices superiores, la víctima en este caso no podía esperar un juicio equitativo. La víctima en este caso no ha gozado de un debido proceso, sino que ha sido sometida a una farsa que tiene la mera apariencia de un proceso, pero en la que no tiene ninguna posibilidad de defenderse. No contó con las facilidades necesarias para revisar el expediente, sus abogados no pudieron contrainterrogar a los testigos de cargo, y no se les permitió presentar testigos de descargo. No hay ningún motivo para creer que, en una fase posterior del procedimiento penal seguido en su contra, las mismas razones esgrimidas por el tribunal para negarle el derecho a presentar pruebas que éste consideró irrelevantes vayan a ser sustituidas por un criterio diferente.

El literal b) del artículo 46.2 se refiere a la *falta de acceso a los recursos de la jurisdicción interna o a la imposibilidad de agotarlos*.

En el presente caso, al condicionar arbitraria e ilegalmente el trámite de un recurso de nulidad a la comparecencia personal de la víctima a la audiencia preliminar, en la cual iba a ser detenida en virtud de una orden judicial incompatible con disposiciones constitucionales y convencionales, se impidió a la víctima el acceso físico a los recursos jurisdiccionales. Esta H. Corte ha sostenido que no puede exigirse el agotamiento de los recursos internos a quien, como en este caso, siente un fundado temor de que el ejercicio de los recursos jurisdiccionales pueda poner en peligro el ejercicio de sus derechos humanos. Si la Corte ha reconocido ese "temor fundado" respecto de abogados que, debido a la situación imperante en un país, no se atreven a intentar un recurso, la relevancia de esta excepción es más pertinente cuando es la propia víctima quien, por miedo o temor, está impedida de agotar los recursos disponibles.

El literal c) del artículo 46.2 se refiere a *la demora injustificada en la decisión del recurso intentado*. Casi ocho años después de planteado el recurso de nulidad de los actos procesales relativos al profesor Brewer, por violación de sus garantías constitucionales, éste aún no se ha resuelto.

El artículo 177 del COPP dispone que esta decisión debía dictarse dentro de los tres días siguientes, y así lo ha sostenido reiteradamente la jurisprudencia del TSJ. De manera que *se han superado con creces los plazos que el propio Estado se impuso para la decisión de este recurso*. En el curso de las audiencias celebradas ante la Corte, Isaías Rodríguez, un testigo del Estado, que se desempeñaba como Fiscal General de la República mientras funcionarios bajo su dependencia investigaban al profesor Brewer Carías, justificaba el que no se hubiera decidido la solicitud de nulidad y nos decía que, en su experiencia, un juicio penal podía durar diez o más años; ese hecho, reconocido por un funcionario del Estado, actualmente embajador en Italia y previamente Fiscal General de la República, no es el recurso sencillo y rápido al que se refiere el artículo 25 de la Convención.

En conclusión,

En el presente caso, la víctima interpuso el único recurso disponible que resultaba adecuado y efectivo, el cual no fue decidido por el Estado, y así pedimos que se declare.

Para el evento improbable en que este Tribunal no comparta el criterio antes expuesto, ateniéndonos a la jurisprudencia constante de esta H. Corte (la misma que ha sido invocada por el Estado), pedimos que se desestime la excepción de no agotamiento de los recursos internos, por ser extemporánea y por no haber indicado, en la oportunidad prevista, los supuestos recursos que había que agotar y que hubieran sido efectivos en el presente caso.

En subsidio, pedimos que se declare que el recurso idóneo no era un recurso efectivo, pues su ejercicio estaba sometido a condiciones incompatibles con la Convención, que obligaban a la víctima a renunciar al ejercicio de los derechos garantizados por la Convención y, por lo tanto, no existía la obligación de agotarlo.

Si esta H. Corte desestimara todo lo anterior, subsidiariamente, pedimos que se desestime la excepción preliminar de no agotamiento de los recursos internos, porque concurren todas las excepciones previstas en el artículo 46.2 de la Convención y, en particular, porque en el trámite del referido recurso la víctima no ha contado con el debido proceso legal para la protección de sus derechos, por la falta de acceso a los recursos de la jurisdicción interna, o por la imposibilidad de agotarlos, y porque ha habido un retardo injustificado en la decisión del recurso adecuado que oportunamente se intentó.

II. LA EXTEMPORANEIDAD DEL ALEGATO DE FALTA DE AGOTAMIENTO DE LOS RECURSOS INTERNOS DE LOS REPRESENTANTES DEL ESTADO, QUE SIN EMBARGO FUE OÍDO POR LA CORTE INTERAMERICANA

467. Conforme a lo anterior, por tanto y ante todo, el Estado debió formular el alegato de excepción en la primera oportunidad procesal de la cual disponía, que fue la fase de admisibilidad del caso ante la Comisión Interamericana, y no lo hizo; y luego, al plantearla extemporáneamente, confusa e insuficientemente motivada ante la misma Comisión, no indicó cuáles, en mi caso, eran los supuestos recursos internos disponibles que supuestamente no se habían agotado en este caso. En mi caso, en efecto, como antes se ha dicho, mis defensores en el proceso judicial en Venezuela **León Henrique Cottin y Rafael Odreman,** luego de que a lo largo de la fase de investigación intentaron todos los recursos internos disponibles en busca de protección a mis derechos, el 8 de noviembre de 2005 interpusieron y agotaron *el único recurso idóneo disponible* al momento de formularse la acusación fiscal en mi contra, que era la petición de nulidad absoluta o amparo penal, la cual nunca fue decidida por el juez de la causa, razón por la cual, con posterioridad nunca hubo oportunidad de poder ejercer ningún otro recurso, porque el proceso se paralizó por la omisión del juez en resolver la pretensión de amparo constitucional presentada.

468. Por otra parte, cuando el Estado opone la excepción mencionada, conforme a la Convención tiene a su cargo la obligación (carga) de señalar los supuestos recursos internos que debieron agotarse y de su efectividad, y en este caso, nunca lo hizo. Por ello, en este caso, esa omisión implicaba la aceptación implícita por parte del Estado de la imposibilidad de nuestra parte de

agotarlos, que en este caso pasó a ser un hecho no controvertido, que no debería reabrirse a discusión ante la Corte, y menos pretenderse, como lo hizo el Estado, que la Corte supiera las imprecisiones o las lagunas de sus argumentos. Era a los representantes del Estado que afirmaban que no se había agotado los recursos internos, a los que les correspondía probar la existencia de un recurso efectivo, disponible y accesible en el momento oportuno, en la teoría y en la práctica, capaz de proporcionar al reclamante un remedio para su queja, y que ese recurso ofrecía una perspectiva razonable de éxito.

469. Pero no ocurrió así, y la Corte Interamericana se limitó a constatar lo que había alegado el Estado, que era la afirmación errada de que "el proceso penal no había avanzado por la ausencia del señor Brewer Carías, y que sin su presencia tampoco podía resolverse las solicitudes de nulidad," argumentando que "la terminación del proceso penal y la presentación de recursos como la apelación, casación o revisión, constituían los recursos idóneos para la presunta víctima" (párrafo 85). Por ello, los Jueces **Ferrer Mac Gregor** y **Ventura Robles** destacaron en su Voto Conjunto Negativo, que:

> "no pasa inadvertido que en el procedimiento ante la Comisión Interamericana, en su etapa de admisibilidad, *el Estado en realidad no precisó cuáles eran los recursos efectivos e idóneos y se limitó a señalar, de manera genérica, que no hay todavía una sentencia de primera instancia que posibilitara la presentación de los recursos de apelación de autos, apelación de sentencia definitiva, revocación, casación, revisión en materia penal, amparo y revisión constitucional"* (párrafo 36).

470. Recordaron además los Jueces disidentes, conforme a la jurisprudencia de la propia Corte Interamericana, que en esta materia de falta de agotamiento de los recursos internos "la carga procesal la tiene el Estado demandando" y "debe ser presentada en el momento procesal oportuno, esto es, durante las primeras etapas del procedimiento de admisibilidad ante la Comisión" indicando "los recursos que deben agotarse y su efectividad," es decir, "demostrar que estos recursos se encontraban disponibles y eran adecuados, idóneos y efectivos," de manera que luego "opera el principio de preclusión procesal" (párrafo 37). Y concluyeron los Jueces disidentes, en relación con este caso, en que "en la etapa de admisibilidad ante la Comisión Interamericana, *el Estado no expresa en modo alguno consideración sobre los recursos de nulidad absoluta de actuaciones por violación a derechos fundamentales* —de fechas 4 y 8 de noviembre de 2005, respectivamente—, ni mucho menos señala el *por qué dichos recursos no son los adecuados, idóneos y efectivos*, limitándose de manera genérica a señalar todos los recursos existentes en la legislación venezolana en el proceso penal." (Párrafo 39). Por ello, concluyeron su Voto disidente en que ante esta situación era claro:

> "que debió seguirse la jurisprudencia constante de la Corte en la materia, ya que "al alegar la falta de agotamiento de los recursos internos

corresponde al Estado señalar en esa debida oportunidad los recursos que deben agotarse y su efectividad.[110] De esta forma, no es tarea de la Corte, ni de la Comisión, identificar *ex officio* cuáles son los recursos internos pendientes de agotamiento (Párrafo 39).

471. En este caso, en efecto, el representante del Estado pretendió reabrir la cuestión ante la Corte Interamericana, al enumerar en su *Escrito de Contestación* de 12 de noviembre de 2012, cuyo contenido fue lo que leyó de nuevo en la audiencia del 4 de septiembre de 2013, una confusa lista de presuntos recursos que a su juicio debieron haberse agotarse en este caso, refiriéndose mediante la transcripción de los artículos del Código Orgánico Procesal Penal, a los recursos de revocación, apelación, casación y revisión, todos los cuales, para que se hubieran podido ejercer, por supuesto que requerían de la existencia previa de una decisión, auto o sentencia, sin la cual nunca podían ser ejercidos. El Estado omitió, por supuesto, toda indicación sobre cuál era la decisión o sentencia judicial que no fue recurrida, y sobre cómo y por qué esos recursos habrían podido ejercerse y podrían ser adecuados y efectivos para proteger mis derechos violados en un proceso en curso; proceso en el cual, luego de presentada la acusación, nunca se dictó la decisión judicial pendiente sobre la nulidad absoluta o amparo constitucional penal que había sido solicitada por mis defensores respecto de todas las actuaciones fiscales por violación de mis derechos y garantías constitucionales, y que se caracterizó por la ruptura masiva, consecutiva y sistemática de las garantías procesales que se me deben según la Convención Americana sobre Derechos Humanos. Esa omisión por parte del representante del Estado, desconoció las reglas interamericanas y de Derecho internacional relativas a la excepción de no agotamiento de los recursos internos. Como defensa que podía oponer el Estado demandado, éste tenía la carga de la prueba de indicar los recursos internos que debían agotarse y de su efectividad; condición no se satisfizo con un mero enunciado del derecho interno venezolano, razón por la cual la señalada excepción carecía de sustento y debía ser desestimada.

472. Sin embargo, luego de constatar que el Estado había reconocido que en el caso "no se había emitido una sentencia de primera instancia que posibilitara la presentación de un recurso de apelación de autos, de un recurso de apelación de sentencia definitiva, de revocación, casación, revisión en materia penal, de amparo; y finalmente una revisión constitucional" (párrafo 80), la Corte Internacional consideró:

> "[Q]ue el Estado presentó la excepción preliminar de falta de agotamiento de recursos internos en el momento procesal oportuno en el proceso ante la Comisión, basándose en el argumento de que la falta de ago-

---

110 Cfr. *Caso Velásquez Rodríguez. Excepciones Preliminares.* Sentencia de 26 de junio de 1987. Serie C Nº 1, párr. 88; y *Caso Mémoli Vs. Argentina, Excepciones Preliminares, Fondo, Reparaciones y Costas.* Sentencia de 22 de agosto de 2013. Serie C Nº 1, párr. 47.

tamiento de recursos se constituía debido al hecho de que el proceso penal contra el señor Brewer Carías todavía no había terminado, y que existían etapas en las que se podían discutir sobre las irregularidades alegadas y se disponía de recursos específicos que podían ser presentados en el marco del proceso penal" (párrafo 81).

473. Pero la verdad es que todos los presuntos recursos enunciados que a falta de sentencia, eran de imposible agotamiento, formaban parte del proceso penal, que era precisamente la fuente de las violaciones a mis derechos humanos. La pretensión del Estado antes comentada de que la protección de mis derechos estaba condicionada a mi comparecencia a una audiencia preliminar que nunca se realizó en el proceso, y no por mi culpa, aparte de que no se compadece con el ordenamiento "garantista" del COPP, supone condicionar la protección que se me debe, a someterme a las violaciones por las que busqué protección judicial ante la Corte Interamericana. Y esto fue en definitiva lo que resolvió la Corte Interamericana al constatar las supuestas "características particulares" de este caso,

"dado que: i) el proceso se encuentra en etapa intermedia, y ii) el principal obstáculo para que avance el proceso es la ausencia del señor Brewer Carías, considerando que "en este caso en el cual todavía se encuentra pendiente la audiencia preliminar y una decisión al menos de primera instancia, no es posible entrar a pronunciarse sobre la presunta vulneración de las garantías judiciales, debido a que todavía no habría certeza sobre como continuaría el proceso y si muchos de los alegatos presentados podrían ser subsanados a nivel interno" (párrafo 88).

474. Con ello, como también lo pretendía el Estado, la Corte Interamericana en definitiva estimó que el precio que yo debía pagar para obtener la protección internacional, era someterme al proceso viciado donde ya se habían violado masiva y sistemáticamente mis derechos al debido proceso y al acceso a la justicia, configurándose como violaciones que corrompieron el proceso como un todo y lo caracterizaron por su falta de idoneidad para garantizarme el efectivo goce de mis derechos. No se trataba de recursos adecuados ni de recursos a los que, en la práctica, yo hubiera pudiera tener acceso, porque lo que han sido y son en la realidad, es el vehículo para la violación de mis derechos, no pudiendo pretenderse que al mismo tiempo sean el vehículo para garantizármelos. Imponerme que me sometiera al proceso penal en Venezuela que quedó paralizado por culpa del juez que no decidió el amparo constitucional penal de solicitud de nulidad absoluta de todo lo actuado y que debía resolver en un lapso de tres días, y que en ocho años no lo haya hecho, significaría confiar mis derechos a mis verdugos y entregarlo en sus manos, coronando así la violación de mi derecho a un juicio justo.

475. Por todo ello, mis representantes, en los escritos ante la Corte Interamericana y como resultado de la audiencias de los días 3 y 4 de septiembre de 2013, pidieron que la Corte desestimase la excepción de no agotamiento de los recursos internos opuesta por el Estado, en primer lugar, por haber sido planteado, en su momento, de modo extemporáneo ante la Comisión Interamericana y, en segundo lugar, por no haber indicado el Estado cuáles habrían sido los supuestos recursos internos que debían haberse agotado, y cuál su idoneidad y efectividad para protegerme contra los actos del Estado que conculcaron mi derecho al debido proceso, mi derecho a la defensa, mi derecho a la presunción de inocencia, mi derecho a la protección judicial, mi derecho a la libertad de expresión, mi derecho a la honra, y mis derechos a la igualdad y a la no discriminación. La Corte Interamericana, sin embargo, no lo consideró así, decidiendo entonces "en interés del Estado," a los efectos de "dispensarlo de responder ante un órgano internacional por actos que se le imputen, antes de haber tenido la ocasión de remediarlos con sus propios medios" (párrafo 83), declarando con lugar la excepción de no agotamiento de los recursos internos, básicamente "debido a la etapa en que se encuentra el proceso," que era la supuesta "etapa temprana" (párrafos 95, 96, 97, 98) a la cual nos hemos referido, en la cual supuestamente "no es posible determinar la eficacia de los recursos indicados por el Estado porque hasta ahora no han operado" (párrafo 99). Todo ello, ignorando totalmente la idoneidad del recurso de nulidad absoluta o amparo penal presentado por mis abogados defensores, y basándose solo en lo que dijo el Estado sobre los recursos disponibles, cómo lo advirtieron los Jueces **Ferrer Mac Gregor** y **Ventura Robles**, "simplemente mencionando todos los recursos disponibles en las distintas etapas del proceso, *pero sin referirse, específicamente, a los recursos de nulidad y de si eran éstos los recursos idóneos y efectivos*" (párrafo 36).

476. En definitiva, la sentencia de la Corte Interamericana olvidó, que si bien, como lo advirtieron los Jueces **Ferrer Mac Gregor** y **Ventura Robles** en su Voto Conjunto Negativo,

"la regla de la falta de agotamiento de los recursos internos es en interés del Estado, también representa un derecho de los individuos para que existan recursos que *amparen sus derechos fundamentales* de manera rápida y sencilla, como lo establece el artículo 25 de la Convención Americana, de tal manera que estos recursos tengan realmente efectividad para subsanar violaciones en sede nacional y evitar que se activen los órganos del sistema interamericano" (párrafo 62)

III. LA IMPROCEDENCIA DEL ALEGATO DE FALTA DE AGOTAMIENTO DE LOS RECURSOS INTERNOS LOS REPRESENTANTES DEL ESTADO, QUE SIN EMBARGO FUE ACEPTADO POR LA CORTE INTERAMERICANA

477. Como antes se ha dicho, la Excepción preliminar opuesta por el Estado respecto del supuesto no agotamiento de los recursos internos es totalmente improcedente pues al momento de formularse la acusación en mi contra, en octubre de 2005, *el único recurso judicial disponible y idóneo para la defensa de mis derechos y garantías constitucionales violados masiva y sistemáticamente por el Ministerio Público en la etapa de investigación penal*, y ante la ausencia de decisión judicial alguna en ese momento, era la solicitud de nulidad absoluta de todo lo actuado que como amparo penal formularon mis abogados defensores conforme al artículo 177 del COPP. Dicha solicitud de nulidad, como antes se argumentó extensamente, debía obligatoriamente decidirse por el juez de la causa en un lapso brevísimo de tres días, acorde con la protección constitucional, sin la necesaria presencia de las partes ni del acusado, por ser una pretensión de amparo constitucional, la cual en mi caso nunca se decidió.

478. Para adoptarla, por lo demás, el juez no sólo no podía esperar que se realizara la audiencia preliminar del caso, que en este caso nunca se realizó y no por culpa mía, como el juez lo decidió, sino que conforme a la interpretación vinculante establecida por la Sala Constitucional, al juez le está vedado diferir a la audiencia preliminar la decisión de las solicitudes de nulidad absoluta por violaciones constitucionales. Por todo ello, como antes se ha precisado, la excepción alegada por el Estado era totalmente improcedente y debía ser desestimada por la Corte.

479. La Corte Interamericana, *a pesar de que "el Estado no cuestionó la efectividad" ni se "refirió que no fueran los recursos adecuados y efectivos que debían de agotarse, sino que, por el contrario, se limitó a señalar los recursos pendientes que debían agotarse en etapas posteriores"* (párrafo 53), consideró que las solicitudes de nulidad intentadas "no eran los recursos adecuados" (parágrafo 115), sin argumentación alguna. Por ello el voto negativo de los Jueces **Ferrer Mac Gregor** y **Ventura Robles**, quienes al contrario consideraron que mis abogados defensores *"[sí] utilizaron los medios de impugnación previstos en la legislación venezolana -recursos de nulidad absoluta- para poder garantizar sus derechos fundamentales en el procedimiento penal"* (párrafo 50). Dichos Jueces disidentes, indicaron además, que en este caso, precisamente:

> *"debido a la etapa procesal en la que se encontraba el procedimiento penal contra el señor Allan Brewer Carías los recursos de nulidad interpuestos eran los que debían agotarse para poder subsanar las violaciones* que se habían producido durante la etapa preliminar de investigación. *Evidentemente al no ser tramitados y mucho menos existir pronunciamiento sobre los recursos de nulidad absoluta presentados, no se podía acceder a los recursos previstos en las etapa intermedia y de juicio oral* que contempla la legislación venezolana" (párrafo 52).

480. Sobre dichas solicitudes de nulidad intentadas por mis abogados, al contrario de lo decidido por la Corte Interamericana, los Jueces **Ferrer Mac Gregor** y **Ventura Robles** en su Voto Conjunto Negativo expresaron que:

> "54. Consideramos que los dos recursos de nulidad absoluta interpuestos por la defensa del señor Brewer Carías, como lo hemos mencionado -véase *supra* párrs. 40 a 44 del presente voto- *claramente eran los recursos idóneos, adecuados y efectivos que debían agotarse en el momento procedimental en el que se encontraba el proceso penal*, pues

tenían como finalidad remediar los derechos fundamentales que hubieran sido vulnerados en la etapa de investigación; y, por lo tanto, al no ser ni siquiera tramitados ninguno de los dos recursos de nulidad interpuestos desde el 2005 se configura de manera indudable, a nuestro entender, la excepción aplicable en el artículo 46.2.c de la Convención Americana desde la perspectiva del Derecho internacional." (párrafo 54).

481. Es decir, como también lo consideraron los Jueces **Ferrer Mac Gregor** y **Ventura Robles**:

"41. Es evidente que no hubo tramitación ni respuesta a estos recursos de nulidad, *que en ese momento procesal representaban el recurso idóneo y efectivo* a la luz de la jurisprudencia histórica del Tribunal Interamericano. El pretender esperar a que se lleve a cabo la audiencia preliminar y todo el proceso, para luego impugnar la sentencia de primera instancia constituye, en definitiva, un retardo injustificado desde la perspectiva del derecho internacional, si se tiene en cuenta que han pasado más de siete años." [...]

42. Conforme lo han señalado los representantes -criterio que compartimos-, **el recurso de nulidad constituye, por su naturaleza, "el amparo en materia procesal penal"** *razón por la cual "si el recurso de amparo debe esperar, para su resolución a la celebración de una audiencia preliminar que puede diferirse indefinidamente [...] el recurso no sería en modo alguno sencillo y rápido"*.

43. En otras palabras, *el recurso de nulidad absoluta de todo lo actuado, cuando se trata de vulneración del debido proceso que involucra derechos fundamentales, como amparo en materia penal, debería ser, conforme el artículo 25 de la Convención Americana, un recurso efectivo, sencillo y rápido ante los jueces o tribunales competentes, que ampare contra actos que violen sus derechos fundamentales* reconocidos por la Constitución, la ley o la Convención.

44. Con base en las anteriores consideraciones, queda claro, a nuestro parecer, que los recursos de nulidad interpuestos por los representantes del señor Brewer en el proceso penal interno, *se constituyen en recursos idóneos y efectivos*, **incluso más efectivos que un recurso de amparo en el caso concreto** -conforme a la propia jurisprudencia de la Sala Constitucional transcrita-. [...]

482. En consecuencia, es evidente que en este caso, conforme al sistema venezolano de amparo como derecho constitucional, como bien lo comprendieron los **Jueces Ferrer Mag Gregor** y **Ventura Robles**, y no lo entendieron los jueces que conformaron la mayoría sentenciadora, mis abogados defensores agotaron el único recurso interno existente, idóneo y eficaz para la protección de mis derechos y garantías constitucionales, del cual disponían en la etapa en la cual se encontraba el proceso penal que era la del inicio de la etapa intermedia, luego de formulada la acusación fiscal, que fue la solicitud de nulidad absoluta de todo lo actuado por dichas violaciones a mis derechos, como amparo penal, lo que hicieron en la primera oportunidad procesal que tuvieron que fue conjuntamente con la contestación a la acusación. Como amparo penal, esa solicitud de nulidad absoluta debió ser resuelta por el juez de inmediato, en forma acorde con la protección o amparo constitucional solicitado, estándole proscrito al juez penal diferir su decisión a la realización de la audiencia preliminar, pues de lo contrario se desnaturalizaría el carácter de amparo penal de la solicitud. El juez penal, en este caso, nunca dispuso o decidió que prevería o decidiría el recurso de nulidad absoluta en la audiencia preliminar (ello sólo fue un argumento construido *ex post facto* por el Estado y sus agentes a los efectos del juicio ante la Corte Interamericana), y simplemente nunca lo proveyó ni tramitó, violando mi derecho a la protección judicial.

IV. LA INAPLICABILIDAD DE LA REGLA DEL PREVIO AGOTA-MIENTO DE LOS RECURSOS INTERNOS AL PRESENTE CASO, POR DARSE LAS TRES EXCEPCIONES ESTABLECIDAS EN LA CONVENCIÓN

483. Sin fundamento alguno e ignorando el régimen del amparo en la legislación venezolana, como se ha señalado, el Estado alegó extemporáneamente ante la Corte Interamericana que mis defensores supuestamente no habían agotado los recursos internos; excepción que como hemos argumentado era totalmente improcedente en este caso, porque en el proceso sí se agotó el único recurso disponible e idóneo que existía al iniciarse la etapa intermedia. Por además, para el supuesto negado de que se pudiera argumentar que habría otro recurso idóneo en el momento procesal en que se encontraba el proceso al inicio de la etapa intermedia para proteger mis derechos y garantías constitucionales, en todo caso, la regla del agotamiento de los recursos de la jurisdicción interna en este caso resultaba totalmente inaplicable en los términos del artículo 46.2 de la Convención, ya que todas las excepciones establecidas respecto de dicha regla se daban en este caso. Dichas excepciones previo agotamiento de los recursos internos, como lo precisó la propia sentencia de la Corte Interamericana son, que:

"a) no exista en la legislación interna del Estado de que se trata el debido proceso legal para la protección del derecho o derechos que se alega han sido violados; b) no se haya permitido al presunto lesionado en sus derechos el acceso a los recursos a la jurisdicción interna, o haya sido impedido de agotarlos, y c) haya retardo injustificado en la decisión sobre los mencionados recursos" (párrafo 100).

484. Precisamente por ello, el requisito del agotamiento de los recursos internos, a pesar de que oportunamente sí se ejerció el único recurso idóneo existente que era la solicitud de nulidad o amparo penal, a todo evento en este caso no se aplicaba, al existir las tres mencionadas excepciones, es decir, *primero*, en Venezuela, en la situación durante la cual se desarrolló el proceso y que persiste y con el tiempo se ha agravado, no existía garantía alguna del debido proceso legal para la protección de los derechos que se alegaron como violados por el Estado; *segundo*, no se me permitió el acceso a los recursos a la jurisdicción interna, y se me impidió agotarlos, y *tercero*, en el proceso penal hubo retardo injustificado en la decisión sobre los mencionados recursos. La conclusión de la Corte Interamericana, como se verá a continuación, fue la de acoger "la excepción preliminar, dado que considera que en el presente caso no fueron agotados los recursos idóneos y efectivos, y que no procedían las excepciones al requisito de previo agotamiento de dichos recursos," razón por la cual decidió, negándome mi derecho de acceso a la justicia, que no procedía "continuar con el análisis de fondo" (párrafo 165), protegiendo en cambio al Estado despreciador de sus decisiones.

485. Por ello, como lo advirtieron:

"con preocupación" los Jueces **Eduardo Ferrer Mac Gregor** y **Manuel Ventura Robles** en su Voto Conjunto Negativo, *"por primera vez en su historia, la Corte no entra a conocer el fondo del litigio por estimar procedente una excepción preliminar por falta de agotamiento de los recursos internos*, relacionado en este caso con los artículos 8 y 25 de la Convención Americana sobre Derechos Humanos."

486. Y lo más preocupante en este caso, fue que la Corte decidió no decidir el fondo y archivar el expediente, a pesar de que las tres excepciones a la regla del agotamiento de los recursos internos eran procedentes pues se encontraban presentes.

1. *Procedencia de la primera excepción: La inexistencia en la legislación interna del debido proceso legal para la protección de los derechos y garantías constitucionales y convencionales que fueron alegados como violados por la falta de independencia y autonomía del Poder Judicial*

487. La entidad de las violaciones a los artículos 8 y 25 de la Convención Americana que mis representantes alegaron en este caso ante la Corte Interamericana, de entrada implica que en el proceso penal desarrollado en Venezuela se me negó acceso a la justicia conforme al debido proceso legal y sin demora indebida; y ello porque como lo acotó la propia Corte Interamericana en la sentencia -pero sin juzgarla- , en Venezuela existe "una problemática estructural que afectaría la independencia e imparcialidad del poder judicial y que se sintetizaría en la sujeción del poder judicial a los intereses del poder ejecutivo" (parágrafo 103). Ello provocó, por ejemplo, la violación de la presunción de inocencia que pretendió colocarme en la situación de probar que no conspiré y que no redacté el decreto del 12 de abril, es decir, de suministrar una prueba negativa indefinida. *Es decir, se me impuso la carga de probar algo que no estaba ni estoy obligado a demostrar, pero cuando pese a todo, mis defensores intentaron hacerlo, se les negaron los medios apropiados para ello.*

488. Esa problemática estructural del Poder Judicial en Venezuela, era y es harta conocida no sólo por la Comisión Interamericana en sus Informe anuales sino incluso por la propia Corte Interamericana sobre la cual se ha pronunciado en varias sentencias; situación que ha resumido la Comisión Internacional de Juristas, en su Informe sobre *Fortalecimiento del Estado de Derecho en Venezuela* de marzo de 2014 (Ginebra, 2014), publicado antes de que la sentencia de la Corte fuera adoptada, al expresar en su Secretario General. Wilder Tayler en la Presentación del mismo lo siguiente:

"Este informe da cuenta de la falta de independencia de la justicia en Venezuela, comenzando con el Ministerio Público cuya función constitucional además de proteger los derechos es dirigir la investigación penal y ejercer la acción penal. El incumplimiento con la propia normativa interna ha configurado un Ministerio Público sin garantías de independencia e imparcialidad de los demás poderes públicos y de los actores políticos, con el agravante de que los fiscales en casi su totalidad son de libre nombramiento y remoción, y por tanto vulnerables a presiones externas y sujetos órdenes superiores.

En el mismo sentido, el Poder Judicial ha sido integrado desde el Tribunal Supremo de Justicia (TSJ) con criterios predominantemente políticos en su designación. La mayoría de los jueces son "provisionales" y vulnerables a presiones políticas externas, ya que son de libre nombramiento y de remoción discrecional por una Comisión Judicial del propio TSJ, la cual, a su vez, tiene una marcada tendencia partidista. Incluso los propios jueces "titulares" están sujetos a ser suspendidos de sus cargos sin que pese contra ellos emblemático y representativo de esta situación irregular que describimos, pues a pesar de tratarse de una jueza "titular" y de que ejecutó una recomendación del Grupo de Trabajo sobre Detenciones Arbitrarias de la ONU de someter a proceso en libertad a una persona, por ese hecho fue inmediatamente detenida en la sede misma de su tribunal por la policía de seguridad, privada de su libertad, y sometida a un absurdo y arbitrario proceso penal bajo el requerimiento expreso del entonces Presidente de la República, Hugo Chávez Frías en cadena nacional de radio y televisión. Durante su encarcelamiento con presos comunes fue víctima de tratos crueles e inhumanos. Este caso ocasionó el llamado "efecto Afiuni" con consecuencias inhibitorias y de incluso autocensura, en el resto de la judicatura venezolana devastadoras para la independencia de la justicia.

El informe da cuenta además de las restricciones del Estado a la profesión legal, incluida la intervención de colegios de abogados, la suspensión de sus elecciones internas y la imposición de la obligación de celebrar sus elecciones organizadas por las autoridades electorales del Estado, e incluso el Estado ha pretendido imponer el nombramiento de la junta directiva del colegio de abogados de Caracas.

Un sistema de justicia que carece de independencia, como lo es el venezolano, es comprobadamente ineficiente para cumplir con sus funciones propias. En este sentido en Venezuela, un país con una de las más altas tasas de homicidio en Latinoamérica y en el familiares sin justicia. Esta cifra es cercana al 98% en los casos de violaciones a los derechos humanos. Al mismo tiempo, el poder judicial, precisamente por estar sujeto a presiones externas, no cumple su función de proteger a las personas frente a los abusos del poder sino que por el contrario, en no pocos casos es utilizado como mecanismo de persecución contra opositores y disidentes o simples críticos del proceso político, incluidos dirigentes de partidos, defensores de derechos humanos, dirigentes campesinos y sindicales, y estudiantes.

489. Esa era y es, en resumen, la trágica situación del Poder Judicial en Venezuela, al cual la Corte Interamericana ha ignorado deliberadamente en su sentencia, y al contrario ha negado que exista, al haber decidido en su sentencia, aceptando la excepción preliminar de falta de agotamiento de los recursos internos, que yo debería acudir a Venezuela a agotar algunos supuestos e inexistentes recursos internos, para que se masacren todos mis derechos, incluyendo mi libertad personal, para buscar que el proceso penal avance de la "etapa temprana" a otra "etapa tardía" para en definitiva pretender buscar y obtener justicia. Es decir. La decisión de la Corte Interamericana no puede considerarse otra cosa, en sí misma, que no sea un aval dado por la misma al funcionamiento, autonomía e independencia del Poder Judicial venezolano, que la Corte considera adecuado para que un perseguido político vaya a entregarse a sus perseguidores, pierda su libertad y pueda obtener la justicia que no ha logrado en nueve años y que ahora la propia Corte le ha negado, en protección del Estado que supuestamente tiene derecho "a corregir sus errores," antes de ser llevado a la justicia internacional

490. Pero la verdad es otra, y es la de la situación trágica del Poder Judicial en Venezuela, totalmente dependiente del Poder Ejecutivo y del poder político, lo que por lo demás fue harto probada en el juicio ante la Corte, y no solo en forma general sino en relación con el proceso penal en mi contra, como antes se ha argumentado al resumir lo alegado ante la Corte. Pero en particular, en la exposición que hizo el día 3 de septiembre de 2013 en la audiencia ante la Corte, el testigo, **León Henrique Cottin**, así como en la declaración escrita que formuló ante la Corte el testigo **Rafael Odreman,** mis abogados defensores en el proceso en Venezuela, corroboran el mismo patrón de conducta que fue el seguido por los tribunales y por los órganos del poder público que intervinieron en el proceso, de violaciones sistemáticas y masivas al debido proceso. Allí destacaron, como si ello no bastara, cómo se rechazaron arbitrariamente o se ignoraron de manera palmaria pruebas relevantes ofrecidas por ellos, como lo testificaron bajo juramento ante la Corte; mientras que otras si fueron apreciadas pero de manera a todas luces distorsionada y sesgada, lo que pone en evidencia que la causa criminal emprendida en mi contra, tuvo como característica persistente la de considerarme culpable de antemano, y dejarme en estado de indefensión, por manifiesta falta de imparcialidad de los fiscales y jueces provisorios que han intervenido en el caso.

Todo ello puso de manifiesto que nunca pude ni puedo esperar razonablemente un juicio justo en Venezuela, y que no pude disponer de recursos internos eficaces para mi defensa.

491. Por todo ello, *en el presente caso, la regla del previo agotamiento de los recursos internos no era aplicable, por no existir el debido proceso legal, por no haber tenido yo acceso a ningún recurso realmente efectivo, y por la demora injustificada de resolver la nulidad absoluta solicitada que fue el único disponible y teóricamente efectivo existente al momento de iniciarse la etapa intermedia*; lo que en definitiva deriva del hecho de no existir en Venezuela un Poder Judicial autónomo e independiente.

492. En el caso, como consta del expediente y antes se ha explicado detalladamente, no sólo fui condenado de antemano, sino que me vi impedido de utilizar los recursos que normalmente deberían proveer a mi defensa dentro del proceso penal, los cuales fueron arbitrariamente desconocidos por el Ministerio Público y el sistema judicial, por la paralización del proceso por culpa de la inacción del juez de la causa. Como lo ha dicho la Corte Interamericana, en una situación semejante, pero que ignoró en este caso:

"acudir a esos recursos se convierte en una formalidad que carece de sentido. Las excepciones del artículo 46.2 serían plenamente aplicables en estas situaciones y eximirían de la necesidad de agotar recursos internos que, en la práctica, no pueden alcanzar su objeto".[111]

493. En el presente caso, y tratándose de violaciones al debido proceso legal en el marco del hostigamiento a un conocido disidente y crítico del régimen político imperante en Venezuela, por parte del Ministerio Público y del Poder Judicial, integrados por funcionarios interinos, con nombramientos provisionales, y enteramente desprovistos de independencia, las instancias domésticas demostraron su absoluta inutilidad a causa de la persistente y arbitraria negativa del Ministerio Público y de los diversos jueces que conocieron de la causa criminal incoada n mi contra, de admitir y dar curso a los medios de prueba y recursos que fueron promovidos por mis abogados defensores para proveer a mi adecuada defensa en los términos del artículo 8 de la Convención, y porque, además, el paródico proceso desarrollado en mi contra y contra los otros acusados, nunca avanzó desde octubre de 2005, pues en dicho proceso no sólo no se decidió la solicitud de nulidad absoluta intentada oportunamente en amparo de mis derechos y garantías constitucionales masivamente violados, sino que por supuesto, nunca se verificó siquiera la audiencia preliminar, que requería previamente dicha decisión; demora que en ningún caso fue por causas que me pudieran ser atribuidas, como quedó demostrado en el proceso.

---

111 Corte IDH, *Caso Velázquez Rodríguez. Fondo*; *cit.*, ¶ 68; Corte IDH, *Caso Godínez Cruz. Fondo*; cit., ¶ 71.

494. Sin embargo, esa parálisis atribuible exclusivamente al Estado, insólitamente es invocada por el mismo Estado, como justificación para no resolver la nulidad absoluta solicitada de las actuaciones del Ministerio Público, *cuando al juez le está vedado por decisión de la Sala Constitucional diferir para la audiencia preliminar la decisión de la petición de nulidad absoluta, como antes se ha argumentado.* Todo ello configuraba el supuesto de aplicación de las tres excepciones al requisito del previo agotamiento de los recursos internos, contempladas en los artículos 46(2) de la Convención y 31(2) del Reglamento: la falta de debido proceso de ley, le negación de acceso a la justicia, y el retardo indebido, que en este caso hace completamente inaplicable la regla antes mencionada.

495. Mis representantes ante la Corte Interamericana también invocaron a todo evento, el reconocido principio de la jurisprudencia interamericana de que no hay que agotar recursos ineficaces. Este principio ha sido elaborado por la Corte Interamericana, según la cual *"la salvaguarda de la persona frente al ejercicio arbitrario del poder público es el objetivo primordial de la protección internacional de los derechos humanos"*. Esto explica que el fundamento de las excepciones a la exigencia del previo agotamiento de los recursos internos en el presente caso coincide en buena medida con las violaciones a la Convención que mis representantes denunciaron. A este respecto, mis representantes recordaron que la propia Corte Interamericana de Derechos Humanos ya había observado que,

> *"...la fundamentación de la protección internacional de los derechos humanos radica en la necesidad de salvaguardar a la víctima del ejercicio arbitrario del poder público.* **La inexistencia de recursos internos efectivos coloca a la víctima en estado de indefensión y explica la protección internacional.** *Por ello, cuando quien denuncia una violación de los derechos humanos aduce que no existen dichos recursos o que son ilusorios, la puesta en marcha de tal protección puede* **no sólo estar justificada sino ser urgente.** *En esos casos no solamente es aplicable el artículo 37.3 del Reglamento de la Comisión, a propósito de la carga de la prueba, sino que la oportunidad para decidir sobre los recursos internos debe adecuarse a los fines del régimen de protección internacional."*[112] (Énfasis añadidos).

496. En ese contexto, la Corte también ha interpretado que:

> *"... para que tal recurso exista, no basta con que esté previsto por la Constitución o la ley o con que sea formalmente admisible, sino que se requiere que sea realmente idóneo para establecer si se ha incurrido en una violación a los derechos humanos y proveer lo necesario para remediarla.* **No pueden considerarse efectivos aquellos recursos que, por**

---

112 Corte IDH: *Caso Velásquez Rodríguez. Excepciones Preliminares; cit.* ¶ 93; Corte IDH, *Caso Godínez Cruz. Excepciones preliminares; cit.* ¶ 95.

las condiciones generales del país o incluso por las circunstancias particulares de un caso dado, resulten ilusorios. Ello puede ocurrir, por ejemplo, cuando su inutilidad haya quedado demostrada por la práctica, porque el Poder Judicial carezca de la independencia necesaria para decidir con imparcialidad o porque falten los medios para ejecutar sus decisiones; por cualquier otra situación que configure un cuadro de denegación de justicia, como sucede cuando se incurre en retardo injustificado en la decisión; o, por cualquier causa, no se permita al presunto lesionado el acceso al recurso judicial. "[113]

497. Por su parte, Comisión Interamericana también ha dicho que la víctima no dispone de recursos internos en un cuadro de *"inoperancia del sistema judicial para resolver su situación,"*[114] lo cual ocurre, entre otras situaciones, cuando está establecida su corrupción o su *"falta de independencia."*[115] Mis representantes alegaron extensamente ante la Corte sobre las consecuencias adversas respecto de la independencia judicial, el hecho de que la mayoría de los jueces y juezas de Venezuela tenga un estatus provisorio o temporal, como fue el caso de *absolutamente todos los jueces* que conocieron de mi caso.

498. Y esta fue precisamente, la conclusión a la cual llegó la Comisión Interamericana de Derechos Humanos en este caso, expresada en las *Observaciones Finales* formuladas por el Dr. **Felipe González** en la audiencia del día 4 de septiembre de 2013 ante la Corte al señalar:

"un cúmulo de información disponible actualmente que indica deficiencias estructurales en el debido proceso y su afectación a este caso, a este respecto en caso de que la honorable Corte decida analizar la excepción de falta de agotamiento de recursos internos a la luz de la informa-

---

113 Corte IDH: *Garantías judiciales en estados de emergencia* (arts. 27.2, 25 y 8 Convención Americana sobre Derechos Humanos). Opinión Consultiva OC-9/87 del 6 de octubre de 1987. Serie A N° 9; ¶ 24. Igualmente, Corte IDH, *Caso Bámaca Velásquez Vs. Guatemala.* Fondo. Sentencia de 25 de noviembre de 2000. Serie C N° 70; ¶ 191; Corte IDH, *Caso Tribunal Constitucional Vs. Perú. Fondo, Reparaciones y Costas.* Sentencia de 31 de enero de 2001. Serie C N° 71, ¶ 90; Corte IDH, *Caso Bayarri Vs. Argentina.* Excepción Preliminar, Fondo, Reparaciones y Costas. Sentencia de 30 de octubre de 2008. Serie C N° 187, ¶ 102; Corte IDH, *Caso Reverón Trujillo Vs. Venezuela.* Excepción Preliminar, Fondo, Reparaciones y Costas. Sentencia de 30 de junio de 2009. Serie C N° 198, ¶ 61; Corte IDH, *Caso Usón Ramírez Vs. Venezuela.* Excepción Preliminar, Fondo, Reparaciones y Costas. Sentencia de 20 de noviembre de 2009. Serie C N° 207, ¶ 129; Corte IDH. *Caso Abrill Alosilla y otros Vs. Perú.* Fondo Reparaciones y Costas. Sentencia de 4 de Marzo de 2011. Serie C N° 223, ¶ 75.

114 CIDH: Caso *Elvis Gustavo Lovato Rivera.* Informe N° 5/94. Informe Anual de la Comisión Interamericana de Derechos Humanos 1993; *Consideración* N° 5, párrs. f y h; pp. 187 y ss.

115 *Ibíd.*

ción disponible a la fecha, la Comisión subraya que trazado y conocido el fondo del asunto se encuentra firmemente posesionada para señalar la ausencia de garantías mínimas al debido proceso en el caso seguido al Sr. Brewer Carías.

Son tres los principios fundamentales en que los descasan todas las reglas al debido proceso, *la independencia e imparcialidad, la oportunidad de ejercer la defensa y la presunción de inocencia.* Como explicara la Comisión más adelante *ninguno de estos tres principios se encuentran presentes, ni un prima facie, en el proceso que la Corte esta llamada a conocer. Esta situación por si misma exime al Sr. Brewer Carías de esperar la culminación del proceso penal interno para acceder a los órganos del sistema interamericano, especialmente cuando a intentado alegar las falencias al debido proceso a través de todos los recurso disponibles en las diferentes etapas a las que se ha llegado hasta ahora en la investigación penal en Venezuela.*

Para concluir con este aspecto la Comisión destaca que a lo largo del trámite Interamericano el Estado de Venezuela no ha logrado satisfacer la carga argumentativa y probatoria que le corresponde según la jurisprudencia reiterada de esta Corte y el reglamento de la Comisión. El Estado ha mencionado en abstracto las etapas procesales y los respectivos recursos regulados en el Código Procesal Penal esto sería relevante si los alegatos de los representantes se limitaran a la inexistencia de recursos, sin embargo el problema planteado tiene un carácter estructural [...] una situación de hecho del poder judicial que va mucho mas allá de la regulación abstracta del proceso penal. *Al día de hoy el Estado no ha aportado argumento tendiente a desvirtuar los elementos estructurales de esta situación de hecho que ha estado vigente desde el inicio del proceso penal que continua hasta la fecha y que ha tenido implicancias muy específicas en la persecución penal del Sr. Brewer Carías.*

La Comisión concluye entonces de este respecto que: primero, las determinaciones del informe de admisibilidad se basaron en la información disponible en dicha etapa y bajo un estándar de apreciación prima facie, y segundo que la información disponible a la fecha actual confirma que *las deficiencias estructurales del poder judicial venezolano no han sido efectuadas por el Estado y que las mismas han tenido claras implicaciones en el proceso penal del Sr. Brewer Carías, así la aplicación de las excepciones al agotamiento de los recursos internos se encuentra aún más justificada.*"

499. En el presente caso, como resulta de las conclusiones de la Comisión, y está probado en autos, concurren todas las circunstancias descritas en la antes citada jurisprudencia de la Corte sobre la inaplicabilidad de plano de la regla del agotamiento de los recursos internos. Las *"condiciones generales del país"* revelan *la existencia de un Sistema Judicial y de un Ministerio Público carentes ambos de independencia y sujetos a la voluntad política del régimen* que construyó, destruyendo. Los jueces no tienen, pues, ni por asomo, *"la independencia necesaria para decidir con imparcialidad."* Asimismo, *"las circunstancias particulares"* de mi caso muestran que los recursos internos, por inútiles e inefectivos *"resultan ilusorios"*, entre otras razones, porque la actuación arbitraria y hostil del Ministerio Público y de los jueces provisorios que conocieron del proceso penal en mi contra, configuran *"un cuadro de denegación de justicia."* Todo ello comporta que el sistema judicial venezolano actual es *inoperante* para *resolver la situación* de las graves violaciones al debido proceso de las que he sido víctima, puesto que es el sistema judicial mismo, con los vicios de que padece, la fuente de las violaciones de los derechos humanos a las que se refiere el presente caso.

500. En esta apreciación, coincidió, por ejemplo, la Dra. **Amira Esquivel**, ex Directora de la Oficina de Derechos Humanos de la Cancillería de Chile en el *Amicus curiae* que presentó ante la Corte Interamericana en fecha 19 de agosto de 2013, en el cual indicó:

"5.2- En el caso en análisis, los representantes del Profesor Brewer han alegado que los fiscales y jueces que han actuado en su imputación y acusación, son funcionarios *"provisorios"* y que han sido sustituidos toda vez que sus decisiones no fueron del agrado de los perseguidores.

Al respecto, denuncian que la investigación del proceso en el cual está incluida la causa contra el Profesor Allan Brewer Carías estuvo en primer término a cargo del fiscal *"provisorio"* **José Benigno Rojas,** quien no formuló imputaciones. Ante este Fiscal, con fecha 9 de julio 2002, el testigo don Jorge Olavarría presentó un escrito de testimonio señalando que Brewer Carías no redactó el "Decreto Carmona". Un mes y días después el Fiscal Benigno fue sustituido por el fiscal *"provisorio"* **Danilo Anderson** quien tampoco formuló imputaciones y quien fue asesinado, crimen cuyos autores intelectuales aún no se conocen. El Fiscal Anderson fue reemplazado por la también fiscal *"provisoria"* **Luisa Ortega Díaz**, hoy Fiscal General de la República.

En cuanto al órgano jurisdiccional, originariamente el caso le fue asignado a **Josefina Gómez Soza**, Jueza *"temporal"* Vigésimo Quinta de Control, la que fue sustituida por el Juez de control **Manuel Bognano**, también *"temporal"*, el cual fue suspendido el 29 de junio de 2005 por haber oficiado al Fiscal Superior informando irregularidades en la investigación conducida por la Fiscal que tenía el caso en esa época **Luisa Ortega Díaz.** Asimismo fueron destituidos **dos miembros de la Corte de Apelaciones que votaron a favor de la decisión apelada respecto a la revocatoria de las órdenes de prohibición de salida del país.** Lo que se resalta por los abogados defensores es la coincidencia de las destituciones citadas con las resoluciones favorables a los imputados.

5.3.- Los hechos relatados se encuentran probados en el *caso "Brewer Carias vs Venezuela"*, según da cuenta el informe de fondo de la Comisión y demuestran la violación flagrante de la garantía de independencia e imparcialidad del tribunal contenida en el art. 8.1

de la Convención Americana de Derechos Humanos, hechos no fueron desvirtuados por el estado venezolano."

501. Ante la Corte Interamericana, por lo demás, como se explicó anteriormente, mis representantes argumentaron en forma extensa sobre la *ausencia de independencia e imparcialidad de los fiscales y jueces* en Venezuela, al denunciar la violación de mi derecho al juez independiente e imparcial consagrado en la Convención Americana, como antes se ha expuesto. Sobre ello, además, abundaron las explicaciones dadas en muchos importantes *Amicus curiae* presentados ante la Corte en los cuales se ahondó sobre el tema. Y como hemos dicho, además, la Corte Interamericana también ha tenido ocasión de formarse un juicio sobre la situación de falta de independencia del Sistema Judicial venezolano, en el examen de varios casos venezolanos que se han sometido a su jurisdicción, referidos a *hechos que ocurrieron en la misma época y bajo parecidas circunstancias a las que han acompañado a la parodia judicial escenificada en mi contra.* Un hecho que ha subrayado la Corte ha sido el régimen de libre remoción de los Jueces, que mina la independencia judicial. En sentencia del año 2009, cuyos hechos abarcan la totalidad del tiempo durante el cual se han venido configurando que los hechos lesivos contra mis derechos humanos, la Corte Interamericana en efecto verificó que

"...desde agosto de 1999 hasta la actualidad, los jueces provisorios no tienen estabilidad en el cargo, son nombrados discrecionalmente y **pueden ser removidos sin sujeción a ningún procedimiento preestablecido.** Asimismo, en la época de los hechos del presente caso, el porcentaje de jueces provisorios en el país alcanzaba aproximadamente el 80%. En los años 2005 y 2006 se llevó a cabo un programa por medio del cual los mismos jueces provisorios nombrados discrecionalmente lograron su titularización. La cifra de jueces provisorios se redujo a aproximadamente 44% a finales del año 2008.[116] (*Énfasis agregado*).

502. Un año más tarde, la Corte confirmó sus conclusiones en una sentencia de 2010, así:

"... *en el 2010 el Poder Judicial tenía un porcentaje de jueces provisorios y temporales de aproximadamente el 56%, conforme a lo señalado en el discurso de la Presidenta del TSJ, porcentaje que en la época de los hechos del presente caso alcanzó el 80% (...). Esto, además de generar obstáculos a la independencia judicial (...), resulta particularmente relevante por el hecho de que Venezuela no ofrece a dichos jueces la ga-*

---

116 Corte IDH, *Caso Reverón Trujillo vs. Venezuela*. Sentencia de 30 de junio de 2009. Serie C N° 198. ¶ 106.

rantía de inamovilidad que exige el principio de independencia judicial.[117]

503. En el detenido análisis sobre la provisionalidad judicial en Venezuela, que hizo la Corte en los casos *Apitz Barbera, Reverón Trujillo* y *Chocrón Chocrón,* la misma destacó que los nombramientos provisionales, en virtud de la extensión en el tiempo de la provisionalidad de los jueces *y* del *"hecho de que la mayoría de los jueces se encuentren en dicha situación, generan importantes obstáculos para la independencia judicial."*[118] Dicha obstaculización a la independencia judicial, agregó la Corte, *"resulta particularmente relevante por el hecho de que Venezuela no ofrece a dichos jueces la garantía de inamovilidad."*[119] Desde ese cuadro, la Corte extrajo conclusiones que resultaban plenamente aplicables al presente caso:

"... algunas de las normas y prácticas asociadas al proceso de reestructuración judicial que se viene implementando en Venezuela, por las consecuencias específicas que tuvo en el caso concreto, **provoca una afectación muy alta a la independencia judicial.**[120] (Énfasis agregado).

... la libre remoción de jueces fomenta la duda objetiva del observador sobre la posibilidad efectiva de aquellos **de decidir controversias concretas sin temor a represalias.**[121] (Énfasis agregado).

504. El Estado, tanto en su *Escrito de Contestación* como en las intervenciones de sus representantes, testigos y peritos ante la Corte, no solamente no desmintió los hechos sobre los que mis representantes fundaron, a la luz de la jurisprudencia interamericana, *la falta de independencia del Sistema Judicial y el Ministerio Público* de Venezuela, sino que, por el contrario, la *confirmaron*. En efecto, la representación del Estado intentó formular un largo alegato sobre la independencia del Sistema Judicial venezolano, trascribiendo largamente diversas disposiciones de Derecho interno (pp. 120 a 139; 148 a 191, *Escrito de Contestación*), sin aportar, sin embargo, ningún hecho que pudiera demostrar su aplicación en la práctica. Lo mismo puede decirse del régimen de concursos para el ingreso a la carrera judicial dispuesto por la Constitución, con respecto al cual los representantes del Estado se limitaron a hacer

---

117 Corte IDH, *Caso Chocrón Chocrón Vs. Venezuela. Excepción Preliminar, Fondo, Reparaciones y Costas.* Sentencia de 1 de julio de 2011. Serie C N° 227, ¶110.

118 Corte IDH, *Caso Apitz Barbera y otros, cit.*; párr. 43; Corte IDH, *Caso Reverón Trujillo, cit.*; ¶ 118; Corte IDH, *Caso Chocrón Chocrón, cit.*, ¶ 107.

119 Corte IDH, *Caso Reverón Trujillo, cit.*; ¶ 121; Corte IDH, *Caso Chocrón Chocrón, cit.*, ¶ 110.

120 Corte IDH, *Caso Reverón Trujillo, cit.*; párr. 127.

121 Corte IDH, *Caso Apitz Barbera y Otros, cit.*, párr. 44. La Corte relacionó este *dictum* con los Principios 2, 3 y 4 de los *Principios Básicos de las Naciones Unidas, Unidas Relativos a la Independencia de la Judicatura.* La Corte repitió la misma formulación, nuevamente en un caso relativo a Venezuela, en Corte IDH, *Caso Reverón Trujillo, cit.*, párr. 78; Corte IDH, *Caso Chocrón Chocrón, cit.*, párr. 99.

una prolija descripción de requisitos y pruebas que deberían aprobar los aspirantes (pp. 140 a 148, *Escrito de Contestación*), pero en nada informaron sobre cuántos de los jueces titulares han ingresado por concurso, ni la fecha de su celebración, y se omitió además *el hecho de que en realidad dichos concursos hasta el presente nunca se desarrollaron sistemáticamente en el país.*

505. Por el contrario, los pocos hechos concretos que aportaron los representantes del Estado no hicieron más que *reconocer y confirmar las denuncias formuladas por mis representantes sobre la inestabilidad total de los jueces provisorios y temporales*, sometidos a un régimen de libre designación y remoción, *sin que medie un procedimiento administrativo que preceda su remoción*, y que no les permite tan siquiera conocer la causa por la que son removidos (pp. 157 a 162; 191, *Escrito de Contestación*). Mis representantes destacaron específicamente dos de esos hechos, *que pidieron formalmente a la Corte que diera por probados*:

- La completa ausencia de garantía de estabilidad y permanencia de los jueces y juezas provisorios, lo que se comprueba en la jurisprudencia que citaron los representantes del Estado, de la Sala Constitucional y la Sala Político Administrativa del Tribunal Supremo de Justicia (pp. 158-160, *Escrito de Contestación*), que complementa y confirma la que alegaron mis representantes, en la cual se concluye que *"La ausencia de garantía de estabilidad y permanencia de los jueces y juezas provisorios, se encuentra plena y legítimamente justificada. (p. 160, Escrito de Contestación,* Negritas y subrayado del original).

- La existencia en Venezuela de 1949 jueces: 1028 provisorios; 57 especiales; 191 temporales; 673 titulares (p. 191, *Escrito de Contestación*). En palabras del propio Estado, esto significaría que *"(l)a cantidad de Jueces y Juezas titulares corresponde al 31%*[122] *por ciento del universo de jueces y juezas en Venezuela"* (p. 192). Es decir, ese es el porcentaje de los jueces venezolanos que goza de estabilidad, mientras que los demás pueden ser libremente removidos.

- La no aplicación en la actualidad de las normas que en 2010 se intentaron establecer para dar cierta garantía de estabilidad a los jueces provisorios. Ello se confirma con la sentencia de la Sala Constitucional del Tribunal Supremo de Justicia de mayo de 2013, mediante la cual *se suspendieron los efectos de las normas de la Ley del Código de Ética del Juez de 2010, mediante las cuales se quizo extender a los jueces provisorios cierto grado de estabilidad.*

---

122 En realidad el porcentaje es más bien el 34.53%, pero ese error aritmético en nada cambia el resultante volumen desproporcionado e irrazonable de jueces y juezas sometidos a un régimen de libre remoción.

506. Algo similar ocurrió con la exposición de la representación del Estado con respecto a la independencia del Ministerio Público. Luego de una minuciosa transcripción de normas jurídicas y del programa de formación de fiscales (pp. 192 a 209, *Escrito de Contestación*), no se aportó nada concreto sobre cómo todo ello ha influido en la estabilidad de los fiscales del Ministerio Público. Por el contrario, sin contradecir lo que a este respecto denunciaron mis representantes y luego de admitir que *"para subsanar la ausencia de Fiscales de Carrera y cumplir con las demandas de la población en cuanto al ejercicio de las atribuciones del Ministerio Público, el o la Fiscal General de la República solamente puede designar de forma provisoria o interina a dichos funcionarios"* (p. 193, *Escrito de Contestación*), la *Contestación del Estado* concluyó afirmando que *"durante los meses de octubre 2011 y marzo de 2012, se llevó a cabo el "Primer Concurso Público de Oposición Para el Ingreso a la Carrera Fiscal",* **siendo designadas las _dos primeras_ Fiscales de carrera del Ministerio Público,** *a saber las Fiscales Trigésima Séptima (37) y Cuadragésima Segunda (42) del Ministerio Público de la Circunscripción Judicial del Área Metropolitana de Caracas"* (pp. 203 y 204, *Escrito de Contestación,* énfasis y subrayado añadidos). Es decir, que la representación del Estado *confesó ante la Corte Interamericana que en Venezuela sólo existían ¡dos fiscales de carrera!*

507. Toda esta situación fue corroborada formalmente ante la Corte en el escrito presentado por la Dra. **Santa Palella Stracuzzi**, como testigo presentada por el Estado y contentivo de su declaración testimonial de fecha 26 de agosto de 2013, en el cual se confirmó, en resumen lo siguiente:

a. Que fue en la Ley del Ministerio Público de 2007 cuando se creó la carrera del funcionario del Ministerio Público y se estableció la necesidad de que para ser fiscal de carrera se debían aprobar concursos de credenciales y de oposición.

b. Que sólo fue en 2008 cuando se creó la Escuela de Fiscales del Ministerio Público;

c. Que hasta 2013 se han realizado seis (6) convocatorias a programas de selección para el ingreso a los programas de formación para ingresar a la carrera fiscal, lo cual sólo se puede realizar por concurso público;

d. Que en 2011 se realizó el primer concurso público para el ingreso a la carrera fiscal, habiendo ingresado dos fiscales de carrera;

e. Que en 2013 se realizó el segundo concurso e ingresaron dos fiscales a la carrera judicial.

508. Esta realidad, por lo demás, también fue corroborada ante la Corte por el testigo **Néstor Castellanos**, en su declaración, al precisar que en Venezuela *sólo existen cuatro fiscales de carrera,* lo que incluso supera lo que mis representantes alegaron ante la Corte, razón por lo cual pidieron que la misma lo tuviera por probado.

509. Todo lo anterior demuestra la debilidad institucional intrínseca de la independencia del juez venezolano, que se presta para que el sistema de justicia sea desvirtuado y utilizado por los factores de poder que tiene en sus manos la destitución discrecional de jueces y fiscales; perversión que ha estado presente en la arbitraria y enconada persecución en mi contra. En todo caso, debe destacarse que la magnitud de la descomposición del Sistema Judicial Venezolano, incluso se puso crudamente al descubierto con su reconocimiento público por uno de los cabecillas de la sombría maquinaria que recibía y transmitía "órdenes superiores" para criminalizar a ciudadanos mal vistos por el régimen. Se trata de las declaraciones públicas del ex Magistrado del Tribunal Supremo de Justicia, **Eladio Aponte Aponte**. El señor Aponte es un general de un cuerpo de la Fuerza Armada venezolana conocido como Guardia Nacional Bolivariana, quien se desempeñó como Fiscal Militar y luego, durante varios años como Presidente de las Sala Penal del Tribunal Supremo de Justicia. El Magistrado general Aponte Aponte era una conspicua pieza del sistema de control judicial y de criminalización de la disidencia por parte del Gobierno venezolano. Dicho magistrado fue destituido por la Asamblea Nacional, tras lo cual se trasladó a los Estados Unidos, donde confesó públicamente con sorprendente desfachatez,[123] diversas facetas de su conducta como juez, las cuales además de ser en sí mismas repulsivas, revelan con extraordinaria crudeza la trágica situación del Poder Judicial en Venezuela, y la demolición, y más que eso, la pulverización del principio de la separación de poderes que se ha producido en el país bajo la vigencia de la Constitución de 1999, confesada por uno de sus artífices. Esas gravísimas y reveladoras declaraciones ponen al descubierto la profunda corrupción política del Sistema Judicial y la vulnerabilidad de los jueces a las presiones de las altas esferas del gobierno, bajo pena de destitución. Mis representantes trascribieron y comentaron dichas declaraciones en los alegatos ante la Corte, y sobre las mismas, el testigo-perito presentado por el Estado, **Néstor Castellanos**, con veinte años de experiencia en el poder judicial, en su declaración ante la Corte a una pregunta del profesor Pedro Nikken sobre el tema de la ausencia de independencia del Poder Judicial, se limitó a decir que era una cuestión "muy subjetiva," y que sólo podía referirse a su experiencia.

510. En todo caso, semejante marco institucional del deterioro del poder judicial basta para establecer en mi caso la vulneración general al debido proceso. Como lo ha reiterado en numerosas ocasiones la propia Corte Interamericana, *"uno de los objetivos principales que tiene la separación de los*

---

123 En una entrevista dada a la periodista Verioska Velasco para una emisora de televisión de Miami, USA (SoiTV). El texto de las declaraciones ha sido tomado de la transcripción hecha por la estación de SoiTV, publicada en *El Universal*, Caracas 18-4-2012, disponible en: http://www.eluniversal.com/nacional-y-politica/120418/historias-secretas-de-un-juez-en-venezuela. Copia de la transcripción está en el **Anexo 103**. Se puede obtener el video en http://www.youtube.com/watch?v= uYIbE-EGZZ6s.

poderes públicos es la garantía de la independencia de los jueces,"[124] lo que viene a subrayar una vez más el vínculo entre la independencia judicial y el Estado de Derecho. Sobre el contraste de la situación en Venezuela, y en particular con lo ocurrido en el proceso penal en mi contra, los profesores **Pablo Ángel Gutiérrez Colantuono y Henry Rafael Henríquez Machado** en el *Amicus curiae* presentado ante la Corte, indicaron:

> "El caso del profesor Allan Randolph Brewer Carías nos parece absolutamente preocupante ya no exclusivamente como violación de los derechos constitucionales a un ciudadano del continente americano, lo que de suyo, es gravísimo, sino como mensaje que se envía a los Poderes Públicos del continente, que no es otro que la imposición de un estado de Discrecionalidad Total en el que se genere un proceso de refundición de los poderes que tiende a la eliminación del principio de Separación de los Poderes Públicos preconizado por Locke, Hobbes, Rousseau y Montesquieu, tal y como fue afirmado por la entonces presidenta del Tribunal Supremo de Justicia de Venezuela Dra. Luisa estela Morales de Lamuño, quien el 5 de diciembre de 2009, declaró: *"...No podemos seguir pensando en una división de poderes porque eso es un principio que debilita al Estado..."* (*El Universal*, Caracas Venezuela. 5/12/2009)"

511. En todo caso, es obvio que el tema no es el de una mera separación de una rama del Poder Público, sino de alcanzar y proteger la plena independencia de la conciencia del juez para decidir su recta interpretación del derecho y conocimiento de lo alegado y probado ante su autoridad. En un caso relativo a la destitución de una jueza provisoria en Venezuela, la Corte recordó que:

> *"(e)l principio de independencia judicial constituye uno de los pilares básicos de las garantías del debido proceso, motivo por el cual debe ser respetado en todas las áreas del procedimiento y ante todas las instancias procesales en que se decide sobre los derechos de la persona".*[125] (Énfasis añadido).

512. La jurisprudencia reiterada de la Corte Interamericana ha sido clara sobre la función crucial que cumple la idoneidad del juez o tribunal para la existencia del debido proceso y, en general, del Estado de Derecho mismo. La independencia, ha afirmado categóricamente la Corte, es *"esencial para el ejercicio de la función judicial".*[126] La independencia es, en efecto, *esencial*

---

124 Corte IDH, *Caso del Tribunal Constitucional Vs. Perú.* Sentencia de 31 de enero de 2001. Serie C N° 71, ¶ 73; Corte IDH, *Caso Apitz Barbera y otros, cit.*, ¶ 55; Corte IDH, *Caso Reverón Trujillo, cit.*, ¶ 67; Corte IDH, *Caso Chocrón Chocrón, cit.*, ¶ 97.

125 Corte IDH, *Caso Reverón Trujillo Vs. Venezuela, cit.*, ¶ 68.

126 Corte IDH, *Caso Herrera Ulloa Vs. Costa Rica.* Sentencia de 2 de julio de 2004. Serie C N° 107, ¶ 171; Corte IDH, *Caso Palamara Iribarne, cit.*, ¶ 145; Corte IDH, *Caso Reverón Trujillo Vs. Venezuela, supra* nota 12, ¶ 67; Corte IDH, *Caso Chocrón Chocrón, cit.*, ¶ 973.

para que un tribunal encargado de dirigir el proceso al que se refiere el artículo 8 de la Convención pueda ser tenido como tal, como *esenciales* son también su competencia y su imparcialidad. En realidad, el tribunal *competente, independiente e imparcial al que se alude el artículo 8, es el único tribunal concebible para hacer valer el debido proceso del artículo 8, el recurso judicial efectivo del artículo 25 de la Convención*, y toda instancia procesal en la que las garantías judiciales deben respetarse.

513. En una dirección similar, de nuevo en un caso relativo a Venezuela, la Corte Interamericana llegó a la conclusión de que la falta de competencia e imparcialidad vulneran la esencia de un tribunal, al punto que los actos y decisiones que adopte quedan radicalmente privados de efectos jurídicos:

"...el Tribunal considera que al haber declarado ya que el señor Usón Ramírez fue juzgado y condenado por tribunales que carecen de competencia e imparcialidad para ello (*omissis*), se está ante **un procedimiento viciado desde su origen**, lo cual implica que el señor Usón Ramírez **no tuvo acceso a las garantías judiciales**, por lo que el Tribunal considera innecesario referirse a las otras violaciones alegadas en relación con dichas garantías establecidas en el artículo 8.2 de la Convención".[127]

514. Mis representantes en el proceso ante la Corte Interamericana argumentaron y aportaron pruebas sobre la *dependencia endémica del Sistema Judicial venezolano*, particularmente a causa de su vulnerabilidad respecto de otras esferas de poder de donde depende su permanencia en el cargo; habiendo subrayado en este caso ante la Corte, que la totalidad de los jueces y fiscales que actuaron en la causa en mi contra <u>fueron provisorios</u>. El temor a las represalias contra ellos, como provisorios, se originaron, en primer lugar, en las numerosas manifestaciones de altos funcionarios del Estado, que incluyeron las cabezas del Poder Judicial y del Ministerio Público, en las que afirmaron mi culpabilidad en los hechos que falazmente se le atribuyeron; manifestaciones que son muestra de otras tantas violaciones a la presunción de inocencia y a la imparcialidad que debían observar esos funcionarios; sin embargo, es también evidente que ellas constituyeron otros tantos mensajes para fiscales y jueces provisorios, que no podían fallar de acuerdo a Derecho y con arreglo a su conciencia aquello que pudieran imaginar como desfavorable al gobierno, si es que deseaban continuar en sus cargos.

515. *En este caso, mis representantes ante la Corte no se refirieron a una especulación abstracta*, ni a la consideración sobre cómo un estado de cosas general (la provisionalidad de jueces y fiscales) pudo influir sobre la independencia de los funcionarios judiciales que intervinieron en el enjuiciamiento en mi contra. *Efectivamente, como lo destacaron mis representantes ante la Corte Interamericana, se tomaron represalias contra jueces que*

---

127 *Usón* C207/09, ¶ 124. Esto tiene un antecedente similar en Corte IDH, *Cantoral Benavides Vs. Perú*, Fondo, 18-VIII-2000, Serie C 69, ¶ 115.

adoptaron decisiones que me pudieron haber favorecido directa o indirectamente o proveer a la mejor defensa de mi causa:

- El proceso en el cual está incluida la causa seguida en mi contra, comenzó a ser conocido por la **jueza Josefina Gómez Sosa** (jueza **temporal** 25°), a quien le fue presentado, detenido, el Sr. Pedro Carmona Estanga. En el curso del proceso, a solicitud de la Fiscal provisoria Sexta, la jueza provisoria Gómez Sosa decretó la prohibición de salida del país de varios ciudadanos investigados por su presunta participación en los hechos investigados (firma del Decreto). Estos ciudadanos apelaron de esa medida y la Sala 10 de la Corte de Apelaciones en fecha 31 de enero de 2005 la revocó por considerar que no había sido suficientemente motivada por la jueza provisoria que la dictó, aunque uno de los tres integrantes de dicha Sala salvó su voto considerando que la decisión apelada sí estaba suficientemente motivada. Pues bien, de inmediato, mediante Resolución N° 2005-0015 de fecha 3 de febrero de 2005, la Comisión Judicial del Tribunal Supremo de Justicia *suspendió de sus cargos* a los dos jueces de la Corte de Apelaciones que votaron por la nulidad de la decisión apelada, así como a la jueza provisoria Gómez Sosa, autora de la decisión presuntamente inmotivada.

- La jueza temporal Gómez Sosa, suspendida, fue sustituida por el **juez** temporal **Manuel Bognanno**. En una oportunidad, éste ordenó a la Fiscal Provisoria Sexta que expidiera a mis defensores las copias de las actuaciones del expediente que habían solicitado, entre ellas, las de ciertos videos que contenían supuestas declaraciones de periodistas que supuestamente me incriminaban. La Fiscal provisoria Sexta solicitó la nulidad de esa actuación. Más tarde, en otra incidencia, el juez temporal Bognanno pidió a la Fiscal Sexta que le remitiera el expediente, y ésta, en lugar de acatar al juez provisorio, lo increpó solicitándole una explicación del por qué le pedía el expediente. Ante esa situación, el juez temporal Bognanno ofició al Fiscal Superior para ponerlo en conocimiento de la irregularidad en la que estaba incurriendo la Fiscal provisoria Sexta. Pues bien, a los pocos días *el juez temporal Bognanno fue removido de su cargo, dejándose "sin efecto su nombramiento en razón a las observaciones que fueron formuladas ante este Despacho"*. La Fiscal Sexta nunca remitió al Tribunal el expediente solicitado y el nuevo juez se desentendió de tal requerimiento.

516. Es así como, *en el curso del proceso en mi contra, se destituyeron dos jueces de primera instancia y dos miembros de una Corte de Apelaciones* con ocasión, o inmediatamente después, de haber adoptado decisiones que podían considerarse favorables a los encausados, incluyéndome. Esas destituciones, desde luego, fueron decididas *discrecionalmente,* conforme lo ha pautado el Tribunal Supremo de Justicia, sin el debido proceso para los afectados y sin que se conozcan, al menos en el caso del Juez **Bognanno**, las causas formales que pudieron servir de pretexto a la destitución encubierta por el cese de efectos de su nombramiento *"en razón a las observaciones que fueron formuladas ante este Despacho"*. Las remociones en sí mismas, sumadas al efecto demostración que ellas generan hacia otros jueces, en virtud del *temor a represalias* ya aludido por la propia Corte Interamericana en su jurisprudencia, me privaron de la condición más esencial del debido proceso, como lo es la existencia de un juez independiente e imparcial. De no haberlo, el debido proceso quedó vulnerado ontológicamente, porque la independencia es "esencial para el ejercicio de la función judicial".[128] Como lo ha dicho la Corte, precisamente en un caso relativo a la destitución de una jueza provisoria en Venezuela, *"(e)l principio de independencia judicial constituye uno de los pilares básicos de las garantías del debido proceso, motivo por el cual debe ser respetado en todas las áreas del procedimiento y ante todas las instancias procesales en que se decide sobre los derechos de la persona"*.[129]

517. Todo lo anteriormente expuesto fue ignorado por la Corte Interamericana, la cual se limitó a decir que "si bien es cierto que en sus alegatos ante este Tribunal, la Comisión Interamericana ha insistido en que 'la problemática planteada en este caso *tiene un carácter estructural y obedece a una situación de hecho del Poder Judicial que va mucho más allá de la regulación abstracta del proceso penal,*'" en definitiva se limitó a expresar que "**no cuenta con elementos" para juzgar** sobre la improcedencia de la excepción prevista en el artículo 46.1.a de la Convención," argumentando que:

> "de un alegado contexto estructural de provisionalidad del poder judicial no se puede derivar la aplicación directa de la excepción contenida en el artículo 46.2.a de la Convención, pues ello implicaría que a partir de una argumentación de tipo general sobre la falta de independencia o imparcialidad del poder judicial no fuera necesario cumplir con el requisito del previo agotamiento de los recursos internos" (párrafo 105).

518. Sobre esta decisión, el Voto Negativo Conjunto de los Jueces **Ferrer Mac Gregor** y **Ventura Robles** fue demoledor, destacando en primer lugar, que la sentencia *omitió por completo "en el capítulo de la 'determinación de los hechos pertinentes' el tema de la situación de provisionalidad de los fiscales y jueces* en Venezuela, siendo que es un elemento central y particularmente debatido entre las partes, existiendo abundante material en el expediente sobre los hechos concretos en esta temática." Además, destacaron los Jueces disidentes, en segundo lugar, **que** *"no cabe duda que esta problemática acerca de la provisionalidad de jueces y fiscales en este país*, que ya ha

---

128 Corte IDH, *Caso Herrera Ulloa*; *cit.*, ¶ 171; Corte IDH, *Caso Reverón Trujillo*; *cit.*, ¶ 67; Corte IDH, *Caso Chocrón Chocrón*; cit., ¶ 73.

129 Corte IDH, *Caso Reverón Trujillo vs. Venezuela*, *cit.*, párr. 68.

sido abordada por la Corte en los casos *Apitz Barbera y otros,*[130] *Reverón Trujillo*[131] y *Chocrón Chocrón*[132] contra Venezuela, *se encuentra íntimamente ligada al tema de los recursos judiciales en la jurisdicción interna,"* y que sobre los mismos ya la Corte había determinado *"una serie de hechos probados en dichos casos en relación con los principales aspectos del proceso de reestructuración judicial en dicho país."* Por ello concluyeron con razón, los Jueces **Ferrer Mac Gregor** y **Ventura Robles** indicando que:

"lo correcto hubiera sido, unir el estudio de la excepción preliminar de falta de agotamiento de los recursos internos al análisis de los argumentos de fondo en el presente caso, tal y como lo ha hecho la Corte en otras oportunidades" (párrafo 69).

519. Por todo lo anterior, y luego de destacar detalladamente todo lo que en la materia había resuelto la propia Corte Interamericana sobre el tema en las sentencias dictadas en los casos antes mencionados (párrafos 70-75), los Jueces **Ferrer Mac Gregor** y **Ventura Robles** consideraron que había quedado demostrado:

"claramente que el estudio de la controversia presentada respecto al agotamiento de los recursos internos, específicamente lo relacionado con la excepción contenida en el artículo 46.2.a, se encuentra íntimamente ligada a la problemática de la provisionalidad de los jueces y fiscales en Venezuela, lo que indudablemente se relaciona con el artículo 8.1 de la Convención Americana -derecho a un juez o tribunal competente, independiente e imparcial- tomando en cuenta que los alegatos son verosímiles y que de demostrarse podrían constituir violaciones al Pacto de San José. Por lo cual consideramos que el estudio del tema no puede ser desligado del análisis del fondo del caso y, por lo tanto, *la Corte debió analizar la excepción preliminar presentada por el Estado de forma conjunta con los argumentos de fondo presentados por las partes en el presente caso, como lo había realizado el Tribunal Interamericano conforme a su jurisprudencia histórica en la materia".* (párrafo 75).

2. *Procedencia de la segunda excepción: No se me permitió el acceso a los recursos a la jurisdicción interna, y se me impidió agotarlos*

520. Todo lo anteriormente expuesto ponen en evidencia la imposibilidad real que mis defensores pudieran y puedan tener de lograr que la acusación penal dirigida en mi contra pudiera y pueda sea tramitada conforme al debido

---

130 Caso *Apitz Barbera y otros ("Corte Primera de lo Contencioso Administrativo") Vs. Venezuela. Excepción Preliminar, Fondo, Reparaciones y Costas.* Sentencia de 5 de agosto de 2008. Serie C N° 182.

131 Corte IDH. Caso *Reverón Trujillo Vs. Venezuela. Excepción Preliminar, Fondo, Reparaciones y Costas.* Sentencia de 30 de junio de 2009. Serie C N° 197.

132 Caso *Chocrón Chocrón Vs. Venezuela. Excepción Preliminar, Fondo, Reparaciones y Costas.* Sentencia de 1 de julio de 2011. Serie C N° 227.

proceso, y haber podido tener acceso a otros recursos internos y haber podido agotarlos, lo cual se corresponde con todo lo expuesto por mis representantes en la denuncia de masivas violaciones del artículo 8 (párrafos 8 (1); 8 (2); 8 (2) [c] y [f]) de la Convención. Sin embargo, la futilidad de los recursos internos no se agota allí, pues de ninguna manera cabría esperar respuesta positiva alguna en la jurisdicción doméstica si se trata de encontrar en ella remedio para las violaciones a los artículos 1.1, 2, 7, 11, 13, 22 24 y 25 de la Convención, que mis representantes denunciaron ante la Corte. Se trata de infracciones indisociablemente conectadas con la violación del derecho al debido proceso de modo que las mismas razones por las cuales no se me podía exigir que agotase recursos domésticos algunos para remediar dicha violación, los cuales por lo demás no existen disponibles, tampoco cabría que se me hiciese semejante exigencia para obtener protección.

521. En síntesis, todos los componentes del artículo 46(2) de la Convención estaban presentes en mi caso, de manera que la violación sistemática de las garantías que me acuerda la Convención Americana sobre Derechos Humanos; justificaba, la aplicación de las tres excepciones a la regla del previo agotamiento de los recursos internos, previstas en el artículo 46.2 de la referida Convención. De hecho, como lo advirtieron mis representantes, en el presente caso se aplica enteramente el acertado *dictum* de la Corte, según el cual,

"...cuando se invocan ciertas excepciones a la regla de no agotamiento de los recursos internos, como son **la inefectividad de tales recursos o la inexistencia del debido proceso legal**, no sólo se está alegando que el agraviado no está obligado a interponer tales recursos, sino que indirectamente se está imputando al Estado involucrado una nueva violación a las obligaciones contraídas por la Convención. **En tales circunstancias la cuestión de los recursos internos se aproxima sensiblemente a la materia de fondo.**"[133] (Énfasis añadidos).

522. En conclusión de todo lo anterior, mis representantes alegaron ante la Corte:

a) La reiterada y persistente violación del derecho a un juez independiente e imparcial en el proceso en mi contra, lo cual no fue controvertido tampoco por el Estado, comprueba que se me negó el debido proceso legal, con lo que se configuró la primera excepción a la exigencia del agotamiento de los recursos internos antes de acudir a la protección internacional de los derechos humanos (art. 46(2)(a), CADH).

b) La persistente y arbitraria negativa del Ministerio Público y de los diversos jueces que conocieron de la causa criminal incoada en mi contra, de admitir y dar curso a los medios de prueba y recursos promovidos

---

133 Corte IDH: *Caso Velázquez Rodríguez. Excepciones preliminares*; cit., ¶ 91; Corte IDH, *Caso Godínez Cruz. Excepciones preliminares*; cit., ¶ 93.

por mis abogados defensores para proveer a mi adecuada defensa en los términos del artículo 8 de la Convención, configura la segunda excepción a la exigencia del agotamiento de los recursos internos antes de acudir a la protección internacional de los derechos humanos (art. 46(2)(b), CADH).

c) La circunstancia de que el recurso de nulidad absoluta o amparo constitucional en materia penal respecto de todo lo actuado en el proceso, introducida el 8 de noviembre de 2005, nunca hubiera sido resuelto, configura el supuesto de retardo indebido y configura la tercera excepción a la exigencia del agotamiento de los recursos internos antes de acudir a la protección internacional de los derechos humanos (art. 46(2)(c), CADH).

523. A pesar de todo lo argumentado en este caso, la Corte Interamericana consideró que no se daba la excepción a la regla de falta de agotamiento de recursos internos, por impedírseme el acceso a los otros recursos a la jurisdicción interna, y porque se me impidió agotarlos, alegando que había sido "un error" de la Comisión en su informe de admisibilidad "haber considerado que las decisiones adoptadas respecto a algunos de los jueces temporales y provisorios que intervinieron en el proceso se relacionaban directamente con el señor Brewer" (párrafo 108). Se refirió así la Corte a la suspensión de la Juez **Gómez Sosa**, que era la juez de la causa, aunque en relación con una incidencia en otra causa originada en los mismos hechos políticos investigados (párrafo 109); así como a la remoción del juez **Bognanno**, también juez de la causa, pero por irregularidades que habría cometido la Fiscal Sexta en relación con una solicitud de la defensa de otro imputado en el mismo proceso, "es decir, un imputado distinto al señor Brewer" (párrafo 110). De ello dedujo la Corte Interamericana, simplemente que "aún (sic) en forma *prima facie*, no es posible establecer relaciones de causalidad directas entre la decisión de dejar sin efecto la designación del juez **Bognanno** el 29 de junio de 2005 (*supra* párr. 56), y una actuación realizada por el juez 'relativa a la situación de la presunta víctima', tal como fue mencionado en el informe de admisibilidad [de la Comisión]" (párrafo 110). El argumento, por supuesto es fútil, pues se trataba del mismo juez de la causa, en causas abiertas por los mismos hechos políticos.

524. Y de allí pasó la Corte Interamericana a "inventar," para rechazar la procedencia de la excepción a la regla del agotamiento de los recursos internos, a acudir a su "novedosa" tesis, que ya hemos analizado, de que en el proceso penal existiría una "**etapa temprana**" en la cual supuestamente no podría haber violación de derechos garantías judiciales protegibles, reiterando que "el momento procesal en el que se encuentra el presente caso (*supra* párr. 96 a 98) *impide una conclusión prima facie respecto al impacto de la provisionalidad en la garantía de independencia judicial* en orden a establecer como procedente una excepción al agotamiento de los recursos internos basada en el artículo 46.2.b de la Convención"; ello porque supuestamente *"no hay al menos una decisión de primera instancia mediante la cual se* *pueda llegar a valorar el impacto real que la provisionalidad de los jueces hubiera podido tener en el proceso*," aspecto que a juicio de la Corte Interamericana, "constituye una diferencia importante con casos previos de la Corte sobre esta temática en Venezuela" (párrafo 111). O sea, ante esta sentencia de la Corte Interamericana, lamentable y lastimosamente habría que concluir, *mutatis mutandi*, que si en un caso concreto existen todos los elementos para que una persona tema razonablemente por su vida por la presencia de un asesino en serie, para que pueda pedir protección policial habría entonces que esperar que el crimen se cometa, y se mate a la persona, para entonces poder "valorar el impacto real" del carácter de asesino en serie que se atribuía al sospechoso.

525. De todo ello, concluyó la Corte Interamericana que sólo cuando se diera "la intervención de los jueces internos" para resolver el alegato de amparo penal o nulidad absoluta de todo lo actuado es que "*podría haberse determinado con mayor claridad si la provisionalidad [de los jueces] tenía o no un impacto tal como para que operara la excepción* prevista en el artículo 46.2.b y, de ser el caso, analizar el fondo del caso" (párrafo 112); pero sin percatarse que si esa decisión no se ha adoptado, es por la abstención de los jueces que estaban obligados a asegurar la protección constitucional solicitada. Por ello es que mis representantes denunciaron la arbitraria e ilegal tesis de que el trámite de la solicitud de nulidad absoluta esté supeditado a mi comparecencia a una audiencia preliminar que nunca se ha realizado, y no por mi culpa. Por lo demás, en virtud de una orden judicial de privación de libertad contraria a la Convención, ello me impediría en definitiva el acceso a los supuestos recursos internos, a lo cual se suma "un fundado temor" de que el ejercicio de los mismos le someta a un mayor agravamiento de la persecución de la cual es objeto. Sin embargo, de todo ello, lo que concluyó la Corte fue considerar "que no es aplicable la excepción contemplada en el artículo 46.2.b de la Convención Americana" (párrafo 113), y nada más.

526. Los Jueces **Ferrer Mac Gregor** y **Ventura Robles**, en su Voto Conjunto Negativo, contradijeron esta conclusión, y al referirse al tema del contexto de provisionalidad de jueces en Venezuela, indicaron que "si bien el criterio mayoritario considera que en virtud del momento procesal en el que se encuentra el proceso interno no es posible medir el impacto que ésta haya tenido en el proceso, *en el expediente se encuentran elementos que podrían, de evaluarse en el fondo, llevarnos a otra conclusión*" (párrafo 79); pasando, los Jueces disidentes a analizar los siguientes elementos:

527. En primer lugar, los Jueces disidentes destacaron que "el Tribunal Interamericano pudo haber estudiado si la secuela de provisionalidad de fiscales y jueces en un caso concreto, por sí mismo, representa una violación al derecho a un juez o tribunal independiente e imparcial, que prevé el artículo 8.1 de la Convención Americana, a la luz del justiciable," agregando que es este caso, como quedó evidenciado en los autos, "*ha existido una secuela de provisionalidad de jueces y fiscales que han actuado en el proceso penal del* *señor Brewer Carías"* como incluso la propia sentencia lo expresa al destacar que "por lo menos cuatro fiscales provisorios investigaron los hechos relacionados con lo acontecido los días 11, 12 y 13 de abril de 2002" (párrafo 80). Agréguese a ello, la confesión en la audiencia ante la Corte de los testigos y peritos del Estado de que en Venezuela sólo hay cuatro fiscales por concurso, es decir, no provisorios.

528. En segundo lugar, también advirtieron los Jueces disidentes que en este caso, *todos los Jueces de Control han tenido carácter provisorio o temporal*, refiriéndose a los jueces **Josefina Gómez Sosa, Manuel Bognanno, José Alonso Dugarte Ramos, María Lourdes Fragachán, José Alonso Dugarte Ramos** y **Máximo Guevara Rizquez** (párrafo 81); destacando que varios de esos "juzgadores han sido removidos de sus cargos por motivo de resoluciones que han emitido en el proceso penal relativo al caso" (párrafo 82, 83). Los Jueces disidentes destacaron además, el caso de la remoción del juez **Bognanno**, mencionado en la sentencia como para desligar tal hecho del caso, por referirse a otra causa aun cuando por los mismos hechos políticos (párr. 110), indicando que *"no compartían" tal argumento:*

> *"ya que olvida el criterio mayoritario que se trata del mismo juez que conoce del mismo proceso penal en el que se encuentra como imputado el señor Brewer Carías* y precisamente uno de los alegatos centrales de los representantes de la presunta víctima es la afectación que produce la situación de provisionalidad de jueces y fiscales que pueden ser removidos libremente" (párrafo 83).

529. En tercer lugar, los Jueces **Ferrer Mac Gregor** y **Ventura Robles**, en su Voto Conjunto Negativo, destacaron que la afectación que la "secuela de fiscales y jueces provisorios o temporales," representó para el proceso concreto seguido en mi contra, "guarda especial relación con la presunta violación del artículo 8.2.c de la Convención Americana -derecho a la adecuada defensa-" haciendo referencia a todo lo que consta en el expediente de violaciones ocurridas en la etapa acusatoria del proceso, y que fueron precisamente las denunciadas en el amparo penal o solicitud de nulidad absoluta nunca decidido, mediante las cuales la Fiscal Provisoria Sexta primero, *no permitió "suministrar copias fotostáticas de las actuaciones al señor Brewer Carías, lo que implicó que el acusado tuviera que acudir personalmente en reiteradas ocasiones durante nueves meses para copiar a mano las actuaciones cuya fotocopia se le denegó sistemáticamente".*

530. Segundo destacaron también los Jueces disidentes que la misma "Fiscal Provisoria *negó al acusado el pleno acceso al expediente*, en particular en lo que toca al cotejo y transcripción de los videos que eran invocados como pruebas contra el señor Brewer Carías" (párrafo 84). En relación con esas violaciones, los Jueces **Ferrer Mac Gregor** y **Ventura Robles** destacaron cómo de acuerdo con la jurisprudencia de la propia Corte sobre el derecho de contar con el tiempo y los medios adecuados para preparar la defensa previsto en el artículo 8.2.c de la Convención Americana, es "obligación al Estado permitir el acceso al inculpado al conocimiento del expediente llevado en su contra" (párrafo 85).

531. Tercero agregaron los mismos Jueces Disidentes que "la referida *se-cuela de fiscales y jueces provisorios*, y su posible afectación en el caso concreto, guarda también relación con la presunta violación al artículo 8.2.f de la Convención Americana, por la imposibilidad de presentar prueba anticipada respecto de Pedro Carmona Estanga y estar presente en el interrogatorio de la señora Patricia Polea" (párrafo 88, 9, 90).

532. De todo lo expuesto por los Jueces **Ferrer Mac Gregor** y **Ventura Robles** en su Voto Conjunto negativo, llegaron a la conclusión correcta

> "de que el Tribunal Interamericano *debió diferir el estudio de la excepción preliminar sobre falta de agotamiento de los recursos internos, al conocimiento del fondo del caso*, ya que evidentemente la controversia abarca tanto aspectos de admisibilidad como aspectos propios del fondo relacionados con las garantías judiciales previstas en el artículo 8 de la Convención Americana, específicamente relativas al derecho a un juez o tribunal independiente e imparcial (8.1 CADH), el derecho a una adecuada defensa (8.2.c CADH) y el derecho a interrogar los testigos y de obtener la comparecencia de personas que puedan arrojar luz sobre los hechos (8.2.f CADH). *Y no utilizar el artificioso argumento de la "etapa temprana" del proceso -como se realiza en la Sentencia-, para evitar entrar al fondo del caso* (párrafo 91. Véase igualmente párrafo 115)."

3. Procedencia de la tercera excepción: La existencia de retardo injustificado en la decisión del recurso intentado

533. En los Escritos de mis representantes ante la Corte y a lo largo de este escrito se ha argumentado suficientemente, una y otra vez, sobre la naturaleza de la solicitud de nulidad de todo lo actuado en el proceso penal, por violación de mis derechos y garantías judiciales, como proceso penal, tal como lo captaron los Jueces **Ferrer Mac Gregor** y **Ventura Robles**, que debía ser decidido perentoriamente por el juez para depurar el proceso, y que de acuerdo con el COPP y la jurisprudencia del Tribunal Supremo no podía ser diferida su decisión a la realización de una audiencia preliminar, cuya realización por lo demás era incierta como quedó demostrado en el proceso penal, en la cual nunca se efectuó y no precisamente por culpa que me pueda ser atribuida. Por lo tanto, a todo evento, la excepción a la regla del agotamiento de los recursos internos procedía por el retardo injustificado en la decisión de la solicitud de nulidad, o amparo penal, que era el único recuso disponible e idóneo existente en el momento del inicio de la etapa intermedia del proceso penal, luego de presentada la acusación fiscal.

534. En particular, sobre este último aspecto en lo que se refiere a la oportunidad para decidir un recurso o solicitud de nulidad absoluta o amparo intentado, como lo destacaron mis representantes, es además aplicable el artículo 25 de la Convención, que impone al Estado la obligación de suministrar un recurso *efectivo, sencillo y rápido* para la defensa de los derechos humanos. Para cumplir con esa obligación, el juez penal debió decidir esa solicitud de nulidad absoluta o amparo constitucional en materia penal dentro de los tres días siguientes a su introducción que pauta el artículo 177 del COPP. Si el juez se abstuvo de tramitar el recurso, sin siquiera proveer que lo haría en alguna oportunidad, quedando pendiente *sine die*, indefinidamente la decisión de dicho amparo penal o nulidad absoluta, no puede el Estado excusarse en que le derecho interno le exigiera esperar al juez – lo cual n es cierto - la realización de la audiencia preliminar para decidirse tal amparo penal, como lo ha pretendido erradamente el Estado. Al contrario, como lo tiene decidido reiteradamente la Sala Constitucional como máximo intérprete de la Constitución, el juez de la causa debía resolver el amparo penal, de inmediato, acorde con la protección constitucional perseguida, estándole vedado diferir la decisión de la petición de nulidad absoluta a la audiencia preliminar; y menos aún si dichos diferimientos nunca me fuera imputables.

535. Lo cierto es, en todo caso, que si el ordenamiento jurídico venezolano dispusiera (que no es cierto que lo disponga), que la decisión sobre la nulidad absolutas o amparo constitucional por violación de derechos y garantías procesales protegidas por la Convención podría posponerse indefinidamente hasta tanto se realice efectivamente la audiencia preliminar, la única conclusión a la que se podría llegar es que el Estado en sus regulaciones internas, estaría entonces violando la Convención Americana. En otras palabras, que *el Derecho interno del Estado no se habría adecuado a la Convención, de lo que resultaría que se estarían violando, además de los artículos 8 y 25, los artículos 1(1) y 2 de la Convención. No debe olvidarse, por lo demás, que conforme a sus obligaciones generales de respeto y garantía de los derechos humanos, es el Estado el obligado a crear las condiciones necesarias para que cualquier recurso pueda tener resultados efectivos.*[134]

536. La otra vertiente con respecto a la cual debe valorarse el tema de la oportunidad para la decisión de un recurso, tiene que ver con la *admisibilidad* de una petición ante la Comisión Interamericana, puesto que el requisito de previo agotamiento de los recursos internos no se aplica si en el caso se establece que hay *"retardo injustificado en la decisión sobre los mencionados recursos"* (art. 46(2)(c) de la Convención). Nuevamente acá, la posición que se adopte con respecto a la interpretación del Derecho interno carece de relevancia para determinar que en mi caso se configuró el supuesto de retardo injustificado en la decisión de la nulidad absoluta demandada por mis abogados defensores. Porque, si la decisión de la solicitud de nulidad absoluta o amparo penal debía esperar la audiencia preliminar, como lo ha sostenido el Estado, la demora en celebrarla obedecería a la organización del proceso penal en Venezuela, lo cual es imputable al Estado mismo; y si podía resol-

---

134 Corte IDH, *Caso Bulacio Vs. Argentina.* Fondo, Reparaciones y Costas. Sentencia de 18 de Septiembre de 2003. Serie C N° 100, párr. 127.

verse antes de dicha audiencia, como lo sostiene la jurisprudencia del Tribunal Supremo de Justicia en Sala Constitucional, sostuvieron mis representantes y se ha argumentado previamente, es obvio que la solicitud aún no se ha resuelto, y han trascurrido casi nueve años desde que se intentó.

537. Ello implica, dejando aparte cualquier interpretación abstracta, que conforme a las obligaciones del Estado según la Convención y el Derecho internacional, en este caso *no había margen de duda con respecto al retardo injustificado en la decisión de la petición, solicitud o recurso de nulidad absoluta interpuesto por sus abogados defensores ante el juez de la causa, en amparo de sus derechos y garantías constitucionales y convencionales*, que me exceptuó de tener que continuar esperando a que se decidiera dicha solicitud para acudir a la Comisión Interamericana y luego ante la Corte Interamericana en procura de la protección internacional a los derechos humanos que la Convención me garantiza, que el Estado me ha negado sistemáticamente; y que ahora la Corte Interamericana también me negó, protegiendo en cambio al Estado.

538. Además, como lo reiteraron repetidamente mis representantes, la pretensión del Estado de que, para obtener la protección que solicité y me debía la Corte Interamericana, yo tuviera que pagar el precio de someterme al proceso viciado donde ya se me han violado masiva y sistemáticamente mis derechos al debido proceso y al acceso a la justicia, significa, ni más ni menos, la pretensión de valerse de los estrados internacionales para coronar la violación de mi derecho a un juicio justo, lo que el Estado ha logrado por ahora, con la abstención de la Corte Interamericana a juzgar sobre el fondo.

539. Por tanto, mis representantes solicitaron de la Corte Interamericana de Derechos Humanos, que se desestimase la excepción de no agotamiento de los recursos internos opuesta por el Estado, *por extemporánea al no haberse invocado adecuadamente por el Estado en el primer momento procesal oportuno ante la Comisión Interamericana; además, por incumplimiento por parte del Estado de las reglas de distribución de la carga de la prueba que le imponen, al momento de invocar la excepción preliminar de falta de agotamiento de los recursos internos, el deber de indicar los recursos internos que debían haberse agotado y la eficacia de esos recursos, lo que no hizo en el caso; además, por no aplicarse en mi caso, la regla del agotamiento de los recursos internos conforme a lo dispuesto en el artículo 46.2 de la Convención Americana; y en todo caso, porque abogados defensores agotaron durante el proceso penal en mi contra todos los recursos efectivamente disponibles para mi defensa.*

540. En su sentencia, la Corte Interamericana sostuvo, al contrario, que por lo extenso del escrito de la solicitud de nulidad absoluta formulada, de 523 páginas, que fue presentado el 8 de noviembre de 2005 – como su la extensión de un escrito fuera el determinante de su naturaleza – por su "complejidad y extensión," "la Corte consideró que las solicitudes de nulidad absoluta no son de las que deban resolverse en el plazo de tres días señalado en el artículo 177 del COPP," justo lo contrario a lo que impone la protección constitucional, y deben más bien ser decididas en la audiencia preliminar – así la misma nunca se realice - (párrafo 132); y que por el hecho de que por yo me encontraba en el exterior, presumiendo entonces la Corte Interamericana – sin ninguna razón porque viajar siempre se puede - que yo "no hubiera podido asistir a dicha audiencia," todo lo cual, según la Corte:

> "ha conllevado que la audiencia preliminar en su contra no haya podido ser llevada a cabo, por lo que *es posible afirmar que el retardo en la resolución de las nulidades sería imputable a su decisión de no someterse al proceso* e implica un impacto en el análisis del retardo injustificado o plazo razonable. En consecuencia, constituye una contradicción del informe de admisibilidad de la Comisión haber considerado que no podía atribuir un retardo injustificado al Estado pero estimar, por otra parte, que la falta de resolución del recurso de nulidad era un indicio de demora atribuible al Estado" (párrafo 143).

541. Para rechazar en definitiva, que la excepción que opusieron mis representantes a la regla del agotamiento de los recursos internos basada en el retardo injustificado en la decisión del amparo penal intentado, la Corte Interamericana luego de comenzar *reafirmando erradamente que "que las solicitudes de nulidad no eran los recursos adecuados"*(párrafo 115), sin embargo, identificó el "debate" que existía entre las partes, "sobre si es aplicable la excepción contenida en el artículo 46.2.c, es decir, si hay un retardo injustificado," que estaba centrado, como antes se ha analizado extensamente, en *"determinar si el recurso de nulidad sólo podía ser resuelto en la audiencia preliminar en presencia del señor Brewer Carías, o si el recurso podía ser resuelto independientemente de la audiencia preliminar sin su presencia"* (párrafo 116); es decir, "sobre si estas solicitudes debían ser resueltas por el juez a cargo de la causa en un término de tres días [de acuerdo con el artículo 109 del COPP] o si, por el contrario, dicha solicitud debía ser examinada y decidida en el transcurso de la audiencia preliminar[de con el artículo 330 del COPP]" (párrafo 118, 119).

542. Al considerar las "dos interpretaciones sobre el momento procesal en cual se deberían resolver las solicitudes de nulidad presentadas" (párrafo 130), la Corte Interamericana, *desconociendo la institución del amparo penal en Venezuela*, invirtiendo indebidamente los términos de la regulación, esgrimió la peregrina idea de que las nulidades que se debían resolver en tres días, eran las relativas a cuestiones formales o vicios subsanables, cuando en realidad eran las que plantaban violación a derechos y garantías constitucionales o vicios no subsanables; y las que debían resolverse en la audiencia preliminar eran las que planteaban asuntos complejos, como los denunciados en un escritos largo de 523 páginas, relativos a vicios no subsanables, cuando en realidad eran las nulidades derivadas de vicios formales o subsanables. Es decir, todo lo contrario a lo que deriva de un amparo penal. Como lo advirtieron los Jueces **Ferrer Mac Gregor** y **Ventura Robles**:

"a pesar de la complejidad de los alegatos de ambas partes sobre el momento procesal en que debe resolverse, *en la Sentencia se entra posteriormente a definir un aspecto polémico, entre otros argumentos, dejando ver que un recurso de 523 páginas no podía resolverse en 3 días, como si la extensión del recurso sea lo que determina el momento procesal en que se debe resolver"* (párrafo 94).

543. Del absurdo argumento basado en el criterio de lo complejo y de la extensión, para llegar a la conclusión, contraria a lo que exige la protección constitucional que es la inmediatez de la misma, concluyó entonces la Corte Interamericana, que como en el escrito de contestación a la acusación presentado por mis abogados defensores, en el "petitorio final" se requirió que "se declarara la nulidad *de todas las actuaciones* que conforman la investigación adelantada por el Ministerio Público" y "*subsidiariamente* que se declararan las excepciones opuestas contra la acusación formulada, fueran rechazadas las pruebas ofrecidas por el Ministerio Público, fueran admitidas todas las pruebas que han ofrecido, y que el enjuiciamiento se hiciera en absoluta libertad" (párrafo 132), entonces ello, para la Corte, implicó "estimar *como razonable el que no se considere* que se pueda responder a dicho escrito y las cuestiones de fondo allí contenidas antes de la audiencia preliminar y que pueda considerarse improcedente un análisis fragmentado del escrito, tal como es solicitado por los representantes" (párrafo 132).

544. Con ello, la Corte, de nuevo, demostró un desconocimiento total de cómo funciona la institución del amparo en Venezuela cuando se intenta conjuntamente con otra petición judicial, como sucede en el caso de la solicitud de nulidad absoluta en materia penal formulada conjuntamente con la contestación de la acusación – que permite siempre distinguir entre uno y otro contenido, precisamente por la protección constitucional que se busca con la petición de nulidad absoluta - ; derivando la Corte de ese desconocimiento la conclusión contraria a la que impone el ordenamiento jurídico venezolano, que:

"Teniendo en cuenta lo anterior y *dado el contenido, las características, complejidad y extensión del escrito* presentado el 8 de noviembre de 2005, la Corte considera que las solicitudes de nulidad no son de las que deban resolverse en el plazo de tres días señalado en el artículo 177 del COPP" (párrafo 133).

545. En esta forma, como lo advirtieron los Jueces **Ferrer Mac Gregor** y **Ventura Robles** en su Voto Conjunto Negativo, el criterio de la mayoría de la Corte Interamericana acogió la posición del Estado, es decir, protegió al Estado, adoptando "*la interpretación más restrictiva para [mi] derecho de acceso a la justicia,"* lo que evidentemente prohíbe el artículo 29 de la Convención Americana y contradice el principio pro homine" (párrafo 98). Agregaron los Jueces disidentes, además, que:

"Precisamente, la demostrada complejidad de la discusión entre las partes respecto a los recursos de nulidad y el hecho de que el objeto principal del caso se centra en las presuntas vulneraciones a diversas *garantías judiciales (debido proceso) y protección judicial,* **ameritaba que el Tribunal Interamericano entrara a conocer el fondo y que la excepción preliminar de falta de agotamiento de los recursos internos sea analizada a la luz de los argumentos de las partes respecto al fondo del presente caso**" (párrafo 98).

546. En esta forma, por desconocimiento de la institución del amparo en Venezuela, la Corte Interamericana ordenó el archivo del expediente, al aceptar la excepción aducida por el Estado de falta de agotamiento de los recursos internos, violando así mi derecho al acceso a la justicia, y protegiendo un Estado cuyo Poder judicial ha declarado inejecutable sus sentencias, avalando de paso la situación del Poder Judicial en el país, que al contrario, esencialmente carece de autonomía e independencia como la propia Corte ya lo ha analizado en múltiples casos.

ALGUNAS CONCLUSIONES

547. En esa forma se desvaneció, por ahora, mi derecho de tener acceso ante la justicia internacional interamericana para remediar las graves violaciones a mis derechos y garantías judiciales ocurridas en un amañado proceso penal desarrollado sin fundamento alguno, y sin garantías judiciales, y sólo basado en "cuentos" de periodistas, diseñado desde el inicio para perseguirme políticamente, desarrollado por unos fiscales y jueces controlados por el Poder Ejecutivo, carentes de toda independencia y autonomía.

548. Y ello lamentablemente ocurrió mediante una decisión, la sentencia N° 277 de la Corte Interamericana de Derechos Humanos firmada por los Jueces **Humberto Antonio Sierra Porto, Presidente; Roberto F. Caldas, Diego García-Sayán** y **Alberto Pérez Pérez,** con un muy importante y honroso *Voto Conjunto Negativo* de los Jueces **Manuel E. Ventura Robles** y **Eduardo Ferrer Mac-Gregor Poisot,** mediante la cual se protegió a un Estado forajido, que ha desmantelado la democracia[135] y destruido las instituciones del Estado de derecho, en particular del Poder Judicial,[136] poniéndolo

---

135 Véase entre otros trabajos: Allan R. Brewer-Carías, *Dismantling Democracy. The Chávez Authoritarian Experiment,* Cambridge University Press, New York 2010; "La demolición de las instituciones judiciales y la destrucción de la democracia: La experiencia venezolana," en *Instituciones Judiciales y Democracia. Reflexiones con ocasión del Bicentenario de la Independencia y del Centenario del Acto Legislativo 3 de 1910,* Consejo de Estado, Sala de Consulta y Servicio Civil, Bogotá 2012, pp. 230-254; "El juez constitucional y la demolición del principio democrático de gobierno. O de cómo la Jurisdicción Constitucional en Venezuela impuso arbitrariamente a los ciudadanos, al inicio del período constitucional 2013-2019, un gobierno sin legitimidad democrática, sin siquiera ejercer actividad probatoria alguna, violentando abiertamente la Constitución," en *Revista de Derecho Público,* N° 133 (enero-marzo 2013), Editorial Jurídica Venezolana, Caracas 2013, pp. 179-212.

136 Véase entre otros trabajos: Allan R. Brewer-Carías, "La progresiva y sistemática demolición institucional de la autonomía e independencia del Poder Judicial en Venezuela 1999-2004", en *XXX Jornadas J.M Domínguez Escovar, Estado de derecho, Administración de justicia y derechos humanos,* Instituto de Estudios Jurídicos del Estado Lara, Barquisimeto, 2005, pp. 33-174; "La justicia sometida al poder [La ausencia de independencia y autonomía de los jueces en Venezuela por la interminable

al servicio del autoritarismo.[137] La sentencia, al prodigar dicha protección al Estado, y obligarme a mí, para poder tener derecho de acceso a la justicia internacional, que me entregue a mis perseguidores perdiendo mi libertad es, en definitiva, una declaración absurda de que el Poder Judicial en Venezuela se ajusta a todos los estándares internacionales de funcionamiento en un Estado democrático. Sólo así se entiende que la Corte Interamericana, en definitiva, diga en su sentencia que deba someterme al juicio penal viciado, para que una vez que avance de la "etapa temprana" en la que se supuestamente encuentra, quien sabe cuándo, entonces, si el Poder Judicial no logra corregir los vicios denunciados, en unos cuántos lustros más, entonces procure regresar ante la Corte Internacional, a pretender tener acceso a la justicia, si es que lo logro hacer vivo o incluso desde la ultratumba.

549. Y para concluir, recojo aquí lo que el profesor **Pedro Nikken**, expuso ante la Corte sintetizando las denuncias formuladas sobre *las violaciones a mis derechos* que fueron denunciadas ante la Corte Interamericana y que ésta no quiso considerar, y que no dudo que les repercutirá en el futuro, a los Jueces que la dictaron:

"Me honra estar nuevamente en los estrados de esta Corte y quiero agradecer en primer lugar a mis compañeros en la defensa del Profesor.

emergencia del Poder Judicial (1999-2006)]" en *Cuestiones Internacionales. Anuario Jurídico Villanueva 2007,* Centro Universitario Villanueva, Marcial Pons, Madrid 2007, pp. 25-57, y en *Derecho y democracia. Cuadernos Universitarios,* Órgano de Divulgación Académica, Vicerrectorado Académico, Universidad Metropolitana, Año II, N° 11, Caracas, septiembre 2007, pp. 122-138. Publicado en *Crónica sobre la "In" Justicia Constitucional. La Sala Constitucional y el autoritarismo en Venezuela,* Colección Instituto de Derecho Público. Universidad Central de Venezuela, N° 2, Editorial Jurídica Venezolana, Caracas 2007, pp. 163-193; "Sobre la ausencia de independencia y autonomía judicial en Venezuela, a los doce años de vigencia de la constitución de 1999 (O sobre la interminable transitoriedad que en fraude continuado a la voluntad popular y a las normas de la Constitución, ha impedido la vigencia de la garantía de la estabilidad de los jueces y el funcionamiento efectivo de una "jurisdicción disciplinaria judicial"), en *Independencia Judicial,* Colección Estado de Derecho, Tomo I, Academia de Ciencias Políticas y Sociales, Acceso a la Justicia org., Fundación de Estudios de Derecho Administrativo (Funeda), Universidad Metropolitana (Unimet), Caracas 2012, pp. 9-103; "The Government of Judges and Democracy. The Tragic Situation of the Venezuelan Judiciary," en *Venezuela. Some Current Legal Issues 2014, Venezuelan National Reports to the 19th International Congress of Comparative Law, International Academy of Comparative Law, Vienna, 20-26 July 2014,* Academia de Ciencias Políticas y Sociales, Caracas 2014, pp. 13-42

137 Véase entre otros trabajos: Allan R. Brewer-Carías, *Crónica sobre la "In" Justicia Constitucional. La Sala Constitucional y el autoritarismo en Venezuela,* Colección Instituto de Derecho Público. Universidad Central de Venezuela, N° 2, Editorial Jurídica Venezolana, Caracas 2007; "El juez constitucional al servicio del autoritarismo y la ilegítima mutación de la Constitución: el caso de la Sala Constitucional del Tribunal Supremo de Justicia de Venezuela (1999-2009)", en *Revista de Administración Pública,* N° 180, Madrid 2009, pp. 383-418, y en *IUSTEL, Revista General de Derecho Administrativo,* N° 21, junio 2009, Madrid, ISSN-1696-9650

Brewer Carías, el Profesor Faúndez y el Profesor Cassel, a mi derecha e izquierda en este momento, el Profesor Claudio Grossman, el Profesor Juan Méndez y Don Elio Bicudo, todos luchadores y abogados luchadores por los derechos humanos en distintas latitudes, que hemos hecho de esta defensa un gesto de solidaridad del mundo académico de los derechos humanos, de los abogados y juristas especialistas en derechos humanos, con su causa y con la situación en la que el poder del Estado lo ha colocado.

También debo agradecer a todas las organizaciones que han enviado escritos *Amicus Curiae*. Es notable la importancia, el impacto, que este caso ha tenido en el mundo jurídico, y en particular, quiero referirme a *Amicus* como el de la **Federación Interamericana de Abogados**, el de las **Comisiones de Derechos Humanos de los Colegios de Abogados de Venezuela** que también nos han expresado con solidaridad con el Dr. Brewer Carías, el del **Centro de Derechos Humanos de la Universidad de Utrecht**, en definitiva, el de los **Profesores de Derecho Público de Venezuela** que también han enviado su *Amicus*. Todo esto indica el interés que ha despertado en el mundo académico, en la comunidad de derechos humanos, este caso del Profesor Brewer Carías.

La verdad es que es un caso extraño, con una víctima inesperada. El Profesor Brewer Carías es el más prominente ius publicista de Venezuela, el jurista más prolífico de nuestra historia, el más emblemático portavoz del constitucionalismo democrático en Venezuela, y se encuentra acá, inesperadamente, como víctima del abuso de poder del Estado.

Ha sido víctima de un proceso penal fraguado para condenarlo por el delito que más puede ofender su trayectoria y su compromiso ético e intelectual, el que más lo expone al escarnio público y afecta su reputación como jurista y como hombre de bien: el de conspirar para destruir la Constitución por la vía armada. Ha sido víctima de una persecución que lo ha forzado al exilio, que vive alejado de su patria, de sus intereses intelectuales y profesionales, de sus hijos, de sus nietos, de su madre de más de 90 años, de quien hemos escuchado en esta audiencia de sus propios labios que no se quiere morir sin volver a verlo.

En este caso, el tener al Profesor Brewer como víctima, nos recuerda que los derechos humanos imponen un permanente ejercicio de humildad y de igualdad, los más débiles, los más pobres, los más desvalidos son, en general, los más vulnerables, pero los más destacados pueden ser y a menudo son los más perseguidos, especialmente cuando se dedican a criticar y a enfrentar el poder, especialmente cuando critican al poder ejercido con la arrogancia de quien se cree en la posesión absoluta de la verdad y que considera toda crítica y toda forma de disentir como un acto antinacional, de quien confunde los limites que al poder imponen el respeto de la dignidad humana como un atentado a la soberanía del Estado.

Por eso tenemos al Profesor Brewer ante esta Honorable Corte pidiéndole humildemente la justicia que su propio Estado le ha arrebatado en un proceso concebido y ejecutado para condenarlo y descalificarlo. Viene a pedir que le restauren sus derechos violados por el Estado venezolano, y que se reivindique su derecho a un juicio justo, que le devuelva la posibilidad de vivir como un ciudadano libre, en su propia patria.

En nuestros escritos ante esta Corte y en los documentos que hemos traído ante esta audiencia, hemos mostrado las numerosas violaciones al debido proceso, al derecho a la justicia, a la libertad de expresión, al derecho a la igualdad y a la no discriminación que han afectado los derechos del Profesor Brewer Carías.

Voy a resumir algunos de ellos, puesto que el tiempo que tengo para la exposición es limitado y la lista de violaciones es larga. Sin embargo, quiero destacar antes de comenzar esa breve esa síntesis que por cierto ya avanzó mi colega Juan Méndez, quiero destacar ante esta Corte lo siguiente.

En los escritos del Estado en sus presentaciones ante esta Corte no se ha contradicho ninguna de las denuncias que hemos formulado en cuanto a las violaciones de los derechos humanos del Profesor Brewer. Apenas se ha dicho que tuvo acceso al expediente pero reconociendo que era para copiarlo a mano y que una cosa es copiar y otra cosa tener acceso. Pero fuera de eso, nada ha sido desmentido. Las violaciones a la presunción de inocencia, el retardo injustificado en resolver los recursos internos, la discriminación en materia de amnistía, el falso y temerario infundio de haberle atribuido arbitrariamente la condición de magnicida frustrado; nada de eso ha sido contradicho, y curioso, lo único que invocan es que no se agotaron los recursos internos, y que no se agotaron los recursos internos en las condiciones que acaba de señalar el Prof. Faúndez.

¡No¡, Venga, y póngase a derecho, es decir, permítame echarle el guante, encerrarlo, tenerlo preso, humillarlo, para entonces ver, si me digno a estudiar si se han violado sus derechos. Ese es el tratamiento indigno al que se somete al Prof. Brewer y al que lo somete incluso la estrategia procesal del Estado ante esta Corte, de limitarse a litigar, equivocadamente por cierto, al agotamiento de los recursos internos y no desmentir las graves violaciones al debido proceso de las que ha sido víctima el Profesor Brewer Carías. Al contrario, en cierta forma esas violaciones se han agravado en estos estrados, en estos dos días que tenemos acá. De manera pues que yo quiero destacar ese punto antes que nada.

Lo primero, es el tema de las violaciones al debido proceso. El estado ha dicho en sus escritos, formalmente, y ha insinuado de alguna manera en esta audiencia, que el juicio no empieza, sino con la Audiencia Preliminar; que lo anterior es una preparación; que allí no hay proceso, y que allí no hay garantías judiciales; que eso no se aplica allí; que allí no hay propiamente interrogatorios sino entrevistas; que no hay pruebas, sino elementos de convicción como si fuera una cosa tan distinta; que no hay contradictorio; que la víctima, en definitiva, está en manos del Fiscal y sometida a su arbitrio, como en la era de la inquisición. [Y todo ello] cuando se trata, como se ha dicho aquí, de un Código garantista, que requiere el control de juez, y sobre todo, la limitación, la autolimitación del poder del fiscal, según los imperativos de los derechos y garantías constitucionales, y de los derechos humanos reconocidos por la Convención Americana y otros instrumentos internacionales.

Resulta que además, la Constitución venezolana dice que el debido proceso, las reglas del debido proceso, se aplican a todo grado del proceso y de la investigación; como si faltara campo, para la duda, explícitamente, se incluye la investigación. Y resulta que aquí se ha dicho en los escritos que están en el expediente, que a la investigación no se aplican las reglas del debido proceso y que el juicio no empieza sino después; que en la investigación no hay proceso. Francamente, esto es absolutamente contradictorio con la Convención y con el constitucionalismo democrático. Más grave, eso ya lo alegó al Estado en un caso de Venezuela ante esta Corte, y la Corte dijo en el caso *Barreto Leiva*: el derecho a la defensa debe necesariamente poder ejercerse desde que se señala a una persona como posible autor o partícipe de un hecho punible, y solo culmina cuando finaliza el proceso incluyendo en su caso la etapa de ejecución de la pena. Sostener lo opuesto implicaría supeditar las garantías convencionales que protegen el derecho a la defensa, entre ellas, el artículo 8.2.b, a que el investigado se encuentre en determinada fase procesal, dejando abierta la posibilidad de que con anterioridad se afecte un ámbito de sus derechos a través de actos de autoridad que los desconoce, o a los que no se puede controlar. Claramente, sin duda, la fase de investigación está bajo la cobertura de las reglas del debido proceso. En esta fase, se han violado distintos derechos.

En primer lugar, el derecho a la imparcialidad del juzgador. Todos los jueces han sido provisorios. Ya se ha dicho suficientemente aquí. Cuando un juez decidió o dos jueces decidieron a favor de los encausados, en los distintos encausados en el mismo proceso, fueron destituidos sin motivación ninguna. En el caso del Juez Bognanno simplemente se dijo: "se deja sin efecto su nombramiento en virtud de las observaciones recibidas por este despacho." Y eso ocurrió tres días después que el Juez Bognanno había denunciado que la Fiscal se había revelado contra su autoridad, y no le entregaba las copias del expediente que le había solicitado.

Más tarde, las cosas se han agravado. El efecto demostración, el efecto congelación de los jueces a diferir de lo que sepan, imaginen o reciban como instrucciones del alto poder, son mayores. El caso de María Lourdes Afiuni, que tanto molesta que uno recuerde a la representación del Estado, es un caso emblemático. La señora puso en ejecución una recomendación explícita del Grupo de Trabajo sobre Detenciones Arbitrarias de Naciones Unidas. Y la noche que ejecutó esa decisión, su tribunal fue asaltado por la policía política, y al día siguiente el Presidente de la República aclamó que le dieran 30 años de cárcel a una juez corrupta. El resultado, la juez fue suspendida, inmediatamente encarcelada y sigue en un régimen de privación de libertad.

De manera pues, que el caso mayor es que ya no solo que destituyan a los jueces, sino que, además, los encarcelan. Adicionalmente hemos oído aquí esta mañana sobre los órganos de la judicatura. ¿Qué confianza pueden tener los jueces cuando el Director Ejecutivo de la Magistratura, que es la cabeza administrativa del Poder Judicial, no es ni siquiera juez, no es ni siquiera abogado; es ingeniero y su única credencial, por lo visto, es tener los apellidos Chávez Frías? ¿Quién se atreve frente a eso?. Encima, nombran un Tribunal Disciplinario para cumplir el Código de Ética del Juez y darle confianza a la independencia de los jueces, ¿Y a quienes nombran? A dos diputados del partido oficialista, que no tenían ninguna trayectoria judicial; que simplemente votaron por esa Ley en la Asamblea Nacional, y que terminaron sus mandatos, y entonces, de la Asamblea Nacional como Diputados del partido oficial, pasan a ser mayoría del Tribunal Disciplinario. Y el otro órgano colegiado, que es de tres, el Presidente tiene las mismas credenciales.

¿Es posible, viendo las cosas como tanto gustan, dentro de un contexto, que haya independencia judicial con un 66% de los jueces de libre designación y remoción, y este condimento descaradamente político partidista en la cabeza de la Judicatura, aunado al llamado desde el Tribunal Supremo de Justicia a que el Poder Judicial contribuya con los postulados de la Revolución.? Con estos antecedentes, ¿Creen ustedes que si el Profesor Brewer Carías regresara a Venezuela, aparte de ser encarcelado, tendría la posibilidad de tener un juicio justo e imparcial en este contexto? ¿Este contexto lo hemos fabricado nosotros? ¿La víctima y sus representantes? ¿Es un invento, o es la realidad del país que se ha presentado ante esta Corte crudamente?

El acceso a los medios necesarios para su defensa. Bueno yo me limito a consignar una sentencia de la Sala Constitucional del Tribunal Supremo de Justicia de 2002 donde dijo que no suministrar copias era inconstitucional, y ordenó suministrar copias. Y sin embargo, sobre las base de una circular del Fiscal General que prohibía suministrar copias certificadas, que es una cosa muy distinta a copias simples, se negaba todo tipo de copias. ¿Cómo podía organizarse la defensa con pedazos de expediente? Además, con un vigilante encima, que las personas que estaban copiando el expediente ni siquiera podían comentar, porque tenían a alguien sentado allí, escuchando lo que estaba diciendo, un vigilante. Un expediente que medía un metro sesenta, y que por primera vez vio la defensa cuando lo envió este tribunal a mi oficina, porque antes no había podido verlo jamás. ¿Eso es acceso apropiado para los medios para la defensa?

¿Y los videos? Una caja de videos con imputaciones y videos que no estaban clasificados, que se negaron a mostrar; que cuando se intentaron recursos frente a ellos, se agravo la contumacia por parte de la Fiscalía porque no hubo forma de que se pudiera corresponder la verdad de lo que se copiaba, con la verdad de lo que se decía en esos videos. Porque también se negó por ser impertinente y traerle demasiado trabajo a los técnicos la reproducción a costa nuestra, y la transcripción por medios técnicos de esos videos, no se cierran así las posibilidades y los medios apropiados para la defensa.

Luego, en cuanto al derecho a la justicia. El derecho a la justicia, la interpretación es bastante clara, el COPP lo determina: son tres días para resolver una demanda de nulidad por inconstitucionalidad por violación de las garantías procesales. Esto no es nada extraño, es lo natural en el procesalísmo constitucional. Es lo natural en la Convención Americana sobre Derechos Humanos. La denuncia sobre violación de los derechos humanos, sobre todo en un proceso, tiene que resolverse de inmediato, antes de que el proceso continúe. Pero eso es lo natural. Se vienen a traer unas formulas artificiosas, para decir que no; que hay que esperar a la audiencia preliminar, y para eso se alega que la nulidad se demandó en la acusación, en la contestación a la acusación. Pero si la contestación a la acusación fue la primera oportunidad que hubo después que se terminó la investigación y se concretó la acusación!! Si no lo hubieran acusado, no se demandaba la nulidad. Era esa [la oportunidad]. Pero las circunstancias que se hubiera incluido en ese escrito, no significaba que debía tratarse como parte de la contestación a la acusación. Era una petición claramente autónoma.

Entonces la interpretación es clara, el derecho internacional también es claro. El artículo 25 de la Convención habla de un recurso efectivo, sencillo y rápido. La jurisprudencia venezolana ha dicho exactamente que la nulidad es un derecho sencillo, efectivo y rápido. Yo llamo la atención de esta Corte, que no se ha traído ante ella ningún Juez de control diciendo: no resuelvo el recurso de nulidad porque tiene que resolverse en la audiencia preliminar. Eso lo ha dicho la representación del Estado ante esta Corte; no lo ha dicho ningún Juez. Porque no ha resuelto, no lo sabemos, pero nunca un Juez ha dicho en este caso, que no resuelve la solicitud de nulidad porque está esperando la audiencia preliminar. Eso lo ha dicho el Estado, no los tribunales.

Ahora, imaginemos, aquí se ha traído además una jurisprudencia, ante el sistema interamericano, una jurisprudencia equívoca, porque es una jurisprudencia que se refiere a la nulidad de la acusación como pieza procesal. La nulidad de la acusación como pieza procesal sí tiene lógica que se trate, -es una cosa de forma, se trata entre las excepciones preliminares-, en la audiencia preliminar, entre las excepciones preliminares. Pero una cosa es la nulidad de la acusación, y otra cosa es la nulidad de las actuaciones. Como tiene lógica que la nulidad de la acusación se resuelva en la audiencia preliminar, tiene lógica que la audiencia preliminar no pueda realizarse mientras no se limpien las demandas y las denuncias de violación de las garantías del debido proceso durante la fase de investigación. Las dos cosas tienen una lógica. Ahora se presenta una sentencia donde se dice: la nulidad de la acusación no puede resolverse sino en la audiencia preliminar, y en eso estamos de acuerdo todos, pero no es la nulidad de la acusación, es la nulidad de las actuaciones fiscales por violación del debido proceso.

Ahora, imaginemos incluso, que hubiera una interpretación según la cual hay que esperar a la audiencia preliminar para resolver estas excepciones y una audiencia preliminar que se ha diferido cantidad de veces, lo dijeron aquí tanto el Fiscal como uno de los testigos esta mañana: las partes promueven sus excepciones, es conocido que hay algunas maniobras dilatorias; bueno, habrá que esperar entonces a que pasen años, meses, para resolver la denuncia de nulidad, la denuncia de violación y de la solicitud de nulidad. Si eso lo dispusiera el orden jurídico venezolano, que no lo dispone, sería la ocasión para que el juez nacional aplicara el control de convencionalidad, precisamente, y dijera: no, yo no aplico esto, esto es contrario a la Convención, al artículo 25 de la convención.

El derecho internacional nunca puede aprobar un esquema de actuación semejante para la violación de los derechos humanos y las garantías procesales, en un proceso. De manera que es un tema, que aún si el Estado lograra demostrar -que no lo ha demostrado y no lo puede demostrar-, que el derecho interno exige esperar a la audiencia preliminar, estaría en ese caso demostrando que el derecho interno no se adecuó a la Convención, porque la Convención ordena que el recurso sea sencillo y rápido, y un recurso donde haya que esperar años y sujetarlo a una irracional condición procesal, sería un recurso que no sería ni sencillo ni rápido ni efectivo.

El Dr. Brewer fue presumido culpable. Aquí tengo una pieza que es increíble. Es el anexo 18. Refiriéndose al entonces coimputado Carlos Ayala Corao, la Fiscal Sexta afirmó "en todo caso corresponde a la defensa del mismo demostrar por qué se supone que no conspiró", óigase bien, "por qué se supone que no conspiró, las razones por las cuales acompañó al ciudadano Allan Brewer Carías el día de los hechos." A Carlos lo imputan por haber acompañado a Allan Brewer Carías el día de los hechos, y que "pruebe que no conspiró, cuáles fueron sus objeciones y oposiciones en relación al Decreto, porque él no fue el que redactó del decreto." Eso lo dice la Fiscal en un auto, aquí está, anexo 18. Este es el concepto de presunción de inocencia que dominó esa investigación. No han demostrado que no participó!

Lo peor del caso es que el Profesor Brewer hizo todo lo posible por demostrar que no había participado, entonces, ayer el Fiscal **Rodríguez**, nuevamente incurrió en una violación del debido proceso y de la presunción de inocencia del Dr. Brewer, haciendo afirmaciones falsas en estos estrados, en relación con supuestas declaraciones que habían en el expediente. Nos contó lo que dicen esas declaraciones. Pero efectivamente, en una de esas declaraciones, aparece el Dr. Nelson Socorro. Ni hubo tal speaker, ni toda esa historia de si que todo el mundo lo oyó, o no. Esas son partes de los cuentos de poeta del Fiscal. Ahora la tal declaración, ésta, alude a que delante del Dr. Nelson Socorro, el Sr. Carmona habría dicho que el Dr. Brewer le había dicho... Se promovió la prueba del testigo del Dr. Nelson Socorro, para que el Dr. Socorro dijera si eso era verdad o no era verdad. Se negó, porque nada aportaría a la investigación. Claro! Si se trata de un investigación únicamente para reunir pruebas de cargo y no pruebas de descargo; si está decidido de antemano condenar y llevar a juicio y meter preso al encausado. Bueno, pero por supuesto que esa es una prueba sumamente impertinente, totalmente impertinente, porque descarga al encausado; pero esa no se acepta. Curiosamente, cuando el Dr. Brewer trató de ofrecer demostrar que no conspiró, que él no podía haber hecho eso, que eso no ocurrió, por eso se lo niegan y así todas.

En el caso de Carmona Estanga. Aquí se ha dicho sobre lo que habría dicho Carmona Estanga, en forma sesgada. Es decir, parte seleccionada y entresacada de lo que dijo Carmona Estanga en su libro fue utilizada para imputar y para acusar a Brewer, entonces, lo que él supuestamente dijo contra Brewer – que no fue el caso - si vale, pero lo que pudo decir a su favor, que ni siquiera se cita, es inadmisible. Bueno, así no se puede juzgar. Dónde está la justicia? La justicia natural, la igualdad procesal, la igualdad de almas? Dónde está? en semejante contexto? Así es prácticamente imposible que el Dr. Brewer pudiera salir bien parado de una investigación semejante.

Es que el Estado, en realidad, no presume inocente al Dr. Brewer. Aquí mismo lo ha dicho, el Estado venezolano advierte a la Comisión Interamericana que de admitir la petición al Dr. Allan Brewer Carías estaría convalidando nuevamente el golpe de estado del 11 de abril de 2002. Eso lo dijo el Estado venezolano durante este proceso: que la admisión del caso era ya una convalidación del golpe de estado. Entonces, ¿qué presunción de inocencia puede jugar en esto?

Pero si me voy a referir a la amnistía, de la situación del Dr. Brewer fuera de Venezuela, brevemente. La amnistía, ya se ha dicho aquí bastante, la amnistía finalmente es una ley penal. La amnistía despenaliza un hecho; entonces es una ley penal. Tiene que ser igual para todo el mundo; depende de la configuración del tipo, no de cosas extrañas a la conducta del imputado, del acusado, del reo. Entonces, el sujetarla a requisitos procesales, es completamente atípico de una ley penal. Ya eso implica un elemento discriminatorio, porque es irrazonable la distinción que se hace. Ahora, resulta que el Dr. Brewer y sus abogados pidieron la aplicación de la amnistía alegando, como se ha dicho acá y como el juez **Caldas** preguntó en la mañana, que él estaba a derecho y que a él le resultaba aplicable la ley, que de acuerdo con todo el concepto que es estar a derecho, él estaba a derecho, y que le resultaba aplicable la ley; que había acudido todas las veces, esas que acudió a la Fiscalía; que se había presentado; que había recurrido ante los jueces; que había nombrado a sus abogados, etc. Pues se la negaron, porque no estaba a derecho. Apelaron los abogados invocando, aparte de la invocación general al derecho de igualdad no discriminación, una bien concreta, y era que el ex gobernador del Estado Miranda, Enrique Mendoza conjuntamente con la señora Milagros del Carmen Durán habían sido acusados del delito de rebelión civil a partir del 11 de abril, sobre quienes pesaba una orden de privación de libertad y una orden de aprehensión. Se encontraban en idéntica situación procesal al Profesor Brewer; se apeló, y la Corte de Apelaciones, créanlo o no, dijo que eso no aplicaba porque la decisión de Durán y de Mendoza la había tomado otro tribunal de la misma instancia, no el mismo tribunal!! En consecuencia, que no se puede hablar de igualdad de trato porque habían sido tribunales distintos, los dos de la misma jerarquía, simplemente que le había caído por razón de competencia, uno a uno, y otro a otro; pero como eran tribunales distintos, tenían que resolver distinto, y además dijeron que a Mendoza se le había dictado una orden de captura de manera "prematura," sin explicar qué rayos era "de manera prematura." Entonces le negaron también a Brewer esto, y que no se había violado el derecho a la igualdad.

Que Brewer está fuera de Venezuela y sobre esto se ha argumentado mucho. Si, el Estado puede sentirse quizá satisfecho porque lograron asustar al Profesor Brewer. El Profesor Brewer tuvo miedo cuando sintió que había una orden de aprehensión en su contra, con todo lo que venía ocurriendo en el proceso.

¿Qué pasa con Brewer? ¿Por qué a Brewer? El podría hacerse sus conclusiones. Creo francamente que se trata de un caso de persecución política. Brewer era un crítico, y un crítico agudo del gobierno, que ganó unas elecciones para la Asamblea Constituyente con su propio prestigio, presentándose él personalmente; que mantuvo las críticas; que había sido el más duro crítico de las leyes habilitantes, que se nos dijo ayer habían iniciado la protesta civil de fines del 2001 y principios del 2002; que había demandado la nulidad de esas leyes y que había asumido una actitud permanente crítica contra el autoritarismo y la recentralización del Estado que estaba dirigiendo el gobierno del Presidente Chávez.

Bueno, se sintió que se tenía que quedar afuera, porque aquí en Venezuela lo iban a apresar. Sí, lo asustaron. Si eso es un éxito, pues tuvieron éxito. Él lo dijo acá, "sentí miedo," y ¿Por qué no iba a sentir miedo? Entonces, ahora se dice que el ejercicio de sus derechos está condicionado a que él se entregue a sus verdugos. ¿Ustedes saben lo que pasaría si Brewer llega a Venezuela? Presenta su pasaporte en Maiquetía: un momentito, llaman a la policía, lo agarran, lo esposan, le ponen lo que llaman allá "los ganchos," lo sacan, le quitan el pasaporte, el celular, todo; lo meten en una comisaría del Estado Vargas, a la espera de que llegue un Fiscal; eso puede durar dos días, tres días. Llaman a la prensa, Brewer esposado; de ahí sale quizás cuando, ante un Juez; y quién sabe que va a pasar ante el juez. Porque por cierto, el cargo de magnicidio está allí, esa sentencia fue apelada, la apelación no fue admitida, porque Brewer podría no estar de acuerdo con sus abogados! Vaya concepto! Vaya debido proceso! Vaya facilidad para la defensa! La sospecha de que el apelante podría no estar de acuerdo con sus abogados!

Brewer, por estar fuera de Venezuela, no pierde sus derechos. Al contrario, la situación de su dignidad y de su integridad y el desarrollo a su personalidad, y de su libertad está gravada. Vive en el exilio. El objetivo es echarle el guante al Profesor Brewer, y el Profesor Brewer no ha querido dejar echarse el guante. El Profesor Brewer no ha querido ir a la cárcel, ni someterse a sus verdugos. Y que no vengan a decir ahora que los 70 años! Ya explicaron aquí cual era la historia de los 70 años! Aparte de eso, estamos como Rosita Alvirez que de los 10 tiros que le dieron solo uno era de muerte. Bueno, ¿de qué se trata? Estas preso, pero no tanto!

¿Hay derecho que después de un proceso abyecto como este, se prive a alguien de su libertad? ¿O lo que requiere es que esta Corte sentencie que se han violado sus derechos, y dispongan lo necesario para restituirlos íntegramente?"

550. Lo que pretendíamos ante la Corte Interamericana, en todo caso, y para que quede claro, no eran reparaciones materiales sino como lo resumió el profesor **Douglas Cassel** de la Universidad de Notre Dame en su intervención en la audiencia ante la Corte en septiembre de 2013, al expresar:

"Es un honor para mí comparecer nuevamente ante ustedes, al igual que ha sido honor mío acompañar a nuestro cliente, Profesor Brewer, y al equipo jurídico de mis colegas, a lo largo del proceso ante la Comisión y la Corte.

A mí me toca el tema de las reparaciones. No hay tiempo para leerlas, ni siquiera para resumirlas, y ustedes las tienen por escrito en nuestro alegato. Por lo tanto me limito a un par de observaciones.

Mi colega Pedro Nikken les ha dicho cómo la víctima en este caso es poco usual. Lo mismo se puede decir de las reparaciones que solicitamos.

Las reparaciones en este caso son muy distintas a las solicitadas por la mayoría de los campesinos, los obreros y los marginalizados, que suelen ser las víctimas ante la Corte. A pesar de tan destacado, y de tan sufrido y tan dañado, que es el Profesor Brewer, nosotros no pedimos indemnizaciones monetarias por él. La única excepción es una indemnización simbólica, de un bolívar.

De igual manera nosotros, los abogados de nuestro equipo, no pedimos los honorarios. Todos trabajamos *pro bono* en esta causa justa. Lo único que pedimos es el reembolso de los gastos de transporte, etc., para acudir ante la Comisión y la Corte.

Lo que sí pedimos es la reparación moral. Pedimos la reivindicación de la honra y el buen nombre de un señor honorable y democrático, falsamente acusada en un juicio político sin fundamento de abandonar a sus propios principios.

¿Qué significa nuestra solicitud, pues? En primer lugar, que la Corte en su Sentencia trata a todas y cada una de las violaciones de los derechos consagrados por la Convención Americana de Derechos Humanos. Muchas veces, por el cargo de trabajo, hay la tentación de fallar solamente sobre las violaciones más importantes, y dejar al lado las demás. No obstante, para asegurar la plena reparación moral que se merece en este caso, les pedimos que resuelvan, no solamente las violaciones del debido proceso de ley, las cuales yo por lo menos considero las más obvias, sino todas las violaciones de sus derechos que ha sufrido la víctima."

551. A lo anterior, el profesor **Cassel** agregó:

"Hay también un elemento práctico de la reparación moral. Específicamente, solicitamos que se declare que el proceso seguido en contra del Profesor Brewer carece de efectos jurídicos, y por lo tanto debe cesar de inmediato. Además, que la imputación en su contra, la acusación, la medida de privación de libertad, y todo otro efecto del proceso que atenta contra la libertad personal del Profesor Brewer o impide su regreso a Venezuela, se dejen sin efecto de inmediato.

Visto la actitud irrespetuosa del Estado ante la Corte, no sabemos si el Estado cumplirá o no con tales medidas. Sin embargo, independientemente de lo que hace el Estado, la Corte tiene en sus manos la potestad de otorgarle al Profesor Brewer estas medidas prácticas de la justicia moral, que le pueden proteger en el plano internacional, y en todos los Estados que sí respetan al estado de derecho, y que sí respetan a sus compromisos internacionales en materia de derechos humanos".

552. Y precisamente, respecto de esa cesación de efectos del proceso penal y de todos los actos lesivos del Estado que fue lo que solicitaron por representantes ante la Corte, las **Comisiones de Derechos Humanos de los Colegios de Abogados de Venezuela** (Humberto Prado) en el *Amicus curiae* que sometieron ante la Corte, expresaron que:

"teniendo en cuenta el contenido del artículo 8 de la Convención Americana sobre Derechos Humanos, que determina el derecho de toda persona **a ser juzgado por un juez independiente e imparcial**, se debe concluir entonces que el juzgamiento de una persona por un juez provisorio en Venezuela, especialmente en un caso sensible políticamente como el presente, constituye una violación al mencionado artículo de la Convención. [...]

Debemos reiterar, tal como lo ha hecho el Comité de Derechos Humanos de la ONU, que la competencia, imparcialidad e independencia de un juez son los elementos constitutivos de la garantía del juez natural, prevista en el artículo 14 del Pacto Internacional de Derechos Civiles y Políticos, equivalente al artículo 8 de la Convención Americana sobre Derechos Humanos. Como consecuencia de ello, debe llegarse a la conclusión de que la consecuencia jurídica propia para garantizar la restitución integral prevista en el artículo 63.1 de la Convención Americana sobre Derechos Humanos ante violaciones a la garantía de un juez natural (competente, independiente e imparcial) es **la cesación de efectos de todos los actos procesales llevados a cabo por el funcionario carente de competencia, independencia o imparcialidad.**

Esta conclusión fue expresamente recordada por el ex magistrado de la Corte Interamericana de Derechos Humanos, Sergio García Ramírez, quien en un voto concurrente a una Opinión Consultiva emitida por la Corte, *"la violación de aquél trae consigo las consecuencias que necesariamente produce una conducta ilícita de esas características: **nulidad y responsabilidad**"* (Destacados y subrayados nuestros).

Por lo tanto, de demostrarse la violación al artículo 8 de la Convención Americana sobre Derechos Humanos, por ser *Allan Brewer Carías,* una persona víctima de un juicio cuyo juez y cuyo fiscal instructor carecen de independencia e imparcialidad, la consecuencia jurídica aplicable debe ser la **nulidad** de todas las actuaciones realizadas por dicho juez, cesando así los efectos del proceso iniciado en su contra."

553. En sentido coincidente fue la opinión dada ante la Corte por el profesor **Olivo Rodríguez** en su *Amicus curiae* presentado en representación de la **Asociación Dominicana de Derecho Administrativo** de fecha 12 de agosto de 2013; y aún más explícitos fueron los profesores del **Grupo de Profesores de Derecho Público de Venezuela** en el *Amicus curiae* que presentaron ante la Corte en relación con los efectos de su sentencia, a ser dictada por violación por el Estado de la garantías del artículo 8 de la Convención, explicando lo siguiente:

"166. A tales efectos, se puede observar que la jurisprudencia de esta Corte IDH ha determinado que ante violaciones al artículo 8 de la Convención Americana sobre Derechos Humanos de naturaleza semejante, la consecuencia jurídica dispuesta por el tribunal ha sido **la** *cesación de* *efectos* **de los actos procesales inconvencionales.** Por ejemplo, en el caso de *Herrera Ulloa vs. Costa Rica,* se determinó la violación al artículo 8 de la Convención por la falta de existencia de un recurso eficaz para impugnar la sentencia penal dictada en su contra, y por ser dicha sentencia contraria al artículo 13 de la Convención, ordenándose al Estado *"dejar sin efecto, en todos sus extremos, la sentencia emitida el 12 de noviembre de 1999 por el Tribunal Penal del Primer Circuito Judicial de*

San José.[138] En el mismo sentido, en el caso *Usón Ramírez vs. Venezuela*, ante el juzgamiento por un tribunal incompetente en perjuicio de Francisco Usón Ramírez, la Corte dispuso *"dejar sin efecto, en el plazo de un año, el proceso penal militar instruido en contra del señor Francisco Usón Ramírez por los hechos materia de la presente Sentencia."*[139]

167. El caso de *Usón Ramírez* es un caso nuclear para el estudio de la consecuencia jurídica a aplicar en este caso. En dicho caso, el General Usón Ramírez fue juzgado por un tribunal militar para conocer de su causa, a lo largo de todo el proceso. Si bien el vicio de dicho caso fue la incompetencia, por analogía es perfectamente extensible al caso de *Allan Brewer-Carías,* pues la falta de independencia de un juez o un fiscal constituyen, al igual que la falta de competencia, vicios a la garantía del juez natural, consagrada en el artículo 8 de la Convención, generando la contrariedad a la Convención desde el inicio del proceso llevado a cabo en contra del imputado.

168. Debemos reiterar, tal como lo ha hecho el Comité de Derechos Humanos de la ONU, que la competencia, imparcialidad e independencia de un juez son los elementos constitutivos de la garantía del juez natural, prevista en el artículo 14 del Pacto Internacional de Derechos Civiles y Políticos[140], equivalente al artículo 8 de la Convención Americana sobre Derechos Humanos. Como consecuencia de ello, debe llegarse a la conclusión de que la consecuencia jurídica propia para garantizar la restitución integral prevista en el artículo 63.1 de la Convención Americana sobre Derechos Humanos ante violaciones a la garantía de un juez natural (competente, independiente e imparcial) es **la cesación de efectos de todos los actos procesales llevados a cabo por el funcionario carente de competencia, independencia o imparcialidad.**

169. Esta conclusión fue expresamente recordada por el ex magistrado de la Corte IDH, Sergio García Ramírez, quien en un voto concurrente a una Opinión Consultiva emitida por esta Corte, *"la violación de aquél trae consigo las consecuencias que necesariamente produce una*

---

138 Corte IDH Caso *Herrera Ulloa vs. Costa Rica,* Excepción Preliminar, Fondo, Reparaciones y Costas. Sentencia de 2 de julio de 2004. Serie C N° 107, párr. 188.g.1; 195; 207.4. Véase en http://www.Corte IDH.or.cr/docs/casos/articulos/seriec_107_esp.pdf.

139 Corte IDH Caso *Usón Ramírez vs. Venezuela*. Excepción Preliminar, Fondo, Reparaciones y Costas. Sentencia de 20 de noviembre de 2009. Serie C N° 207, párr. 168 y 199.7. Véase en http://www.Corte IDH.or.cr/docs/casos/articulos/seriec_207_esp.pdf.

140 Comité de Derechos Humanos, *Observación General* N° 32, párrs. 19 y 21.

conducta ilícita de esas características: nulidad y responsabilidad" (Destacados y subrayados nuestros).[141]

170. Por lo tanto, de demostrarse la violación al artículo 8 de la Convención Americana sobre Derechos Humanos, por ser *Allan Brewer-Carías,* una persona víctima de un juicio cuyo juez y cuyo fiscal instructor carecen de independencia e imparcialidad, la consecuencia jurídica aplicable debe ser la **nulidad** de todas las actuaciones realizadas por dicho juez, cesando así los efectos del proceso iniciado en su contra.

171. Como corolario de los razonamientos anteriores, procede concluir que, en Venezuela, los **juicios llevados a cabo por jueces** *provisorios* **no garantizan el derecho a ser juzgado por jueces independientes e imparciales,** contraviniendo los estándares internacionales que regulan la materia, interpretados a la luz del artículo 8 de la Convención Americana sobre Derechos Humanos, en virtud de que estos jueces carecen legalmente de la estabilidad y son particularmente susceptibles a presiones externas.

172. Como consecuencia de ello, procede **la nulidad de todas las actuaciones realizadas por el juez o fiscal falto de independencia o imparcialidad,** generando el cese de validez de dichas actuaciones, precisamente por la violación a la garantía del juez natural que acarrearía.

554. En igual sentido se pronunció el profesor **Luis Enrique Chase Plate** del Paraguay en el *Amicus curiae* que presentó ante la Corte el 2 de septiembre de 2013 (¶ 154-160).

555. Es por ello, que de todo lo anterior, lo que mis representantes solicitaron de la Corte Interamericana, además de que declarara que en el proceso penal desarrollado en Venezuela en mi contra, se violaron mis derechos a la defensa, a ser oído, a la presunción de inocencia, a un juez imparcial e independiente, al debido proceso judicial, a seguir un juicio en libertad, a la protección judicial, a la honra, a la libertad de expresión, incluso al ejercer su profesión de abogado, a la seguridad personal y a la circulación y a la igualdad y no discriminación, consagrados en los artículos 1.1, 2, 7, 8.1, 8.2, 8.2.c, 8.2.f, 11, 13, 22, 24 y 25 de la Convención Americana sobre Derechos Humanos, y por ello se condenase al Estado; que además se le ordenase al mismo restablecer de inmediato el pleno disfrute de los derechos humanos que me fueron violados y de las libertades que me fueron conculcadas, para cuyo efecto debía declararse que dicho proceso penal incoado en mi contra carece de efectos jurídicos y que por lo tanto, debía cesar de inmediato; y que en consecuencia, quedase sin efecto de inmediato el acto de imputación de 27 de enero de 2005, la Acusación Fiscal de 21 de octubre de 2005, la medida de

---

141 Corte IDH. *El Derecho a la Información sobre la Asistencia Consular en el Marco de las Garantías del Debido Proceso Legal.* Opinión Consultiva OC-16/99 del 1 de octubre de 1999. Serie A N° 16, en http://www.Corte IDH.or.cr/docs/opiniones/seriea_16_esp.pdf .

privación de libertad de 15 de junio de 2006, así como cualquier otro efecto producido o por producirse de dicho proceso penal, particularmente aquellos que están destinados a privarme de mi libertad y que me impiden regresar a Venezuela, mi lugar de residencia hasta 2005, sin ver expuesta mi libertad personal. La Corte Interamericana no quiso entrar a conocer y resolver sobre las violaciones u ni sobre los petitorios formulados, y más bien se escudó en cuestiones de derecho interno que no entendió, para negar mi acceso a la justicia internacional, y proteger al Estado, archivando el Expediente.

556. En todo caso, el resumen de todos los planteamientos ante la Corte Interamericana formulados por mis representantes, los hizo el profesor **Pedro Nikken** en la réplica al final formulada en la audiencia ante la Corte Interamericana el día 4 de septiembre de 2013, en la cual comenzó haciendo una reflexión sobre cómo el Estado había sido el que llevó este caso hasta sus últimas consecuencias ante la Corte. Dijo, refiriéndose a la amnistía, señalando que:

"cuando la Comisión Interamericana se puso a disposición de las partes para buscar una solución amigable al asunto, nosotros inmediatamente accedimos a eso. El Estado no respondió. Entonces quiso traer este litigio hasta sus últimas consecuencias, pero es que nuevamente luego, dicta una Ley de Amnistía, una Ley de Amnistía con las objeciones que se le han hecho, pero que con todo, aún con esas objeciones, con un poco de buena voluntad, se hubiera podido acoger. Admitamos, para mi es claro, pero admitamos que el término estar a derecho es ambiguo, pero con un poco de buena voluntad se hubiera podido resolver el problema de Brewer; por lo menos hacernos mucho más difícil llegar hasta esta Corte, porque por las violaciones ya se habían producido hubiera sido quizás un poco más difícil venir aquí con la acción penal extinguida. Pero no, el único que ha pedido la aplicación de la Ley de Amnistía ante los tribunales, al que se le ha negado, es a Allan Brewer.

Entonces, ¿Qué pasa con Brewer? ¿Por qué? ¿Por qué este ensañamiento en contra de Brewer?

Ayer también encontramos quizás una respuesta. Fíjense que el doctor y coronel Ángel Bellorín admitió que él había llevado esa denuncia, sin tratar de denunciar a nadie, a pesar de que denunció a mucha gente, pero que no era su intención; que eso había sido un error por lo apresurado. Creo que reproduzco mas o menos sus palabras: Que él lo que quería era denunciar unos hechos punibles y meter en eso a civiles porque estaban culpando únicamente a militares del golpe de estado. ¿Entonces, un militar activo, coronel del Ejército además nos dice, francamente con todo me cuesta creerlo, -que él como coronel activo de una institución como el Ejército que es jerárquica, que tenga que preguntar e incluso informar, y hasta pedir permiso con quien se van a casar, donde van a vivir por la jerarquía militar-, que haya podido él ir a hacer una denuncia relativa a un golpe de estado al margen de sus mandos militares, eso francamente resulta un poco cuesta arriba; pero bueno, eso fue lo que él dijo acá. En todo caso, fue para que hubiera civiles y no solo militares en el lío del golpe de estado. Y miren que bien lo consiguió, no hay ningún militar preso y el único perseguido en este momento en Allan Brewer, porque había que meter civiles en el golpe de estado fracasado, y por eso fue a presentar esa denuncia cuya copia fue la imputación contra Brewer y la acusación contra Brewer.

¿Qué pasa con Brewer? ¿Es que es malo ser civil y constitucionalista y disidente? ¿Es que hay que darle una lección a este tipo, que incomoda? Y cuando teníamos la posibilidad de traerlo y de cerrar esto, no!, porque la amnistía es para los demás pero para Brewer no!, pues hay que castigarlo. Si quiere que se le aplique, que venga y lo metemos preso y aun así, ya no cumplió los requisitos en su momento! ¿Quién le garantiza que después se los vayan a aprobar? Además está acusado también de magnicidio frustrado.

¿Qué pasa con Brewer? Realmente es para preguntárselo; es para preguntárselo, y se dice, no!, es que no hay ninguna persecución en su contra. Dígame si la hubiera.! Caramba.! Dígame si la hubiera! Porque hay que ver, lo que ha sido INTERPOL, amenaza de secuestro en la República Dominicana. Allan Brewer estaba protegido por la casa militar de Leonel Fernández, para que no lo agarrara la policía en la República Dominicana presionada por Belisario Landis. No!, es una cosa como de Macondo, que el Presidente hubiera tenido que mandar a dos de sus edecanes a escoltar a Brewer en la República Dominicana, para que no lo apresaran. Todo eso se ha dado con Allan Brewer.

¿Qué pasa con Brewer? ¿Por qué se plantean todas estas listas de recursos -yo creo que hizo un esfuerzo gigantesco mi colega Saltrón por hacer un catálogo completo de todas las cosas que pueden hacerse en el proceso penal-. Magnifico, pero le faltó un detalle, no decir porqué todas esas cosas o alguna de ellas, una sola, resulta efectiva para proteger la situación del Profesor Brewer en la situación que se encuentra actualmente. ¡Ni una! Hizo un catálogo, pero no basta con que haya recursos de revisión, y de revocación, y de apelación, y de qué sé yo cuántas cosas se mencionó, que son exhaustivas.

Todo eso está en las normas, pero ustedes saben una cosa, venimos a estas instancias cuando las normas no se aplican; cuando hay un Constitución real y una Constitución formal; cuando hay una Constitución formal que ordena que los órganos judiciales sean independientes, pero hay una Constitución real que pone a diputados del partido de gobierno a presidir los órganos disciplinarios de la Justicia. Cuando se nombra a un ingeniero, hermano del Presidente de la República, Director de la Dirección Ejecutiva de la Magistratura, que por cierto, de buena fe creo, aquí se nos dijo esta mañana, que la Dirección Ejecutiva de la Magistratura no destituía Magistrados, -pero hoy [según información de la redes sociales] la DEM destituyó al Presidente del Circuito Judicial Penal del Estado

Aragua y personalmente, el máximo representante de la Dirección Ejecutiva de la Magistratura Argenis Chávez se presentó al Palacio de Justicia del Estado Aragua acompañado de un grupo de funcionarios judiciales, y ejecuta una especia de allanamiento al Despacho del destituido-. Menos mal que no puede destituir a nadie el Director de la DEM, que tiene esas características políticas que son bastantes notorias y evidentes.

¿Entonces? De qué sirve citar normas si en la realidad, todo es inútil, todo es inútil. Nosotros consignamos lo que se hizo con el Profesor Brewer. Los abogados del Profesor Brewer introdujeron el 4 de mayo del 2005 un escrito ante el Juez de control pidiéndole que controlara. Resultado, el juez dijo que no era la oportunidad adecuada para hacer esos planteamientos. Los abogados del Profesor Brewer apelaron esta decisión. La Corte de Apelaciones, en una decisión compleja, pero sobre el fondo les dio la razón, y le ordenó al Juez de Control que efectivamente decidiera nuevamente sobre las solicitudes que se le habían formulado anteriormente. Sobre esa base, los abogados del Profesor Brewer introdujeron un nuevo escrito ante el Juez de Control. Resultado: no obstante la previa decisión de la Corte de Apelaciones, el Juez provisorio de Control volvió a decidir que no podía inmiscuirse en la labor de investigación de la Fiscal Provisoria. Los abogados apelaron esta decisión nuevamente. Resultado: ninguno. La apelación esta vez sí fue denegada en el 2005. La acusación fue contestada en todas sus partes y se solicitó la nulidad de todas las actuaciones. Resultado: estamos debatiendo sobre el caso en este juicio. Ninguno. El profesor Brewer pidió que se le garantizara su derecho de ser juzgado en libertad cuando se pidió la privativa de libertad en su contra. Resultado: ninguno; nunca se decidió. Los abogados del profesor Brewer introdujeron una apelación contra la insólita aclaratoria que lo declaró incurso en el delito de magnicidio frustrado. Resultado: la Corte de Apelaciones confirmó esa decisión porque el Dr. Brewer pudiera no estar de acuerdo con que sus abogados la apelaran.

Bueno, todavía se puede hablar de recursos internos, pero ¿Con qué seriedad se puede hablar de recursos internos frente a este cuadro señores? No hay recurso. Es una emboscada judicial. No estarán tranquilos hasta no verlo preso, y por eso dicen: regrese a Venezuela. ¿Por qué no regresa a Venezuela? Se sabe lo que va a pasar si regresa a Venezuela.

¿Por qué acudimos acá? Porque no hay más donde, en el país. No hay más donde!, y eso es lo que significa agotar los recursos internos señores jueces. No hay más donde!

Venimos a pedir justicia ante Ustedes, porque en Venezuela no hay más donde!"

557. Por todo ello, precisamente, fue que acudimos ante la Corte Interamericana de Derechos Humanos, porque como lo dijo el profesor **Nikken**, no había otro lugar!! Como por mi parte lo expresé ante la propia Corte Interamericana al comienzo de la audiencia del día 3 de septiembre de 2013, al responder la pregunta que el Dr. **Nikken** me hizo sobre qué consecuencia había tenido para mí este proceso, y sobre qué esperaba yo de la Corte en el presente caso, a lo cual dije:

Este proceso me ha causado mucho, muchísimo daño, presentándome como traidor a mis propios principios democráticos que siempre he sostenido, forzándome al exilio que es una pena dolorosa y pesada -ya los romanos hablaban del exilio como la pena más terrible para el hombre público, la pena más terrible que podía sufrir ser alejado de su país-. Se destrozó mi proyecto de vida, vinculado desde mi época de estudiante a la vivencia del derecho, a la investigación del derecho al estudio del derecho, a la actividad profesional en mi país. He perdido la posibilidad de ejercer la actividad académica y la actividad profesional en mi propio país. Mi Escritorio de abogados ha sido estigmatizado. A falta de quitarme la libertad, que han intentado hacerlo, han tratado de destruirme moralmente. Han sido 8 largos años de injusticia. He sido condenado sin juicio ni proceso por los funcionarios, todos los funcionarios, empezando por el entonces Fiscal General de la República, destruyéndoseme la presunción de inocencia. He sido castigado ya con el exilio sin posibilidad de protección del Estado, de mi propio Estado, que me considera un enemigo y me persigue implacablemente por todo el mundo, inclusive tratando de utilizar a la Interpol que es solo para delitos comunes. Por supuesto, afortunadamente la Interpol rechazó la pretensión del Estado. He sido alejado y desplazado de mi familia, de mis amigos, de mi trabajo, de mi profesión, de la Academia, de mi entorno en general. Ha sido un daño inconmensurable, no sólo patrimonial -que aquí no se están buscando compensaciones dinerarias- sino básicamente un daño moral que se me ha causado. He perdido buena parte de mi relación familiar, me perdí el crecimiento y desarrollo de mis hijos, y de mis nietos, a varios los dejé niños, en el Colegio, hoy son profesionales. Mi esposa ha sufrido terriblemente, inclusive, enfermedades graves a causa de esta persecución. Mi madre de 94 años, se que no quiere morirse sin verme.

¿Que espero yo de esta Corte? Justicia, la Justicia que se me ha negado sistemáticamente en mi país. Soy abogado, ustedes lo saben, y se que mis defensores ejercieron absolutamente todos los recursos judiciales disponibles para que se hicieran justicia, entre ellos, el recurso de nulidad, que en Venezuela, el recurso de nulidad en materia penal es lo que se puede denominar un amparo penal, que se prevé en el Código de Procedimiento Penal, y es el único recurso para limpiar el proceso por razones de inconstitucionalidad, de violación de derechos constitucionales. Pero el resultado es que ha sido imposible obtener justicia y menos con jueces que no son imparciales; que no son independientes porque son dependientes del Poder, como tantos casos que han venido ante esta Corte, y esta Corte ya lo sabe.

Como profesor, entendí y expliqué durante mucho tiempo la lógica de la protección internacional de los derechos humanos sin imaginarme, por supuesto, que yo mismo estaría compelido a acudir a esta Corte y a la justicia internacional, como víctima, denunciando al Estado que me niega la justicia.

Hoy entiendo en carne propia, que mi última esperanza de encontrar justicia, es ante esta instancia internacional; la justicia que el Estado me ha negado despiadadamente, y por eso me pongo en manos de esta Corte, pidiendo amparo, pidiendo protección judicial, pidiendo justicia como ser humano que sufre esta persecución abusiva, masiva del Estado, a través todas sus instituciones, masacrando mis derechos y garantías constitucionales; pidiéndoles que hagan cesar este horror de esta persecución y dejen sin efecto esta persecución configurada en ese proceso penal viciado de raíz, que he sufrido en mi país."

558. Pero la verdad, debo decirlo, fue que creí en la Corte Interamericana y en la justicia internacional, como estoy seguro que mis apreciados amigos, los excelentes juristas quienes fueron mis representantes ante la misma, que tanto han trillado en el sistema interamericano de protección de los derechos humanos, también creyeron en la misma. Por mi parte, sin embargo, personalmente, ahora constato que fue una vana ilusión, y comprendí hasta dónde puede llegar la presión de un Estado contra instituciones internacionales, incluso de orden judicial, cuando se trata de evitar que se proteja a una persona cuando la considera su enemigo interno. Pero de adversidades vive el hombre, y frente a lo que resultó de esta sentencia, mala por cierto, no hay otra cosa que seguir adelante, pues ahora es cuando falta por luchar. Y sobre lo que significa la sentencia, aparte de la desilusión y lástima por sus efectos nocivos para el sistema interamericano, en lo personal no me siento en absoluto vencido. Al contrario, a pesar de la sentencia, continuaré luchando por la recuperación del Estado de derecho y de la democracia en Venezuela, con la carga de optimismo de siempre, y que en más de una ocasión la he apoyado en la magistral lección de quien fue fundador de la Universidad de la Plata, Joaquín V. González, expresada en su discurso sobre *"La Universidad y el Alma Argentina"*, en el Teatro Argentino de La Plata, el 18 de septiembre de 1918, que como ha dicho mi amigo Jorge Reinaldo Vanossi "que aún hoy, es un mensaje reconfortante y estimulante, que nos aleja del desánimo,"[142] donde dijo:

"Ya veis que no soy un pesimista ni un desencantado, ni un vencido, ni un amargado por derrota ninguna. A mí no me ha derrotado nadie; y aunque así hubiera sido, la derrota sólo habría conseguido hacerme más fuerte, más optimista, más idealista; porque los únicos derrotados en este mundo son los que no creen en nada, los que no conciben un ideal, los que no ven más camino que el de su casa o su negocio, y se desesperan y

---

142 Véase Jorge Reinaldo Vanossi, *Razones y alcances del descaecimiento Constitucional. Violencia con anomia más anarquía con autoritarismo*, Academia Nacional de Ciencias Morales y Políticas, Buenos Aires, 2014.

reniegan de sí mismos, de su Patria y de su Dios, si lo tienen, cada vez que les sale mal algún cálculo financiero o político de la matemática de su egoísmo. ¡Trabajo va a tener el enemigo para desalojarme a mí del campo de batalla! El territorio de mi estrategia es infinito, y puedo fatigar, desconcertar, desarmar y aniquilar al adversario, obligándolo a recorrer distancias inmensurables, a combatir sin comer, ni beber, ni tomar aliento la vida entera, y cuando se acabe la tierra, a cabalgar por los aires sobre corceles alados, si quiere perseguirme por los campos de la imaginación y del ensueño. Y después el enemigo no puede renovar su gente por la fuerza o por el interés, que no resisten mucho tiempo; y entonces, o se queda sólo, o se pasa al amor, y es mi conquista, y se rinde con armas y bagajes a mi ejército invisible e invencible."[143]

---

143 La cita la referí por primera vez en la Presentación de mi libro *Reflexiones en España*, Caracas 1987, p. 9, como una "lección de optimismo y de lucha, que tenemos la obligación de transmitirla. Esa es la vida, y de ella tienen que aprender nuestros hijos y los hijos de ellos." Posteriormente la recogí en las palabras que había preparado para la sesión inaugural de las *VIII Jornadas Internacionales de Derecho Administrativo Allan Brewer Carías* organizadas en Caracas, por la Fundación de Estudios de Derecho Administrativo, el día 9 de noviembre de 2005, a las cuales no pude asistir por el inicio, un mes antes, de la persecución política en mi contra, y cuyo completo está transcrito en este libro.

APÉNDICE

SOBRE EL GRAVE TEMA DE LAS ACTUACIONES DE LOS JUECES DE LA CORTE INTERAMERICANA QUE PUEDEN AFECTAR SERIAMENTE LA CREDIBILIDAD DE LA MISMA, EN LO QUE CONCIERNE A SU *"IMPARCIALIDAD" "DIGNIDAD"* O *"PRESTIGIO"*

559. La audiencia del caso *Allan R. Brewer-Carías vs. Venezuela* ante la Corte Interamericana de Derechos Humanos realizada el 4 de septiembre de 2013 estuvo presidida por el Juez **Diego García Sayán**, quien fue su Presidente hasta diciembre de 2013, cuando el Juez **Humberto Sierra Porto**, asumió la Presidencia de la misma.

560. Ambos suscribieron la sentencia N° 277 de 26 de mayo de 2014, relativa a dicho caso, ordenando el archivo del expediente y denegándome el derecho de acceso a la justicia internacional, protegiendo al Estado venezolano, para lo cual tuvieron que cambiar la tradicional jurisprudencia de la Corte de que cuando se alegan violaciones a los derechos y garantías judiciales, y particularmente, a los derechos al debido proceso, a un juez independiente, a la defensa, a la presunción de inocencia y a la protección judicial, no puede la Corte considerar aisladamente la excepción de falta de agotamiento de los recursos internos sin antes entrar a considerar el fondo de las denuncias formuladas.[144] En definitiva, la Corte lo que hizo fue decidir sin motivación

---

144 Véase Caso *Velásquez Rodríguez Vs. Honduras*. Excepciones Preliminares. Sentencia de 26 de junio de 1987. Serie C N° 1. Por ello, por ejemplo, Fernando Zamora C, refiriéndose al caso *Allan R. Brewer-Carías vs. Venezuela*, destacó que la Corte de Derechos Humanos "rechazó la demanda porque el Dr. Brewer no había agotado los procedimientos judiciales en Venezuela. Pero argüir esa razón para rechazarla es un grave contrasentido, pues de lo que Brewer se defendía ante la CIDH era, precisamente, del cúmulo de arbitrariedades y abusos judiciales que sufría en su país. // El amparo que se le pedía a la CIDH era, concretamente, a raíz de la violación del debido proceso y las garantías judiciales, por la inexistencia de independencia judicial, por el impedimento del ejercicio de la abogacía y por la provisionalidad de los jueces. ¿Cómo, entonces, devolverlo a esa misma jurisdicción sin antes entrar a analizar el fondo de los hechos alegados? // Por eso, la sentencia ha sido vista "con preocupa-

alguna, avalando al Poder Judicial del Estado cuya independencia y autonomía era precisamente la que se cuestionó con la demanda, como era precisamente mi caso.

561. La verdad es que al acudir ante la Corte Interamericana de Derechos Humanos creí en la misma como el órgano idóneo en el Sistema Interamericano para conocer y decidir las demandas por violaciones de los derechos humanos cometidas por los Estados Miembros, confiado en que sus Jueces actuaban todos ajustados a las normas elementales de la Justicia, que establecen la absoluta incompatibilidad entre la función de Juez de la Corte y la realización de actividades que, como lo indica el artículo 71 de la Convención Americana sobre Derechos Humanos, puedan "afectar su independencia o imparcialidad," o como lo dispone el artículo 18.1.c del Estatuto de la Corte Interamericana, puedan afectar "su independencia, imparcialidad, la dignidad o prestigio de su cargo."

562. Conforme a ello, por tanto, por ejemplo, un Juez de la Corte Interamericana no puede, en forma simultáneamente a su labor de Juez, que implica juzgar en procesos judiciales complejos a los Estados miembros de la Convención, realizar actividades como aspirante a candidato, o candidato a un cargo como el de Secretario General de la Organización de Estados Americanos, que implica y exige buscar, gestionar o procurar el apoyo de los mismos Estados que son juzgados por él, y que son en definitiva los que lo pueden elegir. Es perfectamente legítimo que un Juez de la Corte Interamericana aspire ser candidato a dicho cargo de Secretario General de la OEA, pero para ello, por el conflicto de intereses y la incompatibilidad que origina, tiene el deber de necesariamente renunciar de inmediato a su condición de Juez.

I.   EL JUEZ DIEGO GARCÍA SAYÁN, SU ASPIRACIÓN A LA SECRETARÍA GENERAL DE LA ORGANIZACIÓN DE ESTADOS AMERICANOS, Y LA PERCEPCIÓN SOBRE SU "IMPARCIALIDAD"

563. Ello sin embargo no ocurrió en el caso del Juez **Diego García Sayán**, quien desde 2013 ha sido aspirante a candidato a la Secretaría General de la Organización de Estados Americanos, pero sin embargo, no sólo hasta diciembre de 2013 fue Presidente de la Corte, sino que con posterioridad nunca dejó su cargo de Juez, y paralelamente a sus aspiraciones y gestiones para contar con el apoyo y votos necesarios de los Estados para poder ser siquiera aspirante y poder ser electo, siguió participando en los procesos y en

---

ción" por el juez de dicha Corte, Dr. Eduardo Ferrer Mac-Gregor, y por otros juristas distinguidos." Véase Fernando Zamora C., "La CIDH y el desamparo al Dr. Brewer," en *La Nación*, San José 23 de agosto de 2014, en http://www.nacion.com/opinion/foros/CIDH-desamparo-Dr-Brewer_0_1434656532.html

las audiencias ante la Corte y siguió participando en las sentencias en las cuales se ha juzgado a los mismos Estaos.

564. Esa actividad simultánea del Juez **García Sayán** de ser un Juez que pretendía juzgar a los Estados y que simultáneamente era un aspirante a ser candidato a la Secretaría General de la Organización de los Estados Americanos para lo cual buscaba el favor de los Estados que juzgó, firmando sentencias incluso de casos importantes y polémicos en los cuales, por ejemplo, se exoneró a los Estados de responsabilidad; ha sido ciertamente un secreto a voces en el mundo latinoamericano, pero bien conocido por cierto, al menos desde 2013.

565. Una de esas sentencias fue la dictada bajo su presidencia, en el caso *Mémoli vs. Argentina*, el 22 de agosto de 2103,[145] en la cual la Corte por primera vez consideró que una condena penal por delito de injurias y calumnias no afectaba la libertad de expresión protegida en el artículo 13 de la Convención, liberando al Estado argentino de responsabilidad. Sobre esa sentencia por ejemplo, José Miguel Vivanco, Director de *Human Rights Watch*, expresó en noviembre de 2013, a los pocos días de que la misma fue notificada, que detrás de la misma habría "políticamente, ojo, no jurídicamente":

"una sutil estrategia política del Presidente de este organismo, **Diego García-Sayán**, con el apoyo de por lo menos cuatro de sus colegiados que apoyaron esa sentencia, contra tres que no lo apoyaron, de **congraciarse con el gobierno argentino, más precisamente con la mandataria, Cristina Fernández de Kirchner.**

Sucede que en los corrillos políticos latinoamericanos no hay secreto alguno de los órganos interamericanos que no se sepa, y es *vox populi*, que el presidente peruano de la Corte IDH ambicionaba tener el apoyo del gobierno argentino en su pretensión de coronarse como secretario general de la OEA, en atención a que el secretario general, el chileno Jaime Insulza, no iba a ir a la reelección en el cargo..."[146]

566. De ese secreto a voces, por tanto, podía concluirse que un Juez de la Corte Interamericana que pretendiera, aspirase o sea, a la vez, candidato a la Secretaría General de la OEA, no puede ser percibido como un juez imparcial, pues su interés político obviamente prevalecería sobre la labor de juzgar. Ello, además, lo observó en diciembre de 2013 el periodista Daniel Coronell, en un artículo publicado en la Revista Semana de Colombia, titulado "Un juez con aspiraciones," en el cual precisamente se refirió al Juez **García**

---

145 Véase en http://www.corteidh.or.cr/docs/casos/articulos/seriec_265_esp.pdf

146 Véase el reportaje de la Unidad de Investigación del diario *La Razón*, "Jugadas políticas de García-Sayán a expensas de fallo contra la libertad de expresión," en *La Razón*, 16 de noviembre de 2014, en http://larazon.pe/26193-jugadas-politicas-de-garcia-sayan-a-expensas-de-fallo-contra-la-libertad-de-expresion.html

Sayán, con el siguiente subtítulo: "*Si el futuro de García-Sayán depende de los países que hoy juzga, su decisión nos incumbe a todos, porque no habría garantías ante la Corte Interamericana,*" y con el siguiente contenido:

"Un juez no puede esperar el favor político de quienes son juzgados por él. Un voto futuro, una decisión favorable a una aspiración, compromete su imparcialidad y hace sospechosa cualquier decisión que toque intereses de su eventual elector. El caso del que hoy les quiero hablar no es sencillo.

El presidente de la Corte Interamericana de Derechos Humanos es un jurista prominente y reconocido mundialmente. **Diego García-Sayán** ha sido ministro de Justicia y canciller del Perú. Es un hombre brillante y tiene sobrados méritos para aspirar a cualquier cargo.

Lo particular del asunto es que hace unos días la Unidad de Investigación del diario *La Razón* del Perú, el país natal de **García-Sayán**, informó que el juez ha tenido la aspiración de convertirse en secretario general de la Organización de Estados Americanos (OEA) o, si no se puede, cuando menos secretario general de la Unión de Naciones Suramericanas (Unasur).

Asegura el periódico que el plan para llegar a la Secretaría de la OEA se frustró porque el actual secretario José Miguel Insulza decidió a última hora presentarse a la reelección y resultaba imbatible. Ante esto, siempre según la versión del diario, los esfuerzos del juez se concentraron en Unasur.

La aspiración no tendría nada de malo si no fuera porque para cualquiera de esos cargos, el juez García-Sayán requiere del voto de los Estados y justamente la Corte Interamericana de Derechos Humanos, de la cual es miembro y presidente hasta el 31 de este mes, juzga si esos Estados han violado los derechos y libertades establecidos en una convención continental. [...]

Ante la duda, le envié un correo electrónico al juez **Diego García-Sayán**, preguntándole si era cierto o no que había aspirado a la OEA, si aspiraba a Unasur, si sabía de las gestiones del presidente Humala, si creía que podía surgir un conflicto de intereses ya que necesitaba los votos de los Estados que como juez procesaba en la Corte IDH y si podía asegurar que no aspiraría en el futuro a ningún cargo cuya elección dependiera de esos estados.

La respuesta llegó cinco días después. **El juez afirma que no ha aspirado, ni aspira a esos cargos y que desconoce las supuestas gestiones del gobierno de su país. En lo que tiene que ver con aspiraciones futuras la respuesta fue esta: "En cuanto al futuro mediato de mi vida profesional, eso es algo que me corresponderá analizar y decidir a mí y a mi familia en su momento y no es de incumbencia de terceras personas".**

Lamento discrepar del ilustre juez pero si su futuro depende de la decisión de quienes hoy juzga, su decisión nos incumbe a todos. Sencillamente porque no habría garantías para quienes demandan justicia ante la Corte Interamericana.

Hace unos días el juez Diego García-Sayán decidió una demanda a favor del gobierno de Cristina Kirchner (que vota en la OEA y en Unasur). Su papel fue fundamental para que una escasa mayoría cambiara la doctrina de la Corte sobre la libertad de expresión dándole la razón al gobierno argentino en contra de un periodista que denunció un caso probado de corrupción tolerado por las autoridades de ese país.

Resulta preocupante también que el juez García-Sayán vaya a tomar decisiones en el caso de las familias de los desaparecidos en el Palacio de Justicia contra el Estado colombiano. El gobierno de Colombia tiene voto en los organismo continentales y las víctimas no."[147]

567. Y efectivamente, desde 2013, el Juez **García Sayán**, sin separarse de su condición de Juez, mientras esperaba que se concretara la formalización de su candidatura a la Secretaría General de la OEA, siguió participando activamente en los debates y audiencias ante la Corte, firmando sentencias en relación con denuncias presentadas contra Estados, con cuyos votos, precisamente, tendría que contar para pretender ser Secretario General de la OEA.

568. Uno de esos otros casos fue precisamente el caso Allan R. Brewer-Carías vs. Venezuela, cuya audiencia celebrada el 4 de septiembre de 2013, estuvo presidida precisamente por el Juez **Diego García Sayán**, quien condujo la Corte hasta diciembre de 2013, cuando el Juez **Humberto Sierra Porto,** asumió la Presidencia de la misma. Ambos suscribieron la sentencia N° 277 de 26 de mayo de 2014, relativa a mi caso,[148] ordenando el archivo del expediente, denegándome el derecho de acceso a la justicia internacional, protegiendo al Estado venezolano, para lo cual en el caso, los jueces tuvieron que cambiar la tradicional jurisprudencia de la Corte sentada desde el Caso *Velásquez Rodríguez Vs. Honduras* de 1987,[149] conforme a la cual cuando se alegan violaciones a los derechos y garantías judiciales, y particularmente, de los derechos al debido proceso, a un juez independiente, a la defensa, a la presunción de inocencia y a la protección judicial, la Corte, como es obvio y elemental, tiene necesariamente que considerar y juzgar dichas violaciones, y no puede juzgar aisladamente sobre la excepción de falta de agotamiento de

---

147 Véase Daniel Coronell, "Un juez con aspiraciones," en la Revista *Semana*, 7 de diciembre de 2013, en http://m.semana.com/opinion/articulo/columna-daniel-coronell-sobre-juez-garcia-sayan/367384-3

148 Véase en http://www.corteidh.or.cr/docs/casos/articulos/seriec_278_esp.pdf

149 Véase Caso *Velásquez Rodríguez Vs. Honduras*. Excepciones Preliminares. Sentencia de 26 de junio de 1987. Serie C N° 1.

los recursos internos sin antes entrar a considerar el fondo de las denuncias formuladas. Lo contrario no es otra cosa que decidir sin motivación alguna, avalando al Poder Judicial del Estado cuya independencia y autonomía es precisamente la que se cuestionó con la demanda. Como lo observó Fernando Zamora C, refiriéndose a ese caso, la Corte al rechazar la demanda incurrió en un grave contrasentido:

> "pues de lo que Brewer se defendía ante la CIDH era, precisamente, del cúmulo de arbitrariedades y abusos judiciales que sufría en su país.

El amparo que se le pedía a la CIDH era, concretamente, a raíz de la violación del debido proceso y las garantías judiciales, por la inexistencia de independencia judicial, por el impedimento del ejercicio de la abogacía y por la provisionalidad de los jueces. ¿Cómo, entonces, devolverlo a esa misma jurisdicción sin antes entrar a analizar el fondo de los hechos alegados?

Por eso, la sentencia ha sido vista "con preocupación" por el juez de dicha Corte, Dr. Eduardo Ferrer Mac-Gregor, y por otros juristas distinguidos."[150]

569. Durante el curso de los casos antes mencionados, en los cuales la Corte cambió de raíz su anterior jurisprudencia garantista, como se ha reseñado, el Juez **García Sayán** actuó activamente en los mismos, ejerciendo de Juez en forma simultánea a su aspiración a ser candidato a la Secretaría General de la OEA. Ello implicaba, de acuerdo con su aspiración, sin la menor duda, además de juzgar a los Estados, el realizar una intensa actividad para consolidar el apoyo de los mismos a su aspiración, en forma totalmente incompatible con el ejercicio del cargo de Juez de la Corte, que como se dijo, precisamente juzga a los Estados cuyos votos son con a los que tiene que aspirar poder contar. Esa incompatibilidad debió llevarlo a renunciar al cargo de Juez, pero no lo hizo.

570. El aspirar a ser Secretario General de la OEA, implica la necesidad ineludible de tener que comenzar a gestionar y contar con el voto favorable de una mayoría de Estados miembros de la Organización. Esa actividad, netamente política, de buscar el apoyo de los gobiernos de los Estados, es precisamente la que es completamente incompatible con la función de juzgar como Juez de la Corte Interamericana de Derechos Humanos, pues como se ha dicho, la Corte juzga precisamente a los Estados Miembros por responsabilidad internacional, los mismos respecto de los cuales el Juez, como aspirante o candidato a la Secretaría General de la OEA, tendría que esperar apoyo y votación a su favor. Por ejemplo, entre esos Estados de los cuales un Juez de la Corte, candidato a la Secretaría General de la OEA, tendría necesariamente

---

150 Véase Fernando Zamora C., "La CIDH y el desamparo al Dr. Brewer," en *La Nación*, San José 23 de agosto de 2014, en http://www.nacion.com/opinion/fo-ros/CIDH-desamparo-Dr-Brewer_0_1434656532.html

que esperar apoyo definitivo en el mundo iberoamericano actual, está sin duda Venezuela, sabiendo que en la madeja de las relaciones internacionales, como también es un secreto a voces bien conocido, muchos Estados miembros de la OEA tienen el compromiso de votar en la misma línea de Venezuela, con base en acuerdos internacionales como es el de Petrocaribe, mediante el cual Venezuela suministra y financia petróleo en condiciones más favorables que los del mercado general.

571. Por todo lo anterior, Andrés Openheimer recordó recientemente lo que expresó José Miguel Vivanco, Director de *Human Rights Watch*, en diciembre de 2013 en el diario español *El País*, en el sentido de que

"el voto de García Sayán como presidente de la CorteIDH en un caso clave relacionado con la sentencia contra un periodista argentino representó "un gravísimo retroceso" contra los derechos y la libertad de expresión.

La Corte presidida por García Sayán apoyó el dictamen de un juez argentino que afirmaba que Pablo Mémoli, editor de un pequeño diario en la provincia de Buenos Aires, había supuestamente difamado a varias personas. El tribunal presidido por García Sayán también votó en contra del prominente exiliado político venezolano Allan Brewer Carías, quien afirmaba que no gozaba de garantías para un juicio justo en Venezuela." [151]

572. Con razón, por tanto, el mismo José Miguel Vivanco, Director de Human Rights Watch, expresó refiriéndose al caso del Juez **García Sayán**, que:

"el hecho de que García Sayán haya permanecido en su cargo de juez de la CorteIDH mientras hacía campaña para conseguir la nominación para la jefatura de la OEA "es algo escandaloso, porque tenía un obvio conflicto de intereses al hacer campaña para el cargo de la OEA y tratar de conseguir los votos de los mismos países que supuestamente debía estar evaluando." [152]

573. Todo lo anterior llevó al periodista Juan Francisco Alonso, después de analizar el fallo de la Corte Interamericana en el caso *Allan R. Brewer-Carías vs. Venezuela,* en el reportaje que publicó en el diario en El Universal de Caracas, el 26 de agosto de 2014, con el título: "La Corte IDH evadió

---

151 Véase Andrés Openheimer, "Candidaturas preocupantes en la OEA," en *El Nuevo Herald,* 23 de agosto de 2014, en http://www.elnuevoherald.com/2014/08/23/1827006/oppenheimer-candidaturas-preocupantes.html

152 Véase en Andrés Openheimer, "Candidaturas preocupantes en la OEA," en *El Nuevo Herald,* 23 de agosto de 2014, en http://www.elnuevoherald.com/2014/08/23/1827006/oppenheimer-candidaturas-preocupantes.html

estudiar denuncias en el caso Brewer," al preguntarse ¿Por qué el fallo?, a responder que:

"Esta victoria, la segunda consecutiva que logra Venezuela, se produce a semanas de que se conmemore el primer aniversario del retiro oficial del país de la jurisdicción de la Corte IDH.

Especialistas en la materia consultados y que prefirieron el anonimato, no descartaron que en este dictamen haya sido influenciado **por "las ansías" del magistrado peruano Diego García Sayán de sustituir al chileno José Miguel Insulza al frente de la Organización de Estados Americanos (OEA).**

"Está buscando votos y no quiere molestar a Venezuela ni a sus aliados", dijo el experto consultado."[153]

II. LA FORMALIZACIÓN DE LA CANDIDATURA DEL JUEZ GARCÍA SAYÁN A LA SECRETARÍA GENERAL DE LA OEA, Y LA SOLICITUD DE UNA IMPROCEDENTE "EXCUSA," QUE LE FUE OTORGARA POR EL PRESIDENTE SIERRA PORTO, PARA SEGUIR SIENDO JUEZ SIMULTÁNEAMENTE CON LA ACTIVIDAD DE GESTIONAR APOYOS DE LOS ESTADOS PARA LOGRAR VOTOS A SU FAVOR

574. Pero lo grave de la situación en la Corte Interamericana de Derechos Humanos es que cuando yal al fin, el Juez **García Sayán** logró que el Perú lo postulase formalmente para tal cargo, lo que ocurrió el 16 de agosto de 2014, razón por la cual, después de sentenciar varios casos, incluso los casos *Mémoli vs. Argentina* y *Allan R. Brewer-Carías vs. Venezuela*, protegiendo celosamente en ambos casos a los Estados, negándome a las víctimas el acceso a la justicia, para lo cual como se dijo la Corte tuvo que cambiar su jurisprudencia de siempre, el Juez **García Sayán**, con el acuerdo del Presidente de la Corte, **Humberto Sierra Porto**, en lugar de renunciar, que era lo que procedía aun cuando fuera tardíamente pues debió hacerlo desde cuándo comenzó a aspirar a ser nominado como candidato a la Secretaria General de la OEA, *ha logrado el insólito status de seguir ejerciendo el cargo de Juez de la Corte Interamericana mientras hace campaña política abierta para lograr los votos necesarios de los Estados* muchos de los cuales han estado *subjudice* ante la Corte.

575. Para ello, el 19 de agosto de 2014, el Juez **García Sayán** solicitó a la Corte Interamericana que se le "excusara" temporalmente -mientras fuera tal candidato- de participar sólo en algunos asuntos ante la misma, y así poder hacer campaña política abiertamente sin perder su condición de Juez. El Juez

---

153 Véase Juan Francisco Alonso, "La Corte IDH evadió estudiar denuncias en el caso Brewer," en *El Universal*, Caracas 26 de agosto de 2014, pp.. Véase además en http://www.eluniversal.com/nacional-y-politica/140826/la-corte-idh-evadio-estudiar-denuncias-en-el-caso-brewer

García Sayán, en efecto, formuló su solicitud de excusa -según se informó en la "Constancia de Disentimiento" de fecha 21 de agosto de 20014 firmada por los Jueces **Eduardo Vio Grossi** y **Manuel Ventura Robles** que se incluye en el *Anexo III* (páginas 483 ss.) de este libro-, argumentando que lo hacía para que no se generase *"percepción alguna de que las decisiones adoptadas por la Corte o mis votos pudieran estar influidos por factores ajenos a los estrictamente jurídico"*.

576. La afirmación es en realidad una confesión, de manera que la pregunta obligada es ¿Por qué fue que esa "preocupación" del Juez **García Sayán**, de que su candidatura a la Secretaría General de la OEA podía general la indudable *percepción de que las decisiones adoptadas por la Corte o sus votos pudieran estar influidos por factores ajenos a los estrictamente jurídico*? Ello evidentemente era así desde 2013, pero sin embargo sólo le surgió cuando la candidatura se concretó, pero no le preocupó durante los largos meses en los cuales la misma se gestó, y durante los cuales, con su voto, en varios casos, la Corte protegió a los Estados y desamparó a las víctimas?

577. Durante los largos meses de la gestación de su candidatura a la Secretaría General de la OEA, la percepción negativa señalada por el Juez **García Sayán**, por si no lo sabe aún, ya se había manifestado – yo mismo soy testigo de ello durante la audiencia de la Corte de septiembre de 2014 - , Y ello se confirma en forma notable, con la sola solicitud de excusa que formuló ante la Corte, que es el reconocimiento más patente de que su participación en el ejercicio de la competencia contenciosa de la Corte mientras pretendía ser candidato a la Secretaria General de la OEA, era tan comprometedora como la que resulta ahora después de la formalización de su candidatura. Ambas situaciones, por una parte, la de Juez de la Corte, y por la otra, simultáneamente, la de ser aspirante a candidato o candidato a dicho cargo internacional, generaron la percepción de la incompatibilidad entre el mencionado cargo y la actividad que resulta de la aludida aspiración o postulación.

578. Pero en todo caso, lo planteado por el Juez **García Sayán** con su petición de "excusa," era ciertamente de suprema importancia para el funcionamiento de la Corte Interamericana, sobre todo respecto de la percepción sobre su independencia, imparcialidad, dignidad y prestigio, lo cual ameritaba, sin duda, la necesidad de que el asunto fuera decidido por el Pleno de la misma. Pero no. El Presidente de la Corte, Juez **Sierra Porto**, ignoró a la propia Corte y a sus otros Jueces, y personalmente autorizó la "excusa" solicitada por el Juez **García Sayán**.

579. Todo ello fue incluso anunciado por la propia Corte Interamericana de Derechos Humanos en "Comunicado de Prensa" publicado el 21 de agosto de 2014, que se incluye en el **Anexo III** (página 483) de este libro, titulado *"Se acepta la excusa del Juez Diego García-Sayán de participar de todas las actividades de la Corte mientras sea candidato a la Secretaría General de la OEA,"* con el cual la Corte puso en conocimiento de la comunidad, no sólo la postulación formal por el Perú de la candidatura del Juez **Diego García-**

Sayán a Secretario General de la Organización de Estados Americanos (OEA), sino la presentación ante la Corte de la solicitud de "su excusa de participar, mientras sea candidato, de todas las actividades de la Corte;" y además, la decisión unilateral adoptada por el Presidente, **Humberto Sierra Porto**, aceptando la excusa. A tal efecto, incluso se informó que el Juez **Sierra Porto** valoraba "la iniciativa del Juez **García-Sayán** de apartarse de todas las actividades de la Corte mientras sea candidato a la Secretaría General de la OEA," considerando esa actitud como "generosa," estimando que así se "propician las condiciones para el adecuado funcionamiento del Tribunal."

580. Para entender el significado de esta excusa tardía, del episodio ocurrido con la decisión unilateral del Presidente de la Corte de "aceptarla" por sí solo, a pesar de que otros Jueces miembros de la misma habían solicitado que el asunto se debatiera en el Pleno de la Corte, como correspondía, y de cómo todo ello empaña la percepción sobre la independencia, imparcialidad, dignidad y prestigio del tribunal, basta leer el texto de la "Constancia de Disentimiento," consignada ante la Corte por el Juez **Eduardo Vio Grossi** el día 21 de agosto de 2014, a la cual se adhirió en Juez **Manuel Ventura Robles**, y cuyo texto íntegro se incluye en el **Anexo III** (páginas 483 a 490) de este libro.

581. En dicha "Constancia de Disentimiento" en efecto, los Jueces **Eduardo Vio Grossi** y **Manuel Ventura Robles**, solicitaron, por "la trascendencia del asunto para el desarrollo de la propia Corte" que quedase registrada en los archivos de la misma "su disconformidad" tanto con la solicitud presentada por el Juez **García Sayán**, en orden a que, *mientras fuese candidato* a la Secretaría General de la OEA, se le excusase *"de participar en la deliberación e las sentencias u otras decisiones relativas a casos contenciosos, supervisión de cumplimiento de sentencias o medidas provisionales sobre las que la Corte tenga que pronunciarse;"* como con lo resuelto unilateralmente por el Presidente de la Corte, aceptando la mencionada excusa luego de afirmar que el asunto no correspondía haber sido sometido al Pleno de la Corte, pues esto supuestamente sólo procedía si el Juez Sierra Porto no hubiese aceptado la "excusa" presentada.

582. Lo que más llama la atención de todo este episodio, sin embargo, es que el Presidente **Sierra Porto** informó de la solicitud de "excusa" del Juez **García Sayán** al Pleno de la Corte, integrado en ese momento, además, por los jueces **Roberto Figueiredo Caldas, Manuel Ventura Robles, Eduardo Ferrer Mac-Gregor Poisot** y **Eduardo Vio Grossi,"** solicitándoles su opinión; ocasión en la cual, como lo indican los Jueces **Vio Grossi** y **Ventura Robles** en su "Constancia de Disentimiento," incluso hubo debate, quedando expresada la posición de ambos sobre la "incompatibilidad entre el cargo de juez de la Corte que detenta el juez **García Sayán** y la presentación de su candidatura a la Secretaría General de la OEA," considerando que "lo que procedía era someter el asunto a consideración del Pleno de la Corte." Ello incluso lo solicitó por escrito el Juez **Ventura Robles** ante el Presidente **Sie-**

rra Porto, para que fuera la Corte en Pleno la que resolviera lo pertinente sobre incompatibilidad en el caso, y los Jueces pudieran pronunciarse sobre el tema. Ello, sin embargo, fue negado por el Presidente **Sierra Porto,** pasando él mismo a decidir el asunto unilateralmente, aceptando la "excusa" presentada, ignorando a la Corte.

III. LA EVIDENTE IMPROCEDENCIA DE LA SOLICITUD DE "EXCUSA" PRESENTADA POR EL JUEZ GARCÍA SAYÁN Y EL INELUDIBLE DEBER QUE TENÍA DE RENUNCIAR A SU CARGO, ASÍ FUERA TARDÍAMENTE

583. Era evidente, como bien lo observaron los Jueces **Vio Grossi** y **Ventura Robles,** en su "Constancia de Disentimiento," que la solicitud de "excusa" presentada por el Juez **García Sayán** era totalmente improcedente, pues conforme al artículo 19.2 del Estatuto de la Corte, las solicitudes de excusa se deben presentar sólo en los casos en los cuales un juez *"estuviere impedido de conocer, o por algún motivo calificado considerare que no debe participar en determinado asunto."* En el caso de la solicitud del Juez **García Sayán,** era demasiado evidente que la "excusa" no se refería a *"determinado asunto,"* y, además, se presentaba por un período de tiempo indeterminado que no estaba referido a algún caso que hubiese sido sometido a conocimiento de la Corte, sino sólo a una circunstancia completamente ajena a los asuntos sometidos al tribunal, como era su candidatura a la Secretaría General de la OEA. Ello, por supuesto, no era materia de "excusa" sino evidentemente de renuncia.

584. La situación era sin duda grave. Y ello, además, por dos motivos: primero, como lo apuntaron los Jueces **Vio Grossi** y **Ventura Robles** en su "Constancia de Disentimiento," la "excusa" presentada por el Juez **García Sayán** en sus propios términos, era única y exclusivamente en relación con *"participar en la deliberación de las sentencias u otras decisiones relativas a casos contenciosos, supervisión de cumplimiento de sentencias o medidas provisionales sobre las que la Corte tenga que pronunciarse,"* excluyendo de su solicitud de "excusa" la intervención en la emisión de Opiniones Consultivas y en las demás actividades que la Corte pueda llevar a cabo, "tales como participación en actos protocolares, actividades académicas y actos de representación ante otras entidades, y en el empleo de oficinas, recursos e infraestructura de la Corte."

585. Y segundo, porque la solicitud de "excusa" presentada por el Juez **García Sayán,** la formuló con el claro sentido y propósito de que una vez aprobada, como fue en efecto aprobada por el Presidente unilateralmente, el Juez **García Sayán,** continuaría *"desempeñando la función de juez de la Corte Interamericana."* Es decir, que no obstante ser simultáneamente Juez de la Corte y candidato a la Secretaría General de las OEA, el Juez **García Sayán** por decisión del Presidente de la Corte **Sierra Porto** ha conservado "todas las prerrogativas, inmunidades y privilegios inherentes al cargo o función de juez de la Corte," siendo relevado sólo de sus obligaciones en relación con el ejercicio de la función contenciosa. Todo ello se lo concedió el Presidente de la Corte, Juez **Sierra Porto**, unilateralmente, aun cuando extendiendo la "excusa" en general respecto de todas las actividades de la Corte, confiriendo indebidamente a tal "excusa," como lo observaron los Jueces **Vio Grossi** y **Ventura Robles** en su "Constancia de Disentimiento," "algunas de las consecuencias propias de la institución de las incompatibilidades y ajenas a la de las excusas."

586. De todo lo anterior, era evidente que el Juez **García Sayán** no podía pretender seguir ejerciendo su cargo como Juez de la Corte Interamericana y además, simultáneamente, con una "excusa," realizar la gestión política de compromisos internacionales buscando apoyos y votos de los Estados, que son los sujetos a ser juzgados por la propia Corte, para lo cual fue autorizado unilateralmente por el Presidente de la Corte, Juez **Sierra Porto**. Al contrario, lo que debió hacer era renunciar a su cargo para dedicarse de lleno a la actividad política que demanda su postulación como candidato a la Secretaría General de la OEA, como bien lo indicaron los Jueces **Vio Grossi** y **Ventura Robles**, en su "Constancia de Disentimiento," conforme a lo que está previsto en el artículo 21.1 del Estatuto del Corte, lo cual sin embargo no hizo.

IV. LA INCOMPATIBILIDAD DEL CARGO DE JUEZ DE LA CORTE INTERAMERICANA DE DERECHOS HUMANOS DEL JUEZ DIEGO GARCÍA SAYÁN, CON SU ACTIVIDAD DE SER CANDIDATO A LA SECRETARÍA GENERAL DE LA OEA, Y LA "EXCUSA" QUE LE APROBÓ EL PRESIDENTE DE LA CORTE JUEZ SIERRA PORTO, SIN COMPETENCIA PARA ELLO.

587. El resultado de la improcedente "excusa" que le aprobó unilateralmente el Presidente de la Corte **Sierra Porto** al Juez **García Sayán**, es que con el acuerdo entre ambos, se ha buscado "regularizar" una absoluta incompatibilidad entre el cargo de Juez de la Corte y la asunción de la mencionada candidatura a la Secretaría General de la OEA, que la Corte en Pleno tenía el derecho a discutir y debatir, lo cual le fue cercenado a los otros Jueces de la misma, pues como lo indicaron los Jueces **Vio Grossi** y **Ventura Robles**, el Presidente **Sierra Porto** "no permitió que ocurriera." Dicha incompatibilidad que el Pleno de la Corte tenía el derecho de discutir, deriva del hecho de que conforme al artículo 71 de la Convención Americana y al artículo 18.1 del Estatuto de la Corte, la actividad que exige ser desplegada como candidato a un cargo como Secretario General de la OEA, obviamente puede afectar *"su independencia, imparcialidad, la dignidad o prestigio de su cargo.*

588. Sobre ello, los Jueces **Vio Grossi** y **Ventura Robles** en su "Constancia de Disentimiento" fueron enfáticos en considerar que:

> "es a todas luces evidente que la *"actividad"* consistente en la candidatura a la Secretaría General de la OEA, no solo puede en la práctica impedir el ejercicio del cargo de juez de la Corte, sino que también puede afectar la *"independencia, "imparcialidad", "dignidad"* o *"presti-*

gio" con que necesariamente debe ser percibido dicho ejercicio por quienes comparecen ante la Corte demandando Justicia en materia de derechos humanos."

589. Para llegar a esta conclusión, los Jueces **Vio Grossi** y **Ventura Robles** advirtieron cómo el propio Juez **García Sayán** había afirmado, como fundamento de su solicitud de "excusa," que la misma la formulaba *"de manera que no se genere percepción alguna de que las decisiones adoptadas por la Corte o mis votos pudieran estar influidos por factores ajenos a los estrictamente jurídico,"* de lo cual derivaron la conclusión obvia de que con ello, el Juez **García Sayán**:

> "estaría reconociendo que, si continuaba participando en el ejercicio de la competencia contenciosa de la Corte no obstante ser simultáneamente candidato a la Secretaría General de la OEA, podrían generarse percepciones respecto de la incompatibilidad entre el mencionado cargo y la aludida postulación."

590. Por ello la conclusión de los Jueces **Vio Grossi** y **Ventura Robles** en su "Constancia de Disentimiento," de que lo que debió proceder en el caso de la solicitud de "excusa" del Juez **García Sayán**, *"no era un pronunciamiento acerca de una excusa, que, como ya se expresó, era improcedente, sino en cuanto a la aludida incompatibilidad, lo que no aconteció ni se permitió que ocurriera"*, precisamente por decisión unilateral del Presidente **Sierra Porto**, quien no tenía competencia para ello. Como lo afirmaron los Jueces **Vio Grossi** y **Sierra Porto**, porque "el Presidente carece de facultades para pronunciarse, como lo hizo, respecto de la solicitud del juez **García Sayán**."

591. El asunto planteado era claramente un tema de incompatibilidad y no de "excusa," al punto de que como lo observaron los Jueces **Vio Grossi** y **Ventura Robles** en su "Constancia de Disentimiento," el propio Juez **García Sayán**, en su solicitud sólo se refirió a que en su criterio conforme al artículo 19.2 del Estatuto de la Corte, supuestamente *no existía "incompatibilidad convencional, estatutaria o reglamentaria" que le impidiera "seguir desempeñando la función de juez de la Corte Interamericana y, simultáneamente, ser candidato a [...] Secretario General de la Organización de Estados Americanos (OEA),"* mencionando causales propias de la incompatibilidad del cargo de Juez con otras actividades. Por ello, siendo un tema de incompatibilidad, conforme al artículo 18.2 del Estatuto de la Corte, correspondía a la misma Corte, y no al Presidente **Sierra Porto** decidir sobre la materia. Por ello, al resolver dicho Presidente sobre la solicitud del Juez **García Sayán** sustentada "en causales propias de las incompatibilidades y no en las procedentes para las excusas," lo que hizo fue impedir como lo observaron los Jueces **Vio Grossi** y **Ventura Robles**, en su "Constancia de Disentimiento," "que la Corte se pronunciara sobre dicha petición y más especialmente, sobre la eventual incompatibilidad entre dicho cargo y la mencionada candidatura;" es decir, impedir "que la Corte ejerciera una facultad expresamente reconocida en su Estatuto."

592. Y lo más insólito del procedimiento seguido, como resulta de lo observado y expuesto por los Jueces **Vio Grossi** y **Ventura Robles** en su "Constancia de Disentimiento," es que:

"a juicio del juez **García Sayán** y del Presidente, bastó con que la solicitud en comento del primero haya aludido a la excusa para que se haya debido proceder conforme al procedimiento previsto para la misma, descartando de plano y sin otro fundamento, la posibilidad de analizarla y resolverla a través del procedimiento expresamente previsto tanto para el caso de renuncia al cargo de juez de la Corte como para el de la adopción de una decisión sobre la incompatibilidad del mismo con la actividad de ser candidato a la Secretaría General de la OEA."

593. En esta forma, el Presidente de la Corte usurpó lo que correspondía ser decidido por el Pleno de la Corte; como concluyeron los Jueces **Vio Grossi** y **Ventura Robles**:

"no procedía que el Presidente se pronunciara con relación a la aludida petición del juez **García Sayán** como efectivamente lo hizo, por carecer de competencia para ello y en cambio, lo que correspondía era permitir su análisis y resolución por el Pleno de la Corte."

V. ALGUNAS CONSECUENCIAS DE LA DECISIÓN DEL PRESIDENTE JUEZ SIERRA PORTO, VICIADA DE INCOMPETENCIA, APROBANDO LA EXCUSA SOLICITADA POR EL JUEZ GARCÍA SAYÁN EN RELACIÓN CON EL FUNCIONAMIENTO DE LA CORTE INTERAMERICANA: LA PERCEPCIÓN SOBRE SU *"IMPARCIALIDAD" "DIGNIDAD"* O *"PRESTIGIO"*.

594. De todo ello, entre las "graves consecuencias" que los Jueces **Vio Grossi** y **Ventura Robles** observaron sobre lo decidido, sin competencia alguna para ello, por el Presidente **Sierra Porto** en combinación con el Juez **García Sayán**, es el "serio riesgo" que se corre de que tanto "la solicitud del juez **García Sayán** como lo resuelto por el Presidente a su respecto, sean percibidos como *actos realizados únicamente para legitimar la peculiar situación de que se trata,*" como efectivamente es lo que se percibe; autorizándose indebidamente "a un juez de la Corte para que suspenda temporalmente su obligación de ejercer debidamente dicho cargo, para privilegiar otras actividades no judiciales." Además observaron con razón los Jueces **Vio Grossi** y **Ventura Robles** que:

"la solicitud del juez **García Sayán** así como la decisión afirmativa adoptada a su respecto por el Presidente podrían ser comprendidas en cuanto que sería permitido que los jueces de la Corte, por intereses ajenos a los de la Corte, dejen de ejercer temporalmente sus funciones para posteriormente reintegrarse a ella. Ello evidentemente podría generar una percepción de inestabilidad o fragilidad institucional de la Corte y aún de inseguridad jurídica respecto de sus fallos."

595. Por todo lo que se deriva de la "Constancia de Disentimiento" formulada por los Jueces **Vio Grossi** y **Ventura Porto**, resultaba más que plausible sostener, como ellos mismos lo afirman "que la referida solicitud de excusa del juez **García Sayán** y lo resuelto al efecto por el Presidente, pueden afectar seriamente la credibilidad en lo que concierne a su *"imparcialidad" "dignidad"* o *"prestigio";* razón por la cual dichos Jueces precisamente extendieron dicha "Constancia de Disentimiento" con el objeto de evitar, con razón, que se pudiera presumir que ellos avalaban los indicados actos, y evitar que se pudieran llegar a considerar "en el futuro como precedente en cuanto a limitar, desconocer o evitar las facultades expresamente otorgadas a la Corte."

596. Concluyeron los Jueces **Vio Grossi** y **Ventura Robles**, indicando que su "Constancia de Disentimiento," "responde a la transparencia" que a su juicio:

> "debe imperar en una instancia judicial de la envergadura de la Corte, que imparte Justicia en materia de derechos humanos con estricto apego a los principios de imparcialidad, independencia, legalidad y certeza y seguridad jurídicas, otorgando, por ende, a quienes comparecen ante ella la máxima garantía de que efectivamente procede así."

597. Es importante esta afirmación de fe, porque lamentablemente, con conductas como las del Juez **García Sayán** y del Presidente de la Corte **Sierra Porto**, lo que resulta es una percepción contraria, la cual lamentablemente yo he vivido en carne propia en el caso *Allan R. Brewer-Carías vs. Venezuela*, que fue decidido con la participación de ambos, y es que en la Corte Interamericana hay jueces que imparten Justicia en materia de derechos humanos sin estricto apego a los principios de imparcialidad, independencia, legalidad y certeza y seguridad jurídicas, negándole el acceso a la justicia a quienes comparecen ante ella clamando justicia cuando en sus países no la pueden obtener.

ANEXOS

ANEXO I
SENTENCIA DE LA CORTE INTERAMERICANA DE DE-
RECHOS HUMANOS N° 277 DE 26 DE MAYO DE 2014 EN
EL CASO *ALLAN R. BREWER-CARÍAS VS. VENEZUELA*
(EXCEPCIONES PRELIMINARES)

En el caso *Allan Randolph Brewer Carías Vs. la República Bolivariana de Venezuela,* la Corte Interamericana de Derechos Humanos (en adelante "la Corte Interamericana", "la Corte" o "el Tribunal"), integrada por los siguientes jueces[1]:

Humberto Antonio Sierra Porto, Presidente;

Roberto F. Caldas, Vicepresidente;

Manuel E. Ventura Robles, Juez;

Diego García-Sayán, Juez;

Alberto Pérez Pérez, Juez, y
Eduardo Ferrer Mac-Gregor Poisot, Juez.
presentes además,

Pablo Saavedra Alessandri, Secretario, y

Emilia Segares Rodríguez, Secretaria Adjunta,

de conformidad con el artículos 62.3 de la Convención Americana sobre Derechos Humanos (en adelante también "la Convención Americana" o "la Convención") y con los artículos 31, 32, 42, 65 y 67 del Reglamento de la Corte (en adelante "el Reglamento"), dicta la presente Sentencia, que se estructura en el siguiente orden:

---

1   El 11 de julio de 2012 el Juez Eduardo Vio Grossi se excusó de participar en el presente caso, conforme a lo dispuesto en el artículo 19.2 del Estatuto de la Corte y 21 de su Reglamento, lo cual fue aceptado por el Presidente de la Corte en consulta con los demás jueces.

TABLA DE CONTENIDO

B.3.3.1   Que no exista en la legislación interna del Estado el debido proceso legal para la protección del derecho o derechos que se alega han sido violados (artículo 46.2.a)

B.3.3.2.   Que no se haya permitido al presunto lesionado en sus derechos el acceso a los recursos de la jurisdicción interna, o haya sido impedido de agotarlos (artículo 46.2.b)

B.3.3.3.   Que haya retardo injustificado en la decisión sobre los mencionados recursos (artículo 46.2.c)

B.3.3.3.1.   Término y momento procesal establecidos en el derecho interno para resolver los recursos de nulidad

B.3.3.3.2.   Necesidad de la presencia del acusado en la audiencia preliminar y razones por las cuales se difirió la audiencia

B.3.4.   Conclusión sobre la excepción preliminar de falta de agotamiento de recursos internos

IV. PUNTOS RESOLUTIVOS

I

INTRODUCCIÓN DE LA CAUSA Y OBJETO DE LA CONTROVERSIA

1.   *El caso sometido a la Corte.* – El 7 de marzo de 2012, de conformidad con lo dispuesto en los artículos 51 y 61 de la Convención Americana, la Comisión Interamericana de Derechos Humanos (en adelante "la Comisión Interamericana" o "la Comisión") sometió a la jurisdicción de la Corte Interamericana (en adelante "escrito de sometimiento") el caso "Allan R[andolph] Brewer Carías"[2] contra la República Bolivariana de Venezuela (en adelante "el Estado" o "Venezuela"), relacionado con "la [presunta] falta de garantías judiciales y protección judicial en el proceso seguido al abogado constitucionalista Allan R. Brewer Car[í]as por el delito de conspiración para cambiar violentamente la Constitución, en el contexto de los hechos ocurridos entre el

---

2   Allan Brewer Carías es un especialista en derecho constitucional. Ha sido Senador Suplente, Ministro y miembro de la Asamblea Nacional Constituyente de 1999. Currículum Vitae del señor Allan R. Brewer Carías (expediente de anexos al informe de la Comisión, apéndice, tomo V, folios 1770 a 1922).

11 y el 13 de abril de 2002, en particular, su supuesta vinculación con la redacción del llamado 'Decreto Carmona' mediante el cual se ordenaba la disolución de los poderes públicos y el establecimiento de un 'gobierno de transición democrática'". La Comisión concluyó que "el hecho de que el proceso penal seguido contra Allan Brewer Carías estuviera a cargo de tres jueces temporales durante la etapa preliminar constituía en sí misma una violación a las garantías judiciales en el caso concreto". Asimismo, la Comisión consideró que "en este caso se afectaron las garantías de independencia e imparcialidad del juzgador y el derecho a la protección judicial, teniendo en cuenta que uno de los jueces temporales fue suspendido y reemplazado dos días después de presentar una queja por la falta de cumplimiento de una orden emitida por él que ordenaba el acceso del imputado a la totalidad de su expediente, sumado a la normativa y práctica respecto del nombramiento, destitución y situación de provisionalidad de los jueces en Venezuela". Finalmente, la Comisión consideró que "la imposibilidad de la [presunta] víctima de acceder al expediente en su totalidad y sacar fotocopias, configuró la violación al derecho a contar con los medios adecuados para la preparación de la defensa".

2.   *Trámite ante la Comisión.* – El trámite ante la Comisión fue el siguiente:

a) *Petición.* - El 24 de enero de 2007 Pedro Nikken, Helio Bicudo, Claudio Grossman, Juan E. Méndez, Douglass Cassel y Héctor Faúndez Ledesma (en adelante "los representantes"), presentaron la petición inicial.

b) *Informe de admisibilidad.* - El 8 de septiembre de 2009 la Comisión aprobó el Informe de Admisibilidad N° 97/09[3], en el cual concluyó que "el [...] caso satisface los requisitos de admisibilidad enunciados en los artículos 46 y 47 de la Convención Americana en cuanto a los reclamos relacionados con los artículos 1, 2, 8, 13 y 25, y que los reclamos bajo los artículos 7, 11, 22 y 24 son inadmisibles".

c) *Informe de Fondo.* - El 3 de noviembre de 2011 la Comisión aprobó el Informe de Fondo N° 171/11[4], de conformidad con el artículo 50 de la Convención (en adelante también "el Informe de Fondo" o "el Informe N° 171/11"), en el cual llegó a una serie de conclusiones y formuló varias recomendaciones al Estado:

a. *Conclusiones.* – La Comisión concluyó que el Estado "e[ra] responsable de la violación de los derechos, contemplados en los

---

3   *Cfr.* Informe de Admisibilidad N° 97/09, Petición 84-07, Allan R. Brewer Carías, Venezuela, 8 de septiembre de 2009 (expediente de anexos al informe, apéndice, tomo IV, folios 3607 a 3632).

4   *Cfr.* Informe de Fondo N° 171/11, Caso 12.724, Allan R. Brewer Carías, Venezuela, 3 de noviembre de 2011 (expediente de fondo, tomo I, folios 6 a 46).

artículos 8 y 25 de la Convención Americana, en relación con sus artículos 1.1 y 2, en perjuicio de Allan R. Brewer Carías". Asimismo, la Comisión concluyó que el Estado "no e[ra] responsable por la violación del derecho contemplado en el artículo 13 de la Convención Americana".

b. *Recomendaciones.* – En consecuencia, la Comisión hizo al Estado una serie de recomendaciones:

1. Adoptar medidas para asegurar la independencia del poder judicial, a fin de fortalecer los procedimientos de nombramiento y remoción de jueces y fiscales, afirmando su estabilidad en el cargo y eliminando la situación de provisionalidad en que se encuentra la gran mayoría de jueces y fiscales, con el objeto de garantizar la protección y garantías judiciales establecidas en la Convención Americana.

2. En el caso de que el proceso penal contra Allan Brewer Carías avance, poner en práctica las condiciones necesarias para asegurar que la causa sea llevada conforme las garantías y los estándares consagrados en los artículos 8 y 25 de la Convención Americana.

3. Reparar adecuadamente las violaciones de derechos humanos declaradas en el informe tanto en el aspecto material como moral.

d) *Notificación al Estado.* – El Informe de Fondo fue notificado al Estado el 7 de diciembre de 2011, otorgándosele un plazo de dos meses para informar sobre el cumplimiento de las recomendaciones. El 7 de febrero de 2012 el Estado presentó una comunicación que no aportó información sobre el cumplimiento de las recomendaciones formuladas por la Comisión y cuestionó las conclusiones del Informe de Fondo.

e) *Sometimiento a la Corte.* - El 7 de marzo de 2012, como consecuencia de "la necesidad de obtención de justicia para la víctima, debido a la naturaleza y gravedad de las violaciones comprobadas, y ante el incumplimiento de las recomendaciones por parte del Estado", la Comisión sometió el caso a la Corte. En particular, la Comisión señaló que sometía "la totalidad de los hechos y violaciones de derechos humanos descritos en el Informe de Fondo 171/11, y solicita[ba] a la Corte que concluya y declare la responsabilidad internacional del Estado de Venezuela por la [presunta] violación de los derechos contemplados en los artículos 8 y 25 de la Convención Americana, en relación con sus artículos 1.1 y 2, en perjuicio de Allan R. Brewer Carías".

f) La Comisión designó como sus delegados ante la Corte al Comisionado Felipe González y al entonces Secretario Ejecutivo de la Comisión Santiago A. Canton, y designó como asesoras legales a las señoras Elizabeth Abi-Mershed, Secretaria Ejecutiva Adjunta, Tatiana Gos, Lilly Ching y Karin Mansel, abogadas de la Secretaría Ejecutiva de la Comisión.

II

PROCEDIMIENTO ANTE LA CORTE

3. *Notificación al Estado y a los representantes.* – El sometimiento del caso fue notificado al Estado y a los representantes el 4 de mayo de 2012.

4. *Escrito de solicitudes, argumentos y pruebas.* – El 7 de julio de 2012 los representantes presentaron ante la Corte su escrito de solicitudes, argumentos y pruebas (en adelante "escrito de solicitudes y argumentos"). Los representantes coincidieron sustancialmente con los alegatos de la Comisión y solicitaron a la Corte que declarara la responsabilidad internacional del Estado por la violación de los artículos 8, 25, 1.1 y 2 alegados por la Comisión y, adicionalmente, solicitaron que se declarara la violación de los artículos 7, 11, 13, 22 y 24 de la Convención, en perjuicio de la presunta víctima.

5. *Escrito de contestación.* – El 12 de noviembre de 2012 el Estado presentó ante la Corte su escrito de excepciones preliminares, contestación al sometimiento del caso y observaciones al escrito de solicitudes y argumentos (en adelante "escrito de contestación"). Asimismo, el Estado designó como Agente Principal al señor Germán Saltrón Negretti. Una de las excepciones preliminares interpuestas se refirió a "la falta de imparcialidad" de ciertos jueces y juezas del Tribunal y su Secretario.

6. El 23 de noviembre de 2012 el Presidente en funciones de la Corte emitió una Resolución en la que, *inter alia,* decidió que la alegación de falta de imparcialidad presentada por el Estado como excepción preliminar no tenía tal carácter y era infundada[5].

7. *Observaciones a las excepciones preliminares.* – Los días 5 y 6 de marzo de 2013 la Comisión y los representantes de la presunta víctima, respectivamente, presentaron sus observaciones a las excepciones preliminares interpuestas por el Estado.

8. *Audiencia pública.* – Mediante Resolución del Presidente de la Corte (en adelante "el Presidente") de 31 de julio de 2013, se convocó a las partes a una audiencia pública sobre el caso y se establecieron cuáles declaraciones serían admitidas para ser rendidas ante fedatario público (*affidávit*) y cuáles en el procedimiento oral[6]. Esta resolución fue impugnada por los representan-

---

5   Cfr. *Caso Brewer Carías Vs. Venezuela.* Resolución del Presidente en Funciones de la Corte Interamericana, Juez Alberto Pérez Pérez, de 23 de noviembre de 2012. Disponible en: http://www.corteidh.or.cr/docs/asuntos/brewer_23_11_12.pdf

6   Cfr. *Caso Brewer Carías Vs. Venezuela.* Resolución del Presidente de la Corte Interamericana de 31 de julio de 2013. Disponible en: http://www.corteidh.or.cr/docs/asuntos/brewer_31_07_13.pdf.

tes por diversos motivos que fueron desestimados por el pleno de la Corte[7]. La audiencia pública fue celebrada los días 3 y 4 de septiembre de 2013 durante el 100 Período Ordinario de Sesiones de la Corte, el cual tuvo lugar en su sede[8]. Durante la referida audiencia, la Corte requirió a las partes que presentaran determinada información y documentación adicional para mejor resolver.

9. Por otra parte, el Tribunal recibió 34 escritos en calidad de *amicus curiae* presentados por: 1) Rubén Hernández Valle, Presidente del Instituto Costarricense de Derecho Constitucional; 2) Asociación Dominicana de Derecho Administrativo[9]; 3) Leo Zwaak, Diana Contreras Garduño, Lubomira Kostova, Tomas Königs y Annick Pijnenburg, en nombre del Netherlands Institute of Human Rights (SIM) de la Universidad de Utrecht; 4) Amira Esquivel Utreras; 5) Luciano Parejo Alfonso; 6) Libardo Rodríguez Rodríguez; 7) Gladys Camacho Cépeda; 8) Osvaldo Alfredo Gozaíni y Pablo Luis Manili, Presidente y Secretario General de la Asociación Argentina de Derecho Procesal Constitucional; 9) Profesores de Derecho Público de Venezuela[10]; 10) Giuseppe F. Ferrari; 11) José Alberto Álvarez, Fernando Saenger, Renaldy Gutiérrez y Dante Figueroa, en nombre de la Federación Interameri-

---

7   Cfr. *Caso Brewer Carías Vs. Venezuela*. Resolución de la Corte Interamericana de 20 de agosto de 2013. Disponible en: http://www.corteidh.or.cr/docs/asuntos/brewer_20_08_13.pdf

8   A esta audiencia comparecieron: a) por la Comisión Interamericana: Felipe González, Comisionado, y Silvia Serrano Guzmán, Asesora; b) por los representantes de la presunta víctima: Pedro Nikken, Héctor Faúndez Ledesma, Juan E. Méndez, Douglas Cassel y Claudio Grossman, representantes, y Claudia Nikken García y Caterina Balasso Tejera, asesoras legales; y c) por la República Bolivariana de Venezuela: Germán Saltrón Negretti, Agente del Estado para los Derechos Humanos; Manuel Galindo, Procurador General de la República Bolivariana de Venezuela; Branggela Betancourt, Coordinadora de Asuntos Penales de la Procuraduría General de la República; Luis Britto García, Asesor Externo de la Agencia del Estado para los Derechos Humanos; María Alejandra Díaz, Asesora Externa de la Agencia del Estado para los Derechos Humanos; Manuel García, Abogado de la Agencia del Estado para los Derechos Humanos, y Elbana Bellorín, Internacionalista.

9   El escrito fue firmado por Olivo A. Rodríguez Huertas, Presidente de la Asociación Dominicana de Derecho Administrativo.

10 El escrito fue firmado por: Juan Domingo Alfonso, Jesús María Alvarado, Ricardo Antela Garrido, Tomás A. Arias Castillo, Carlos M. Ayala Corao, José Vicente Haro, Luis Herrera Orellana, Jorge Kiriakidis Longhi, Gustavo J. Linares Benzo, Laura Louza, José A. Muci Borjas, Rafael J. Chavero Gazdik, Roman J. Duque Corredor, Gerardo Fernández V., Oscar Ghersi Rassi, Freddy J. Orlando, Andrea Isabel Rondón G., Carlos Weffe H., y Enrique J. Sánchez Falcón. A este escrito se adhirieron Rogelio Pérez Perdomo, Gustavo Tarre Briceño, Henrique Meier, Humberto Njaim, Decano de la Facultad de Estudios Jurídicos y Políticos de la Universidad Metropolitana, Ana Elvira Araujo García, José Ignacio Hernández G., Flavia Pesci-Feltri Scassellati-Sforzolini, Armando Rodríguez García, Alberto Blanco-Uribe Quintero y Serviliano Abache Carvajal, Antonio Silva Aranguren.

cana de Abogados (FIA) y en nombre propio[11]; 12) Agustín E. de Asís Roig; 13) Ana Giacommette Ferrer, Presidenta del Centro Colombiano de Derecho Procesal Constitucional; 14) Jaime Rodríguez-Arana; 15) Víctor Rafael Hernández Mendible; 16) Eduardo Jorge Prats; 17) Asdrúbal Aguiar Aranguren, como Presidente del Comité Ejecutivo del Observatorio Iberoamericano de la Democracia y en nombre propio; 18) Marta Franch Saguer; 19) Javier Barnes; 20) Miriam Mabel Ivanega; 21) Jose Luis Benavides; 22) Luis Enrique Chase Plate; 23) Diana Arteaga Macías; 24) José Luis Meilán Gil; 25) The Association of the Bar of the City of New York[12]; 26) Enrique Rojas Franco, Presidente de la Asociación Iberoamericana de Derecho Público y Administrativo Profesor Jesús González Pérez; 27) Pablo Ángel Gutiérrez Colantuono y Henry Rafael Henríquez Machado; 28) Jorge Luis Suárez Mejías, Profesor de la Universidad Católica Andrés Bello; 29) José René Olivos Campos, Presidente de la Asociación Mexicana de Derecho Administrativo; 30) Pedro José Jorge Coviello, Profesor de la Universidad Católica Argentina; 31) Carlos Eduardo Herrera Maldonado, 32) Humberto Prado Sifontes[13]; 33) Jorge Raúl Silvero Salgueiro, y 34) Helena Kennedy y Sternford Moyo, Co-Presidentes del International Bar Association's Human Rights Institute.

10. El 24 de septiembre de 2013 Isaac Augusto Damsky y Gregorio Alberto Flax remitieron un escrito en calidad de *amicus curiae*. Dado que la audiencia pública tuvo lugar en los días 3 y 4 de septiembre de 2013 y, en consecuencia, el plazo para la remisión de *amicus curiae* venció el 19 de septiembre, siguiendo instrucciones del Presidente de la Corte se informó que dicho escrito no podía ser considerado por el Tribunal ni incorporado al expediente del caso.

11. *Alegatos y observaciones finales escritos.* – El 4 de octubre de 2013 los representantes de la presunta víctima remitieron sus alegatos finales escritos y anexos, y la Comisión presentó sus observaciones finales escritas. Asimismo, el 4 de octubre de 2013 el Estado presentó el escrito de alegatos finales, a través del cual respondió al pedido de prueba para mejor resolver efectuado por el Tribunal. El 10 de octubre de 2013 el Estado presentó los anexos al escrito de alegatos finales e incluyó, como anexo 4, un "apéndice al documento definitivo presentado por el Estado". La Corte constata que en este

---

11   José Alberto Álvarez es el Presidente de la Federación Interamericana de Abogados (FIA), Fernando Saenger es el Presidente del Comité de Derecho Constitucional de la FIA, Renaldy Gutiérrez es ex Presidente de la FIA y Dante Figueroa es el ex Secretario General de la FIA.

12   El escrito fue presentado por Werner F. Ahlers, Tiasha Palikovic, Andrew L. Frey, Allison Levine Stillman y Gretta L. Walters en representación de The Association of the Bar of the City of New York. El escrito fue firmado por Werner F. Ahlers.

13   El escrito fue firmado por Humberto Prado Sifontes, Coordinador Nacional de la Comisión de Derechos Humanos de la Federación de Colegios de Abogados de Venezuela y algunos miembros de Comisiones Regionales de Derechos Humanos de los colegios de abogados.

anexo se encuentran alegatos que fueron consignados dentro del plazo para la presentación de anexos pero no dentro del plazo improrrogable para la presentación del escrito de alegatos finales. Al respecto, la Corte considera que no procede la admisión de dichos alegatos por extemporáneos.

12. El 25 de octubre de 2013 la Secretaría de la Corte, siguiendo instrucciones del Presidente del Tribunal, otorgó un plazo hasta el 15 de noviembre de 2013 para que los representantes, el Estado y la Comisión remitieran las observaciones que estimaran pertinentes, exclusivamente respecto de los escritos y anexos presentados por el Estado y los representantes el 4 de octubre de 2013.

13. *OBSERVACIONES DE LOS REPRESENTANTES, EL ESTADO Y LA COMISIÓN.* – EL 13 DE NOVIEMBRE DE 2013 LOS REPRESENTANTES DE LA PRESUNTA VÍCTIMA REMITIERON SU ESCRITO DE OBSERVACIONES A LAS RESPUESTAS DADAS POR EL ESTADO EN SU ESCRITO DE ALEGATOS FINALES DE 4 DE OCTUBRE DE 2013 A LAS PREGUNTAS QUE LE FUERON FORMULADAS POR LA CORTE EN LA AUDIENCIA PÚBLICA, ASÍ COMO A LOS ANEXOS A DICHO ESCRITO PRESENTADOS POR EL ESTADO EL 10 DE OCTUBRE DE 2013. LA COMISIÓN Y EL ESTADO NO PRESENTARON OBSERVACIONES.

III

EXCEPCIONES PRELIMINARES

14. El Estado presentó en su escrito de contestación al Informe de Fondo como "excepciones preliminares", los siguientes argumentos: i) una recusación a los jueces y al Secretario de la Corte; ii) el rechazo a la excusa presentada por el juez Eduardo Vio Grossi para no participar en el proceso, y iii) la presunta falta de agotamiento de recursos internos.

A. LAS "EXCEPCIONES PRELIMINARES" PRESENTADAS POR EL ESTADO RELACIONADAS CON LA RECUSACIÓN DE JUECES Y AL SECRETARIO DE LA CORTE, Y EL RECHAZO DE LA EXCUSA PRESENTADA POR JUEZ EDUARDO VIO GROSSI

15. Respecto a las llamadas "excepciones preliminares" presentadas por el Estado en cuanto a la recusación de cinco de los jueces y del Secretario de la Corte, y el rechazo de la excusa del juez Eduardo Vio Grossi, el Presidente, mediante resolución de 23 de noviembre de 2012[14], resolvió que "las alegaciones de falta de imparcialidad en las funciones que desempeñan algunos de los Jueces integrantes de la Corte, y de la supuesta presión ejercida contra uno

---

14 Cfr. *Caso Brewer Carías Vs. Venezuela*. Resolución del Presidente en Funciones de la Corte Interamericana, Juez Alberto Pérez Pérez, de 23 de noviembre de 2012. Disponible en: http://www.corteidh.or.cr/docs/asuntos/brewer_23_11_12.pdf

de los Jueces para que se excusara de conocer del presente caso, presentada por el Estado de Venezuela como excepción preliminar no tiene tal carácter". Lo anterior, debido a que se consideró que era "infundada la alegación de falta de imparcialidad formulada por el Estado en relación con los Jueces Diego García-Sayán, Manuel Ventura Robles, Leonardo A. Franco, Margarette May Macaulay y Rhadys Abreu Blondet, quienes no han incurrido en ninguna de las causales estatutarias de impedimento ni realizado acto alguno que permita cuestionar su imparcialidad", y estimó "improcedentes e infundados los alegatos estatales referidos a la supuesta falta de imparcialidad de Pablo Saavedra Alessandri, Secretario del Tribunal".

16. Por otra parte, mediante resolución de 29 de noviembre de 2012[15], la Corte resolvió "[c]onfirmar que la excusa del Juez Eduardo Vio Grossi […] fue presentada y aceptada por el Presidente de la Corte, en consulta con los demás jueces, en apego a las normas estatutarias y reglamentarias que regulan dicha materia" y consideró "improcedentes las alegaciones estatales sobre la alegada falta de fundamento del motivo expuesto por el Juez Vio Grossi para excusarse, así como las relativas a su `rechazo´ de dicha excusa que pretenden que el Juez Eduardo Vio Grossi se vea obligado a conocer del caso". Por tanto, los cuestionamientos presentados por el Estado al respecto ya fueron resueltos.

B. LA EXCEPCIÓN PRELIMINAR DE FALTA DE AGOTAMIENTO DE RECURSOS INTERNOS

B.1. *Argumentos del Estado, la Comisión y los representantes*

17. El Estado argumentó que "la supuesta víctima no ha interpuesto y agotado los recursos establecidos en el derecho interno, antes de recurrir al sistema interamericano" y que "los peticiona[rios] no ejercieron y agotaron los recursos establecidos en la legislación venezolana, para hacer valer sus

---

15   El Juez Vio Grossi señaló que "en la década de 1980, [s]e desempeñ[ó] como académico del Instituto de Derecho Público de la Facultad de Ciencias Jurídicas y Políticas de la Universidad Central de Venezuela, del que el [señor] Brewer Carías era su Director" razón por la cual tuvo con él "una relación de dependencia laboral y profesional". El Juez Vio Grossi señaló que aunque "ello aconteció hace ya tiempo, no desea[ba] que ese hecho pudiese provocar, si participase en el caso en cuestión, alguna duda, por mínima que fuese, acerca de la imparcialidad tanto [suya] como, muy especialmente, de la Corte". El 12 de noviembre de 2012 el Estado, en su escrito de contestación al informe de fondo y al escrito de solicitudes y argumentos, manifestó que "rechaza[ba]" la excusa presentada por el Juez Vio Grossi". El 29 de noviembre de 2012, el pleno de la Corte decidió confirmar que la excusa del Juez Eduardo Vio Grossi para conocer del caso *Brewer Carías Vs. Venezuela* fue presentada y aceptada por el entonces Presidente de la Corte, en consulta con los demás jueces, en apego a las normas estatutarias y reglamentarias que regulan dicha materia. Ver al respecto: *Cfr. Caso Brewer Carías Vs. Venezuela*. Resolución de la Corte Interamericana de Derechos Humanos de 29 de noviembre de 2012. Disponible en: http://www.corteidh.or.cr/docs/asuntos/bre-wer_29_11_12.pdf

pretensiones y obtener el amparo judicial de los derechos que consideraban le estaban siendo vulnerados". Al respecto, alegó la existencia de "[l]os recursos correspondientes a la fase intermedia establecida en el Código Orgánico Procesal Penal; asimismo, el agotamiento de la fase de juicio, de ser el caso, así como [la existencia de] recursos efectivos, [como] el de Apelación de Autos, de Sentencias Definitivas, de Reconsideración, de Casación, [y] de Revisión". Como posibles recursos, el Estado mencionó los recursos mencionados en el artículo 328 del vigente Código Orgánico Procesal Penal (en adelante "COPP"), el recurso de apelación (artículo 453 del COPP), el recurso de casación (artículo 459 del COPP), y el recurso de revisión (artículo 470 del COPP). Agregó que "[l]a efectividad de estos recursos conllevaría de ser el caso, al logro de [las] pretensiones aducidas por los peticionarios" y que "dentro del sistema de justicia venezolano, existen mecanismos idóneos y cónsonos con el derecho a la defensa".

18. Asimismo, el Estado alegó que "no hay violación de derechos humanos en un juicio que nunca se inició, pues el peticionario se ausentó del país". Respecto a la audiencia preliminar, el Estado argumentó que "la ausencia del [señor] Brewer Carías ha imposibilitado la realización de la audiencia preliminar, [lo cual] ha impedido el ejercicio de las acciones que establece el Código Orgánico Procesal Penal para que las partes intervinientes en el proceso puedan hacer valer sus derechos". Arguyó que "[r]esulta necesario reiterar que la celebración de la audiencia preliminar, es indispensable para la continuación del proceso penal, siendo que en la misma causa puede ser decidida a su favor". Indicó que ésta "es la oportunidad que tiene el imputado para negar, contradecir, argumentar los hechos y el derecho, replicar, contrarreplicar, recusar, hablar en todo momento con su defensor, sin que por ello implique la suspensión de la audiencia". Además, consideró "insólito pretender que el Juez pueda resolver la solicitud de nulidad sin presencia del imputado y que luego se podría realizar la audiencia preliminar[, dado que] esto conllevaría a la violación del debido proceso en su máxima expresión y de los propios derechos del [señor] Brewer Carías".

19. En consecuencia, alegó que el recurso de nulidad interpuesto por los representantes del señor Brewer Carías es "la respuesta de la acusación, y las solicitudes plasmada[s] en él son consecuencia lógica de las argumentaciones hechas por los abogados defensores y no peticiones autónomas que pueden ser resueltas en ausencia del imputado, en un momento distinto a la audiencia preliminar, ya que la nulidad de la acusación – solicitada por los abogados defensores de[l señor] Brewer Carías [-] no versa sobre cuestiones incidentales que vulneran sus derechos, sino que es una solicitud que toca el fondo y la esencia de la propia audiencia preliminar y, por tanto, debe ser resuelta en presencia de las partes para no vulnerar el debido proceso". El Estado arguyó que "consecuentemente, la solicitud de los abogados defensores del [señor] Brewer Carías, así como también las de la Fiscalía en su escrito de acusación, no han sido resueltas, no porque se pretenda violar los derechos de[l señor Brewer], o que se tenga la intención de retrasar el proceso o el Estado venezolano se encuentre en mora, sino que mientras el ciudadano se encuentre ausente, abstraído del proceso penal, fugado de la justicia venezolana, no se puede celebrar y decidir sobre las peticiones de las partes, toda vez que es necesario que se encuentren todas las partes presentes, aunado al hecho que los requerimientos tocan y deciden el fondo del caso". Por otra parte, el Estado argumentó que los representantes "pretenden [...] violar el principio de complementariedad [...], aduciendo una persecución política, que no existe, y argumentando que como ejercieron algunos recursos – no todos- en los cuales no obtuvieron razón jurídica, ya se agotaron los recursos internos". En los alegatos finales escritos, el Estado reiteró sus argumentos planteados en la contestación de la demanda y solicitó "la declaratoria de improcedencia de la solicitud efectuada por la defensa del [señor] Brewer Carías, por cuanto no se ajusta a los parámetros establecidos en el 46.1.a de la Convención Americana [...], ya que los recursos internos expuestos por el Estado, no se han agotado".

20. La Comisión consideró en el escrito de observaciones a las excepciones preliminares que "los alegatos planteados por el Estado ante la Corte no difieren sustantivamente de los planteados ante la [Comisión] en la etapa de admisibilidad". Por lo tanto, señaló que "mediante su informe de admisibilidad 97/09, se pronunció sobre los requisitos de admisibilidad establecidos en la Convención Americana, incluido el de agotamiento de los recursos internos. Dicho pronunciamiento se basó en la información disponible para ese momento, así como en la aplicación de los artículos 46.1 y 46.2 b) y c) de la Convención". La Comisión resaltó que las conclusiones en la etapa de admisibilidad "fueron realizadas bajo el estándar de apreciación *prima facie* aplicable".

21. Con relación a la excepción establecida en el artículo 46.2 c) de la Convención, la Comisión alegó que "no contaba con elementos para atribuir al Estado un retardo injustificado en la decisión en el proceso penal como un todo, debido a que la ausencia física del acusado impediría la celebración de la audiencia preliminar y de otros actos procesales vinculados a su juzgamiento". Sin embargo, la Comisión argumentó que "la falta de resolución del recurso de nulidad interpuesto el 8 de noviembre de 2005 por la defensa del señor Brewer Carías era 'un indicio de demora atribuible al Estado en cuanto a la resolución de los reclamos relativos al debido proceso que estuvieron presentados en el mismo'". Al respecto, la Comisión destacó que "en la etapa de admisibilidad [...] el Estado no aportó una explicación satisfactoria sobre las razones de orden interno que impedían a las autoridades judiciales pronunciarse sobre los alegatos que sustentaban el recurso de nulidad ante la ausencia del señor Brewer Carías".

22. En segundo lugar, respecto a la presunta falta de agotamiento de los recursos internos "ante la supuesta violación a la presunción de inocencia por declaraciones de miembros del poder judicial sobre la culpabilidad del señor Brewer Carías, así como la alegada violación a la independencia e imparcialidad derivada de la provisionalidad de jueces y fiscales vinculados a la causa", la Comisión manifestó que "estos alegatos fueron presentados ante las autoridades judiciales internas en el marco del recurso de nulidad respecto del cual ya se había determinado una demora atribuible al Estado". Así, la Comisión analizó estos argumentos también bajo el artículo 46.2 c) de la Convención, "precisando que el lapso de más que tres años en la resolución del mismo es un factor que se encuadra en la excepción prevista en razón de un retardo injustificado". La Comisión otorgó "especial relevancia en el análisis a la problemática de la provisionalidad de los jueces y fiscales, así como al riesgo que esta problemática implica para la satisfacción de las garantías de independencia e imparcialidad de que son titulares los y las justiciables y que, evidentemente, constituye el presupuesto institucional para que las personas cuenten con recursos idóneos y efectivos que les sea exigible agotar". Al respecto, la Comisión consideró que "el Estado no [habría] present[ado] a la Comisión información sobre la existencia de recursos adecuados para cuestionar la asignación o remoción de jueces y juezas en dicha situación". Aún más, la Comisión indicó que recursos tales como la recusación "no resultan idóneos para cuestionar la provisionalidad de jueces adscritos al proceso o su remoción por causa de su actuación". De esta manera, la Comisión encontró que "la remoción de varios jueces provisionales en el presente caso, tras la adopción de decisiones relativas a la situación de la presunta víctima, puede haber afectado su acceso a los recursos de la jurisdicción interna y por lo tanto corresponde eximir este aspecto del reclamo del requisito bajo estudio".

23.	En los alegatos finales escritos, la Comisión alegó que el Estado "ha mencionado, en abstracto, las etapas procesales y los respectivos recursos regulados en el Código Procesal Penal, lo cual sería relevante si los alegatos de los representantes se limitaran a la inexistencia de recursos. Sin embargo, la problemática planteada en este caso tiene un carácter estructural y obedece a una situación de hecho del Poder Judicial que va mucho más allá de la regulación abstracta del proceso penal".

24.	Los representantes solicitaron que: i) que "se desestime la recusación de jueces de la Corte y de su Secretario, al igual que la impugnación de la excusa del honorable Juez Eduardo Vio Grossi, por invocarse erróneamente como excepciones preliminar y por haberse resuelto previamente dichas incidencias por parte de la Corte Interamericana", y ii) que "se desestime la excepción de no agotamiento de los recursos internos". Al respecto, argumentaron que esta última excepción era "ser extemporánea al no haberse invocado adecuadamente en el primer momento procesal oportuno ante la Comisión Interamericana". Agregaron que dicha excepción debía ser rechazada de manera "[a]dicional y subsidiariamente, por incumplimiento de las reglas de distribución de la carga de la prueba que imponen al Estado, al momento de invocar la excepción preliminar de falta de agotamiento de los recursos internos, [puesto que no habría] indica[do]: a) los recursos internos que debían haberse agotado y, b) la eficacia de esos recursos. [...] Adicional y subsidiariamente, por no estar obligado el profesor Brewer Carías a agotar los recursos internos en virtud del artículo 46(2) de la Convención Americana [...] En subsidio de todo lo anterior, por haber agotado el profesor Brewer Carías todos los recursos efectivamente disponibles para su defensa".

25. Los representantes argumentaron que la presunta víctima "acudió repetidamente al juez provisorio de Control y al Tribunal de Apelaciones para solicitar que se restablecieran sus derechos". También señalaron que al contestar la acusación se denunció la violación de las garantías judiciales del señor Brewer Carías, solicitando "la declaratoria de nulidad de todo lo actuado a causa de dichas violaciones". Indicaron que dicho recurso de nulidad no ha sido resuelto "hasta la fecha", lo cual "hace imposible que la mencionada solicitud de nulidad pueda ser eficaz".

26. Los representantes alegaron que lo que se objeta en este caso "es una investigación y una acusación penal absolutamente infundada, que es parte de un linchamiento moral y político", razón por la cual "no tiene sentido especular en torno a un eventual recurso de apelación o incluso de casación; [ya que] esos recursos s[ería]n adecuados para otra cosa". Igualmente, señalaron que "la argumentación del Estado implica que la [presunta] víctima no puede obtener el amparo que la Constitución y la Convención le garantizan sin antes abandonar su derecho a la libertad personal y entregarse en manos de sus perseguidores, que ejecutarían de inmediato la ilegal orden de captura que pesa en [...] contra" del señor Brewer Carías. Agregaron que "el Estado pretende que, como precio para poder agotar los recursos internos, el [señor] Brewer sacrifique su libertad personal, sometiéndose al arbitrio de tribunales que carecen de independencia e imparcialidad, y al trato inhumano y degradante que implica el encierro en prisiones sin luz natural y sin ventilación, como ya ha tenido la oportunidad de constatar este [...] Tribunal". Indicaron que no puede reprochársele al señor Brewer "que estando fuera del país, protegiera esa libertad por sí mismo, demorando su regreso, puesto que el Estado le negaba esa protección y lo amenazaba". Manifestaron que el señor Brewer siente "un fundado temor de que el ejercicio de los recursos jurisdiccionales pueda poner en peligro el ejercicio de sus derechos".

27. Sobre la ausencia de la presunta víctima en la audiencia preliminar, los representantes alegaron que ello no impide la resolución del recurso de nulidad, considerando que el derecho del acusado a no ser enjuiciado en ausencia constituye "una garantía procesal que debe ser entendida siempre a favor del imputado o acusado y nunca en su contra". Alegaron que "los actos procesales que no se pueden realizar sin la presencia [de la presunta víctima] son aquellos que impliquen su juzgamiento, entre los cuales se encuentran la audiencia preliminar y el juicio oral y público [lo que] no obsta a que sí puedan cumplirse otras numerosas actuaciones judiciales que no impliquen su juzgamiento en ausencia [como] la solicitud de nulidad de todo lo actuado". Citaron los artículos 327 y siguientes del COPP para determinar los actos procesales que debían resolverse en la audiencia preliminar y, en consecuencia, con la "imprescindible" presencia del imputado, reiterando que la solicitud de nulidad por violación de las garantías procesales debe ser resuelta sin necesidad de que se celebre dicha audiencia y sin que se requiera la presencia del acusado.

28. Por otra parte, los representantes arguyeron que "el único recurso judicial disponible contra la masiva violación del derecho al debido proceso" era el de nulidad absoluta por inconstitucionalidad de las actuaciones judiciales, con fundamento en el artículo 191 del COPP. Al respecto, señalaron que en la legislación no se establece un plazo para decidir la interposición de dicho recurso, por lo que sostuvieron que la autoridad judicial debía actuar conforme a la disposición general contemplada en el artículo 177 del mencionado Código, debiendo resolver dentro de los tres días siguientes a la fecha en que se interpone el recurso, por lo que concluyeron que al momento en que se presentó el escrito de solicitudes y argumentos había un retardo injustificado de siete años. Controvirtieron el alegato del Estado según el cual el recurso no se ha resuelto debido a que debe decidirse en la audiencia preliminar, transcurriendo más de tres años sin que se hubiere celebrado la misma por causas que presuntamente no estarían relacionadas con la ausencia de la presunta víctima, lapso que consideraron que "demora injustificadamente" la decisión del recurso. Además, argumentaron que "la regla general contenida en el artículo 177 del COPP es enteramente congruente con el principio de preeminencia de los derechos humanos [...] que impone a todos los jueces la obligación ineludible de pronunciarse sobre las peticiones relativas a los mismos, sin dilación y con prevalencia sobre cualquier otro asunto".

29. Los representantes consideraron que, si bien el recurso de nulidad absoluta cumple teóricamente con los requisitos establecidos en el artículo 25 de la Convención (sencillo, rápido y efectivo), en el caso concreto, "y dentro del marco de un Poder Judicial que carece de la imparcialidad para decidir", se ha configurado una "denegación de justicia", ya que han transcurrido siete años (al momento de presentación del escrito de solicitudes y argumentos) desde su interposición sin que siquiera se haya iniciado su tramitación. Los representantes alegaron que dicho recurso constituye "el amparo en materia procesal penal", razón por la cual "si el recurso de amparo debe esperar, para su resolución a la celebración de una audiencia preliminar que puede diferirse indefinidamente [...] el recurso no sería en modo alguno sencillo y rápido; y si su decisión estuviera condicionada a que el [señor] Brewer Carías se entregue a sus perseguidores y sea privado de su libertad, el derecho internacional de los derechos humanos y la Convención en particular no permitirían considerarlo un recurso efectivo".

30. Sobre el recurso de nulidad, los representantes añadieron que puede interponerse por cualquiera de las partes respecto a las actuaciones de fiscales o de jueces que puedan haber violado derechos constitucionales, en cualquier estado del proceso siempre que sea antes de dictarse sentencia definitiva, debiendo la autoridad judicial decidir en el lapso de tres días conforme al artículo 177 del COPP. También hicieron referencia a jurisprudencia de la

Sala de Casación Penal del Tribunal Supremo de Justicia, en la que se habría establecido que el recurso de nulidad bajo el régimen abierto contemplado en el mencionado ordenamiento "puede ser plantead[o] a instancia de partes o aplicad[o] de oficio en cualquier etapa o grado del proceso por quien conozca de la causa". Asimismo, establecieron que la nulidad "no está restringida legalmente a que sólo pueda ser dictada exclusivamente en alguna oportunidad procesal precisa y determinada, [como] en la audiencia preliminar". Agregaron que "cualquiera sea la posición que se adopta con respecto al plazo que tiene el juez para decidir una solicitud de nulidad de las actuaciones fiscales por inconstitucionalidad, la conclusión es la misma, pues todas las posibilidades conducen a la misma conclusión: que un plazo de ocho años sin decidir, es irrazonable y por lo tanto, configura un caso de retardo injustificado". Lo anterior por cuanto: i) "el Juez de Control debió decidir la solicitud de nulidad que le fue interpuesta dentro de los tres días siguientes, y ii) "someter una decisión sobre denuncias de graves violaciones al debido proceso al término incierto de la realización de un acto procesal que no tiene como objeto legal el conocimiento y decisión de esas denuncias, es irrazonable y lesiona el derecho a que tales violaciones sean resueltas mediante un recurso sencillo, rápido y efectivo".

31. Alegaron también que en el expediente no hay "decisión o auto judicial alguno mediante el cual el Juez de Control haya expresado la imposibilidad de realizar la audiencia preliminar por la ausencia del [señor] Brewer Car[í]as". Afirmaron que hubo un diferimiento de la audiencia en varias ocasiones por diversas causas ajenas a la no comparecencia de la presunta víctima.

32. Los representantes agregaron que la decisión de la Comisión de concluir que no se configuró una violación del artículo 25.1 de la Convención se fundamentó en una interpretación errónea del Código Orgánico Procesal Penal y de la Constitución venezolana. Al respecto, alegaron que la jurisprudencia del Tribunal Superior de Justicia citada en el Informe de la Comisión "contradice [la] apreciación [que la Comisión tuvo] sobre la oportunidad de decidir el recurso de nulidad", pues según el criterio adoptado por dicho tribunal "si el recurso de nulidad se interponía en la fase intermedia, el juez debe resolverla bien antes de la audiencia preliminar, o bien como resultado de dicha audiencia, variando de acuerdo a la lesión constitucional alegada y solo se refirió a que la decisión del recurso de nulidad formulado en la etapa intermedia podría ser preferible que se adoptase en la audiencia preliminar". También refirieron que la sentencia de la Sala Constitucional de octubre de 2009, que fue citada por la Comisión, "se refiere a una situación totalmente distinta y específica relativa al ejercicio de una acción de amparo", esto es, en un contexto preciso y para el único efecto de declarar inadmisible la acción de amparo. Señalaron que "en el supuesto negado que fuera acertada, lo que demostraría es que el orden jurídico interno estaría en contradicción con las obligaciones de Venezuela según la Convención y el Derecho internacional". En tal sentido, alegaron que "sujetar […] la decisión sobre la nulidad […] a la celebración de la audiencia constitucional, desprovee a ese recurso de nulidad de los requisitos de ser sencillo y rápido". Consideraron que no se cumple el requisito de sencillez "porque se condiciona a un acto de mayor complejidad, como lo es la audiencia preliminar del proceso penal, [...] y en el cual deben decidirse diversas cuestiones de naturaleza heterogénea", por lo que "no es razonable ni proporcionado al propósito de esa protección". También argumentaron que el recurso de nulidad no es un recurso rápido, concluyendo que el lapso de tiempo que ha transcurrido sin que se celebre dicha audiencia y, consecuentemente, se resuelva el recurso interpuesto es "suficiente para invocar la demora injustificada en la decisión del recurso interpuesto". Manifestaron que el recurso de nulidad tampoco resultaría efectivo por cuanto "se lo estaría sometiendo a la ilegítima condición de que el [señor] Brewer Car[í]as, un perseguido por razones políticas, enjuiciado por un delito político, se entregue en las manos de sus perseguidores".

33. Además, argumentaron que en el caso concreto se cumplen todas las condiciones del "recurso inefectivo" desarrolladas en la jurisprudencia de la Corte, a saber: i) el recurso habría resultado "ilusorio" por "las condiciones generales del país" que presentaron en su escrito referentes a la presunta falta de independencia e imparcialidad de las autoridades judiciales y fiscales y por "las circunstancias particulares de este caso" que sería el alegado "ensañamiento de todas las ramas del poder público contra la [presunta] víctima"; ii) la "inutilidad" de los recursos por la alegada falta de independencia de las autoridades judiciales para resolver con imparcialidad", y iii) la "configuración de un cuadro de denegación de justicia como consecuencia del retardo injustificado en la decisión sobre nulidad".

34. Por otra parte y respecto a las excepciones establecidas en el artículo 46.2 de la Convención, alegaron que: i) en el marco de la alegada situación estructural de provisionalidad de los jueces y fiscales en Venezuela, así como "[l]a reiterada y persistente violación del derecho a un juez independiente e imparcial en el proceso contra el [señor] Brewer Carías, no controvertida tampoco por el Estado, comprueba que se negó a la [presunta] víctima el debido proceso legal, con lo que se configura la primera excepción a la exigencia del agotamiento de los recursos internos antes de acudir a la protección internacional de los derechos humanos (art. 46(2)(a) [de la Convención])"; ii) "[l]a persistente y arbitraria negativa del Ministerio Público y de los diversos jueces que han conocido de una causa criminal incoada contra el [señor] Brewer Carías, de admitir y dar curso a los medios de prueba y recursos promovidos por los abogados de la [presunta] víctima para proveer a su adecuada defensa en los términos del artículo 8 de la Convención, configura la segunda excepción a la exigencia del agotamiento de los recursos internos antes de acudir a la protección internacional de los derechos humanos (art. 46(2)(b) [de la Convención])", y iii) "[l]a circunstancia de que el recurso de nulidad de todo lo actuado en el proceso, introducida el 8 de noviembre de 2005, no se haya resuelto para esta fecha, configura el supuesto de retardo indebido y configura la tercera excepción a la exigencia del agotamiento de los recursos internos antes de acudir a la protección internacional de los derechos humanos (art. 46(2)(c)" de la Convención.

35. La Corte expondrá a continuación los hechos que considera necesarios para resolver la excepción sobre previo agotamiento de los recursos internos. A continuación se describirán dichos hechos en el siguiente orden: 1) antecedentes asociados al transitorio derrocamiento del entonces Presidente de la República en abril de 2002 y las reacciones a dichos hechos, y 2) el proceso penal en contra del señor Brewer Carías.

B.2. Determinación de los hechos pertinentes para resolver la excepción preliminar sobre la falta de agotamiento de recursos internos

B.2.1. Antecedentes

B.2.1.1. Entre finales del año 2001 y abril de 2002

36. Entre diciembre de 2001 y abril de 2002 se produjo una movilización social contra diversas políticas del gobierno venezolano[16]. La protesta pública fue creciendo en el primer trimestre de 2002[17] y desembocó en el transitorio derrocamiento del entonces Presidente, Hugo Chávez Frías[18].

---

16 CIDH. Informe sobre la Situación de los Derechos Humanos en Venezuela de 2003 OEA/Ser.L/V/II.118. Doc. 4 rev. 1, 24 de octubre de 2003, Resumen Ejecutivo, párr. 4. "El ambiente político en Venezuela se caracterizó por una notoria tendencia a la radicalización que comenzó con un proceso de definición y acentuación en los primeros meses del año 2002 y la interrupción del orden constitucional el 11 de abril y la posterior restauración el 14 de abril del mismo año". Disponible en: http://www.cidh.org/countryrep/venezuela2003sp/indice.htm; transcripción de sesiones de la "Comisión Especial Política que investiga los hechos ocurridos los días 11, 12, 13 y 14 de abril de 2002" de la Asamblea Nacional de la República Bolivariana de Venezuela (expediente de escrito a la contestación, anexo 1, pieza 6, folios 10419 a 10450), y extracto de "Los documentos del Golpe" de la "Fundación Defensoría del Pueblo" (expediente de anexos a la contestación, anexo 1, pieza 6, folios 10704 a 10709).

17 *Cfr.* OEA. Resolución de la Asamblea General (AG), Declaración sobre la democracia en Venezuela AG/DEC. 28 (XXXII-O/02), 4 de junio de 2002 (expediente de escrito a la contestación, anexo 1, pieza 2, folio 9258 y 9259); OEA. Resolución del Consejo Permanente (CP), Respaldo a la Institucionalidad Democrática en Venezuela y a la gestión de facilitación del Secretario General de la OEA, OEA/Ser. GCP/RES.833 (1349/02) corr. 1, 16 diciembre 2002, Disponible en: http://www.oas.org/council/sp/resoluciones/HTML/res833.htm; OEA. Resolución de la Asamblea General (AG), Apoyo a la democracia en Venezuela, AG/RES. 1 (XXIX-E/02), 18 de abril de 2002. Disponible en: www.oas.org/consejo/sp/AG/Documentos/AGE-1-29-02%20espanol.doc; OEA. Resolución del Consejo Permanente (CP), Apoyo al proceso de diálogo en Venezuela, OEA/Ser.G CP/RES. 821 (1329/02), 14 agosto 2002. Disponible en: http://www.oas.org/consejo/sp/resoluciones/res821.asp. Notas de prensa: "No fue un golpe" del diario "Panorama" de 13 de abril de 2002 (expediente de anexos a la contestación, anexo 1, pieza 2, folio 8879); "PDVSA suspende envíos a Cuba" del diario "Panorama" de 13 de abril de

B.2.1.2. *El 11, 12 y 13 de abril de 2002*

37. El 11 de abril de 2002 los comandantes de la Fuerza Armada manifestaron desconocer la autoridad del Presidente de la República y al día siguiente el General Lucas Rincón informó a la población que se "solicitó al señor Presidente de la República la renuncia a su cargo, la cual aceptó"[19].

2002 (expediente de anexos a la contestación, anexo 1, pieza 2, folio 8879); "¿Cómo se fraguó la renuncia de Hugo Chávez" del diario "El Nacional" de 13 de abril de 2002 (expediente de anexos a la contestación, anexo 1, pieza 7, folio 11185); "EEUU conocía desde febrero los planes para derrocar a Chávez" del diario "El Mundo" de 16 de abril de 2002 (expediente de anexos a la contestación, anexo 1, pieza 3, folio 9198 y 9199); "EEUU admite que hubo encuentros con Carmona pero niega su implicación en la trama golpista" del diario "El Mundo" de 17 de abril de 2002 (expediente de anexos a la contestación, anexo 1, pieza 3, folio 9196 y 9197); "Los 'demócratas' del 11 de abril y sus asesores" del diario "Granma" de 25 de abril de 2002 (expediente de anexos a la contestación, anexo 1, pieza 3, folio 9184); "Al país se le tendió una trampa" del diario "El Nacional" de 27 de abril de 2002 (expediente de anexos a la contestación, anexo 1, pieza 7, folio 11187); "¿Hasta cuándo?" del diario "Panorama" del 7 de mayo de 2002 (expediente de anexos a la contestación, anexo 1, pieza 2, folio 8881); "Autores intelectuales están libre" del diario "Panorama" del 7 de mayo de 2002 (expediente de anexos a la contestación, anexo 1, pieza 2, folio 8882), "Crónica de una guerra civil anunciada" del diario "El Universal" de 7 de mayo de 2002 (expediente de anexos a la contestación, anexo 1, pieza 2, folio 8883); "De verdad verdad son verdaderas" del diario "Panorama" de 14 de mayo de 2002 (expediente de anexos a la contestación, anexo 1, pieza 2, folio 8886); "EEUU abre averiguación sobre complicidad golpista" del diario "Panorama" de 15 de mayo de 2002 (expediente de anexos a la contestación, anexo 1, pieza 2, folio 8890); "Chávez: Hemos abortado un golpe de Estado" del diario "Globovisión" de 6 de octubre de 2002 (expediente de anexos a la contestación, anexo 1, pieza 4, folio 10043), y "El Presidente de Venezuela crea plan antigolpe" del diario "El Tiempo" de 9 de octubre de 2002 (expediente de anexos a la contestación, anexo 1, pieza 4, folio 10044 a 10046).

18 Nota de prensa "Carmona Estanga: He sido opositor pero conspirador nunca" del diario "El Nacional" de 3 de mayo de 2002; "Cronología de movilizaciones realizadas por la oposición hasta el 25 de marzo de 2002 y proyecciones de las futuras manifestaciones hasta el 15 de abril de 2002" (expediente de anexos a la contestación, anexo 1, pieza 1, folios 8497 a 8522); anexos remitidos por la Fiscalía General de la República sobre los hechos sucedidos en fechas 11, 12 y 13 de abril de 2002 (expediente de anexos a la contestación, anexo 1, pieza 1, folios 8634 a 8643 –continua en pieza 2, folios 8644 a 8659–), y publicación "Verdades, mentiras y Videos. Lo más relevante de las interpelaciones en la Asamblea Nacional sobre los sucesos de abril" de "Libros El Nacional" de 2002 (expediente de anexos al escrito de solicitudes y argumentos, tomo VII, folios 7809 a 7857).

19 *Cfr.* Nota de prensa "Tres presidentes en dos días" del diario "eluniversal.com" de 12 de abril de de 2002 (expediente de escrito de contestación, anexo 1, pieza 1, folio 8232) y Documento elaborado por Parlamento Latinoamericano Grupo Parlamentario Venezolano, Comisión de Asuntos Políticos titulado "Responsabilidades que sobre el control de orden público tienen las autoridades de la alcaldía del distrito metropolitano de Caracas en relación a los hechos acaecidos el día 11 de abril de 2002" de 15 de

38. De acuerdo con la versión de los hechos dada por el señor Brewer Carías, ya que el Estado sostiene que habrían ocurrido de otra forma (*infra* párr. 62), en la madrugada del 12 de abril de 2002 el señor Pedro Carmona Estanga, uno de los líderes de las protestas civiles se habría puesto en contacto con él y le habría "envi[ado] un vehículo para que lo recogiera en su residencia"[20]. El señor Brewer Carías sostiene que fue llevado al "Fuerte Tiuna", sede del Ministerio de Defensa y de la Comandancia General del Ejército y que, una vez allí, el señor Carmona le habría solicitado que analizara un documento que le habrían entregado cuando llegó a ese lugar, a cuyo efecto se le habría puesto en contacto con dos jóvenes abogados de nombres Daniel Romero y José Gregorio Vásquez, quienes habrían sido los que le mostraron el documento[21]. El referido documento es lo que se conocería como "Decreto Carmona" y ordenaba la "reorganización de los poderes públicos" y el establecimiento de un "gobierno de transición democrática"[22]. Posteriormente, el señor Brewer ha declarado que tras no poder reunirse con el señor Carmona para poder darle su opinión sobre dicho documento, abandonó el "Fuerte Tiuna" y regresó a su casa[23].

39. En efecto, ese mismo día el señor Carmona Estanga "anunció la disolución de los poderes públicos y el establecimiento de un 'gobierno de tran-

---

abril de 2002 (expediente de escrito de contestación, anexo 1, pieza 2, folios 8903 a 8911).

20 Declaración del señor Brewer Carías de 3 de junio de 2002 ante la Fiscalía Sexta (expediente de anexos a la contestación, anexo 1, pieza 2, folio 8986); declaración del señor Brewer Carías rendida en la audiencia pública celebrada en el presente caso, y declaración de Edgar Jose López Albujas ante la Fiscalía Sexta de 21 de abril de 2005 (expediente de anexos a la contestación, anexo 1, pieza 9, folio 12336).

21 Declaración del señor Brewer Carías de 3 de junio de 2002 ante la Fiscalía Sexta (expediente de anexos a la contestación, anexo 1, pieza 2, folio 8988).

22 Acta de imputación fiscal contra el señor Brewer Carías de 27 de enero de 2005 (expediente de anexos al informe de fondo, tomo I, folio 57).

23 "En medio de la confusión reinante le pedí a los asistentes de Carmona que me solucionara el problema de mi traslado para salir de Fuerte Tiuna y me ubicaron en una camioneta [...]. Llegue a mi casa despuntando el alba". Declaración del señor Brewer Carías de 3 de junio de 2002 ante el Fiscal Sexta (expediente de anexos a la contestación, anexo 1, pieza 2, folio 8991).

sición democrática', entre otras medidas"[24], al leer el denominado "Decreto Carmona". En dicho Decreto se establecían, entre otras cosas, las siguientes[25]:

1. Constituir un gobierno de transición democrática y unidad nacional. Se designa a Pedro Carmona Estanga, [...] Presidente de la República de Venezuela, quien asume en este acto y de forma inmediata la jefatura de Estado [...]. El Presidente de la República en Consejo de Ministros queda facultado para dictar los actos de efectos generales que sean necesarios para la mejor ejecución del presente decreto [...].

2. Se restablece el nombre de la República de Venezuela [...].

3. Se suspende de sus cargos a los diputados principales y suplentes de la Asamblea Nacional [...].

7. El Presidente de la República en Consejo de Ministros podrá remover y designar transitoriamente a los titulares de los órganos de los poderes públicos nacionales, estadales y municipales para asegurar la institucionalidad democrática [...].

8. Se decreta la reorganización de los poderes públicos[...], a cuyo efecto se destituyen de sus cargos ilegítimamente ocupados al Presidente y demás magistrados del Tribunal Supremo de Justicia, al Fiscal General de la República, al Contralor General de la República, al Defensor del Pueblo y a los Miembros del Consejo Nacional Electoral. [...]

40. El 14 de abril de 2002 "Hugo Chávez fue reinstaurado en la Presidencia de la República"[26].

B.2.1.3. Reacciones a los hechos ocurridos entre el 11 y el 13 de abril de 2002

41. Los hechos acontecidos los días 12 y 13 de abril de 2002 fueron considerados por el Consejo Permanente y la Asamblea General de la Organiza-

---

24 *Cfr.* CIDH, Informe sobre la Situación de los Derechos Humanos en Venezuela de 2003. OEA/Ser.L/V/II.118. Doc. 4 rev. 1, 24 de octubre de 2003, párr. 7. Disponible en: http://www.cidh.org/countryrep/venezuela2003sp/introduccion.htm "[L]a Comisión emitió un comunicado de prensa el 13 de abril de 2002, en el que expresó, entre otras cosas, su más enérgica condena por los hechos de violencia, deploró la destitución de las más altas autoridades de todos los poderes públicos; y advirtió que dichos hechos configuraban una interrupción del orden constitucional".

25 Acta de imputación fiscal contra el señor Brewer Carías de 27 de enero de 2005 (expediente de anexos al informe de fondo, tomo I, folio 57).

26 CIDH. Informe sobre la Situación de los Derechos Humanos en Venezuela de 2003.

ción de los Estados Americanos como una "interrupción abrupta del orden democrático y constitucional [en Venezuela]"[27].

42. Por otra parte, los medios de comunicación reportaron que el señor Brewer Carías había estado en el "Fuerte Tiuna" en la madrugada del 12 de abril de 2002 y lo vincularon con la redacción del llamado "Decreto Carmona". El señor Brewer Carías aceptó haber estado en el "Fuerte Tiuna"[28], sin embargo, desmintió en diversas ruedas de prensa y en su declaración ante esta Corte el haber participado en la redacción de dicho decreto[29].

43. El 26 de abril de 2002 la Asamblea Nacional designó una "Comisión Parlamentaria Especial para investigar los sucesos de abril de 2002". En el informe emitido por dicha Comisión se "exhort[ó] al [p]oder [c]iudadano para investigar y determinar las responsabilidades de ciudadanos [...] quienes, sin estar investidos de funciones públicas, actuaron en forma activa y concordada en la conspiración y golpe de Estado". El señor Brewer Carías estaba incluido en la lista de personas que debían ser investigadas, según la Comisión Parlamentaria, por "estar demostrada su participación en la planificación y ejecución del [g]olpe de Estado"[30].

---

27   OEA. Resolución del Consejo Permanente (CP), Actual Situación en Venezuela OEA/Ser. G. CP/doc. 3616/02. 28 de mayo de 2002 Disponible en: http://www.oas.org/XXXIIGA/espanol/documentos/docs_esp/CPdoc3616_02.htm.

28   Declaración del señor Brewer Carías de 3 de junio de 2002 ante el Fiscal Sexta (expediente de anexos a la contestación, anexo 1, pieza 2, folio 8986) y declaración del señor Brewer Carías rendida en la audiencia pública celebrada en el presente caso

29   Declaración de Edgar Jose López Albujas ante Fiscal Sexta de 21 de abril de 2005 (expediente de anexos a la contestación, pieza 9, folio 12334); notas de prensa "Allan Brewer Carías responde a las acusaciones: No redacté el decreto de Carmona Estanga" del diario "El Globo" de 17 de abril de 2002 (expediente de anexos a la contestación, anexo 1, pieza 15, folio 15332); "Brewer Carías se desmarca de Pedro Carmona Estanga" del diario "País" de 17 de abril de 2002 (expediente de anexos a la contestación, anexo 1, pieza 15, folio 15333); "Brewer Carías: no sé quién redactó el decreto Carmona" del diario "El Nuevo País" de 17 de abril de 2002 (expediente de anexos a la contestación, anexo 1, pieza 15, folio 15335); "Brewer-Carías niega haber redactado el decreto" del diario "El Universal" de 17 de abril de 2002 (expediente de anexos a la contestación, anexo 1, pieza 15, folio 15337); Libro "En mi propia defensa. Respuesta preparada con la asistencia de mis defensores Rafael Odreman y León Henrique Cottin contra la infundada acusación fiscal por el supuesto delito de conspiración" de Allan Brewer Carías, Editorial Jurídica Venezolana, Caracas, 2006 (expediente de anexos al informe de fondo, tomo I, folios 77 a 660), y y declaración del señor Brewer Carías rendida en la audiencia pública celebrada en el presente caso.

30   Informe de la Comisión Parlamentaria Especial para Investigar los Sucesos de Abril de 2002, Caracas, Julio de 2002 (expediente de anexo al informe de fondo, tomo II, folio 937).

B.2.2. Hechos en relación con el proceso penal

B.2.2.1. Investigación en contra de Pedro Carmona y por los hechos ocurridos el 11, 12 y 13 de abril de 2002

44. A fin de determinar las responsabilidades de las personas involucradas en los hechos ocurridos en abril de 2002, el 13 de abril de 2002 la Fiscalía del Ministerio Público a nivel nacional en materia de salvaguarda con competencia especial en bancos, seguros y mercados de capitales inició un proceso de investigación por los hechos ocurridos el 11, 12 y 13 de abril de 2002[31].

45. Entre los años 2002 y 2005 por lo menos cuatro fiscales provisorios investigaron los hechos relacionados con lo acontecido los días 11, 12 y 13 de abril de 2002, entre esos hechos, los relacionados con la redacción del "Decreto Carmona". Inicialmente el Fiscal provisorio José Benigno Rojas estuvo a cargo de la investigación[32], luego fue sustituido por el Fiscal Provisorio Danilo Anderson[33] y, el 28 de agosto de 2002, la investigación fue asumida por Luisa Ortega Díaz como suplente ante la Fiscalía Sexta del Ministerio Público a Nivel Nacional[34].

46. El 10 de mayo de 2002 se citó al señor Brewer para el 15 de mayo de 2002 "a fin de sostener entrevista en relación a la investigación" llevada a cabo en contra el señor Pedro Carmona[35].

47. El 22 de mayo de 2002 el señor Ángel Alberto Bellorín, coronel en servicio del ejército venezolano, presentó una denuncia ante el Fiscal General de la República en la que indicaba que "es un hecho notorio comunicacional reiterado y por todos conocido a través de los diversos medios de comunicación"[36] que la autoría del "Decreto Carmona" pertenecía al señor Brewer Carías y a otras tres personas, y se refirió a los supuestos autores "como expertos en materia constitucional"[37].

---

31 Auto de 13 de abril de 2002 de la Fiscal Sexta (expediente de anexos a la contestación, pieza 1, folio 8214).

32 Auto de 13 de abril de 2002 de la Fiscal Sexta, folio 8214.

33 Auto de 15 septiembre de 2004 de la Fiscal Sexta (expediente de anexos a la contestación, pieza 6, folio 10547).

34 Resolución N° 539 del Ministerio Público de 28 de agosto de 2002 del Fiscal General de la República (expediente de anexos al escrito de solicitudes y argumentos, tomo III, folio 5270).

35 Citación de 10 de mayo de 2002 (expediente de anexos a la contestación, pieza 2, folio 8742).

36 Denuncia formulada por Ángel Bellorín el 22 de mayo de 2002 (expediente de anexos al informe de fondo, tomo II, folios 940 a 975), y declaración del testigo Ángel Bellorín rendida en la audiencia pública celebrada en el presente caso.

37 Denuncia formulada por Ángel Bellorín de 22 de mayo de 2002, folios 940 a 975.

48. El 3 de junio de 2002 el señor Brewer Carías "comparec[ió] previa citación" ante la Fiscalía encargada del proceso[38]. El 9 de julio de 2002 un testigo, el señor Jorge Olavarría[39], presentó ante el Fiscal Rojas un escrito donde señalaba que "[l]e consta[ba] que el [señor] Brewer no redactó ese documento"[40].

49. El 5 de octubre de 2003 cuatro diputados de la Asamblea Nacional presentaron otra denuncia en contra del señor Brewer y otras tres personas por supuestamente ser "los autores intelectuales y materiales en la elaboración, redacción y publicación ante el país del [...] decreto [...] Carmona"[41].

50. Durante esta fase del proceso, en la cual el señor Brewer todavía no había sido imputado, fue asignada inicialmente la Jueza Temporal Vigésimo Quinta, Josefina Gómez Sosa. El 17 de diciembre de 2004 dicha Jueza, a solicitud de la Fiscal Provisoria Sexta, decretó la orden de prohibición de salida del país de 27 imputados, entre quienes no se encontraba el señor Brewer Carías[42]. La orden fue apelada ante la Sala Diez de la Corte de Apelaciones y, el 31 de enero de 2005, esa Sala la revocó. El 3 de febrero de 2005 los jueces de la Corte de Apelaciones cuyo voto había sido por la nulidad de la orden apelada fueron suspendidos de su cargo por la Comisión Judicial del Tribunal Supremo de Justicia[43]. La Jueza Temporal Gómez Sosa también fue suspendida de su cargo por no haber motivado suficientemente la orden de prohibición de salida del país y fue reemplazada por el Juez Manuel Bognanno[44].

---

38 Declaración del señor Brewer Carías el 3 de junio de 2002 ante la Fiscal Sexta (expediente de anexos a la contestación, pieza 2, folios 8986 a 8998).

39 El señor Jorge Olavarría fue diputado a la Asamblea Constituyente de Venezuela de 1999. El 10 de abril se encontraba reunido en su oficina con el señor Brewer Carías. El señor Brewer afirma que "una vez reunidos [...] se presentaron [...] dos jóvenes abogados" con un borrador de lo que luego sería el "Decreto Carmona". El señor Olavarría declaró que él y el señor Brewer observaron la "incons-titucionalidad y la violación de la Carta Democrática Interamericana" que se involucraba en dicho escrito. "En mi propia defensa. Respuesta preparada con la asistencia de mis defensores Rafael Odreman y León Henrique Cottin contra la infundada acusación fiscal por el supuesto delito de conspiración" de Allan Brewer Carías, Editorial Jurídica Venezolana, Caracas, 2006 (expediente de anexos al informe de fondo, tomo I, folio 98).

40 Escrito de Jorge Olavarría ante el Fiscal General de la República de 9 de julio de 2002 (expediente de anexo al escrito de solicitudes y argumentos, tomo IV, folio 6148 y 6149).

41 Denuncia de 5 de octubre de 2003 (expediente de anexos a la contestación, pieza 6, folios 10691 y 10692).

42 Resolución N° 2005-0015 del Tribunal Supremo de Justicia de Caracas de 3 de febrero de 2005 (expediente de anexos al escrito de solicitudes y argumentos, tomo VI, folio 7097).

43 Resolución N° 2005-0015 del Tribunal Supremo de Justicia de Caracas, folio 7098.

44 Resolución N° 2005-0015 del Tribunal Supremo de Justicia de Caracas, folio 7098.

B.2.2.2. *Imputación al señor Brewer Carías*

51. El 13 de enero de 2005 el señor Brewer Carías fue citado nuevamente por la Fiscal a cargo para el día "20 de enero de 2005 [...] a los fines de imputarlo por los hechos que investiga[ba] esta [...] Fiscal"[45].

52. La imputación en contra del señor Brewer Carías fue realizada el 27 de enero de 2005, en razón de su presunta "participación en la redacción y elaboración del Acta de Constitución del Gobierno de Transición Democrática y Unidad Nacional"[46]. Esta conducta estaría prevista y sancionada en el delito "conspiración para cambiar violentamente la Constitución" consagrado en el artículo 144 -numeral 2, del Código Penal[47] venezolano vigente en ese momento. Como fundamento para la imputación, la Fiscal tuvo en cuenta, *inter alia*: i) el "Decreto Carmona"; ii) la denuncia presentada por el señor Ángel Alberto Bellorín; iii) las diversas notas de prensa y programas de televisión que hacían referencia al señor Brewer como autor del mencionado Decreto; iv) la entrevista de 9 de julio de 2002 al señor Jorge Olavarria; v) el contenido del libro "mi testimonio ante la historia" del señor Pedro Carmona, y vi) la entrevista rendida el 3 de junio de 2002 por el señor Brewer ante la Fiscalía.

53. El 14 de febrero de 2005 el señor Brewer designó a los señores José Rafael Odreman Ledezama y León Henrique Cottin, como sus abogados defensores en el proceso penal[48].

54. El 4 de mayo de 2005 la defensa presentó ante el Juez Vigésimo Quinto un escrito, mediante el cual expuso las presuntas irregularidades que consideró que se presentaban en el proceso, como la negación algunos los testimonios y la transcripción de unos videos[49]. El 11 de mayo de 2005 el

---

45   Citación de 13 de enero de 2005 (expediente de anexos a la contestación, pieza 7, folio 11066).

46   Acta de imputación al señor Brewer Carías de la Fiscal Sexta de 27 de enero de 2005 (expediente de anexos al informe de fondo, tomo I, folio 51).

47   El artículo 144, inciso 2 del Código Penal establece que: "Serán castigados con presidio de doce a veinticuatro años: Los que, sin el objeto de cambiar la forma política republicana que se ha dado la Nación, conspiren o se alcen para cambiar violentamente la Constitución Nacional. En la mitad de la pena referida incurrirán los que cometen los actos a que se refieren los números anteriores, con respecto a los Gobernadores de los Estados, las Asambleas Legislativas y las Constituciones de los Estados, y en la tercera parte de dicha pena, si se cometieren contra los Presidentes de los Consejos Municipales". Código Penal de Venezuela vigente al 27 de enero de 2005. Disponible en: http://gobiernoenlinea.gob.ve/home/ar-chivos/CodigoPenal.pdf

48   Acta de 14 de febrero de 2005 (expediente de anexos a la contestación, pieza 7, folio 11286).

49   Escrito de la defensa del señor Brewer Carías del 4 de mayo de 2005 dirigido al Juez Vigésimo Quinto de Control (expediente de anexo al informe de fondo, tomo II, folios 1035 a 1058).

Juez Vigésimo Quinto, Manuel Bognanno, ordenó a la Fiscal Provisoria Sexta permitir a la defensa y al señor Brewer que "t[uvieran] acceso inmediato [al expediente], otorgándoles las copias del expediente o videos que así le [fueran] requeridos y, en el caso de que por razones de volumen del expediente, y espacio [fuera] necesario dotarlos de un área física mayor a la actual, para el estudio del expediente"[50]. Asimismo, en dicha oportunidad, el Juez Vigésimo Quinto indicó "[e]n cuanto a un pronunciamiento por parte del tribunal sobre la pertinencia o utilidad de los medios de prueba, tanto los ofrecidos por el Ministerio Público como por la defensa, ello corresponde a una etapa todavía no acontecida, actualmente la causa se encuentra en etapa de investigación, [...] no correspondiendo en esta oportunidad [...] establecer algún dictamen sobre la pertinencia, necesidad o utilidad de algún medio probatorio ofrecido por las partes. Por otra parte, [...] la negativa del Ministerio Público a la práctica de determinadas pruebas, no constituye impedimento para que la defensa pueda ofrecerlas posteriormente de acuerdo a las formas y procedimiento establecidos"[51]. La decisión de 11 de mayo de 2005 fue declarada absolutamente nula el 6 de julio de 2005 por la Corte de Apelaciones y ordenó que otro juez de control se pronunciara respecto del escrito de la defensa[52]. Lo anterior debido a que consideró que el Juez Vigésimo Quinto no había tenido en cuenta en su decisión "las razones esgrimidas por el Ministerio Público para negar las entrevistas[, ...] con lo cual se violó el principio de contradicción"[53].

55. El 30 de mayo de 2005 la Fiscal Provisoria Sexta había solicitado a la Sala Nueve de la Corte de Apelaciones que declarara nula la decisión del Juez Vigésimo Quinto en tanto el escrito presentado por la defensa no le había sido notificado, por lo cual no había tenido la oportunidad de defenderse[54]. La Fiscalía había señalado que los defensores del señor Brewer Carías habían tenido la posibilidad de revisar el expediente durante todo el proceso transcurrido desde la imputación y que había actas de revisión que consignaban dicha información. Asimismo, la Fiscalía sostuvo que "[d]e las innumerables pruebas solicitadas por los defensores, han sido acordadas casi en su totali-

---

50 Resolución del Juez Vigésimo Quinto de 11 de mayo de 2005 (expediente de anexos al informe, tomo III, folio 1076).

51 Resolución del Juez Vigésimo Quinto de 11 de mayo de 2005, folio 1078.

52 Decisión del 6 de julio de 2005 de la Sala 9 de la Corte de Apelaciones decidiendo la apelación contra la decisión del Tribunal Vigésimo Quinto de Control de 11 de noviembre de 2005 (expediente de anexos al informe de fondo, tomo III, folios 1082 a 1098).

53 Decisión del 6 de julio de 2005 de la Sala 9 de la Corte de Apelaciones decidiendo la apelación contra la decisión del Tribunal Vigésimo Quinto de Control de 11 de noviembre de 2005 (expediente de anexos al informe de fondo, tomo III, folios 1095).

54 Solicitud de nulidad de la Fiscal Sexta de 30 de mayo de 2005 (expediente de anexos al informe de fondo, tomo III, folios 1101 a 1140).

dad, como consecuencia de lo cual es igualmente falso que se haya hecho caso omiso a la petición de evacuación de pruebas"[55].

56. El 3 de junio de 2005 "la defensa del ciudadano Guaicaipuro Lameda, solicitó a[l] juzgado, se fij[ara] un plazo para que el Ministerio Público present[ara] su acto conclusivo". Para responder a esta solicitud, el 10 de junio de 2005 el Juez Vigésimo Quinto "procedió a enviar [un] oficio a la Fiscalía Sexta Nacional solicitándole un informe sobre el estado actual de la causa, [y que le remitiera el expediente] destacándose que ambas instrucciones era[n a los fines de verificar el plazo y la procedencia de la solicitud interpuesta"[56]. El 27 de junio de 2005 la Fiscal Sexta solicitó al juez que "se sirv[iera] indicar [...] la norma en que fundamenta[ba] su solicitud, y que le imponga al Ministerio Público la obligación de informar y de remitir las actuaciones que cursan ante el mismo"[57]. El Juez Vigésimo Quinto puso el hecho en conocimiento del Fiscal Superior del Ministerio Público del Área Metropolitana de Caracas ese mismo día[58]. El 29 de junio de 2005 se dejó sin efecto la designación del Juez Vigésimo Quinto[59], Manuel Bognanno, y fue reemplazado por el Juez José Alonso Dugarte Ramos en el Tribunal de Primera Instancia del Circuito Judicial Penal - Área Metropolitana de Caracas[60].

57. El 10 de agosto de 2005 la defensa presentó ante el Juez Vigésimo Quinto un nuevo escrito insistiendo en la admisión de los testimonios ofrecidos, en la transcripción técnica de los videos y en el cumplimiento de la decisión de la Corte de Apelaciones de 6 de julio de 2005[61].

---

55   Solicitud de nulidad de la Fiscal Provisoria de 30 de junio de 2005 (expediente de anexos a la contestación, anexo 1, pieza 10, folio 12865).

56   Oficio N° 632-05 de 27 de junio de 2005 del Juez Vigésimo Quinto (expediente de anexos al informe de fondo, tomo III, folio 1139 y 1140).

57   Escrito de la Fiscal Sexta al Juez Vigésimo Quinto de Control de 27 de junio de 2005 (expediente de anexos al informe de fondo, tomo III, folio 1137).

58   Oficio N° 632-05 de 27 de junio de 2005 del Juez Vigésimo Quinto (expediente de anexos al informe de fondo, tomo III, folio 1139 y 1140).

59   Resolución del Tribunal Supremo de Justicia de 29 de junio de 2005 (expediente de anexos a escritos de solicitudes y argumentos, tomo VI, folio 7105). En dicha decisión se indicó: "dejar sin efecto las designaciones de los siguientes profesionales [...]: [...] El Abogado Manuel Antonio Bognanno [...], Juez temporal del Juzgado de Primera Instancia del circuito judicial penal [...], en razón a las observaciones que fueron formuladas ante este despacho".

60   Cuadro de designaciones efectuadas por la Dirección Ejecutiva de la Magistratura de 29 de junio de 2005 (expediente de anexos al informe de fondo, tomo III, folio 1142).

61   Escrito presentado por la defensa el 10 de agosto de 2005 ante el Juez Vigésimo Quinto de Control (expediente de anexos al informe de fondo, tomo III, folios 1148 a 1196).

58. El señor Brewer Carías viajó fuera de Venezuela el 29 de septiembre de 2005[62] y su defensa, el 10 de mayo de 2006, indicó al juez de control que el señor Brewer Carías no regresaría al país hasta que "se presenten las condiciones idóneas para obtener un juicio imparcial y con respeto de sus garantías judiciales" (*infra* párr. 73).

59. El 4 de octubre de 2005 la defensa del señor Brewer presentó ante el Juzgado Vigésimo Quinto una solicitud de nulidad "de todos los actos adelantados por [el] Ministerio Público" como consecuencia de un libro publicado por el Fiscal General cuyo título es "Abril comienza en octubre" y en el que se habría referido "acerca de ciertas versiones de una persona según las cuales el señor Brewer sería el autor del "Decreto Carmona". Esta solicitud de nulidad aún no ha sido resuelta (*infra* párr. 92).

60. El 20 de octubre de 2005 el Juez Vigésimo Quinto profirió una decisión, mediante la cual[63]: i) negó nuevamente las solicitudes de transcripción de todos los videos, así como la declaración de 4 testigos ofrecidos por la defensa, y ii) negó la solicitud de declaración del señor Carmona Estanga, pues consideró que al encontrarse éste imputado en la causa, su declaración no tendría valor probatorio. Esta decisión fue apelada el 28 de octubre de 2005 por la defensa[64].

B.2.2.3. *Acusación al señor Brewer Carías*

61. El 21 de octubre de 2005 la Fiscal Provisoria Sexta formalizó la acusación contra el señor Brewer Carías y otras dos personas imputadas por la presunta participación en "la comisión del delito de conspiración para cambiar violentamente la Constitución", por lo que se procedería "en consecuencia al enjuiciamiento de los ciudadanos"[65]. En la acusación se indicó:

    a.   una "relación clara y precisa y circunstanciada del hecho punible que se le atribuye a[l señor] Brewer Carías"[66];

---

62   Oficio de la Dirección de Migración y Zonas Fronterizas del Ministerio del Interior y Justicia de 16 de marzo de 2006 en el que consta del Sistema de Identidad de Migración la salida del señor Brewer Carías (expediente de anexos a la contestación, pieza 20, folio 17454).

63   Decisión del Juez Vigésimo Quinto de Control del 20 de octubre de 2005 (expediente de anexo al informe de fondo, tomo III, folios 1234 a 1238).

64   Apelación de la defensa ante el Juez Vigésimo Quinto de Control recibida el 28 de octubre de 2005 (expediente de anexos al informe de fondo, tomo IV, folios 1636 a 1700).

65   Acusación fiscal de 21 de octubre de 2005 (expediente de anexos a la contestación, anexo 1, pieza 13, folio 14193 a 14351).

66   Acusación fiscal de 21 de octubre de 2005 (expediente de anexos a la contestación, anexo 1, pieza 13, folio 14196 a 14202).

b. los fundamentos de la imputación, para lo cual se expuso un listado de los elementos de convicción utilizados para la acusación;

c. el precepto jurídico aplicable, y

d. "ofrecimiento de los medios de prueba [ante el Juez]".

62. Sobre el primer punto, la Fiscalía como hechos que presuntamente comprometerían la responsabilidad penal del señor Brewer mencionó los siguientes:

a. el "10 de abril de 2002 a las seis de la tarde el [señor] Brewer Carías se [habría] reuni[do] con el [señor] José Gregorio Vásquez López y el [señor] Jorge Olavarria, entre otros, en la oficina de este último, [...] con la finalidad de discutir lo que sería el 'Decreto de Constitución de un Gobierno de Transición Democrática y Unidad Nacional'";

b. "[e]n esta reunión [le habrían] presenta[do ...] al [señor] Brewer Carías un proyecto de Decreto para ser discutido [...]. [...] Efectivamente, el proyecto [habría sido] analizado y discutido por el [señor] Brewer Carías, quien [habría] destac[ado] la mala redacción, pero jamás observó [...] que ese no era el procedimiento [...] para cambiar la Constitución";

c. el "11 de abril de 2002, a las nueve de la mañana, se realiz[ó] un acto en una tarima instalada frente al edificio de PDVSA, dentro de las personas que se encontraban presentes estaba el [señor] Brewer Carías[, quien se habría] separ[ado] momentáneamente de la marcha y acud[ido a dar una entrevista], manifestando que una vez que saliera de esa entrevista se incorporaría nuevamente a la marcha";

d. se habrían "prepara[do] renuncias, destituciones [...] y se hacían escritos, resultando de la investigación que una de las personas [supuestamente] encargadas de la redacción de estos instrumentos jurídicos [sería] el [señor] Brewer Carías";

e. el 11 de abril en el Fuerte Tiuna el señor Brewer Carías habría procedido "a revisar nuevamente el mismo documento que discutió dos días antes" y habría "redact[ado] lo que sería la renuncia del Presidente de la República y [habría] prest[ado] asesoría en cuanto a la forma de proceder del nuevo gobierno, [habría] gir[ado] instrucciones [y dado] sugerencias de la forma como se llevaría a cabo la puesta en vigencia del mencionado decreto";

f. el 12 de abril de 2002 el señor Brewer Carías en la mañana habría dado una entrevista en el programa CMT Noticias y de ahí se habría trasladado "al Palacio de Miraflores" donde presuntamente se habría reunido con el señor Pedro Carmona, y

g. el 12 de abril de 2002 en la noche habría "llama[do al señor] José Gregorio Vásquez López [...] quien [...] se encontra[ría] reunido con el [señor] Pedro Carmona [...], planificando las estrategias a seguir en el nuevo gobierno".

63. Respecto al segundo punto, la Fiscalía realizó un listado de los elementos de convicción junto con la argumentación que utilizó para sustentar su acusación en contra del señor Brewer Carías[67].

64. En cuanto al precepto jurídico aplicable, la Fiscalía manifestó que los hechos por los cuales se acusaba al señor Brewer serían subsumibles en el delito de "conspiración para cambiar violentamente la Constitución", por lo que concluyó que "con los elementos de convicción señalados [...] se tiene la certeza que los imputados [...] conspiraron para cambiar violentamente la Constitución [...], por lo que a criterio de esta representación fiscal existe un fundamento serio para solicitar su enjuiciamiento público"[68].

65. Por otra parte, en la decisión de acusación la Fiscal Provisoria Sexta solicitó que se decretara "la privación judicial preventiva de la libertad" del señor Brewer Carías y las otras dos personas acusadas. Como fundamento de lo anterior, la Fiscalía expreso que por ser un "hecho punible que merece penas privativas de la libertad, cuya acción penal no se encuentra prescrita, fundados elementos de convicción para estimar que los acusados [...] son autores o participes de la comisión del delito de conspiración para cambiar violentamente la Constitución [...] y [hay] presunción razonable de peligro de fuga, en atención a la entidad de la pena que podría llegar a imponerse (presi-

---

67 Acusación fiscal de 21 de octubre de 2005 (expediente de anexos a la contestación, anexo 1, pieza 13, folios 14209 a 14274). La resolución de acusación incluye 31 elementos de prueba adicionales a los establecidos en la imputación y expone en el "Capítulo III", sobre "fundamentos de la imputación con expresión de los elementos de convicción que emergen de la investigación contra [...] Allan Brewer Carías", 54 "elementos de convicción" para formular este acto: A) Contenido del "Decreto de Constitución de un Gobierno de Transición Democrática y Unidad Nacional"; B) 2 denuncias penales contra Allan Brewer Carías formuladas ante el Ministerio Público Fiscal; C) 2 escritos presentados por Allan Brewer Carías; D) 19 notas o declaraciones en prensa respecto a las cuales la fiscalía efectuó 7 entrevistas a los periodistas en relación con lo que habían mencionado o escrito; E) 17 declaraciones testimoniales rendidas ante el Ministerio Público; F) 4 videos; G) 2 diligencias de investigación de la Fiscalía sobre un video y sobre las llamadas realizadas por la presunta víctima en el día 12 de abril de 2002; H) Informe de la Comisión Parlamentaria Especial para investigar los sucesos de abril de 2002; I) 2 interpelaciones ante la Comisión Especial de la Asamblea Nacionales; J) 3 artículos o libros, y K) 1 comunicación suscrita por el señor Isaac Pérez Recao.

68 Acusación fiscal de 21 de octubre de 2005 (expediente de anexos a la contestación, anexo 1, pieza 13, folio 14325).

dio de 18 años), as[í] como la facilidad de los imputados para ausentarse del país por disponer de medios económicos suficientes para ello"[69].

66. El 24 de octubre de 2005 el Juez Vigésimo Quinto acordó fijar la audiencia preliminar para el 17 de noviembre de 2005[70]. Ese mismo día la defensa del señor Brewer realizó una solicitud de copia simple del escrito de acusación[71], lo cual fue aceptado y ordenado el 26 de octubre de 2005[72].

67. El 26 de octubre de 2005 la defensa solicitó al Juez Vigésimo Quinto que se garantizara el derecho del señor Brewer Carías "a ser juzgado en libertad" y solicitó también "la declaratoria anticipadamente de improcedencia de la privación preventiva de libertad", por tratarse de una persona no peligrosa, laboral y académicamente activa, con residencia y arraigo en el país[73].

68. El 8 de noviembre de 2005 la defensa presentó ante el Juez Vigésimo Quinto un escrito, mediante el cual dio respuesta a la acusación y rechazó "en todas sus partes, tanto en los hechos como en el derecho, la acusación". Solicitaron, entre otras cosas, la nulidad de todas las actuaciones que conforman la investigación y presentaron excepciones contra la acusación (*infra* párrs. 93 y 94).

69. El 15 de noviembre de 2005 la Corte de Apelaciones del Circuito Judicial requirió al Juez Vigésimo Quinto la acusación hecha en contra del señor Brewer, "a los fines de resolver sobre la admisibilidad o no del recurso de apelación interpuesto por [sus] abogados"[74], lo cual ocurrió el 17 de noviembre del mismo año[75].

70. El 16 de noviembre de 2005 la defensa recusó al Juez Vigésimo Quinto, razón por la cual la audiencia preliminar pautada para el 17 de noviembre de 2005 no fue llevada a cabo[76]. Dicha recusación se fundamentaba

---

69　Acusación fiscal de 21 de octubre de 2005 (expediente de anexos a la contestación, anexo 1, pieza 13, folio 14344).

70　Auto de 24 de octubre de 2005 del Juez Vigésimo Quinto (expediente de anexos a la contestación, anexo 1, pieza 13, folio 14386).

71　Solicitud de la defensa de 24 de octubre de 2005 (expediente de anexos a la contestación, anexo 1, pieza 13, folio 14357).

72　Auto de 26 de octubre de 2005 del Juez Vigésimo Quinto (expediente de anexos a la contestación, anexo 1, pieza 14, folio 14424).

73　Apelación de la defensa contra la acusación del Fiscal ante el Juez Vigésimo Quinto de Control recibida el 28 de octubre de 2005 (expediente de anexos al informe de fondo, tomo III, folios 1401 a 1412).

74　Auto de 15 de noviembre de 2005 del Juzgado Vigésimo Quinto (expediente de anexos a la contestación, anexo 1, pieza 16, folio 15792).

75　Auto de 17 de noviembre de 2005 de la Corte de Apelaciones del Circuito Judicial (expediente de anexos a la contestación, anexo 1, pieza 16, folio 15799).

76　Acta del Juzgado Vigésimo Quinto de 17 de noviembre de 2005 (expediente de anexos a la contestación, anexo 1, pieza 16, folio 15805).

en que el Juez Vigésimo Quinto habría incurrido en una causal de inhibición, por cuanto éste había fallado el 20 de octubre de 2005 sobre la decisión de negar la declaración del señor Pedro Carmona, por lo cual la defensa argumentó en dicha oportunidad que al "emitir opinión sobre un tema vital en este proceso como lo es la negativa de evacuar una prueba importantísima para la defensa del [señor] Brewer Carías, de la cual podría desprenderse su exclusión de responsabilidad penal, [...] ello lo inhabilita [...] para seguir conociendo del presente proceso"[77]. La recusación fue declarada sin lugar el 30 de enero de 2005 por la Corte de Apelaciones del Circuito Judicial (Sala 10), debido a que consideró que "tal dictamen sobre la procedencia o no de una prueba anticipada no conlleva a prejuzgar sobre la culpabilidad o inocencia de una persona"[78].

71. Una vez resuelta la recusación en su contra, el Juez Vigésimo Quinto acordó el 7 de febrero de 2006 fijar como nueva fecha para la audiencia preliminar el 7 de marzo de 2006[79]. La defensa presentó una declaración extraprocesal de Pedro Carmona el 1 de marzo de 2006 y solicitó que fuera admitida como prueba en el proceso[80]. El 7 de marzo de 2006 se dejó constancia de "la incomparecencia del [señor] Brewer Carías, aunado a ello, el Juez Vigésimo Quinto se enc[ontraba] de reposo, siendo encargada la Juez Vigésimo Cuarta de Control [...], razón por la cual se acuerda diferir [la audiencia preliminar] para el 4 de abril de 2006"[81]. El 10 de abril de 2006 el Juez Vigésimo Quinto aplazó nuevamente la audiencia preliminar para el 10 de mayo de 2006, debido a que había sido recusado por otra de las personas imputadas en el proceso[82]. Esta nueva recusación fue declarada sin lugar el 26 de abril de 2006[83].

---

77 Resolución de la Sala 10 Accidental de la Corte de Apelaciones del Circuito Judicial Penal del Área Metropolitana de Caracas (expediente de anexos a la contestación, anexo 1, pieza 18, folio 16680).

78 Resolución de la Sala 10 Accidental de la Corte de Apelaciones del Circuito Judicial Penal del Área Metropolitana de Caracas (expediente de anexos a la contestación, anexo 1, pieza 18, folio 16680).

79 Auto de 7 de febrero de 2006 del Juez Vigésimo Quinto (expediente de anexos a la contestación, anexo 1, pieza 18, folio 16720).

80 Escrito presentado por la defensa del señor Brewer junto con la declaración extraprocesal de Pedro Carmona Estanga al Juez Vigésimo Quinto de Control el 1 de marzo de 2006 (expediente de anexos a la contestación, anexo 1, pieza 18, folio 16833 a 16848).

81 Acta del Juzgado Vigésimo Quinto de 7 de marzo de 2006 (expediente de anexos a la contestación, anexo 1, pieza 18, folio 16874).

82 Acta del Juzgado Vigésimo Quinto de 10 de abril de 2006 (expediente de anexos a la contestación, anexo 1, pieza 18, folio 16942).

83 Resolución de la Sala 4 Accidental de la Corte de Apelaciones del Circuito Judicial Penal del Área Metropolitana de Caracas (expediente de anexos a la contestación, anexo 1, pieza 19, folio 17249).

B.2.2.4. *Medida privativa de libertad*

72. El 9 de mayo de 2006 el Juez Vigésimo Quinto ordenó verificar "el movimiento migratorio del [señor] Brewer Carías"[84], por cuanto consideró que "vistas las resultas que arroja[ba]n las diligencias de notificación practicadas por la Oficina de Alguacilazgo al [señor] Brewer Carías, resulta[ba] pertinente hacer las siguientes consideraciones[:] a la audiencia preliminar como fase intermedia deben concurrir personalmente las partes, y en el supuesto de no ser así, debe suspenderse la celebración de la audiencia hasta que acuden todos los que deben hacerlo en forma personal. No obstante [...] los recurrentes diferimientos de que es objeto la audiencia preliminar por incomparecencia de las partes sin causa justificada, lo cual se traduce en un abuso que hacen los incomparecientes del derecho a ser juzgado en libertad [...]. [U]na inferencia lógica deductiva de las resultas que arroja la práctica de las diligencias de notificación del [señor] Brewer Carías, hacen estimar razonablemente a este juzgado que sobrevenga una carencia de certeza en relación a su permanencia en el país, lo cual implicaría la imposibilidad de su comparecencia personal a la audiencia preliminar, estimación razonable que hace este juzgador en base a las resultas de las notificaciones practicadas en reiteradas oportunidades, dicha situación haría nugatorio el derecho de los demás imputados a obtener de los órganos jurisdiccionales con prontitud las decisiones que deben ser resueltas en la audiencia preliminar durante la presente fase intermedia"[85]. Con base en lo anterior, el Juez Vigésimo Quinto decidió, además, diferir la audiencia hasta el 20 de junio de 2006.

73. El 10 de mayo de 2006 la defensa del señor Brewer Carías informó al Juez Vigésimo Quinto que éste no regresaría al país por cuanto estimó que[86]: i) "la actuación del Ministerio Público en el presente caso no ha sido otra cosa que una clara persecución política oficial en su contra"; ii) "el propio Fiscal General [...] hab[ía] violentado directamente su garantía a la presunción de inocencia, al haberlo condenado públicamente de antemano, al publicar su libro 'Abril comienza en octubre'"; iii) "ante el reclamo oportuno hecho en sede jurisdiccional, sólo ha[bía] obtenido respuestas negativas [y q]ue esas respuestas negativas y muchas veces tardías del órgano jurisdiccional ha[bía]n constituido a su vez nuevas violaciones a sus garantías constitucionales"; iv) "se le cercenó el derecho de obtener el sobreseimiento en la fase intermedia del proceso"; v) "todo ello constituye la negación de una justicia accesible, imparcial, idónea, transparente, autónoma, independiente, responsable, equitativa y expedita"; vi) "la acusación en si misma ya es una

---

84 Resolución del Juzgado Vigésimo Quinto de 9 de mayo de 2006 (expediente de anexos a la contestación, anexo 1, pieza 19, folios 17305 a 17307).

85 Resolución del Juzgado Vigésimo Quinto de 9 de mayo de 2006 (expediente de anexos a la contestación, anexo 1, pieza 19, folios 17305 a 17307).

86 Escrito de la defensa de 10 de mayo de 2006 (expediente de anexos a la contestación, anexo 1, pieza 19, folios 17320 a 17322).

condena, cuyo objeto es castigar su crítica política e ideológica al proyecto con el que se pretende sojuzgar a Venezuela", y vii) lo había "designado profesor adjunto en la facultad de derecho de la Universidad de Columbia" en Estados Unidos y él había aceptado dicha posición. Finalmente, manifestó que "ha[bía] tomado la decisión de esperar a que se presenten las condiciones idóneas para obtener un juicio imparcial y con respecto de sus garantías judiciales, [por lo que informaba al Juzgado] a fin de que tom[ara] la decisión que cre[yera] conveniente y contin[uara] adelante el proceso, todo ello a fin de no causar ninguna dilación, ni perjuicio a los demás acusados".

74. El 2 de junio de 2006 la Fiscal Sexta solicitó nuevamente al Juez que se decretara la medida privativa de libertad contra el señor Brewer Carías y manifestó que del escrito presentado por la defensa el 10 de mayo de 2006 "se evidencia[ba] que el imputado [...] se enc[ontraba] fuera del país, que no p[ensaba] regresar, por lo que e[ra] forzoso concluir que su intensión e[ra] la de no someterse a la persecución penal [y que] en consecuencia el imputado no asistir[ía] a la audiencia preliminar prevista para el [...] 20 de junio de 2006"[87]. El Juzgado Vigésimo Quinto acordó el 15 de junio de 2006 expedir la orden de aprehensión al señor Brewer Carías[88], debido a que decretó la medida de privación judicial preventiva de libertad. Los razones esgrimidos por el Juez en dicha decisión, son, *inter alia*, que: i) había "una clara manifestación de voluntad del [señor] Brewer Carías de no someterse a la persecución penal, resultando demás evidente, su intención de evadirse de la administración de justicia"; ii) "la existencia de un hecho punible que merezca pena privativa de la libertad (presidio de 12 a 24 años) y la acción no se encuentra evidentemente prescrita", y iii) "conforme a los hechos que se desprenden de las diligencias de investigación aportados como elementos de convicción por el Ministerio Público, que los hechos o la conducta presuntamente antijurídica que se le atribuye al imputado se subsume en el hecho punible a que se contrae el tipo penal de conspiración para cambiar violentamente la Constitución". En esta misma fecha, copias de esta decisión fueron oficiadas al Director del Cuerpo de Investigaciones Científicas, Penales y Criminalísticas[89]. La medida no se ha hecho efectiva en tanto, a la fecha, el señor Brewer Carías permanece en el extranjero.

---

87 Escrito de la Fiscal de 2 de junio de 2006 ante el Juez (expedientes de anexos al informe de fondo, tomo IV, folios 1433 a 1436).

88 Decisión del Juzgado Vigésimo Quinto de 15 de junio de 2006 (expediente de anexos a la contestación, anexo 1, pieza 20, folio 17435).

89 Oficio del Juzgado Vigésimo Quinto de 15 de junio de 2006 (expediente de anexos a la contestación, anexo 1, pieza 20, folio 17493).

B.2.2.5. Continuación del proceso después de la medida preventiva

75. La defensa del señor José Gregorio Vásquez, quien fue acusado conjuntamente con el señor Brewer Carías, manifestó el 22 de febrero de 2007 al Juzgado Vigésimo Quinto que "[e]l decreto de la medida privativa de la libertad contra el [señor] Brewer Carías y la imposibilidad de ejecutar dicha medida por encontrarse en el extranjero [...], hace necesario que este Tribunal de Control, previamente a la celebración de la audiencia preliminar[, ...] decida acerca de la separación de la causa contra [el señor] Brewer Carías, por cuanto para juzgar a dicho ciudadano podría ser necesario practicar algunas diligencias especiales, que al efecto deberán ser determinadas por [el] Tribunal"[90]. El 7 de marzo de 2007 el Juez Vigésimo Quinto decidió no realizar la separación de la causa, "por cuanto este Tribunal se pronunciara [sobre este punto] en el momento de la realización de la audiencia preliminar, la cual ya se encuentra pautada"[91]. Esta decisión fue apelada por el señor Vásquez el 23 de marzo de 2007[92] y concedida por la Corte de Apelaciones, la cual decidió anular la decisión de 7 de marzo y ordenó volver a proferir la decisión[93]. Por ello, el 20 de julio de 2007 dicho Juez decidió nuevamente no separar la causa en tanto afirmó que[94]:

"en el caso de marras, el acto de la audiencia preliminar no ha sido diferido por incomparecencia del [señor] Brewer Carías, al contrario los diversos diferimientos que cursan e[n] las actas del presente expediente han sido en virtud de las numerosas solicitudes interpuestas por los distintos defensores de los imputados.

[...]

[C]abe destacar la sentencia con carácter vinculante emanada de la Sala Constitucional del Tribunal Supremo de Justicia [...] de 22 de di-

---

90 Escrito de la defensa de José Gregorio Vásquez ante el Juzgado Vigésimo Quinto de 22 de febrero de 2007 (expediente de anexos a la contestación, anexo 1, pieza 21, folios 18319 y 18320).

91 Decisión del Juzgado Vigésimo Quinto de 15 de junio de 2006 (expediente de anexos a la contestación, anexo 1, pieza 20, folio 18413).

92 Escrito de la defensa de José Gregorio Vásquez ante el Juzgado Vigésimo de 23 de marzo de 2007 (expediente de anexos a la contestación, anexo 1, pieza 22, folios 18531 y 18538).

93 Resolución del Juzgado Vigésimo Quinto del Circuito Judicial del Área Metropolitana de Caracas de 20 de julio de 2007 al escrito presentado por la defensa de José Gregorio Vásquez (expediente de anexos al escrito de solicitudes y argumentos, tomo v, folios 6832 a 6838).

94 Resolución del Juzgado Vigésimo Quinto del Circuito Judicial del Área Metropolitana de Caracas de 20 de julio de 2007 al escrito presentado por la defensa de José Gregorio Vásquez (expediente de anexos al escrito de solicitudes y argumentos, tomo v, folios 6832 a 6838).

ciembre de 2003, la cual expresa que cuando existen pluralidad de partes en un proceso penal y alguna de ellas se ausenten por diversas circunstancias nos encontramos frente a la suspensión del proceso hasta tanto todas estas personas comparezca al mencionado acto.

[...]

Los diversos diferimientos de la señalada audiencia no han sido por ausencia del contumaz imputado antes mencionado, por el contrario, han sido producto de las innumerables solicitudes de diferimientos por la propia defensa".

B.3. Consideraciones de la Corte

76. A partir de los alegatos presentados por las partes y la Comisión, la Corte considera necesario entrar a analizar: a) si la excepción de agotamiento de los recursos fue presentada en el momento procesal oportuno; b) si se interpusieron los recursos idóneos y efectivos para remediar la alegada violación de derechos, y c) si proceden las excepciones al agotamiento previo de los recursos internos.

B.3.1. La presentación de la excepción en el momento procesal oportuno

77. Esta Corte ha sostenido de manera consistente que una objeción al ejercicio de la jurisdicción de la Corte basada en la supuesta falta de agotamiento de los recursos internos debe ser presentada en el momento procesal oportuno[95], esto es, durante la admisibilidad del procedimiento ante la Comisión[96]. Por tanto, el Estado debía, en primer lugar, precisar claramente ante la Comisión, durante la etapa de admisibilidad del presente caso, los recursos que, en su criterio, aún no se habían agotado. Por otra parte, los argumentos que dan contenido a la excepción preliminar interpuesta por el Estado ante la Comisión durante la etapa de admisibilidad deben corresponder a aquellos esgrimidos ante la Corte[97].

78. Al respecto, la Corte constata que el Estado, en su escrito de contestación de la petición del 25 de agosto de 2009 en el proceso ante la Comisión,

---

95 *Caso Velásquez Rodríguez Vs. Honduras. Excepciones Preliminares.* Sentencia de 26 de junio de 1987. Serie C Nº 1, párr. 88, *y Caso Liakat Ali Alibux Vs. Suriname. Excepciones Preliminares, Fondo, Reparaciones y Costas.* Sentencia de 30 de enero de 2014. Serie C Nº 276, párr. 14.

96 *Cfr. Caso Velásquez Rodríguez Vs. Honduras. Excepciones Preliminares*, párrs. 84 y 85, *y Caso Liakat Ali Alibux Vs. Suriname*, párr. 14.

97 *Cfr. Caso Furlan y Familiares Vs. Argentina. Excepciones Preliminares, Fondo, Reparaciones y Costas.* Sentencia de 31 de agosto de 2012 Serie C Nº 246, párr. 29.

señaló que "[l]os peticionarios recono[cía]n que no hab[ían] agotado los recursos internos [y que] era evidente que [esa] petición [era] inadmisible"[98].

79. El Estado alegó en el escrito anteriormente mencionado que los argumentos respecto a que el señor Brewer Carías no fuera "ni por asomo, el redactor del decreto del 12 de abril" o el alegato sobre la "infundada imputación formulada contra el [señor] Brewer Carias, mediante escrito de fecha 27 de enero de 2005", presuponen que la Comisión decidiera si la imputación es infundada o no, cuando esto es competencia de los tribunales venezolanos. El Estado argumentó que los argumentos de hecho y derecho presentados por los peticionarios deben ser resueltos por los tribunales de los República Boliviariana de Venezuela y que a tal fin, el señor Brewer Carías debe ponerse a derecho ante los tribunales venezolanos.

80. Asimismo, el Estado en dicho escrito arguyó que los peticionarios no habían agotado los recursos de la jurisdicción interna en vista de que el proceso penal seguido contra el señor Brewer Carías se encontraba en etapa intermedia por causa de que éste había salido de Venezuela y que no existía el juicio en ausencia. En dicha oportunidad argumentó que, en consecuencia, el proceso no había llegado a etapa de juicio, que "no se ha[bía] producido la audiencia oral y pública, no [se] ha[bía] iniciado la admisión de pruebas, [y] no se ha[bía emitido una] sentencia de primera instancia [que posibilitara la presentación de u]n recurso de apelación de autos, de un recurso de apelación de sentencia definitiva, de revocación, casación, revisión en materia penal, de amparo; y [finalmente una] revisión constitucional por parte de la Sala Constitucional de la República de Venezuela"[99].

81. En consecuencia, la Corte considera que el Estado presentó la excepción preliminar de falta de agotamiento de recursos internos en el momento procesal oportuno en el proceso ante la Comisión, basándose en el argumento de que la falta de agotamiento de recursos se constituía debido al hecho de que el proceso penal contra el señor Brewer Carías todavía no había terminado, y que existían etapas en las que se podían discutir sobre las irregularidades alegadas y se disponía de recursos específicos que podían ser presentados en el marco del proceso penal.

82. La Comisión concentró el análisis de su informe de admisibilidad en la determinación de si procedían las excepciones al agotamiento previo de los recursos internos. Sin embargo, los representantes señalaron que se habían

---

98 Escrito de 31 de agosto de 2009 del Estado ante la Comisión (anexos al escrito de observaciones de los representantes de la presunta víctima a la excepción preliminar interpuesta por el Estado, tomo único, folio 21873).

99 Escrito de 31 de agosto de 2009 del Estado ante la Comisión (anexos al escrito de observaciones de los representantes de la presunta víctima a la excepción preliminar interpuesta por el Estado, tomo único, folio 21873).

agotado recursos adecuados para cumplir con el requisito del artículo 46.1, razón por la cual la Corte entra a pronunciarse sobre este alegato.

B.3.2. La presentación de recursos idóneos y efectivos para agotar la jurisdicción interna

83. El artículo 46.1.a) de la Convención Americana dispone que para determinar la admisibilidad de una petición o comunicación presentada ante la Comisión Interamericana de conformidad con los artículos 44 o 45 de la Convención, es necesario que se hayan interpuesto y agotado los recursos de la jurisdicción interna, según los principios del Derecho Internacional generalmente reconocidos[100]. La Corte recuerda que la regla del previo agotamiento de los recursos internos está concebida en interés del Estado, pues busca dispensarlo de responder ante un órgano internacional por actos que se le imputen, antes de haber tenido la ocasión de remediarlos con sus propios medios[101]. Lo anterior significa que no sólo deben existir formalmente esos recursos, sino también deben ser adecuados y efectivos, como resulta de las excepciones contempladas en el artículo 46.2 de la Convención[102].

84. Al haber alegado la falta de agotamiento de los recursos internos, corresponde al Estado señalar en esa debida oportunidad los recursos que deben agotarse y su efectividad. De acuerdo con la carga de la prueba aplicable a la materia, el Estado que alega el no agotamiento debe señalar los recursos internos que deben agotarse y proporcionar la prueba de su efectividad. Al respecto, el Tribunal reitera que la interpretación que esta Corte ha dado al artículo 46.1.a) de la Convención por más de dos décadas está en conformidad con el Derecho Internacional[103], y que conforme a su jurisprudencia[104] y a la jurisprudencia internacional[105] no es tarea de la Corte, ni de la Comisión, identificar *ex officio* cuáles son los recursos internos pendientes de agota-

---

Cfr. Caso Velásquez Rodríguez Vs. Honduras. Excepciones Preliminares, párr. 85, y *Caso Liakat Ali Alibux Vs. Suriname*, párr. 14.

Cfr. Caso Velásquez Rodríguez Vs. Honduras. Fondo. Sentencia de 29 de julio de 1988. Serie C N° 4, párr. 61, y *Caso Liakat Ali Alibux Vs. Suriname*, párr. 15.

Cfr. Caso Velásquez Rodríguez Vs. Honduras. Fondo, párr. 63, y *Caso Liakat Ali Alibux Vs. Suriname*, párr. 15.

103 *Cfr. Caso Reverón Trujillo Vs. Venezuela. Excepción Preliminar, Fondo, Reparaciones y Costas.* Sentencia de 30 de junio de 2009. Serie C N° 197, párr. 22, y *Caso Mémoli Vs. Argentina. Excepciones Preliminares, Fondo, Reparaciones y Costas.* Sentencia de 22 de agostó de 2013. Serie C N° 265, párr. 47.

104 *Cfr. Caso Velásquez Rodríguez Vs. Honduras. Excepciones Preliminares*, párr. 88, y *Caso Furlan y Familiares Vs. Argentina*, párr. 25.

105 *Cfr.* Tribunal Europeo de Derechos Humanos (en adelante "T.E.D.H."), *Caso Deweer Vs. Bélgica*, (N° 6903/75), Sentencia de 27 de febrero de 1980, párr. 26; *Caso Foti y otros Vs. Italia*, (N° 7604/76; 7719/76; 7781/77; 7913/77), Sentencia de 10 de diciembre de 1982, párr. 48, y *Caso de Jong, Baljet y van den Brink Vs. Los Países Bajos*, (N° 8805/79 8806/79 9242/81), Sentencia de 22 de mayo de 1984, párr. 36.

miento. El Tribunal resalta que no compete a los órganos internacionales subsanar la falta de precisión de los alegatos del Estado[106].

85. En el presente caso el Estado alegó que el proceso penal no había avanzado por la ausencia del señor Brewer Carías, y que sin su presencia tampoco podía resolverse las solicitudes de nulidad. Por tanto, argumentó que la terminación del proceso penal y la presentación de recursos como la apelación, casación o revisión constituían los recursos idóneos para la presunta víctima (*supra* párrs. 17 y 18).

86. Por otra parte, este Tribunal recuerda que desde su primer caso estableció que la idoneidad de los recursos:

significa que la función de esos recursos, dentro del sistema del Derecho interno, sea idónea para proteger la situación jurídica infringida. En todos los ordenamientos internos existen múltiples recursos, pero no todos son aplicables en todas las circunstancias. Si, en un caso específico, el recurso no es adecuado, es obvio que no hay que agotarlo. Así lo indica el principio de que la norma está encaminada a producir un efecto y no puede interpretarse en el sentido de que no produzca ninguno o su resultado sea manifiestamente absurdo o irrazonable. Por ejemplo, un procedimiento de orden civil, expresamente mencionado por el Gobierno, como la presunción de muerte por desaparecimiento cuya función es la de que los herederos puedan disponer de los bienes del presunto muerto o su cónyuge pueda volver a casarse, no es adecuado para hallar la persona ni para lograr su liberación si está detenida[107].

87. Mientras que sobre la efectividad de los recursos se ha establecido que:

66. Un recurso debe ser, además, eficaz, es decir, capaz de producir el resultado para el que ha sido concebido. El de exhibición personal puede volverse ineficaz si se le subordina a exigencias procesales que lo hagan inaplicable, si, de hecho, carece de virtualidad para obligar a las autoridades, resulta peligroso para los interesados intentarlo o no se aplica imparcialmente.

67. **En cambio, al contrario de lo sostenido por la Comisión, el mero hecho de que un recurso interno no produzca un resultado favorable al reclamante no demuestra, por sí solo, la inexistencia o el agotamiento de todos los recursos internos eficaces, pues podría ocu-**

---

106 Cfr. *Caso Reverón Trujillo Vs. Venezuela*, párr. 23, y *Caso Liakat Ali Alibux Vs. Suriname*, párr. 16. Ver también: T.E.D.H., *Case of Bozano Vs. France*, Sentencia de 18 de diciembre de 1986, parr. 46.

107 *Caso Velásquez Rodríguez Vs. Honduras. Fondo*, párr. 64.

rrir, por ejemplo, que el reclamante no hubiera acudido oportunamente al procedimiento apropiado[108]. (Añadido fuera del texto)

88. El caso sometido al Tribunal reviste características particulares dado que: i) el proceso se encuentra en etapa intermedia (*infra* párrs. 95 a 97), y ii) el principal obstáculo para que avance el proceso es la ausencia del señor Brewer Carías (*infra* párrs. 138 a 143). En esa medida, el Tribunal considera que en este caso en el cual todavía se encuentra pendiente la audiencia preliminar y una decisión al menos de primera instancia, no es posible entrar a pronunciarse sobre la presunta vulneración de las garantías judiciales, debido a que todavía no habría certeza sobre como continuaría el proceso y si muchos de los alegatos presentados podrían ser subsanados a nivel interno. Lo anterior, sin perjuicio del posible análisis que se pueda hacer respecto al alegado retardo injustificado o plazo razonable (*infra* párr. 143).

89. En similar sentido, la Corte ha señalado que solicitudes interpuestas por la defensa como las solicitudes de nulidad por incumplimiento de formas y condiciones legales o la nulidad de una expertica ofrecida por el Ministerio Público tampoco podrían implicar que haya operado el agotamiento de los recursos internos[109]. En efecto, en el caso *Diaz Peña Vs. Venezuela*, el Tribunal concluyó, *inter alia*, que "el recurso adecuado a su respecto era la apelación de la sentencia que se dictase al término del proceso[,]sin perjuicio de la posibilidad de impugnación por excesiva duración del proceso"[110].

90. Al respecto, la Corte constata que en el marco del proceso penal que se ha llevado a cabo en contra del señor Brewer Carías su defensa presentó diversos escritos respecto a las alegadas garantías que consideraba vulneradas. En efecto, la imputación en contra del señor Brewer Carías fue realizada el 27 de enero de 2005, en razón de su presunta "participación en la redacción y elaboración del Acta de Constitución del Gobierno de Transición Democrática y Unidad Nacional" (*supra* párr. 52). Los representantes alegaron que, con posterioridad a dicha imputación, habrían presentado otros "recursos" dentro de la investigación fiscal, los cuales "revelaron persistentemente su inutilidad a la luz de las [alegadas] arbitrariedades y [presuntas] manipulaciones sistemáticas del Ministerio Público". En el marco de lo ya señalado en la determinación de los hechos pertinentes para resolver la excepción preliminar dichos escritos son los siguientes:

> El 4 de mayo de 2005 se presentó un escrito mediante el cual expuso las presuntas irregularidades que consideró que se presentaban en el proceso, como la negación de algunos de los testimonios solicitados y la transcripción de los videos (*supra* párr. 54);

---

108 Caso Velásquez Rodríguez Vs. Honduras. Fondo, párr. 66 y 67.

109 Caso Díaz Peña Vs. Venezuela. Sentencia de 26 de junio de 2012. Serie C N° 244, párr. 124.

110 Caso Díaz Peña Vs. Venezuela, párr. 124.

ii) El 10 de agosto de 2005 la defensa presentó ante el Juez Vigésimo Quinto un nuevo escrito insistiendo en la admisión de los testimonios ofrecidos, en la transcripción técnica de los videos y en el cumplimiento de la decisión de la Corte de Apelaciones de 6 de julio de 2005 en la que dicha corte había ordenado a otro Juez de Control distinto que se pronunciara con relación al escrito presentado el 4 de mayo de 2005 (*supra* párr. 57);

iii) El 26 de octubre de 2005 la defensa solicitó al Juez Vigésimo Quinto que se garantizara el derecho del señor Brewer Carías "a ser juzgado en libertad" y solicitó también "la declaratoria anticipadamente de improcedencia de la privación preventiva de libertad", por tratarse de una persona no peligrosa, laboral y académicamente activa, con residencia y arraigo en el país (*supra* párr. 67);

iv) El 28 de octubre de 2005 la defensa apeló una decisión del 20 de octubre de 2005, mediante la cual: a) negó nuevamente las solicitudes de transcripción de todos los videos, así como la declaración de 4 testigos ofrecidos por la defensa, y b) negó la solicitud de declaración del señor Carmona Estanga, pues consideró que al encontrarse éste imputado en la causa, que su declaración no tendría valor probatorio (*supra* párr. 60);

v) La defensa del señor Brewer Carías apeló la aclaratoria a INTER-POL de 17 de septiembre de 2007 realizada por el Juzgado Vigésimo Quinto[111] y solicitó su anulación pero el 29 de octubre de 2007 la apelación fue declarada inadmisible por decisión de la Sala 8 de la Corte de Apelaciones del Circuito Judicial Penal del Área Metropolitana de Caracas, al declarar que en el "proceso penal existen actos que requieren la presencia del imputado, siendo el recurso de apelación uno de ellos"[112], y

vi) El 11 de enero de 2008 los representantes del señor Brewer Carías interpusieron ante el Juez Vigésimo Quinto una solicitud de sobreseimiento con base en el Decreto No. 5.789[113], mediante el cual declaró que se concedía amnistía a favor de "todas aquellas personas que enfrentadas al orden general establecido, y que a la presente fecha se encuentren a derecho y se hayan sometido a los procesos penales, que hayan sido procesadas y condenadas por la comisión de los siguientes hechos: [...] la

111 Oficio del Juzgado Vigésimo Quinto a INTERPOL de 17 de septiembre de 2007 (expediente de anexos a la contestación, anexo 1, pieza 23, folios 19387 a 19396).

112 Resolución de la Corte de Apelaciones Circuito Judicial Penal Área Metropolitana de Caracas, Sala 8 de 29 de octubre de 2007. "En nuestro proceso penal existen actos que requieren la presencia del imputado; siendo el recurso de apelación uno de ellos" (expediente de anexo al informe de fondo, tomo IV, folio 6859).

113 Escrito de la defensa de 11 de enero de 2008 (expediente de anexos a la contestación, anexo 1, pieza 25, folios 20001 a 20012).

redacción del Decreto del Gobierno de facto del (12) de abril de 2002"[114].

91. Además, la defensa presentó dos escritos mediante los cuales se solicitó la nulidad de lo actuado. Las nulidades en el COPP se encuentran establecidas en el capítulo II entre los artículos 190 y 191, los cuales establecen que:

> *Artículo 190* – Principio – no podrán ser apreciados para fundar una decisión judicial, al utilizar como presupuestos de ella, los actos cumplidos en contravención o con inobservancia de las formas y condiciones previstas en este Código, la Constitución de la República Bolivariana de Venezuela, las leyes, tratados, convenios y acuerdos internacionales suscritos por la República, salvo que el defecto haya sido subsanado o convalidado.

> *Artículo 191* – Nulidades absolutas – serán consideradas nulidades absolutas aquellas concernientes a la intervención, asistencia y representación del imputado en los casos y formas que este Código establezca, o las que impliquen inobservancia o violación de derechos y garantías fundamentales previstos en este Código, la Constitución de la República Bolivariana de Venezuela, las leyes y tratados, convenios o acuerdos internacionales suscritos por la República[115].

92. La primera solicitud de nulidad fue presentada por la defensa el 4 de octubre de 2005 ante el Juzgado Vigésimo Quinto (*supra* párr. 59), en el cual se solicitó la nulidad "de todos los actos adelantados por [el] Ministerio Público"[116]. Los fundamentos de dicho recurso fueron que: i) "[e]l [...] Fiscal General [...] public[ó] un libro cuyo título es 'Abril comienza en octubre'"; ii) el Fiscal se habría referido en su libro acerca de ciertas versiones de una persona según las cuales el señor Brewer sería el autor del "Decreto Carmona"; iii) "el Fiscal General [...] en su libro da[ría] por sentado, admit[iría], afirm[aría] [...] que [su] representado supuestamente habría estado en una reunión donde no estuvo, habría estado redactando juntos con otras personas con quienes nunca se ha reunido, un documento que no redactó"; iv) "la publicación y referencia a[l señor] Brewer Carías - a un caso en el cual la Fiscalía lo ha imputado-, que hace el [...] Fiscal General [...] en su libro [...] constitu[iría] una clara y flagrante violación del derecho a la presunción de inocencia de [su] defendido, así como de todos los principios del proceso penal

---

114 Decreto N° 5.789 de 31 de diciembre de 2007 (expediente de anexos al informe, tomo IV, folios 1581 a 1587).

115 Artículos 190 y 191 del Código Procedimiento Penal de Venezuela (expediente de anexos a la contestación, tomo I, folio 20631).

116 Escrito presentado por la defensa el 7 de octubre de 2005 ante el Juez Vigésimo Quinto (expediente de anexos a la contestación, anexo 1, pieza 13, folio 14107 a 14128).

acusatorio"; v) "[s]ería ingenuo que el Fiscal General [...] se amparara y excusara de su [...] conducta sosteniendo que lo que aparece publicado bajo su firma es una referencia a lo que dice Rafael Poleo"; vi) "la investigación del presente caso ha sido adelantada por un ente cuyo máximo jerarca est[aría] absolutamente parcializado", y vii) habrían sido vulnerados "el derecho a la defensa, [a la] presunción de inocencia y el [...] proceso debido, todos de rango constitucional, lo que produc[iría] como consecuencia la nulidad de todos los actos adelantados por el Ministerio Público".

93.   El segundo escrito –de 523 páginas- fue presentado por la defensa el 8 de noviembre de 2005 ante el Juez Vigésimo Quinto, como respuesta a la acusación de 21 de octubre de 2005 (*supra* párr. 68). En dicho escrito la defensa rechazó "en todas sus partes, tanto en los hechos como en el derecho, la acusación". Las solicitudes en dicha oportunidad fueron que[117]: i) se "declare la nulidad de todas las actuaciones que conforman la investigación adelantada por el Ministerio Público, así como el acto conclusivo"; ii) subsidiariamente que se "declaren con lugar las excepciones opuestas"; iii) "sean rechazadas las pruebas ofrecidas por el Ministerio Público"; iv) "sean admitidas todas las pruebas que [...] ofreci[eron]", y v) "el enjuiciamiento de[l señor Brewer] se haga en absoluta libertad". La solicitud de nulidad absoluta se fundamentó principalmente en:

i.   la negativa de diligencias solicitadas por la defensa;

ii.   la alegada violación del derecho a la defensa y del principio de presunción de inocencia al presuntamente invertir la carga de la prueba y al utilizar testimonios referenciales;

iii.   la supuesta violación del derecho a la defensa y el principio de contradicción relacionados con "la práctica mediatizada de diligencias de investigación";

iv.   por la alegada falta de decisión oportuna de la solicitud de nulidad interpuesta el 4 de octubre de 2005, y

v.   la presunta violación de la garantía del juez natural.

94.   Además de las solicitudes de nulidad, dicho escrito de 523 páginas contenía excepciones contra la resolución de acusación, consistentes en lo siguiente: i) acción supuestamente "promovida ilegalmente por falta de requisitos formales para intentar la acusación", y ii) alegada "acción promovida ilegalmente por estar basada en hecho que no revisten carácter penal"[118].

---

117 Escrito de la defensa ante el Juzgado Vigésimo Quinto de 8 de noviembre de 2005 (expediente de anexos a la contestación, anexo 1, pieza 15, folio 15195).

118 En este punto la defensa del señor Brewer señaló, *inter alia*, que la Fiscal, "da por sentado en nuestro criterio erradamente, que el mencionado decreto de un gobierno de transición, del día 12 de abril de 2002, habría "entrado en vigencia" desconociendo y cambiando "violentamente la Constitución del 30 de diciembre de 1999" lo cual "no es correcto jurídicamente hablando. Conforme al ordenamiento jurídico venezo-

Como fundamentos de fondo, la defensa argumentó sobre: i) la presunta "inexistencia en este caso del llamado 'hecho notorio comunicacional' conforme a la doctrina de la sala constitucional para poder fundamentar una acusación penal"; ii) la alegada "infundada acusación y la [supuesta] inexistencia en este caso del tipo delictivo de conspiración"; iii) un análisis detallado de cada uno de los supuestos "elementos de convicción" utilizados por el Ministerio Público para la acusación; iv) la actuación del señor Brewer "como abogado durante los meses precedentes al 12 de abril de 2002 y durante dicho día", y v) "la inimputabilidad del abogado por el ejercicio de su profesión". Asimismo, la defensa presentó alegatos relacionados con las razones por las cuales solicitó que se negaran las pruebas solicitadas por el Ministerio Público y las pruebas que, por su parte, deseaba promover durante el juicio.

95. Para determinar si estos escritos constituyen recursos adecuados, la Corte constata que en el presente caso la fase preparatoria ya fue cumplida, es decir, ya finalizó la fase de investigación[119] que culmina con la acusación del imputado[120]. El 21 de octubre de 2005 la Fiscal Sexta formalizó la acusación por lo que se procedería "en consecuencia al enjuiciamiento de los ciudadanos"[121]. De acuerdo con el Código Orgánico Procesal Penal la siguiente fase es la denominada "intermedia", la cual consiste primordialmente en la realización de la audiencia preliminar[122]. Esta fase puede culminar con el sobreseimiento o con un acto de apertura a juicio. En caso de ordenarse lo segundo, se abre entonces la tercera fase del proceso, es decir, el juicio oral y los recursos que se puedan interponer tales como la apelación y la casación. Asimismo, el artículo 125 del COPP establece que uno de los derechos del imputado

---

lano, constitucional y legal, ningún decreto de supuesto gobierno de transición pudo haber entrado en vigencia el 12 de abril y en esa fecha, la Constitución de 1999 no fue cambiada, pues tal acto nunca comenzó a surtir efectos ni entró en vigencia, entre otros factores, porque el mismo no se publicó en forma alguna en la *Gaceta Oficial de la República Bolivariana de Venezuela"* (expediente de anexos a la contestación del Estado, anexo 1, pieza 14, folio 14850).

119 Artículo 280 del COPP, el cual establece que "[e]sta fase tendrá por objeto la preparación del juicio oral y público, mediante la investigación de la verdad y la recolección de todos los elementos de convicción que permitan fundar la acusación del fiscal y la defensa del imputado" (expediente de anexos a la contestación, tomo I, folio 20636).

120 Dentro de los actos conclusivos de la fase preparatoria, el artículo 326 del COPP 2001 se refiere a la presentación de la acusación por el Ministerio Público ante el tribunal de control, "cuando el Ministerio Público estim[ara] que la investigación proporciona[ba] fundamento serio para el enjuiciamiento público del imputado" (expediente de anexos a la contestación, tomo I, folio 20638).

121 Acusación fiscal de 21 de octubre de 2005 (expediente de escrito de contestación, anexo 1, pieza 13, folio 14193 a 14351).

122 El artículo 327 del COPP indica que "audiencia preliminar – presentada la acusación el juez convocará a las partes a la audiencia oral" (expediente de anexos a la contestación, tomo I, folio 20638).

es "[n]o ser juzgado o juzgada en ausencia, salvo lo dispuesto en la Constitución de la República"[123].

96. Tomando en consideración lo anterior, en el presente caso, como se denota del recuento de las fases del procedimiento penal aplicable (*supra* párr. 95), el proceso en contra del señor Brewer Carías se encuentra todavía en la fase intermedia, por cuanto la audiencia preliminar no se ha llevado a cabo y no se ha dado, entonces, inicio al juicio oral, por lo que el Tribunal constata que el proceso penal se encuentra en una etapa temprana. Lo anterior conlleva que no es posible analizar el impacto negativo que una decisión pueda tener si ocurre en etapas tempranas, cuando estas decisiones pueden ser subsanadas o corregidas por medio de los recursos o acciones que se estipulen en el ordenamiento interno.

97. Debido a la etapa temprana en que se encuentra el proceso, fueron interpuestas por la defensa del señor Brewer Carías las diversas solicitudes de nulidad y de otro tipo mencionadas anteriormente (*supra* párr. 90). Sin embargo, no se interpusieron los recursos que el Estado señaló como adecuados, a saber el recurso de apelación establecido en los artículos 451 a 158 del CO-PP[124], el recurso de casación señalado en los artículos 459 a 469 del COPP[125], y el recurso de revisión indicado en los artículos 470 a 477 del COPP[126]. En efecto, el Estado alegó sobre este punto la existencia de "[l]os recursos correspondientes a la fase intermedia establecida en el código orgánico procesal penal; asimismo, el agotamiento de la fase de juicio, de ser el caso, así como [la existencia de] recursos efectivos, [como] el de Apelación de Autos, de Sentencias Definitivas, de Reconsideración, de Casación, [y] de Revisión".

98. Cuando un específico procedimiento cuenta con etapas en las que se puede llegar a corregir o subsanar cierto tipo de irregularidades, los Estados deben poder disponer de dichas etapas procesales para remediar las alegadas

---

123 Artículo 125 del COPP (expediente de anexos a la contestación, tomo I, folio 20628).

124 El artículo 453 del COPP establece que "[e]l recurso de apelación será admisible contra sentencia definitiva dictada en el juicio oral" (expediente de anexos a la contestación, tomo I, folio 20645).

125 El artículo 459 del COPP indica que "[e]l recurso de casación sólo podrá ser interpuesto en contra de las sentencias de las cortes de apelaciones que resuelvan sobre la apelación, sin ordenar la realización de un nuevo juicio oral, cuando el Ministerio Público haya pedido en la acusación o la víctima en su querella, la aplicación de una pena privativa de libertad que en su límite máximo exceda de cuatro años; o la sentencia condene a penas superiores a esos límites, cuando el Ministerio Público o el querellante hayan pedido la aplicación de penas inferiores a las señaladas. Asimismo serán impugnables las decisiones de las Cortes de Apelaciones que confirmen o declaren la terminación del juicio o hagan posible su continuación" (expediente de anexos a la contestación, tomo I, folio 20646).

126 El artículo 470 del COPP señala que "[l]a revisión procederá contra la sentencia firme, en todo tiempo y únicamente a favor del imputado" (expediente de anexos a la contestación, tomo I, folio 20647).

irregularidades en el ámbito interno, sin perjuicio del análisis que pueda corresponder a las excepciones al previo agotamiento de los recursos internos establecidas en el artículo 46.2 de la Convención. Precisamente al finalizar una etapa intermedia o durante el juicio puede llegar a declararse la existencia de dichas irregularidades y proceder a la anulación de todo lo actuado o la recomposición del proceso en lo pertinente. Lo anterior cobra mayor relevancia en el presente caso si se tiene en cuenta que las solicitudes de nulidad involucraban algunos de los alegatos que fueron presentados ante este Tribunal respecto a la presunta violación a la independencia e imparcialidad judicial, derecho a la defensa, controversias en torno a pruebas que habrían sido rechazadas, posibilidades de contrainterrogar o estar presentes en ciertas declaraciones o modificaciones en las acusaciones, entre otras garantías judiciales.

99. Teniendo en cuenta lo anterior, la Corte considera no son de recibo los argumentos de los representantes en el sentido que dichos escritos fueran adecuados y suficientes para dar por satisfecho el requisito establecido en el artículo 46.1.a) de la Convención Americana. Por otra parte, en el marco específico de las controversias sobre admisibilidad en el presente caso y debido a la etapa en que se encuentra el proceso, no es posible determinar la eficacia de los recursos indicados por el Estado porque hasta ahora no han operado. Dado que la Comisión concentró su análisis de admisibilidad en las excepciones al agotamiento de recursos internos, a continuación se analiza si proceden dichas excepciones en el presente caso.

B.3.3 *Las excepciones al previo agotamiento de recursos internos (artículo 46.2 de la Convención Americana)*

100. El artículo 46.2 de la Convención prevé que el requisito de previo agotamiento de los recursos internos no resulta aplicable cuando: a) no exista en la legislación interna del Estado de que se trata el debido proceso legal para la protección del derecho o derechos que se alega han sido violados; b) no se haya permitido al presunto lesionado en sus derechos el acceso a los recursos a la jurisdicción interna, o haya sido impedido de agotarlos, y c) haya retardo injustificado en la decisión sobre los mencionados recursos. Al respecto la Corte ha señalado que no procede agotar recursos ineficaces:

> para que tal recurso exista, no basta con que esté previsto por la Constitución o la ley o con que sea formalmente admisible, sino que se requiere que sea realmente idóneo para establecer si se ha incurrido en una violación a los derechos humanos y proveer lo necesario para remediarla. No pueden considerarse efectivos aquellos recursos que, por las condiciones generales del país o incluso por las circunstancias particulares de un caso dado, resulten ilusorios. Ello puede ocurrir, por ejemplo, cuando su inutilidad haya quedado demostrada por la práctica, porque el Poder Judicial carezca de la independencia necesaria para decidir con imparcialidad o porque falten los medios para ejecutar sus decisiones; por cualquier otra situación que configure un cuadro de denegación de

justicia, como sucede cuando se incurre en retardo injustificado en la decisión; o, por cualquier causa, no se permita al presunto lesionado el acceso al recurso judicial[127].

101. Por otra parte, la Corte concuerda con lo señalado por la Comisión Interamericana en el informe de admisibilidad del presente caso respecto a que la invocación de las excepciones a la regla del agotamiento de los recursos internos previstas en el artículo 46.2 de la Convención se encuentra estrechamente ligada a la determinación de posibles violaciones a ciertos derechos allí consagrados, tales como las garantías de acceso a la justicia. El artículo 46.2 de la Convención Americana, por su naturaleza y objeto, es una norma con contenido autónomo, *vis à vis* las normas sustantivas de la Convención. Por lo tanto, la determinación de si las excepciones a la regla del previo agotamiento de los recursos internos resultan aplicables al caso en cuestión debe llevarse a cabo de manera previa y separada del análisis del fondo del asunto, ya que depende de un estándar de apreciación distinto de aquél utilizado para determinar la presunta violación de los artículos 8 y 25 de la Convención. En consecuencia, a continuación la Corte no entrara a juzgar el fondo del presente caso sino que procederá a valorar exclusivamente la información necesaria para determinar la procedencia de las excepciones al agotamiento de los recursos, en el marco de su jurisprudencia según la cual este tema constituye una cuestión de "pura admisibilidad"[128].

102. Por otra parte, es pertinente recordar que, cuando se alega como excepción preliminar un cuestionamiento a la actuación de la Comisión con relación al procedimiento seguido ante ésta, la Corte ha sostenido que la Comisión Interamericana tiene autonomía e independencia en el ejercicio de su mandato conforme a lo establecido por la Convención Americana y, particularmente, en el ejercicio de las funciones que le competen en el procedimiento relativo al trámite de peticiones individuales dispuesto por los artículos 44 a 51 de la Convención[129]. A su vez, en asuntos que estén bajo su conocimiento, la Corte tiene la atribución de efectuar un control de legalidad de las actuaciones de la Comisión[130], lo que no supone necesariamente revisar el proce-

---

127 "Garantías Judiciales en Estados de Emergencia (arts. 27.2 25 y 8 de la Convención Americana sobre Derechos Humanos)". Opinión Consultiva OC – 9/87 del 6 de octubre de 1987. Serie A N° 9, párr. 24.

128 En similar sentido, *Caso Velásquez Rodríguez Vs. Honduras. Excepciones Preliminares*, párr. 88 y *Caso Salvador Chiriboga Vs. Ecuador. Excepción preliminar y Fondo*. Sentencia de 6 de mayo de 2008. Serie C. N° 179, párr. 40.

129 *Cfr. Control de Legalidad en el Ejercicio de las Atribuciones de la Comisión Interamericana de Derechos Humanos* (arts. 41 y 44 de la Convención Americana sobre Derechos Humanos). Opinión Consultiva OC-19/05 de 28 de noviembre de 2005. Serie A N° 19, punto resolutivo primero, y *Caso Mémoli Vs. Argentina*, párrs. 25 y 49.

130 *Cfr. Control de Legalidad en el Ejercicio de las Atribuciones de la Comisión Interamericana de Derechos Humanos (arts. 41 y 44 de la Convención Americana sobre*

dimiento que se llevó a cabo ante ésta[131], salvo en caso de que exista un error grave que vulnere el derecho de defensa de las partes[132]. Por último, la parte que afirma que una actuación de la Comisión durante el procedimiento ante la misma ha sido llevada de manera irregular afectando su derecho de defensa debe demostrar efectivamente tal perjuicio[133]. A este respecto, no resulta suficiente una queja o discrepancia de criterios en relación con lo actuado por la Comisión Interamericana[134]. Teniendo en cuenta lo anterior, la Corte entrará a examinar de manera autónoma cada una de las excepciones establecidas en el artículo 46.2 de la Convención Americana.

> **B.3.3.1** *Que no exista en la legislación interna del Estado el debido proceso legal para la protección del derecho o derechos que se alega han sido violados (artículo 46.2.a)*

103. Ha sido señalado que los representantes alegaron que existiría una problemática estructural que afectaría la independencia e imparcialidad del poder judicial y que se sintetizaría en la sujeción del poder judicial a los intereses del poder ejecutivo (*supra* párr. 34).

104. En su informe de admisibilidad la Comisión Interamericana consideró que no procedía la aplicación de la excepción establecida en el artículo 46.2.a. por las siguientes razones[135]:

> 90. Los peticionarios consideran que en casos de persecución política, el derecho internacional asiste a quien procura ponerse a salvo del Estado en cuestión. Indican que éste es el fundamento último del asilo y del refugio como instituciones jurídicas y citan el principio de non-refoulement. La Comisión entiende, sin embargo, que Allan Brewer Carías no se encuentra en el extranjero bajo el estatus de refugiado. Considera que un eventual análisis de los alegatos de persecución política o de

Derechos Humanos). Opinión Consultiva OC-19/05, punto resolutivo tercero, y *Caso Mémoli Vs. Argentina*, párrs. 25 y 49.

131 *Cfr. Caso Trabajadores Cesados del Congreso (Aguado Alfaro y otros) Vs. Perú. Excepciones Preliminares, Fondo, Reparaciones y Costas.* Sentencia de 24 de noviembre de 2006. Serie C N° 158, párr. 66, y *Caso Mémoli Vs. Argentina*, párrs. 25 y 49.

132 *Cfr. Caso Trabajadores Cesados del Congreso (Aguado Alfaro y otros) Vs. Perú*, párr. 66, y *Caso Mémoli Vs. Argentina*, párrs. 25 y 49.

133 *Cfr. Caso Trabajadores Cesados del Congreso (Aguado Alfaro y otros) Vs. Perú*, párr. 66, y *Caso Mémoli Vs. Argentina*, párrs. 27 y 49.

134 *Cfr. Caso Castañeda Gutman Vs. México. Excepciones Preliminares, Fondo, Reparaciones y Costas.* Sentencia de 6 de agosto de 2008. Serie C N° 184, párr. 42, y *Caso Mémoli Vs. Argentina*, párrs. 27 y 49.

135 Informe de Admisibilidad N° 97/09, Petición 84-07, Allan R. Brewer Carías, Venezuela, 8 de septiembre de 2009 (expediente de anexos al informe, apéndice, tomo IV, folio 3629).

los factores que hubieron afectado su derecho al debido proceso correspondería a la etapa del fondo.

91. En cuanto al argumento de los peticionarios sobre la naturaleza ilusoria de los recursos de la jurisdicción interna por falta de independencia e imparcialidad del Poder Judicial, los peticionarios fundamentan su alegación en que la elección del Tribunal Supremo de Justicia no se habría ajustado a la Constitución; que la reforma de la Ley Orgánica del Tribunal Supremo de Justicia de 2002 estableció la elección de jueces por mayoría simple; y que los magistrados que no siguen la línea gubernamental han sido destituidos o "jubilados". [...]

92. Si bien la [Comisión Interamericana] ha manifestado en varias oportunidades su preocupación sobre factores que pueden afectar la imparcialidad e independencia de algunos funcionarios del Ministerio Público y de la rama judicial en Venezuela, **el tenor de los procedimientos contenciosos exige que los peticionarios presenten argumentos concretos sobre el impacto en el proceso judicial relacionado al reclamo. Las menciones genéricas al contexto no son suficientes per se para justificar la invocación de dicha excepción.** (Añadido fuera del texto)

105. Si bien es cierto que en sus alegatos ante este Tribunal, la Comisión Interamericana ha insistido en que "la problemática planteada en este caso tiene un carácter estructural y obedece a una situación de hecho del Poder Judicial que va mucho más allá de la regulación abstracta del proceso penal", la Corte no cuenta con elementos para contradecir la decisión de la Comisión Interamericana en su informe de admisibilidad respecto a la improcedencia de la excepción prevista en el artículo 46.1.a de la Convención. Al respecto, el Tribunal considera que de un alegado contexto estructural de provisionalidad del poder judicial no se puede derivar la aplicación directa de la excepción contenida en el artículo 46.2.a de la Convención, pues ello implicaría que a partir de una argumentación de tipo general sobre la falta de independencia o imparcialidad del poder judicial no fuera necesario cumplir con el requisito del previo agotamiento de los recursos internos.

B.3.3.2. Que no se haya permitido al presunto lesionado en sus derechos el acceso a los recursos de la jurisdicción interna, o haya sido impedido de agotarlos (artículo 46.2.b)

106. Los representantes alegaron que al supuestamente condicionar "arbitraria e ilegalmente" el trámite de la solicitud de nulidad a la comparecencia de la presunta víctima en virtud de una orden judicial presuntamente contraria a la Convención, se le impediría al señor Brewer Carías el acceso a los recursos internos, a lo cual se suma "un fundado temor" de que el ejercicio de los recursos le sometería a un mayor agravamiento de la persecución de la cual supuestamente es objeto (*supra* párr. 34).

107. En su informe de admisibilidad, la Comisión Interamericana consideró que la excepción prevista en el artículo 46.2.b procedía en el presente caso por las siguientes razones[136]:

93. [...] En el presente caso, los peticionarios alegan que factores tales como la provisionalidad de fiscales y jueces vinculados a la causa, los ha hecho susceptibles de remoción sin proceso, situación que afecta las garantías de independencia e imparcialidad.

94. Concretamente alegan que a solicitud de la Fiscal Sexta, la Juez Vigésimo Quinta de Control **decretó la orden de prohibición de salida del país de Allan Brewer Carías**. Dicha orden fue apelada ante la Sala Diez de la Corte de Apelaciones. El 31 de enero de 2005 la Sala de Apelaciones dictó la revocatoria de la orden de prohibición de salida del país. El 3 de febrero de 2005 la Comisión Judicial del Tribunal Supremo de Justicia suspendió de su cargo a los jueces de la Corte de Apelaciones que votaron por la nulidad de la decisión apelada, así como a la Juez Temporal Josefina Gómez Sosa, por no haber motivado suficientemente la orden de prohibición de salida del país. La Jueza Gómez Sosa fue sustituida por el Juez de Control Manuel Bognanno, también temporal. Alegan que éste fue suspendido de su cargo el 29 de junio de 2005 **tras oficiar, el 27 de junio de 2005, al Fiscal Superior sobre alegadas irregularidades en la investigación conducida por la Fiscal Sexta** [61]. Vale decir que los peticionarios alegan que los jueces de control de garantías que resolvieron mociones a favor de la defensa o buscaron rectificar violaciones al debido proceso presuntamente cometidas en la fase de investigación fueron sustituidos.

95. La Comisión observa que, en respuesta a los alegatos de los peticionarios, el Estado no ha indicado los recursos idóneos para cuestionar la asignación o remoción de jueces. De hecho, cabe señalar que recursos normalmente disponibles a la defensa, tales como la recusación, no resultan idóneos para cuestionar la provisionalidad de jueces adscritos al proceso o su remoción por causa de su actuación. La Comisión encuentra que la remoción de varios jueces provisionales en el presente caso, **tras la adopción de decisiones relativas a la situación de la presunta víctima**, puede haber afectado su acceso a los recursos de la jurisdicción interna y por lo tanto corresponde eximir este aspecto del reclamo del requisito bajo estudio. (Añadido fuera de texto)

108. Al respecto, la Corte considera que si bien las determinaciones que efectúa la Comisión en su informe de admisibilidad son determinaciones *prima facie*, el Tribunal constata que es un error de la Comisión haber consi-

---

136 Informe de Admisibilidad N° 97/09, Petición 84-07, Allan R. Brewer Carías, Venezuela, 8 de septiembre de 2009 (expediente de anexos al informe, apéndice, tomo IV, folios 3629 y 3630).

derado que las decisiones adoptadas respecto a algunos de los jueces temporales y provisorios que intervinieron en el proceso se relacionaban directamente con el señor Brewer.

109. En efecto, la Corte resalta que el señor Brewer Carías ha sido acusado en un proceso en el que se encontraban imputadas otras personas que supuestamente participaron en los hechos de abril de 2002. La suspensión de la jueza de control y de dos miembros de la Sala que declaró la nulidad de la prohibición de salida del país de algunos imputados en el proceso se relacionaba con una alegada irregularidad en decisiones relacionadas con otros imputados entre quienes no se encontraba.

110. Por otra parte, si bien se mencionó en el informe de admisibilidad que fue dejado sin efecto el cargo del juez de control, Manuel Bognanno, como consecuencia de alegadas irregularidades que habría cometido la Fiscal Sexta, la Corte constata que la controversia ocurrida el 27 de junio de 2005 entre la Fiscal Sexta y el juez Bognanno se relacionaba con una solicitud de la defensa de otro imputado en el proceso, es decir, un imputado distinto al señor Brewer (*supra* párr. 56). De manera que, aún en forma *prima facie*, no es posible establecer relaciones de causalidad directas entre la decisión de dejar sin efecto la designación del juez Bognanno el 29 de junio de 2005 (*supra* párr. 56), y una actuación realizada por el juez "relativa a la situación de la presunta víctima", tal como fue mencionado en el informe de admisibilidad.

111. Asimismo, en términos de los debates sobre si procedía esta excepción, la Corte reitera que el momento procesal en el que se encuentra el presente caso (*supra* párr. 96 a 98) impide una conclusión *prima facie* respecto al impacto de la provisionalidad en la garantía de independencia judicial en orden a establecer como procedente una excepción al agotamiento de los recursos internos basada en el artículo 46.2.b de la Convención. Lo anterior debido a que no hay al menos una decisión de primera instancia mediante la cual se pueda llegar a valorar el impacto real que la provisionalidad de los jueces hubiera podido tener en el proceso, aspecto que constituye una diferencia importante con casos previos de la Corte sobre esta temática en Venezuela. En efecto, en dichos casos se había alcanzado, por lo menos, una decisión de primera instancia y, en algunos de ellos, decisiones sobre los recursos de impugnación[137]. Además, las víctimas en dichos casos habían sido los

---

137 En el caso *Apitz Barbera y otros,* el Tribunal analizó el procedimiento disciplinario que llevó a la destitución de tres de los cinco magistrados del que, en ese entonces, constituía el segundo tribunal más importante de Venezuela. Ello originó un proceso disciplinario, teniendo en cuenta que dicho error constituía causal de destitución. Las víctimas presentaron un recurso de amparo contra la decisión que ordenó la suspensión de dos de los magistrados, un recurso jerárquico contra la decisión que ordenó la destitución, y un recurso de nulidad y medida de amparo cautelar contra la sanción de destitución. *Caso Apitz Barbera y otros ("Corte Primera de lo Contencioso Administrativo") Vs. Venezuela. Excepción Preliminar, Fondo, Reparaciones y Costas.* Sentencia de 5 de agosto de 2008. Serie C N° 182.

jueces removidos, contrario al presente caso en que la presunta víctima es la persona acusada.

112. En efecto, en un proceso enmarcado en las reglas de los sistemas acusatorios, como el presente caso, durante la etapa de juicio o en procedimientos de impugnación, pueden ser corregidas las falencias o violaciones que los jueces internos estimen pertinentes. Cabe resaltar que en la segunda solicitud de nulidad interpuesta por la defensa del señor Brewer se alegó que estos problemas asociados a la forma como fue dejado sin efecto el cargo de algunos jueces provisorios que intervinieron en el proceso afectarían su garantía de ser juzgado por su juez natural, dado que "no se ha garantizado su autonomía, independencia e imparcialidad"[138]. La Corte considera que a partir de la intervención de los jueces internos al resolver ese alegato, podría haberse determinado con mayor claridad si la provisionalidad tenía o no un impacto tal como para que operara la excepción prevista en el artículo 46.2.b y, de ser el caso, analizar el fondo del caso.

113. Por todo lo anterior, se considera que no es aplicable la excepción contemplada en el artículo 46.2.b de la Convención Americana.

El caso *Reverón Trujillo* se relacionaba con una jueza provisoria cuya destitución fue declarada nula pero sin que dicha declaración implicara una restitución al cargo debido a su condición de provisoria. La Comisión de Funcionamiento y Restructuración del Sistema Judicial la destituyó considerando que habría incurrido en ilícitos disciplinarios relacionados con abuso de autoridad y falta de diligencia. Contra esta resolución, la señora Reverón Trujillo interpuso un recurso de nulidad. La Sala Político Administrativa de dicho tribunal declaró la nulidad de la sanción de destitución. Sin embargo, no ordenó su restitución en el cargo ni el pago de los salarios que había dejado de percibir. *Caso Reverón Trujillo Vs. Venezuela. Excepción Preliminar, Fondo, Reparaciones y Costas*. Sentencia de 30 de junio de 2009. Serie C N° 197.

Finalmente, en el caso *Chocrón Chocrón* la Corte declaró la responsabilidad internacional del Estado por haber dejado sin efecto su nombramiento como jueza temporal, sin garantizar una mínima estabilidad en el ejercicio de dicho cargo, una decisión motivada para su remoción, así como sus derechos a la defensa y a un recurso efectivo. La señora Chocrón Chocrón había sido designada "con carácter temporal" por la Comisión Judicial del TSJ. Tres meses después de su nombramiento, la Comisión Judicial se reunió y decidió dejar sin efecto su designación, sobre la base de ciertas observaciones que habrían sido formuladas ante los magistrados que conformaban dicha Comisión. Frente a ello, se interpuso un recurso administrativo de reconsideración ante la Comisión Judicial y un recurso contencioso administrativo de nulidad por razones de inconstitucionalidad e ilegalidad conjuntamente con una acción de amparo cautelar ante la Sala Político Administrativa del TSJ. Ambas instancias declararon "sin lugar" los recursos. *Caso Chocrón Chocrón Vs. Venezuela. Excepción Preliminar, Fondo, Reparaciones y Costas*. Sentencia de 1 de julio de 2011. Serie C N° 227.

138 Escrito de la defensa ante el Juzgado Vigésimo Quinto de 8 de noviembre de 2005 (expediente de anexos a la contestación, anexo 1, pieza 15, folio 14783).

B.3.3.3. Que haya retardo injustificado en la decisión sobre los mencionados recursos (artículo 46.2.c)

114. Los representantes alegaron que la demora en decidir las solicitudes de nulidad es injustificada según el derecho interno e internacional (*supra* párr. 34).

115. A pesar de que anteriormente la Corte ya resolvió que las solicitudes de nulidad no eran los recursos adecuados, es pertinente entrar a analizar la excepción de "retardo injustificado", por cuanto la Comisión aceptó el agotamiento con base en dicha excepción. En efecto, en su informe de admisibilidad la Comisión Interamericana consideró que procedía esta excepción a la luz de las siguientes consideraciones[139]:

87. [...] la Comisión observa que si bien el recurso de nulidad interpuesto el 8 de noviembre de 2005 podría ser resuelto sin la presencia de Allan Brewer Carías, la ausencia física del acusado de hecho impide la celebración de la audiencia preliminar y de otros actos procesales vinculados a su juzgamiento por lo que **la Comisión no cuenta con elementos para atribuir al Estado un retardo injustificado en la decisión** sobre el proceso penal en su conjunto. La Comisión observa, **sin embargo, que la falta de resolución del recurso de nulidad es un indicio de demora atribuible al Estado** en cuanto a la resolución de los reclamos relativos al debido proceso que estuvieron presentados en el mismo.

88. En cuanto a la aplicación de la excepción al requisito de agotamiento de los recursos internos prevista en el artículo 46.2.b de la Convención, los peticionarios alegan que Allan Brewer Carías se ha visto impedido de utilizar los recursos que deben estar a disposición de la defensa dentro del proceso penal, los cuales habrían sido arbitrariamente desconocidos por el Ministerio Público y por el sistema judicial. Afirman que no se ha permitido a Allan Brewer Carías el acceso a los recursos de la jurisdicción interna en vista de que se habría violentado el principio de presunción de inocencia a la luz de declaraciones de miembros del poder judicial sobre la presunta culpabilidad del imputado; y de que la provisionalidad de fiscales y jueces vinculados a la causa habría afectado su independencia e imparcialidad. Asimismo, hacen referencia a la afectación de las garantías del debido proceso relacionadas con el ejercicio de la defensa en juicio, tales como el derecho a interrogar y ofrecer testigos así como de tener acceso al expediente en condiciones que permitan preparar debidamente la defensa del imputado. Alegan que estas presuntas violaciones al acceso a los recursos judiciales con las debidas

---

139 Informe de Admisibilidad N° 97/09, Petición 84-07, Allan R. Brewer Carías, Venezuela, 8 de septiembre de 2009 (expediente de anexos al informe, apéndice, tomo IV, folios 3628 y 3629).

garantías fueron cuestionadas ante los tribunales mediante el recurso de nulidad incoado el 8 de noviembre de 2005 el cual no ha sido resuelto.

89. La Comisión observa que los reclamos referidos en el párrafo anterior estuvieron presentados en la jurisdicción interna con el recurso de nulidad, y por ende deben ser analizados en el contexto del mismo y el análisis supra bajo el artículo 46.2.c. Como ya se señaló en relación con dicho recurso, ha habido un retardo en la decisión respectiva, y la Comisión considera que **el lapso de más que tres años en la resolución del mismo es un factor que se encuadra en la excepción prevista en razón de un retardo injustificado.** (Añadido fuera de texto)

116. En el presente caso, existe entre las partes el debate sobre si es aplicable la excepción contenida en el artículo 46.2.c, es decir, si hay un retardo injustificado. Dicho debate se ha centrado además en determinar si el recurso de nulidad sólo podía ser resuelto en la audiencia preliminar en presencia del señor Brewer Carías, o si el recurso podía ser resuelto independientemente de la audiencia preliminar sin su presencia.

117. Para determinar si al aceptar esta excepción al agotamiento de recursos internos existió un error grave que vulnerara el derecho a la defensa del Estado, la Corte analizará la controversia entre las partes sobre: i) el término y el momento procesal establecidos en el derecho interno para resolver los recursos de nulidad, y ii) la necesidad de la presencia del acusado en la audiencia preliminar y las razones por las cuales se difirió la audiencia.

B.3.3.3.1. *Término y momento procesal establecidos en el derecho interno para resolver los recursos de nulidad*

118. En orden a determinar si se ha configurado un retardo injustificado en la resolución de las dos solicitudes de nulidad, la Corte estima pertinente resolver la controversia entre las partes respecto al término y momento procesal establecidos en el derecho interno venezolano. Al respecto, las partes han presentado un debate sobre si estas solicitudes debían ser resueltas por el juez a cargo de la causa en un término de tres días o si, por el contrario, dicha solicitud debía ser examinada y decidida en el transcurso de la audiencia preliminar.

119. La afirmación de que la nulidad debía ser decidida en un plazo de tres días fue sustentada por los representantes en el artículo 177 del COPP que establece que[140]:

> Los autos y las sentencias definitivas que sucedan a una audiencia oral serán pronunciados inmediatamente después de concluida la audiencia. <u>En las actuaciones escritas las decisiones se dictarán dentro de los tres días siguientes.</u> (Añadido fuera del texto)

---

140   Artículo 177 del COPP (expediente de anexos a la contestación, tomo I, folio 20631).

120. Por su parte, el alegato del Estado según el cual era necesario esperar hasta la realización de la audiencia preliminar para decidir sobre las mencionadas solicitudes se fundamenta en el artículo 330 del COPP, mediante el cual se indica que[141]:

Decisión. Finalizada la audiencia el juez resolverá, en presencia de las partes, sobre las cuestiones siguientes, según corresponda:

1. En caso de existir un defecto de forma en la acusación del fiscal o del querellante, estos podrán subsanarlo de inmediato o en la misma audiencia, pudiendo solicitar que ésta se suspenda, en caso necesario, para continuarla dentro del menor lapso posible;

2. Admitir, total o parcialmente, la acusación del Ministerio Público o del querellante y ordenar la apertura a juicio, pudiendo el Juez atribuirle a los hechos una calificación jurídica provisional distinta a la de la acusación fiscal o de la víctima;

3. Dictar el sobreseimiento, si considera que concurren algunas de las causales establecidas en la ley;

4. Resolver las excepciones opuestas;

5. Decidir acerca de medidas cautelares;

6. Sentenciar conforme al procedimiento por admisión de los hechos;

7. Aprobar los acuerdos reparatorios;

8. Acordar la suspensión condicional del proceso;

9. Decidir sobre la legalidad, licitud, pertinencia y necesidad de la prueba ofrecida para el juicio oral.

121. Para defender sus posiciones al respecto, las partes presentaron varios testigos y peritos sobre este punto. Por ejemplo, el señor Brewer manifestó en la audiencia pública que[142]:

El Estado está obligado a decidir la solicitud de nulidad antes de la audiencia preliminar porque esa decisión es justamente la que va a limpiar o no el proceso de violaciones constitucionales, una vez que se toma la decisión de la solicitud de nulidad, entonces es que se puede convocar a la audiencia preliminar si esa solicitud de nulidad es declarada sin lugar, en ese estado es que esta el proceso en este momento. Paralizado por el Estado porque el juez no ha resulto la solicitud de nulidad que es la

---

141 Artículo 130 del COPP (expediente de anexos a la contestación, tomo I, folio 20629).

142 Declaración del señor Brewer Carías rendida en la audiencia pública celebrada en el presente caso.

única que existe y no hay otro recurso y por eso el tampoco puede convocar a la audiencia preliminar.

122. Asimismo, el perito Ollarves Irazábal indicó que[143]:

El plazo para resolverla está claramente identificado en nuestro ordenamiento jurídico en el código orgánico, son tres días, esas a nulidades absolutas, esas a nulidades que transgreden contra el contenido esencial de los derechos humanos, de los derechos y garantías constitucionales que no pueden ser convalidadas ni sanadas

[...]

Nulidades relativas, nulidades sanables, se refiere a la nulidad que puede verse inmiscuida en los requisitos que están establecidos en el artículo 326, relativos a la acusación. Y si se refiriera a nulidades absolutas que no son sanables y que tienen que ser decididas en un plazo finito, perentorio, de tres días como lo ha dicho la sala constitucional de forma reiterada.

123. Mientras que, en otro sentido, el testigo Castellanos manifestó que[144]:

La nulidad como tal no es un recurso es una prerrogativa que tiene todas las partes interviniente a un proceso penal para denunciar la conculcación de prerrogativas constitucionales que obran a su favor. Interpuesta la solicitud de nulidad en la fase intermedia [...] pero además dentro del contexto del escrito de excepciones y promoción de prueba que tienen como forma esencial de descarga, esa a nulidad conjuntamente con las demás pretensiones en resolverse en la audiencia preliminar. [...]

Esta nulidad se ejerció dentro del ejercicio de la carga que tiene la defensa de accionar en contra de la acusación y la única forma que tiene el tribunal para pronunciar con respecto esa nulidad que se exigieron en ese escrito interpuesto por la defensa es la audiencia preliminar porque la solicitud de nulidad se analiza en el escrito y [...] hay similitud entre la presentación de la defensa que lo hace, por ejemplo al momento de interponerse las medidas de excepciones pero también lo invoca mediante la nulidad. Un pronunciamiento de la nulidad traería consigo que el juez emitiera anticipadamente un pronunciamiento con respecto al fondo de la celebración de la audiencia preliminar.

124. Asimismo, las partes hicieron referencia a jurisprudencia del Tribunal Supremo que apoyaría su tesis. Así por ejemplo, el perito Ollarvez Irazá-

---

143 Declaración del perito Jesús Ollarves Irazábal rendida en la audiencia pública celebrada en el presente caso.

144 Declaración del testigo Néstor Castellanos rendida en la audiencia pública celebrada en el presente caso.

bal allegó a la Corte varias sentencias del Tribunal Supremo que denotan lo complejo de este asunto. En una de dichas sentencias, la Sala Constitucional del Tribunal Supremo, el 14 de febrero de 2002[145] señaló que:

> Para el proceso penal, el juez de control durante la fase preparatoria e intermedia hará respetar las garantías procesales, pero el Código Orgánico Procesal Penal no señala una oportunidad procesal para que se pidan y se resuelvan las infracciones a tales garantías [...].
>
> Ante tal silencio de la ley, ¿cómo maneja el juez de control una petición de nulidad? A juicio de esta Sala, depende de la etapa procesal en que se haga, y si ella se interpone en la fase intermedia, el juez puede resolverla bien antes de la audiencia preliminar o bien como resultado de dicha audiencia, variando de acuerdo a la lesión constitucional alegada, ya que hay lesiones cuya decisión no tienen la urgencia de otras, al no infringir en forma irreparable o inmediata la situación jurídica de las partes.
>
> [...]
>
> De ocurrir tal petición de nulidad, el juez de control – conforme a la urgencia debido a la calidad de la lesión y ante el silencio de la ley – podrá antes de abrir la causa a juicio y en cualquier momento antes de dicho acto de apertura resolverla, aunque lo preferible es que sea en la audiencia preliminar. [...]
>
> Sin embargo, cuando la nulidad coincide con el objeto de las cuestiones previas, la resolución de las mismas debe ser en la misma oportunidad de las cuestiones previas, es decir en la audiencia preliminar lo que de paso garantiza el derecho de defensa de todas las partes del proceso y cumple con el principio de contradictorio.

125. En otra sentencia de la Sala Constitucional de 6 de febrero de 2003 se establece, por el contrario[146], que:

> [L]a Sala observa que el accionante fundó su pretensión en la alegada infracción de un derecho que, como el del debido proceso, se encuentra garantizado en los términos de los artículos 49 y 257 de la Constitución.
>
> [... E]l accionante contaba con un medio procesal preexistente, tanto o más idóneo, expedito, abreviado y desembarazado que la misma acción de amparo, como era, conforme al artículo 212 del antedicho Código, la

---

145 Sentencia de la Sala Constitucional del Tribunal Supremo de 14 de febrero de 2002 (expediente de fondo, tomo VII, folio 3167). En idéntico sentido, la Comisión citó en su informe de fondo otra decisión de la Sala Constitucional del Tribunal Supremo de Justicia. Exp. N° 07-0827. Decisión de 20 de julio de 2007.

146 Sentencia de la Sala Constitucional del Tribunal Supremo de 6 de febrero de 2003 (expediente de fondo, tomo VII, folios 3234).

solicitud de nulidad de la misma decisión contra la cual ha ejercido la presente acción tutelar; pretensión esta que debía ser decidida, incluso, como una cuestión de mero derecho, mediante auto que debía ser dictado dentro del lapso de tres días que establecía el artículo 194 (ahora, 177) de la ley adjetiva; vale decir, en términos temporales, esta incidencia de nulidad absoluta tendría que haber sido sustanciada y decidida en un lapso ostensiblemente menor que el que prevé la ley, en relación con el procedimiento de amparo

126. Además, en su informe de fondo la Comisión citó una sentencia reciente, según la cual:

[...] el pronunciamiento requerido por el hoy accionante referido a la declaratoria de nulidad de la acusación fiscal, sólo puede realizarse en el acto de audiencia preliminar, acto que no ha sido realizado por la inasistencia del imputado [...] En relación a la falta de pronunciamiento sobre las solicitudes de '...acumulaciones, nulidades y despacho saneador...', a juicio de la Sala, éstas deben ser resueltas en la audiencia preliminar tal como lo dispone el artículo 330 del Código Orgánico Procesal Penal, motivo por el cual la supuesta amenaza o violación de los derechos constitucionales alegados por el accionante, no es de posible realización por parte del referido Juzgado Cuarto de Control [...], toda vez que éste sólo podría pronunciarse sobre la solicitud del acusado en el acto de audiencia preliminar[147].

127. Por otra parte, se hicieron menciones a sentencias, mediante las cuales se habría establecido que no es posible esperar hasta la audiencia preliminar para revisar las medidas preventivas de libertad, pero dichas sentencias no hacen referencia a solicitudes de nulidad[148].

128. En particular, la Comisión señaló al respecto en su informe de fondo que "la presencia del imputado es requerida en la audiencia preliminar a modo de que dicho acto se pueda realizar y durante su celebración el juez resuelva la solicitud de nulidad planteada por la defensa del acusado", y que por la necesidad de presencia del imputado "no se configura una violación al artículo 25.1 en conexión con el artículo 1.1 de la Convención Americana en per-

---

147 Sentencia de la Sala Constitucional del Tribunal Supremo de Justicia de 19 de octubre de 2009. Ver también Sentencia de la Sala Accidental de la Corte de Apelaciones del Circuito Judicial Penal del Estado Sucre de 19 de octubre de 2008 (expediente de fondo, tomo I, folio 44).

148 Sentencia de la Sala Constitucional del Tribunal Supremo de 22 de julio de 2004 (expediente de fondo, tomo VII, folios 3251 a 3257); Sentencia de la Sala Constitucional del Tribunal Supremo de 4 de noviembre de 2003 (expediente de fondo, tomo VII, folios 3245 a 3250); Sentencia de la Sala Constitucional del Tribunal Supremo de 16 de mayo de 2003 (expediente de fondo, tomo VII, folios 3238 a 3243), y Sentencia de la Sala Constitucional del Tribunal Supremo de 11 de mayo de 2011 (expediente de fondo, tomo VII, folios 3327 a 3336).

juicio de Allan Brewer Carías". Sin embargo, había alegado en su informe de admisibilidad que la "falta de resolución del recurso de nulidad es un indicio de demora atribuible al Estado en cuanto a la resolución de los reclamos relativos al debido proceso que estuvieron presentados en el mismo"[149]. Asimismo, argumentó que "los reclamos [...] presentados en la jurisdicción interna con el recurso de nulidad [...] deben ser analizados en el contexto del mismo y [...] bajo el artículo 46.2.c. [dado que] ha[bía] habido un retardo en la decisión respectiva, y [...] que el lapso de más [de] tres años en la resolución del mismo [era] un factor que se encuadra[ba] en la excepción prevista en razón de un retardo injustificado"[150].

129. Posteriormente, en sus alegatos finales escritos ante la Corte, la Comisión Interamericana tomó "nota de la distinción entre las diferentes nulidades según el Código Procesal Penal de Venezuela" y que "la nulidad presentada por el señor Brewer Carías no sería una nulidad contra la acusación, sino contra todo lo actuado y por razones de derechos fundamentales", con la consecuencia de que "las solicitudes de nulidad en la etapa intermedia – como la del caso concreto – pueden resolverse o bien antes de la audiencia preliminar o bien después de la misma, dependiendo de su naturaleza". De esta forma, la Comisión consideró que "conforme al derecho interno de Venezuela no sería obligatorio esperar a la audiencia preliminar para resolver la solicitud de nulidad".

130. Tomando en consideración lo anteriormente señalado, el Tribunal constata que existen dos interpretaciones sobre el momento procesal en que se debería resolver las solicitudes de nulidad presentadas. Pese a ello existen elementos relacionados con el contenido del recurso que permiten realizar las siguientes consideraciones.

131. En primer lugar, por una parte la Corte constata que las sentencias que aportaron los representantes en respaldo de sus argumentos se refieren a solicitudes específicas sobre actos procesales concretos que difieren del escrito de solicitud de nulidad de todo lo actuado presentado por la defensa del señor Brewer Carías. En efecto se trata de sentencias que se refieren a solicitudes específicas sobre actos procesales concretos que no implicaban la nulidad de todo lo actuado[151]. Este tipo de solicitudes pueden ser resueltas en el

---

149 Informe de Admisibilidad N° 97/09, Petición 84-07, Allan R. Brewer Carías, Venezuela, 8 de septiembre de 2009, párr. 87, folio 3628.

150 Informe de Admisibilidad N° 97/09, Petición 84-07, Allan R. Brewer Carías, Venezuela, 8 de septiembre de 2009, párr. 89, folio 3629.

151 En efecto, se trata de sentencias donde se indica que cierto tipo de nulidades absolutas deben ser decididas "en un lapso ostensiblemente menor que el que prevé la ley en relación con el procedimiento de amparo" (sentencia N° 100 de la Sala Constitucional del Tribunal Supremo de 6 de febrero de 2003 -Caso *Leonardo Rodríguez Carabalí*-, expediente de fondo, tomo IV, folio 4581); la presunta omisión de pronunciamiento a la solicitud de nulidad absoluta (sentencia de la Sala Constitucional del Tribunal Supremo de 11 de mayo de 2011, expediente de fondo, tomo VII); la pos-

plazo de tres días señalado en el artículo 177 del COPP, a diferencia de un recurso de 523 páginas de las cuales 90 se concentran en solicitar la nulidad de todo lo actuado.

132. Adicionalmente, la Corte tiene en cuenta que el Tribunal Supremo de Justicia ha establecido que el momento procesal en el cual procede resolver los escritos que plantean nulidades depende de cuando fueron interpuestos y del tipo de alegatos que en ellos se incluye. Específicamente, el Tribunal Supremo ha indicado que si la solicitud de nulidad coincide con las cuestiones previas, dicha nulidad deberá resolverse conjuntamente con las cuestiones previas durante la audiencia preliminar (*supra* párr. 124). La Corte resalta que en el escrito de 523 páginas se efectúan alegatos involucrados, entre otros, con la inimputabilidad del abogado por el ejercicio de su profesión y detalladas controversias que no sólo son procesales sino que involucran aspectos sustantivos de fondo y de imputabilidad, así como solicitudes relacionadas con que se rechacen las pruebas ofrecidas por el Ministerio Público y que se admitan las pruebas que, por su parte, deseaba promover la defensa durante el juicio. En efecto, en el escrito de contestación a la acusación, la defensa como "petitorio final" requirió que "se declar[a]ra la nulidad de todas las actuaciones que conforman la investigación adelantada por el Ministerio Público[,] subsidiariamente [... que] se declar[ara]n las excepciones opuestas contra la acusación formulada[..., fueran] rechazadas las pruebas ofrecidas por el Ministerio Público [... fueran] admitidas todas las pruebas que h[an] ofrecido [... y] que el enjuiciamiento se h[iciera] en absoluta libertad"[152]. Ello implica estimar como razonable el que no se considere que se pueda responder a dicho escrito y las cuestiones de fondo allí contenidas antes de la audiencia preliminar y que pueda considerarse improcedente un análisis fragmentado del escrito, tal como es solicitado por los representantes.

133. Teniendo en cuenta lo anterior y dado el contenido, las características, complejidad y extensión del escrito presentado el 8 de noviembre de 2005, la Corte considera que las solicitudes de nulidad no son de las que deban resolverse en el plazo de tres días señalado en el artículo 177 del COPP.

---

tergación de decisiones sobre solicitudes de la defensa hasta la audiencia preliminar (sentencia N° 1198 de la Sala Constitucional del Tribunal Supremo de 6 de febrero de 2003 -Caso *Luis Enrique Guevara Medina*-, expediente de fondo, tomo IV, folio 4582); la solicitud de revisión de una medida cautelar de privación de libertad (sentencia de la Sala Constitucional del Tribunal Supremo de 22 de julio de 2004, expediente de fondo, tomo VII, folios 3251 a 3257); las irregularidades en la sustitución de unos defensores por una defensora pública designada por un juez (sentencia N° 2161 de la Sala Constitucional del Tribunal Supremo de 5 de septiembre de 2002, expediente de fondo, tomo IV, folio 4583), y la improcedencia de una demanda conjunta de amparo constitucional y de nulidad (sentencia N° 349 de la Sala Constitucional del Tribunal Supremo de 26 de febrero de 2002, expediente de fondo, tomo IV, folio 4583).

152 Escrito de la defensa ante el Juzgado Vigésimo Quinto de 8 de noviembre de 2005 (expediente de anexos a la contestación, anexo 1, pieza 15, folios 15194 y 15195).

B.3.3.3.2. *Necesidad de la presencia del acusado en la audiencia preliminar y razones por las cuales se difirió la audiencia*

134. La Corte considera que en muchos sistemas procesales la presencia del acusado es un requisito esencial para el desarrollo legal y regular del proceso. La propia Convención acoge la exigencia. Al respecto, el artículo 7.5 de la Convención establece que la "libertad podrá estar condicionada a garantías que aseguren su comparecencia ante el juicio", de manera que los Estados se encuentran facultados a establecer leyes internas para garantizar la comparecencia del acusado. Como se observa, la misma prisión preventiva, que sólo puede ser admitida excepcionalmente, tiene entre uno de sus fines más importantes asegurar la comparecencia del imputado en juicio, de forma a garantizar la jurisdicción penal y contribuye a combatir la impunidad. Asimismo, constituye una garantía para la ejecución del proceso. Además, Venezuela establece convencionalmente la prohibición de juicio en ausencia (*supra* párr. 95).

135. En su *Informe sobre el uso de la prisión preventiva en las Américas*[153] la Comisión precisó que los fines legítimos y permisibles de la detención preventiva deben tener carácter procesal, tales como evitar el peligro de fuga o la obstaculización del proceso y que se debe recurrir solamente a la detención preventiva cuando no existan otros medios de asegurar la presencia del imputado en juicio o de impedir la alteración de pruebas[154].

136. Respecto a si es necesario que el acusado se encuentre presente en la audiencia preliminar para que ésta pueda ser llevada a cabo, existe un consenso entre las partes sobre este punto. En efecto, los representantes han indicado que "la audiencia preliminar no puede realizarse en ausencia del imputado, por ser un acto de juzgamiento" y que "es imprescindible la presencia del acusado". Asimismo, la defensa del señor Brewer reconoció esto en el marco del proceso penal, cuando expreso que "la única ocasión en la cual el [señor] Brewer Carías tenía la carga procesal de comparecer personalmente a un acto

---

153 *Informe sobre el uso de la prisión preventiva en las Américas*, OEA/Ser.L/V/II. Doc.46/13, 30 de diciembre de 2013. Disponible en: http://www.oas.org/es/cidh/ppl/informes/pdfs/Informe-PP-2013-es.pdf

154 En dicho informe la Comisión también señaló que "el juzgador deberá expresar las circunstancias concretas de la causa que permitan presumir, fundadamente, que persiste el riesgo de fuga o enunciar las medidas probatorias pendientes de recaudar y su imposibilidad de producirlas con el imputado en libertad. [...] Este deber encuentra fundamento en la necesidad de que el Estado renueve su interés en mantener la prisión preventiva con base en fundamentos actuales. Este requisito no se cumple cuando las autoridades judiciales rechazan sistema-ticamente las solicitudes de revisión limitándose a invocar, por ejemplo, presunciones legales relativas al riesgo de fuga, u otras normas que de una forma u otra establecen la obligatoriedad del mantenimiento de la medida".

judicial era la audiencia preliminar"[155]. Teniendo como base que era necesaria la presencia del señor Brewer Carías para la realización de la audiencia preliminar, las partes debatieron sobre el diferimiento de la misma era atribuible a la ausencia del señor Brewer o si era producto de causas ajenas a él.

137. Al respecto, los representantes han alegado a lo largo del proceso que el Estado no "ha podido presentar [...] prueba alguna de tan siquiera un caso en que la audiencia preliminar haya sido diferida a causa de la incomparecencia del profesor Brewer Carías". Los representantes fundamentan su afirmación en la decisión judicial del Juzgado Vigésimo Quinto de 20 de julio de 2007[156], mediante la cual se daba respuesta a la solicitud de separar al señor Brewer de la causa ante "la imposibilidad de ejecutar dicha medida por encontrarse en el extranjero" presentada por otro de los acusados en el proceso, que también se encontraba a la espera de la realización de la audiencia preliminar. En dicha ocasión, el Juez aseguró que para motivar su decisión de no separar la causa que:

> "en el caso de marras, el acto de la audiencia preliminar no ha sido diferido por incomparecencia del [señor] Brewer Carías, al contrario los diversos diferimientos que cursan e[n] las actas del presente expediente han sido en virtud de las numerosas solicitudes interpuestas por los distintos defensores de los imputados".

138. Si bien el Juzgado Vigésimo Quinto hizo esta afirmación en la cual de manera general indicó que no habrían diferimientos causados por la ausencia del señor Brewer, de una revisión del expediente del proceso penal allegado ante este Tribunal se desprende lo contrario. En efecto, la primera citación para realizar la audiencia preliminar fue fijada para el 17 de noviembre de 2005[157], fecha en la cual el señor Brewer Carías ya se había ausentado del país (*supra* párr. 58). A partir de allí y hasta que se adoptó la medida privativa de libertad en contra del señor Brewer, la audiencia preliminar fue diferida o aplazada en cinco oportunidades[158], de las cuales en tres oportunidades

---

155 Resolución del Juez Vigésimo Quinto de Primera Instancia en Funciones de Control del Circuito Judicial Penal del Área Metropolitana de Caracas de 25 de enero de 2008 (expediente de anexos al escrito de solicitudes y argumentos, tomo V, folios 6893 a 6910).

156 Resolución del Juzgado Vigésimo Quinto de 20 de julio de 2007 al escrito presentado por la defensa de José Gregorio Vásquez (expediente de anexos al escrito de solicitudes y argumentos, tomo v, folios 6832 a 6838).

157 Auto de 24 de octubre de 2005 del Juez Vigésimo Quinto (expediente de anexos a la contestación, anexo 1, pieza 13, folio 14386).

158 Acta del Juzgado Vigésimo Quinto de 17 de noviembre de 2005 (expediente de anexos a la contestación, anexo 1, pieza 16, folio 15805); Auto de 7 de febrero de 2006 del Juez Vigésimo Quinto (expediente de anexos a la contestación, anexo 1, pieza 18, folio 16720); Acta del Juzgado Vigésimo Quinto de 7 de marzo de 2006 (expediente de anexos a la contestación, anexo 1, pieza 18, folio 16874); Acta del Juzgado Vigésimo Quinto de 10 de abril de 2006 (expediente de anexos a la contes-

dicho diferimiento tuvo relación directa con la actuaciones del señor Brewer o su defensa. En la primera oportunidad, el 16 de noviembre de 2005 la defensa recusó al Juez Vigésimo Quinto, razón por la cual la audiencia preliminar pautada para el 17 de noviembre de 2005 no fue llevada a cabo[159]. En segundo lugar, el 7 de marzo de 2006 se dejó constancia de "la incomparecencia del [señor] Brewer Carías, aunado a ello, el Juez Vigésimo Quinto se enc[ontraba] de reposo, siendo encargada la Juez Vigésimo Cuarta de Control [...], razón por la cual se acuerda diferir [la audiencia preliminar] para el 4 de abril de 2006"[160].

139. Finalmente, el 9 de mayo de 2006 el Juez Vigésimo Quinto ordenó verificar "el movimiento migratorio del [señor] Brewer Carías"[161], por cuanto consideró que "vistas las resultas que arrojan las diligencias de notificación practicadas por la Oficina de Alguacilazgo al [señor] Brewer Carías, resulta pertinente hacer las siguientes consideraciones[:] una inferencia lógica deductiva de las resultas que arroja la práctica de las diligencias de notificación del [señor] Brewer Carías, hacen estimar razonablemente a este juzgado que sobrevenga una carencia de certeza en relación a su permanencia en el país, lo cual implicaría la imposibilidad de su comparecencia personal a la audiencia preliminar, estimación razonable que hace este juzgador en base a las resultas de las notificaciones practicadas en reiteradas oportunidades, dicha situación haría nugatorio el derecho de los demás imputados a obtener de los órganos jurisdiccionales con prontitud las decisiones que deben ser resueltas en la audiencia preliminar durante la presente fase intermedia" (Añadido fuera del texto). Con base en lo anterior, el Juez Vigésimo Quinto decidió, además, diferir la audiencia hasta el 20 de junio de 2006.

140. El 10 de mayo de 2006 la defensa del señor Brewer Carías informó al Juez Vigésimo Quinto que éste no regresaría al país por cuanto estimó que[162]: i) "la actuación del Ministerio Público en el presente caso no ha sido otra cosa que una clara persecución política oficial en su contra"; ii) "el propio Fiscal General [...] hab[ía] violentado directamente su garantía a la presunción de inocencia, al haberlo condenado públicamente de antemano, al publicar su libro 'Abril comienza en octubre'"; iii) "ante el reclamo oportuno

---

tación, anexo 1, pieza 18, folio 16942), y Resolución del Juzgado Vigésimo Quinto de 9 de mayo de 2006 (expediente de anexos a la contestación, anexo 1, pieza 19, folios 17305 a 17307).

159 Acta del Juzgado Vigésimo Quinto de 17 de noviembre de 2005 (expediente de anexos a la contestación, anexo 1, pieza 16, folio 15805).

160 Acta del Juzgado Vigésimo Quinto de 7 de marzo de 2006 (expediente de anexos a la contestación, anexo 1, pieza 18, folio 16874).

161 Resolución del Juzgado Vigésimo Quinto de 9 de mayo de 2006 (expediente de anexos a la contestación, anexo 1, pieza 19, folios 17305 a 17307).

162 Escrito de la defensa de 10 de mayo de 2006 (expediente de anexos a la contestación, anexo 1, pieza 19, folios 17320 a 17322).

hecho en sede jurisdiccional, sólo ha[bía] obtenido respuestas negativas [y q]ue esas respuestas negativas y muchas veces tardías del órgano jurisdiccional ha[bía]n constituido a su vez nuevas violaciones a sus garantías constitucionales"; iv) "se le cercenó el derecho de obtener el sobreseimiento en la fase intermedia del proceso"; v) "todo ello constituye la negación de una justicia accesible, imparcial, idónea, transparente, autónoma, independiente, responsable, equitativa y expedita", y vi) "la acusación en si misma ya es una condena, cuyo objeto es castigar su crítica política e ideológica al proyecto con el que se pretende sojuzgar a Venezuela".

141. Finalmente, manifestó que:

"ante esas dos situaciones, por un lado la violación sistemática y masiva de sus derechos y garantías constitucionales de la defensa, de acceso a las pruebas, de igualdad de las partes, de la presunción de inocencia, del juez natural, de la tutela judicial efectiva, del juicio en libertad, en fin, del debido proceso, y por el otro, que la [...] Universidad de Columbia le ha brindado la oportunidad de lograr un viejo anhelo profesional, como lo es el pertenecer a su plantilla de profesores, ha tomado la decisión de esperar a que se presenten las condiciones idóneas para obtener un juicio imparcial y con respecto de sus garantías judiciales, [por lo que informaba al Juzgado] a fin de que tome la decisión que crea conveniente y continúe adelante el proceso, todo ello a fin de no causar ninguna dilación, ni perjuicio a los demás acusados".

142. Después de esto, el Juzgado Vigésimo Quinto acordó el 15 de junio de 2006 expedir la orden de aprehensión contra el señor Brewer Carías. A partir de este momento, la audiencia volvió a ser diferida en trece ocasiones[163]. De esas ocasiones, sólo en una oportunidad se hizo mención expresa al

---

163 Acta del Juzgado Vigésimo Quinto de 20 de junio de 2006 (expediente de anexos a la contestación, anexo 1, pieza 20, folio 17435); Acta del Juzgado Vigésimo Quinto de 27 de julio de 2006 (expediente de anexos a la contestación, anexo 1, pieza 20, folio 17586); Acta del Juzgado Vigésimo Quinto de 18 de septiembre de 2006 (expediente de anexos a la contestación, anexo 1, pieza 20, folio 17711); Acta del Juzgado Vigésimo Quinto de 7 de noviembre de 2006 (expediente de anexos a la contestación, anexo 1, pieza 20, folio 17914); Acta del Juzgado Vigésimo Quinto de 13 de diciembre de 2006 (expediente de anexos a la contestación, anexo 1, pieza 21, folio 17982); Acta del Juzgado Vigésimo Quinto de 25 de enero de 2007 (expediente de anexos a la contestación, anexo 1, pieza 21, folio 18174); Acta del Juzgado Vigésimo Quinto de 23 de febrero de 2007 (expediente de anexos a la contestación, anexo 1, pieza 21, folio 18325); Acta del Juzgado Vigésimo Quinto de 26 de marzo de 2007 (expediente de anexos a la contestación, anexo 1, pieza 22, folio 18579); Acta del Juzgado Vigésimo Quinto de 4 de mayo de 2007 (expediente de anexos a la contestación, anexo 1, pieza 23, folio 18963); Acta del Juzgado Vigésimo Quinto de 27 de junio de 2007 (expediente de anexos a la contestación, anexo 1, pieza 23, folio 19185); Acta del Juzgado Vigésimo Quinto de 31 de julio de 2007 (expediente de anexos a la contestación, anexo 1, pieza 23, folio 19304); Acta del Juzgado Vigésimo Quinto de 27 de septiembre de 2007 (expediente de anexos a la contestación, anexo 1, pieza 24, folio

señor Brewer, específicamente, el 25 de octubre de 2007 se difirió la audiencia, ya que se estaba a la espera de la "apelación interpuesta por el representante legal del [señor] Brewer Carías" a la aclaratoria que fue enviada a la INTERPOL[164].

143. Teniendo en cuenta esta información, cabe resaltar que existe prueba en el expediente de que el señor Brewer Carías viajó fuera de Venezuela el 29 de septiembre de 2005 (*supra* párr. 58), es decir antes de que se realizara la acusación formal en su contra y se empezara a citar a las partes a la audiencia preliminar (*supra* párr. 66), razón por la cual el señor Brewer Carías no hubiera podido asistir a dicha audiencia. De manera que su ausencia ha conllevado que la audiencia preliminar en su contra no haya podido ser llevada a cabo, por lo que es posible afirmar que el retardo en la resolución de las nulidades sería imputable a su decisión de no someterse al proceso e implica un impacto en el análisis del retardo injustificado o plazo razonable. En consecuencia, constituye una contradicción del informe de admisibilidad de la Comisión haber considerado que no podía atribuir un retardo injustificado al Estado pero estimar, por otra parte, que la falta de resolución del recurso de nulidad era un indicio de demora atribuible al Estado.

B.3.4. *Conclusión sobre la excepción preliminar de falta de agotamiento de recursos internos*

144. Teniendo en cuenta las anteriores consideraciones, la Corte acoge la excepción preliminar, dado que considera que en el presente caso no fueron agotados los recursos idóneos y efectivos, y que no procedían las excepciones al requisito de previo agotamiento de dichos recursos. En consecuencia, no procede continuar con el análisis de fondo.

IV

PUNTOS RESOLUTIVOS

POR TANTO,

LA CORTE

DECLARA:

Por cuatro votos a favor y dos en contra,

1.   Que en el presente caso no fueron agotados los recursos internos, en los términos de los párrafos 77 a 144 de la presente Sentencia.

19430), y Acta del Juzgado Vigésimo Quinto de 29 de noviembre de 2007 (expediente de anexos a la contestación, anexo 1, pieza 24, folio 19643).

164   Acta del Juzgado Vigésimo Quinto de 29 de noviembre de 2007 (expediente de anexos a la contestación, anexo 1, pieza 24, folio 19643).

DECIDE:

Por cuatro votos a favor y dos en contra,

2.   Acoger la excepción preliminar interpuesta por el Estado relativa a la falta de agotamiento de recursos internos, en los términos de los párrafos 77 a 144 de la presente Sentencia.

Y DISPONE:

Por cuatro votos a favor y dos en contra,

3.   Archivar el expediente.

Los jueces Manuel E. Ventura Robles y Eduardo Ferrer Mac-Gregor Poisot hicieron conocer a la Corte su voto conjunto disidente, el cual acompaña esta Sentencia.

Emitida en español en San José, Costa Rica, el 26 de mayo de 2014.

Humberto Antonio Sierra Porto, Presidente,

Roberto F. Caldas, Manuel E. Ventura Robles, Diego García-Sayán, Alberto Pérez Pérez, Manuel E. Ventura Robles, Eduardo Ferrer Mac-Gregor Poisot,

Pablo Saavedra Alessandri, Secretario

Comuníquese y ejecútese,

Humberto Antonio Sierra Porto, Presidente; Pablo Saavedra Alessandri, Secretario

ANEXO II
VOTO CONJUNTO NEGATIVO
DE LOS JUECES
MANUEL E. VENTURA ROBLES Y EDUARDO FERRER
MAC-GREGOR POISOT

CASO BREWER CARÍAS VS. VENEZUELA
SENTENCIA DE 26 DE MAYO DE 2014
(EXCEPCIONES PRELIMINARES)

1.   Se emite el presente voto disidente en el caso *Brewer Carías Vs. Venezuela*, de acuerdo con las razones que se expondrán a continuación y por las cuales se discrepa de los puntos resolutivos de la Sentencia adoptada por mayoría de cuatro votos (en adelante "la Sentencia" o "el criterio mayoritario"), mediante los cuales la Corte Interamericana de Derechos Humanos (en adelante "la Corte" o "el Tribunal Interamericano") acoge la excepción preliminar interpuesta por el Estado relativa a la falta de agotamiento de los recursos internos y, por tanto, dispone archivar el expediente del presente caso.

2.   Observamos con preocupación como por primera vez en su historia, la Corte no entra a conocer el fondo del litigio por estimar procedente una excepción preliminar por falta de agotamiento de los recursos internos,[1] rela-

---

1   Sólo en tres ocasiones anteriores en los más de veintiséis años de jurisdicción contenciosa, la Corte Interamericana no entró al fondo de la controversia planteada por diversos motivos: la primera por la caducidad del plazo para la presentación de la demanda por la Comisión Interamericana (*Caso Cayara Vs. Perú. Excepciones Preliminares.* Sentencia de 3 de febrero de 1993. Serie C N° 14); la segunda ocasión por el desistimiento de la acción deducida por la Comisión Interamericana de Derechos Humanos (*Caso Maqueda Vs. Argentina. Excepciones Preliminares.* Resolución de 17 de enero de 1995. Serie C N° 18); y la tercera por la falta de competencia *ratione temporis* del Tribunal Interamericano (*Caso Alfonso Martín del Campo Dodd Vs. México. Excepciones Preliminares.* Sentencia de 3 de septiembre de 2004. Serie C N° 113).

cionado en este caso con los artículos 8 y 25 de la Convención Americana sobre Derechos Humanos (en adelante "la Convención Americana" o "Pacto de San José de Costa Rica" o "CADH"). Asimismo, tal y como se analizará más adelante, existen algunas consideraciones de la Sentencia que consideramos no solo contrarias a la línea jurisprudencial del Tribunal Interamericano, sino que además constituye un peligroso precedente para el sistema interamericano de protección de los derechos humanos en su integralidad en detrimento del derecho de acceso a la justicia y la persona humana.[2]

3.   Cabe resaltar, también, el especial interés que este caso ha despertado en la sociedad civil, al haberse recibido 33 escritos en calidad de *amicus curiae*, provenientes de reconocidos juristas internacionales, así como de instituciones, asociaciones no gubernamentales, jurídicas y profesionales de América y Europa, relacionados con diversos temas atinentes al litigio;[3] por ejemplo, al Estado de derecho, a las garantías judiciales, al debido proceso, a la independencia judicial, a la provisionalidad de los jueces y al ejercicio de la abogacía. Todos los *amici curiae* resultan coincidentes en señalar distintas violaciones a los derechos convencionales del señor Brewer Carías.

4.   Para una mayor claridad dividiremos el presente voto en los siguientes apartados: (1) Objeto del debate (párrs. 5 a 32); (2) Disidencia (párrs. 33-119); y (3) Defensa del Estado de derecho y el ejercicio de la abogacía (párrs. 120-125).

1. Objeto del debate

5.   Respecto a la excepción preliminar interpuesta por el Estado, tal y como se ha señalado en la Sentencia, la principal controversia entre las partes se deriva de las diversas actuaciones judiciales realizadas por los representantes de las víctimas en la tramitación de los procesos penales internos, en especial la presentación de dos solicitudes de nulidad absoluta de actuaciones, en contra de la averiguación previa y el proceso incoado en contra del abogado Allan Brewer Carías.

6.   Esta controversia radica en: i) si las solicitudes de nulidad eran recursos idóneos y efectivos para agotar la jurisdicción interna; ii) el momento procesal en que debían ser resueltas las solicitudes de nulidad; iii) si hubo impedimento a la presunta víctima de agotar los recursos internos; y iv) si el

---

2   No debe olvidarse que el sistema internacional debe ser entendido como una integralidad, principio esencial que se desprende del artículo 29 del Pacto de San José, que impone un marco de protección que siempre da preferencia a la interpretación que más favorezca, al constituir el "objeto angular de protección de todo el sistema interamericano". Cfr. *Caso Radilla Pacheco Vs. México. Excepciones Preliminares, Fondo, Reparaciones y Costas.* Sentencia de 23 de noviembre de 2009. Serie C N° 209, párr. 24.

3   Los nombres de las personas, instituciones y asociaciones que presentaron *amici curiae*, aparecen en el párr. 9 de la Sentencia.

retardo en la resolución de dichos recursos era imputable a la presunta víctima.

7. La primera controversia se centró sobre el hecho de si las dos solicitudes de nulidad presentadas por los representantes del señor Brewer Carías pueden ser consideradas como recursos idóneos y efectivos para cumplir con el requisito de agotamiento de los recursos de la jurisdicción interna.

8. Respecto a la segunda controversia, las partes han presentado un debate sobre si las solicitudes de nulidad debían ser resueltas por el Juez a cargo de la causa en un término de tres días de presentadas o si, por el contrario, dicha solicitud debía ser examinada y decidida en el transcurso de la audiencia preliminar.

9. En cuanto a la tercera controversia, la discusión giró en torno a si se dio algún impedimento para que el señor Allan Brewer Carías pudiera agotar los recursos de la jurisdicción interna, tema relacionado con la provisionalidad de los jueces en Venezuela, así como la imparcialidad e independencia de los jueces y fiscales en ese país.

10. En relación con la cuarta controversia, el debate giró en torno a si dichas solicitudes de nulidad debieron o pudieron ser resueltas aún con la ausencia del imputado. Respecto a si es necesario que el acusado se encuentre presente en la audiencia preliminar para que ésta pueda ser llevada a cabo existe un consenso entre las partes sobre este punto. En efecto, los representantes han indicado que "la audiencia preliminar no puede realizarse en ausencia del imputado, por ser un acto de juzgamiento" y que "es imprescindible la presencia del acusado". Teniendo como base que era necesaria la presencia del señor Brewer Carías para la realización de la audiencia preliminar, las partes debatieron sobre si el recurso de nulidad interpuesto debió ser resuelto antes de la audiencia preliminar o, por el contrario, al finalizar esta etapa procesal.

1.1 Posición del Estado

11. Al respecto, el Estado alegó la existencia de "[l]os recursos correspondientes a la fase intermedia establecida en el código orgánico procesal penal; asimismo, el agotamiento de la fase de juicio, de ser el caso, así como [la existencia de] recursos efectivos, [como] el de Apelación de Autos, de Sentencias Definitivas, de Reconsideración, de Casación, [y] de Revisión". Como posibles recursos, el Estado mencionó los recursos mencionados en el artículo 328 del vigente Código Orgánico Procesal Penal (en adelante COPP) de 4 de septiembre de 2009, el recurso de apelación (artículo 453 del Código Orgánico Procesal Penal), el recurso de casación (artículo 459 del Código Orgánico Procesal Penal), y el recurso de revisión (artículo 470 del Código Orgánico Procesal Penal).

12. Asimismo, el Estado argumentó que "la ausencia del [señor] Allan Brewer Carías ha imposibilitado la realización de la audiencia preliminar, [lo

cual] ha impedido el ejercicio de las acciones que establece el Código Orgánico Procesal Penal para que las partes intervinientes en el proceso puedan hacer valer sus derechos". Alegó que esta "es la oportunidad que tiene el imputado para negar, contradecir, argumentar los hechos y el derecho, replicar, contrarreplicar, recusar, hablar en todo momento con su defensor, sin que por ello implique la suspensión de la audiencia". Asimismo, consideró "insólito pretender que el Juez pueda resolver la solicitud de nulidad sin presencia del imputado y que luego se podría realizar la audiencia preliminar [dado que] esto conllevaría a la violación del debido proceso en su máxima expresión y de los propios derechos del [señor] Allan Brewer Carías".

13. El Estado alegó que el proceso penal no había avanzado por la ausencia del señor Brewer Carías, y que sin su presencia tampoco podía resolverse el recurso de nulidad. Por tanto, argumentó que la terminación del proceso penal y la presentación de recursos como la apelación, casación o revisión constituían los recursos idóneos para la presunta víctima.

14. Además, el Estado alegó que "no hay violación de derechos humanos en un juicio que nunca se inició, pues el peticionario se ausentó del país" y que "el COPP y la jurisprudencia de nuestro máximo Tribunal Supremo de Justicia ha determinado que la solicitud de nulidad interpuesta por los abogados del Doctor Brewer Carías tiene que ser decidido en la Audiencia Preliminar".

1.2 Posición de los representantes

15. Por su parte, los representantes de la presunta víctima arguyeron que "el único recurso judicial disponible contra la masiva violación del derecho al debido proceso" era el de nulidad absoluta por inconstitucionalidad de las actuaciones judiciales, con fundamento en el artículo 191 del Código Orgánico Procesal Penal. Además, controvirtieron el alegato del Estado según el cual el recurso no se ha resuelto debido a que debe decidirse en la audiencia preliminar, transcurriendo más de tres años sin que se hubiere celebrado la misma por causas que presuntamente no estarían relacionadas con la ausencia de la presunta víctima, lapso que consideraron que "demora injustificadamente" la decisión del recurso.

16. Los representantes consideraron que si bien el recurso de nulidad absoluta se cumple teóricamente con los requisitos establecidos en el artículo 25 de la Convención Americana (sencillo, rápido y efectivo), en el caso concreto "y dentro del marco de un Poder Judicial que carece de la imparcialidad para decidir", se ha configurado una "denegación de justicia", ya que han transcurrido siete años (al momento de presentación del Escrito de Solicitudes, Argumentos y Pruebas ante el Tribunal Interamericano) desde su interposición sin que siquiera se haya iniciado su tramitación.

17. Los representantes alegaron además, que dicho recurso constituye "el amparo en materia procesal penal" razón por la cual "si el recurso de amparo debe esperar, para su resolución a la celebración de una audiencia preli-

minar que puede diferirse indefinidamente [...] el recurso no sería en modo alguno sencillo y rápido; y si su decisión estuviera condicionada a que el [señor] Brewer Carías se entregue a sus perseguidores y sea privado de su libertad, el derecho internacional de los derechos humanos y la Convención en particular no permitirían considerarlo un recurso efectivo".

18.   Asimismo, los representantes alegaron acerca de la ausencia de la presunta víctima en la audiencia preliminar, que ello no impide la resolución del recurso de nulidad, considerando que el derecho del acusado a no ser enjuiciado en ausencia constituye "una garantía procesal que debe ser entendida siempre a favor del imputado o acusado y nunca en su contra". Agregaron que "los actos procesales que no se pueden realizar sin la presencia [de la presunta víctima] son aquellos que impliquen su juzgamiento, entre los cuales se encuentran la audiencia preliminar y el juicio oral y público [lo que] no obsta a que sí puedan cumplirse otras numerosas actuaciones judiciales que no implican su juzgamiento en ausencia [como] la solicitud de nulidad de todo lo actuado". Fundamentados en los artículos 327 y siguientes del Código Orgánico Procesal Penal reiteraron que la solicitud de nulidad por violación de las garantías procesales debe ser resuelta sin necesidad de que se celebre dicha audiencia y sin que se requiera la presencia del acusado.

19.   Alegaron también que en el expediente no hay "decisión o auto judicial alguno mediante el cual el Juez de Control haya expresado la imposibilidad de realizar la audiencia preliminar por la ausencia del [señor] Brewer Car[í]as".

20.   Los representantes concluyeron que: i) en el marco de la alegada situación estructural de provisionalidad de los jueces y fiscales en Venezuela, así como "[l]a reiterada y persistente violación del derecho a un juez independiente e imparcial en el proceso contra el profesor Brewer Carías, no controvertida tampoco por el Estado, comprueba que se negó a la [presunta] víctima el debido proceso legal, con lo que se configura la primera excepción a la exigencia del agotamiento de los recursos internos antes de acudir a la protección internacional de los derechos humanos (art. 46(2)(a) [de la Convención])", ii) "[l]a persistente y arbitraria negativa del Ministerio Público y de los diversos jueces que han conocido de una causa criminal incoada contra el [señor] Brewer Carías, de admitir y dar curso a los medios de prueba y recursos promovidos por los abogados de la víctima para proveer a su adecuada defensa en los términos del artículo 8 de la Convención, configura la segunda excepción a la exigencia del agotamiento de los recursos internos antes de acudir a la protección internacional de los derechos humanos (art. 46(2)(b) [de la Convención])", y iii)   "[l]a circunstancia de que el recurso de nulidad de todo lo actuado en el proceso, introducida el 8 de noviembre de 2005, no se haya resuelto para esta fecha, configura el supuesto de retardo indebido y configura la tercera excepción a la exigencia del agotamiento de los recursos internos antes de acudir a la protección internacional de los derechos humanos (art. 46(2)(c)".

21. Asimismo, en el expediente ante la justicia venezolana en el presente caso se constata que la defensa presentó dos escritos, mediante los cuales se solicitó la nulidad de lo actuado.[4] El primero de 4 de octubre de 2005, que se fundamenta en que: "el Fiscal General publicó un libro cuyo título es 'Abril comienza en octubre'", en el cual hace referencia a ciertas versiones de una persona según las cuales el señor Brewer sería el autor del "Decreto Carmona". En virtud de lo anterior, los representantes del señor Brewer Carías, consideraron en dicho escrito que "la investigación del presente caso ha sido adelantada por un ente cuyo máximo jerarca está absolutamente parcializado" y que por ende, habrían sido vulnerados "el derecho a la defensa, [a la] presunción de inocencia y el [...] proceso debido, todos de rango constitucional, lo que produce como consecuencia la nulidad de todos los actos adelantados por el Ministerio Público", solicitando al juez "a ejercer un verdadero control del proceso", ya que "las violaciones en que ha incurrido el Ministerio Público acarrean la nulidad absoluta de todas las actuaciones pues se trata de infracciones a los derechos y garantías constitucionales de nuestro representado, tal y como lo prevé el artículo 191 del COPP".

1.3 Posición de la Comisión Interamericana de Derechos Humanos

22. Por su parte, la Comisión Interamericana de Derechos Humanos (en adelante "la Comisión" o "la Comisión Interamericana") otorgó "especial relevancia en el análisis a la problemática de la provisionalidad de los jueces y fiscales, así como al riesgo que esta problemática implica para la satisfacción de las garantías de independencia e imparcialidad de que son titulares los y las justiciables y que, evidentemente, constituye el presupuesto institucional para que las personas cuenten con recursos idóneos y efectivos que les sea exigible agotar". Añadió que la problemática planteada en este caso tiene un carácter estructural y obedece a una situación de hecho del Poder Judicial que va mucho más allá de la regulación abstracta del proceso penal.

23. Al respecto, la Comisión destacó que "en la etapa de admisibilidad [...] el Estado no aportó una explicación satisfactoria sobre las razones de

---

4   Las nulidades en el Código Orgánico Procesal Penal se encuentran establecidas en el capítulo II, artículos 190 y 191 (expediente de anexos a la contestación, folio 20631). *Artículo 190* –Principio– no podrán ser apreciados para fundar una decisión judicial, al utilizar como presupuestos de ella, los actos cumplidos en contravención o con inobservancia de las formas y condiciones previstas en este Código, la Constitución de la República Bolivariana de Venezuela, las leyes, tratados, convenios y acuerdos internacionales suscritos por la República, salvo que el defecto haya sido subsanado o convalidado.
Artículo 191 – Nulidades absolutas – serán consideradas nulidades absolutas aquellas concernientes a la intervención, asistencia y representación del imputado en los casos y formas que este Código establezca, o las que impliquen inobservancia o violación de derechos y garantías fundamentales previstos en este Código, la Constitución de la República Bolivariana de Venezuela, las leyes y tratados, convenios o acuerdos internacionales suscritos por la República.

orden interno que impedían a las autoridades judiciales pronunciarse sobre los alegatos que sustentaban el recurso de nulidad ante la ausencia del señor Brewer Carías".

24. La Comisión también señaló que la falta de resolución del recurso de nulidad es un indicio de demora atribuible al Estado en cuanto a la resolución de los reclamos relativos al debido proceso que estuvieron presentados en el mismo y que los reclamos presentados en la jurisdicción interna con el recurso de nulidad deben ser analizados en el contexto del mismo y bajo el artículo 46.2.c. dado que había habido un retardo en la decisión respectiva, y que el lapso de más de tres años en la resolución del recurso era un factor que se encuadraba en la excepción prevista en razón de un retardo injustificado.[5] De esta forma, la Comisión consideró que "conforme al derecho interno de Venezuela no sería obligatorio esperar a la audiencia preliminar para resolver la solicitud de nulidad".

1.4 Criterio mayoritario respecto a la excepción preliminar de agotamiento de los recursos internos

25. En vista del debate anteriormente descrito, en la Sentencia se consideró que en este caso en el cual todavía se encuentra pendiente la audiencia preliminar y una decisión al menos de primera instancia, no era posible entrar a pronunciarse sobre la presunta vulneración de las garantías judiciales, debido a que todavía no habría certeza sobre cómo continuaría el proceso y si muchos de los alegatos presentados podrían ser subsanados a nivel interno.[6]

26. En relación con la controversia de si las solicitudes de nulidad presentadas por la defensa del señor Brewer Carías eran recursos idóneos y efectivos, el criterio mayoritario consideró que el proceso en contra del señor Brewer Carías se encuentra todavía en la etapa intermedia, por cuanto la audiencia preliminar no se ha llevado a cabo y no se ha dado, entonces, inicio al juicio oral, por lo que en la Sentencia se constató que el proceso penal se encuentra en una "etapa temprana" (primera vez en su historia que la Corte utiliza este concepto). Dado lo anterior, el criterio mayoritario estimó que no es posible en esas circunstancias analizar el impacto negativo que una decisión pueda tener si ocurre en etapas tempranas del proceso debido a que dichas decisiones pueden ser corregidas por medio de las acciones o recursos internos.[7]

27. El criterio mayoritario consideró además que de un alegado contexto estructural de provisionalidad del poder judicial no se puede derivar la aplica-

---

5   Informe de Admisibilidad N° 97/09, Petición 84-07, Allan R. Brewer Carías, Venezuela, 8 de septiembre de 2009, párr. 89 (expediente de anexos al informe, apéndice, tomo IV, folio 3629).

6   *Cfr.* párr. 89 de la Sentencia.

7   *Cfr.* párr. 97 de la Sentencia.

ción directa de la excepción contenida en el artículo 46.2.a de la Convención Americana, pues ello implicaría que a partir de una argumentación de tipo general sobre la falta de independencia o imparcialidad del poder judicial no fuera necesario cumplir con el requisito del previo agotamiento de los recursos internos.[8]

28. Asimismo, en la Sentencia se señaló que debido a que el momento procesal en el que se encuentra el presente caso impedía una conclusión *prima facie* respecto al impacto de la provisionalidad en la garantía de independencia judicial en orden a establecer como procedente una excepción al agotamiento de los recursos internos basada en el artículo 46.2.b de la Convención Americana, por lo que en este caso no era aplicable dicha excepción.[9]

29. Teniendo en consideración la discusión anteriormente señalada, respecto del momento en que debían ser resueltas las solicitudes de nulidad, en la Sentencia se constató que existen dos interpretaciones sobre el momento procesal en que se debería resolver las solicitudes de nulidad presentadas. La afirmación de que la nulidad debía ser decidida en un plazo de tres días fue sustentada por los representantes al considerar aplicable el artículo 177 del Código Orgánico Procesal Penal, mientras que el alegato del Estado según el cual era necesario esperar hasta la realización de la audiencia preliminar para decidir sobre las mencionadas solicitudes se fundamenta en el artículo 330 del mismo Código. En defensa y como sustento de sus posiciones al respecto, las partes presentaron varios testigos y peritos sobre este punto, así como jurisprudencia que validaba ambas posiciones.[10]

30. Sin embargo, la Corte se decantó por la tesis del Estado al considerar que teniendo en cuenta el contenido, las características, complejidad y extensión del escrito presentado el 8 de noviembre de 2005, las solicitudes de nulidad no son de las que deban resolverse en el plazo de tres días señalado en el artículo 177 del referido Código Orgánico Procesal Penal.[11]

31. Asimismo, el criterio mayoritario concluyó que la ausencia de la presunta víctima ha conllevado que la audiencia preliminar no se haya realizado, por lo que es posible afirmar que el retardo en la resolución de las nulidades sería imputable a su decisión de no someterse al proceso y conlleva un impacto en el análisis del retardo injustificado o plazo razonable.

32. De esta manera, en la Sentencia se acogió la excepción preliminar presentada por el Estado venezolano, dado que consideró que en el presente caso no fueron agotados los recursos idóneos y efectivos y que no procedían

---

8 *Cfr.* párr. 105 de la Sentencia.

9 *Cfr.* párrs. 111 y 112 de la Sentencia.

10 *Cfr.* párrs. 118 a 127 de la Sentencia.

11 *Cfr.* párrs. 130 a 133 de la Sentencia.

las excepciones al requisito de previo agotamiento de dichos recursos. En consecuencia, decidió que no procedía continuar con el análisis de fondo.

2. Disidencia

33.   Nuestra disidencia radica concretamente en las consideraciones realizadas en la Sentencia acerca de: (1) la presentación de los recursos idóneos y efectivos para agotar la jurisdicción interna (art. 46.1.a, de la CADH); y (2) las excepciones a la regla del previo agotamiento de los recursos internos (art. 46.2de la CADH). A continuación procederemos a exponer nuestras consideraciones al respecto.

2.1   *Presentación de los recursos idóneos y efectivos para agotar la jurisdicción interna*

34.   El criterio mayoritario ha considerado que las dos solicitudes de nulidad absoluta presentadas en el proceso penal por los representantes del señor Brewer Carías, no constituyen un recurso idóneo para agotar la jurisdicción interna ya que no se interpusieron los recursos que el Estado señaló como adecuados, a saber, el recurso de apelación establecido en el artículo 453 del Código Orgánico Procesal Penal, el recurso de casación señalado en el artículo 459 del mismo ordenamiento, y el recurso de revisión indicado en el artículo 470 del citado Código, entre otros.

35.   Asimismo, en la Sentencia se ha señalado que el proceso penal seguido en contra del señor Brewer Carías se encuentra en una "etapa temprana", al encontrarse pendiente la audiencia preliminar y una decisión al menos de primera instancia. Lo anterior conlleva, según el criterio mayoritario, que no es posible analizar el impacto negativo que una decisión pueda tener si ocurre en etapas tempranas del proceso, cuando estas decisiones pueden ser subsanadas o corregidas por medio de los recursos o acciones que se estipulen en el ordenamiento interno.

2.1.a   *La presentación de la excepción en el momento procesal oportuno*

36.   En primer lugar, debemos señalar que no pasa inadvertido que en el procedimiento ante la Comisión Interamericana, en su etapa de admisibilidad, el Estado en realidad no precisó cuáles eran los recursos efectivos e idóneos y se limitó a señalar, de manera genérica, que no hay todavía una sentencia de primera instancia que posibilitara la presentación de los recursos de apelación de autos, apelación de sentencia definitiva, revocación, casación, revisión en materia penal, amparo y revisión constitucional. Lo que en realidad hace el Estado es simplemente mencionar todos los recursos disponibles en las distintas etapas del proceso, pero no se refiere, específicamente, a los recursos de nulidad y de si eran éstos los recursos idóneos y efectivos.[12]

---

12   Escritos de 25 y 31 de agosto de 2009 del Estado ante la Comisión Interamericana.

37.   Recordemos que la carga procesal la tiene el Estado demandando. En efecto, ha sido jurisprudencia constante de la Corte que una objeción al ejercicio de su jurisdicción basada en la supuesta falta de agotamiento de los recursos internos debe ser presentada en el momento procesal oportuno,[13] esto es, durante las primeras etapas del procedimiento de admisibilidad ante la Comisión;[14] por lo cual se entiende que luego de dicho momento procesal oportuno opera el principio de preclusión procesal.[15] Además de que corresponde al Estado, al alegar la falta de agotamiento de los recursos internos, señalar en esa debida oportunidad los recursos que deben agotarse y su efectividad.[16] El Tribunal Interamericano ha estimado que la interpretación que ha dado al artículo 46.1.a) de la Convención Americana por más de dos décadas es conforme al Derecho Internacional.[17]

38.   Como lo ha expresado de manera constante el Tribunal Interamericano "para que proceda una excepción preliminar a la falta de agotamiento de los recursos internos, el Estado que presenta esta excepción debe especificar los recursos internos que aún no se han agotado, y demostrar que estos recursos se encontraban disponibles y eran adecuados, idóneos y efectivos".[18] (Subrayado añadido).

39.   En el caso concreto, en la etapa de admisibilidad ante la Comisión Interamericana, el Estado no expresa en modo alguno consideración sobre los recursos de nulidad absoluta de actuaciones por violación a derechos fundamentales -de fechas 4 y 8 de noviembre de 2005, respectivamente-, ni mucho menos señala el por qué dichos recursos no son los adecuados, idóneos y efectivos, limitándose de manera genérica a señalar todos los recursos exis-

---

13   Cfr. Caso Velásquez Rodríguez Vs. Honduras. Excepciones Preliminares. Sentencia de 26 de junio de 1987. Serie C N° 1, párr. 88; y Caso Mémoli Vs. Argentina. Excepciones Preliminares, Fondo, Reparaciones y Costas. Sentencia de 22 de agosto de 2013. Serie C N° 265, párr. 47.

14   Cfr. Caso Herrera Ulloa Vs. Costa Rica. Excepciones Preliminares, Fondo, Reparaciones y Costas. Sentencia de 2 de julio de 2004. Serie C N° 107, párr. 81; y Caso Mémoli Vs. Argentina. Excepciones Preliminares, Fondo, Reparaciones y Costas. Sentencia de 22 de agosto de 2013. Serie C N° 265, párr. 47.

15   Caso Mémoli Vs. Argentina. Excepciones Preliminares, Fondo, Reparaciones y Costas. Sentencia de 22 de agosto de 2013. Serie C N° 265, párr. 47.

16   Cfr. Caso Velásquez Rodríguez Vs. Honduras. Excepciones Preliminares. Sentencia de 26 de junio de 1987. Serie C N° 1, párrs. 88 y 91; y Caso Mémoli Vs. Argentina. Excepciones Preliminares, Fondo, Reparaciones y Costas. Sentencia de 22 de agosto del 2013. Serie C N° 265, párrs. 46 y 47.

17   Caso Masacre de Santo Domingo Vs. Colombia. Excepciones Preliminares, Fondo y Reparaciones. Sentencia de 30 de noviembre de 2012. Serie C N° 259, párr. 34.

18   Cfr.Caso Velásquez Rodríguez. Vs. Honduras. Excepciones Preliminares. Sentencia de 26 de junio de 1987. Serie C N° 1, párrs. 88 y 91; y Caso Mémoli, Excepciones Preliminares, Fondo, Reparaciones y Costas. Sentencia de 22 de agosto de 2013. Serie C, N° 265, párrs. 46 y 47.

tentes en la legislación venezolana en el proceso penal. Ante esta situación, consideramos que es claro que debió seguirse la jurisprudencia constante de la Corte en la materia, ya que "al alegar la falta de agotamiento de los recursos internos corresponde al Estado señalar en esa debida oportunidad los recursos que deben agotarse y su efectividad.[19] De esta forma, no es tarea de la Corte, ni de la Comisión, identificar *ex officio* cuáles son los recursos internos pendientes de agotamiento. El Tribunal resalta que no compete a los órganos internacionales subsanar la falta de precisión de los alegatos del Estado".[20]

2.1.b La idoneidad de los recursos en el presente caso

40. En segundo lugar, respecto al criterio mayoritario relativo a que las solicitudes de nulidad no son recursos idóneos, observamos, primeramente, que fueron presentados, por parte de los representantes del señor Allan Brewer Carías, dos recursos de nulidad absoluta de actuaciones. El primero de ellos, de 4 de octubre de 2005[21] -en la "etapa preparatoria"- ni siquiera fue tramitado y menos aún resuelto. El segundo recurso de nulidad, de 8 de noviembre de 2005,[22] como respuesta a la acusación de la Fiscal (momento en que da inicio la "etapa intermedia" del proceso) impugnaba, entre otras cosas, la no tramitación y respuesta del primer recurso de nulidad. Este segundo recurso de nulidad tampoco fue tramitado ni resuelto según se advierte de autos.[23]

---

19   *Cfr. Caso Velásquez Rodríguez. Excepciones Preliminares.* Sentencia de 26 de junio de 1987. Serie C N° 1, párr. 88; y *Caso Mémoli Vs. Argentina, Excepciones Preliminares, Fondo, Reparaciones y Costas.* Sentencia de 22 de agosto de 2013. Serie C N° 1, párr. 47.

20   *Cfr. Caso Reverón Trujillo Vs. Venezuela. Excepción Preliminar, Fondo, Reparaciones y Costas.* Sentencia de 30 de junio de 2009. Serie C N° 197, párr. 23, *y Caso Artavia Murillo y otros (Fecundación in vitro) Vs. Costa Rica. Excepciones Preliminares, Fondo, Reparaciones y Costas.* Sentencia de 28 noviembre de 2012 Serie C N° 257, párr. 23.

21   La solicitud de nulidad absoluta de todo lo actuado de la investigación, está suscrito el 4 de octubre 2005 y según aparece en autos "consignado ayer (6) seis de octubre ante el Juez 25 de Control", apareciendo la leyenda "recibido" el día 7 del mismo mes y año. *Cfr.* Expediente de anexos a la contestación del Estado, folio 1407.

22   Según consta en autos, el segundo recurso de nulidad fue suscrito el 8 de noviembre de 2005, acordándose "abrir una nueva pieza la cual se denominará TRIGÉSIMA (30°) PIEZA" de "DOSCIENTOS SETENTA Y DOS (272) FOLIOS ÚTILES, incluyendo el presente auto", mediante decisión del JUZGADO VIGÉSIMO QUINTO DE PRIMERA INSTANCIA EN FUNCIÓN DE CONTROL DEL CIRCUITO JUDICIAL PENAL DEL ÁREA METROPOLITANA DE CARACAS. *Cfr.* expediente de anexos a la contestación del Estado, folio 14675.

23   El Estado aportó copia de todo el expediente del proceso penal interno ante la Corte Interamericana. Según se advierte no existe providencia o decisión alguna que siquiera haya admitido a trámite los escritos de nulidad absoluta de actuaciones presentados por los representantes de las presuntas víctimas.

41. Es evidente que no hubo tramitación ni respuesta a estos recursos de nulidad, que en ese momento procesal representaban el recurso idóneo y efectivo a la luz de la jurisprudencia histórica del Tribunal Interamericano. El pretender esperar a que se lleve a cabo la audiencia preliminar y todo el proceso, para luego impugnar la sentencia de primera instancia constituye, en definitiva, un retardo injustificado desde la perspectiva del derecho internacional, si se tiene en cuenta que han pasado más de siete años.

42. Conforme lo han señalado los representantes -criterio que compartimos-, el recurso de nulidad constituye, por su naturaleza, "el amparo en materia procesal penal" razón por la cual "si el recurso de amparo debe esperar, para su resolución a la celebración de una audiencia preliminar que puede diferirse indefinidamente [...] el recurso no sería en modo alguno sencillo y rápido". En este sentido, tal y como consta en el expediente, una sentencia de la Sala Constitucional venezolana de 6 de febrero de 2003, señala que:[24]

[... E]l accionante contaba con un medio procesal preexistente, <u>tanto o más idóneo, expedito, abreviado y desembarazado que la misma acción de amparo</u>, como era, conforme al artículo 212 del antedicho Código, <u>la solicitud de nulidad</u> de la misma decisión contra la cual ha ejercido la presente acción tutelar; pretensión esta que debía ser decidida, incluso, como una cuestión de mero derecho, mediante auto que debía ser dictado dentro del lapso de tres días que establecía el artículo 194 (ahora, 177) de la ley adjetiva; vale decir, en términos temporales, <u>esta incidencia de nulidad absoluta tendría que haber sido sustanciada y decidida en un lapso ostensiblemente menor que el que prevé la ley, en relación con el procedimiento de amparo.</u>*(Subrayado añadido).*

43. En otras palabras, el recurso de nulidad absoluta de todo lo actuado, cuando se trata de vulneración del debido proceso que involucra derechos fundamentales, como amparo en materia penal, debería ser, conforme el artículo 25 de la Convención Americana, un recurso efectivo, sencillo y rápido ante los jueces o tribunales competentes, que ampare contra actos que violen sus derechos fundamentales reconocidos por la Constitución, la ley o la Convención.

44. Con base en las anteriores consideraciones, queda claro, a nuestro parecer, que los recursos de nulidad interpuestos por los representantes del señor Brewer en el proceso penal interno, se constituyen en recursos idóneos y efectivos, incluso más efectivos que un recurso de amparo en el caso concreto -conforme a la propia jurisprudencia de la Sala Constitucional transcrita-.[25] Esto, independientemente que en el caso concreto se pudiera advertir, al analizar el fondo, que estos recursos de nulidad ni siquiera fueron sustanciados por el Estado. Asimismo, las argumentaciones y consideraciones en este

---

24 Transcrita, en la parte conducente, en el párr. 125 de la Sentencia.
25 Véase *supra*, párr. 42 del presente voto conjunto disidente.

aspecto, debieron ser interpretadas por la Corte de acuerdo con el artículo 29 de la Convención Americana, el cual establece una interpretación preferentemente *pro homine*. En efecto, tal y como lo ha establecido el Tribunal Interamericano:[26]

"es necesario recalcar que el sistema de protección internacional debe ser entendido como una integralidad, principio recogido en el artículo 29 de la Convención Americana, el cual impone un marco de protección que siempre da preferencia a la interpretación o a la norma que más favorezca los derechos de la persona humana, objetivo angular de protección de todo el Sistema Interamericano. En este sentido, la adopción de una interpretación restrictiva en cuanto al alcance de la competencia de este Tribunal no sólo iría contra el objeto y fin de la Convención, sino que además afectaría el efecto útil del tratado mismo y de la garantía de protección que establece, con consecuencias negativas para la presunta víctima en el ejercicio de su derecho de acceso a la justicia". *(Subrayado añadido).*

45.   De esta forma, al no demostrarse cuál recurso específicamente era el idóneo, ni acreditarse plenamente el dicho del Estado respecto a la falta de idoneidad del recurso interpuesto, la excepción preliminar de falta de agotamiento de los recursos internos no debió ni siquiera ser analizada.

2.1.c   *Sobre la denominada "etapa temprana" como pretendido nuevo elemento en la regla del agotamiento de los recursos internos*

46.   En tercer lugar, no consideramos procedente el criterio mayoritario respecto a que el proceso penal se encuentra aún en una "etapa temprana" (nuevo concepto acuñado en la Sentencia y en la jurisprudencia) y que ello conlleva a que no es posible analizar el impacto negativo que una decisión pueda tener, cuando éstas pueden ser subsanadas o corregidas por medio de los recursos o acciones que se estipulen en el ordenamiento interno en etapas posteriores.

47.   Esta consideración contradice la línea jurisprudencial del propio Tribunal Interamericano en sus más de veintiséis años de jurisdicción contenciosa, desde su primera resolución en la temática de agotamiento de los recursos internos como es el caso *Velásquez Rodríguez Vs. Honduras,*[27] creando así un preocupante precedente contrario a su misma jurisprudencia y al derecho de acceso a la justicia en el sistema interamericano.

---

26   *Cfr. Caso Radilla Pacheco Vs. México. Excepciones Preliminares, Fondo, Reparaciones y Costas.* Sentencia de 23 de noviembre de 2009. Serie C N° 209, párr. 24.

27   *Caso Velásquez Rodríguez Vs. Honduras.* Excepciones Preliminares. Sentencia de 26 de junio de 1987. Serie C N° 1.

48.   En efecto, en su primer caso contencioso en el año 1987, el caso *Velásquez Rodríguez*, la Corte consideró lo siguiente:

91. La regla del previo agotamiento de los recursos internos en la esfera del derecho internacional de los derechos humanos, tiene ciertas implicaciones que están presentes en la Convención. En efecto, según ella, los Estados Partes se obligan a suministrar recursos judiciales efectivos a las víctimas de violación de los derechos humanos (art. 25), recursos que deben ser sustanciados de conformidad con las reglas del debido proceso legal (art. 8.1), todo ello dentro de la obligación general a cargo de los mismos Estados, de garantizar el libre y pleno ejercicio de los derechos reconocidos por la Convención a toda persona que se encuentre bajo su jurisdicción (art. 1). Por eso, cuando se invocan ciertas excepciones a la regla de no agotamiento de los recursos internos, como son la inefectividad de tales recursos o la inexistencia del debido proceso legal, <u>no sólo se está alegando que el agraviado no está obligado a interponer tales recursos, sino que indirectamente se está imputando al Estado involucrado una nueva violación a las obligaciones contraídas por la Convención.</u> **En tales circunstancias la cuestión de los recursos internos se aproxima sensiblemente a la materia de fondo.** *(El subrayado y resaltado añadidos).*

49.   En la Sentencia se hace referencia al *caso Velázquez Rodríguez* en donde cabe resaltar que si bien la Corte reconoció que "el mero hecho de que un recurso interno no produzca un resultado favorable al reclamante no demuestra, por sí solo, la inexistencia o el agotamiento de todos los recursos internos eficaces, pues podría ocurrir, por ejemplo, que el reclamante no hubiera acudido oportunamente al procedimiento apropiado";[28] también en el referido precedente se agregó que:

"68. El asunto toma otro cariz [...] cuando se demuestra que <u>los recursos son rechazados sin llegar al examen de la validez de los mismos,</u> o por razones fútiles, o si se comprueba la existencia de una práctica o política ordenada o tolerada por el poder público, cuyo efecto es el de impedir a ciertos demandantes la utilización de los recursos internos que, normalmente, estarían al alcance de los demás. <u>En tales casos el acudir a esos recursos se convierte en una formalidad que carece de sentido. Las excepciones del artículo 46.2 serían plenamente aplicables en estas situaciones y eximirían de la necesidad de agotar recursos internos que, en la práctica, no pueden alcanzar su objeto"[29].(Subrayado añadido).</u>

---

28   *Caso Velásquez Rodríguez Vs. Honduras. Excepciones Preliminares.* Sentencia de 26 de junio de 1987. Serie C N° 1, párr. 67.

29   *Caso Velásquez Rodríguez Vs. Honduras. Excepciones Preliminares.* Sentencia de 26 de junio de 1987. Serie C N° 1, párr. 68.

50. En el presente caso, los representantes del señor Brewer utilizaron los medios de impugnación previstos en la legislación venezolana -recursos de nulidad absoluta- para poder garantizar sus derechos fundamentales en el procedimiento penal; en la Sentenciase sostiene que el procedimiento en el proceso penal venezolano llevado contra el señor Brewer Carias se encuentra en una "etapa temprana" por lo que quedaban pendientes otros recursos internos en etapas posteriores que podrían haber garantizado sus derechos. En palabras del criterio mayoritario:

"[E]n este caso en el cual todavía se encuentra pendiente la audiencia preliminar y una decisión al menos de primera instancia, no es posible entrar a pronunciarse sobre la presunta vulneración de las garantías judiciales, debido a que todavía no habría certeza sobre como continuaría el proceso y si muchos de los alegatos presentados podrían ser subsanados a nivel interno. Lo anterior, sin perjuicio del posible análisis que se pueda hacer respecto al alegado retardo injustificado o plazo razonable", tomando en consideración que "el proceso en contra del señor Brewer Carías se encuentra todavía en la fase intermedia, por cuanto la audiencia preliminar no se ha llevado a cabo y no se ha dado, entonces, inicio al juicio oral, por lo que el Tribunal constata que el proceso penal se encuentra en una etapa temprana. Lo anterior conlleva que no es posible analizar el impacto negativo que una decisión pueda tener si ocurre en etapas tempranas, cuando estas decisiones pueden ser subsanadas o corregidas por medio de los recursos o acciones que se estipulen en el ordenamiento interno"[30]. (Subrayado añadido).

51. Además, en lo tocante a los recursos de la fase intermedia y juicio oral el criterio mayoritario sostuvo que:

"Debido a la etapa temprana en que se encuentra el proceso, fueron interpuestas por la defensa del señor Brewer Carías las diversas solicitudes de nulidad [...]. Sin embargo, no se interpusieron los recursos que el Estado señaló como adecuados, a saber el recurso de apelación establecido en los artículos 451 a 158 del COPP, el recurso de casación señalado en los artículos 459 a 469 del COPP, y el recurso de revisión indicado en los artículos 470 a 477 del COPP. En efecto, el Estado alegó sobre este punto la existencia de "[l]os recursos correspondientes a la fase intermedia establecida en el código orgánico procesal penal; asimismo, el agotamiento de la fase de juicio, de ser el caso, así como [la existencia de] recursos efectivos, [como] el de Apelación de Autos, de Sentencias Definitivas, de Reconsideración, de Casación, [y] de Revisión".[31] (Subrayado añadido).

---

30 Párrs. 88 y 96 de la Sentencia.
31 Párr. 97 de la Sentencia.

52.   En el *Caso Díaz Peña Vs. Venezuela* -que se utiliza en la Sentencia-[32] la Corte señaló que "solicitudes interpuestas por la defensa como las solicitudes de nulidad por incumplimiento de formas y condiciones legales o la nulidad de una experticia ofrecida por el Ministerio Público tampoco podrían implicar que haya operado el agotamiento de los recursos internos"[33] y "el recurso adecuado a su respecto era la apelación de la sentencia que se dictase al término del proceso[,]sin perjuicio de la posibilidad de impugnación por excesiva duración del proceso". En primer lugar, el precedente sentado en el *Caso Díaz Peña* constituye un precedente aislado que no se había utilizado con posterioridad; en segundo lugar, a diferencia de dicho precedente en donde se había interpuesto el recurso de amparo y, por lo tanto, se estimó que el recurso de apelación hubiera agotado los recursos internos, en el caso *sub judice* debido a la etapa procesal en la que se encontraba el procedimiento penal contra el señor Allan Brewer Carias los recursos de nulidad interpuestos eran los que debían agotarse para poder subsanar las violaciones que se habían producido durante la etapa preliminar de investigación. Evidentemente al no ser tramitados y mucho menos existir pronunciamiento sobre los recursos de nulidad absoluta presentados, no se podía acceder a los recursos previstos en las etapa intermedia y de juicio oral que contempla la legislación venezolana.

53.   Por otra parte, no debe pasar inadvertido que en realidad el Estado no cuestionó la efectividad de los recursos de nulidad pues solo se limitó a señalar que aún quedaban pendientes "[l]os recursos correspondientes a la fase intermedia establecida en el código orgánico procesal penal; asimismo, el agotamiento de la fase de juicio, de ser el caso, así como [la existencia de] recursos efectivos, [como] el de Apelación de Autos, de Sentencias Definitivas, de Reconsideración, de Casación, [y] de Revisión".[34] Es decir, sobre los recursos de nulidad absoluta interpuestos el Estado no refirió que no fueran los recursos adecuados y efectivos que debían de agotarse, sino que, por el contrario, se limitó a señalar los recursos pendientes que debían agotarse en etapas posteriores.

54.   Consideramos que los dos recursos de nulidad absoluta interpuestos por la defensa del señor Brewer Carías, como lo hemos mencionado -véase *supra* párrs. 40 a 44 del presente voto- claramente eran los recursos idóneos, adecuados y efectivos que debían agotarse en el momento procedimental en el que se encontraba el proceso penal, pues tenían como finalidad remediar los derechos fundamentales que hubieran sido vulnerados en la etapa de investigación; y, por lo tanto, al no ser ni siquiera tramitados ninguno de los dos recursos de nulidad interpuestos desde el 2005 se configura de manera indu-

---

32   Párr. 89 de la Sentencia.

33   *Cfr. Caso Díaz Peña Vs. Venezuela. Excepciones preliminares, Fondo, Reparaciones y Costas.* Sentencia de 26 de junio de 2012, Serie C N° 244, párr. 90 y 124.

34   Párr. 17 de la Sentencia.

dable, a nuestro entender, la excepción aplicable en el articulo 46.2.c de la Convención Americana desde la perspectiva del Derecho internacional.

55. Al respecto, la jurisprudencia de este Tribunal Interamericano ha sido constante al analizar la aplicación de las excepciones previstas en el artículo 42.6 de la Convención. En algunos casos ha desestimado la excepción preliminar o bien ha determinado que las cuestiones relativas al agotamiento y efectividad de los recursos internos aplicables deberían ser resueltas junto con las cuestiones de fondo. Así, la aplicación de las excepciones al agotamiento de los recursos internos han sido consideradas *en su conjunto*,[35] por el retardo injustificado durante las investigaciones o procedimientos[36] y la ausencia de recursos adecuados y efectivos.[37] Incluso, la Corte señaló en el *Caso Gomes Lund y otros (Guerrilha do Araguaia) Vs. Brasil* que "[a]lmomento en que la Comisión emitió su Informe [de Admisibilidad], [habían] pasados más de 19 años del inicio de [la Acción Ordinaria y] no había una decisión definitiva del fondo en el ámbito interno. Por ello, la Comisión concluyó que el retardo del proceso no podía ser considerado razonable", de este modo "el Tribunal no [encontró] elementos para modificar [...] lo resuelto por la Comisión Interamericana. Aunado a ello,[...] la Corte observ[ó] que los alegatos del Estado relativos a la eficacia del recurso y a la inexistencia de un retardo injustificado en la Acción Ordinaria versa[ban] sobre cuestiones relacionadas con el fondo del caso, puesto que controvierten los alegatos relacionados con la presunta violación de los artículos 8, 13 y 25 de la Convención Americana".*(Subrayado añadido)*. En consecuencia [tanto la Comisión y la Corte] consideraron que no se podía exigir el requisito del

---

35 *Caso Velásquez Rodríguez Vs. Honduras. Excepciones Preliminares.* Sentencia de 26 de junio de 1987. Serie C N° 1, párr. 95; *Caso Fairén Garbi y Solís Corrales Vs. Honduras. Excepciones Preliminares.* Sentencia de 26 de junio de 1987. Serie C N° 2, párr. 94 y *Caso Godínez Cruz Vs. Honduras. Excepciones Preliminares.* Sentencia de 26 de junio de 1987. Serie C N° 3, párr. 97.

36 *Caso Genie Lacayo Vs. Nicaragua. Excepciones Preliminares.* Sentencia de 27 de enero de 1995. Serie C N° 21, párrs. 29, 30 y 31; *Caso Las Palmeras Vs. Colombia. Excepciones Preliminares.* Sentencia de 4 de febrero de 2000. Serie C N° 67, párrs. 38 y 39; *Caso Juan Humberto Sánchez Vs. Honduras.*Sentencia de 7 de junio de 2003. Serie C N° 99, párr. 68 y 69; *Caso Heliodoro Portugal Vs. Panamá.* Excepciones Preliminares, Fondo, Reparaciones y Costas. Sentencia de 12 de agosto de 2008. Serie C N° 186, párr. 19 y 20; *Caso Ríos y otros Vs. Venezuela. Excepciones Preliminares, Fondo, Reparaciones y Costas.* Sentencia de 28 de enero de 2009. Serie C N° 194, párr. 39; *Caso Anzualdo Castro Vs. Perú.* Excepción Preliminar, Fondo, Reparaciones y Costas. Sentencia de 22 de Septiembre de 2009. Serie C N° 202, párr. 19; *Caso Gomes Lund y otros (Guerrilha do Araguaia) Vs. Brasil. Excepciones Preliminares, Fondo, Reparaciones y Costas.* Sentencia de 24 de noviembre de 2010. Serie C N° 219, párr. 42 y *Caso Osorio Rivera Vs. Perú. Excepciones Preliminares, Fondo, Reparaciones y Costas.* Sentencia de 26 de noviembre de 2013, Serie C N° 275, párr. 23.

37 *Caso Díaz Peña Vs. Venezuela. Excepciones preliminares, Fondo, Reparaciones y Costas.* Sentencia de 26 de junio de 2012, Serie C N° 244, párr. 126.

agotamiento de los recursos internos y aplicó al caso el artículo 46.2.c de la Convención.[38]

56. La nueva teoría de la "etapa temprana" utilizada en la presente Sentencia representa un retroceso que afecta al sistema interamericano en su integralidad, en cuanto a los asuntos ante la Comisión Interamericana y casos pendientes por resolver por la Corte, toda vez que tiene consecuencias negativas para las presuntas víctimas en el ejercicio del derecho de acceso a la justicia. Aceptar que en las "etapas tempranas" del procedimiento no puede determinarse alguna violación(porque eventualmente puedan ser remediadas en etapas posteriores) crea un precedente que implicaría graduar la gravedad de las violaciones atendiendo a la etapa del procedimiento en la que se encuentre; más aún, cuando es el propio Estado el que ha causado que no se hayan agotado los recursos internos en el presente caso, dado que ni siquiera dio trámite a los recursos de nulidad de actuaciones -de 4 y 8 de noviembre de 2005- por violación a derechos fundamentales. De esta forma, acoger la excepción preliminar es ir en contra de los criterios señalados por este Tribunal Interamericano desde el *Caso Velásquez Rodríguez* en donde se consideró que:

"[S]i la Corte acogiera la excepción opuesta por el Gobierno y declarara que quedan recursos internos efectivos por oponer, se estaría adelantando sobre la cuestión de fondo, sin haber recibido las pruebas y argumentos que la Comisión ha ofrecido, así como los que el Gobierno pudiere proponer. Si, en cambio, declarara que los recursos internos efectivos se han agotado o que no existieron, estaría prejuzgando sobre el fondo en contra del Estado involucrado".[39]

57. Por otra parte, sobre la expresión utilizada en la presente Sentencia sobre el análisis de "cuestiones de pura admisibilidad",[40] la Corte en su jurisprudencia constante ha entendido que:

[e]n primer lugar, la Corte ha señalado que la <u>falta de agotamiento de recursos es una cuestión de pura admisibilidad y que el Estado que la alega debe indicar los recursos internos que es preciso agotar, así como acreditar que esos recursos son efectivos</u>[41]. En segundo término, a fin de

---

38 *Caso Gomes Lund y otros (Guerrilha do Araguaia) Vs. Brasil. Excepciones Preliminares, Fondo, Reparaciones y Costas.* Sentencia de 24 de noviembre de 2010. Serie C N° 219, párr. 42.

39 *Caso Velásquez Rodríguez Vs. Honduras. Excepciones Preliminares.* Sentencia de 26 de junio de 1987. Serie C N° 1, párr. 95.

40 Cfr. párr. 101 de la Sentencia.

41 *Caso Velásquez Rodríguez Vs. Honduras. Excepciones Preliminares.* Sentencia de 26 de junio de 1987. Serie C N° 1, párr. 88; *Caso Nogueira Carvalho y otro Vs. Brasil. Excepciones Preliminares y Fondo.* Sentencia de 28 de noviembre de 2006. Serie C N° 161, párr. 51; y *Caso Almonacid Arellano y otros Vs. Chile. Excepciones Prelimi-*

que sea oportuna la excepción sobre el no agotamiento de los recursos internos debe alegarse en la primera actuación del Estado durante el procedimiento ante la Comisión; de lo contrario, se presume que el Estado ha renunciado tácitamente a presentar dicho argumento. En tercer lugar, el Estado demandado puede renunciar en forma expresa o tácita a la invocación de la falta de agotamiento de los recursos internos[42]. *(Subrayado añadido)*.

58.   En el presente caso, las cuestiones de "pura admisibilidad", tal como se han entendido por la jurisprudencia de esta Corte, se refieren a la interposición y señalamiento en el momento procesal oportuno del procedimiento ante la Comisión Interamericana; sin embargo, el análisis de estas cuestiones no pueden ser analizadas de manera autónoma de las cuestiones de fondo, especialmente cuando se involucran alegatos de presuntas violaciones al debido proceso y garantías judiciales, pues como la Comisión señaló "las excepciones a la regla del agotamiento de los recursos internos previstas en el artículo 46.2 de la Convención se encuentra estrechamente ligada a la determinación de posibles violaciones a ciertos derechos allí consagrados, tales como las garantías de acceso a la justicia".[43]

59.   Separar los aspectos estrictamente de admisibilidad con los de fondo, como se pretende en la Sentencia, resulta una cuestión por demás artificiosa en el presente caso, porque para determinar si operan las excepciones a la regla del agotamiento de los recursos internos, indefectiblemente implica el análisis de aspectos sustantivos relacionados con el "debido proceso legal", "acceso a los recursos de jurisdicción interna" o al "retardo injustificado" de los mismos, excepciones previstas en el artículo 46.2, incisos a), b) y c), íntimamente relacionadas con los derechos previstos con los artículos 8 y 25 del Pacto de San José, que fueron motivo de alegatos específicos y de controversia por las partes.

60.   En este sentido, como lo ha señalado en muchos casos este Tribunal Interamericano, en el *Caso Salvador Chiriboga Vs. Ecuador,* debido a que la interposición de recursos por la Comisión en el procedimiento ante el sistema interamericano tenía relación directa con el fondo, decidió que "[e]l alegato relacionado con el retardo injustificado en algunos de los procesos judiciales presentados por los hermanos Salvador Chiriboga y el Estado,ést[os] ser[ían]

---

nares, Fondo, Reparaciones y Costas. Sentencia de 26 de septiembre de 2006. Serie C N° 154, párr. 64.

42   *Caso Velásquez Rodríguez Vs. Honduras. Excepciones Preliminares.* Sentencia de 26 de junio de 1987. Serie C N° 1, párr. 88; *Caso Nogueira Carvalho y otro Vs. Brasil. Excepciones Preliminares y Fondo.* Sentencia de 28 de noviembre de 2006. Serie C N° 161, párr. 51; y *Caso Almonacid Arellano y otros Vs. Chile.* Sentencia de 26 de septiembre de 2006. Serie C N° 154, párr. 64.

43   Párr. 101 de la Sentencia.

analizado[s] por el Tribunal al examinar la presunta violación de los artículos 8 y 25 de la Convención".[44]

61. En el mismo sentido, por ejemplo, en el caso *Heliodoro Portugal Vs. Panamá*,[45] la Corte consideró que:

"19. De acuerdo con lo señalado anteriormente, los argumentos de las partes y la prueba allegada en este proceso, el Tribunal observa que los argumentos del Estado relativos a la supuesta inexistencia de un retardo injustificado en las investigaciones y procesos abiertos en la jurisdicción interna versan sobre cuestiones relacionadas al fondo del caso, puesto que controvierten los alegatos relacionados con la presunta violación de los artículos 8 y 25 de la Convención Americana. Asimismo, la Corte no encuentra motivo para reexaminar el razonamiento de la Comisión Interamericana al decidir sobre la admisibilidad del presente caso."[46] *(Subrayado añadido)*.

62. Si bien la regla de la falta de agotamiento de los recursos internos es en interés del Estado, también representa un derecho de los individuos para que existan recursos que *amparen sus derechos fundamentales* de manera rápida y sencilla, como lo establece el artículo 25 de la Convención Americana, de tal manera que estos recursos tengan realmente efectividad para subsanar violaciones en sede nacional y evitar que se activen los órganos del sistema interamericano.[47]

63. Al respecto, debe recordarse, como lo ha establecido el Tribunal Interamericano que, el Estado "es el principal garante de los derechos humanos de la personas, de manera que, si se produce un acto violatorio de dichos derechos, es el propio Estado quien tiene el deber de resolver el asunto a nivel interno [...], antes de tener que responder ante instancias internacionales como el Sistema Interamericano, lo cual deriva del carácter subsidiario que reviste el proceso internacional frente a los sistemas nacionales de ga-

---

44   *Caso Salvador Chiriboga Vs. Ecuador. Excepción Preliminar y Fondo*. Sentencia de 6 de mayo de 2008. Serie C N° 179, Párr. 44.

45   *Caso Heliodoro Portugal Vs. Panamá. Excepciones Preliminares, Fondo, Reparaciones y Costas*. Sentencia de 12 de agosto de 2008. Serie C N° 186

46   Cfr. *Caso de las Hermanas Serrano Cruz Vs. El Salvador*. Excepciones Preliminares. Sentencia de 23 de noviembre de 2004. Serie C N° 118, párr. 141; y *Caso Salvador Chiriboga Vs. Ecuador. Excepción Preliminar y Fondo*. Sentencia de 6 de mayo de 2008. Serie C N° 179, párr. 44.

47   En el mismo sentido, véase el voto concurrente del juez Eduardo Ferrer Mac-Gregor Poisot a la sentencia de la Corte Interamericana en el *Caso Liakat Ali Alibux Vs. Suriname*, de 30 de enero de 2014, especialmente párrs. 24 a 26; y en relación a las dimensiones del artículo 25 del Pacto de San José, párrs. 30 a 125 de dicho voto.

rantías de los derechos humanos".[48] Esas ideas también han adquirido forma en la jurisprudencia reciente bajo la concepción de que todas las autoridades y órganos de un Estado Parte en la Convención tienen la obligación de ejercer un "control de convencionalidad".[49]

64. En definitiva, de tomarse de forma literal el precedente que se está creando a través de lo que en la Sentencia se denomina "etapa temprana" del proceso, podría llegar a tener un efecto negativo en el sistema interamericano de protección de los derechos humanos, ya que en muchos asuntos en trámite ante la Comisión, o incluso en casos ante la Corte, implicaría acoger la excepción preliminar de falta de agotamiento de los recursos internos, sin entrar a conocer el fondo del caso; lo que contradice la línea jurisprudencial del Tribunal Interamericano en la materia que ha mantenido desde su jurisprudencia más temprana, en detrimento del derecho de acceso a la justicia.

2.2 Excepciones a la regla del previo agotamiento de los recursos internos

65. A continuación procederemos al análisis de cada una de las excepciones previstas a la regla del previo agotamiento de los recursos internos, establecida en el artículo 46.2 de la Convención Americana sobre Derechos Humanos.

2.2.a Que no exista en la legislación interna del Estado de que se trata el debido proceso legal para la protección del derecho o derechos que se alega han sido violados (art. 46.2.a de la Convención Americana)

66. Como se ha señalado anteriormente, los representantes han alegado que existe una problemática estructural que afecta la independencia e imparcialidad del poder judicial y que se sintetiza en la sujeción del poder judicial a los intereses del poder ejecutivo.

67. Por su parte la Comisión Interamericana ha insistido en que "la problemática planteada en este caso tiene un carácter estructural y obedece a una situación de hecho del Poder Judicial que va mucho más allá de la regulación abstracta del proceso penal".

68. Sin embargo, en la Sentencia se ha considerado que de un alegado contexto estructural de provisionalidad del poder judicial no se puede derivar la aplicación directa de la excepción contenida en el artículo 46.2.a de la Convención Americana, pues ello implicaría que a partir de una argumentación de tipo general sobre la falta de independencia o imparcialidad del poder

---

48   Caso Acevedo Jaramillo y otros Vs. Perú. Interpretación de la Sentencia de Excepciones Preliminares, Fondo, Reparaciones y Costas. Sentencia de 24 de noviembre de 2006. Serie C N° 157, párr. 66.

49   Caso Masacre de Santo Domingo Vs. Colombia. Excepciones Preliminares, Fondo y Reparaciones. Sentencia de 30 de noviembre de 2012. Serie C N° 259, párr. 142.

judicial no fuera necesario cumplir con el requisito del previo agotamiento de los recursos internos.

69.   En primer lugar, es importante señalar que en la Sentencia se omite por completo en el capítulo de la "determinación de los hechos pertinentes" el tema de la situación de provisionalidad de los fiscales y jueces en Venezuela, siendo que es un elemento central y particularmente debatido entre las partes, existiendo abundante material en el expediente sobre los hechos concretos en esta temática.[50] En segundo término, no cabe duda que esta problemática acerca de la provisionalidad de jueces y fiscales en este país, que ya ha sido abordada por la Corte en los casos *Apitz Barbera y otros*,[51] *Reverón Trujillo*[52] y *Chocrón Chocrón*[53] contra Venezuela, se encuentra íntimamente ligada al tema de los recursos judiciales en la jurisdicción interna; incluso la Corte determinó una serie de hechos probados en dichos casos en relación con los principales aspectos del proceso de reestructuración judicial en dicho país. En ese sentido, lo correcto hubiera sido, unir el estudio de la excepción preliminar de falta de agotamiento de los recursos internos al análisis de los argumentos de fondo en el presente caso, tal y como lo ha hecho la Corte en otras oportunidades.

70.   Respecto a esta situación, y específicamente sobre Venezuela, ya se ha pronunciado la Comisión Interamericana al constatar que en "las listas de designaciones y traslados hechos por la Comisión Judicial del Tribunal Supremo de Justicia durante el año 2012, la totalidad de jueces y juezas corresponde a cargos temporales (en mayor número), accidentales y provisorios". Asimismo, en cuanto a la provisionalidad de fiscales en Venezuela, la Comisión observó que la Fiscal General de la República en octubre de 2008 reconoció que:

[l]a provisionalidad en el ejercicio de los cargos de fiscales, coloca a estos funcionarios en situación de vulnerabilidad ante la influencia que, sobre su actuación, podrían tener factores de poder, en detrimento de la constitucionalidad y de la legalidad de la justicia. La provisionalidad en

---

50   En los tres casos anteriores en la historia de la Corte que no se entra al fondo del caso (véase *supra* nota 1 del presente voto), no existe una narración o determinación especial de hechos. Este es, curiosamente, el primer caso donde acogiendo una excepción preliminar se incorpora un epígrafe en la Sentencia denominado "Determinación de los hechos pertinentes para resolver la excepción preliminar sobre la falta de agotamiento de recursos internos", omitiéndose por completo los hechos relativos a la situación de provisionalidad de fiscales y jueces.

51   *Caso Apitz Barbera y otros ("Corte Primera de lo Contencioso Administrativo") Vs. Venezuela. Excepción Preliminar, Fondo, Reparaciones y Costas*. Sentencia de 5 de agosto de 2008. Serie C N° 182.

52   Corte IDH. *Caso Reverón Trujillo Vs. Venezuela. Excepción Preliminar, Fondo, Reparaciones y Costas*. Sentencia de 30 de junio de 2009. Serie C N° 197.

53   *Caso Chocrón Chocrón Vs. Venezuela. Excepción Preliminar, Fondo, Reparaciones y Costas*. Sentencia de 1 de julio de 2011. Serie C N° 227.

el ejercicio de los cargos de la función pública es contraria a lo establecido en el artículo 146 de la Constitución de la República Bolivariana de
Venezuela, en la que se señala que los cargos de la administración pública son de carrera, a los que se accederá por concurso público."[54]

71. Precisamente, en su Informe sobre el caso *Allan R. Brewer Carías
(Venezuela)*,[55] la Comisión se pronunció en su sistema de peticiones y casos
sobre el impacto que pueden tener varios cambios de operadores de justicia
en una investigación penal derivado de su condición de provisionalidad. Así,
la Comisión Interamericana ha indicado que múltiples asignaciones de fiscales provisionales diferentes en un mismo caso tiene efectos negativos en el
impulso de las investigaciones si se tiene en cuenta la importancia, por ejemplo, que tiene la constitución y evaluación del acervo probatorio de una manera continua. La Comisión ha considerado que una situación como la señalada
tiene consecuencias negativas frente a los derechos de las víctimas en el marco de procesos penales relacionados con violaciones a derechos humanos.

72. Al valorar la situación de la provisionalidad de los jueces en Venezuela, en el caso *Reverón Trujillo*[56] la Corte señaló que en la época de los
hechos de dicho caso (ocurridos entre 2002 y 2004), "el porcentaje de jueces
provisorios en el país alcanzaba aproximadamente el 80%". Además, "[e]n
los años 2005 y 2006 se llevó a cabo un programa por medio del cual los
mismos jueces provisorios nombrados discrecionalmente lograron su titularización. La cifra de jueces provisorios se redujo a aproximadamente 44% a
finales del año 2008".[57] En agosto de 2013, según un testigo presentado por el
Estado, la situación del poder judicial era la siguiente: 1095 jueces provisorios, 50 jueces suplentes especiales, 183 jueces temporales, 657 jueces titulares y 12 puestos vacantes para jueces".[58] Para el 2013 solo el 33% de los jue-

---

54 CIDH. *Garantías para la Independencia de las y los Operadores de Justicia. Hacia
    el Fortalecimiento del Acceso a la Justicia y el Estado de Derecho en las Américas.*
    OEA/Ser.L/5/II. Doc. 44. 5 de diciembre 2013.

55 CIDH. *Informe N° 171/11 Caso 12.724 Allan R. Brewer Carías (Venezuela)*, 3 de
    noviembre de 2011, párr. 130. Ver también, CIDH. informe *Democracia y derechos
    humanos en Venezuela*, OEA/Ser.L/V/II. Doc. 54, 30 de diciembre de 2009, párr.
    229.

56 *Caso Reverón Trujillo Vs. Venezuela. Excepción Preliminar, Fondo, Reparaciones y
    Costas.* Sentencia de 30 de junio de 2009. Serie C N° 197.

57 *Caso Reverón Trujillo Vs. Venezuela. Excepción Preliminar, Fondo, Reparaciones y
    Costas.* Sentencia de 30 de junio de 2009. Serie C N° 197, Párr. 106.

58 Declaración testimonial de Luis Fernando Damiani Bustillos, testigo presentado por
    el Estado. En 2013, según se ha publicado en la página web del TSJ, se han nombra-
    do a más de 71 jueces provisorios, 408 jueces temporales y 356 jueces accidentales
    en las diferentes circunscripciones judiciales del país. Ver asimismo la Declaración
    pericial de Antonio Canova González de 29 de agosto de 2013.

ces eran titulares y el 67% era designado o removido por la Comisión Judicial dado que no gozan de estabilidad.[59]

73.   Asimismo, sobre la provisionalidad de los fiscales adscritos al Ministerio Público hasta 2005 se habían designado 307 Fiscales provisorios, interinos y suplentes, de tal forma que aproximadamente el noventa por ciento (90%) de los fiscales se encontraban en provisionalidad, sin estabilidad en el cargo y en condición de libre nombramiento y remoción por parte del Fiscal General de la República.[60] En 2008 se designaron 638 fiscales sin que medie un concurso público, sin titularidad, y por tanto de libre nombramiento y remoción.[61] En 2011, 230 fiscales fueron libremente escogidos y designados en resoluciones "sin motivación".[62] En 2011 y 2013 se realizaron actividades en relación con los Concursos Públicos de Credenciales y de Oposición para el Ingreso a la Carrera Fiscal, lo cual incluyó el nombramiento *de los primeros cuatro fiscales no provisorios.*[63] Una testigo presentada por el Estado precisó que, en cuanto al Programa de Formación para el Ingreso a la Carrera Fiscal, durante 2011-2012 egresaron 88 alumnos y durante 2012-2013 se esperaba el egreso de 102 más.[64]

74.   Por su parte, la Comisión observó que las autoridades que han adoptado decisiones que podrían ser interpretadas como favorables al acusado han sido removidas por la Comisión Judicial. Además, la secuela de provisionalidad ha afectado significativamente tanto a los jueces como fiscales que han atendido el presente caso, ya que la totalidad de autoridades del Ministerio Público y judiciales que han tenido conocimiento del mismo han sido provisorias. La Comisión enfatizó que los riesgos de esta provisionalidad se han visto materializado en al menos dos situaciones, a saber, "i) después de que una Sala declaró la nulidad de la prohibición de salida del país por considerarla inmotivada, dos de sus miembros fueron separados de sus cargos" y "ii) el

---

59   Declaración de Octavio José Sisco Ricciardi en la audiencia pública celebrada en el presente caso. Ver además, los anexos 24 y 25 al escrito de contestación presentado por el Estado donde se alude a un total de 1949 jueces de los cuales el 34 % son titulares y el 65 % estaría sin estabilidad.

60   CIDH, Informe Anual 2005, OEA/Ser.L/V/II.124 Doc. 7, 27 febrero 2006, párr. 294.

61   CIDH. Informe Democracia y Derechos Humanos en Venezuela, OEA/Ser.L/V/II. Doc. 54, 30 de diciembre de 2009, párr. 264.

62   *Cfr.* CIDH, Informe Anual 2011, OEA/Ser.L/V/II, Doc. 5 corr. 1, 7 marzo 2011, párr. 459.

63   Boletín divulgativo de la Escuela Nacional de Fiscales del Ministerio Público, "Desde la Escuela Nacional de Fiscales", Año 1, Numero 2, Enero – 15 de Abril de 2012; Boletín divulgativo de la Escuela Nacional de Fiscales del Ministerio Público, "Desde la Escuela Nacional de Fiscales", Año 2, Numero 5, Enero - 15 Abril 2013; Boletín divulgativo de la Escuela Nacional de Fiscales del Ministerio Público, "Desde la Escuela Nacional de Fiscales", Año 2, Numero 6, 15 Abril – Junio 2013. Ver asimismo la declaración de la testigo Santa Palella Stracuzzi, presentada por el Estado.

64   Declaración de la testigo Santa Palella Stracuzzi, presentada por el Estado.

juez de control de garantías que solicitó a la Fiscalía el expediente, y que ante la negativa de la Fiscalía ofició a su superior jerárquico, fue removido del cargo sin proceso disciplinario ni motivación alguna por la Comisión Judicial." De acuerdo con la Comisión, esto habría enviado un mensaje que "ha logrado el efecto de disuadir cualquier actuación objetiva e independiente de las autoridades judiciales que continuarían conociendo el proceso en situación de provisionalidad".

75. Las consideraciones anteriores demuestran claramente que el estudio de la controversia presentada respecto al agotamiento de los recursos internos, específicamente lo relacionado con la excepción contenida en el artículo 46.2.a, se encuentra íntimamente ligada a la problemática de la provisionalidad de los jueces y fiscales en Venezuela, lo que indudablemente se relaciona con el artículo 8.1 de la Convención Americana —derecho a un juez o tribunal competente, independiente e imparcial— tomando en cuenta que los alegatos son verosímiles y que de demostrarse podrían constituir violaciones al Pacto de San José. Por lo cual consideramos que el estudio del tema no puede ser desligado del análisis del fondo del caso y, por lo tanto, la Corte debió analizar la excepción preliminar presentada por el Estado de forma conjunta con los argumentos de fondo presentados por las partes en el presente caso, como lo había realizado el Tribunal Interamericano conforme a su jurisprudencia histórica en la materia.

> **2.2.b** *Que no se haya permitido al presunto lesionado en sus derechos el acceso a los recursos de la jurisdicción interna, o haya sido impedido de agotarlos (art. 46.2.b de la Convención Americana)*

76. Al respecto en la Sentencia se ha considerado que el momento procesal, a saber "la etapa temprana", en el que se encuentra el presente caso impide una conclusión *prima facie,* respecto al impacto de la provisionalidad en la garantía de independencia judicial en orden a establecer como procedente una excepción al agotamiento de los recursos internos basada en el artículo 46.2.b de la Convención. El criterio mayoritario sustenta la anterior consideración, en que no hay al menos una decisión de primera instancia mediante la cual se pueda llegar a valorar el impacto real que la provisionalidad de los jueces hubiera podido tener en el proceso.

77. Por su parte, los representantes han alegado que "al condicionar arbitraria e ilegalmente el trámite de la solicitud de nulidad a la comparecencia de la presunta víctima en virtud de una orden judicial contraria a la Convención, se le impide al señor Brewer Carías el acceso a los recursos internos, a lo cual se suma "un fundado temor" de que el ejercicio de los recursos le someta a un mayor agravamiento de la persecución de la cual es objeto". Además, han señalado "que los jueces de control de garantías que resolvieron mociones a favor de la defensa o buscaron rectificar violaciones al debido proceso presuntamente cometidas en la fase de investigación fueron sustituidos".

78.   Asimismo, la Comisión ha observado que, en respuesta a los alegatos de los peticionarios, el Estado no ha indicado los recursos idóneos para cuestionar la asignación o remoción de jueces. Señala que recursos normalmente disponibles a la defensa, tales como la recusación, no resultan idóneos para cuestionar la provisionalidad de jueces adscritos al proceso o su remoción por causa de su actuación. La Comisión encuentra que la remoción de varios jueces provisionales en el presente caso, tras la adopción de decisiones relativas a la situación de la presunta víctima, puede haber afectado su acceso a los recursos de la jurisdicción interna y, por lo tanto, corresponde eximir este aspecto del reclamo del requisito bajo estudio.

79.   Sobre el tema del contexto de provisionalidad de jueces en Venezuela ya nos hemos referido anteriormente (véase *supra* párrs. 66 a 74 del presente voto); sin embargo, cabe señalar que si bien el criterio mayoritario considera que en virtud del momento procesal en el que se encuentra el proceso interno no es posible medir el impacto que ésta haya tenido en el proceso, en el expediente se encuentran elementos que podrían, de evaluarse en el fondo, llevarnos a otra conclusión.

80.   En primer lugar, el Tribunal Interamericano pudo haber estudiado si la secuela de provisionalidad de fiscales y jueces en un caso concreto, por sí mismo, representa una violación al derecho a un juez o tribunal independiente e imparcial, que prevé el artículo 8.1 de la Convención Americana, a la luz del justiciable. En el caso concreto, se advierte que, en efecto, ha existido una secuela de provisionalidad de jueces y fiscales que han actuado en el proceso penal del señor Brewer Carías. Como lo expresa la propia Sentencia "por lo menos cuatro fiscales provisorios investigaron los hechos relacionados con lo acontecido los días 11, 12 y 13 de abril de 2002, entre esos hechos, los relacionados con la redacción del Decreto Carmona. Inicialmente el Fiscal provisorio José Benigno Rojas estuvo a cargo de la investigación, luego fue sustituido por el Fiscal Provisorio Danilo Anderson y, el 28 de agosto de 2002, la investigación fue asumida por Luisa Ortega Díaz como suplente ante la Fiscalía Sexta del Ministerio Público a Nivel Nacional".[65] En 2007 la señora Ortega Díaz asumió como Fiscal General de la Nación, pero desde el año anterior (2006)fue encargada la Fiscal 122 del Ministerio Público del Área Metropolitana de Caracas, María Alejandra Pérez, para "actuar conjunta o separadamente de la Fiscal Sexta".[66]

81.   También se advierte que los jueces de control han tenido carácter provisorio o temporal. En efecto, en relación con los hechos del 11, 12 y 13 de abril de 2002, inicialmente intervino la Jueza Temporal Vigésimo Quinta Josefina Gómez Sosa. El 3 de febrero de 2005 dicha jueza fue reemplazada

---

65   Párr. 46 de la Sentencia.
66   Oficio de la Fiscalía 122 del Ministerio Público del Área Metropolitana de Caracas (expediente de anexos a la contestación, folio 16970).

por el Juez Manuel Bognanno.[67] El 29 de junio de 2005 se dejó sin efecto la designación del Juez Vigésimo Quinto Manuel Bognanno,[68] quien fue reemplazado por el Juez José Alonso Dugarte Ramos en el Tribunal de Primera Instancia del Circuito Judicial Penal -Área Metropolitana de Caracas.[69] En 2006 asumió como jueza de control la señora María Lourdes Fragachan[70] y posteriormente intervinieron los jueces José Alonso Dugarte Ramos[71] y Máximo Guevara Rizquez.[72]

82. Varios de los juzgadores han sido removidos de sus cargos por motivo de resoluciones que han emitido en el proceso penal relativo al caso. Por ejemplo, fueron suspendidos de sus cargos sin goce de sueldo dos jueces de Apelaciones, mediante resolución N° 2005-0015, de 3 de febrero de 2005.[73] En dicha resolución se establece lo siguiente:

"Visto el escándalo público que ha ocasionado la decisión, no unánime, de la Sala 10 de la Corte de Apelaciones del Circuito Judicial Penal de la Circunscripción Judicial del Área Metropolitana de Caracas revocando la medida cautelar de prohibición de salida del país, que había dictado en el Juzgado Vigésimo Quinto de Control del mismo Circuito Judicial Penal, en contra de los ciudadanos imputados por el Ministerio Público en el delito de rebelión civil, esta Comisión Judicial observa que la referida Sala fundó su decisión en la falta de motivación de la decisión apelada, y en vez de regresar los autos al tribunal de origen para que corrigiera tal error, el cual resulta inexcusable, lo tomó como motivo para anular la referida medida cautelar".

83. En la misma resolución No 2005-0015, la Comisión Judicial resolvió suspender de su cargo sin goce de sueldo a la jueza Josefina Gómez Sosa y en

---

67 Resolución N° 2005-0015 del Tribunal Supremo de Justicia de Caracas, de 3 de febrero de 2005. (expediente de anexos al escrito de solicitudes, argumentos y pruebas, tomo VI, folio 7098).

68 Resolución del Tribunal Supremo de Justicia de 29 de junio de 2005 (expediente de anexos al escritos de solicitudes y argumentos, tomo VI, folio 7105). En dicha decisión se indicó: "dejar sin efecto las designaciones de los siguientes profesionales [...]: [...] El Abogado Manuel Antonio Bognanno [...], Juez temporal del Juzgado de Primera Instancia del circuito judicial penal [...], en razón a las observaciones que fueron formuladas ante este despacho".

69 Cuadro de designaciones y sustituciones jueces y fiscales del poder judicial de Venezuela (expediente de anexos al informe de fondo, tomo III, folio 1142).

70 Acta del Juzgado Vigésimo Quinto de 20 de junio de 2006 (expediente de anexos a la contestación, folio 17435).

71 Acta del Juzgado Vigésimo Quinto de 27 de julio de 2006 (expediente de anexos a la contestación, folio 17580).

72 Acta del Juzgado Vigésimo Quinto de 27 de septiembre de 2006 (expediente de anexos a la contestación, folio 17774).

73 Resolución que obra en autos, en el folio 7097.

su sustitución se designa al abogado Manuel Bognanno.[74]Posteriormente, el juez temporal Manuel Bognanno fue removido de su cargo[75] tras denunciar al Fiscal Superior la irregularidad en la que estaba incurriendo la Fiscal Provisoria Sexta al no remitir el expediente solicitado,[76] siendo sustituido -unos días después de dicho conflicto- por el juez provisorio José Alonso Dugarte Ramos.[77] En la Sentencia se considera que al referirse la señalada controversia entre el juez y la fiscal con una solicitud de la defensa de otro imputado,[78] no es posible establecer una causalidad directa entre la decisión de dejar sin efecto la designación del Juez Bognanno[79] y la afectación a la hoy presunta víctima; argumento que no compartimos ya que olvida el criterio mayoritario que se trata *del mismo juez que conoce del mismo proceso penal* en el que se encuentra como imputado el señor Brewer Carías y precisamente uno de los alegatos centrales de los representantes de la presunta víctima es la afectación que produce la situación de provisionalidad de jueces y fiscales que pueden ser removidos libremente.

84. Esta "secuela de fiscales y jueces provisorios o temporales", así como la afectación que ello representó en el proceso concreto seguido en contra del señor Brewer Carías, guarda especial relación con la presunta violación del artículo 8.2.c de la Convención Americana -derecho a la adecuada defensa-; ya que según consta en el expediente, en la etapa acusatoria del proceso, la Fiscal Provisoria Sexta no había permitido el suministrar copias fotostáticas de las actuaciones al señor Brewer Carías,[80] lo que implicó que el acusado tuviera que acudir personalmente en reiteradas ocasiones durante nueves meses para copiar a mano las actuaciones cuya fotocopia se le denegó sis-

---

74 Resolutivo primero de la Resolución de la Comisión Judicial de 3 de febrero de 2005 (folio 7097 del expediente).

75 En la resolución 2005-1045 de la Comisión Judicial, de 29 de junio de 2005 (que obra en folio 7105 del expediente), se deja sin efecto la designación del juez Manuel Antonio Bognanno Palmares.

76 Sobre el conflicto entre el Juez Vigésimo Quinto de Primera Instancia en Funciones de Control del Circuito Judicial Penal del Área Metropolitana de Caracas, Juez Manuel Bognanno y la Fiscal Provisoria Sexta, véase el párr. 58 de la Resolución.

77 *Cfr.* Cuadro de designaciones efectuadas por la Dirección Ejecutiva de la Magistratura de 29 de junio de 2005 (expediente de anexos al informe de fondo, tomo III, folio 1142).

78 *Cfr.* párr. 56 de la Sentencia.

79 *Cfr.* párr. 110 de la Sentencia.

80 En la audiencia pública se hizo referencia a una circular que prohibía las fotocopias. En el expediente obra la Circular emitida por el despacho del Fiscal General de la República el 10 de julio de 2001, que ordenó "absten[erse] de expedir copias simples o certificadas de las actas de la investigación, lo cual no debe entenderse como una restricción al derecho de examinar las actas que conforman la investigación, que tienen los imputados, los defensores y las demás personas a quienes se les haya acordado la intervención en el proceso" (tomo VII, folio 3152 del expediente).

temáticamente.[81] Además, la misma Fiscal Provisoria negó al acusado el pleno acceso al expediente, en particular en lo que toca al cotejo y transcripción de los videos que eran invocados como pruebas contra el señor Brewer Carías.[82]

85.   Sobre el particular, resulta relevante la jurisprudencia de este Tribunal Interamericano sobre el derecho de contar con el tiempo y los medios adecuados para preparar la defensa previsto en el artículo 8.2.c de la Convención Americana, que implica la obligación al Estado a permitir el acceso al inculpado al conocimiento del expediente llevado en su contra.[83] En tal sentido, la Corte ha determinado que la ley interna debe organizar el proceso respectivo de conformidad con el Pacto de San José.[84] Además, el Tribunal Interamericano ha precisado que [l]a obligación estatal de adecuar la legislación interna a las disposiciones convencionales comprende el texto constitucional y todas las disposiciones jurídicas de carácter secundario o reglamentario, de tal forma que pueda traducirse en la efectiva aplicación práctica de los estándares de protección de los derechos humanos.[85]

86.   Asimismo, el Tribunal Interamericano ha estimado que el acceso al expediente es requisito *sine qua non* de la intervención procesal de la víctima en la causa en la que se constituye como parte coadyuvante o querellante, según la legislación interna. Si bien la Corte ha considerado admisible que en ciertos casos exista reserva de las diligencias adelantadas durante la investigación preliminar en el proceso penal,[86] para garantizar la eficacia de la administración de justicia, en ningún caso la reserva puede invocarse para im-

---

81   Según lo establecido por el propio Estado, el señor Brewer Carías firmó "diecisiete actas donde se hace constar el acceso y la revisión del expediente" (tomo I, folio 731 del expediente).

82   Decisión de la Fiscal de 21 de abril de 2005 (expediente de anexo 1 al escrito de contestación, pieza 9, folio 1236).

83   *Caso Palamara Iribarne Vs. Chile. Fondo, Reparaciones y Costas.* Sentencia de 22 de noviembre de 2005. Serie C N° 135, párr. 170.

84   *Cfr. Caso Valle Jaramillo y otros Vs. Colombia. Fondo, Reparaciones y Costas.* Sentencia de 27 de noviembre de 2008. Serie C N° 192, párr. 233; *Caso Heliodoro Portugal Vs. Panamá. Excepciones Preliminares, Fondo, Reparaciones y Costas.* Sentencia de 12 de agosto de 2008. Serie C N° 186, párr. 247; *Caso Kawas Fernández Vs. Honduras. Fondo, Reparaciones y Costas.* Sentencia de 3 de abril de 2009 Serie C N° 196, párr. 188; y *Caso Radilla Pacheco Vs. México. Excepciones Preliminares, Fondo, Reparaciones y Costas.* Sentencia de 23 de Noviembre de 2009. Serie C N° 209, párr. 247

85   *Cfr. Caso Zambrano Vélez y otros Vs. Ecuador. Supervisión de Cumplimiento de Sentencia.* Resolución de la Corte Interamericana de Derechos Humanos de 21 de septiembre de 2009, Considerando cuadragésimo noveno y *Caso Radilla Pacheco Vs. México.* Excepciones Preliminares, Fondo, Reparaciones y Costas. Sentencia de 23 de Noviembre de 2009. Serie C N° 209, párr. 247.

86   *Cfr. Caso Barreto Leiva Vs. Venezuela. Fondo, Reparaciones y Costas.* Sentencia de 17 de noviembre de 2009. Serie C N° 206, párrs. 54 y 55.

pedir a la víctima el acceso al expediente de una causa penal. La potestad del Estado de evitar la difusión del contenido del proceso, de ser el caso, debe ser garantizada adoptando las medidas necesarias compatibles con el ejercicio de los derechos procesales de las víctimas.

87. Si bien en el caso se dio acceso al expediente al señor Brewer y a sus representantes, no se permitió que la defensa pudiera obtener copias fotostáticas. Precisamente en el *Caso Radilla Pacheco Vs. México*, el Tribunal Interamericano consideró que "la negativa de expedir copias del expediente de la investigación a las víctimas constitu[ía] una carga desproporcionada en su perjuicio, incompatible con el derecho a su participación en la averiguación previa" y que "los Estados deben contar con mecanismos menos lesivos al derecho de acceso a la justicia para proteger la difusión del contenido de las investigaciones en curso y la integridad de los expedientes".[87]

88. Por otro lado, la referida secuela de fiscales y jueces provisorios, y su posible afectación en el caso concreto, guarda también relación con la presunta violación al artículo 8.2.f de la Convención Americana, por la imposibilidad de presentar prueba anticipada respecto de Pedro Carmona Estanga y estar presente en el interrogatorio de la señora Patricia Polea. En efecto, dicha disposición convencional dispone que una de las garantías mínimas de toda persona inculpada de un delito, consiste en "el derecho de la defensa de interrogar a los testigos presentes en el Tribunal y de obtener la comparecencia, como testigos o peritos de otras personas que puedan arrojar "luz sobre los hechos".[88] Así, este derecho como garantía mínima queda protegido dentro del contexto de las distintas etapas del proceso penal.[89]

89. En este punto habría que distinguir dos cuestiones concretas en el caso. En primer lugar lo relativo a la prueba anticipada consistente en el testimonio de Pedro Carmona Estanga, prueba no aceptada por la fiscal con el argumento de ser co-imputado en el proceso penal, lo que evidentemente resultaba fundamental para arrojar luz sobre los hechos. Los representantes del señor Brewer sostienen que no admitir esa prueba anticipada fue una decisión "arbitraria porque según el derecho venezolano, la condición de imputado no representa ningún impedimento legal para prestar testimonio".[90]

90. En segundo lugar, los representantes alegaron que "no pudieron estar presentes en las declaraciones de ninguno de los testigos, ni pudieron interrogarlos, sino, en algunos casos"; en particular alegaron no poder estar presen-

87 *Caso Radilla Pacheco Vs. México. Excepciones Preliminares, Fondo, Reparaciones y Costas.* Sentencia de 23 de Noviembre de 2009. Serie C N° 209, párr. 256.

88 En el mismo sentido *Caso Ricardo Canese Vs. Paraguay. Fondo, Reparaciones y Costas.* Sentencia de 31 de agosto de 2004. Serie C N° 111, párr. 164.

89 Caso *Mohamed Vs. Argentina. Excepción Preliminar, Fondo, Reparaciones y Costas.* Sentencia de 23 noviembre de 2012. Serie C N° 255, párr. 91.

90 Folio 161 (Tomo I) del expediente de fondo.

tes en el interrogatorio de la señora Patricia Poleo, el cual fue negado verbalmente por la Fiscal el día que se realizó la entrevista.[91] Sobre el particular, resulta relevante la jurisprudencia establecida en el caso *Barreto Leyva*, en el sentido de que el derecho de la defensa debe necesariamente poder ejercerse desde que se señala a una persona como posible autor o participe de un hecho punible y solo culmina cuando se finaliza el proceso, incluyendo en su caso la etapa de ejecución de la pena. Sostener lo opuesto implicaría supeditar las garantías convencionales que protegen el derecho a la defensa a que el investigado se encuentre en determinada etapa procesal, dejando abierta la posibilidad de que con anterioridad se afecte un ámbito de derechos a través de actos de autoridad que desconoce o a los que no puede controlar u oponerse con eficacia, lo cual es evidentemente contrario a la Convención Americana. Impedir que la persona ejerza su derecho de defensa desde que se inicia la investigación en su contra y la autoridad dispone o ejecuta actos que implican afectación de derechos es potenciar los poderes investigativos del Estado en desmedro de derechos fundamentales de la persona investigada. El derecho a la defensa obliga al Estado a tratar al individuo en todo momento como un verdadero sujeto del mismo proceso, en el más amplio sentido de este concepto, y no simplemente como objeto del mismo.[92]

91. De todo lo anteriormente expuesto, nuevamente llegamos a la conclusión de que el Tribunal Interamericano debió diferir el estudio de la excepción preliminar sobre falta de agotamiento de los recursos internos, al conocimiento del fondo del caso, ya que evidentemente la controversia abarca tanto aspectos de admisibilidad como aspectos propios del fondo relacionados con las garantías judiciales previstas en el artículo 8 de la Convención Americana, específicamente relativas al derecho a un juez o tribunal independiente e imparcial (8.1 CADH), el derecho a una adecuada defensa (8.2.c CADH) y el derecho a interrogar los testigos y de obtener la comparecencia de personas que puedan arrojar luz sobre los hechos (8.2.f CADH). Y no utilizar el artificioso argumento de la "etapa temprana" del proceso -como se realiza en la Sentencia-, para evitar entrar al fondo del caso.

---

91 Dicha negación tuvo como fundamento el artículo 306 del Código Orgánico Procesal Penal el cual disponía que: *"El Ministerio Público podrá permitir la asistencia del imputado, la víctima o de sus representantes a los actos que se deban practicar [en la fase preliminar], cuando su presencia fuera útil para el esclarecimiento de los hechos y no perjudique el éxito de la investigación o impida una pronta o regular actuación".*

92 *Caso Barreto Leiva Vs. Venezuela. Fondo, Reparaciones y Costas.* Sentencia de 17 de noviembre de 2009. Serie C N° 206, párr. 30.

2.2.c Que haya retardo injustificado en la decisión sobre los mencionados recursos (art. 46.2.c de la Convención Americana)

92. Para determinar la procedencia de esta excepción al agotamiento de recursos internos, la Sentencia analizó la controversia entre las partes sobre el (i) el término y el momento procesal establecidos en el derecho interno para resolver los recursos de nulidad; y (ii) la necesidad de la presencia del acusado en la audiencia preliminar y las razones por las cuales se difirió la audiencia.

93. Precisamente, nuestra posición disidente radica en el razonamiento de que controversias tales como: si el recurso de nulidad podía o no ser resuelto sin la presencia del señor Brewer, como parte de la audiencia preliminar o independientemente de esta; si dicho recurso debió ser resuelto en el plazo de tres días, o por el contrario en el transcurso la audiencia preliminar, y si la omisión del Estado de pronunciarse sobre el recurso constituye una demora injustificada del proceso penal, *se relacionan directamente con el fondo del caso*, pues existen alegatos de ambas partes en torno al plazo razonable, a las garantías judiciales y a la protección judicial que se encuentran estrechamente ligados con esta determinación. En consecuencia, solo en el fondo se hubiese podido determinar si dicho retardo injustificado realmente existía o no, y si de esa forma se vulneraba o no los derechos de la Convención Americana.

2.2.c.a El término y el momento procesal establecidos en el derecho interno para resolver los recursos de nulidad

94. La Sentencia constató que existen "dos interpretaciones sobre el momento procesal en que se debería resolver las solicitudes de nulidad presentadas";[93] sin embargo, a pesar de la complejidad de los alegatos de ambas partes sobre el momento procesal en que debe resolverse, en la Sentencia se entra posteriormente a definir un aspecto polémico, entre otros argumentos, dejando ver que un recurso de 523 páginas no podía resolverse en 3 días, como si la extensión del recurso sea lo que determina el momento procesal en que se debe resolver.

95. En su análisis sobre este punto, el criterio mayoritario olvida por completo el primer recurso de nulidad de 4 de octubre de 2005 -presentado en la etapa preliminar de investigación, recurso que no fue ni siquiera tramitado-; y, además, no considera que el segundo recurso de nulidad de 8 de noviembre de 2005, se encuentra claramente dividido en cuestiones que atienden, por un lado, a la nulidad absoluta de actuaciones en la investigación

---

93   Párr. 130 de la Sentencia.

seguida por el Ministerio Público, y por otro, a la nulidad respecto del acto conclusivo de acusación formulada contra el doctor Allan R. Brewer Carías.

96. En efecto, según consta en el expediente,[94] en el recurso de nulidad de 8 de noviembre de 2005, claramente aparece el epígrafe "II. SOLICITUD DE NULIDAD DE TODAS LAS ACTUACIONES POR LA VIOLACIÓN SISTEMÁTICA Y MASIVA DE LAS GARANTÍAS CONSTITUCIONALES Y LEGALES DEL DR. ALLAN R. BREWER CARÍAS", que a su vez se divide en seis partes: (1) la nulidad por la negativa de diligencia de defensa: a) la negativa de testimoniales, y b) la negativa de acceder a videos, así como de su transcripción; (2) la nulidad por violación del derecho a la defensa y del principio de presunción de inocencia al invertir la carga de la prueba y al utilizar testimonios referenciales; (3) la nulidad por violación del derecho a la defensa y del principio de contradicción relacionados con la práctica mediatizada de diligencias de investigación; (4) la nulidad por falta de decisión oportuna (referido al primer recurso de nulidad de 4 de noviembre de 2005); (5) la nulidad por violación de la garantía del juez natural; y (6) comentarios y argumentaciones comunes a las solicitudes de nulidad anteriores.

97. En este sentido, consideramos que es clara la distinción que se realiza en el segundo recurso de nulidad de 8 de noviembre de 2005 entre la nulidad de actuaciones en la etapa de investigación y la nulidad del acto conclusivo de acusación en contra el doctor Allan R. Brewer Carías. En efecto, por una parte la nulidad de todo lo actuado por violaciones a derechos fundamentales en la investigación puede resolverse *antes de la audiencia preliminar* (incluso algunos alegatos se refieren a la no tramitación del primer recurso de nulidad de 4 de noviembre que debió ser resuelto en la etapa preliminar de investigación); en cambio, la nulidad del acto conclusivo de la acusación puede resolverse en cualquier momento, sea antes de abrir la causa a juicio o después de la audiencia preliminar, conforme lo ha establecido la jurisprudencia de la Sala Constitucional del Tribunal Supremo. En el recurso de nulidad de 8 de noviembre se hacen planteamientos de ambas nulidades de actuaciones por violación de derechos fundamentales, tanto de la etapa de investigación como del acto conclusivo de acusación. En dicho recurso claramente se advierte que, por una parte, se alega la nulidad de actuaciones en la etapa de investigación (epígrafe II del recurso, véase *supra* párr. 96 del presente voto), mientras que a partir del epígrafe III (denominado "OPOSICIÓN DE EXCEPCIONES" se refiere a la nulidad de la acusación (no de la investigación en la fase preliminar de investigación), la cual "preferiblemente" -lo que no significa necesariamente- debía ser resuelta después de la audiencia preliminar. En efecto, según consta en la Sentencia,[95] la Sala Constitucional del Tribunal Supremo en sentencia del 14 de febrero de 2002, señaló, *inter alia*:

---

94 Folios 14696 a 14787 del expediente de anexos a la contestación, que corresponden a las páginas 21 a 111 del escrito de solicitud de nulidad de 8 de noviembre de 2005.

95 Párr. 124 de la Sentencia.

De ocurrir tal petición de nulidad, el juez de control –conforme a la urgencia debido a la calidad de la lesión y ante el silencio de la ley– **podrá antes de abrir la causa a juicio y en cualquier momento antes de dicho acto de apertura resolverla**, aunque **lo preferible** es que sea en la audiencia preliminar [...] *(Resaltado añadido)*.

98. Como puede apreciarse no es concluyente la jurisprudencia sobre el momento en que puede resolverse el recurso de nulidad de actuaciones. El primer recurso de nulidad de 4 de noviembre debió ser tramitado y resuelto en la etapa de investigación, en el que se alegaba esencialmente violado el derecho a la presunción de inocencia por las implicaciones del libro publicado por el Fiscal General; el segundo recurso de nulidad de 8 de noviembre -que tampoco fue ni siquiera tramitado- puede ser resuelto antes o después de la audiencia preliminar, teniendo en cuenta la clara división que se hace en el recurso respecto de la nulidad de actuaciones en la etapa de investigación, y respecto de la nulidad de actuaciones del acto conclusivo de acusación. El criterio mayoritario acoge la posición del Estado, es decir, la interpretación más restrictiva para el derecho de acceso a la justicia de la hoy presunta víctima, lo que evidentemente prohíbe el artículo 29 de la Convención Americana y contradice el principio *pro homine*. Precisamente, la demostrada complejidad de la discusión entre las partes respecto a los recursos de nulidad y el hecho de que el objeto principal del caso se centra en las presuntas vulneraciones a diversas *garantías judiciales (debido proceso) y protección judicial*, ameritaba que el Tribunal Interamericano entrara a conocer el fondo y que la excepción preliminar de falta de agotamiento de los recursos internos sea analizada a la luz de los argumentos de las partes respecto al fondo del presente caso.

99. Las consideraciones anteriores demuestran con mucha más razón que el estudio de la controversia presentada respecto al agotamiento de los recursos internos, no se puede desligar del análisis de fondo del caso, ya que precisamente el recurso de nulidad en cuestión, el momento procesal en que debió ser resuelto, así como su plazo razonable, se encuentran intrínsecamente vinculados a la presunta violación de los derechos a las garantías judiciales y la protección judicial a que se refieren los artículos 8 y 25 de la Convención Americana, como lo había hecho en muchos casos la Corte Interamericana conforme a su jurisprudencia histórica en la materia.

100. Ante tal situación, la Corte ha afirmado con anterioridad, que las excepciones preliminares son actos que buscan impedir el análisis de fondo de un asunto cuestionado, mediante la objeción de la admisibilidad de un caso o de alguno de sus aspectos, ya sea en razón de la persona, materia, tiempo o lugar, *siempre y cuando dichos planteamientos tengan el carácter de preliminares.*[96]

---

96 Cfr. *Caso Las Palmeras Vs. Colombia. Excepciones Preliminares.* Sentencia de 4 de febrero de 2000. Serie C N° 67, párr. 34; *Caso Vélez Restrepo y Familiares Vs. Co-*

101. Dado que la cuestión sobre la procedencia de resolver el recurso de nulidad en ausencia del señor Brewer Carías no puede ser revisada sin entrar a estudiar previamente el fondo del caso, ésta no podía ser analizada en el marco de esta excepción preliminar.[97] En virtud de lo anterior, el Tribunal Interamericano debió desestimar la alegada excepción preliminar de falta de agotamiento de los recursos internos interpuesta por el Estado y, consecuentemente, continuar con el análisis de fondo en el presente caso.

2.2.c.b La necesidad de la presencia del acusado en la audiencia preliminar y las razones por las cuales se difirió la audiencia

102. Sobre este tema, en la Sentencia se ha considerado que la ausencia del señor Brewer Carías "ha conllevado que la audiencia preliminar en su contra no haya podido ser llevada a cabo, por lo que es posible afirmar que el retardo en la resolución de las nulidades sería imputable a su decisión de no someterse al proceso y conlleva un impacto en el análisis del retardo injustificado o plazo razonable."[98]

103. El criterio mayoritario fundamenta su razonamiento en una interpretación del artículo 7.5 de la Convención Americana. Al respecto, la Sentencia señala que la presencia del acusado es un requisito esencial para el desarrollo legal y regular del proceso y que el artículo 7.5 de la Convención establece que la "libertad podrá estar condicionada a garantías que aseguren su comparecencia ante el juicio", de manera que los Estados se encuentran facultados a establecer leyes internas para garantizar la comparecencia del acusado.

104. Disentimos también del criterio mayoritario en este sentido, ya que la determinación sobre si el procedimiento llevado en contra del señor Brewer cumplía con los requisitos del artículo 7.5 de la Convención Americana es, sin duda, una cuestión de fondo. En todo caso, habría que considerar que, como se desprende del expediente, el señor Brewer Carías ha sido citado en varias ocasiones para la audiencia preliminar; sin embargo, ninguna de ellas el diferimiento de la audiencia fue propiamente por ausencia de la presunta

---

lombia. Excepción Preliminar, Fondo, Reparaciones y Costas. Sentencia de 3 de septiembre de 2012 Serie C N° 248, párr. 30; Caso *Artavia Murillo y otros (Fecundación in vitro) Vs. Costa Rica. Excepciones Preliminares, Fondo, Reparaciones y Costas.* Sentencia de 28 noviembre de 2012 Serie C N° 257, párr. 40; y Caso *Mohamed Vs. Argentina. Excepción Preliminar, Fondo, Reparaciones y Costas.* Sentencia de 23 noviembre de 2012 Serie C N° 255, párr. 23.

97 *Cfr. Caso Castañeda Gutman Vs. México. Excepciones Preliminares, Fondo, Reparaciones y Costas.* Sentencia de 6 de agosto de 2008. Serie C N° 184, párr. 39; y *Caso Vélez Restrepo y Familiares Vs. Colombia. Excepción Preliminar, Fondo, Reparaciones y Costas.* Sentencia de 3 de septiembre de 2012 Serie C N° 248, párr. 30.

98 Párr. 143 de la Sentencia.

víctima, sino por otras razones. [99] Al respecto, los representantes han alegado a lo largo del proceso que el Estado no "ha podido presentar [...] prueba alguna de tan siquiera un caso en que la audiencia preliminar haya sido diferida a causa de la incomparecencia del profesor Brewer Carías".

105. Aunado a lo anterior, en la decisión judicial del Juzgado Vigésimo Quinto de 20 de julio de 2007, mediante la cual se daba respuesta a la solicitud de separar al señor Brewer de la causa ante la "la imposibilidad de ejecutar dicha medida por encontrarse en el extranjero" presentada por otro de los acusados en el proceso, que también se encontraba a la espera de la realización de la audiencia preliminar, el Juez de Control motivó su decisión basado en que:

"en el caso de marras, el acto de la audiencia preliminar no ha sido diferido por incomparecencia del [señor] Brewer Carías, al contrario los diversos diferimientos que cursan e[n] las actas del presente expediente han sido en virtud de las numerosas solicitudes interpuestas por los distintos defensores de los imputados.[100]

106. De acuerdo con las pruebas que constan en el expediente, la no comparecencia del señor Brewer Carías se da *cuando ya se ha presentado la acusación en su co*ntra, momento en el cual la defensa del señor Brewer Carías informó al Juez Vigésimo Quinto que éste no regresaría al país por cuanto estimó que: i) "la actuación del Ministerio Público en el presente caso no ha sido otra cosa que una clara persecución política oficial en su contra"; ii) "el

---

99 En el párr. 138 de la Sentencia se afirma que en tres ocasiones la audiencia preliminar fue diferida o aplazada debido a "la relación directa con las actuaciones del señor Brewer o su defensa". Lo anterior no es del todo exacto ya que en la primera oportunidad (17 de noviembre de 2005) el diferimiento se debió a que se recusó al Juez Vigésimo Quinto, lo que evidentemente el ejercer un derecho no puede usarse en contra de la hoy presunta víctima como se pretende en la Sentencia; la segunda ocasión no se llevó a cabo la audiencia, entre otras cosas, porque "el Juez Vigésimo Quinto se encontraba de reposo, siendo encargada la Juez Vigésimo Cuarta de Control"; y en la tercera ocasión se advierte que en realidad se presumió que no comparecería el señor Brewer Carías por encontrarse fuera del país (párr. 139 de la Sentencia), lo que no necesariamente implicaba su no comparecencia. Posteriormente a la orden de aprehensión contra el señor Brewer Carías, la audiencia volvió a ser diferida en trece ocasiones y en "sólo una oportunidad se hizo mención expresa al señor Brewer, específicamente, el 25 de octubre de 2007 se difirió la audiencia, ya que se estaba a la espera de la "apelación interpuesta por el representante legal del [señor Brewer Carías] a la aclaratoria que fue enviada a la INTERPOL" (párr. 142 de la Sentencia). Como se puede apreciar, no se advierte de ningún modo que pueda atribuirse los diferimientos de la audiencia preliminar directa y exclusivamente por la ausencia de la hoy presunta víctima, como se pretende ver por el criterio mayoritario.

100 Resolución del Juzgado Vigésimo Quinto del Circuito Judicial del Área Metropolitana de Caracas de 20 de julio de 2007 al escrito presentado por la defensa de José Gregorio Vásquez (expediente de anexos al escrito de solicitudes y argumentos, tomo v, folios 6832 a 6838).

propio Fiscal General [...] hab[ía] violentado directamente su garantía a la presunción de inocencia, al haberlo condenado públicamente de antemano, al publicar su libro 'Abril comienza en octubre'"; iii) "ante el reclamo oportuno hecho en sede jurisdiccional, sólo ha[bía] obtenido respuestas negativas [y q]ue esas respuestas negativas y muchas veces tardías del órgano jurisdiccional ha[bía]n constituido a su vez nuevas violaciones a sus garantías constitucionales"; iv) "se le cercenó el derecho de obtener el sobreseimiento en la fase intermedia del proceso"; v) "todo ello constituye la negación de una justicia accesible, imparcial, idónea, transparente, autónoma, independiente, responsable, equitativa y expedita", y vi) "la acusación en si misma ya es una condena, cuyo objeto es castigar su crítica política e ideológica al proyecto con el que se pretende sojuzgar a Venezuela".

107. Lo señalado anteriormente, en especial el hecho de la publicación de un libro del Fiscal General titulado "Abril comienza en octubre" en el cual se refiere a ciertas versiones de una persona según las cuales el señor Brewer sería el autor del "Decreto Carmona" y en el cual afirma que el señor Brewer Carías supuestamente habría estado en una reunión donde se redactó dicho decreto, se relaciona directamente con el derecho a las garantías judiciales, específicamente, el derecho de presunción de inocencia.

108. En este sentido, cabe recordar la reciente jurisprudencia de la Corte en el caso *J Vs. Perú*,[101] donde establece claramente que:

233. En el ámbito penal, la Corte Interamericana ha señalado que el principio de presunción de inocencia constituye un fundamento de las garantías judiciales[102]. La presunción de inocencia implica que el acusado no debe demostrar que no ha cometido el delito que se le atribuye, ya que el *onus probandi* corresponde a quien acusa[103] y cualquier duda debe ser usada en beneficio del acusado. Así, la demostración fehaciente de la culpabilidad constituye un requisito indispensable para la sanción penal, de modo que la carga de la prueba recae en la parte acusadora y no en el acusado[104]. **Por otro lado, el principio de presunción de inocencia im-**

---

101 Caso *J. Vs. Perú. Excepción Preliminar, Fondo, Reparaciones y Costas.* Sentencia de 27 de noviembre de 2013. Serie C N° 275.

102 Cfr. *Caso Suárez Rosero Vs. Ecuador. Fondo.* Sentencia de 12 de noviembre de 1997. Serie C N° 35. párr. 77; y *Caso López Mendoza Vs. Venezuela. Fondo, Reparaciones y Costas.* Sentencia de 1 de septiembre de 2001. Serie C N° 233, párr. 128.

103 Cfr. *Caso Ricardo Canese Vs. Paraguay. Fondo, Reparaciones y Costas.* Sentencia de 31 de agosto de 2004. Serie C N° 111, párr. 154; y *Caso López Mendoza Vs. Venezuela. Fondo, Reparaciones y Costas.* Sentencia de 1 de septiembre de 2011. Serie C N° 233, párr. 128.

104 En igual sentido se ha pronunciado el Comité de Derechos Humanos del Pacto de Derechos Civiles y Políticos. Comité de Derechos Humanos. Observación general N° 32, El derecho a un juicio imparcial y a la igualdad ante los tribunales y cortes de justicia (HRI/GEN/1/Rev.9 (vol. I)), párr. 30.

plica que los juzgadores no inicien el proceso con una idea preconcebida de que el acusado ha cometido el delito que se le imputa[105]. *(Resaltado añadido)*.

109. En este sentido, el Tribunal Interamericano, siguiendo lo establecido por el Tribunal Europeo ha resaltado que la presunción de inocencia puede ser violada no sólo por los jueces o tribunales a cargo del proceso, sino también por otras autoridades públicas,[106] por lo cual las autoridades estatales deben elegir cuidadosamente sus palabras al declarar sobre un proceso penal, antes de que una persona o personas haya sido juzgada y condenada por el delito respectivo.[107] Si bien en el marco del proceso penal en sí mismo, los señalamientos de culpabilidad por parte de funcionarios tales como fiscales y procuradores no constituyen una violación a la presunción de inocencia, las declaraciones de estos funcionarios a la prensa, sin calificaciones o reservas, infringen la presunción de inocencia en la medida en que fomenta que el público crea en la culpabilidad de la persona y prejuzga la evaluación de los hechos por una autoridad judicial competente.[108] La Corte ha coincidido con este criterio y ha advertido que la presunción de inocencia exige que las autoridades estatales sean discretas y prudentes al realizar declaraciones públicas sobre un proceso penal.[109]

110. La Corte ha reiterado en su jurisprudencia que las autoridades estatales deben tener en cuenta que los funcionarios públicos tienen una posición de

---

105 Cfr. *Caso Cabrera García y Montiel Flores Vs. México. Excepción preliminar, Fondo, Reparaciones y Costas*. Sentencia de 26 de noviembre de 2010. Serie C N° 220, párr. 184; y *Caso López Mendoza Vs. Venezuela. Fondo, Reparaciones y Costas*. Sentencia de 1 de septiembre de 2011. Serie C N° 233, párr. 128.

106 De esta forma, el Tribunal Europeo de Derechos Humanos ha considerado que declaraciones por parte del Ministerio del Interior y altas autoridades policiales, del Presidente del Parlamento, del Fiscal General u otras autoridades fiscales a cargo de la investigación e inclusive de parte de un conocido General retirado, que a la vez era candidato a gobernador, pero que no era un funcionario público al momento de sus declaraciones, generaron violaciones a la presunción de inocencia en cada caso. *Cfr. Allenet de Ribemont Vs. Francia*, 10 de febrero de 1995, Serie A N° 308; *Butkevicius Vs. Lituania*, N° 48297/99, § 49, TEDH 2002-II (extractos); *Daktaras Vs. Lituania*, N° 42095/98, § 42, TEDH 2000-X; *Fatullayev Vs. Azerbaiyán*, N° 40984/07, § 160 y 161, 22 de abril de 2010; *Khuzhin y otros Vs. Rusia*, N° 13470/02, § 95, 23 de octubre de 2008, y *Kuzmin Vs. Rusia*, N° 58939/00, § 59 a 69, 18 de marzo de 2010.

107 Cfr. *Daktaras Vs. Lithuania*, N° 42095/98, § 41, TEDH 2000-X; *Butkevicius Vs. Lituania*, N° 48297/99, § 49, TEDH 2002-II (extractos); *Ismoilov y otros Vs. Rusia*, N° 2947/06, § 166, 24 de abril de 2008; *Böhmer Vs. Alemania*, N° 37568/97, §56, 3 de octubre de 2002, y *Khuzhin y otros vs. Rusia*, N° 13470/02, § 94, 23 de octubre de 2008.

108 TEDH, *Allenet de Ribemont vs. Francia*, 10 de febrero de 1995, § 41, Serie A N° 308. En este mismo sentido, *Ismoilov and Others vs. Rusia*, N° 2947/06, § 161, 24 de abril de 2008.

109 *Caso J. Vs. Perú. Excepción Preliminar, Fondo, Reparaciones y Costas*. Sentencia de 27 de noviembre de 2013. Serie C N° 275, párr. 244.

garante de los derechos fundamentales de las personas y, por tanto, sus declaraciones no pueden desconocer éstos.[110] Este deber de especial cuidado se ve particularmente acentuado en situaciones de mayor conflictividad social, alteraciones del orden público o polarización social o política precisamente por el conjunto de riesgos que pueden implicar para determinadas personas o grupos en un momento dado.[111] La presunción de inocencia no impide que las autoridades mantengan debidamente informada a la sociedad sobre investigaciones penales, pero requiere que cuando lo hagan, guarden la debida discreción y circunspección necesaria para garantizar la presunción de inocencia de los posibles involucrados.[112]

111. Ahora bien, en el presente caso, el hecho de que el libro del Fiscal General, titulado "Abril comienza en octubre", saliera publicado en septiembre de 2005, podría haber llevado a presumir la culpabilidad del señor Brewer Carías en la redacción del llamado "Decreto Carmona", toda vez que la imputación formal en contra de la hoy presunta víctima por la fiscal a cargo se realizó en menos de un mes después, en octubre de ese mismo año, cuestión que precisamente fue motivo de impugnación en el primer recurso de nulidad de 4 de octubre de 2005 cuando se realizaba la etapa preliminar de investigación.

112. No pasa inadvertido que según obra en autos, el Fiscal General de la República designó, el 28 de agosto de 2002, directamente, como "suplente especial" a la fiscal que precisamente realizara en octubre de 2005 la imputa-

---

110 Cfr. *Caso Apitz Barbera y otros ("Corte Primera de lo Contencioso Administrativo") Vs. Venezuela.Excepción Preliminar, Fondo, Reparaciones y Costas.* Sentencia de 5 de agosto de 2008. Serie C N° 182, párr. 131; *Caso Ríos y otros Vs. Venezuela. Excepciones Preliminares, Fondo, Reparaciones y Costas.* Sentencia de 28 de enero de 2009. Serie C N° 194, párr. 139; *Caso Perozo y otros Vs. Venezuela. Excepciones Preliminares, Fondo, Reparaciones y Costas.* Sentencia de 28 de enero de 2009. Serie C N° 195, párr. 151; y *Caso J Vs. Perú. Excepción Preliminar, Fondo, Reparaciones y Costas.* Sentencia del 27 de noviembre de 2013. Serie C N° 262, párr. 247.

111 Cfr. *Caso Ríos y otros Vs. Venezuela. Excepciones Preliminares, Fondo, Reparaciones y Costas.* Sentencia de 28 de enero de 2009. Serie C N° 194, párr. 139; y *Caso Perozo y otros Vs. Venezuela. Excepciones Preliminares, Fondo, Reparaciones y Costas.* Sentencia de 28 de enero de 2009. Serie C N° 195, párr. 151.

112 Al respecto, el Tribunal Europeo de Derechos Humanos ha indicado que: "The freedom of expression, guaranteed by Article 10 of the Convention, includes the freedom to receive and impart information. Article 6 § 2 cannot therefore prevent the authorities from informing the public about criminal investigations in progress, but it requires that they do so with all the discretion and circumspection necessary if the presumption of innocence is to be respected". TEDH, *Allenet de Ribemont Vs. Francia,* 10 de febrero de 1995, § 38, Serie A N° 308. Ver asimismo, *Caso J. Vs. Perú. Excepción Preliminar, Fondo, Reparaciones y Costas.* Sentencia de 27 de noviembre de 2013. Serie C N° 275, párr. 247.

ción formal del señor Brewer Carías.[113] La posible violación al derecho de presunción de inocencia se hace más evidente en un régimen de provisionalidad de fiscales -en el que existe libre designación y remoción-, por lo que resultaba indispensable en el caso analizar esta situación estructural al poder dicha provisionalidad irradiar de manera negativa en la autonomía de los fiscales y en el proceso penal correspondiente, lo que estimamos no puede pasar desapercibido para los jueces interamericanos.

113. Resulta también relevante hacer mención que dicho señalamiento del Fiscal General sobre la redacción del "Decreto Carmona" en su libro publicado en septiembre de 2005 pudo haber contribuido -aunado al hecho de que proviene de una autoridad relevante del Estado-, a fomentar la culpabilidad de la presunta víctima, por lo que conforme a la jurisprudencia anteriormente señalada del Tribunal Interamericano, los fiscales a cargo de una investigación, y más aun los fiscales generales, deben abstenerse de escribir, así sea literariamente, respecto de los casos que están bajo el conocimiento de los demás fiscales, considerando que este deber de cuidado se ve acentuado en las situaciones de mayor conflictividad social, alteraciones de orden público o polarización social o política como lo sería la situación ocurrida los días 11, 12 y 13 de abril de 2002.

114. Asimismo, consideramos que en la Sentencia se realiza una interpretación restrictiva del artículo 7.5 de la Convención Americana, contraria al artículo 29 de la misma, al hacer ver que la presunta víctima se encuentra prófugo de la justicia, cuando esto no es así. Consta en autos que desde el primer momento en que fue citado por el fiscal del ministerio público que inició el proceso de investigación por los hechos de abril de 2002, el señor Brewer Carías compareció para declarar el 3 de junio de ese mismo año.[114] Y obran en autos abundantes constancias relativas a que la hoy presunta víctima estuvo defendiéndose constantemente, incluso asistiendo personalmente a

---

113 A folios 979 del expediente principal consta el nombramiento respectivo, que a la letra dispone: "REPÚBLICA BOLIVARIANA DE VENEZUELA. MINISTERIO PÚBLICO. Despacho del Fiscal General de la República. Caracas, 28 de agosto de 2002. Años 192° y 143°. RESOLUCIÓN N° 539: JULIÁN ISAÍAS RODRÍGUEZ DÍAZ, Fiscal General de la República, de conformidad con lo dispuesto en los artículos 1 y 49 de la Ley Orgánica del Ministerio Público, y en virtud de que han resultado infructuosas las diligencias realizadas para la localización y posterior convocatoria del Primer y Segundo Suplentes de la Fiscalía Sexta del Ministerio Público a Nivel Nacional con competencia plena, quedando así agotada la lista de suplentes respectiva, designo SUPLENTE ESPECIAL a la ciudadana abogada LUISA ORTEGA DÍAZ, titular de la cédula de identificación N° 4.555.631, quien se viene desempeñando como Suplente Especial de la Fiscalía Séptima del Ministerio Público de la Circunscripción Judicial del Área Metropolitana de Caracas, para que se encargue del referido Despacho, actualmente vacante, dese el 01-09-2002 y hasta nuevas instrucciones de esta Superioridad. Regístrese, Comuníquese y Publíquese. JULIÁN ISAÍAS RODRÍGUEZ DÍAZ. Fiscal General de la República".

114 La declaración del señor Brewer Carías de 3 de junio de 2002 ante la Fiscal Sexta, obra en el expediente de anexos a la contestación, pieza 2, folios 8986 a 8998.

copiar a mano el expediente por cerca de nueve meses cuando se le acusa formalmente en el año 2005.[115]

---

115 Ver la declaración rendida en la audiencia pública del presente caso por León Henrique Cottin, abogado venezolano defensor del señor Brewer Carías en el proceso penal interno, así como las siguientes actas que obran en la copia del proceso judicial remitido a la Corte: Acta de revisión de expediente N° C43 de 27 de enero de 2005 (expediente de escrito a la contestación, anexo 1, pieza 7, folio 11164); acta de revisión de expediente N° C43 de 28 enero de 2005 (expediente de anexos al escrito de contestación, anexo 1, pieza 7, folio 11168); acta de revisión de expediente N° C43 de 31 de enero de 2005 (expediente de anexos al escrito de contestación, anexo 1, pieza 7, folio 11182); acta de revisión de expediente N° C43 de 1 de febrero de 2005 (expediente de anexos al escrito de contestación, anexo 1, pieza 7, folio 11196); acta de revisión de expediente N° C43 de 3 de febrero de 2005 (expediente de anexos al escrito de contestación, anexo 1, pieza 7, folio 11214); acta de revisión de expediente N° C43 de 9 de febrero de 2005 (expediente de anexos al escrito de contestación, anexo 1, pieza 7, folio 11268); acta de revisión de expediente N° C43 de 11 de febrero de 2005 (expediente de anexos al escrito de contestación, anexo 1, pieza 7, folio 11273) acta de revisión de expediente N° C43 de 15 de febrero de 2005 (expediente de anexos al escrito de contestación, anexo 1, pieza 7, folio 11321); acta de revisión de expediente N° C43 de 16 de febrero de 2005 (expediente de anexos al escrito de contestación, anexo 1, pieza 7, folio 11337); acta de revisión de expediente N° C43 18 de febrero de 2005 (expediente de anexos al escrito de contestación, anexo 1, pieza 7, folio 11383); acta de revisión de expediente N° C43 de 18 de febrero de 2005 (expediente de anexos al escrito de contestación, anexo 1, pieza 7, folio 11386); acta de revisión de expediente N° C43 de 21 de febrero de 2005 (expediente de anexos al escrito de contestación, anexo 1, pieza 7, folio 11398); acta de revisión de expediente N° C43 22 de febrero de 2005 (expediente de anexos al escrito de contestación, anexo 1, pieza 7, folio 11399); acta de revisión de expediente N° C43 de 22 de febrero de 2005 (expediente de anexos al escrito de contestación, anexo 1, pieza 8, folio 11412); acta de revisión de expediente N° C43 de 24 de febrero de 2005 (expediente de anexos al escrito de contestación, anexo 1, pieza 8, folio 11505); acta de revisión de expediente N° C43 de 25 de febrero de 2005 (expediente de anexos al escrito de contestación, anexo 1, pieza 8, folio 11508); acta de revisión de expediente N° C43 de 28 de febrero de 2005 (expediente de anexos al escrito de contestación, anexo 1, pieza 8, folio 11546); acta de revisión de expediente N° C43 de 1 de marzo de 2005 (expediente de anexos al escrito de contestación, anexo 1, pieza 8, folio 11572); acta de revisión de expediente N° C43 de 2 de marzo de 2005 (expediente de anexos al escrito de contestación, anexo 1, pieza 8, folio 11579); acta de revisión de expediente N° C43 de 3 de marzo (expediente de anexos al escrito de contestación, anexo 1, pieza 8, folio 11601); acta de revisión de expediente N° C43 de 4 de marzo de 2005 (expediente de anexos al escrito de contestación, anexo 1, pieza 8, folio 11619); acta de revisión de expediente N° C43 de 7 de marzo de 2005 (expediente de anexos al escrito de contestación, anexo 1, pieza 8, folio 11641); acta de revisión de expediente N° C43 de 10 de marzo de 2005 (expediente de anexos al escrito de contestación, anexo 1, pieza 8, folio 11740); acta de revisión de expediente N° C43 de 15 de marzo de 2005 (expediente de anexos al escrito de contestación, anexo 1, pieza 8, folio 11792 y 11793); acta de revisión de expediente N° C43 de 15 de marzo de 2005 (expediente de anexos al escrito de contestación, anexo 1, pieza 8, folio 11784); acta de revisión de expediente N° C43 de 16 de marzo de 2005 (expediente de anexos al escrito de contestación, anexo 1, pieza 8, folio 11836); acta de revisión de expediente N° C43

115. El hecho de que el señor Brewer Carías saliera del país en septiembre de 2005 (de manera libre ya que no había ninguna orden de captura en su contra) y coincidente, además, con la publicación del libro del Fiscal General, no significa que estuviera prófugo de la justicia. Como se ha señalado con anterioridad (véase *supra* párr. 106 del presente voto), la defensa del señor

---

de 19 de marzo de 2005 (expediente de anexos al escrito de contestación, anexo 1, pieza 9, folio 11950); acta de revisión de expediente N° C43 de 21 de marzo de 2005 (expediente de anexos al escrito de contestación, anexo 1, pieza 9, folio 11970); acta de revisión de expediente N° C43 de 22 de marzo de 2005 (expediente de anexos al escrito de contestación, anexo 1, pieza 9, folio 11972 y 11973); acta de revisión de expediente N° C43 de 28 de marzo de 2005 (expediente de anexos al escrito de contestación, anexo 1, pieza 9, folio 12004 y 12005); acta de revisión de expediente N° C43 de 31 de marzo de 2005 (expediente de anexos al escrito de contestación, anexo 1, pieza 9, folio 12081); acta de revisión de expediente N° C43 de 7 de abril de 2005 (expediente de anexos al escrito de contestación, anexo 1, pieza 9, folios 12162 y 12163); acta de revisión de expediente N° C43 de 8 de abril de 2005 (expediente de anexos al escrito de contestación, anexo 1, pieza 9, folio 12165); acta de revisión de expediente N° C43 de 12 de abril de 2005 (expediente de anexos al escrito de contestación, anexo 1, pieza 9, folio 12191); acta de revisión de expediente N° C43 de 18 de abril de 2005 (expediente de anexos al escrito de contestación, anexo 1, pieza 9, folio 12310); acta de revisión de expediente N° C43 de 25 de abril de 2005 (expediente de anexos al escrito de contestación, anexo 1, pieza 9, folio 12354); acta de revisión de expediente N° C43 de 26 de abril de 2005 (expediente de anexos al escrito de contestación, anexo 1, pieza 9, folio 12355) Acta de revisión de expediente N° C43 de 2 de mayo de 2005 (expediente de anexos al escrito de contestación, anexo 1, pieza 10, folio 12401); acta de revisión de expediente N° C43 de 10 de mayo de 2005 (expediente de anexos al escrito de contestación, anexo 1, pieza 10, folio 12609); acta de revisión de expediente N° C43 de 1 de junio de 2005 (expediente de anexos al escrito de contestación, anexo 1, pieza 11, folio 12887); acta de revisión de expediente N° C43 de 7 de junio de 2005 (expediente de anexos al escrito de contestación, anexo 1, pieza 11, folio 12928); acta de revisión de expediente N° C43 de 9 de junio de 2005 (expediente de anexos al escrito de contestación, anexo 1, pieza 11, folio 12954); acta de revisión de expediente N° C43 de 15 de junio de 2005 (expediente de anexos al escrito de contestación, anexo 1, pieza 11, folio 12970); acta de revisión de expediente N° C43 de 29 de junio de 2005 (expediente de anexos al escrito de contestación, anexo 1, pieza 11, folio 12992); acta de revisión de expediente N° C43 de 4 de julio de 2005 (expediente de anexos al escrito de contestación, anexo 1, pieza 11, folio 13014); acta de revisión de expediente N° C43 de 4 de julio de 2005 (expediente de anexos al escrito de contestación, anexo 1, pieza 13, folio 13052); acta de revisión de expediente N° C43 de 11 de julio de 2005 (expediente de anexos al escrito de contestación, anexo 1, pieza 13, folio 13095); acta de revisión de expediente N° C43 de 22 de septiembre de 2005 (expediente de anexos al escrito de contestación, anexo 1, pieza 13, folio 13980); acta de revisión de expediente N° C43 de 27 de septiembre de 2005 (expediente de anexos al escrito de contestación, anexo 1, pieza 13, folio 13997); acta de revisión de expediente N° C43 de 28 de septiembre de 2005 (expediente de anexos al escrito de contestación, anexo 1, pieza 13, folio 14008); acta de revisión de expediente N° C43 de 30 de septiembre de 2005 (expediente de anexos al escrito de contestación, anexo 1, pieza 13, folio 14022); acta de revisión de expediente N° C43 de 7 de octubre de 2005 (expediente de anexos al escrito de contestación, anexo 1, pieza 13, folio 14100); entre otras.

Brewer Carías informa al juez que no regresaría al país debido a la serie de violaciones procesales que señala como una "clara persecución política oficial en su contra"; de tal manera que, según los representantes, existe un "fundado temor" de que el ejercicio de los recursos le someta a un mayor agravamiento de la persecución de la cual es objeto, además, señalan "que permanece fuera del país como exiliado para resguardar su libertad y su integridad física y moral".[116] Así, en el presente caso las razones de la no comparecencia de la hoy presunta víctima, debieron analizarse a la luz de los planteamientos de fondo planteados, ya que si fueran fundados sería contrario a la Convención Americana obligar a una persona a seguir un proceso en su contra privado de su libertad, cuando se acreditaran violaciones a los *derechos a la presunción de inocencia, a ser juzgado por un juez o tribunal independiente e imparcial, al debido proceso y a las garantías judiciales* previstos en los artículos 8 y 25 de la Convención Americana, planteamientos expresamente invocados como violados por la hoy presunta víctima y no analizados en el caso.

116. La interpretación que se realiza en la Sentencia del artículo 7.5 de la Convención Americana se aleja de lo estipulado en el artículo 29 del Pacto de San José, que establece que ninguna disposición de la Convención puede ser interpretada en el sentido de permitir a alguno de los Estados Partes, *suprimir o limitar el goce y ejercicio de los derechos y libertades reconocidos en la Convención*. El criterio mayoritario no realiza su análisis del artículo 7.5 de la Convención a la luz del artículo 29 de la misma, sino que decide, por el contrario, realizar una interpretación restrictiva y limitante de dicho artículo, dejando de lado el carácter *pro homine* que ha de llevar dicha interpretación, de acuerdo con el mencionado artículo 29 de la Convención y la jurisprudencia constante de la Corte, en el entendido que está de por medio el derecho a la libertad personal. Pretender que el señor Brewer Carías regrese a su país para perder su libertad y, en esas condiciones, defenderse personalmente en juicio, constituye un argumento incongruente y restrictivo del derecho de acceso a la justicia, al no haberse analizado en el caso precisamente los aspectos de fondo invocados por la hoy presunta víctima relacionados con diversas violaciones a los artículos 8 y 25 de la Convención Americana, que de manera consustancial condicionan los alcances interpretativos del artículo 7.5 del Pacto de San José respecto al derecho a la libertad personal.[117]

117. Nuevamente, el tema de presuntas violaciones a los artículos 8.1. (derecho a un juez o tribunal independiente e imparcial, 8.2 (derechos míni-

---

116 Escrito de alegatos y observaciones finales de los representantes del señor Brewer Carías, párr. 133.

117 No pasa inadvertido, según obra en autos, que los abogados defensores del señor Brewer Carías solicitaron expresamente que se garantizara su derecho a ser juzgado en libertad, solicitud de 26 de octubre de 2005 que ni siquiera fue tramitada. *Cfr.* Apelación de la defensa ante el Juez Vigésimo Quinto de Control recibida el 28 de octubre de 2005 (expediente de anexos al informe de fondo, tomo IV, folios 1636 a 1700).

mos del inculpado de un delito, como lo son, *inter alia* la presunción de inocencia, la adecuada defensa, el presentar o interrogar testigos), 25 (derecho a la protección judicial), así como la misma interpretación restrictiva del artículo 7.5 de la Convención Americana que realiza el criterio mayoritario en el presente caso, conduce a afirmar de manera indudable, que el Tribunal Interamericano debió estudiar la controversia respecto a la necesidad de la presencia del acusado en la audiencia preliminar y las razones por las cuales se difirió la audiencia, a la luz de las consideraciones de fondo de estos artículos, para así tener un contexto más amplio en su estudio de esta y otras controversias del caso.

118. En definitiva, los suscritos disentimos del criterio mayoritario porque consideramos se actualizan las tres excepciones a que se refiere el artículo 46.2 de la Convención Americana, puesto que el caso involucra cuestiones de fondo, especialmente las referidas a las supuestas violaciones al derecho a un juez y tribunal imparcial (art. 8.1 CADH), al debido proceso (8.2 CADH), y al derecho a la protección judicial (art. 25 CADH). Al aceptar la excepción preliminar de agotamiento de los recursos internos se está condenando al señor Brewer a afrontar un proceso en donde existe la posibilidad de que se hayan cometido violaciones a la Convención Americana.

119. En consecuencia, el Tribunal Interamericano debió desestimar la excepción preliminar de falta de agotamiento de los recursos internos y entrar a resolver el fondo del caso, conforme a la línea jurisprudencial sobre la materia que ha establecido la propia Corte. El utilizar como uno de los argumentos centrales en la Sentencia la artificiosa teoría de la "etapa temprana" del proceso, para no entrar al análisis de las presuntas violaciones a los derechos humanos protegidos por el Pacto de San José, constituye un claro retroceso en la jurisprudencia histórica de esta Corte, pudiendo producir el precedente que se está creando consecuencias negativas para las presuntas víctimas en el ejercicio del derecho de acceso a la justicia; derecho fundamental de gran trascendencia para el sistema interamericano en su integralidad, al constituir en si mismo una garantía de los demás derechos de la Convención Americana en detrimento del efecto útil de dicho instrumento.

3. Defensa del Estado de derecho y el ejercicio de la abogacía

120. Como se ha advertido a lo largo del presente voto, estimamos que la Corte debió entrar al fondo del caso al estar íntimamente ligadas las cuestiones de admisibilidad con las de fondo; entre las cuales se encuentran la secuela de provisionalidad de fiscales y jueces, y su impacto concreto en el proceso penal; el análisis de la presunción de inocencia, la adecuada defensa y, en general, aspectos relacionados con los artículos 8 y 25 de la Convención Americana.

121. Por otra parte, consideramos que el análisis de fondo era indispensable, además, para analizar el hecho de que se haya acusado penalmente a un jurista reconocido internacionalmente, como Allan Brewer Carías, por aten-

der una consulta profesional. De los hechos se desprende que el acusado Brewer Carías hizo uso de su derecho de ejercer la profesión de abogado.

122. Ya en una ocasión anterior el Tribunal Interamericano analizó una condena penal a causa del ejercicio profesional. En este sentido, en el caso *De la Cruz Flores Vs. Perú*[118] la víctima había sido condenada penalmente por atender en su calidad de médico a miembros de Sendero Luminoso, lo que para la Corte "no solo es un acto esencialmente lícito, sino que es un deber de un médico prestarlo".[119]

123. A lo anterior se suma la reflexión de la Corte al emitir la *Opinión Consultiva OC-5/85 sobre la Colegiación Obligatoria de Periodistas.*[120] En dicha Opinión, el Tribunal Interamericano afirmó que no se podía sancionar penalmente a un periodista no colegiado, por la imbricación que existe entre el derecho a la libertad de expresión y el ejercicio del periodismo. Es decir, el periodista no colegiado estaba haciendo uso legítimo de un derecho, por lo cual la Corte declaró incompatible con la Convención Americana la legislación costarricense que sancionaba penalmente el ejercicio del periodismo sin estar debidamente colegiado.

124. En el caso *Brewer Carías Vs. Venezuela* estamos también ante el hecho de que se pretende penalizar un acto propio del ejercicio de la profesión de abogado, que por su naturaleza es lícito. Si bien se trata de profesiones distintas, debiera prevalecer el criterio de la Corte de proteger el ejercicio profesional que, como en el caso del Profesor Brewer, busca ejercer su profesión y defender el Estado de Derecho. No haber analizado en el fondo del caso el enjuiciamiento penal del Profesor Brewer Carías limitó lo que debiera ser el principal quehacer de un tribunal internacional de derechos humanos: la defensa del ser humano frente a la prepotencia del Estado.

125. Un tribunal internacional de derechos humanos debe proceder, antes que nada, a la defensa del Estado de Derecho -y en el caso concreto también del ejercicio de la abogacía-, lo cual es consustancial con un régimen democrático, con los valores que inspiran al sistema interamericano en su integralidad y particularmente con los principios que rigen la Carta Democrática Interamericana.

Manuel E. Ventura Robles, Juez;   Eduardo Ferrer Mac-Gregor Poisot, Juez

Pablo Saavedra Alessandri, Secretario

---

118 Cfr. *Caso De la Cruz Flores Vs. Perú. Fondo, Reparaciones y Costas.* Sentencia de 18 de noviembre de 2004. Serie C N° 115.

119 *Caso De la Cruz Flores Vs. Perú. Fondo, Reparaciones y Costas.* Sentencia de 18 de noviembre de 2004. Serie C N° 115, párr. 102.

120 Cfr. *La Colegiación Obligatoria de Periodistas (Arts. 13 y 29 Convención Americana sobre Derechos Humanos).* Opinión Consultiva OC-5/85 del 13 de noviembre de 1985. Serie A N° 5.

ANEXO III

CONSTANCIA DE DISENTIMIENTO DE LOS JUECES EDUARDO VIO GROSSI Y MANUEL VENTURA ROBLES, ANTE LA "EXCUSA" OTORGADA AL JUEZ DIEGO GARCÍA SAYÁN POR EL PRESIDENTE JUEZ HUMBERTO SIERRA PORTO, SIN COMPETENCIA PARA ELLO, PARA QUE SIN DEJAR DE SER JUEZ DE LA CORTE INTERAMERICANA, PUEDA REALIZAR ACTIVIDADES POLITICAS INCOMPATIBLES CON LA DE JUEZ, COMO CANDIDATO A LA SECRETARÍA GENERAL DE LA OEA.

Corte Interamericana de Derechos Humanos

Comunicado de Prensa

SE ACEPTA LA EXCUSA DEL JUEZ DIEGO GARCÍA-SAYÁN DE PARTICIPAR DE TODAS LAS ACTIVIDADES DE LA CORTE MIENTRAS SEA CANDIDATO A LA SECRETARIA GENERAL DE LA OEA.

San José, 21 de agosto de 2014. "La Corte Interamericana pone en conocimiento de la comunidad que el día 16 del mes en curso el Perú presentó como candidato a Secretario General de la Organización de Estados Americanos (OEA) al Juez Diego García-Sayán. Como consecuencia de esto, el Juez García-Sayán presentó su excusa de participar, mientras sea candidato, de todas las actividades de la Corte.

De conformidad a las normas estatutarias y reglamentarias, el Presidente de la Corte Interamericana de Derechos Humanos, Juez Humberto Sierra Porto, aceptó la excusa.

Sobre el particular, el Juez Sierra Porto indicó que valora la iniciativa del juez García-Sayán de apartarse de todas las actividades de la Corte mientras sea candidato a la Secretaría General de la OEA. Con su generosa actitud, se propician las condiciones para el adecuado funcionamiento del Tribunal.

Corte Interamericana de Derechos Humanos

CONSTANCIA DE DISENTIMIENTO

Por el presente y con el mayor respeto y consideración con todos sus colegas jueces de la Corte Interamericana de Derechos Humanos, esta última en adelante la Corte, el suscrito viene en dejar constancia ante la Presidencia y Secretaría de la Corte y a los efectos de quede registrada en sus archivos, de su disconformidad tanto con la solicitud presentada con fecha 19 de agosto de 2014 por el Juez Diego García Sayán, en orden a que, *"mientras sea candidato"* a la Secretaría General de la Organización de los Estados Americanos (OEA), se le excuse *"de participar en la deliberación e las sentencias u otras decisiones relativas a casos contenciosos, supervisión de cumplimiento de sentencias o medidas provisionales sobre las que la Corte tenga que pronunciarse"*, como con lo resuelto por el Presidente de la Corte, en adelante el Presidente, por sus dos notas del 20 de agosto de 2014, aceptando la mencionada excusa *"de modo que no participe en ninguna actividad de la Corte mientras sea candidato a Secretario General de la OEA"* y afirmando que no corresponde que el asunto sea sometido al Pleno de la Corte, pues ello procedía si no hubiese aceptado esa excusa.

El infrascrito procede así por estimar que es un imperativo hacerlo en vista de la trascendencia del asunto para el desarrollo de la propia Corte y ello, se reitera, con el máximo respeto y consideración por todos sus colegas, sin distinción.

I. ANTECEDENTES

Además de los documentos mencionados precedentemente, se ha tenido en cuenta que en la sesión celebrada en la tarde del martes 19 de agosto de 2014, el Presidente, juez Humberto Sierra Porto, informó de la citada solicitud del juez García Sayán al Pleno de la Corte, integrado en ese momento, además, por los jueces Roberto Figueiredo Caldas, Manuel Ventura Robles, Eduardo Ferrer Mc- Gregor Poisot y el suscrito, y solicitó la opinión de cada uno de los presentes.

Igualmente se ha tenido presente la comunicación de la misma fecha recién indicada, por la que el juez Ventura Robles solicita al Presidente *"someter este asunto a consideración del Pleno de la Corte, para que se resuelva lo pertinente sobre incompatibilidad en este caso y los jueces podamos pronunciamos sobre el tema"*, la que fue contestada por el Presidente por una de sus notas del 20 de agosto de 2014

II. IMPROCEDENCIA DE LA SOLICITUD DE EXCUSA PRESENTADA

El artículo 19.2 del Estatuto de la Corte señala: "Si alguno de los jueces estuviere impedido de conocer, o por algún motivo calificado considerare que no debe participar en determinado asunto, presentará su excusa ante el Presidente. Si éste no la aceptare, la Corte decidirá."

Es evidente, entonces, que, al claro tenor de la referida norma, la excusa debe ser respecto a *"determinado asunto"* y no como acontece con la presentada por el juez García Sayán en términos genéricos y, además, por un período de tiempo no referido a un caso sometido a conocimiento de la Corte, sino a una circunstancia del todo ajena a uno de ellos, cual es, el que sea candidato a la Secretaría General de la OEA.

Pero, adicionalmente, la excusa presentada por el juez García Sayán lo ha sido única y exclusivamente en relación con *"participar en la deliberación e las sentencias u otras decisiones relativas a casos contenciosos, supervisión de cumplimiento de sentencias o medidas provisionales sobre las que la Corte tenga que pronunciarse"*, excluyendo de la misma su eventual intervención en la emisión de Opiniones Consultivas, en las demás actividades que la Corte lleve a cabo, tales como participación en actos protocolares, actividades académicas y actos de representación ante otras entidades, y en el empleo de oficinas, recursos e infraestructura de la Corte.

Procede llamar la atención en este sentido, que la solicitud de excusa del juez García Sayán fue formulada con el claro sentido, según sus propios términos, de que, de ser aprobada, dicho magistrado continuaría *"desempeñando la función de juez de la Corte Interamericana"* vale decir, que no obstante ser simultáneamente candidato a la Secretaría General de las OEA, conservaría todas las prerrogativas, inmunidades y privilegios inherentes al cargo o función de juez de la Corte, siendo, empero, relevado de todas las obligaciones propias del mismo con relación al ejercicio de la función contenciosa de la Corte.

No obstante los inequívocos términos de la excusa presentada por el juez García Sayán, el Presidente las aceptó *"de modo que no participe en ninguna actividad de la Corte mientras sea candidato a Secretario General de la OEA"*, es decir, en cuanto a todas las actividades de la Corte. En otras palabras le confirió a la excusa algunas de las consecuencias propias de la institución de las incompatibilidades y ajenas a la de las excusas.

En definitiva, la excusa elevada por el juez García Sayán no corresponde al espíritu y claros términos del mencionado artículo 19.2 del Estatuto de la Corte, que regula la institución de la excusa, por lo que se puede concluir que ella era del todo improcedente.

III. LA RENUNCIA AL CARGO DE JUEZ DE LA CORTE EN RAZÓN DE SER CANDIDATO A LA SECRETARÍA GENERAL DE LA OEA.

Lo que, en cambio, sí podría haber procedido en el caso en cuestión era la renuncia al cargo de Juez de la Corte en virtud de la candidatura a la Secretaría General de la OEA.

Tal posibilidad está contemplada expresamente en el artículo 21.1 del Estatuto del Corte, que dispone: *"La renuncia de un juez deberá ser presentada por escrito al Presidente de la Corte. La renuncia no será efectiva sino cuando haya sido aceptada por la Corte. "* Empero y lamentablemente, dicha alternativa no fue utilizada.

IV.LA INCOMPATIBILIDAD DEL CARGO DE JUEZ DE LA CORTE CON SER CANDIDATO A LA SECRETARÍA GENERAL DE LA OEA.

La otra vía contemplada en el ordenamiento jurídico que rige a la Corte para situaciones como el que interesa, era la concerniente a la discusión y decisión sobre la eventual incompatibilidad entre el cargo de Juez de la Corte y la asunción de la mencionada candidatura a la Secretaría General de la OEA.

Al respecto, hay que tener presente, primeramente, lo dispuesto en el artículo 71 de la Convención Americana sobre Derechos Humanos, que estable-ce: "Son incompatibles los cargos de juez de la Corte o miembros de la Comisión con otras actividades que pudieren afectar su independencia o imparcialidad conforme a lo que se determine en los respectivos Estatutos. "

Asimismo, hay que considerar lo prescrito en el artículo 18.1.c del Estatuto de la Corte que señala: "Es incompatible el ejercicio del cargo de juez de la Corte Interamericana de Derechos Humanos con el de los cargos y actividades siguientes: ... c. cualesquiera otros cargos y actividades que impidan a los jueces cumplir sus obligaciones, o que afecten su independencia, imparcialidad, la dignidad o prestigio de su cargo"

A juicio del suscrito, es a todas luces evidente que la "*actividad*" consistente en la candidatura a la Secretaría General de la OEA, no solo puede en la práctica impedir el ejercicio del cargo de juez de la Corte, sino que también puede afectar la "*independencia, "imparcialidad", "dignidad o prestigio"* con que necesariamente debe ser percibido dicho ejercicio por quienes comparecen ante la Corte demandando Justicia en materia de derechos humanos.

Sobre este aspecto del asunto, es del caso señalar que el juez García Sayán afirma, como fundamento de su petición de excusa, que lo hace "*de manera que no se genere percepción alguna de que las decisiones adoptadas por la Corte o mis votos pudieran estar influidos por factores ajenos a los estrictamente jurídico.* Con tal afirmación el juez García Sayán estaría reconociendo que, si continuaba participando en el ejercicio de la competencia contenciosa de la Corte no obstante ser simultáneamente candidato a la Secretaría General de la OEA, podrían generarse percepciones respecto de la incompatibilidad entre el mencionado cargo y la aludida postulación.

Cabe añadir a este respecto, que la posibilidad de que, postulando un juez de la Corte a la Secretaría General de la OEA, pudiese permanecer su cargo, no fue en norma alguna aludida, a diferencia de lo que ocurre con las postulaciones a la reelección de juez de la Corte, expresamente aludida en los artículos 54.1 de la Convención, que establece que "*Los jueces de la Corte serán elegidos para un período de seis años y sólo podrán ser reelegidos una vez* y 5.1, primera frase, que dispone que "*Los jueces de la Corte serán elegidos para un período de seis años y sólo podrán ser reelegidos una vez".'*

Ni la Convención ni el Estatuto de la Corte contemplaron, pues, a la específica situación como la que ha dado origen a la mencionada solicitud del juez García Sayán. Y es probable que así como no siempre en los derechos nacionales se prevé expresamente la posibilidad de que un miembro de una Corte Suprema o de un Tribunal Constitucional, permaneciendo en el cargo judicial, postule al cargo de Presidente de la República o de parlamentario, tampoco era imaginable, al aprobarse la Convención y/o el Estatuto de la Corte, que un juez de la Corte, permaneciendo en el cargo de tal, postulara a Secretario General de la OEA. Una disposición sobre tal posibilidad seguramente aparecería alejada de la realidad y por ende, de muy excepcional aplicación.

Lo que, por tanto, procedía en este caso, no era un pronunciamiento acerca de una excusa, que, como ya se expresó, improcedente, sino en cuanto a la aludida incompatibilidad, lo que no aconteció ni se permitió que ocurriera.

V. INCOMPETENCIA DEL PRESIDENTE PARA PRONUNCIARSE SOBRE LA SOLICITUD DEL JUEZ GARCÍA SAYÁN.

En mérito de lo señalado, el Presidente carece de facultades para pronunciarse, como lo hizo, respecto de la solicitud del juez García Sayán.

Efectivamente, ante la posición planteada tanto por el juez Ventura como por el suscrito en el debate señalado al comienzo de este escrito y, especialmente, en mérito de lo solicitado por el juez Ventura en su nota del 20 de agosto de 2014, en orden a que, existiendo, a criterio de los mencionados jueces, incompatibilidad entre el cargo de juez de la Corte que detenta el juez García Sayán y la presentación de su candidatura a la Secretaría General de la OEA, lo que procedía era someter el asunto a consideración del Pleno de la Corte.

Cabe señalar que el propio juez García Sayán, aunque eleva su petición en el marco normativo que rige a las excusas, es decir, especialmente el ya aludido artículo 19.2 del Estatuto de la Corte, lo hace manifestando que *"no existe incompatibilidad convencional, estatutaria o reglamentaria que me impida seguir desempeñando la función de juez de la Corte Interamericana y, simultáneamente, ser candidato a"* ... *"Secretario General de la Organización de Estados Americanos (OEA)"*, esto es, se remite a causales propias de la incompatibilidad del cargo de juez con otras actividades y, por ende, previstas en el artículo 18.1.C del Estatuto de la Corte.

Igualmente, téngase presente que el artículo 18.2 del Estatuto de la Corte dispone que ella *"decidirá los casos de duda sobre incompatibilidad'*, de suerte tal que al resolver el Presidente la solicitud del juez García Sayán en los términos que este último la hizo, impidió que la Corte se pronunciara sobre dicha petición y más especialmente, sobre la eventual incompatibilidad entre dicho cargo y la mencionada candidatura y, además y como ya se indicó, al afirmar que la excusa es aceptada *"de modo que no participe* (el juez García Sayán) *de ninguna actividad de la Corte mientras sea candidato a Secretario General de la OEA"*, le confirió a la petición, por tanto, algunas de las consecuencias propias de la institución de la inhabilidad y no de la excusa.

Esto es, tanto la citada solicitud del juez García Sayán como la referida decisión el Presidente sobre la misma, en definitiva no solo impidieron que la Corte ejerciera una facultad expresamente reconocida en su Estatuto, sino que además se sustentaran en causales propias de las incompatibilidades y no en las procedentes para las excusas.

En otro orden de ideas, debe considerarse que la solicitud del juez García Sayán así como la decisión adoptada por el Presidente a su respecto parecen presumir que correspondería al juez solicitante determinar la institución aplicable al requerimiento que formula, es decir, que son los términos de este último los que condicionarían el procedimiento a seguir y no la propia naturaleza de la situación que la provoca o a que se refiere. En otras palabras, a juicio del juez García Sayán y del Presidente, bastó con que la solicitud en comento del primero haya aludido a la excusa para que se haya debido proceder conforme al procedimiento previsto para la misma, descartando de plano y sin otro fundamento, la posibilidad de analizarla y resolverla a través del procedimiento expresamente previsto tanto para el caso de renuncia al cargo de juez de la Corte como para el de la adopción de una decisión sobre la incompatibilidad del mismo con la actividad de ser candidato a la Secretaría General de la OEA, vale decir, por el Pleno de la Corte. Evidentemente, el suscrito no concuerda con tal interpretación que deja a la voluntad del requirente la determinación del procedimiento que la Corte debe seguir frente a la petición que le formule, cercenando así las facultades de la Corte y, en particular, su competencia para resolver también en cuanto a ello.

Por lo expuesto y en opinión del suscrito, no procedía que el Presidente se pronunciara con relación a la aludida petición del juez García Sayán como efectivamente lo hizo, por carecer de competencia para ello y en cambio, lo que correspondía era permitir su análisis y resolución por el Pleno de la Corte.

VI. CONSECUENCIAS

La señala solicitud el juez García Sayán así como lo resuelto a su respecto por el Presidente, acarrea, a juicio del infrascrito graves consecuencias para la Corte.

Por de pronto, puesto que ello significa una discriminación con relación a situaciones similares a que pueden verse afectados otros jueces.

Efectivamente, el artículo 21.3 del Reglamento de la Corte, adoptado este último por ella misma, prescribe que "Cuando por cualquier causa un juez no esté presente en alguna de las audiencias o en otros actos del proceso, la Corte podrá decidir su inhabilitación para continuar conociendo del caso habida cuenta de todas las circunstancias que, a su juicio, sean relevantes."

Y así, mientras el juez de la Corte que *"no esté presente en alguna de las audiencias o en otros actos del proceso", "'por cualquier causa"* que fuere, podría ser inhabilitado *para "continuar conociendo del caso"* correspondiente, el juez que se excusa para cumplir todas sus obligaciones referidas al ejercicio de la principal competencia de la Corte y de mayor ocurrencia, cual es la contenciosa, es decir, relativas a todos los casos y por un plazo en cierta medida incierto, conservaría, sin embargo, su cargo y las prerrogativas, inmunidades y privilegios propios al mismo. Obviamente, ello no resultaría proporcional a lo previsto en el recién transcrita disposición ni parecería responder a lógica subyacente en el ordenamiento jurídico de la Corte.

A mayor abundamiento, habría que agregar que el espíritu y el tenor literal de las normas pertinentes indican que los jueces de la Corte, si bien no están obligados a desempeñarse exclusivamente en ella y en su sede, deben estar permanentemente a su disposición. Es lo que dispone el artículo 16.1 del Estatuto de la Corte: "Los jueces estarán a disposición de la Corte, y deberán trasladarse a la sede de ésta o al lugar en que realice sus sesiones, cuantas veces y por el tiempo que sean necesarios conforme al Reglamento" *A su turno, este último cuerpo normativo prescribe, su artículo 21.3., como ya se señaló, que* "Cuando por cualquier causa un Juez no esté presente en alguna de las audiencias o en otros actos del proceso, la Corte podrá decidir su inhabilitación para continuar conociendo del caso habida cuenta de todas las circunstancias que, a su juicio, sean relevantes. "

De las transcritas disposiciones no se puede colegir, en consecuencia, que los jueces de la Corte pueden ser liberados de sus funciones por períodos prolongados.

En otro orden de consideraciones procedente adicionalmente indicar que no se percibe los beneficios que para la Corte puede producir la aceptación por parte del Presidente de la solicitud del juez García Sayán que no sea la de poder contar con su reintegro en la eventualidad de que su candidatura a Secretario General a la OEA sea retirada o no sea en definitiva elegido en dicho cargo.

Pero, ante ello, las desventajas para la Corte son evidentes. Por de pronto, se corre el serio riesgo de que la solicitud del juez García Sayán como lo resuelto por el Presidente a su respecto, sean percibidos como actos realizados únicamente para legitimar la peculiar situación de que se trata.

En efecto, ello porque si bien lo señalado por el juez García Sayán, en orden a que formula su petición de excusa considerando que ella *"puede ser mejor para la Corte y las percepciones sobre la dinámica del tribunal"* y que su *"decisión puede ser conveniente para el tribunal de manera que no se genere percepción alguna de que las decisiones adoptadas por la Corte o mis votos pudieren estar influidas por factores ajenos a los estrictamente jurídicos"*, puede ser estimado, tal lo hace el Presidente, como una *"actitud"* que *"propicia las condiciones necesarias para el ademado funcionamiento del Tribunal"* por lo que la agradece, tales pronunciamientos se hacen considerando a la petición en cuestión como excusa y no en el marco de las normas atingentes a las incompatibilidades.

Además, la petición del juez García Sayán y lo resuelto a su respecto por el Presidente pueden ser entendidos como que si fuese lícito o permitido que, en virtud de motivos que nada tienen que ver con circunstancias excepcionales y ajenas a su voluntad, como serían las provocadas por fuerza mayor, se autorice a un juez de la Corte para que suspenda temporalmente su obligación de ejercer debidamente dicho cargo, para privilegiar otras actividades no judiciales.

También la solicitud del juez García Sayán así como la decisión afirmativa adoptada a su respecto por el Presidente podrían ser comprendidas en cuanto que sería permitido que los jueces de la Corte, por intereses ajenos a los de la Corte, dejen de ejercer temporalmente sus funciones para posteriormente reintegrarse a ella. Ello evidentemente podría generar una percepción de inestabilidad o fragilidad institucional de la Corte y aún de inseguridad jurídica respecto de sus fallos.

CONCLUSIÓN

Por todo lo afirmado precedentemente, resulta al menos plausible sostener que la referida solicitud de excusa del juez García Sayán y lo resuelto al efecto por el Presidente, pueden afectar seriamente la credibilidad en lo que concierne a su *"imparcialidad" "dignidad"* o *"prestigio"*.

Es por tal motivo que para el suscrito surge la imperiosa necesidad y aún la obligación de emitir, con la máxima honestidad y aun a riesgo de personalmente ofender o molestar a más de alguien, por lo que, si ello acontece, desde ya se disculpa, la presente constancia de disentimiento, de suerte de evitar que se pudiera presumir que avalaba los indicados actos, contribuyendo de ese modo a que éstos se consideraran en el futuro como precedente en cuanto a limitar, desconocer o evitar las facultades expresamente otorgadas a la Corte.

Asimismo, esta constancia de disentimiento responde a la transparencia que, a juicio del suscrito, debe imperar en una instancia judicial de la envergadura de la Corte, que imparte Justicia en materia de derechos humanos con estricto apego a los principios de imparcialidad, independencia, legalidad y certeza y seguridad jurídicas, otorgando, por ende, a quienes comparecen ante ella la máxima garantía de que efectivamente procede así.

En definitiva, por tanto, a la presente constancia de disentimiento no la inspira más que los intereses superiores de la Corte y, por ende, el respeto de los derechos humanos en el continente.

San José, Costa Rica, 21 de agosto de 2014.-

Eduardo Vio Grossi,
Juez de la Corte Interamericana de Derechos Humanos

Adhiero a los planteamientos formulados en la presente constancia de Disentimiento

Manuel Ventura Robles, Juez de la Corte Interamericana de Derechos Humanos.

ÍNDICE GENERAL

ANEXOS

ANEXO I